葫芦岛年鉴

HULUDAO YEARBOOK

2012

（总第13卷）

葫芦岛市人民政府主办
葫芦岛市地方志工作办公室编

深圳出版发行集团
海天出版社

中共葫芦岛市委书记 孙兆林

葫芦岛市人民政府市长 都本伟

中共葫芦岛市委四届五次全体(扩大)会议

葫芦岛市四届人大三次会议

葫芦岛市政协四届三次会议

市领导出席市政协四届三次会议

市委书记孙兆林参加代表团审议

市政协四届三次会议主席团

市委书记孙兆林与获奖选手合影

葫芦岛沿海经济带投资贸易洽谈会

举行北方创意经济峰会

举行石雕、雕塑主题展览

市长都本伟与获奖选手合影

市长都本伟接受认证官授予证书

“比基尼巡游 挑战吉尼斯”

1200人参加“比基尼巡游 挑战吉尼斯”活动

市委书记孙兆林到抗洪一线指挥

省市领导参观打渔山泵阀产品博览会展品

孙兆林、都本伟参加全民义务植树活动

常务副市长裴伟东率团赴台交流考察

市长都本伟到抗洪一线指挥

“项目年”建设总结表彰大会

全市创先争优活动表彰大会

市长都本伟到兴城泳装企业调研

省市领导出席辽宁东戴河投资环境说明会

省长陈政高、市委书记孙兆林步入会场

省长陈政高、市委书记孙兆林和与会人员交谈

市政府秘书长陈利世主持开幕式

辽宁东戴河投资环境说明会会场

副省长滕卫平、市长都本伟出席会议

辽宁东戴河新区合作签约仪式

春季房地产展示交易会

夏季房地产展示交易会

参加省首届农民文化艺术节演出

“中华太极操”表演

投放天安门广场的葫芦岛市形象宣传片

喜迎党的十八大群众文化主题活动

新城区龙湾海滨远眺

碣石

九门口水上长城

龙湾海滨浴场

飞天广场、龙湾大街北延路夜景

除夕夜烟花竞放

新华大街夜景

龙回头沿海栈道

飞天广场

小虹螺山

境内长城

兴城海滨

觉华岛

葫芦岛年鉴

HULUDAO YEARBOOK

2012

（总第13卷）

葫 芦 岛 市 人 民 政 府 主 办

葫芦岛市地方志工作办公室编

深圳出版发行集团
海 天 出 版 社

图书在版编目（CIP）数据

葫芦岛年鉴. 2012 / 葫芦岛市地方志工作办公室著. 一深圳：
海天出版社，2012. 10

ISBN 978-7-5507-0557-9

Ⅰ. ①葫… Ⅱ. ①葫… Ⅲ. ①葫芦岛市－2012－年鉴
Ⅳ. ①Z523.13

中国版本图书馆 CIP 数据核字(2012)第 233163 号

葫芦岛年鉴·2012
HULUDAONIANJIAN·2012

出 品 人　尹昌龙
出版策划　毛世屏
责任编辑　刘　晖
责任技编　梁立新

出版发行　海天出版社
地　　址　深圳市彩田南路海天综合大厦 (518033)
网　　址　http://www.htph.com.cn
制版印刷　北京联兴盛业印刷股份有限公司
开　　本　889mm×1194mm　1/16
印　　张　26
字　　数　800 千
版　　次　2012 年 10 月第 1 版
印　　次　2012 年 10 月第 1 次
本册定价　150.00 元

《葫芦岛年鉴》（2012）

主　　编　都本伟　葫芦岛市人民政府市长

副 主 编　裴伟东　葫芦岛市人民政府常务副市长

　　　　　陈利世　葫芦岛市人民政府秘书长

　　　　　　　　　市人民政府办公室主任

执行主编　邹锦凯　葫芦岛市地方志工作办公室主任

编辑校对　聂志弦　姜　宽　徐忠义　张　军　张　涵

打字排版　徐忠义　陈　妍

编辑说明

一、《葫芦岛年鉴》（2012）是由葫芦岛市人民政府主办，葫芦岛市地方志工作办公室具体组织编纂的综合型、权威性大型资料工具书。《葫芦岛年鉴》（2012）以马列主义、毛泽东思想、邓小平理论和“三个代表”重要思想、科学发展观为指导，坚持实事求是、秉笔直书的原则，旨在全面、系统、准确的记述2011年葫芦岛市社会经济发展和政治文化建设等方面的基本情况，重点反映全面建设小康社会及社会和经济发展、建设和谐社会所取得的成果，同时为各级决策者提供依据，为社会提供广泛的信息，为编史修志积累资料。

二、《葫芦岛年鉴》（2012）体例分为篇目、分目、条目三个层次，设特载、大事记、概况、中国共产党葫芦岛市委员会、中国共产党葫芦岛市纪律检查委员会、葫芦岛市人民代表大会常务委员会、葫芦岛市人民政府、中国人民政治协商会议葫芦岛市委员会、民主党派·工商联、人民团体、政法、军事、农业、沿海经济带（园区选介）、工业、旅游、城乡建设·城乡规划、环境保护、交通、邮电、港口·口岸、商业·外贸、财政·税务、金融、经济管理、科学、教育、文化、卫生、体育、社会生活、县（市）区建设、优秀公仆、统计资料共34个篇目、192个分目、1083个条目，共计80万字。

三、《葫芦岛年鉴》（2012）统计资料由葫芦岛市统计局提供，各条目中的数字由各单位提供。由于统计口径、范围的不同，有些数字可能不一致，使用时敬请注意，凡涉及国民经济、社会发展的有关数据，均以市统计局公布的为准。

四、《葫芦岛年鉴》（2012）所刊载的稿件均由市直各部委办局、各县（市）区、驻葫中省直各单位等相关单位提供。各部门撰写（撰稿人名字附在文末）的稿件、上报的数字均经单位主管领导审阅，市志办对文字稿编辑和总纂后，经撰稿单位再次审阅、复核，最后经市委、市政府领导及年鉴编委会终审后付梓印刷。

五、《葫芦岛年鉴》（2012）的编辑出版，是全市各方面鼎力合作的结果，是集体智慧的结晶，在年鉴编辑出版工作中得到市委、市政府和各个部门、县区领导的大力支持，在此，我们谨向关心支持葫芦岛年鉴事业、为年鉴编纂出版付出辛勤劳动的单位和个人表示衷心感谢！

目　录

特　载

大事记

概　况

中国共产党葫芦岛市委员会

中国共产党葫芦岛市纪律检查委员会

葫芦岛市人民代表大会常务委员会

葫芦岛市人民政府

中国人民政治协商会议

葫芦岛市委员会

民主党派 工商联

人民团体

政　法

军　事

农 业

沿海经济带（园区选介）

工 业

旅 游

城乡建设 城乡规划

环境保护

交　通

邮　电

港口 口岸

商业　外贸

财政 税务

金　融

经济管理

科　学

教 育

文 化

卫 生

体　育

社会生活

县（市）区建设

优秀公仆

统计资料

索　引

TABLE OF CONTENTS

特　载

保持发展激情 坚定振兴信心　全力推进沿海经济强市建设

——在中共葫芦岛市委四届三次全会暨经济工作会议上的报告

（2011 年 12 月 31 日）

孙兆林

各位委员、候补委员、同志们：

这次全会的主要任务是，认真贯彻党的十七届六中全会和中央、省经济工作会议、省十一次党代会以及市四次党代会精神，总结 2011 年工作，部署 2012 年工作任务，落实省委王珉书记在我市调研时的讲话精神，进一步动员全市各级党组织和广大党员干部群众，保持发展激情，坚定振兴信心，全力推进“沿海经济强市”建设。下面，我受市委常委会委托，向全会报告工作。

一、2011 年工作回顾

2011 年，在省委的正确领导下，我市召开了第四次党代会，选举产生了新一届市委领导班子。一年来，市委团结带领全市人民，深入贯彻落实科学发展观，抢抓“东北振兴和沿海开放”双重机遇，全市经济、政治、文化、社会建设和党的建设均取得了新成就，实现了“十二五”良好开局。

预计 2011 年，全市地区生产总值 650 亿元，增长 15%；一般预算收入 70.3 亿元，增长 25.7%；固定资产投资 460 亿元，增长 35%；社会消费品零售总额 274 亿元，增长 17.5%；城镇居民人均可支配收入 20 150 元，增长 16%；农民人均纯收入 7 900 元，增长 20%。主要经济指标均以两位或三位数增长，圆满实现了“两个不低于”目标。

第一，沿海经济带开发开放势头良好。13 个“主题概念”园区累计完成固定资产投资 571 亿元，实现产值 221 亿元、增长 269%。新引进项目 257 个，新增固定资产投资 251.7 亿元、增长 117.8%。绥中滨海经济区升格为“省级高新技术产业开发区”，被授予“国家火炬计划数字技术特色产业基地”；兴城临海产业区被评为“省新型工业化产业示范基地”。

对内对外开放不断扩大。预计实际利用外资 4.4 亿美元，增长 100%；引进内资 170 亿元，增长 35%；出口创汇 8 亿美元，增长 23%。成功举办“兴城国际泳装文化节”和“打渔山泵阀博览会”，有力地促进了泳装和泵阀产业集群发展。

第二，重点项目牵动作用不断增强。全市投

资 5 000 万元以上项目 489 个，总投资 3 000 多亿元。其中，在建项目 328 个，总投资 1640 亿元；建成项目 71 个，总投资 117 亿元。青山水库完成投资 7.2 亿元；投资 130 亿元的高精铝合金等项目开工建设；猴山水库、建兴高速、15 万吨 TDI 等重点项目前期工作进展顺利；绥中石河港区通过国家环评。

第三，县区经济快速发展。新一轮县域经济“三年倍增”计划开局良好，预计县域地区生产总值、一般预算收入、固定资产投资分别增长 27.2%、41.4%和 56%。全市销售收入超亿元民营企业达到 60 家。农业喜获大丰收，粮食总产 136 万吨，增长 26%，创历史最好水平。农业产业结构调整步伐加快，设施农业突破 110 万亩，增长 41%；每个县（市）都有 1 个投资 10 亿元以上的农业产业化龙头项目，新农村建设取得新成效。

圆满完成城区经济“三年倍增”目标任务。全市服务业增加值占 GDP 比重达到 41%。龙港区被评为首批省级现代服务业集聚区，富尔沃、大润发、奥佳时尚广场投入运营。房地产施工面积 873 万平方米，新开工面积 400 万平方米，分别增长 63 %和 43%。

第四，城乡面貌明显改善。“生态宜居滨城”建设步伐进一步加快，全市城镇化率达到 42%，提高 6 个百分点，创建市以来最大增幅；实施了龙程街、锦葫路以及城市“美化、绿化、亮化、净化”等城区重点改造工程；“一场五馆”和龙湾海滨人防工程主体完工。完成了整治城区交通“三大战役”；成功引进虎跃集团，城市公交按新的管理体制运行。深入实施“辽西绿色长廊工程”和“青山工程”，植树造林 80.6 万亩，森林覆盖率和城区绿化覆盖率分别达到 31.5%和 41.5%。完成省下达的节能减排任务指标；城市空气质量优良天数达到 97%以上。

第五，重点民生工程顺利实施。实现城镇实名制就业 6 万人，完成省计划的 166.6%。城镇登记失业率控制在 3.7%以内。全市城乡养老、医疗保险实现全覆盖，农村常住人口新农合参合率达 100 %。提高了退休人员基本养老金和城乡居民低保标准，实现“应保尽保”。实施了历史上最大规模的保障性安居工程，建设保障性安居住宅 5 万户；其中，国有工矿棚户区改造 4.2 万户，占全省的 28.6%；新华社、中央电视台对此进行了专题报道。大力实施“温暖工程”；加快推进城市供水管网改扩建工程，基本实现 24 小时供水。新建农村饮水安全工程 314 项，13 万群众喝上放心水。

第六，文化事业和民主政治建设扎实推进。大力加强精神文明建设，文化体制改革有序推进，文化产业快速发展。广泛开展了“红诗红歌·唱响葫芦岛”等庆祝建党 90 周年系列活动；全面开展“迎全运、爱家乡、建辽宁”主题教育实践活动。加强宣传思想和舆论引导工作，全年宣讲 1 100 余场，受教育群众达 20 余万；全市 1 066 个行政村“农家书屋”全部建成。改造学校 97 所，新建九年一贯制学校 7 所；科技支撑作用显著增强；83 家基层医疗卫生机构实施基本药物制度；统计工作统计数据质量和公信力明显提高。国防教育、民兵预备役等工作深入开展，双拥工作取得新成果，荣获省双拥模范城“五连冠”称号。

坚持和完善人民代表大会制度，各级人大及其常委会依法行使权力和监督工作不断加强，驻葫全国人大代表就沿海生态环境保护工作进行了视察。各级政协“政治协商、民主监督、参政议政”作用得到充分发挥，有效开展了“软环境建设民主评议”等工作。统一战线核心凝聚力不断增强，工会、共青团、妇联等群团组织换届工作圆满完成。建立完善了党代表常态化联系机制。

第七，社会大局和谐稳定。落实了信访积案化解领导包案制，建立四级“联调联处”工作平台，调处成功率达 97.9%。全力做好安全生产和突发事件应急处置工作，连续六年实现安全生产事故总量、死亡人数双下降；筹备成立“见义勇为基金会”，已募集资金 625 万元；加强社会管理综合治理，严厉打击各种犯罪，“清网行动”走在全国全省前列，荣获省社会管理综合治理先进市“五连冠”。

第八，党的建设全面加强。圆满完成了市县乡三级党委换届工作，换出了激情、换出了干劲，全市形成了政通人和的良好局面。以“创先争优”为载体，深入开展“五个一”工程、“弘扬雷锋精神、争当振兴先锋”和“三创三争”活动，涌现出市公安局和连山区法院方程同志等先进典型；南票区“千人评议机关”、绥中县“双述双评”活动荣获首批“辽宁省党的基层组织建设创新奖”。

干部人事制度改革不断深化，面向全省公开选拔了20名县科级领导干部；建立健全了考核评价体系；“专家服务团”菜单式服务“三农”的做法，在全国宣传推广。

深入开展机关纪律作风整顿，机关执行力和工作效率明显提高，发展环境进一步改善。大力推进反腐倡廉建设，加大了案件查处力度，各级党委（党组）主要领导带头讲廉政党课，集中开展了警示教育，党风廉政建设责任制得到落实，惩防体系特别是“五大系统”建设全面推进。

各位委员、候补委员、同志们，这些成绩的取得，是省委、省政府坚强领导的结果，是全市各级党组织、广大党员干部群众团结奋斗、扎实工作的结果。在此，我代表市委常委会，向市委委员、候补委员，向全市广大党员和干部群众，致以崇高的敬意和衷心的感谢！

总结一年来的工作，我们有以下几点体会：一是必须坚持项目牵动战略。目前，我市投资对GDP的贡献率达80 %以上，说明了投资对经济增长的巨大拉动作用。如果没有投资的拉动，很难保持经济的高速增长。只有坚定不移地招商引资、上项目，才能形成对经济快速发展的有力支撑。二是必须创新园区管理体制机制。今年，我市园区固定资产投资占全市固定资产投资的59%，如果没有园区这个平台，项目就无法落地。只有简政放权、创新体制，增强内生动力，才能真正激发园区活力，实现快速发展。三是必须保持社会大局和谐稳定。省委要求“稳中求进、稳中求快”。稳定是前提，稳定是压倒一切的硬任务和第一责任。只有营造和谐稳定的社会环境，才能“聚精会神搞建设、一心一意谋发展”。四是必须坚持党的领导。党的领导是事业发展的核心，只有毫不动摇地加强党的领导，不断提高领导科学发展、促进社会和谐的能力，才能为发展振兴提供坚强的政治保证。

在充分肯定成绩的同时，还必须清醒地看到，在经济社会发展和党的建设中，还存在一些不容忽视的问题，主要是：经济总量偏小，区域、城乡发展不平衡；缺乏具有支撑性的重大项目，民营经济发展滞后；城镇化率低，城市功能不完善；各类社会问题与社会矛盾逐步显现；个别干部还存在作风不实，责任意识不强，干劲不足问题；党风廉政建设还有待加强。对这些困难和问题，我们要高度重视，认真解决。

二、2012年全市经济社会发展的主要任务

2012年，是实施“十二五”规划承上启下的重要一年。受国际国内宏观环境的影响，明年我市经济社会发展面临诸多不确定因素，但是持续向好的大趋势没有改变，持续发展的强劲态势没有改变。

我市经济已进入加速发展的快车道，13个“主题概念”园区初具规模，县域、城区经济竞相发展；全市广大干部群众谋发展、图振兴的愿望更加强烈。因此，只要我们坚定信心，奋发有为，紧紧抓住和充分利用这些优势，坚持“稳中求进、稳中求快”，就一定能够战胜各种困难与挑战，实现建设“沿海经济强市”的新跨越！

明年全市工作的总体要求是：以邓小平理论和“三个代表”重要思想为指导，深入贯彻落实科学发展观，坚持“稳中求进、稳中求快”，深入实施“工业强市、项目支撑、沿海开放、民生保障”四大战略，突出“抓改革、调结构、稳增长、惠民生、促和谐”五项重点工作，全面加强党的建设，为建设沿海经济强市奠定坚实基础。

2012年全市经济社会发展的主要预期目标是：主要经济指标必须要实现“两个不低于”目标，即：不低于全省平均水平、不低于省内沿海各市平均水平。地区生产总值增长13%，一般预算收入增长15%，全社会固定资产投资增长26%，社会消费品零售总额增长18%，实际利用外资增长40%，引进内资增长30%；城镇居民人均可支配收入、农民人均纯收入分别增长16%以上；万元地区生产总值能耗降低4%；主要污染物排放量降低2%。

上述指标为必保指标，在实际工作中，要自加压力，确定更高的奋斗目标，确保实现首季“开门红”、全年“两个不低于”。为此，要着力抓好以下四个方面工作：

（一）以加快发展为主题，保持经济发展强劲态势

第一，加速推进改革开放。要进一步明确13

个“主题概念”园区的产业定位，实现“错位发展”。要创新园区领导和管理体制，在用人、分配、审批和管理上，给予更大的自主权，着力建设“特色园区、高效园区”，增强园区的内生力和竞争力。

坚持“走出去、请进来”，创新招商模式，加大招商力度，提高招商成效。要优化出口结构，扩大出口规模，提高外贸拉动力。发展“节会经济”，办好国际性“一节一会”，进一步扩大葫芦岛对外影响力。

以“区划调整、简政放权”为重点，最大限度破除体制机制障碍，在一些重点领域，进一步下放行政审批权限；按照有利于县区经济和园区发展的原则，适时推进区划调整。

继续深化农村、金融、国企、文化、教育、医药卫生、人口计生以及行政管理体制等重点领域改革。稳步推进事业单位分类改革。

第二，全力推进重点项目和产业集群建设。着力实施“项目建设年”和工业“五项工程”，切实抓好牵动性大项目建设，不断增强发展后劲。大力推进千万吨炼油、徐大堡核电项目；加快推进高精铝合金、大唐热电、海洋工程、DMTO和锌厂扩能改造，以及青山水库、猴山水库、建兴高速、锡绥铁路等重大项目建设；加快葫芦岛港、绥中石河港和兴城港建设，推进“港区联动”发展，加速“港区一体化”进程。

要更好地发挥投资拉动作用，坚持以“增量调结构、创新促升级、质量求发展”。加快聚氨酯、泳装、有色金属、海洋工程、IT、泵阀等6个重点“产业集群”建设。加快推进每个县（市）区建成产值超100亿元的产业集群。

加大节能减排力度，积极推进城区“重化工业企业”搬迁改造；积极发展“绿色、循环、低碳”经济和节能环保产业，着力推进“国家森林城市”和“环境友好型、资源节约型”社会建设。

第三，继续保持县区经济双轮驱动。以实施县域“三年倍增”计划为动力，加速推进新农村建设，不断壮大县域经济。大力发展“一县一业”，加快兴城“泳装名城”、“温泉之城”和绥中“万家数字技术产业基地”建设，打造建昌“国家农业产业化示范区”。

加快农业结构调整。设施农业要由数量向质量发展；大力推进投资10亿元以上农业产业化龙头项目落地投产，促进农业转型升级；加强农田水利建设，狠抓粮食生产，确保粮食稳产高产。

实施第二轮城区经济“三年倍增”计划。建设“海洋工程制造基地”、“国家煤炭储配基地”和“中国泵阀基地”。加快南票和杨家杖子资源枯竭地区转型步伐。推进服务业集聚区建设，将龙湾CBD建设成海洋“不夜城”；抓好住宅地产、商业地产、工业地产和旅游地产开发，保持房地产业健康发展。

第四，扎实推进“生态宜居滨城”建设。着力推进“百平方公里、百万人口”特大城市建设。加快龙港区全域城市化进程，推进新老城区改造和南票新城建设；启动环城公路和新老城区畅通工程；完成龙湾大街南延路改造；建立城乡一体的大公交新格局；加快茨山河和五里河综合治理；实施“青山碧水”工程；提高城市公用事业服务水平；巩固“城市环境综合整治”成果，强化综合执法成效，提高城市规划、建设和管理水平。

第五，着力抓好生产要素保障。坚持节约集约用地，用好“土地增减挂钩”政策，通过填海、改造荒滩和废弃地、山坡地来破解土地瓶颈问题；加大海洋开发利用和生态环境保护。多渠道解决融资难问题，大力发展村镇银行、小额贷款公司和融资担保机构；抓好债券发行、股权投资、各类基金融资，鼓励社会资本融资；积极推进八家矿业股份公司、宏运集团等民营企业上市。

（二）以实施民生保障战略为重点，不断提升人民群众幸福指数

第一，不断提高民生保障水平。坚持把增加收入作为最核心的民生，把稳定就业作为最根本的民生。着力构建和谐劳动关系。实现城镇实名制就业4.2万人，普惠制各类培训1.7万人。确保零就业家庭动态管理为零，城镇登记失业率控制在3.8%以内。

第二，加快发展社会事业。优先发展教育事业，坚持“学前教育重普及、义务教育抓均衡、高中教育办特色、职业教育强技能、高等教育创一流”原则，切实提升教育总体水平；实施中小学和幼儿园安全建设工程，全面排查消除学校周边和校车安全隐患。坚持把科技进步和创新作为转变经济发展方式的重要支撑，积极推进区域创新体系建设。进一步加强统计工作，为经济社会发展提供强有力保障。

完善社会保障体系，不断扩大社会保险覆盖面，建立健全失地农民基本生活保障制度，深化城乡养老、医疗保险改革。巩固医改阶段性成果，完善覆盖城乡的医疗卫生服务体系。做好人口和计划生育工作。广泛开展全民健身活动，全力筹备第十二届全运会分赛区赛事工作。进一步巩固“双拥工作”成果，争创全国双拥模范城“四连冠”和省双拥模范城“六连冠”。

实施新一轮扶贫攻坚计划，巩固建昌整体稳定脱贫成果。抓好对口援疆、援青、援藏以及其它对口援助工作任务落实。

第三，切实抓好保障性安居工程。加快推进保障性住房建设和棚户区、城中村、城郊村改造；国有工矿棚户区改造工程全面完工，建成一批精品安居小区，真正让群众“住得进、住得稳、住得好”。

（三）以维护稳定为第一责任，着力营造良好社会环境

第一，加强社会管理创新。加快构建“党委领导、政府负责、社会协同、公众参与”的社会管理格局，做好党的十八大等重大活动的安保工作，充分发挥“环京护城河”作用，把好东北“西大门”，坚决做到“三个不发生”，即“不发生重大群体性去省进京访事件、不发生重特大安全生产事故、不发生重特大刑事案件”。

第二，强化信访稳定工作。以解决问题为核心，深入开展领导干部大接访活动，千方百计化解信访积案，积案化解率要达到 90%以上；要强化“属地管理”，建立责任追究机制，对稳控工作不到位、造成重大影响的责任人，要及时进行通报、适时约谈并实施问责。

要高度重视国家安全，严密防范境内外敌对势力和邪教组织的渗透破坏及非法活动。始终保持严打高压态势，严厉打击各种犯罪，确保社会大局和谐稳定。

第三，做好安全生产工作。强化安全生产责任制落实，全面排查安全隐患，深入开展矿山、危化品、建筑、民用爆破器材、烟花爆竹、特种设备、人员密集场所的安全专项整治工作；进一步加强和改进消防工作，严防重特大火灾的发生；狠抓安全生产和食品药品安全。抓好渔业生产，防止越界捕捞。进一步完善突发事件和自然灾害应急处置体系建设。

（四）以建设文化强市为目标，全面提升文化软实力

第一，加强先进思想文化建设。要认真贯彻落实党的十七届六中全会精神，坚持以社会主义核心价值体系为引领，用马克思主义中国化最新成果武装党员干部、教育群众。要以迎接党的十八大胜利召开为契机，开展系列宣传教育活动，牢牢把握正确导向，积极营造浓厚的思想舆论氛围。结合“迎全运、爱家乡、建辽宁”主题实践活动，深入开展精神文明创建活动，进一步凝聚全市人民的力量，为发展振兴提供强大动力。

第二，大力发展文化事业。按照省委《加快建设文化强省实施意见》的要求，继续深化文化系统公益性事业单位改革。坚持以政府为主导、以公共财政为支撑，大力发展公益性文化事业，实施文化惠民工程，加快完善覆盖城乡的公共文化服务体系。

第三，培育和发展文化产业。实施全民文化素质提升工程，坚持以市场为主导，做大做强一批文化产业集聚区。出台我市《文化产业发展规划纲要》。开发古城、长城、海洋、海岛、温泉和红色旅游资源，加快觉华岛“北方国际旅游岛”、“碣石宫遗址公园”、兴城古城和塔山阻击战纪念馆等开发，加强建昌战国古墓遗址发掘保护，把文化旅游产业打造成支柱产业。

三、切实加强和改进新形势下党的建设，不断提高党的建设科学化水平

第一，切实提高党员干部的思想政治水平。认真贯彻党的路线方针政策，扎实抓好理论学习、宣传和研究等工作。要深入开展中国特色社会主义理论体系教育，坚持用科学发展观指导工作、推动发展。要强化广大党员的党性教育和锻炼，始终保持思想上的先进性，发挥共产党员的先锋模范作用。

第二，加强干部队伍建设。要始终坚持“党管干部”原则，着力建设“政治合格、实绩突出、作风过硬、清正廉洁”的干部队伍。牢固树立正确的用人导向，坚持“五湖四海、任人唯贤”和“德才兼备、以德为先”的用人标准，大胆提拔和重用“有激情、能攻坚、干成事”的领导干部。

要大力倡导面向省内外公开选拔“博学多才”的干部；加强培养选拔女干部和党外干部工作；加大干部交流力度；推进干部教育培训创新。

第三，建立科学的干部考核机制。强化对县（市）区、市直部门和园区的考核。要遵循科学发展观、正确政绩观的要求，建立完善干部量化考核体系，坚持定量考核与定性考核相结合，确保考核全面、真实、公正。今后，必须破除“论资排辈”，坚持凭实绩用干部，择优竞争上岗，建立“能者上、平者让、庸者下”的用人机制。

第四，加强基层党组织建设。深入开展“创先争优”活动，选树一批“叫得响、立得住、学得到”的先进典型。结合“七一”建党庆祝活动，全面总结“五个一”工程所取得的成绩和经验。抓好基层党组织带头人队伍建设，落实农村党支部书记“一定三有”规定，加强学校、社区、企业以及“两新”组织党建工作。

第五，加强作风和执行力建设。各级领导干部要“讲政治、重品行、作表率”，保持和发扬我党的“三大”作风，保持党同群众的血肉联系，着力为人民群众做好事、办实事、解难事。要加强执行力建设，大力发扬“务实高效、真抓实干、雷厉风行”的作风，强化督查和追责问效，确保各项工作“花开有果、落地有声”。

第六，推进民主政治建设。进一步加强和改善党对人大、政协工作的领导，支持人大及其常委会依法行使监督权，支持人民政协履行好“政治协商、民主监督、参政议政”职能。特别是在加快推进沿海经济强市建设的进程中，要充分发挥人大、政协凝心聚力、善于谋势、勇于作为的重要作用。

认真落实党代表任期制，建立健全党代表常态化联系制度，充分发挥“两代表、一委员”的职能作用。做好统战工作，加强对民主党派和工商联换届工作的领导，确保换届工作圆满完成。充分发挥工会、共青团、妇联等各人民团体的作用，为经济社会发展凝聚力量。

第七，加强党风廉政建设。认真落实《廉政准则》，进一步完善惩防体系，全面推进“五大系统”建设，严格执行“四个不直接分管”，着力从源头预防腐败。强化党风廉政建设责任制和“一岗双责”落实，加大案件查处力度；市委常委要带头检查党风廉政建设责任制落实情况，确保党风廉政建设和反腐败各项工作落到实处。继续整治发展环境，为经济发展营造良好氛围。

各位委员、候补委员、同志们，实现“稳中求进、稳中求快”的目标，最重要的是精神、是信心、是激情、是干劲。让我们在省委的坚强领导下，开拓创新，真抓实干，全面开创“沿海经济强市”建设新局面，以优异成绩迎接党的十八大胜利召开！

政府工作报告

——2012年1月6日在葫芦岛市第四届人民代表大会第三次会议上

代市长 都本伟

各位代表：

现在，我代表市人民政府向大会报告工作，请予审议，并请市政协各位委员和列席会议的同志提出意见。

一、2011年工作回顾

过去的一年，是我市经济社会发展的又一个丰收年。在市委的正确领导下，全市人民解放思想，开拓创新，真抓实干，圆满完成市四届人大二次会议确定的各项任务，开创了加快发展的崭新局面。

预计2011年，全市地区生产总值650亿元，增长15%；财政一般预算收入70.3亿元，增长25.7%；固定资产投资460亿元，增长35%；社会消费品零售总额274亿元，增长17.5%；实际利用外资4.4亿美元，增长100%；引进省外内资170亿元，增长35%；进出口总额13亿美元，其中出口8亿美元，增长23%；城镇居民人均可支配收入20 150元，增长16%；农民人均纯收入7 900元，增长20%。在国际国内经济环境不利的条件下实现较高增速，表明我市“十二五”开局良好，沿海经济强市建设强力推进！

一年来，我们主要在以下10个方面取得显著业绩：

第一，园区建设蓬勃发展。园区基础设施投入60.3亿元，增长25.4%，其中争取上级资金3.6亿元；累计投入178亿元。当年新引进项目257个，总投资1 346亿元；新开工项目184个，总投资897亿元；在建项目246个，总投资975亿元；建成项目62个，总投资76亿元。园区总产值191.3亿元，增长142.8%；财政一般预算收入9.9亿元，增长65%。园区效益大幅跃升。

龙湾CBD基础设施配套齐备，海洋生态型中央商务区正在崛起。前所现代生态农业园区是辽宁沿海经济带唯一的农业园区；绥中滨海经济区被授予国家火炬计划数字技术特色产业基地和省高新技术产业开发区，兴城临海产业区被评为省新型工业化产业示范基地，打渔山泵阀产业园区成为省泵阀产业集聚区，建昌食品产业园区成为省农业特色产业集聚区。园区建设跨入了历史最好时期！

第二，项目建设快速推进。项目年活动成果丰硕。投资5 000万元以上在建项目489个，总投资超过3 000亿元，项目数量和投资规模均列全省第8位。其中，20个投资10亿元以上项目进入“省重点工业项目”计划。柳条沟港区3个7万吨级泊位、渤海造船等71个重大项目竣工投产。投资130亿元的工业铝型材、投资50亿元的美玲工业园等216个重大项目开工建设；青山水库主体工程和移民动迁超额完成年度任务。猴山水库、石河港、大唐热电、15万吨TDI和南电三期等项目前期工作取得积极进展。

聚氨酯、泳装、有色金属深加工、海洋工程装备产业集群列入省重点。渤船重工销售收入超100亿元，中航黎明锦化机、葫芦岛钢管销售收入超10亿元。方大锦化扭亏为盈，“锦化氯碱”成功复盘。淘汰落后产能企业7家，单位工业增加值能耗降低6%。民营企业增加值实现293亿元，增长21%；实现税收26亿元，增长24.5%；销售收入过亿元民营企业达到60家。项目支撑战略迸发出前所未有的强劲动力！

第三，县域经济稳步提升。新一轮县域经济“三年倍增”计划开局良好。预计县域地区生产总值、财政一般预算收入分别增长 27.2%和41.6%。粮食产量达到136万吨，创历史新高。水果、蔬菜、肉蛋奶、水产品产量分别达到102万吨、308万吨、73.2万吨、45万吨，分别增长12%、10%、10.4%和10%。

农业产业化晋档升级。新增设施蔬菜面积30万亩，达到110万亩。引进10亿元以上农产品加工项目10个，其中6个已开工。新建国家级粮油高产示范区20个、畜禽标准化养殖小区80个，新增地理标志商标 3 个，认证无公害农产品 35个、绿色食品 18 个。新增农民专业合作社 290家、农业产业化龙头企业50家。完成农田水利骨干工程779项，实施节水滴灌工程13.5万亩，增殖放流对虾等3.5亿尾。兴城优质花生产业基地成为国家富民强县项目，连山塔山乡西堡村获全国一村一品示范村称号。一年来，县域经济保持倍增态势，新农村建设成果喜人！

第四，城区经济活力倍增。预计城区生产总值375亿元，财政一般预算收入38.4亿元，城区经济“三年倍增”任务圆满完成。进一步简政放权，向城区下放43项经济管理权限。行政区划调整取得重大突破，高桥镇平稳划至南票区，其他5 个乡镇划转工作有序推进，南票百年矿区迎来近海发展的新机遇。

服务业全面发展。龙港商贸流通集聚区被评为首批省级服务业集聚区。富尔沃、大润发开业运营，恒大、首创、佳兆业等10个地产品牌企业落户。房地产施工面积873万平方米，增长63%；新开工面积400万平方米，增长43%。“万村千乡”市场工程覆盖全市99%的乡镇和98%的村，163万农民受益。现代服务业日益繁荣，股权基金合作进一步深化，与中国太平洋建设集团签定BT合作协议，第一批城投债券获批。全市金融机构贷款余额560亿元，比年初增长11%；新增贷款60亿元，增长14%。

第五，对外开放成果显著。坚持外资盯住日韩港台、内资盯住东南沿海，全方位、多层次招商。推介项目490个，引进387个，落地270个。开创金融招商先例，与日本住友、韩国韩亚、香港亚联财等6家海外金融机构开展金融合作。温泉开发、城市综合体、新城新市镇等主题招商成效明显。海外并购项目6个，并购额4 240万美元。对外劳务合作规模扩大，全年劳务输出2万人次。葫芦岛港实现外贸货物运输零的突破。

以节会促开放。成功举办首届国际泳装文化节，23个国家和地区700多名客商踊跃参加，签订贸易协议24个，总额1.7亿美元；签订投资协议23个，总额203亿元。成功举办泵阀产品博览会，参会企业313家，购销额5亿元；与20家企业签订投资协议107.2亿元。开创了我市走向世界的新局面！

第六，文化旅游新型支柱产业迅速兴起。规划了战国、秦汉、长城、古城等10大文化旅游板块。市本级和绥中、兴城文物局成立。姜女石遗址、兴城古城、圣水寺和长城列为“十二五”国家文化遗产保护项目，占全省总数的三分之一。《兴城古城保护规划》获国家批复，建昌东大杖子战国墓葬群入选第七批国家级文物保护单位，葫芦山庄成为全省唯一的五星级休闲农业与乡村旅游示范区。

文化品牌不断丰富。成功举办世界泳装设计大赛、模特大赛；“万人比基尼”群众性活动刷新吉尼斯世界纪录；“中华太极操”逐步推广，“中国太极岛”申报待批。群众文化节、读书节、文化大讲堂和文化广场活动丰富多彩。全年接待国内外游客 1 584 万人次，增长 21.2%；旅游总收入 144.5 亿元，增长 56.7%。文化旅游产业正在向新型支柱产业大步迈进！

第七，城市建设步伐加快。城市功能进一步完善。龙程街、锦葫路等城市路网改造工程建成通车，高速公路葫芦岛东出口岛东线改造工程竣工，达到一级路标准，葫六线、龙湾大街南延改造启动实施。“901”人防工程建成使用，龙湾海滨人防工程主体完工。CBD“一场五馆”主体工程全部完工，文化馆投入使用，标志着我市即将结束没有现代化大型文体设施的历史。

以幸福和宜居为目标，开展了“我们的城市，我们的家园”城市环境综合整治活动，创新6项城市管理制度，实施14项提升工程，建成龙湾大街中段、海辰路、海滨南路3条鲜花大道，修建8 处城市喷泉，城市基础设施实现填平补齐、优化升级，形成了人人维护环境、人人关爱家园的社会氛围。推进辽西绿色生态长廊建设，植树造林80.6万亩，森林覆盖率达到33.7%，荣获省绿化造林先进市三连冠。白狼山自然保护区晋升国家级保护区。近岸海域水质达标率100%，城市空气质量优良天数357天，占全年的97.8%。人居环境更加舒适优美。

第八，民生工程优质高效。上一年市政府的承诺全部兑现，我市社会保障指数在2011全国城市发展蓝皮书中排第8位。一是城镇实名制就业6万人，城镇登记失业率控制在3.7%以内。二是覆盖城乡的养老保险制度基本建立，27.4万城乡居民享受基础养老金待遇，11.5万企业离退休职工养老金人均每月上调136元。三是17万城乡低保对象实现应保尽保，低保救助标准再次提高。四是新农合参合率达到95%，基金使用率达到85%。五是农村中小学公用经费标准再次提高，低保家庭大学生救助实现全覆盖。六是城区供水管网改扩建工程提前一年完成，老城区实现24小时供水。七是建立大公交体系。重组市公汽公司，新增4条公交线路、1条滨海公路旅游线路，新增200辆公交车、200辆出租车，市民出行更加便捷；成功取缔城区营运三轮车，交通安全隐患得到有效治理。八是完成农村饮水安全工程314项，解决了13万农民饮水安全问题。九是劈山填海实施全省最大国有工矿棚户区改造项目，近10万户居民即将告别脏乱差的居住环境。十是完成扶贫攻坚任务，79个整村、9.4万贫困人口人均纯收入达到2 116元，超过扶贫标准316元，实现稳定脱贫！

第九，各项社会事业繁荣发展。科教兴市战略深入实施，与清华大学共建社会实践基地，引进海外研发团队2个，兴城、绥中、建昌、龙港成为全国科普示范县，渤船重工成为国家级高新技术企业。推进教育均衡发展，改造学校97所，建成九年一贯制学校72所，高考录取率88.2%，职业教育毕业生就业率超过80%。文化体育事业健康发展，新建乡镇文化站46个，实现一村一个农家书屋。“迎全运、爱家乡、建辽宁”全民健身活动有声有色，我市在国际国内体育赛事中获金牌42枚。医药卫生体制改革不断深入，83家基层医疗卫生机构实施基本药物制度，基本药物配备和使用率均达到100%。基层医疗卫生单位综合改革通过省验收。人口出生率控制在6.58‰。

国防动员、军民共建、民兵预备役等工作成绩显著，荣获省级双拥模范城四连冠。我市成为全国民族团结进步教育基地。食品药品监管体系逐步健全，保障了人民群众饮食用药安全。物价保持基本稳定。国家安全、民族宗教、新闻出版、妇女儿童和防灾减灾工作不断加强，监察、审计、统计、质监、侨务、档案、气象、老龄、电力保障、对口支援、慈善、残联和红十字会等工作取得新成绩。

第十，民主法制建设得到加强。自觉接受人大的法律监督和工作监督、政协的民主监督，积极发挥各民主党派、工商联、无党派人士和人民团体参政议政作用。办理人大代表建议73件、政协提案465件，办复率、见面沟通率为100%，满意和基本满意率为99.5%，落实和基本落实率达到64.1%，比上年提高2.6个百分点。坚持依法行政和重大问题公示、听证制度，推进政府决策科学化、民主化、法制化。狠抓纠风专项治理，提高行政效能，取消行政审批项目29项，公共服务水平再度提升。深入开展社会主义核心价值观教育，文明城市、文明社区和文明村镇创建活动取得成效。积极落实领导包案，稳妥处理信访问题。严厉打击各种违法犯罪活动，“清网行动”在全国现场会上介绍经验；安全生产形势总体稳定，突发事件处置能力得到提高，荣获省社会治安综合治理先进市五连冠、安全生产先进市三连冠，人民群众安全感明显增强！

各位代表，过去一年取得的成绩，是市委正确领导、科学决策的结果，是市人大和市政协有效监督、鼎力支持的结果，是历届班子打下坚实基础、持续发展的结果，是各地区各部门担纲履职、攻坚克难的结果，是全市人民和衷共济、团结奋进的结果。在此，我代表市人民政府，向各位人大代表、政协委员、各民主党派、工商联、各界人士和海内外朋友，向各驻葫单位、驻军部队、武警官兵、公安干警，向全市人民，致以崇高的敬意和衷心的感谢！

同时，我们也清醒地看到，对照建设沿海经济强市的目标，对照全市人民的期盼，政府工作还存在不少困难和问题。主要表现在：一是经济总量不大。地区生产总值仅占全省3%，财政一般预算收入仅占全省2.7%，赶超发展的基数较小。二是结构调整任务艰巨。高新技术产业比重较低，现代服务业相对滞后，民营经济发展不快。三是自我发展的内生动力不足。特别是牵动性大项目少，产业集群没有重大突破，难以支撑经济提速发展。由于形势变化和产业政策调整，徐大堡核电、千万吨炼油项目还在核准之中。四是民生保障水平有待提升。居民收入水平还不高，就业、就医、就学和居住、出行、安全状况需要进一步改善。五是发展环境还有差距。一些单位和部门服务意识不强，业务水平不高，工作效率较低，制约了沿海优势的发挥。对这些问题，我们一定高度重视，认真解决。

二、2012年工作安排

新的一年，面临新的挑战，蕴藏新的机遇。站在新的起点上，我们必须更加自觉地转变方式、加快发展，更加有效地挖掘潜力、发挥优势，更加负责地保障和改善民生、维护社会和谐稳定。

今年政府工作的指导思想是：**坚持以科学发展观为统领，深入贯彻党的十七届六中全会、中央经济工作会议、省第十一次党代会和市第四次党代会精神，紧紧围绕保持经济平稳较快增长的中心，深刻把握“稳中求进，稳中求快，好中求快”的总基调，以建设沿海经济强市为战略目标，以转变经济发展方式和创新社会管理为主线，以推动文化改革繁荣为兴市之魂，以推进沿海经济带、县域经济、城区经济、民营经济和宜居滨城五大建设为重点，大力实施工业强市、项目支撑、沿海开放和民生保障四大战略，着力打造文化旅游新型支柱产业，努力为人民群众创造富庶文明幸福的新生活。**

主要预期目标是：地区生产总值增长13%，财政一般预算收入增长15%，固定资产投资增长26%，社会消费品零售总额增长18%，实际利用外资增长40%，引进省外内资增长30%，出口总额增长20%，城镇居民人均可支配收入增长16%，农民人均纯收入增长16%。

为实现上述目标，重点抓好以下10个方面工作：

1、大力推进招商引资，提升沿海开发开放水平

实施重大项目招商攻坚计划。以世界500强、国内500强和行业100强为重点，实行一对一招商、叩门招商、驻点招商。每月都有主题招商活动，加大招商密度，提升招商质量。对10亿元以上重大项目实行专职专人跟踪对接服务，年内力争2～3户大企业落户。全市实际利用外资达到6.2亿美元，引进省外内资达到221亿元。

推进园区自主发展。优化园区管理体制，创新运行机制，让园区放开手脚、自主发展、快步前进。进一步完善园区基础设施，加快推进“七通一平”和标准化厂房建设，搞好研发、检测、营销、融资、物流等公共服务平台。加强园区生产要素保障，建设用地向园区倾斜，融资规模向园区集聚。强力推进项目入驻、投产，全市园区新引进项目要达到300个，新开工项目200个以上；每个省级重点园区力争新上投资5亿元以上项目10个，投资10亿元以上项目至少1个。

2、大力推进工业化建设，加大产业结构调整力度

突出重大项目建设。推进投资亿元以上重点项目363个，总投资3 454亿元。其中，投资5亿元以上项目126个。加速推进投资130亿元的工业铝型材项目；开工建设投资69亿元的甲醇制烯烃及延伸加工、投资64亿元的路易LED、投资39亿元的名洋海洋工程、投资28亿元的中航黎明机械装备制造、投资21亿元的电网建设及改造等重大项目。

加速产业集群发展。推进聚氨酯、数字技术、泵阀、泳装、有色金属深加工、海洋工程装备等6个产业集群建设，每个产业集群年内至少引进1个投资超10亿元的项目，至少新增1个产值超10亿元的企业；产业集群总产值增长100%。积极发展高新技术产业，开发高技术含量、高附加值产品。规模以上工业增加值增长16%，单位工业增加值能耗下降5%。

3、大力推进城乡统筹发展，实现县域和城区经济整体跃升

加快县域经济产业化、工业化、城镇化进程。建设现代农业、高效农业，创建粮油高产示范区20个，改建、新建20万亩设施农业，新建畜禽标准化养殖小区74个、现代海洋牧场2万亩，建设20个市级新农村示范村。推进县域工业园区建设，6个10亿元以上农产品加工项目建成投产；兴城要在发展泳装产业的基础上，确立新的工业产业集群；绥中力争年内引进50家数字技术企业；建昌要规划建设北方铸造产业基地。推进新城新市镇建设，加快中心城镇建设步伐。按照30～50万人口标准，逐步完善县城功能、扩大县城规模。加大对建昌县的扶贫帮困力度，支持绥中县扩权发展，实现在全省位次前移。

启动新一轮城区经济“三年倍增”计划。按照城区享有县级权限的标准，进一步推进经济管理权力下放。加快服务业发展，传统服务业与现代服务业并重、生产性服务业与生活性服务业并举，按照销售收入50亿元以上的标准，推进24个服务业集聚区发展。恒大、新奥、首开等7个城市综合体项目加速推进，2个五星级酒店投入使用，1个五星级酒店主体完工。完成CBD扩区，建设商务金融服务中心。加快连山、龙港、兴城一体化建设步伐，统一规划、有序开发、共同发展。全面完成行政区划调整，启动南票新区建设，完成南票国有工矿棚户区改造，让6万多名工矿棚户区居民走出大山、喜迁新居！

4、大力推进民营经济提速，培育新的经济增长点

实施民营经济腾飞计划。鼓励全民创业、全民办实业，形成中小企业、微型企业发展浪潮。支持民间资本进入国家准许的所有领域，引导民企与国企对接合作，实现民企上市零的突破，完成海外并购项目3个。推进企业自主品牌建设，争创中国驰名商标2个、省级著名商标10个。壮大民营企业规模，销售收入超500万元的民营企业达到680家，民营经济增加值增长16%。

完善中小企业服务体系。加快小额贷款公司发展，建立中小企业信用担保机构风险补偿金制度，积极引进股权投资基金。推进县级创业辅导基地建设，设立中小企业发展专项资金，奖励获得驰名、著名商标、名牌产品和市长质量奖的民营企业，提升中小企业品质。制定扶持政策，全力支持成长型中小企业加快发展！

5、大力推进文化旅游产业发展，促进文化建设水平强势攀升

加快文化旅游产业发展。加强文化遗产保护，推进兴城古城保护和利用，制定姜女石、圣水寺整体保护规划。规划建设东大杖子战国墓葬群遗址公园。加快开发10大文化旅游板块，率先推出长城、温泉、红色文化和乡村旅游4个示范板块。建设沿海栈道，打造龙港、兴城、绥中“黄金海岸”。推动觉华岛国际旅游岛开发进程。办好第二届国际泳装文化节、泵阀博览会，发展节会经济。鼓励创办文化企业，培育文化创意产业，开工建设中国北方影视产业基地。

积极发展公共文化事业。完善市、县、乡、村公共文化服务设施功能，启动广播电视“户户通”工程，满足群众文化需求。开展优秀文学、艺术作品评选活动，促进群众性文化活动繁荣发展。建成CBD“一场五馆”，全部向市民开放。规划建设历史文化主题雕塑公园、国际和平广场、国际比基尼广场，展示文化旅游名城魅力。

6、大力推进基础设施和生态建设，提升生态宜居城市品位

启动新一轮城市总体规划修编，深化“我们的城市，我们的家园”活动。实施畅通工程，葫六线、龙湾大街南延路改造工程竣工，建兴高速、绕城公路、新老城区快速干道等12项道路工程开工。实施水源工程，青山水库主体完工，同步建设青山水库配套净水厂，开工建设猴山水库，新建农村饮水安全工程320处。实施港口工程，绥中港区通用码头主体竣工，柳条沟港区4个10万吨级泊位、兴城港区“一通一客”泊位开工建设，海铁联运实现重大突破，全面提升港口竞争力。实施职教工程，加速渤海船院迁址新建，建设全国高职现代教育体系示范区和中职教育示范园区。实施环保工程，严格环境影响评价，加强污染治理，新建5个垃圾处理场、2个污水处理厂，实施茨山河上游和五里河下游综合治理，力争年内实现流域水质达标。实施生态工程，启动国家森林城市创建工作，完成辽西绿色生态长廊建设任务，推进青山工程、凌河保护区工程建设，森林覆盖率达到36%；加强海岸线、湿地、滩涂和农村生态保护。努力打造四通八达、山青水秀、绿树成荫、卫生整洁、空气清新、美丽宜居的花园式生态宜居滨城！

7、大力推进民生工程，增强人民群众幸福感

2012年，市政府将集中力量为人民群众办好10件实事。一是实施新一轮扶贫攻坚，确保12.7万农村低收入群体人均纯收入达到2 300元以上。二是实施农村医疗救助"一站式"结算服务，进一步提高农村低保和五保供养标准。三是每个乡镇建设1所标准化中心幼儿园，引导幼儿园连锁发展。四是实现城镇基本医疗保险门诊统筹制度全覆盖，全面解决43.7万无医保个人账户参保人员门诊待遇问题；实现政府办基层医疗卫生机构药品零差价销售，进一步解决看病贵问题。五是加强物业管理，逐步解决小区物业弃管问题。六是完善供暖设施，逐步取消小锅炉，实行集中供热，消除供暖低温区；改造下水管网设施，实现城区排水畅通。七是启动岔沟等18个城中村改造项目，推进老街老巷改造，提升老城区临街建筑档次；推进城区主要街路亮化升级，实现亮化向小街小巷和城郊延伸。八是国有工矿棚户区改造工程全面完工，保证入住，改善城乡居住条件。九是落实老年人保障政策，推进农村中心敬老院规范化管理，发展老年事业，让老年人老有所养、老有所乐。十是严格校车安全服务管理，切实保障学生安全，让家长放心！

同时，我们还要根据实际需求，为群众办更多实事，努力实现群众幸福指数与经济指标同步增长。

8、大力推进民主法制和精神文明建设，积极推动社会管理创新

认真执行人大及其常委会的决议决定，坚持报告工作制度；自觉接受人大的依法监督，虚心接受政协的民主监督，广泛听取各民主党派、工商联、无党派人士的意见和建议，主动接受人民群众的社会监督和新闻媒体的舆论监督。支持"两院"依法履职，发挥群团组织作用。加强基层政权建设，建立村委会主任培训机制，提升基层干部工作能力。重视群众来信来访，坚持标本兼治，着力解决引发不稳定因素的热点难点问题。推进"六五"普法，加强社会管理创新，强化社会治安综合治理，狠抓安全生产，严格食品药品监管，完善学校和幼儿园安全管理体系。全面推进应急管理体系建设，提高处置突发事件能力。以构建社会主义核心价值体系为重点，深入开展群众性精神文明创建活动，培育开放、友爱、创新、争优的城市精神。坚决整治干扰发展的现象，严肃查处损害发展的行为，积极创造更加宽松的政策环境、更加公平的法制环境、更加温馨的服务环境、更加和谐的人文环境，努力打造和谐葫芦岛！

9、大力推进公共服务能力建设，繁荣各项社会事业

突出就业和社会保障。新增城镇实名制就业4.2万人，城镇登记失业率控制在3.8%以内，保持零就业家庭动态管理为零。全市企业养老、医疗、失业、工伤和生育保险参保人数分别达到46.6万人、81.5万人、25.1万人、29.1万人和22.1万人；城镇居民养老保险实现应保尽保，新农保参保率达到80%以上，新农合参合率稳定在94%以上。统筹发展各项社会事业。创新引进人才、培育人才机制，让优秀人才脱颖而出，推进人才兴市。加快科技成果转化，高新技术产品增加值增长20%。继续实施学前教育三年行动计划，均衡发展义务教育，加快普及高中教育，优化职业教育，提升高等教育。深化医药卫生体制改革，完善城乡医疗服务体系。发展群众体育运动，全力打造"中国太极岛"，做好迎全运的各项工作。加强人口和计生工作，推进免费孕前优生健康检查，人口出生率控制在6.8‰以内。加强国防教育，支持部队建设，巩固军政军民团结。积极做好民族宗教、外事侨务、稳控物价、防灾减灾、福利慈善等各项工作。

10、大力推进政府自身建设，切实提高执政能力

坚持把政府自身建设摆到更加突出的位置，适应形势，转变职能，强化素质，提高效率，对人民负责，受人民监督，让人民满意。

建设诚信政府。坚持依法行政，推进简政放权，扩大政务公开，实现阳光行政。正视问题，敢于担当，讲操守、重品行，体察民意，顺应民心，言必信，行必果，以实际行动取信于民。

建设廉洁政府。坚持从严治政，推进惩治和预防腐败"五大系统"建设，注重自省自律，严格审计监察，规范从政行为。勤俭节约，艰苦奋斗，压缩"三公"开支，把有限财力用于改善民生、促进发展。

建设高效政府。坚持求真务实，谋于细、管于精、作于实，果断决策，雷厉风行，扑下身子，苦干实干。加强政府公务人员管理，推行办事承诺制、限时办结制、首问负责制，严肃工作纪律，严格责任追究，坚决治懒治庸。

建设为民政府。坚持以人为本，情系百姓，把群众的安危冷暖时刻放在心上。坚持群众观点，尊重群众、贴近群众，解难题、办实事，惠民富民。倾尽全力，不辞万难，全心全意为人民群众谋幸福！

各位代表！新期待凝聚力量，新使命催人奋进。让我们在市委的坚强领导下，满怀激情，团结奋斗，励精图治，顽强拼搏，共同谱写沿海经济强市建设新篇章，努力创造滨城人民富庶文明幸福的新生活！

大事记

1 月

1 日　市委书记陈晓琨，市长孙兆林、市人大常委会主任阎生、市政协主席郑宏伟向全市党政军民及社会各界致新年贺词。

△本市举行“体彩杯迎全运贺新年”元旦长跑活动，社会各界 700 余人以体育健身的方式支持全运，参与全运，奉献全运。

4 日　连续 3 个星期，市科协每天向市民免费发送 7 万多条科普信息，“短信科普”成为市民获取科普常识的新途径。

5 日　市四届人大常委会举行第七次会议。市人大常委会主任阎生主持会议。会议审议了市四届人大二次会议日程草案，审议了市四届人大二次会议主席团和秘书长名单草案，审议了市四届人大二次会议主席团常务主席名单草案，审议了市四届人大二次会议执行主席名单草案，审议了市四届人大二次会议副秘书长名单草案，决定了市四届人大二次会议列席人员名单，审议了关于补选市四届人大代表的代表资格审查报告，审议了市人大常委会工作报告（草稿），通过了人事任免事项。

△　市委书记陈晓琨，市委副书记、市长孙兆林会见大连港集团董事长、党委书记邢良忠，大连港集团总经理孙宏一行。双方就加快葫芦岛港建设等相关问题进行会商。

△　龙湾大街二段清扫班获全国“工人先锋号”殊荣。

△　市体育局和市民政局依法注销 15 个体育社团。

10 日　副市长张海平在市民政部门负责人的陪同下，到龙港区就基层社区建设工作进行调研。

△　本市成立安全生产协会。安全生产协会面向全市安全生产领域，以非煤矿山、危化品、烟花爆竹、冶金、有色等行业领域为重点，为企业提供技术服务。

11～13 日　召开中国人民政治协商会议葫芦岛市第四届委员会第二次会议。全市各族各界、各条战线的 378 名市政协委员，围绕“十二五”发展规划和市委、市政府确定的目标任务，着眼葫芦岛改革发展稳定大局，认真履行政治协商、民主监督、参政议政职能，同绘滨城发展蓝图，共商富民强市大计。

12 日　葫芦岛市第四届人民代表大会第二次会议开幕。孙兆林代表市政府向大会作《政府工作报告》。

13 日　举行市四届人大二次会议第二次全体会议。会议听取了市人大常委会工作报告、市中级人民法院工作报告和市人民检察院工作报告。大会主席团常务主席、执行主席赵树田主持会议。

△　举行辽宁工程技术大学与葫芦岛首钢东华机械有限公司校企合作签约仪式。

15 日　辽西五市越野车场地赛在朝阳市举行，本市有 3 辆越野车参赛并获最佳团队奖。

18 日　市委常委、纪委书记严喜鹤到龙湾中央商务区“一场五馆”工程建设工地检查指导工作，重点检查调研工程建设项目进展情况和党风廉政建设情况。

20 日　葫芦岛市人民政府、清华大学研究生院共建社会实践基地签约仪式在沈阳举行。市长孙兆林出席签约仪式并致词。

△　市总工会召开三届七次全委扩大会议。市委常委、市总工会主席陈德良在会上作工作报

告。

△ 保护斑海豹行动在本市展开，非法捕捉、猎杀、经营利用斑海豹的违法行为将受到严厉查处。

25 日　省文化厅为建昌 50 户贫困农民送年货。

27 日　省委副书记陈希走访慰问驻葫 92493 部队官兵。

30 日　本市举行 2011 年春节文艺晚会暨各界团拜会。

是月　本市首期省级产业项目特色培训班开班，213 名学员在市高级技工学校接受为期 1 个月的免费技能培训。

△ 渤海船舶职业学院正式被教育部、财政部确定为国家骨干高职院校立项建设单位。

△ 2011 年度全市“4050”灵活就业人员和公益性岗位人员社保补贴标准出台。

2 月

9 日　市四个班子领导到机关，向坚守岗位的广大干部职工，送上了新春的祝愿。

14 日　由辽宁广播电视台都市频道策划制作的《致敬辽宁》颁奖晚会系列报道主题活动火热开展。本市代课女教师吴艳兰入围候选人行列，有望成为“十大致敬人物”。

△ 在全省水利工作会议上，本市获省政府授予全省农建“大禹杯”竞赛市级优秀组织奖称号，这是本市连续第十四年获此殊荣。

16 日　本市确认首批 12 处工业遗产。这 12 处工业遗产分别是：葫芦岛锌厂（1937 年—当代）、“葫芦岛锌厂筹建工程指挥所”旧址（1937 年）、西山储油库（1940 年）、柴家屯锰矿（1934 年）、下富儿沟火药库（中华民国）、庙山东竖坑矿址（清末—当代）、西竖坑矿址（清末—当代）、杨家杖子矿区索道（1941 年—当代）、岭前竖井（1953 年）、杨家杖子日式建筑群（20 世纪 30 年代）、邱皮沟煤矿（20 世纪 20 年代）、杨家山矿洞遗址（20 世纪 30 年代）。

17 日　市公安局交警支队在海滨南路等 14 个点位设置电子警察设备，即日启用。

18 日　在“关东风情宝岛行”经贸文化交流活动中，本市高新区的“台湾聚氨酯产业园”作为全省重点产业集群项目，由省长陈政高作了重点推介。

18 日　2010 年葫芦岛市市长质量奖获奖企业及个人名单出炉。获奖企业为渤海船舶重工有限责任公司和中国石油锦西石化分公司。

19 日　零时，本市国家安全机关开通举报电话，号码为 96007，原国家安全举报电话号码同时停止使用。

22 日　团市委召开高校团干部到县（市）区团委挂职欢迎会。来自渤海船舶职业学院、辽宁工程技术大学葫芦岛校区、大连交通大学、大连海洋大学、锦州师范高等专科学校、辽宁省农业经济职业学院的 6 名团干部开始到各县（市）区团委挂职锻炼。

23 日　中国共产党葫芦岛市第三届纪律检查委员会第七次全体会议召开。市委书记陈晓琨出席会议并讲话。

△ 中国美术学院首次在本市举办了美术、书法考级。

24 日　全市农村工作会议召开。市委书记陈晓琨、市长孙兆林出席会议并讲话，市委副书记崔枫林主持会议。

25 日　辽西地区第一例高度近视患者在葫芦岛市何氏眼科医院接受了 ICL 晶体植入术治疗。

△ 本市开始发放 2011 年农资综合直补和粮食直补资金，补贴资金规模为 1.47 亿元。

26 日　省政府对 2010 年造林绿化工作进行表彰，本市荣获“造林绿化先进市”称号。

28 日　副市长李双金会见了日本瑞穗实业银行（中国）有限公司大连分行行长大门荣城一行，双方就共同开发投资环境和开展金融方面的合作进行了交流。

△ 全国畜牧总站站长李希荣就畜牧业发展情况来葫调研。省畜牧兽医局局长宋树才、副市长张海平陪同调研。

△ 世界 500 强企业、世界第二大铸造化学品供应商日本花王株式会社与葫芦岛锦星铸造材料有限公司在葫正式签订合资协议。

△ 市种子管理站荣获全国抗灾促春管保春

耕指导服务活动先进集体。

△ 中冶葫芦岛有色金属集团有限公司精锌冶炼厂重点科研项目——竖罐蒸馏炉内加石墨取代焦炭攻关项目在蒸一车间取得突破性进展，并应用到蒸一生产系统。

△ 国家人力资源和社会保障部发布“关于表彰中华技能大奖、全国技术能手和国家技能人才培育突出贡献奖获奖单位、获奖个人的决定”，渤海船舶重工有限责任公司两名职工喜获殊荣。

1 月～2 月，本市港口货物吞吐量累计完成375万吨，比2010年同期增长171万吨，增幅达84%。

3 月

1 日　市人大常委会召开对市政府组成部门、有执法职能的直属部门和部分垂直管理部门依法行政工作进行评议和测评动员会。

△ 《公证法》颁布实施五周年之际，本市在市政府广场集中举行大规模宣传活动。

△ 市城管支队对老城区占道烧烤摊、违规摆放的落地小灯箱、广告条幅等进行了集中清理。

2 日　本市出席十一届全国人大四次会议的全国人大代表孙兆林、王宝军、张文成、谷文涛、于洪等5人赴京。

3 日　全省文物工作座谈会在沈阳召开。会议确定，全面完成第三次全国文物普查和长城资源调查工作等6项工作为2011年全省文物工作的重点，启动兴城古城保护工程为其中之一。

6 日　一本本精美的《葫芦岛旅游》画册摆放到华泰国际酒店的每一间客房，结束了本市星级酒店客房没有本地高档旅游宣传册的历史。

8 日　兴城市泳装行业协会成立并召开一届一次会员代表大会，共发展91家会员单位。

△ 由国土资源部中国土地勘测规划院院长郑凌志带队的国土资源部和省国土资源厅“破两难促转变”联合调研组来葫调研。

11 日　市妇联代表中华全国妇女联合会授予市公安局出入境管理处“全国三八红旗集体”牌匾。

△ 本市举行 2011 年重点项目融资信息发布会，向14家金融机构推出82个重点项目的融资信息。82个项目的总投资额为200亿元，2011年贷款需求97亿元。

△ 全市机动车涉牌涉证违法行为集中整治新闻协调会公布，市交警支队共查处涉牌涉证违法行为181起，处罚459人，收缴非法牌证129个。

11～15 日　在第九届香港国际武术节上，本市育才武术队 4 名参赛选手共夺得 2 枚金牌、6 枚银牌。

15 日　本市第四次党代会代表选举工作会议召开，会议指出，本次党代会将首次实行党代表大会代表任期制。

△ 本市纪念第 29 个国际消费者权益日活动拉开帷幕。

16 日　本市召开民兵整组工作会议，从3月中旬开始，全市民兵整组工作全面启动。

17 日　省长陈政高来葫调研，实地考察沿海经济带重点园区建设、重大项目和棚户区改造、就业等民生工程，现场办公解决本市经济社会发展中遇到的困难和问题。副省长陈超英、滕卫平、邴志刚及省直有关部门负责人参加调研。

△ 市药品监督管理局连山分局在开展“规范药品经营企业经营行为专项整治百日行动”时，从连山区虹螺岘镇一药品经营企业查获一批假“复方平喘胶囊”。

18 日　本市开展以“规范文化市场秩序，促进文化繁荣发展”为主题的大型文化市场法制宣传教育活动。

△ 市长孙兆林会见中国海洋石油总公司副总经理、中海石油有限公司总裁李凡荣一行。市政府秘书长陈利世参加会见。

△ 市盐务管理局在交警部门的配合下，查获一起非法贩运工业盐冒充食用盐行为，查扣工业盐 1.25 吨。

△ 本市对食盐价格进行大检查。市物价局表示，食盐价格必须实行全省统一零售价，坚决打击造谣惑众、恶意囤积、哄抬价格等扰乱市场的行为。

19 日　召开民盟葫芦岛市委纪念民盟成立70周年大会。

21 日　市长孙兆林会见来葫考察的台湾佳

丽化学工业有限公司副董事长王懿庭一行。

△　本市举行由中国针织工业协会、市政府主办的葫芦岛市泳装产业发展研讨会。国内外纺织行业专家、泳装产业企业家及本市泳装协会企业代表参加了研讨会。

23日　市委举行领导干部会议，传达省委调整葫芦岛市主要领导的决定。省委组织部副部长赵战鼓宣布省委决定：孙兆林任葫芦岛市市委书记，免去其葫芦岛市市长职务；都本伟任葫芦岛市市委委员、常委、副书记，并提名为葫芦岛市市长候选人；陈晓琨不再担任葫芦岛市市委书记、常委、委员职务。会议由新任市委书记孙兆林主持。省委常委、组织部长唐军出席会议并讲话。唐军在讲话中简要介绍了都本伟的情况，指出省委认为都本伟任葫芦岛市委副书记，并提名为市长候选人是合适的，相信都本伟在以孙兆林为班长的市委领导下，一定能够做好葫芦岛市政府工作。

24日　省委常委、组织部长唐军来葫进行创先争优活动调研。市委书记孙兆林陪同调研并主持召开座谈会。

△　本市46所社区科普大学陆续通过抽查验收，全部正式挂牌。同时，30所不符合规定的相关单位被取消。

△　截至本日，本市将14 702.33万元粮食综合直补资金全部发放至79个乡镇、5个农场、38.37万农户、129.13万人手中。

25日　本市组织收听收看国务院第四次廉政工作和省政府廉政工作电视电话会议。市委副书记都本伟，市委常委、常务副市长裴伟东及市政府秘书长陈利世在本市分会场出席会议。

△　“2010辽宁教育年度人物”评选活动举行颁奖典礼。市民营专职校车车队队长张鹏当选为“教育年度人物”，绥中县加碑岩乡黄木杖子村羊岩子小学代课女教师吴艳兰获提名奖。张鹏从部队转业后，2003年组建了本市第一家“爱心车队”。他连续6年组建高考免费“爱心送考车”，无偿接送考生和家长7万人次。

△　省委书记、省人大常委会主任王珉到绥中县，就推进改革创新、增强内生动力、实现县域经济科学发展进行工作调研。省委常委、秘书长周忠轩，省直有关部门负责同志参加调研。

26日　绥中县加碑岩乡黄木杖子村羊岩子小学代课女教师吴艳兰获得“致敬辽宁十大人物”称号。

28日　市四届人大常委会举行第九次会议。会议根据市长孙兆林提请，决定任命都本伟为葫芦岛市人民政府副市长；表决通过了《葫芦岛市人民代表大会常务委员会关于接受孙兆林辞去市人民政府市长职务的决定》；表决通过了《葫芦岛市人民代表大会常务委员会关于都本伟为市人民政府代理市长的决定》。

△　副省长邴志刚带领省直有关部门人员，就加快推进沿海经济带重点园区基础设施建设来葫调研。

28～30日　以市委书记孙兆林为团长的本市经贸代表团随省政府经贸代表团在浙江省温州市开展项目推进和“主题招商”活动，进一步推介重点招商引资项目，密切与“长三角”等东部沿海地区工商界的联系，经过深入洽谈、对接，有力地促进了两地间的经贸合作和交流，一大批重点项目得到落实和推进，招商活动取得圆满成功。

29日　辽宁省名牌战略推进委员会发布了2010年度辽宁名牌产品名单，本市有7家企业的7种产品荣获“辽宁省名牌产品”称号。

是月　本市城镇职工和居民医疗保险实现“一卡通”。

△　微生物发酵床养猪技术推广项目在全市开始全面实施。

△　渤海船舶重工有限责任公司收到“轴孔内径测量系统”发明专利日本专利局的授权证书。这是该专利继2010年获得德国授权之后，第二次获得国际发明专利授权。

△　从3月份开始，市人力资源和社会保障局工伤鉴定办对因病劳动能力鉴定工作实施多项创新举措。

△　经葫芦岛出入境检验检疫局检验合格，本市辽宁正业花生产业发展有限公司生产的1.24吨、价值1 860美元的花生果在意大利顺利通关，这是本市花生果首次出口欧盟。

△　本市已确认登记123处留存的近现代建筑。

4月

1日，本市在收听收看“辽宁省安委会第一季度扩大会议”后，立即召开了“全市安全生产第一季度电视电话会议”。

△　市政府召开建议提案办理工作会议。建议和提案的办复率、见面沟通率达到100%；满意和基本满意率达到99%；落实率达到61.8%，为历年最高。

△　本市对基本药物实行全程电子监管，生产企业须在产品上统一标志电子监管码，批发经营企业须进行监管码信息采集和报送。

2日　本市举行城市公交客运有限公司揭牌仪式。

△　副市长李双金会见来葫参观考察的香港第一东方投资集团常务董事李若和一行，双方就投资问题进行亲切会谈。

5日　本市举行首次骨灰撒海活动。凡具有本市常住户籍的老红军、老荣誉军人、离休老干部、老教师、省劳动模范及对国家有特殊贡献人员，减免海葬基本服务费用；凡具有本市常住户籍的城乡低保对象，减免海葬基本服务费用。

△　共青团北京大学委员会访问团抵达本市，团市委与北京大学团委签署了《大学生思想政治教育社会实践基地共建合作协议书》。

△　由省政协常委、省档案局局长孙成德率领的省政协文史资料征集调研组来葫就政协文史工作进行调研。

8日　本市打渔山园区举行入园企业集体开工仪式暨打渔山泵阀产业科技城奠基典礼。市委书记孙兆林，市委副书记、代市长都本伟，市人大常委会副主任王英杰出席开工仪式和奠基典礼。

11日　市委书记孙兆林在华泰酒店贵宾室会见辽宁省浙江商会会长、中旭置业投资集团董事长曾昌飚，辽宁省浙江商会常务副会长、中欧国际集团董事长吴国琳一行。

△　市委中心组（扩大）学习会议暨全市经济形势分析会议召开。会议主要目的是贯彻落实全国、全省两会和省委中心组（扩大）学习会议精神，动员全市广大干部，进一步解放思想、敢想敢干、真抓实干、率先突破，推进“十二五”各项工作跨越式发展。

12日　市委副书记、代市长都本伟到龙湾中央商务区调研。并指出，一定要紧紧围绕龙湾中央商务区主题定位，坚持高起点、高标准、高水平规划和建设。

△　全省公安机关加速推进信息化高端应用现场会在本市举行。市委书记孙兆林，省公安厅党委副书记、副厅长阎庆文，市委常委、政法委书记张富恩，副市长、市公安局长潘春吉出席会议。

12～15日，市人大常委会调查组对本市城市物业管理工作进行调查。

13日　本市召开市直机关建设暨2010年度工作目标责任制总结表彰大会。市委书记孙兆林强调，全市广大机关干部要认清形势，坚定信心，充分发挥市直机关的职能作用，为本市奋力开创“十二五”发展新局面作贡献。

16日　民政部社会福利和慈善事业促进司司长陆颖一行在省民政厅领导的陪同下来葫，先后到市福利院和连山区化工街道惠民社区检查指导工作。

△　即日起，三轮车正式退出城区营运市场。

18日　首都创业集团投资建设的“首创·龙湾项目”开工庆典仪式在龙湾中央商务区举行。

△　蓟辽督师府布展工程竣工剪彩仪式举行。

△　市委副书记、代市长都本伟会见加拿大蒙特利尔高等商学院知名教授特伦布雷先生一行。双方就推进合作进行友好亲切的交谈。

△　市委副书记、代市长都本伟在全市保障性安居工程推进会上指出，各县（市）区、各有关部门要按照省、市部署，以时不我待的干劲、事争一流的标准、真抓实干的作风、勇夺山头的精神，完成保障性安居工程建设任务，向省委、省政府和全市贫困群众交上一份满意的答卷。

△　全市首家农民服务中心在连山区钢屯镇成立。

19日　本市召开物价工作暨检查工作会议。

20日　本市召开河道综合治理工作会议。

△　本市召开安全生产应急救援基地建设座

谈会。

△ 本市加大对食品安全管理的监督检查力度，重点对全市的食品安全监管体制建设、风险监测、监管机构和专业执法人员队伍建设等情况进行逐一检查。

△ 以“法治与责任”为主题的全国检察机关惩治和预防渎职侵权犯罪展览葫芦岛巡展开幕式在辽宁人民会堂举行。

22 日 环保部环评司副司长赵维均来葫，就项目环评工作进行调研。

23 日 省沿海经济带重点园区拉练活动总结会在绥中滨海经济区召开。省长陈政高出席会议并作重要讲话。副省长邴志刚带队参加拉练活动。

25～26 日 刘宁绥视察本市取缔城区内营运三轮车情况。

26 日 全市绿化、美化、净化、亮化竞赛活动动员会议召开。从即日起，本市以“美化葫芦岛，迎接全运会”为目标，集中3年时间，全市动员、全民参与，彻底改造城市环境面貌，塑造亮丽、文明、和谐的葫芦岛。

27 日 龙湾中央商务区（CBD）恒大集团城市综合体项目签约仪式在香港君悦酒店举行。市委副书记、代市长都本伟，副市长李双金，恒大集团沈阳公司董事长兼总经理梁伟康、副总经理刘冬云出席签约仪式。

28 日 市工商局召开全市流通领域商品安全整治百日执法行动动员大会。

△ 本市举行新疆生产建设兵团农业建设第九师招商引资项目推介会。会上，农九师与本市有投资意向的单位就旅游、资源开发等方面签订合作框架协议。

29 日 由北京首都开发有限公司投资兴建的滨海城市综合体项目落户打渔山园区。

△ 市委书记孙兆林会见锦州市委书记王文权一行。双方还就事关两市经济社会发展的具体事项进行了协商。

△ 本市在香港举行金融招商座谈会。

△ 召开全市食品安全工作会议。会议要求开展专项整治，保障食品安全。

30 日 开通葫芦岛站到葫芦岛北站新公交线。

是月 政府将拿出2 085万元援助资金，扶持三轮车主再就业。

5 月

1 日 本市查获全省“醉驾入刑”第一人。

3 日 孙兆林、都本伟、阎生、郑宏伟、崔枫林、白雪峰参加全市青年庆祝建党九十周年暨第八届十大杰出青年颁奖大会。

△ 孙兆林、白雪峰到杨家杖子经济开发区调研。

△ 召开市几个班子主要领导碰头会。孙兆林、都本伟、阎生、郑宏伟、崔枫林、白雪峰、刘宁绥参加。

△ 孙兆林接待省安全厅长庄敏。

△ 全市首个“重点税源企业服务室”成立。

4 日 市委书记孙兆林到建昌县调研。

5 日 市委书记孙兆林参加2011年全省社会治安综合治理工作会议。

△ 市委副书记、代市长都本伟会见内蒙古宏峰基业集团董事长徐建立一行。

△ 本市投资 358 万元购置高标准“瘦肉精”监测设备。

6 日 召开三届市委第 124 次常委会议，研究葫芦岛市 2011 年“项目年”活动方案；听取全国、省开展清理和规范庆典、研讨会、论坛活动工作和党政机关公务用车问题专项治理工作电视电话会议精神，研究我市贯彻落实意见；研究关于拟报送受省委表彰的“一先两优”推荐对象和我市纪念建党 90 周年“一先两优”表彰相关事宜；研究全面推进“五大系统”建设的实施意见；听取关心下一代工作情况汇报；研究干部问题。

△ 本市举行《平安葫芦岛》宣传画首发仪式。

9 日 本市举办首届群众文化艺术节。

10 日 市委副书记、代市长都本伟会见山东黄金集团客人。

△ 市委副书记、代市长都本伟到市住建委现场办公。

11 日 省委常委、省纪委书记王俊莲来本市调研。

12 日　市委副书记、代市长都本伟会见日本驻沈阳总领事松本盛雄。

△　本市召开安全生产紧急工作会议。

15 日　本市成立残联假肢装配服务中心。

16 日　在沈阳举行葫芦岛银行沈阳分行开业仪式。

17 日　市委副书记、代市长都本伟会见中国服装协会客人。

△　本市召开城市环境综合整治大会。

18 日　省政府与本市签订公路与道路运输建设管理目标责任书。

19 日　本市召开确保经济运行实现“双过半”工作会议。

20 日　本市近海海域功能区水质全达标。

23 日　市委书记孙兆林就贯彻落实国家和省领导关于总结和推广市公安系统创先争优与创新社会管理先进经验的重要批示精神到市公安局进行调研。

25 日　市委书记孙兆林，市委副书记、代市长都本伟及有关领导参加栖龙湾豪宅奠基典礼。

△　市委副书记、代市长都本伟会见奥地利大众银行总会代表团一行。

26 日　本市召开全市党员领导干部警示教育大会。

28 日　本市举行“迎全运、爱家乡、建辽宁”全民健身走活动。

30 日　本市四项环保技术在全省推广。

31 日　市委书记孙兆林，市委副书记、代市长都本伟会见郭明义先进事迹报告团。

△　本市召开新型农村社会养老保险工作会议。

△　绥中县、兴城市、建昌县、龙港区被命名为 2011～2015 年度全国科普示范县（市、区）

是月　龙湾海滨大型平战结合工程开始主体施工。

△　兴城市临海产业区晋升为省级经济开发区。

△　“葫芦岛大红枣”注册地理标志证明商标。

6 月

1 日　市委副书记、代市长都本伟会见韩国驻沈阳总领事。

△　本市召开国土资源调度会。

△　化机一区供水管网改造工程完成。

1～2 日　省政协常务副主席在葫视察沿海防护林工程。

2 日　本市举行集中开展食品安全综合整治动员大会。

△　市委副书记、代市长都本伟会见国际著名雕塑家司徒安。

3 日　辽工大两个作品获电子创新设计奖。

8 日　本市五项工程列入省“环保促进增长百项工程”。

9 日　本市召开全市综合治理工作会议。

10 日　召开全市审计工作会议。

11 日　本市自行车运动协会成立。

13 日　市四届人大常委会召开第十三次主任会议。

14 日　本市召开防汛抗旱工作会议。

△　本市召开全市农田基本建设现场会。

15 日　市委书记孙兆林及有关领导接待省人大原副主任陈素芝一行。

16 日　市委召开三届十六次全体会议。

17 日　兴城市建成全省首个畜产品监测站。

18 日　打渔山泵业产业园区第一家入驻企业竣工投产。

19 日　本市举行《塔山阻击战纪念馆基本陈列形式设计方案》评审会议。

20 日　市委书记孙兆林视察城建重点民生工程。

△　市四届人大常委会举行第十次会议。

△　市政协举办庆祝建党 90 周年书画摄影展。

23 日　举行中国共产党葫芦岛市第四次代表大会预备会议。

24 日　本市召开中国共产党葫芦岛市第四次代表大会。

△　市委书记孙兆林，市委副书记、代市长都本伟会见国家文物局局长单霁翔。

△ 全省启动城镇居民社保工作电视电话会议。

△ 市委书记孙兆林，市委副书记、代市长都本伟接待国家发改委产业协调司司长一行。

25 日 本市召开中国共产党葫芦岛市第四次代表大会第二次会议。

28 日 国家信息科学重点项目专业评审会议在本市召开。

29 日 省委常委、常务副省长许卫国来本市就保障性安居工程建设情况进行调研。

30 日 市政协举行“当前宏观经济形势与物价问题”专题讲座。

是月 本市沿海公路水路发展规划在省内推广。

7 月

1 日 召开市委常委第一次常委会议。

△ 市直机关组织收听收看庆祝中国共产党成立 90 周年大会实况转播。

△ 本市举行纪念建党 90 周年暨“一先两优”表彰大会。

△ 市委书记孙兆林接待审计署驻沈阳特派员办事处张炳功一行。

△ 滨海大道市客运总站至绥电公司客运班车正式开通。

△ 本市实行农产品生产档案制度。

△ 即日起，本市参加生育保险职工实现持卡就医即时结算办法。

4 日 市政协与太平洋建设集团签署 BT 模式战略合作协议。

6 日 市委副书记、代市长都本伟到绥中调研。

△ 本市组织收听收看全省上半年经济运行情况通报电视电话会议。

7 日 副省长刘国强到本市调研。

△ 打渔山南票新城国有工矿棚改建设工程开工。

△ 本市召开银企项目对接会。

△ 省纪委副书记、省监察厅厅长成刚率调研组来本市调研。

11 日 在北京举行首届中国（葫芦岛·兴城）国际泳装文化节新闻发布会暨 2011/2012 中国泳装流行发布会。

13 日 市委书记孙兆林到南票区调研。

△ 市委副书记、代市长都本伟会见香港金泰投资公司、辽宁辽泰房地产开发公司董事长朱金榜一行。

14 日 市政协召开四届六次常委会。市委书记孙兆林在会上强调，要认真学习贯彻“七一”讲话和市四次党代会精神，进一步开创政协各项工作新局面。

15 日 市委书记孙兆林会见大连福佳集团董事长兼总裁王义政一行，双方就共同关注的联合芳烃石化项目和乙烯项目进行洽谈。

16 日 举行兴城天诚泳业服务平台奠基仪式。

18 日 市政府召开四届二次全体扩大会议。

19 日 举行渤船重工建造的最大吨位砂船—38.8 万吨超大型矿砂船命名仪式。

25 日 本市召开环境保护省部级会议第二次会议。

△ 绥中县与美国鹰君美亚投资集团鹰中湾区项目合作协议签约仪式。

30 日 国家住房和城乡建设部党组书记、部长姜伟新来本市视察保障性安居工程。

是月 连山区以《居住证》取代《暂住证》。

△ 《葫芦岛事业单位公开招聘人员暂行办法》出台。

8 月

2 日 省保障性住房工作督查组来本市，监察本市保障性住房工作进展情况。

3 日 市委副书记、代市长都本伟会见交通银行辽宁省分行党委书记、行长吴伟一行。双方就加强合作进行了会谈。

3～4 日 省委副书记夏德仁一行就本市经济社会发展情况在本市进行调研。

4 日 市委书记孙兆林，市委副书记、代市长都本伟会见到本市国家安全局调研的省国家安全厅党委书记、厅长庄敏。

5日　举行葫芦岛国防教育馆揭牌仪式。

6日　省长陈政高带领有关部门领导到本市检察防汛工作。

△　市委副书记、代市长都本伟到连山区钢屯镇和南票区乌金塘水库检查指导防台防汛准备工作。

△　本市老城区辽减低区全部启用新官网，30 000居民开始享受全天供水。

11日　市委书记孙兆林，市委副书记、代市长都本伟会见中航工业集团公司党组书记、总经理一行。

12日　本市举行“国家火炬计划辽宁（万家）数字技术特色产业基地”和“绥中高新技术产业开发区”揭牌仪式。

13日　省长陈政高到本市现场办公，考察重大项目和保障性住房建设，研究解决本市经济社会发展中遇到的困难和问题。

△　举行30万吨铝型材项目开工仪式。

16日　举行首届中国（葫芦岛·兴城）国际泳装文化节开幕仪式。

17日　举行兴城临海产业区重点招商项目美玲工业园奠基仪式。

△　本市3 090人参加比基尼展演，创造一项新的吉尼斯世界纪录。

19日　兴城临海产业园区泳装园首家入驻企业—兴城市美路威制衣有限公司开工投产，这标志着兴城泳装产业集群步入了全面发展的新里程。

22日　市委书记孙兆林“会见”来本市考察的信立泰上市公司主席叶澄海，香港俊安集团董事长、上市公司主席蔡穗新一行。

23日　市委书记孙兆林到葫芦岛经济开发区调研。并强调，要促进体制与机制创新，让园区建设全面提速。

24日　市委副书记、代市长都本伟及有关领导到宁波雅戈尔集团股份有限公司参观考察。

△　辽宁省温泉产业（温泉小镇）招商引资推介会在宁波举行。滨城5个项目成功签约。

25日　本市首次对环保产品及产业开展执法检查。

29日　市委副书记、代市长都本伟会见来本市考察的中国泰山集团董事局主席蔡长江。

31日　在本市召开省、市人大常委会秘书长办公厅（室）主任座谈会。

△　市委书记孙兆林，市委副书记、代市长都本伟会见来本市考察的上海绿地集团董事长、总裁张玉良一行。

是月　市政府发布本市调整最低工资标准。

△　本市白狼山自然保护区晋升国家级自然保护区。

9月

1日　本市召开中共葫芦岛市第四届委员会第二次全体（扩大）会议。

5日　市委书记孙兆林，市委副书记、代市长都本伟率团赴朝阳市、阜新市、盘锦市、锦州市学习考察。

6日　本市召开服务业发展工作会议。

△　驻葫省人大代表到觉华岛调研。

7日　市委副书记、代市长都本伟陪同原省委老领导考察水中长城。

8日　市委副书记、代市长都本伟会见泰国旺可奈集团总裁阿里·春蓬一行。

△　市委副书记、代市长都本伟就如何拓展城市发展空间问题到兴城市、龙港区现场办公。

9日　市委副书记、代市长都本伟走访慰问本市教育工作者。

13日　市委书记孙兆林率本市代表团赴新疆学习考察纪实。

△　中国葫芦岛（大阪）沿海经济带开发说明会在日本大阪举行。

14日　本市举行市委常委议军会议。

15日　首期投资100亿元的绥中滨海经济区海洋巨蛋项目在东京签约。

16日　市委书记孙兆林到市公安局调研，他强调，要着力维护和谐稳定，全力服务发展大局，为建设经济强市保驾护航。

17～18日　教育部高校化学类教学指导工作会议在本市召开。

20日　市委组织召开征求省第十一次党代会报告意见座谈会。

△　本市经贸代表团与韩国工商界在首尔举

行恳谈会。

21 日　市委书记孙兆林率领驻葫全国人大代表就沿海环境生态保护工作到沿海一线进行视察。

22 日　全国人大常委会就加快推进渤海综合管理立法到本市调研。

23 日　本市召开廉政教育党课大会。

26 日　副省长、省公安厅厅长薛恒来本市调研公安工作。

30 日　本市举行重阳节老同志座谈会。

△　市委副书记、代市长都本伟检查节日市场和安全生产。

10 月

8 日　本市召开"第十二届全国运动会"葫芦岛赛区组委会全体会议。

△　市委副书记、代市长都本伟就青山水库工程建设情况进行调研。

11 日　中国共产党辽宁省第十一次代表大会召开，本市代表团审议省第十一次党代会工作报告。

14 日　本市举行 2011 首届中国·葫芦岛打渔山泵阀产品博览会新闻发布会。

17 日　本市召开扶贫攻坚工作电视电话会议，市委副书记、代市长都本伟在会上讲话。

18 日　本市召开全市领导干部会议暨省第十一次党代会精神报告会。

19 日　市委书记孙兆林视察城建重点民生工程。

△　本市召开加强和创新社会管理工作电视电话会议。

23 日　2011 中国打渔山泵阀产品博览会开幕，省政协主席岳福洪、省人大常委会副主任王琼、副省长邴志刚及有关领导出席开幕仪式。

24 日　市委副书记、代市长都本伟会见香港文汇报董事长、社长王树成。

25 日　市委书记孙兆林到青山水库调研，他强调，要高质量推进青山水库工程建设，为建设生态宜居滨城和沿海经济强市提供有力支撑。

△　本市在香港成功推介新城新市镇项目。

26 日　市委副书记、代市长都本伟率领本市经贸代表团，在香港集中推介在港招商项目。

27 日　本市召开市委中心组（扩大）学习贯彻落实党的十七届六中全会精神会议。

28 日　本市在香港举行重点招商项目推介会。

△　市委书记孙兆林会见省农发行行长刘定华。

31 日　市委副书记、代市长都本伟在香港会见香港国际投资总商会会长许智明。

11 月

2 日　市委召开常委（扩大）会议。市委书记孙兆林强调，全市上下要认真查找差距，加大推进力度，以只争朝夕的作风打一场年终攻坚战，确保全面完成今年各项目标任务。市委副书记、代市长都本伟就完成年度各项任务进行了部署。

2 日　市委副书记、代市长都本伟会见了工艺美术大师李宜宣。李宜宣出生在建昌县。毕业于中央美术学院油画系，1992 年到景德镇从事陶瓷艺术创作，独创了陶瓷新技法—刀书，并被多位艺术家所称赞，称他的刀书为"以刀代笔，堪称一绝"。宾主双方就南票紫砂土资源利用开发进行了深入的探讨。本市已探明储量达 3 000 多万吨紫砂。

3 日　辽宁省人大常委会原副主任、党组书记阎丰在省人防办主任刘秉力、副主任王德佳的陪同下来葫视察"901"人防工程、市人防指挥所和龙湾海滨人防工程。市委常委、副市长刘宁绥，市人大常委会副主任王英杰，葫芦岛军分区司令员焦永忠陪同视察。

3 日　市政府召开第四季度信贷投放工作会议。市委副书记、代市长都本伟强调，各银行机构要增强责任意识，把思想统一到省、市两级政府的决策部署上来，树立与地方经济共生共荣、与地方政府同舟共济的理念，充分发挥自身作用，广开融资渠道，切实加大资金支持，确保完成省、市两级政府明确提出的信贷工作任务。会议由副市长石文光主持。

4 日　副市长李双金会见了来葫访问的日本松本市日中友好协会代表团一行，双方就加强葫芦岛与松本市之间的友好往来和教育、经贸等领域的合作进行了交流。

8 日　市委书记孙兆林到杨家杖子经济开发区，看望中央电视台“走基层、转作风、改文风”采访团记者。市委常委、秘书长、宣传部长白雪峰陪同看望。

9 日　市人大常委会组织部分市人大代表就龙湾中央商务区“一场五馆”工程进展情况进行调研。调研组实地察看了位于龙湾中央商务区的体育场、体育馆、文化馆、博物馆、图书馆和游泳馆的工程建设情况。截至 10 月末，体育场、体育馆项目完成总投资 6.33 亿元，游泳馆完成总投资 8 400 万元，文化馆、博物馆、图书馆项目完成投资 3.2 亿元。

9 日　市委书记孙兆林在华泰国际酒店，会见了来葫考察的韩中交流协会会长金容德一行，省人大常委会原副主任王向民陪同前来，双方就加强交流与合作进行了友好洽谈。

10 日　葫芦岛百货大楼荣获“全国商贸业服务标准化示范单位”称号。辽宁省仅有 2 个商家获得。市人大常委会副主任李宝祥、副市长石文光出席揭牌仪式。

9～10 日　省保障性安居工程督察组来葫督察工作，督察组听取了本市保障性安居工程建设情况汇报，并深入到工程建设现场，查看工程进度和质量，了解资金落实情况。督察组肯定了本市的保障性安居工程建设成果，同时就存在的问题交换了意见和建议。市委常委、副市长刘宁绥向督察组汇报了本市保障性安居工程建设情况。

本市保障性安居工程建设总任务为 56 087 套，总建筑面积 374.07 万平方米，计划总投资 65.68 亿元。截至本日，本市保障性住房及城市棚户区改造已超额完成任务，国有工矿棚户区改造开工率 100%，除打渔山南票新城和杨家杖子棚户区改造工程主体完工 70%外，其他项目均全部竣工。

11 日　副市长李双金会见了来葫参观考察的日本日中经济贸易中心代表团代表理事会长村山敦一行，双方就共同推进双边贸易合作往来交换了意见。

12 日　市委书记孙兆林在华泰国际酒店会见了全国道德模范、优秀共产党员、雷锋传人郭明义。

13 日　市委书记孙兆林在华泰国际酒店会见武警辽宁总队政委秦友来一行。

12 日　本市在连山区文化广场举行郭明义爱心团队葫芦岛市连山区“傻子”爱心分队成立仪式。市委书记孙兆林，市委常委、秘书长、宣传部长白雪峰，全国道德模范、优秀共产党员、雷锋传人郭明义出席仪式。

16 日　辽宁沿海城市大连、丹东、营口、盘锦、锦州、葫芦岛、朝阳经济联合体第十二届理事会市长联席会暨市长高峰论坛在朝阳举办。七城市的主要领导及省直有关部门的负责人出席会议。

△　本市召开全市保障性安居工程工作会议。会议要求各县（市）区、各有关部门要总结经验，找准差距，强化措施，振奋精神，再接再厉，全力做好保障性安居这项重大民生工程。市委常委、副市长刘宁绥出席并讲话。会上，市住建委报告了本市保障性安居工程建设工作。本市国有工矿棚户区 41 960 户，除南票棚户区和杨家杖子棚户区外，其他工程基本完工；保障性住房 4 970 套和城市棚户区 9 157 套已超额完成任务。

△　全省行政羁押场所执法规范化建设暨推进管理教育新模式现场会在本市召开。与会人员观摩了本市拘留所，听取了本市、大连市、朝阳市和丹东凤城市 4 个拘留所的典型经验介绍。

16～17 日　省委巡视组组长蒋欣率队在葫视察公安系统工作，副市长、市公安局长潘春吉陪同视察。

17 日　市委副书记、代市长都本伟会见了中航黎明集团公司董事长孟军一行。

△　市政协组织市政协委员和市民代表，视察“城区供水管网改扩建”和“保障性住房建设”两项“一号提案”的办理情况。市委副书记、代市长都本伟，市委常委、副市长刘宁绥陪同视察。市政协主席郑宏伟，常务副主席王旭光，副主席郝廷怀、夏雨恩、王兴勃，秘书长佟民参加视察活动。

18 日　辽宁省青联十届二次主席办公会在本市召开。市委书记孙兆林出席会议并致词，团省委书记、省青联主席田野主持会议。

21 日　本市召开全市青山工程暨造林绿化动员大会。会议深入贯彻全省青山工程动员会议精神，全面部署本市青山保护和造林绿化工作，号召全市总动员、全民总动员，打胜恢复青山、改善生态、优化人居的攻坚战。市委副书记、代市长都本伟，市委副书记崔枫林，市委常委、副市长刘宁绥，市人大常委会副主任钱福云，市政协副主席李翠英出席会议。会议由副市长张海平主持。

△　葫芦岛市第四届市委常委会议武警会议，专题研究解决武警葫芦岛支队建设的有关问题。市委书记孙兆林在讲话时强调，要立足我市实际，深入抓好“四个纳入”措施的落实，主动为武警葫芦岛支队解决困难和问题。市领导阎生、郑宏伟、崔枫林、裴伟东、陈德良、白雪峰、张富恩、许加、刘宁绥、赵俊才、严喜鹤出席会议。

△　由葫芦岛市政府和驻葫某部主办的“飞天—陶沫衡画展”在本市举行。市委书记孙兆林，驻葫某部首长陆晓、孙景平，市委常委、秘书长、宣传部长白雪峰，市委常委、葫芦岛军分区政委赵俊才，副市长敖凤玲，著名书画家陶沫衡出席画展开幕式，并为画展开幕剪彩。市政府秘书长陈利世主持开幕式。

24 日　本市召开省政协提案选题座谈会，省政协提案委副主任刘伟，市政协副主席王兴勃、刘德兴出席座谈会，本市的省、市政协委员代表就辽宁省普遍关注的民生问题进行了座谈。

25 日　全省造林绿化暨青山工程总结部署电视电话会议召开，会议通报了全省造林绿化工作的完成情况和青山工程的进展情况，并对今后的造林绿化工作进行了部署。副省长赵化明在主会场出席会议并讲话，副市长张海平在本市分会场出席会议。

29 日　葫芦岛市工会第四次代表大会在锦西石化文化宫开幕。市领导孙兆林、都本伟、阎生、郑宏伟、崔枫林、陈德良、白雪峰、张富恩、刘宁绥、赵俊才、严喜鹤、赵树田、钱福云、王旭光、王宝军及省总工会副主席刘野出席开幕式。孙兆林强调，全市广大职工要肩负起历史赋予的神圣使命，在实现“十二五”规划目标任务，建设“沿海经济强市”伟大进程中建功立业。大会主席团常务主席刘明主持会议。

△　市委副书记、代市长都本伟会见了来葫调研的省人力资源和社会保障厅厅长刘铭一行。

30 日　市委书记孙兆林会见新华社辽宁分社副社长李善远一行。

△　市委书记孙兆林会见了日本驻沈阳总领事松本盛雄一行，双方进行了亲切友好的交谈。

△　本市举行市中医医院改扩建工程开工奠基仪式。市委书记孙兆林、副市长敖凤玲出席奠基仪式。市中心医院是本市唯一的三级甲等综合性医院。市中医医院改扩建工程于年初正式立项，此项工程共分二期进行，一期工程将建设门诊楼 6 层、病房楼 10 层、地下 1 层，总建筑面积达 41 205.95 平方米；二期工程拟再建成建筑面积约 42 000 平方米的 19 层病房大楼。一期工程施工前的各项准备工作均已完成。

12 月

1 日　副市长李双金会见了香港恒兴基立集团董事局主席施祥鹏一行。

△　市委召开全市社会稳定工作会议，市委书记孙兆林在讲话中强调，值年终岁尾，两节、两会将至，做好社会稳定工作至关重要。全市各级党委、政府和广大党员领导干部，要以高度的政治责任感和使命感，全力以赴抓好各项工作落实，确保社会大局和谐稳定。市委副书记、代市长都本伟主持会议。市人大常委会主任阎生，市政协主席郑宏伟，市委副书记崔枫林，市委常委、市政府副市长，市人大常委会、市政府、市政协秘书长，市几个班子的副秘书长，市纪委常委，市委各部委、市人大各委办、市（中省）直各部门、市政协各委办主要领导，各县（市）区委书记、县（市）区长、组织部长、政法委书记、纪委书记、公安局长、信访局长，各开发区、园区工委书记、管委会主任，有关大中型企业党委书记参加会议。

3 日　本市举行葫芦岛奥佳时尚购物广场开业庆典仪式，标志本市建市以来投资规模和建设规模最大的单体人防工程—901 人防工程建设在平战结合、融合发展方面跃上一个新台阶。市委常委、副市长刘宁绥出席开业庆典仪式。901 人防工程建设项目是经国家人防办批准立项的市重点人防工程建设项目。该项目既是全市最大的单体人防工程，也是全市重要的大型城市基础设施建设项目，战时功能为人员掩蔽部、地下急救医院和物资储备库，平时为地下商业区、停车场和过街通道，遇到突发事件和重大自然灾害时为应急救援指挥场所。商业区部分由奥佳时尚商贸有限公司投资打造成葫芦岛奥佳时尚购物广场。购物广场位于连山大街地下，西起百货大楼，东至市中心医院，全长 693 米，总建筑面积 22 500 平方米，共设千余铺位。

3 日　本市召开共青团葫芦岛市四届一次全委会。会议选举产生了共青团葫芦岛市第四届委员会书记、副书记和常务委员。柴力君当选共青团葫芦岛市第四届委员会书记，佟欣、单伟当选副书记。

4 日　本市在锦西石化文化宫召开葫芦岛市妇女第四次代表大会。来自全市各行各业的 300 多名妇女代表参加会议。市委书记孙兆林出席会议并讲话，市领导阎生、郑宏伟、崔枫林、陈德良、白雪峰、张富恩、刘宁绥、赵俊才、赵树田、姜淑艳、朱红、敖凤玲、王旭光、刘德兴、李翠英、刘凤之、韩平出席开幕式。省妇联主席史桂茹到会祝贺。

5 日　市委书记孙兆林会见了青牛集团董事长王亚忠一行，双方就促进青牛绥中滨海经济区呼叫中心现代服务基地项目建设情况进行了交流。青牛绥中滨海经济区呼叫中心现代服务基地项目正式签约落户绥中滨海经济区，占地约 60 万平方米，呼叫中心总投入约 16.3 亿元，计划利用 5 年时间打造成为全国最大的呼叫中心现代服务基地。按照“统筹规划、突出重点、分步实施、持续发展”的思路，该项目以“一园五区”（呼叫中心区、IDC 中心区、培训中心区、服务功能区、生活功能区）发展格局进行规划建设，大力发展面向日韩及国内大型金融机构、保险机构、证券机构、政府机构、现代通讯企业、大型制造企业等为目标的新型呼叫中心现代服务基地。

6 日　市委书记孙兆林会见了大连港集团董事长、党委书记邢良忠一行。双方就加快葫芦岛港建设等相关问题深入交换了意见。

7 日　本市召开全市教育工作会议，市委书记孙兆林出席会议指出，全市各级党委、政府一定要抢抓机遇，把“教育强市”作为一项“事关全局、关系长远”的战略任务来落实，充分发挥教育在“提高素质、促进创新和文化繁荣”等方面不可替代的作用，全力推动全市教育事业再上新台阶。

8 日　省民政厅厅长徐铁南一行 6 人来葫到连山区化工街道惠民社区进行调研。副市长张海平陪同调研。

9 日　市委副书记、代市长都本伟带领各有关部门收听收看全省安全生产视频会议，会后，对本市下一步安全生产工作作了部署。都本伟指出，针对安全生产薄弱环节，各地区各部门各企业主体要高度重视，迅速把思想统一到省委、省政府，市委、市政府的部署上来。

12 日　以省维稳办副主任周聪为组长的省综治委考核组来葫检查综治工作。考核组详细听取了本市开展综治工作情况的汇报。市委副书记崔枫林，市委常委、政法委书记张富恩，市人大常委会副主任王英杰，副市长、市公安局长潘春吉，市政协副主席王兴勃，市检察院检察长慕宁出席汇报会。

14 日　市政协企业管理专家组讲座暨中小企业大讲堂在市经信委开讲，本次讲座由中国兵器北方华锦化工集团锦天化公司党委书记刘德言教授主讲，市政协副主席李翠英出席，各相关部门负责人和各中小企业管理人员到现场听了讲座。

△　省总工会党组成员、经费审查委员会主任周晓娟一行来葫就本年重点工作完成情况、下一年工作打算及和谐劳动关系建设情况进行调研。市委常委、市总工会主席陈德良陪同调研。

△　市委书记孙兆林到市公安局，看望在抓捕一重特大案件杀人在逃犯罪嫌疑人中立功受奖的民警。市委常委、政法委书记张富恩，副市长、市公安局长潘春吉陪同。

15 日　本市召开渔业安全生产暨制止非法越界捕捞工作会议。市委副书记、代市长都本伟强调，各级政府、各级部门必须增强责任感、使命感、紧迫感，按照省委、省政府主要领导的重要批示，全面提高渔业应急防范能力，坚决打胜制止渔船非法越界捕捞和渔业安全生产攻坚战。会议由副市长张海平主持。

16日 本市举行"建设事业IC卡密钥管理系统"密钥生成仪式。密钥管理系统已得到住建部的正式授权，标志本市公交IC卡，即"城市一卡通"已进入发行倒计时。首批10万张IC卡已到位。

△ 本市召开校车安全管理工作会议，市委常委、副市长刘宁绥，副市长敖凤玲出席会议，会议要求各级教育行政部门、中小学、幼儿园在保证课时的前提下，可适当灵活地调整学生作息时间，保证距离远的学生有足够的时间上下学。根据校车安全管理工作的重心和难点，鼓励线路中巴车早晚接送孩子，学校与交警部门要严格审查车主行车资格，与之签订协议。

20日 市委、市政府举行"百台电脑进军营"捐赠仪式，本市将陆续向各驻葫部队捐赠电脑共665台。

21日 本市下发《关于开展向市公安局学习的决定》，号召全市各级党政机关、各级党组织和广大党员干部向市公安局学习。

△ 本市在沈阳万豪酒店举行2012年葫芦岛市新年（沈阳）团拜会。省委常委、秘书长周忠轩，副省长赵化明，辽宁省军区副司令员李广平等领导出席团拜会。市委书记孙兆林在团拜会上致词。市委副书记、代市长都本伟主持团拜会。市委副书记崔枫林，市委常委、常务副市长裴伟东，市委常委、葫芦岛军分区政委赵俊才，市人大常委会常务副主任赵树田，市政协常务副主席王旭光，市政府秘书长陈利世出席团拜会。

22～23日 省政府消防安全考核组来葫对2011年本市消防工作进行量化考核。

26日 市政府召开全市房地产工作会议。市委副书记、代市长都本伟强调，要以"稳中求进、稳中求快、好中求快"为目标，抓住机遇，用好政策，扎实苦干，努力推进本市房地产业加速健康发展。市委常委、副市长刘宁绥主持会议。

27日 中国民主建国会葫芦岛市第四次代表大会召开。会议选举李翠英为民建葫芦岛市第四届委员会主委。全国政协常委、民建辽宁省委主委武献华，市委副书记崔枫林出席会议。市人大常委会副主任姜淑艳，副市长敖凤玲，市政协副主席、市委统战部部长韩平，市政协副主席、民建市委主委李翠英，市政协副主席、民进市委主委刘德兴，市政协副主席、九三学社市委主委刘凤之，市政协原副主席张希凤出席会议。

△ 省委书记、省人大常委会主任王珉来葫到扶贫工作联系点建昌县主持召开扶贫开发工作座谈会，并进行工作调研。市委书记孙兆林，市委副书记、代市长都本伟，市委常委、秘书长、宣传部长白雪峰，副市长、市公安局长潘春吉陪同调研。王珉指出，建昌县充分挖掘和利用外力支持、提高自身"造血"机能，工作思路清晰、特色鲜明、成效显著。必须以更大的决心、更强的力度、更有效的举措，打好新一轮扶贫开发攻坚战，确保全省人民共同实现全面小康的奋斗目标。本日，省委书记、省人大常委会主任王珉来葫到兴城市进行工作调研。

28日 本市召开葫芦岛市文联第三次代表大会。300余名代表参加会议。市领导阎生、郑宏伟、钱福云、崔枫林、张富恩、赵俊才、严喜鹤、姜淑艳、李宝祥、敖凤玲、王旭光、刘德兴等出席开幕式。省文联党组书记李春晓、省作家协会副主席邵永胜到会祝贺。

29日 省沿海经济带开发建设领导小组办公室组织专家评审组来葫对《葫芦岛北港工业区总体发展规划》进行评审。专家评审组进行了现场考察，并听取了规划编制单位的汇报，经认真评议，一致同意通过评审。

△ 省总工会副主席张文祥带领省总工会慰问团来葫走访慰问了本市困难劳模、困难工会干部、困难职工及农民工共5人，送去了米、面、油等生活用品和慰问金。

△ 省委党风廉政建设责任制和惩防体系建设工作第十二检查组组长、省委常委、政法委书记苏宏章带领省检查组一行，来葫检查党风廉政建设责任制和推进惩防体系建设工作。市委书记孙兆林，市委副书记、代市长都本伟，市委常委、政法委书记张富恩出席会议。市委常委、纪委书记严喜鹤主持会议。

△ 中国国民党革命委员会葫芦岛市第四次代表大会召开。民革辽宁省委主委施中岩，市委常委、秘书长、宣传部长白雪峰，市人大常委会副主任姜淑艳，副市长敖凤玲，市政协副主席、

民进市委主委刘德兴，市政协副主席、民建市委主委李翠英，市政协副主席、市委统战部部长韩平出席会议。

△ 本市召开信访稳定工作会议，会议贯彻落实省委加强和创新社会管理暨信访稳定工作会议精神，市委书记孙兆林出席会议并作重要讲话，市委副书记、代市长都本伟主持会议。阎生、郑宏伟、裴伟东、陈德良、白雪峰、张富恩、刘宁绥、赵俊才、严喜鹤等市领导及市委、市人大常委会、市政府、市政协副秘书长以上领导出席会议。市法院院长、市检察院检察长，市委各部委、市政府各部门、各人民团体、中省直单位的主要负责人，各县（市）区党委、政府主要领导及政法委、公安局、法院、信访局主要负责人，以及各开发区（园区）的主要负责人参加会议。市委常委、政法委书记张富恩通报全市信访稳定形势，部署下一步信访稳定工作。市委书记孙兆林代表市委与全市7个地区签订了《信访稳定工作目标责任状》。

31日 市委四届三次全会暨经济工作会议召开。会议的主要任务是：认真贯彻党的十七届六中全会和中央、省经济工作会议，省十一次党代会及市四次党代会精神，总结2011年工作，部署2012年工作任务，进一步动员全市各级党组织和广大党员干部群众，保持发展激情，坚定振兴信心，全力推进沿海经济强市建设。市委书记孙兆林作题为《保持发展激情坚定振兴信心，全力推进沿海经济强市建设》的报告。市委副书记、代市长都本伟作经济工作讲话。市领导郑宏伟、崔枫林、裴伟东、陈德良、白雪峰、张富恩、许加、刘宁绥、赵俊才、严喜鹤及其他市委委员、候补委员出席会议。市委副书记崔枫林主持会议。

△ 市委四届四次全委（扩大）会议召开。此次会议共有两个议题，一是对陈晓琨同志任市委书记期间，履行干部选拔任用工作职责情况进行民主评议；二是市委常委会向全委会报告“2011年度干部选拔任用工作情况”，并接受民主评议。市委书记孙兆林主持会议，并作2011年度干部选拔任用工作报告。省委组织部干部监督处朱东升到会指导。市领导都本伟、郑宏伟、崔枫林、裴伟东、陈德良、白雪峰、张富恩、许加、刘宁绥、赵俊才、严喜鹤，市委委员、候补委员，市人大常委会、市政府和市政协领导班子成员，市纪委常委，市法院、检察院、党委工作部门、政府工作部门、人民团体以及市委、市政府派出机构的主要领导，县（市）区委和政府的主要领导出席会议。

概 况

地理位置

【位置面积】 葫芦岛市位于辽宁省西部沿海，是东北地区进入关内的重要门户。东与锦州为邻，西与秦皇岛市毗连，南邻辽东湾，北与朝阳市接壤。坐标位于东经119°12′47″～121°02′，北纬39°59′～41°12′之间，中心地理方位是东经120°38′北纬40°56′。南北最大距离约133千米，东西最大距离约150千米，土地总面积1.04万平方千米。辖3区、2县、1市，总人口281.8万人，其中非农业人口89.1万人。气候属大陆性季风气候，冬寒夏暑，雨热同期。境内有京哈公路、京沈高速公路、京哈铁路和秦沈铁路客运专线4条交通大动脉，海上运输主要有葫芦岛港和绥中港。海岸线长261千米，近海海域盛产海产品。西部山区矿产资源十分丰富，其中钼、锌、金、石灰石等储量较大。境内自然景观和人文景观达40余处，著名的有兴城古城、九门口水上长城、碣石遗址等。沿海多浴场，较大者6处，其中兴城、龙湾、止锚湾等处水碧沙白，为旅游避暑良好去处。

（陈 东）

行政区划

2011年，葫芦岛市辖连山、龙港、南票3个区，绥中、建昌2个县，兴城市（县级）和杨家杖子经济开发区。全市划分36个街道，34个镇，58个乡。

2011年葫芦岛市行政区划统计表

表1-1

县（市）区	面　积（平方千米）	镇	乡	民族乡	村民委员会	街道办事处	社区居民委员会
合　计	10 401.38	34	36	22	1 067	36	217
连山区	1 102.38	3	6		115	9	84
龙港区	167.77		1		18	10	59
南票区	1 044.58	6	4		136	7	22
兴城市	2 116.00	4		15	239	8	27
绥中县	2 763.74	14	5	6	280		9
建昌县	3 160.82	7	20	1	276		6
杨家杖子	46.09				3	2	10

2011 年葫芦岛市乡级以上行政区划名称表

表 1-2

县（市）区	乡	民族乡	镇
连山区	塔山、杨郊、山神庙子、白马石、沙河营、孤竹营子		钢屯、寺儿堡、新台门
龙港区	双树		
南票区	沙锅屯、黄土坎、大兴、张相公屯		高桥、暖池塘、缸窑岭、虹螺岘、台集屯、金星
兴城市		红崖子、大寨、刘台子、望海、南大山、羊安、元台子、高家岭、白塔、围屏、旧门、碱厂、海滨、药王、三道沟(均为满族)	郭家、东辛庄、沙后所、曹庄
绥中县	加碑岩、永安堡、李家堡、城郊、秋子沟	西平坡、葛家、高甸子、范家、网户、明水(均为满族)	绥中、前卫、万家、前所、高岭、塔山屯、西甸子、王宝、荒地、宽邦、大王庙、高台、沙河、小庄子
建昌县	牤牛营子、要路沟、石佛、素珠营子、西碱厂、王宝营子、魏家岭、老大杖子、头道营子、新开岭、贺杖子、养马甸子、和尚房子、杨树湾子、黑山科、雷家店、巴什罕、小德营子、娘娘庙、谷杖子	二道湾子(蒙古族)	建昌、八家子、喇嘛洞、药王庙、汤神庙、玲珑塔、大屯

（吕　健）

民　族

【民族】 葫芦岛是多民族聚居区，有汉、满、蒙古、回、朝鲜、锡伯、苗、彝、黎、土家、壮、达斡尔、藏、仫佬、俄罗斯、维吾尔、布衣、侗等 27 个民族。

（陈　东）

人　口

【概况】 2011 年,葫芦岛市总户数 969 906 户，人口 2 813 166 人，市辖区 367 853 户，人口 991 330 人，其中，非农业人口 550 517 人。

【出生率】 2011 年，全市出生人口为 22 186 人,出生率为 7.89‰。其中,市辖区出生人口 6284 人，出生率为 6.34‰，兴城市出生人口为 3 781 人，出生率为 6.86‰，绥中县出生人口为 5 684 人，出生率为 8.88‰，建昌县出生人口为 6 437 人，出生率为 10.2‰。

【死亡率】 2011 年，全市死亡人口为 20 158 人，死亡率为 7.17‰。其中，市辖区死亡 8 121 人，死亡率为 8.19‰，兴城市死亡人数为 3 822 人，死亡率为 6.93‰，绥中县死亡人数为 3 763 人，死亡率为 5.88‰，建昌县死亡人数为 4 452 人，死亡率为 7.06‰。

【自然增长率】　2011 年，全市人口自然增长 2 028 人，人口自然增长率为 0.72‰。其中，市辖区人口自然增长-1 837 人，人口自然增长率为-1.85‰，兴城市人口自然增长-41 人，人口自然增长率为-0.74‰，绥中县人口自然增长 1 921 人，人口自然增长率为 3.00‰，建昌人口自然增长 1 915 人，人口自然增长率为 3.04‰。

【人口分布】　2011 年，全市总人口为 2 813 166 人，具体分布为：市辖区为 36 7853 户，991 330 人；兴城市为 195 465 户，551 009 人；绥中县 21 9913 户，640 211 人；建昌县 186 675 户，630 616 人。

【人口结构】　2011 年，全市 2 813 166 人中，男性 1 443 387 人，女性 1 369 779 人。其中，连山区 598 690 人中，男性 300 182 人，女性 298 508 人；龙港区 22 0355 人中，男性 110 113 人，女性 110 242 人；南票区 172 285 人中，男性 87 376 人，84 909 人；兴城市 551 009 人中，男性 283 048 人，女性 267 961 人；绥中县 640 211 人中，男性 330 991 人，女性 309 220 人；建昌县 630 616 人中，男性 331 677 人，女性 298 939 人。

【人口变动】　2011 年，全市总人口 2 813 166 人，出生人口 22 186 人，死亡人口 20 158 人，自然增长 2 028 人。省内迁入 16 258 人，省外迁入 8 132 人，迁往省内 18 356 人，迁往省外 12 430 人。其中，连山区出生 3 920 人，死亡 6 404 人，自然增长-2 484 人，省内迁入 1 980 人，省外迁入 2 162 人，迁往省内 4 924 人，迁往省外 4 747 人。龙港区出生 1 495 人，死亡 698 人，自然增长 797 人，省内迁入 714 人，省外迁入 1 074 人，迁往省内 525 人，迁往省外 3 400 人。南票区出生 869 人，死亡 1 019 人，自然增长-150 人，省内迁入 3 067 人，省外迁入 522 人，迁往省内 1 684 人，迁往省外 529 人。绥中县出生 5 684 人，死亡 3 763 人，自然增长 1 921 人，省内迁入 3 689 人，省外迁入 2 277 人，迁往省内 2 728 人，迁往省外 1 462 人。建昌县出生 6 437 人，死亡 4 452 人，自然增长 1 985 人，省内迁入 2 199 人，省外迁入 867 人，迁往省内 3 746 人，迁往省外 1 085 人。兴城市出生 3 781 人，死亡 3 822 人，自然增长-41 人，省内迁入 4 609 人，省外迁入 1 230 人，迁往省内 4 749 人，迁往省外 1 207 人。

（姜　玫）

气　候

2011 年平均气温 9.0～10.3℃，比历年偏高 0.3～0.7℃。年降水量 444～624 毫米，分布不均，连山正常略多，兴城、绥中、建昌偏少 1～2 成，降水主要集中在夏季 6～8 月。绥中、兴城日照充沛，建昌、连山日照略少。主要灾害性天气有：暴雨、大风、寒潮、大雾、雷电、冰雹。

【气温】　2011 年平均气温 9.0～10.3℃，比历年同期偏高 0.3～0.7℃。年极端最高气温 33.3～34.2℃，出现在 7 月 4 日。极端最低气温-22.6～-20.0℃，出现在 1 月 16 日。

1～2 月份平均气温-7.3～-5.8℃，兴城比历年偏低 1.0℃，其他大部分地区略高 0.1～0.3℃；1 月本市平均气温低于-10℃，处于隆冬时节。

春季 3～5 月平均气温 9.7～10.7℃，沿海地区比历年同期偏高 0.6～0.9℃，建昌偏低 0.3℃；4 月 7 日开始 5 天滑动平均气温达到 10℃以上，进入气象意义上的春季。各地土壤化通日期绥中 4 月 2 日，连山 4 月 9 日，建昌 4 月 8 日，兴城 4 月 11 日，比 2010 年偏晚 3～10 天（2010 年在 3 月下旬）。

夏季 6～8 月平均气温为 22.4～23.4℃，比历年同期偏高 0.3℃；建昌等西部山区 6 月 5 日开始 5 天滑动平均气温达到 22℃，进入夏季，沿海地区在 6 月 18～20 日入夏，滞后近半个月；夏季没有出现 35℃以上的高温。

秋季 9～11 月平均气温 10.5～12.4℃，比历年同期偏高 1.1～1.5℃。其中，9～11 月上旬平均气温在 10℃以上，属于气象意义上的秋季；11 月中旬气温明显下降 8～9℃，全市平均气温 0.8～2.6℃，进入气象意义上的冬季。

12 月平均气温为-7.0～-5.0℃，比历年同期偏低 0.6～1.6℃。7～9 日本市经历一次区域性寒

潮过程，48 小时最低气温下降 8.6～9.7℃

图 1-1

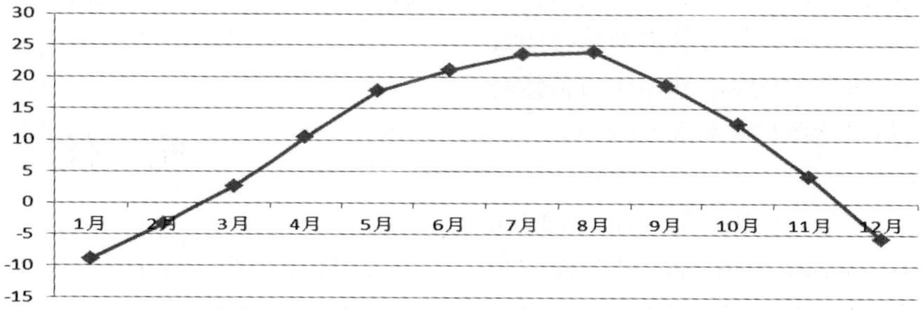

图1　2011年葫芦岛连山站月平均气温变化曲线（单位：℃）

【降水】　年降水量 444.4～623.7 毫米，兴城、绥中、建昌偏少 1～2 成，连山正常略多。1～2 月连山、建昌只有微量降水。近 30 年气候资料显示，这种冬季微量降水出现年份有 1998 年和 2006 年，历史少见。春季 3～5 月降水偏少，降水量为 37.1～50.2 毫米，比历年同期少 4～5 成。截至 4 月 16 日，全市连续 178 天无 1 毫米以上有效降水，连续 125 天无降水，突破历史极值。春季首场透雨（过程雨量≥10 毫米）出现在 5 月 8 日夜间到 9 日，平均降水量 13 毫米。这一时期的连续降水有效保障了全市春播生产的顺利进行。夏季 6～8 月，降水量 379.7～538.5 毫米，连山、兴城比历年同期偏多 2～3 成，绥中、建昌正常略多。7 月 25 日、30 日有两次区域暴雨过程；6 月下旬强热带风暴“米雷”以及 8 月上旬强台风“梅花”北上后迅速减弱，都没有给本市带来强降水天气。秋季 9～11 月降水偏少，沿海地区降水量为 33.4～45.4 毫米，比历年同期少 5～7 成；建昌等西部山区降水量为 14.6 毫米左右，比历年偏少 8 成以上。11 月 17～18 日出现首场雨转雪过程，绥中日降水量 24.4 毫米，突破历史同期日降水量极值。12 月本市降水明显偏少，但仅沿海地区出现 0.2～0.3 毫米降雪，历年同期各地降水量为 2.6～4.4 毫米。

图 1-2

图2　葫芦岛观测站逐月降水量分布（单位：毫米）

【日照】　日照条件较为充沛。年日照时数为 2 500～2 887 小时，绥中、兴城比历年偏多，连山、建昌偏少。

【主要气象灾害】 2011 年本市主要气象灾害有：暴雨、大风、大雾、寒潮、局地冰雹、雷暴。无重大财产损失，无人员伤亡。

一、暴雨洪涝

7 月 25～26 日全市降暴雨局部大暴雨，平均降水量 92 毫米，最大降水量 181 毫米（绥中县永安堡乡）。南票区玉米受灾 4.56 平方千米，大棚受灾 0.03 平方千米，果树受灾 20 000 株。

7 月 30 日局地暴雨，全市平均降水量 61 毫米，最大降水量 107 毫米（连山）。7 月 19～20 日局地暴雨，8 月 15 日绥中单站暴雨。均未造成灾情。

二、大风

全年共出现 31 次局地大风，以 4 月出现大风次数最多，出现局地大风 15 次。4 月 15～18 日，本市连续四天出现大风天气，4 月 17 日夜间连山瞬时最大风速 25m/s。

三、局地冰雹

5 月 30 日连山、建昌两地少数乡镇出现冰雹。造成 11.16 平方千米农作物受灾。6 月 7 日 16 时 30 分至 8 日 7 时 45 分，连山区部分乡镇出现冰雹，冰雹直径超过 2 厘米，农作物受灾面积 6.4 平方千米。

四、大雾

年内共出现 34 次局地大雾天气。10 月雾天较多，市区大部分时间都被大雾或轻雾笼罩。10 月 13 日兴城、10 月 22 日连山、11 月 1 日绥中出现能见度小于 50 米的强浓雾。

五、寒潮

2011 年出现 3 次区域性寒潮和 1 次局地寒潮天气，11 月 18～19 日过程降温 9.8～11.4℃。

六、雷暴

雷暴天气主要出现在夏季，共出现 21 次，其中区域性雷暴 3 次，局地雷暴 18 次。

（费　杰　于亚薇）

水资源

【降水量】 2011 年全市平均降水量为 494.4 毫米，比多年平均降水量减少 17.8%，比 2010 年减少 37.8%，属偏枯年份。7 月 25 日，兴城市、绥中县、连山区、建昌县等地普降大到暴雨，全市平均降水量达 91.8 毫米。其中绥中县为 101.2 毫米，兴城市为 95.6 毫米，连山区为 98.6 毫米，建昌县为 71.2 毫米；最大点降水量为连山区李屯 157.5 毫米。

一、年内分配。全年降水主要分布在 7～10 月份。1～6 月降水量为 139.7 毫米，比多年平均值偏少 21.7%；7～10 月降水量为 335.5 毫米，比多年平均值偏多 17.9%，占全年降水的 67.9%；11～12 月降水量为 19.3 毫米，比多年平均值偏多 32.2%。

二、地区分布。从流域分布看：各流域均为偏枯年份。大凌河流域降水量为 414.2 毫米，比多年平均值偏少 27.6%；小凌河流域降水量为 497.8 毫米，比多年平均值偏少 2.1%；小凌河至六股河流域降水量为 560.9 毫米，比多年平均值偏少 10.5%；六股河流域降水量为 456.7 毫米，比多年平均值减少 23.4%；六股河至山海关区间降水量为 527.1 毫米，比多年平均值偏少 29.7%；青龙河流域降水量为 470.5 毫米，比多年平均值偏少 17.8%。从行政区分布看：各县(市)区均为偏枯年份。建昌县降水量为 429.6 毫米，比多年平均值偏少 25.0%；绥中县降水量为 514.5 毫米，比多年平均值偏少 24.0%；兴城市降水量为 529.2 毫米，比多年平均值偏少 10.4%；连山区降水量为 534.5 毫米，比多年平均值偏少 5.1%；南票区降水量为 510.6 毫米，比多年平均值偏少 4.2%；龙港区降水量为 581.9 毫米，比多年平均值偏少 3.7%。

【地表水资源】 2011 年，全市地表水资源量为 12.43 亿立方米，折合年径流深 119.4 毫米，比多年平均值减少 31.0%。

一、各流域地表水资源量。大凌河为 0.72 亿立方米，比多年平均值偏少 59.9%；小凌河为 1.81 亿立方米，比多年平均值偏少 19.2%；小凌河至六股河区间为 3.67 亿立方米，比多年平均值偏少 3.8%；六股河为 4.19 亿立方米，比多年平均值偏少 29.0%；六股河至山海关区间为 1.93 亿立方米，比多年平均值偏少 50.7%；青龙河为 0.11 亿立方米，比多年平均值偏少 69.0%。

二、各行政区地表水资源量。建昌县为 2.99 亿立方米，比多年平均值偏少 40.5%；绥中县为

3.31 亿立方米，比多年平均值偏少 45%；兴城市为 3.30 亿立方米，比多年平均值偏少 11.1%；连山区为 1.41 亿立方米；南票区为 1.21 亿立方米；龙港区为 0.21 亿立方米。

三、大型水库蓄水量。至 2011 年底，全市四个大型水库共蓄水 2.60 亿立方米，比年初蓄水量增加 0.02 亿立方米。其中宫山嘴水库蓄水量为 0.67 亿立方米，龙屯水库蓄水量为 0.38 亿立方米，大风口水库蓄水量为 0.68 亿立方米，乌金塘水库蓄水量为 0.87 亿立方米。

【地下水资源量】 2011 年，全市地下水资源量为 6.26 亿立方米，其中山丘区地下水资源量为 5.17 亿立方米，平原区地下水资源量为 1.30 亿立方米，山丘区和平原区重复计算量为 0.21 亿立方米。

一、地下水动态。2011 年平原区地下水位大部分呈下降趋势，全年地下水位平均下降 0.35 米。其中下降幅度最大的地下水位站是兴城市田庄站，下降了 1.09 米；其次为兴城市高家岭站，下降了 0.80 米；只有兴城市兴城站地下水位上升，上升了 0.02 米。

二、海水入侵。2011 年对葫芦岛地区海水入侵情况进行了详细监测。监测结果如下：海侵总面积为 113.4 平方千米，连山区塔山乡营盘～牛营子区海侵面积为 2.2 平方千米；连山区高桥区海侵面积 15.3 平方千米；兴城市曹庄镇大河口—沙屯区 16.9 平方千米；兴城市曹庄区海侵面积为 36.0 平方千米；兴城市沙后所镇李金屯—史树林区海侵面积为 3.3 平方千米；兴城市望海满族乡曲河—满家洼子区海侵面积为 9.2 平方千米；兴城市海滨满族乡龙泉寺—双堆子区海侵面积为 9.2 平方千米；绥中县塔山镇万宝山—李家庄区海侵面积为 1.6 平方千米；绥中县荒地镇王台子—李金屯区海侵面积为 3.3 平方千米；绥中县高岭镇大架子—盐滩区海侵面积为 5.5 平方千米；绥中县万家镇老户屯—周家屯区海侵面积为 10.9 平方千米。

【水资源总量】 2011 年，全市水资源总量为 13.76 亿立方米，比多年平均值减少了 29.7%，比 2010 年减少了 47.8%。其中地表水资源量为 12.43 亿立方米，地下水资源量为 6.26 亿立方米，地表水与地下水重复计算量为 4.93 亿立方米。

【供水量】 2011 年，全市总供水量 4.15 亿立方米，比上年减少 0.37 亿立方米。其中：地表水供水量 1.47 亿立方米，占总供水量的 35.5%；地下水供水量 2.55 亿立方米，占总供水量的 61.4%；另外废污水处理回用 0.13 亿立方米，占总供水量的 3.1%。在地表水供水量中，蓄水工程供水量 0.95 亿立方米，占地表水供水量的 64.6%；引水工程供水量 0.12 亿立方米，占地表水供水量的 8.2%；提水工程供水量 0.40 亿立方米，占地表水供水量的 27.2%。在地下水供水量中，浅层水供水量 2.52 亿立方米，占地下水供水量的 98.8%；深层水供水量仅为 0.03 亿立方米，占地下水供水量的 1.2%。

【用水量】 用水量指分配给用户的包括输水损失在内的毛用水量。2011 年全市总用水量 4.15 亿立方米，比上年减少 0.37 亿立方米。其中，农田灌溉用水量 1.57 亿立方米，占总用水量的 37.8%；林牧渔畜业用水量 0.74 亿立方米，占总用水量的 17.8%；工业用水量 0.84 亿立方米，占总用水量的 20.3%；城镇公共用水量 0.19 亿立方米，占总用水量的 4.6%；居民生活用水量 0.80 亿立方米，占总用水量的 19.3%；生态环境用水量 0.01 亿立方米，占总用水量的 0.2%。

一、行政分区用水量。建昌县 0.55 亿立方米，绥中县 1.60 亿立方米，兴城市 0.55 亿立方米，连山区 0.33 亿立方米，南票区 0.12 亿立方米，市区 1.00 亿立方米。

二、流域分区用水量。大凌河 0.22 亿立方米，小凌河 0.31 亿立方米，小凌河至六股河区间 1.56 亿立方米，六股河 1.13 亿立方米，六股河至山海关区间 0.89 亿立方米，青龙河 0.04 亿立方米。

【耗水量】 耗水量指在输水、用水过程中消耗掉而不能回归到地表水体或地下含水层的水量。2011 年全市实际耗水量 3.04 亿立方米，综合耗水率 73.1%。其中农田灌溉耗水量 1.40 亿立方米，是全年的耗水大户，综合耗水率 89.2%，占总耗水量的 46.2%；林牧渔畜业耗水量 0.74 亿立方米，耗水率 100.0%，占总耗水量的 24.4%；工业耗水量 0.35 亿立方米，综合耗水率 41.3%，占总耗水量的 11.6%；城镇公共耗水量 0.07 亿立方米，耗水率 37.8%，占总耗水量的 2.3%；居民生活耗水量 0.47 亿立方米，耗水率 58.1%，占总耗水量的 15.2%；生态环境耗水量 0.01 亿立方米，综合耗水率 100.0%，占总耗水量的 0.3%。

一、行政分区耗水量。建昌县 0.47 亿立方米，绥中县 1.37 亿立方米，兴城市 0.47 亿立方米，连山区 0.30 亿立方米，南票区 0.09 亿立方米，市区 0.34 亿立方米。

二、流域分区耗水量。大凌河 0.17 亿立方米，小凌河 0.26 亿立方米，小凌河至六股河区间 0.81 亿立方米，六股河 0.98 亿立方米，六股河至山海关区间 0.78 亿立方米，青龙河 0.04 亿立方米。

（吴志策）

生物资源

【森林资源】 葫芦岛市自然概貌为七山一水二分田，全市土地总面积为 10 410 平方千米，林业用地面积为 5 410 平方千米，占土地总面积的 51.95%。有林地面积为 3 012.533 平方千米，其中林分面积 2 307.289 平方千米，活立木总蓄积 7 433 513 立方米。

全市拥有林业自然保护区 7 个，其中国家级 1 个（建昌白狼山自然保护区），省级 1 个（连山虹螺山自然保护区），市级 2 个（六股河入海口滨海湿地自然保护区、绥中五花顶自然保护区），县级 3 个（兴城青山自然保护区、建昌六股河赤麻鸭及绿翅鸭自然保护区、建昌宫山嘴苍鹭自然保护区），保护总面积 626.86 平方千米。拥有国家级森林公园 1 个（兴城首山森林公园），省级森林公园 3 个（绥中妙峰森林公园、绥中锥子山森林公园、连山灵山森林公园）。拥有建昌核桃、南票大枣和葫芦岛大红枣 3 个国家地理标志证明商标（其中“葫芦岛大红枣”于 2011 年 5 月被国家商标局正式核准）。拥有国有林场（苗圃）16 家，总经营面积 50 平方千米，活立木蓄积 52 万立方米。

【野生动物资源】 一、陆生野生动物资源：葫芦岛市按动物地理区划，以华北为主，是华北、蒙新、东北三个动物地理区相互交错种过渡地带，处于候鸟陆路和水路两条重要的迁徙线上，是大批候鸟春秋季迁徙的“中转站”，地理位置十分重要。全市生境复杂，地貌特殊，具有野动物物种多样性、遗传多样性和生态多样性的特点。境内陆生野生脊椎动物共有 477 种，其中属国家重点保护动物 101 种，属省重点保护动物 100 种，有重要经济科研价值的野生动物 276 种。其中：哺乳动物 7 目 16 科 58 种，爬行动物 23 种，两栖动物 9 种，鸟类动物 387 种。

二、野生植物资源：在植物区系上，葫芦岛市处于华北植物区系内，有长白植物区系和内蒙古植物区系的侵入。由于气候、地势及地理位置等因素的影响，本市的植物种类复杂、资源比较丰富。全市共有野生植物 113 科 507 属 1 097 种。

三、森林昆虫：森林昆虫在我国虽然不属于野生动物的范畴，但是昆虫在野生植物和野生动物的生态环境中起着重要的作用。全市共有森林昆虫 9 目 65 科 226 种。

（宋占东）

海洋资源

【海洋国土空间】 葫芦岛市海岸线东起连山区塔山乡上坎子村老河口，西至绥中县万家镇孟家村红石礁，大陆海岸线总长 261 千米。全境岸段可划分四种海岸类型：一、丘陵台地基岩—砂砾岸：该类型海岸为葫芦岛市的主体海岸，普遍分布在大酒篓—望海寺—台子山—孤山子山、兴城的四道沟、钓鱼台海滨浴场、荒地南山、长山寺、龙泉寺、山东屯、觉华岛东、南两侧，以及绥中的止锚湾、小黑山等地，占全区大陆岸线 28%。二、堆积平原沙质岸：该类型海岸集中分布在止锚湾以北的绥中全境，占全区大陆岸线 34%，该类型海岸为陆域众多入海河流夹带泥沙复经波浪营造而形成的庞大海岸堆积客体，从陆向海依次分布为平原—沿岸沙堤—海滩—沙嘴泻湖—水下沙坝等若干地貌子系统十分发育，在沙体规模、外部轮廓、沉积结构、稳定加积等动力修复中，具鲜明的典型性、原生性和多样性，在辽宁乃至环渤海堪称一流。三、台地岬湾—泥沙平滩岸：主要分布在大酒篓—大白马石—笊篱头子—老河口，以及长山寺—南兴城角的海滨和沙后所两地，葫芦岛市以北岸段系基岩突岬形成的半静水环境而承纳河流及沿岸泥沙流物质所致，湾内地质以细沙、泥沙为主，海滨和沙后所两地则以 0.25～0.5 毫米的中砂占优。四、河流填充与岛后堆积泥沙平滩岸：分布在觉华岛北侧的龙脖子—吴屯—大麻山，以及兴城曹庄的棺材石—北兴城角一线，该岸段是岛屿背风侧波影区沉积环境的堆积产物，觉华岛北侧以泥砂为主（砂占 47.10%，粉沙占 36.27%），曹庄一带主要接受兴城河和烟台河补给，以 2～0.063 毫米的砂(砂占 76.89%，粉沙占 12.55%)底质占优。上述三、四两种类型海岸约占全区陆岸 41%。岛屿：葫芦岛市海域中共有 5 个岛，岸线总长 33 千米，依次是觉华岛：面积 13.5 平方千米，最高海拔高度 198.2 米，岸线长 23.4 千米；磨盘山岛：最高海拔高度 20.8 米，岸线长 2.0 千米；杨家山岛：最高海拔高度 44.4 米，岸线长 1.98 千米；张家山岛：最高海拔高度 55.5 米，岸线长 2.34 千米；小海山岛：最高海拔高度 46.8 米，岸线长 3.39 千米。

【水产资源】 葫芦岛市滩涂面积有 146.93 平方千米，沿海滩涂可分为三种类型：连山区塔山乡、兴城市中部为平缓的泥滩和沙泥滩；望海寺、兴城、四家屯、海滨和觉华岛东部，龙港区的双树及绥中止锚湾部分岸段为岩礁岸；绥中小庄子、网户、兴城沙后所、等为沙滩或泥沙滩。连山湾泥质滩涂以及兴城曹庄、长山寺、觉华岛、六股河口等滩涂，潮间带宽阔、滩面平坦，底质以泥、粗砂为主，兼有小砾石和碎贝壳，是贝壳类栖息的理想场所，也是对虾养殖的有利地区。近海海域辽阔，水深在 15 米等深线以内的水域面积达到 2 101.65 平方千米，海底底质从连山塔山—兴城四家屯，海底为黏土质粉沙；从兴城四家子—南兴城角—觉华岛东西部为中粗沙，从南兴城角—绥中老龙头为沙—粉沙—黏土。葫芦岛海区沿岸地带适于渔业利用的海底面积约有 666.67 平方千米，其中岩礁海底约 26 平方千米，蕴藏着丰富的贝类和海珍品资源。

【港口资源】 葫芦岛市海岸的主体类型为丘陵台地基岩岸，基岩岸通常具有较沙质堆积岸比降大的滨岸水下斜坡，由此形成优越的自然水深，拥有可开发的中、深水港口资源，大陆涉港基岩岸中的深水岸段（10 米等深线平均距岸小于 3 千米）分布长度约 24.9 千米，占涉港基岩岸段的 44%；中水岸段（5 米等深线平均距岸小于 2 千米）分布长度约 31.3 千米，占 56%。全境平均约每 30 千米就有一个良好港址岸段，且多数航道短直，距岸 2～3 千米分布有可作深水锚地的淤泥粉沙底质。宜港岸线分布有宜港港址，自北向南依次是：葫芦岛、兴城小坞、觉华岛、长山寺、绥中二河口港、前所赵家、止锚湾。

【旅游资源】 葫芦岛市近海浴场资源丰富，浴场岸线共 20.69 千米，沙质海滩主要集中分布在龙港区老龙湾、望海寺、兴城海滨、绥中县高岭镇、网户满族乡和止锚湾等地，这些地方潮差较小，潮间带较宽，是开辟海水浴场发展旅游业的有利场所。

【矿产资源】 葫芦岛市石油天然气资源丰富，主要分布在辽东湾连山区—绥中海域，是辽东湾海域石油资源的组成部分，此外，还拥有丰富的滨海砂矿资源。海洋油气，JZ20—2 凝析气田位于渤海北部，西北距葫芦岛港 50 千米，总含烃面积 24.1 平方千米，天然气地质储量 135 亿立方米，可采量 95 亿立方米，凝析油地质储量 332 万吨，可采量 117 万吨，原油地质储量 452 万吨，开采量 55 万吨。SZ36—1 油田位于辽东湾北距绥中县 50 千米海域，初步探明油田含油面积 37 平方千米，地质储量 2.89 亿吨，并具有油层疏松、非均匀性强，原油黏度大，含气少等特点。滨海砂矿海滨地带由于河流、波浪和海流作用，使重矿物聚集形成沙床。绥中县滨海沙石资源丰富，估计储量超过 2 亿立方米。六股河口海积阶地大面积的沙石中砾石占 70%左右，砾径 2～5 厘米占多数。岩石成分以混合花岗岩、灰色安山岩为主，石英砂次之。

【生物资源】 本海区与中国广大近海水域一样，

缺乏涌升系统，故其初级生产力主要靠陆源运送的营养盐和有机物质，在水域生态机制的作用下形成的，由于本海区的氮磷含量较高，水质肥沃，从而使其初级生产力亦相应处于中等水平，该水域总初级生产力约为1 200万吨。近海浮游生物有152种，其中浮游植物102种，包括5门30属，其中硅藻类90种，其次甲藻类，有10种，按生物量来统计，优势中依次为：直链藻、圆筛藻、骨条藻。浮游动物有50种，分属8个门，其中桡足类26种，水母类10种，除此之外，在夏季6～8月份还有大量的浮游幼虫出现，约有25种，其中甲壳类，软体动物的浮游幼虫最多，按生物量统计，优势种依次为桡足类、强壮箭虫、夜光虫。底栖生物，葫芦岛市曹庄镇、海滨满族乡及小庄子镇三个海区潮间带有65种底栖无脊椎动物，隶属于8个动物门，9个纲，48科，59属。全市三个海区潮间带大型底栖生物的共有种是纽虫、吻沙蚕、托氏嵫螺、紫口玉螺、织纹螺、异白樱蛤、宽身大眼蟹、豆形拳蟹和绒毛近矛蟹。浅海底栖生物有156种，包括9个门，其中软体动物51种，棘皮动物23种，优势种为蜜磷牡蛎和细雕刻肋海胆。游泳生物主要包括鱼类和头足类，是渔业的主要对象，尤其鱼类在渔业生产中占有十分重要的地位，本水域鱼类有40多种，主要经济鱼类约20多种，其中头足类5种，虾蟹类15种，海蟹2种。其他游泳生物与鱼类相比多样性较低，头足类仅日本枪乌贼、日本鲟、曼氏舌针乌贼等数种，经济虾蟹类也只有中国对虾、虾蛄、鹰爪虾、中国毛虾、三疣梭子蟹等十几种，但它们当中的许多种类产量颇高，经济价值高，在本市渔业中占有重要地位。

（张雪飞）

国民经济和社会发展

【综合】 初步核算，全年生产总值650.1亿元，按可比价格计算，比上年增长12.1%。其中，第一产业增加值84.5亿元，增长6.5%；第二产业增加值323.4亿元，增长16.5%；第三产业增加值242.1亿元，增长8.8%。生产总值三次产业构成为13.0∶49.8∶37.2。人均生产总值24 737元，比上年增长11.6%。

全年居民消费价格总指数累计比上年上升5.2%，其中：食品类、烟酒及用品类、医疗保健及个人用品类、交通和通讯类、居住类价格指数累计比分别上涨14.4%、1.9%、4.8%、1.0%和6.8%；衣着类、家庭设备用品及维修服务类、娱乐教育文化用品服务类价格指数累计比分别下降8.4%、0.8%和2.2%。全年工业品出厂价格指数累计比增长11.7%，原材料、燃料、动力购进价格指数累计比增长17.4%。

全年单位从业人员期末人数达22.2万人，其中：第一产业从业人员0.3万人，占全部单位从业人员期末人数比重为1.3%；第二产业从业人员10.7万人，占全部单位从业人员期末人数比重为48.1%；第三产业从业人员11.2万人，占全部单位从业人员期末人数比重为50.6%；全年在岗职工期末人数达19.8万人。

全市实现实名制就业8.0万人，开展普惠制培训2.6万人，发放小额担保贷款1 314万元，扶持创业带头人735人，带动就业5 977人，实现实名制有组织劳务输出9.4万人，继续保持零就业家庭动态管理为零，城镇登记失业率为3.55%。

【农林牧渔业】 全年农林牧渔业增加值84.5亿元，按可比价格计算，比上年增长6.5%。其中，种植业增加值33.1亿元，增长28.1%；林业增加值1.0亿元，增长7.2%；牧业增加值31.2亿元，增长18.3%；渔业增加值17.3亿元，增长2.7%；农林牧渔服务业增加值1.9亿元，增长16.9%。

全年粮食总产量136.3万吨，增长27.8%，创历史最高纪录；粮食作物种植面积1 880平方千米，增长5.4%。蔬菜产量225.4万吨，增长15.6%。水果产量100.5万吨，增长9.2%。

全年完成造林面积480.67平方千米，其中人工造林365.33平方千米；封山育林98平方千米；飞播造林34平方千米。森林覆盖率达到33.7%。

全年肉蛋奶总产量实现72.2万吨，比上年增长9.5%，其中：肉类总产量40.8万吨，增长9.8%；禽蛋总产量26.9万吨，增长9.3%；奶总产量4.4万吨，下降0.6%。

全年水产品产量42.8万吨，比上年增长

4.7%。海水养殖面积3.4万公顷，与上年持平，产品产量27.3万吨，增长5.3%；淡水养殖面积50平方千米，下降5%，产品产量2.9万吨，与上年持平。

年底农业机械总动力148.22万千瓦，比上年底增长5.6%。

【工业和建筑业】 全年规模以上工业（以下工业数据均为此口径）增加值完成241.2亿元，增长15.0%。规模以上工业总产值实现1 017.2亿元，比上年增长29.5%。按轻重工业分，轻工业总产值76.1亿元，增长66.3%；重工业总产值941.1亿元，增长27.2%。按经济类型分，国有企业总产值77.5亿元，增长0.3%；集体企业总产值28.1亿元，增长9.8%；股份合作企业总产值4.3亿元，增长11.2%；股份制企业总产值801.7亿元，增长33.2%；外商及港澳台商投资企业总产值21.8亿元，下降20.8%；其他经济类型企业总产值83.8亿元，增长68.9%。国有控股企业总产值590.7亿元，增长23.6%。全年工业出口交货值64.5亿元，增长52.5%。

全年四大支柱产业完成工业总产值825.1亿元（占规模以上工业的81.1%），比上年增长26.6%。其中：石油化工产业完成工业总产值381.1亿元（占规模以上工业的37.5%），增长38.6%；船舶机械产业完成工业总产值236.2亿元（占规模以上工业的23.2%），增长39.2%；有色金属产业完成工业总产值130.5亿元（占规模以上工业的12.8%），下降10.7%；能源电力产业完成工业总产值77.2亿元（占规模以上工业的7.6%），增长27.3%。全年四大支柱产业完成出口交货值38.6亿元（占规模以上工业的59.8%），增长17.3%。

重点工业品产量中，原煤产量完成287.2万吨，比上年增长2.1%；发电量完成219.9亿千瓦时，增长30.1%；原油加工量完成523.3万吨，增长8.2%，硫酸完成50.8万吨，下降8.2%；烧碱完成32.0万吨，增长7.4%；合成氨完成32.0万吨，下降5.3%；化肥（折纯）完成25.7万吨，下降3.8%；水泥完成305.3万吨，增长32.6%；民用钢质船舶完成200.8万总吨，增长32.4%；成品钢材完成43.8万吨，增长33.6%；锌产量完成33.5万吨，下降11.9%；聚氯乙烯树脂完成4.4万吨，增长33.1%。

全年规模以上工业企业产品销售率98.6%，比上年下降0.3%。其中，国有企业产品销售率101.3%，增长0.4%；国有控股企业产品销售率98.8%，下降1.1%；集体企业产品销售率97.6%，增长1.7%；股份合作企业产品销售率110.4%，增长6.6%；股份制企业产品销售率98.2%，下降0.5%；外商及港澳台商投资企业产品销售率100.4%，增长1.6%。

全年规模以上工业企业实现主营业务收入955.2亿元，比上年增长24.5%；利税总额61.5亿元，下降16.7%。

全年建筑业企业（资质等级以上）181个，比上年增加20个。建筑业增加值实现51.0亿元，增长35.6%。建筑业总产值完成245.2亿元，增长50.5%，其中：建筑工程产值完成202.2亿元，增长47.7%；安装工程产值完成27.2亿元，增长93.6%；其他产值完成15.8亿元，增长32.7%。全年房屋建筑施工面积完成1 232.6万平方米，增长55.2%；房屋建筑竣工面积461.8万平方米，增长14.8%。建筑业企业期末从业人员达12.1万人，其中工程技术人员1.6万人。建筑业全员劳动生产率达17.2万元/人，增长4.9%。

【固定资产投资】 全年固定资产投资（新口径）444.3亿元，比上年增长31.1%。其中，城镇固定资产投资完成400.2亿元，增长28.7%；非农户固定资产投资完成44.1亿元，同比增长58.8%。在城镇固定资产投资中，建设项目完成投资319.7亿元，增长23.9%；房地产开发完成投资80.6亿元，增长52.1%。从产业看，第一产业投资9.2亿元，增长21.2%；第二产业投资233.4亿元，增长24.8%，其中工业投资220.1亿元，增长20.3%；第三产业投资201.6亿元，增长39.9%。固定资产投资产业构成由上年的2.2∶55.2∶42.5调整为2.1∶52.5∶45.4。从固定资产投资行业投向看，制造业投资192.2亿元，增长72.6%；采矿业投资11.5亿元，下降58%；批发和零售业投资10.3亿元，增长27.5%；住宿和餐饮业投资5.1亿元，增长620.5%；居民服务和其他服务业投资0.8亿元，增长346.8%；科学研究、技术服务和地质勘查业投资 4.7 亿元，增长 31.1%；金融业投资 21.0 亿元，增长 49.1%。

全年计划总投资超亿元的建设项目 87 个，比上年增加 30 个；完成投资 247.1 亿元，增长 51.3%。其中，计划总投资 10 亿元以上的建设项目 27 个，比上年增加 4 个；完成投资 96.1 亿元，增长 3.9%。

全年房地产开发投资 80.6 亿元，比上年增长 52.1%。其中，住宅开发投资 64.9 亿元，增长 47.8%；商业营业用房开发投资 9.6 亿元，增长 100%。房屋施工面积 883.3 万平方米，增长 65.1%，其中住宅施工面积 725.1 万平方米，增长 60.9%。房屋新开工面积 417.9 万平方米，增长 49.1%，其中住宅新开工面积 339.8 万平方米，增长 21.3%。房屋竣工面积 146.5 万平方米，增长 48.9%，其中住宅竣工面积 125.5 万平方米，增长 27.5%。商品房销售面积 153.6 万平方米，下降 45.7%，其中住宅销售面积 140.8 万平方米，下降 43.8%。

【国内外贸易】 全年批发和零售业增加值 55.7 亿元，按可比价格计算，比上年增长 9.4%；住宿和餐饮业增加值 15.0 亿元，增长 8.0%。

全年社会消费品零售总额实现 274.2 亿元，比上年增长 17.6%。按销售地区划分，城镇零售额完成 215.9 亿元，增长 18.4%；乡村零售额完成 58.3 亿元，增长 14.6%。按行业划分，批发和零售业销售额完成 385.4 亿元，增长 20.9%，其中：限额以上批发和零售业销售额完成 130.5 亿元，增长 26.0%，限额以下批发和零售业销售额完成 254.9 亿元，增长 18.5%。住宿和餐饮业营业额完成 27.1 亿元，增长 22.0%，其中：限额以上住宿和餐饮业销售额完成 5.2 亿元，增长 8.2%；限额以下住宿和餐饮业销售额完成 21.9 亿元，增长 25.8%。全市限额以上批发零售和住宿餐饮企业共有 141 家。

全年限额以上批发和零售企业完成汽车类零售额 15.1 亿元，比上年增长 14.0%；服装、鞋帽、针纺织品类零售额 7.0 亿元，增长 6.5%；石油及制品类零售额 10.4 亿元，增长 22.4%；食品、饮料、烟酒类零售额 5.4 亿元，增长 54.0%；家用电器和音像器材类零售额 3.8 亿元，增长 23.5%；金银珠宝类零售额 1.5 亿元，增长 70.1%；化妆品类零售额 0.6 亿元，增长 32.3%；文化办公用品类零售额 0.4 亿元，增长 10.4%。

全年外商直接投资 4.4 亿美元，比上年增长 99.1%。进出口总额实现 12.9 亿美元，下降 4.4%，其中：出口总额实现 8.04 亿美元，增长 22.8%；进口总额实现 4.8 亿美元，下降 30%。

【交通运输和邮政电信】 全年交通运输、仓储及邮政业增加值 51.9 亿元，按可比价格计算，比上年增长 22.0%。

全市公路总里程达 6 707 千米，其中：国道 380 千米，省道 569 千米，县道 772 千米，乡道 2 663 千米，村道 2 316 千米。公路密度 63.53 千米/百平方千米。黑色路面总里程达 4 783 千米，桥梁总数达到 78 270 米/2 600 座，其中大桥 29 558 米/148 座。1 066 个行政村全部实现村村通柏油路。全市拥有地方铁路、专用铁路和铁路专用线路 16 条，总长 218 千米。

全年道路运输客运量 3 094 万人，比上年下降 42.7%，道路旅客周转量 151 654 万人千米，下降 21.7%，道路运输货运量 8 673 万吨，增长 10.4%，道路货物周转量 1 697 769 万吨千米，增长 22.7%；水运运输客运量 53 万人，增长 3.9%，水运旅客周转量 687 万人千米，增长 3.6%，水运运输货运量 92 万吨，下降 58.0%，水运货物周转量 149 661 万吨千米，下降 49.1%；港口吞吐量完成 2 736.5 万吨，增长 28.5%。

全年邮政业务总量实现 1.4 亿元；电信业务总量实现 18.5 亿元，比上年增长 20.4%。全年完成特快专递 19.3 万件，函件 272.4 万件，包裹 9.2 万件，定销报刊累计份数 2 812.1 万份，集邮票品 78.4 万枚。

【财政金融和保险业】 全年财政一般预算收入完成 70.3 亿元，比上年增长 25.7%，其中：税收收入完成 48.1 亿元，增长 23.5%；非税收入完成 22.2 亿元，增长 30.6%。财政一般预算支出 146.5 亿元，比上年增长 33.8%，其中：一般公共服务支出 14.8 亿元，增长 9.9%；教育支出 17.6 亿元，增长 24.4%；社会保障和就业支出 26.9 亿元，增长 20.0%；医疗卫生支出 8.6 亿元，增长 21.3%；

节能环保支出2.7亿元，增长34.8%；农林水事务支出17.8亿元，增长8.9%；住房保障支出14.6亿元，增长587.9%；交通运输支出2.1亿元，增长31.6%。全地区税收收入完成121.4亿元，比上年增长18.0%，其中：国税部门征收83.9亿元，增长19.0%；地税部门征收37.6亿元，增长15.9%。全年金融保险业增加值实现18.4亿元，比上年增长5.6%。

年底全部金融机构存款余额936.2亿元，比年初增长14.0%，其中：企事业单位储蓄存款余额310.0亿元，比年初增长14.8%；城乡居民储蓄存款余额610.1亿元，比年初增长15.8%。年底全部金融机构贷款余额565.3亿元，比年初增长12.2%，其中：短期贷款288.9亿元，比年初增长3.3%；中长期贷款250.4亿元，比年初增长24.7%。

全年保险费收入16.4亿元，比上年下降8.4%，其中：财产险保费收入7.1亿元，增长3.1%；人寿险保费收入9.3亿元，下降15.5%。处理赔（给）付各类保险金6.4亿元，增长7.5%，其中：财产险赔付额4.5亿元，增长36.4%；人寿险赔（给）付额1.9亿元，下降26.9%。承保件数达54.1万件，下降18.6%，其中：财产险承保件数达28.6万件，增长5.9%；人寿险承保件数达25.5万件，下降35.4%。

【旅游 科技 教育 文化 卫生和体育业】 全年旅游总收入实现176.4亿元，比上年增长37.7%。接待国内旅游者1736.4万人次，增长18.9%，国内旅游收入173.6亿元，增长37.8%；接待入境旅游者8.8万人次，增长54.3%，旅游创汇4259.2万美元，增长31.4%。全市现有AAAA级旅游区5处，AAA级旅游区5处，AA级旅游区4处。旅行社68个，其中国际社1个。星级宾馆27个，其中：四星级2个、三星级24个、二星级1个。姜女石遗址、兴城古城、圣水寺和长城列为“十二五”国家文化遗产保护项目，占全省总数的三分之一。建昌东大杖子战国墓葬群入选第七批全国重点文物保护单位，葫芦山庄成为全省唯一的五星级休闲农业与乡村旅游示范区。

全年专利申请329件，比上年增长26%，其中发明专利申请127件，增长25%；授权专利187件。全市共取得科技成果44项，其中省级成果11项，获得省科技进步三等奖2项。评出市政府科学技术奖52项，其中：科学技术功勋奖2项，21个项目获得科学技术进步一等奖，21项二等奖，8项三等奖。全年高新技术产品产值实现159.2亿元，比上年增长6.1%；高新技术产品增加值实现35亿元，下降9.3%。

全市共有各类学校1 299所，在校学生38.9万人。其中：普通高校1所，在校生0.6万人；普通中专2所，在校生0.4万人；职业高中14所，在校生1.0万人；普通初中116所，在校生8.8万人；高中20所，在校学生4.5万人；小学608所，在校生17.2万人；特殊教育学校3所，在校生263人；幼儿园535所，在园生6.4万人。高中阶段教育毛入学率76.7%，全年高考升学率达到88.2%。全市九年一贯制（寄宿）学校交付使用25所，建筑面积16.0万平方米。

全市现有各类艺术表演团体3个，艺术表演场所2个，文化馆6个，基层文化站119个，博物馆1个，图书馆2个。全市共有乡镇综合文化站64个，107个农家书屋。全市现有文物保护单位219处，其中世界文化遗产1处，全国重点文物保护单位6处，省级文物保护单位21处，市级文物保护单位72处。广播电视综合人口覆盖率达98%。全市现有《葫芦岛日报》等正式报纸三种，《葫芦岛日报》、《葫芦岛晚报》发行量达到2.4万份和2.6万份，分别比上年增长4.3%和4.0%。

年底有各类卫生机构274个。其中，医院55个，卫生院101个。各类卫生机构拥有病床1.4万张，其中医院0.7万张，卫生院0.3万张；卫生机构人数1.5万人，其中卫生技术人员1.1万人，其中执业医师和执业助理医师0.5万人。新型农村合作医疗参合率为95%。

开展“迎全运、爱家乡、建辽宁”全民健身活动。我市在国际国内体育赛事中获金牌43枚，辽宁觉华岛围棋队获全国围甲联赛冠军。

【城市建设 环境保护和安全生产】 龙程街、锦葫路等城市路网改造工程建成通车，高速公路葫芦岛东出口岛东线改造工程竣工，达到一级路标准，葫六线、龙兴路改造启动实施。“901”人防工程建成使用，龙湾海滨人防工程主体完工。CBD

"一场五馆"主体工程全部完工，文化馆投入使用。开展了"我们的城市，我们的家园"城市环境综合整治活动，创新6项城市管理制度，实施14项提升工程，建成龙湾大街中段、海辰路、海滨南路3条鲜花大道，修建8处城市喷泉，辽西绿色生态长廊建设，植树造林537.33平方千米，森林覆盖率达到33.7%，荣获省绿化造林先进市三连冠。白狼山自然保护区晋升国家级保护区。新增4条公交线路、1条滨海公路旅游线路，新增200辆公交车、200辆出租车；成功取缔城区营运三轮车。

全年减排化学需氧量939吨，减排二氧化硫136.8吨。审批建设项目环境影响评价文件136个，项目总投资119.4亿元，环保投资2.7亿元，环保投资占总投资比例2.28%。全市环境空气质量优良天数357天，达标率97.8%，在全省名列第二，比2010年提高了0.8个百分点；安装使用生物质能锅炉188台，可替代标煤1.83万吨，减少SO_2排放426吨、烟尘排放1 321吨，全年共检测机动车31 744辆，检测达标率91%，治理尾气超标车辆1 200辆，限期整治1 200辆，核发环保检验合格标志30 400个，全市建成机动车尾气污染"工况法"监测站4个，年检车能力达到12万辆。近岸海域水质达标率100%。

全年亿元地区生产总值（GDP）安全生产事故死亡率为0.34，工矿商贸企业从业人员10万人生产安全事故死亡率为5.45。全年事故起数和死亡人数分别下降27%和8%。

【人口　人民生活和社会保障】　从户籍人口来看，年底全市人口总户数97.0万户，总人口281.3万人，比上年下降1.8‰。其中：非农业人口为89.0万人，占总人口的31.6%；农业人口192.3万人，占总人口的68.4%。其中：男性144.3万人，占总人口的51.3%；女性137.0万人，占总人口的48.7%；性别比为1.05：1。全年人口出生率为7.8‰，人口死亡率为7.1‰。

全年在岗职工平均工资30 285元，比上年增长13.2%。城乡居民人均储蓄余额21 688元，增长16.0%。

城镇居民人均可支配收入20 159元，增长16.0%；城镇居民人均消费支出12 132元，增长10.6%；城镇居民家庭恩格尔系数为33.4%。农民人均纯收入7 901元，增长19.8%；农民人均生活消费性支出4 581元，增长27.5%；农村居民家庭恩格尔系数为37.1%。年底城镇居民人均住房总建筑面积达28.5平方米，农村居民人均居住面积达26平方米。

全市"社会保险五险"累计参保202.1万人，同比增加10.2万人。征收基金27.9亿元，同比增加4.3亿元。共支付各项社会保险待遇30.4亿元，同比增加2.6亿元。在中科院发布的2011年城市蓝皮书中，本市社会保障指数列全国第八位。

基本养老保险参保人数达46.2万人，其中在职参保32.8万人，离退休人数为13.3万人；基本医疗保险参保人数达81.0万人，其中城镇职工医疗保险参保49.7万人，城镇居民参保31.2万人；失业保险参保人数达24.8万人；工伤保险参保人数达29.1万人；生育保险参保人数达21.9万人；新型社会农村养老保险参保人数达107.6万人，其中参保缴费人数81.9万人，参保率达91.5%，领取待遇人数26.2万人，待遇发放率为100%；城镇居民养老保险参保人数达1.9万人，其中领取待遇人数为1.6万人，待遇发放率为100%。

（陈　东）

中国共产党葫芦岛市委员会

重要会议

【中国共产党葫芦岛市第四次代表大会】 这次全会的主要任务是，认真贯彻党的十七届五中全会和中央、省经济工作会议精神，总结“十一五”工作，部署“十二五”工作任务，进一步动员全市各级党组织和广大党员干部群众，保持发展激情，坚定振兴信心，全力推进“沿海经济强市”建设。

过去五年工作的回顾：市三次党代会以来，市委、市政府团结带领全市人民，解放思想，攻坚克难，认真贯彻落实科学发展观，抢抓“东北振兴和沿海开放”双重机遇，积极应对国际金融危机挑战，圆满完成了市三次党代会确定的各项目标任务，并始终保持强劲的发展态势。

全市综合实力显著增强。2010年，实现地区生产总值531.4亿元，地方财政一般预算收入56亿元，社会消费品零售总额235亿元，分别是2005年的1.7倍、2.5倍和2.3倍。主要经济指标均以两位或三位数的速度增长，全面实现“两个不低于”目标任务。

“十一五”期间，本市拉开了沿海经济带大开发、大开放的序幕。“主题概念”园区由小变大、日新月异，达到13个，规划面积545平方千米，100平方千米实现“七通一平”，已经成为全市对外开放先导区、特色产业集聚区。

累计完成固定资产投资1 300亿元，是建市以来前16年总和的1.7倍，“项目支撑”战略取得丰硕成果。

持续加大对“三农”的支持力度，财政投入108亿元，是“十五”期间的3倍，“三农”工作成效显著。

22户国有工矿企业完成改制，10万余名职工得到妥善安置，国有企业历史性难题得到有效化解。

实施了建市以来最大规模的住房保障性安居工程，12万居民喜迁新居，告别了棚户区“行路难、吃水难、如厕难”等生活诸难的历史。

港口建设步伐加快，国家批准葫芦岛港口岸对外开放，全市人民期盼全面开放的夙愿，终于变成现实。

党的建设全面加强，执政能力和水平不断提高，为全市发展振兴、人民群众的福祉，提供了坚强的政治保证。

1.沿海开发全面提速，对外开放步伐加快。13个“主题概念”园区累计完成投资396亿元；引进项目631个，总投资1 727亿元。2010年，实际利用内外资分别为130亿元和2.2亿美元，是2005年的13倍和9倍。

2.重点项目加速推进,发展后劲进一步增强。实施5 000万元以上项目344个，总投资2 752亿元。特别是经过多年努力，投资1 000亿元的徐大堡核电项目，国家批准开展前期工作；投资200亿元的千万吨炼油项目报国家待批;投资200亿元的石河港开工建设；175千米滨海公路建成通车；青山水库将在两年内建成。建昌扶贫攻坚取得实质性突破，建兴高速公路全面启动。

3.县区经济日益繁荣,新农村建设成效显著。通过实施县(市)区经济“三年倍增”计划，2010年，县区生产总值422亿元，财政一般预算收入49.5亿元；城区经济快速发展，现代服务业集聚效应初步显现。2010年，服务业增加值212亿元，是2005年的2倍。

4.国有和民营经济齐头并进，支撑作用日益增强。中省直驻葫企事业单位等国有经济对地方生产总值和财政贡献率达 60%以上。民营经济快速发展，2010 年，规模以上民营企业 524 家,是 2005 年的 3 倍，提供了 70%的就业岗位。

5. 各项改革稳步推进，体制机制不断创新。积极引进战略合作伙伴，推进国企改革，渤海水泥等 6 户工业企业完成改制，锦山、锦华等 13 户企业实施破产；南票矿务局、锦化集团破产重组；锦化机集团与中航黎明、市公交公司与虎跃集团完成重组，杨钢地区矿业整顿成效显著。完成新一轮政府机构改革,深化行政审批制度改革，农村综合改革取得重大进展，教育、文化、卫生和公用事业改革稳步推进，南票区、杨家杖子经济开发区列入国家经济转型试点地区。绥中县成为全省“扩权强县”第一县。

6. 生态宜居滨城建设加快，城乡面貌焕然一新。基本形成连山、龙港、兴城“三位一体”大城区格局。龙湾 CBD“一场五馆”加速推进，“901 人防工程”竣工。实施了老城区“棚户区、低温区、供水管网”三大改造工程，开展了综合整治城市客运交通秩序“三大战役”，治理了五里河、连山河和茨山河，新建 8 座污水处理厂，实施美化、绿化、亮化工程，高铁新北站、市汽车客运总站投入使用，1 066 个行政村实现“村村通”柏油路；加强饮水安全工程建设，58 万群众喝上放心水。累计植树造林 0.32 平方千米，森林覆盖率、城区绿化率分别达到 30.4%和 42.6%。全面完成“十一五”节能减排指标任务；城市空气质量优良天数稳定在 96%以上。

7. 全力保障民生，人民生活明显改善。城镇居民人均可支配收入 17 371 元、农民人均纯收入 6 597 元，分别是 2005 年的 2 倍和 1.9 倍。五年新增实名制就业 32.5 万人,完成有组织劳务输出 35 万人；城镇登记失业率控制在 3.5%以内，零就业家庭始终保持动态管理为零。建立了城镇职工、城镇居民和“新农合”三项医疗保障制度。累计投入扶贫开发资金 8 亿元，22 万贫困人口实现脱贫。

8. 精神文明建设成效明显，社会各项事业全面进步。“文明村镇、文明社区和文明行业”等精神文明创建活动丰富多彩，加大对科技、教育、文化、卫生、体育等社会事业的投入，推进基本公共服务均等化。建成九年一贯制（寄宿）学校 71 所，全面落实“两免一补”政策。市中心医院改扩建工程竣工，乡镇卫生院覆盖率达 95%以上。始终保持稳定的低生育水平，统筹管理人口能力进一步提高。“广播电视村村通”工程全面完成。国防教育、民兵预备役和国家安全工作成效显著，荣获全国双拥模范城“三连冠”。另外，民族宗教、物价、食品药品监督、科协、文联、外事、侨务、地震、档案史志、残疾人等各项社会事业全面发展。

9. 民主法制建设成果丰硕，社会和谐稳定。制定实施了《市委关于进一步加强和改进新形势下人大工作的决定》和《市委关于进一步加强人民政协工作的意见》。坚持和完善人民代表大会制度，各级人大及其常委会依法行使权力、依法监督工作不断加强。各级政协“政治协商、民主监督、参政议政”作用得到充分发挥。积极推进依法行政，加快服务型政府建设；加快推进司法体制改革，积极开展普法教育和法律援助。统一战线工作取得新业绩，各民主党派、工商联和无党派人士，建言献策的积极性和作用明显增强。工会、共青团、妇联等群团工作取得新成绩。信访体制不断创新，社会矛盾得到有效化解。安全生产形势平稳，连续 4 年被评为“全国安全生产月活动优秀单位”。全面推进依法治市工作，连续五年被省评为“综治工作先进市”，并荣获“全国综治工作优秀市”称号。

10. 党的建设全面加强，领导科学发展能力不断提高。深入开展“学习实践科学发展观”和“创先争优”活动，涌现出一批先进典型。市委对县（市）区落实科学发展观情况考核评价体系，荣获省“创新成果奖”；“专家服务团”菜单式服务“三农”的做法，在全国宣传推广。市公安系统“创先争优与社会管理有机结合”的经验，得到中央领导充分肯定。积极推进“学习型党组织”建设，深化干部人事制度改革，不断加大整治发展环境的力度，机关作风明显改进。全面推进企业、农村、社区和学校等党的基层组织建设，不断扩大党在“两新组织”中的覆盖面，党风廉政建设和反腐败斗争取得显著成效。

今后五年全市工作的总体要求是：高举中国特色社会主义伟大旗帜，以邓小平理论和“三个代表”重要思想为指导，全面贯彻落实科学发展观，加快转变经济发展方式，不断满足人民群众日益增长的物质文化需求，大力实施工业强市、项目支撑、沿海开放和民生保障四大战略，着力推进新型产业基地建设、新农村建设、和谐社会建设和党的建设，为建设沿海经济强市而努力奋斗。

今后五年的奋斗目标和主要任务是：综合经济实力再上新台阶。在全面实现“两个不低于”目标基础上，经济发展速度“不低于省内沿海各市平均水平”，经济总量在全省实现位次前移。

沿海开发开放实现新突破。坚持“以港兴市”，加快港口群建设，促进沿海经济带大开放、大发展。把葫芦岛打造成中国北方“重要能源出海口”和“重要港口城市”。

经济结构更加优化。坚持以增量调结构，大力发展新兴产业，优化升级传统产业，壮大石油化工、有色冶金、装备制造和能源电力“四大支柱”产业。

县（市）区经济“倍增发展”。坚持以工业化为主导，农业现代化为基础，现代服务业为支撑，加快发展县（市）区经济。每个县（市）区至少建成一个产值超100亿元的产业园区。积极支持民营企业做强做大。

民生质量得到有效保障。健全覆盖城乡的社会保障体系，促进社会充分就业，确保新增就业岗位20万个，城镇登记失业率控制在4%以内。保持城乡居民收入与经济发展同步同幅增长，收入水平大幅提高。

“生态宜居滨城”建设步伐加快。围绕“百平方千米、百万人口”特大城市建设为目标，优化城市环境，完善城市功能，提升城市综合承载能力，提高城市规划、建设和管理水平。

社会更加和谐稳定。大力加强民主法制和精神文明建设，营造公平正义的社会环境。增强公共服务能力，推进科教文卫体等社会事业与经济建设协调发展。提升社会管理创新能力，加强社会治安综合治理，强化安全生产，确保人民群众安居乐业。

党的建设全面加强。各级党组织的创造力、凝聚力和战斗力进一步提高，科学执政、民主执政、依法执政的能力进一步增强。党风廉政建设和反腐败斗争不断深入，作风建设明显改进。

努力实现葫芦岛又好又快发展：

1.明确区域功能定位，加快推进沿海开发。要借助国家优化开发环渤海地区的政策优势，把葫芦岛打造成环渤海经济圈“特色区”和辽宁沿海经济带“先导区”；各县（市）区要淡化行政区划，强化区域经济合作；13个“主题概念”园区要明晰产业定位，实现“错位发展”；加快葫芦岛港、石河港和兴城港建设步伐，加速“港区一体化”进程。

2.加快产业结构调整，推进发展方式转变。坚持以增量带动结构优化，以质量求发展。要充分发挥“项目牵动”作用，大力开展“项目年”活动，特别是对本市未来发展具有战略意义的千万吨炼油项目、徐大堡核电一期要投产达效；要加快“产业集群”推进速度，着力打造石油化工、聚氨酯、有色冶金、新兴能源装备等“十大产业集群”，每个集群产值都要超100亿元；要把资源节约和节能减排作为转变经济发展方式的切入点，全面完成“十二五”节能减排目标任务。

3.加快社会主义新农村建设，构筑城乡共同发展新格局。全面启动新一轮县（市）区经济“三年倍增”计划，不断壮大县区经济。大力发展农村经济，把“三农”工作摆在更加突出的位置，每个县（市）区都要至少引进一个投资10亿元以上的农业产业化龙头企业；加快“一县一业”县（市）区特色经济发展步伐；加快推进城镇化建设，全市城镇化率达到50%以上。

4.加快发展民营经济，巩固提升国有经济。按照“放心、放手、放开”的方针，全面实施“腾飞计划”，推动民营经济大发展、快发展；进一步巩固提升国有经济的核心地位，引导国有企业发挥辐射和带动作用；支持国有、民营企业“走出去”，实施海内外兼并重组。

5.坚持深化改革，全面扩大开放。继续推进国企改革，加大简政放权力度，稳步推进事业单位改革和公共事业改革，继续深化农村综合改革和文化、教育、卫生等社会事业改革，进一步优化区域经济布局，增强发展活力；全面提升对内对外开放水平，坚持“请进来”“走出去”，进一步加大招商引资力度；进一步优化出口产品结构，不断扩大出口规模，提高外贸的拉动力。

全力构建和谐葫芦岛：

1. 保障和改善民生。实施“民生保障”战略，实施更加积极的就业政策，完善社会保障体系建设，进一步完善以最低生活保障制度为核心的社会救助体系，大力推进“保障性安居工程”建设，打好扶贫开发“攻坚战”。

2. 发展各项社会事业。优先发展教育事业，坚持“党管人才”原则，推进科技创新，加快发展医疗卫生事业，全面做好人口和计划生育工作，实施新一轮妇女儿童发展规划，进一步加强关心下一代工作。广泛开展全民健身活动，加强国防教育、民兵预备役和双拥工作，争创全国双拥模范城“四连冠”。

3. 推动文化繁荣发展。加强社会主义核心价值体系建设，以开展“迎全运、爱家乡、建辽宁”主题活动为契机，深入开展群众性精神文明创建活动。进一步繁荣文化事业，积极发展文化产业，加大文化遗产保护和开发力度，把文化旅游产业发展成为新兴支柱产业。大力发展社会科学、文学艺术、新闻出版、图书档案、广播电视，加强对外文化交流工作，不断提升文化软实力。

4. 加强民主政治建设。要健全民主制度，丰富民主形式，拓宽民主渠道，依法实行民主选举、民主决策、民主管理和民主监督。加强和改进党对人大、政协工作的领导。支持人大及其常委会依法行使监督权、重大事项决定权和人事任免权。支持人民政协履行好“政治协商、民主监督、参政议政”的职能。大力实施“同心”品牌工程，加强同各民主党派、工商联和无党派人士的合作共事，支持工会、共青团、妇联等人民团体依照法律和各自章程，创造性地开展工作。坚持依法行政，积极开展“六五”普法宣传教育，依法加强对宗教事务管理。切实保障妇女儿童合法权益。

5. 全力维护社会和谐稳定。提升社会建设和管理水平，以社会管理创新为抓手，最大限度减少不和谐因素。全面加强社会治安综合治理，高度重视国家安全，严密防范和打击境内外敌对势力的渗透破坏活动，防范和惩治邪教组织非法活动。落实领导包案制度，形成有效化解社会矛盾的长效机制。强化安全生产责任制，加强食品药品安全监督检查，坚决防止和杜绝重特大事故发生。

全面加强党的执政能力和先进性建设：

1. 始终保持思想上的先进性。强化“学习型党组织”建设，坚持用马克思主义中国化最新成果武装全党，坚定建设中国特色社会主义的理想信念，坚持解放思想、实事求是、与时俱进的思想路线，不断提高领导干部领导科学发展的能力和水平。

2. 努力加强和改进党的作风建设。大力弘扬“求真务实、真抓实干”的精神，始终保持同人民群众的血肉联系，积极开展批评与自我批评，切实加强机关作风建设，彻底整治“庸官懒政”，广大党员特别是领导干部，要把全部心思和精力用在干事创业促发展上。

3. 坚持抓基层、打基础，不断增强基层党组织的创造力、凝聚力和战斗力。要统筹推进农村、企业、街道社区和机关、学校等领域的基层党建工作，高度重视在新经济组织、新社会组织中建立党的组织，深化农村党建“三级联创”活动，深入开展“创先争优”活动，选好配强基层党组织带头人，充分发挥基层党组织和广大党员的战斗堡垒和先锋模范作用。

4. 建设善于领导科学发展的领导班子和干部队伍。按照“统揽全局、德才兼备、善谋敢断、团结和谐、廉洁奉公”的标准，着力建设朝气蓬勃、奋发有为的领导班子。按照“政治合格、实绩突出、作风过硬、清正廉洁”的要求，着力建设堪当重任的干部队伍。

5. 以改革创新精神完善领导体制和工作机制。各级党委要按照“总揽全局、协调各方”的要求，集中精力“管方向、谋全局、抓大事”，着力研究解决事关经济社会发展全局性、战略性和前瞻性的重要问题。加强民主集中制建设，规范党委常委会、全委会决定重大事项的规则和程序，认真落实党代表任期制，推进党务公开，保障党员权利。

6. 大力推进反腐倡廉建设。要继续加强对贯彻落实科学发展和中央重大决策部署情况的监督检查，大力整治经济发展环境，严格执行《廉政准则》，全面落实党风廉政建设责任制，进一步加强惩治和预防腐败体系建设，党政一把手要执行“四个不能直接分管”的规定。

【市委四届三次全体（扩大）会议】 这次全会的主要任务是，认真贯彻党的十七届六中全会和中央、省经济工作会议，省十一次党代会以及市四次党代会精神，总结2011年工作，部署2012年工作任务，落实省委书记王珉在本市调研时的讲话精神，进一步动员全市各级党组织和广大党员干部群众，保持发展激情，坚定振兴信心，全力推进“沿海经济强市”建设。

2011年工作回顾：在省委的正确领导下，本市召开了第四次党代会，选举产生了新一届市委领导班子。市委团结带领全市人民，深入贯彻落实科学发展观，抢抓“东北振兴和沿海开放”双重机遇，全市经济、政治、文化、社会建设和党的建设均取得了新成就，实现了“十二五”良好开局。

2011年，全市地区生产总值650亿元，增长15%；一般预算收入70.3亿元，增长25.7%；固定资产投资460亿元，增长35%；社会消费品零售总额274亿元，增长17.5%；城镇居民人均可支配收入20150元，增长16%；农民人均纯收入7900元，增长20%。主要经济指标均以两位或三位数增长，圆满实现了“两个不低于”目标。

第一，沿海经济带开发开放势头良好。13个“主题概念”园区累计完成固定资产投资571亿元，实现产值221亿元、增长269%。新引进项目257个，新增固定资产投资251.7亿元、增长117.8%。对内对外开放不断扩大。预计实际利用外资4.4亿美元，增长100%；引进内资170亿元，增长35%；出口创汇8亿美元，增长23%。

第二，重点项目牵动作用不断增强。全市投资5 000万元以上项目489个，总投资3 000多亿元。其中，在建项目328个，总投资1 640亿元；建成项目71个，总投资117亿元。

第三，县（市）区经济快速发展。新一轮县域经济“三年倍增”计划开局良好，预计县域地区生产总值、一般预算收入、固定资产投资分别增长27.2%、41.4%和56%。全市销售收入超亿元民营企业达到60家。农业喜获大丰收，粮食总产量136万吨，增长26%，创历史最好水平；圆满完成城区经济“三年倍增”目标任务。全市服务业增加值占GDP比重达到41%。

第四，城乡面貌明显改善。“生态宜居滨城”建设步伐进一步加快，全市城镇化率达到42%，提高6个百分点，创建市以来最大增幅；深入实施“辽西绿色长廊工程”和“青山工程”，植树造林537.33平方千米，森林覆盖率和城区绿化覆盖率分别达到31.5%和41.5%。完成省下达的节能减排任务指标；城市空气质量优良天数达到357天。

第五，重点民生工程顺利实施。实现城镇实名制就业6万人，完成省计划的166.6%。城镇登记失业率控制在3.7%以内。全市城乡养老、医疗保险实现全覆盖，农村常住人口新农合参合率达100％。建设保障性安居住宅5万户，其中，国有工矿棚户区改造4.2万户，占全省的28.6%；新华社、中央电视台对此进行了专题报道。

第六，文化事业和民主政治建设扎实推进。大力加强精神文明建设，文化体制改革有序推进，文化产业快速发展。广泛开展了“红诗红歌·唱响葫芦岛”等庆祝建党90周年系列活动；全面开展“迎全运、爱家乡、建辽宁”主题教育实践活动。改造学校97所，新建九年一贯制（寄宿）学校7所；科技支撑作用显著增强；83家基层医疗卫生机构实施基本药物制度；统计工作统计数据质量和公信力明显提高。国防教育、民兵预备役等工作深入开展，荣获省双拥模范城称号。

坚持和完善人民代表大会制度，各级人大及其常委会依法行使权力和监督工作不断加强，各级政协“政治协商、民主监督、参政议政”作用得到充分发挥，统一战线核心凝聚力不断增强，工会、共青团、妇联等群团组织换届工作圆满完成。建立完善了党代表常态化联系机制。

第七，社会大局和谐稳定。落实了信访积案化解领导包案制，建立四级“联调联处”工作平台，调处成功率达97.9%。全力做好安全生产和突发事件应急处置工作，连续六年实现安全生产事故总量、死亡人数双下降；筹备成立“见义勇为基金会”，已募集资金625万元；加强社会管理综合治理，“清网行动”走在全国全省前列，荣获省社会管理综合治理先进市“五连冠”。

第八，党的建设全面加强。圆满完成了市县乡三级党委换届工作，以“创先争优”为载体，深入开展“五个一”工程、“弘扬雷锋精神、争当振兴先锋”和“三创三争”活动，涌现出市公安局和连山区法院方程同志等先进典型；南票区“千人评议机关”、绥中县“双述双评”活动荣获首批“辽宁省党的基层组织建设创新奖”。

干部人事制度改革不断深化，面向全省公开选拔了20名县科级领导干部；建立健全了考核评价体系；“专家服务团”菜单式服务“三农”的做法，在全国宣传推广。

深入开展机关纪律作风整顿，机关执行力和工作效率明显提高，发展环境进一步改善。大力推进反腐倡廉建设，加大了案件查处力度，各级党委（党组）主要领导带头讲廉政党课，集中开展了警示教育，党风廉政建设责任制得到落实，惩防体系特别是“五大系统”建设全面推进。

2012年全市工作的总体要求是：以邓小平理论和“三个代表”重要思想为指导，深入贯彻落实科学发展观，坚持“稳中求进、稳中求快”，深入实施“工业强市、项目支撑、沿海开放、民生保障”四大战略，突出“抓改革、调结构、稳增长、惠民生、促和谐”五项重点工作，全面加强党的建设，为建设沿海经济强市奠定坚实基础。

2012年全市经济社会发展的主要预期目标是：主要经济指标必须要实现“两个不低于”目标，即：不低于全省平均水平、不低于省内沿海各市平均水平。地区生产总值增长13%，一般预算收入增长15%，全社会固定资产投资增长26%，社会消费品零售总额增长18%，实际利用外资增长40%，引进内资增长30%；城镇居民人均可支配收入、农民人均纯收入分别增长16%以上；万元地区生产总值能耗降低4%；主要污染物排放量降低2%。

（一）以加快发展为主题，保持经济发展强劲态势

第一，加速推进改革开放。要进一步明确13个“主题概念”园区的产业定位，实现“错位发展”。要创新园区领导和管理体制。坚持“走出去、请进来”，创新招商模式，加大招商力度，提高招商成效。以“区划调整、简政放权”为重点，最大限度破除体制机制障碍。继续深化农村、金融、国企、文化、教育、医药卫生、人口计生以及行政管理体制等重点领域改革。稳步推进事业单位分类改革。

第二，全力推进重点项目和产业集群建设。着力实施“项目建设年”和工业“五项工程”，坚持以“增量调结构、创新促升级、质量求发展”。加快聚氨酯、泳装、有色金属、海洋工程、IT、泵阀等6个重点“产业集群”建设。加快推进每个县（市）区建成产值超100亿元的产业集群。加大节能减排力度，积极推进城区“重化工业企业”搬迁改造；积极发展“绿色、循环、低碳”经济和节能环保产业，着力推进“国家森林城市”和“环境友好型、资源节约型”社会建设。

第三，继续保持县区经济双轮驱动。以实施县域“三年倍增”计划为动力，加速推进新农村建设，不断壮大县域经济。大力发展“一县一业”，加快兴城“泳装名城”、“温泉之城”和绥中“万家数字技术产业基地”建设，打造建昌“国家农业产业化示范区”。

加快农业结构调整。设施农业要由数量向质量发展；大力推进投资10亿元以上农业产业化龙头项目落地投产，促进农业转型升级；加强农田水利建设，狠抓粮食生产，确保粮食稳产高产。

实施第二轮城区经济“三年倍增”计划。建设“海洋工程制造基地”、“国家煤炭储配基地”和“中国泵阀基地”。加快南票和杨家杖子资源枯竭地区转型步伐。推进服务业集聚区建设，将龙湾CBD建设成海洋“不夜城”；抓好住宅地产、商业地产、工业地产和旅游地产开发，保持房地产业健康发展。

第四，扎实推进“生态宜居滨城”建设。着力推进“百平方千米、百万人口”特大城市建设。加快龙港区全域城市化进程，推进新老城区改造和南票新城建设；启动环城公路和新老城区畅通工程；完成龙湾大街南延路改造；建立城乡一体的大公交新格局；加快茨山河和五里河综合治理；实施“青山碧水”工程；提高城市公用事业服务水平；巩固“城市环境综合整治”成果，强化综合执法成效，提高城市规划、建设和管理水平。

第五，着力抓好生产要素保障。坚持节约集约用地，用好“土地增减挂钩”政策，通过填海、改造荒滩和废弃地、山坡地来破解土地瓶颈问题；加大海洋开发利用和生态环境保护。多渠道解决融资难问题，大力发展村镇银行、小额贷款公司和融资担保机构；抓好债券发行、股权投资、各类基金融资，鼓励社会资本融资；积极推进八家

矿业股份公司、宏运集团等民营企业上市。

（二）以实施民生保障战略为重点，不断提升人民群众幸福指数

第一，不断提高民生保障水平。坚持把增加收入作为最核心的民生，把稳定就业作为最根本的民生。着力构建和谐劳动关系。实现城镇实名制就业4.2万人，普惠制各类培训1.7万人。确保零就业家庭动态管理为零，城镇登记失业率控制在3.8%以内。

第二，加快发展社会事业。优先发展教育事业，实施中小学和幼儿园安全建设工程，坚持把科技进步和创新作为转变经济发展方式的重要支撑，积极推进区域创新体系建设。进一步加强统计工作，为经济社会发展提供强有力保障。

完善社会保障体系，完善覆盖城乡的医疗卫生服务体系，做好人口和计划生育工作，广泛开展全民健身活动，全力筹备第十二届全运会分赛区赛事工作，进一步巩固“双拥工作”成果，争创全国双拥模范城“四连冠”和省双拥模范城“六连冠”。

实施新一轮扶贫攻坚计划，巩固建昌整体稳定脱贫成果。抓好对口援疆、援青、援藏以及其他对口援助工作任务落实。

第三，切实抓好保障性安居工程。加快推进保障性住房建设和棚户区、城中村、城郊村改造；国有工矿棚户区改造工程全面完工，建成一批精品安居小区，真正让群众“住得进、住得稳、住得好”。

（三）以维护稳定为第一责任，着力营造良好社会环境

第一，加强社会管理创新。加快构建“党委领导、政府负责、社会协同、公众参与”的社会管理格局，做好党的十八大等重大活动的安保工作，充分发挥“环京护城河”作用，把好东北“西大门”，坚决做到“三个不发生”，即“不发生重大群体性去省进京访事件、不发生重特大安全生产事故、不发生重特大刑事案件”。

第二，强化信访稳定工作。以解决问题为核心，深入开展领导干部大接访活动，千方百计化解信访积案，积案化解率要达到90%以上；要强化“属地管理”，建立责任追究机制，对稳控工作不到位、造成重大影响的责任人，要及时进行通报、适时约谈并实施问责。

要高度重视国家安全，严密防范境内外敌对势力和邪教组织的渗透破坏及非法活动。始终保持严打高压态势，严厉打击各种犯罪，确保社会大局和谐稳定。

第三，做好安全生产工作。强化安全生产责任制落实，全面排查安全隐患，深入开展矿山、危化品、建筑、民用爆破器材、烟花爆竹、特种设备、人员密集场所的安全专项整治工作；进一步加强和改进消防工作，严防重特大火灾的发生；狠抓安全生产和食品药品安全。抓好渔业生产，防止越界捕捞。进一步完善突发事件和自然灾害应急处置体系建设。

（四）以建设文化强市为目标，全面提升文化软实力

第一，加强先进思想文化建设。要认真贯彻落实党的十七届六中全会精神，坚持以社会主义核心价值体系为引领，用马克思主义中国化最新成果武装党员干部、教育群众。要以迎接党的十八大胜利召开为契机，开展系列宣传教育活动，牢牢把握正确导向，积极营造浓厚的思想舆论氛围。结合“迎全运、爱家乡、建辽宁”主题实践活动，深入开展精神文明创建活动，进一步凝聚全市人民的力量，为发展振兴提供强大动力。

第二，大力发展文化事业。按照省委《加快建设文化强省实施意见》的要求，继续深化文化系统公益性事业单位改革。坚持以政府为主导、以公共财政为支撑，大力发展公益性文化事业，实施文化惠民工程，加快完善覆盖城乡的公共文化服务体系。

第三，培育和发展文化产业。实施全民文化素质提升工程，坚持以市场为主导，做大做强一批文化产业集聚区。出台本市《文化产业发展规划纲要》。开发古城、长城、海洋、海岛、温泉和红色旅游资源，加快觉华岛“北方国际旅游岛”、“碣石宫遗址公园”、兴城古城和塔山阻击战纪念馆等的开发，加强建昌战国古墓遗址发掘保护，把文化旅游产业打造成支柱产业。

（五）切实加强和改进新形势下党的建设，不断提高党的建设科学化水平

第一，切实提高党员干部的思想政治水平。认真贯彻党的路线方针政策，扎实抓好理论学习、

宣传和研究等工作。要深入开展中国特色社会主义理论体系教育，坚持用科学发展观指导工作、推动发展。强化广大党员的党性教育和锻炼，保持思想上的先进性，发挥先锋模范作用。

第二，加强干部队伍建设。要始终坚持“党管干部”原则，着力建设“政治合格、实绩突出、作风过硬、清正廉洁”的干部队伍。牢固树立正确的用人导向，坚持“五湖四海、任人唯贤”和“德才兼备、以德为先”的用人标准，大胆提拔和重用“有激情、能攻坚、干成事”的领导干部。要大力倡导面向省内外公开选拔“博学多才”的干部；加强培养选拔女干部和党外干部工作；加大干部交流力度；推进干部教育培训创新。

第三，建立科学的干部考核机制。强化对县（市）区、市直部门和园区的考核。要遵循科学发展观、正确政绩观的要求，建立完善干部量化考核体系，坚持定量考核与定性考核相结合，确保考核全面、真实、公正。今后，必须破除“论资排辈”，坚持凭实绩用干部，择优竞争上岗，建立“能者上、平者让、庸者下”的用人机制。

第四，加强基层党组织建设。深入开展“创先争优”活动，选树一批“叫得响、立得住、学得到”的先进典型。结合“七一”建党庆祝活动，全面总结“五个一”工程所取得的成绩和经验。抓好基层党组织带头人队伍建设，落实农村党支部书记“一定三有”规定，加强学校、社区、企业以及“两新”组织党建工作。

第五，加强作风和执行力建设。各级领导干部要“讲政治、重品行、作表率”，保持和发扬我党的“三大”作风，保持党同群众的血肉联系，着力为人民群众做好事、办实事、解难事。要加强执行力建设，大力发扬“务实高效、真抓实干、雷厉风行”的作风，强化督查和追责问效，确保各项工作落到实处。

第六，推进民主政治建设。进一步加强和改善党对人大、政协工作的领导，支持人大及其常委会依法行使监督权，支持人民政协履行好“政治协商、民主监督、参政议政”职能。特别是在加快推进沿海经济强市建设的进程中，要充分发挥人大、政协凝心聚力、善于谋势、勇于作为的重要作用。

认真落实党代表任期制，建立健全党代表常态化联系制度，充分发挥“两代表、一委员”的职能作用。做好统战工作，加强对民主党派和工商联换届工作的领导，确保换届工作圆满完成。充分发挥工会、共青团、妇联等各人民团体的作用，为经济社会发展凝聚力量。

第七，加强党风廉政建设。认真落实《廉政准则》，进一步完善惩防体系，全面推进“五大系统”建设，严格执行“四个不直接分管”，着力从源头预防腐败。强化党风廉政建设责任制和“一岗双责”落实，加大案件查处力度；市委常委要带头检查党风廉政建设责任制落实情况，确保党风廉政建设和反腐败各项工作落到实处。继续整治发展环境，为经济发展营造良好氛围。

（曾广辉）

组织工作

【概况】 2011年，市委组织部认真贯彻党的十七大、十七届四中、五中、六中全会以及全省组织工作会议精神，全面落实市委的工作部署，坚持统筹兼顾、重点突出，扎实开展各项工作，取得了显著成效，为“十二五”开好局、起好步提供了坚强组织保证。

【市 县 乡三级党委换届工作圆满完成】 历时7个月，全市92个乡镇、街道，6个县（市）区及市委换届工作圆满完成。一是确保省、市委人事安排意见的顺利实现，选出善于领导科学发展、坚强有力的好班子。按照“统揽全局、德才兼备、善谋敢断、团结和谐、廉洁奉公”的标准，坚持正确的用人导向，着力把“有激情、能攻坚、干成事”的干部选拔出来。县乡两级党委换届人选全部采取民主推荐、组织考察、市县常委会议和全委会议票决等办法产生，产生的换届人选具有广泛的代表性、丰富的基层工作经验和参政议政能力。经市委批准的“两委”班子候选人人选全部当选。市委换届中，切实做好代表选举工作，严把代表质量关，选出的党代表普遍具有先进性、代表性和广泛性，代表构成比例全部达到指导性要求。认真筹备和精心组织召开市委换届大会，确保了大会的圆满成功和省委人事安排意见的顺利实现。二是采取有力措施，营造良好的换届风气，确保换届风清气正。强化宣传教育。通过召开市委常委会、党员领导干部警示教育大会，对严肃换届纪律，提出明确要求。发放近万张印有“5个严禁、17个不准和5个一律”内容的塑料压膜卡片，给党员干部群发换届纪律的短信15万条，保证换届纪律知晓率达到95%以上。严明纪律，落实责任。制定了《严肃换届纪律工作方案》，下发了《严肃换届纪律 加强机关作风建设的意见》和《关于严肃党代会会议纪律的若干规定》。组织开展了“五个一”（一本党章、一枚党徽、一套红书、一张卡片、一次宣誓）活动，增强了党代表带头讲党性、重品行、作表率、严守纪律的意识。严格督导检查。向6个县（市）区、各县（市）区向乡镇共派驻了98个换届工作督导检查组，坚持点面结合、上下联动，进行全程监督检查，确保了换届工作风清气正。经过严肃换届纪律和遵守换届纪律承诺制情况问卷调查和对换届工作的满意度测评。全市777人参加满意度测评，满意99.7%，基本满意0.3%。各县（市）区1 719人参与换届风气满意度测评，总体评价为“好”的达到了100%。

【领导班子和干部队伍建设得到不断加强】 一是加强领导班子思想政治建设。按照“讲党性、重品行、作表率”的要求，进一步提高各级领导班子和领导干部的思想政治素质。开展市管领导班子思想政治建设情况专题调研，形成了具有参考价值的调研成果，为加强领导班子建设提供了理论支持。进一步贯彻执行民主集中制，切实加强对党员领导干部民主生活会的指导，提高了各级领导班子解决自身问题的能力，增进了班子团结。以民主集中制、纪律作风等为主要内容，切实加强对换届后新进领导班子成员的思想政治教育，有效提高了各级领导班子的凝聚力、战斗力和整体合力。二是开展干部教育培训工作。选送184名学员分别参加了国家行政学院、国家财政部、交通部、农业部等各部委及省委党校、辽宁行政学院举办的各类培训班次的学习。其中市厅级干部9人，县处级干部46人，科级干部129人。依托市委党校举办了县级领导干部素质能力进修班两期，培训县级领导干部60人。通过系统的理论学习和实践锻炼，全面提升了干部的素质能力。三是做好干部考核、调整充实工作。全面实施“一个意见、三个办法”，组织开展了市管领导班子和领导干部年度考核工作。按照领导班子结构多重目标的要求，做好各级领导班子调整充实工作。全年共调整领导干部166人。其中，提拔59人。四是做好党群部门公务员管理相关工作。完成公务员登记审批58人，党群部门招录公务员34人，审核办理市直党群部门干部调配55人次，审批备案市直党群中层干部任免审批备案79人次。五是做好老干部工作。推进“三个机制”的健全和完善，进一步落实老干部待遇，提高离休干部生活补贴标准，扩大发放范围，全市有1 840名离休干部受益。老干部党支部、老干部大学和老干部活动中心建设得到不断加强。

【选人用人公信度不断提高】 一是不断规范选人用人程序。全面实行干部提拔推荐制度。采取组织推荐、领导干部推荐、党员群众推荐、个人自荐等多种渠道推荐干部。规范干部任用提名方式，在干部提名的过程中，严格坚持民主推荐、民主测评制度，增强了干部提拔推荐的科学性和真实性。在干部任用上，严格执行干部任用票决制和任前公示制度，确保了选人用人的公平公正公开。二是建立健全科学的考核评价体系。研究出台了《葫芦岛市县级领导班子和领导干部绩效考核评价实施意见》，制定了《葫芦岛市县（市）区党政领导班子和领导干部绩效考核评价办法（试行）》、《葫芦岛市开发区领导班子和领导干部绩效考核评价办法（试行）》、《葫芦岛市市直部门县级领导班子和领导干部绩效考核评价办法（试行）》等三个具体办法，建立了体现科学发展观和正确政绩观、具有本市特色的考核评价体系。三是推进竞争性选拔干部工作。开展了面向全省公开选拔县、科级领导干部工作。共选拔出县、科级领导干部22名。其中，副县级领导干部9名，副科级领导干部13名。四是严格落实干部监督各项制度。全年受理各县（市）区干部选拔任用有关事项报告39人次，经审核同意调整提拔的33名，纠正不符合任职资格及不适宜上会研究的干部7名。

【创先争优活动成果显著】　组织全市6 000多个基层党组织、15.2万名党员，牢牢把握推动科学发展、促进社会和谐、服务人民群众、加强基层组织的要求，深入开展“弘扬雷锋精神、争当振兴先锋”、“当先锋创佳绩、向建党90周年和市四次党代会献礼”实践活动。以“办实事 解民忧 惠民生”为主线，扎实开展“党员干部走进千家万户”等活动。全市基层党组织和党员干部共结成帮扶对子2万余个，全市共为困难家庭捐现金400余万元，捐物折款400余万元。帮助困难家庭解决实际问题12 365个。在13个“主题概念”园区开展“三创三争”主题实践活动，切实推动了沿海经济带建设，该做法受到省委组织部的充分肯定。全市公安系统开展的“以党建促队建，讲责任比贡献”主题实践活动，将创先争优活动与加强与创新社会管理结合起来，得到了李源潮同志的充分肯定。

【建党九十周年纪念活动丰富多彩】　一是开展宣传教育活动。省、市两级日报、电视台，对受中央和省、市委表彰的党员干部典型进行宣传。组织了1 000人参加的郭明义先进事迹报告会，依托葫芦岛法律服务网，组织党的知识竞赛活动，使广大党员干部受到了革命传统教育。组织部机关集中开展了“喜迎建党90周年，组工干部真情颂党”系列活动，编纂《红诗集》，举办“赞美祖国、热爱家乡、讴歌美好生活”主题书画、摄影展等，营造了浓厚的纪念氛围。二是开展走访慰问活动。市领导带头走访慰问了困难老党员，各级党组织普遍开展了走访慰问老党员活动，为老党员送去了党组织的关怀，使老党员感受到了党组织的温暖。三是开展“一先两优”表彰活动。全市共表彰先进基层党组织101个，优秀共产党员120名，优秀党务工作者80名。全市涌现出一批全国、全省的先进典型。中国石油锦西石化分公司党委荣获全国先进基层党组织，张文成获全国优秀党务工作者，16个基层党组织获省先进基层党组织，8名党员获省优秀共产党员，8名党务工作者获省优秀党务工作者。

【基层党组织建设成效突出】　一是开展了全市后进村党组织整顿工作。对114个后进村进行整顿，通过整顿，村两委班子建设普遍得到加强，基础设施得到改善，经济发展有了新思路，大部分历史遗留问题得到了妥善解决。二是社区党组织换届工作顺利完成。对全市217个城市社区党组织和社区居委会进行了换届选举，引导党员和群众把真正符合条件的人选进了社区党组织和社区居委会。三是党员干部培训扎实有效。开展了农村党务干部培训工作，组织了以40名新任乡镇党委副书记和组织委员为重点的全市农村党务干部培训班。举办了由100名行政村和社区党组织书记参加的全市推动科学发展创新社会管理示范培训班。南票区“千人评议机关”、绥中县“双述双评”活动荣获首批“辽宁省党的基层组织建设创新奖”。

【人才工作不断推进】　一是研究制定了《关于加快推进沿海经济带重点区域人才整体开发战略的若干政策规定》（征求意见稿）和《2010～2020年葫芦岛市人才发展规划》（征求意见稿），认真做好了全市人才工作会议的各项筹备工作。二是加强对人才工作的宏观指导，在抓好党政人才队伍建设的同时，协调推进了高层次创新型人才、专业化高技能人才和社会工作急需人才的开发建设，为全市的各项事业发展提供了有力的人才支持。三是深入开展专家服务团工作。全年共培训农民5万余人次，培训农村技术骨干近万人，推广新技术、新品种，解决技术难题近千个，得到广大农民和社会各界的好评。

【组织部门自身建设得到切实加强】　一是强化制度建设。健全和完善内部各项管理制度，加强目标责任制管理，不断提高组织工作的效率。坚持实行中层干部竞聘上岗制度，有7名干部通过竞聘走上中层领导岗位。二是强化能力建设。以学习培训、实践锻炼为主要方式，通过组织学习党的十七届六中全会、省市党代会精神，组织职工业务培训交流，进行组工业务实践等，切实提高了组工干部的综合能力。三是强化作风建设。教育引导组工干部热情、真诚地为干部、为党员、为基层同志服务，按政策办事、按制度办事、按程序办事、按原则办事，确保每项工作取得明显成效。在筹备党代会工作中，组织部同志全员出动，群策群力，各负其责，保证了大会圆满成功。四是强化基础性工作。推进组织系统信息化建设，做好党内统计、干部统计、档案管理工作，加强对党的建设研究工作的指导，做好组工信息和网络宣传工作，全面开展远程教育工作。

（逯化生）

宣传工作

【概况】 年初以来，全市宣传思想文化工作按照省委宣传部的总体部署和市委的要求，围绕中心，突出重点，体现特色，注重实效，理论武装工作向纵深发展，群众性精神文明创建工作不断深化，文化体制改革实现新突破，对外宣传影响力不断扩大，营造了庆祝建党 90 周年的浓厚氛围，为实现全年各项工作任务目标打下坚实的基础，为葫芦岛“十二五”开好局、起好步和经济社会发展提供了良好的舆论环境和强大的精神动力。

【理论大众化扎实推进】 1.学习型党组织建设“排头兵工程”扎实开展。年初，对学习型党组织建设“排头兵工程”进行全面部署，下发了实施方案，积极探索建立符合葫芦岛市情的学习型党组织评价指标体系和具体考核办法，制定了《学习型党组织考核评价指标实施方案》，坚持齐抓共管、示范引领、突出重点、分类指导、全面覆盖的工作原则，注重提高学习实效，以学习型党组织建设带动和促进党员干部的理论学习。下半年，重点对学习型党组织建设开展情况进行检查、指导，研究、探讨长效机制建设，召开了全市学习型党组织工作座谈会，总结交流了经验，针对存在的问题，明确了下一步的工作要求，确保活动的健康发展。

2.三级理论宣讲体系更加完善。对市、县、乡三级理论宣讲员实名制管理，实行年度考核、颁发聘书，形成了千人宣讲骨干队伍。围绕学习贯彻“十二五”规划纲要、胡锦涛同志“七一”重要讲话、十七届六中全会、省十一次党代会和市四次党代会精神等重大专题，深入基层，面对面宣讲近 1 100 余场，受众超过 20 万人次。

3.社科宣传普及工作向基层延伸。开展了第九届社会科学普及周活动，举办了“社会科学进乡村主题活动日”、“社科知识进大学”普及讲座；在兴城安居小区、连山钢屯镇建立科普示范基地，推动了社科知识的传播普及。在做好向省申报课题工作的同时，批准 2010 年度葫芦岛经济社会发展立项课题 17 项。

【思想道德建设和精神文明创建活动深入扎实】 1.庆祝建党 90 周年宣传教育活动内容丰富。在全市集中开展了以学习贯彻十七届五中全会精神、纪念建党 90 周年和市“两会”精神为主要内容的形势政策宣传教育活动。对市公安局深入开展“以党建促队建，讲责任比贡献”主题活动的典型经验及时进行总结推广宣传，受到中央和省市领导的肯定，并在全市开展了向市公安局学习的活动。组织干部群众收听、收看和学习了胡锦涛总书记在庆祝中国共产党成立 90 周年大会上的重要讲话；组织了纪念建党 90 周年理论研讨会、报告会和系列座谈会；开展了走访慰问老党员老干部、祭扫烈士墓等系列活动。党的十七届六中全会召开后，及时组织了全市宣传思想文化系统学习全会精神的座谈会，统一思想认识，以市委文件的形式印发了认真学习贯彻党的十七届六中全会精神的通知，在全市上下掀起学习宣传贯彻全会精神的热潮。

2.思想政治工作向更广的领域拓展。把思想政治工作延伸到新经济组织、进城务工人员等群体，突出开展大中专院校毕业生和下岗再就业人员思想政治工作。积极开展思想政治工作研究，组织对全市思想政治工作优秀研究成果进行发布，编辑了《思想政治工作优秀研究成果集》；制定下发了《关于加强和改进新形势下国有及国有控股企业思想政治工作的实施意见》；及时总结宣传省级企业文化建设示范单位的典型做法，不断提升本市企业文化建设的整体水平。召开了郭明义先进事迹报告会和学习郭明义同志先进事迹座谈会，在本市成立了郭明义爱心团队连山区“傻子”爱心分队，并举行了捐赠仪式；兴城市碱厂满族乡常桂芹荣获第三届全国道德模范提名奖；举办了全市道德模范“故事汇”，弘扬传播道德模范先进事迹。加强未成年人思想道德长效机制建设，开展“万名模范进校园”活动，全省“万名模范进校园”活动座谈会在绥中县召开。加强爱国主义教育和国防教育，积极做好塔山阻击战革命烈士陵园的改扩建工作，对纪念馆进行整体布展，打造红色经典旅游区。开展了第11个全民国防教育日系列宣传活动，举行了葫芦岛国防教育展馆开馆揭匾仪式；组织市人大代表对贯彻《国防教育法》及国防教育法规学习宣传情况进行了视察，被省《国防教育通讯》刊登。

3.精神文明创建工作不断深化。围绕社会主义核心价值体系建设，以“迎全运、爱家乡、建辽宁”主题教育实践活动为重点，以实施“文明公民培育工程”为载体，通过举行启动仪式、层层发动、明确职责，充分调动了群众参与的积极性。围绕提高公民素质，开展了全运知识普及、公民公共文明行为准则征集活动；围绕改善城乡环境，开展了“我们的城市、我们的家园”城市环境综合整治活动；围绕提高城乡精神文明创建水平，在文明村镇、文明单位中开展了“讲责任、做表率、比奉献”活动。各县（市）区都按照省、市的统一部署，结合本地区的实际，创造性开展活动。其中，绥中县组织开展了“万人学礼仪”活动、兴城市开展的“创建和谐兴城　共赴文明之约”系列活动等，均收到了较好的效果。完成了全国文明单位的复查推荐工作和省2010～2011年度文明城市、文明村镇、文明单位评选的申报工作；以创建“文明网站”活动为载体，规范了网站建设和管理，加强了网上精神文明建设；加大“信用葫芦岛”创建工作力度，以“诚信商务街”创建活动为龙头，广泛开展诚信宣传教育，引导人们树立诚信意识，逐步完善社会诚信体系，打造“诚信葫芦岛”。

【文化事业进一步繁荣发展】 1.文化体制改革有序推进。以两办文件下发了《关于进一步深化我市文化体制改革的意见》，落实推进文化体制改革相关工作；成立了文化市场综合执法机构；指导协调市文化广播影视局起草制定市艺术团改革方案、葫芦岛日报社起草制定日报印刷厂转企改制方案；启动本市非时政类报刊出版单位体制改革；积极推进县（市）网络整合工作，目前，网络用户达到35万户，数字平移已实现22万户，净资产总量位列全省第四位。完成了县（市）区电影公司、电影院、新华书店转企工作，县（市）区文化体制改革正在积极有序的推进之中。

2.文化产业发展的势头良好。综合本市文化产业发展实际，组织协调《葫芦岛市2012～2020年文化产业发展振兴规划纲要》编制工作，初步确定了全市12项重点文化产业项目；起草制定《葫芦岛市关于加快文化产业发展的若干政策规定》；制定了《葫芦岛市文化产业“十二五”发展规划》，对本市今后五年文化产业发展目标、发展任务、发展重点进一步明确。积极协调推动兴城古城整体保护利用工作；万家数字技术产业基地已进驻数字企业40多家，投资两亿元的创业大厦即将竣工；连山区灵山寺旅游风景区增容扩建、建昌县画廊谷旅游项目等一批旅游文化产业项目正在建设中。积极培育和宣传推介了古筝新筝培训演出、中国·葫芦岛国际葫芦文化节等本市文化企业、文化展会的品牌。

3.公共文化服务体系建设步伐加快。继续推进文化惠民工程建设，提高公共文化服务的能力和水平。今年全市又部署了46个文化站建设项目任务；龙湾中央商务区“一场三馆”等重点工程建设稳步推进，市群众艺术馆新馆年底投入使用。在服务农民、服务基层专项文化活动中，组织送戏下乡演出40余场，为基层送图书500余种3 550余册，派出专业人员进行辅导培训50余次。

4.群众文化文艺活动蓬勃开展。组织开展了“红诗红歌·唱响葫芦岛”群众性系列文化活动，各种红诗红歌咏诵演出达50余场，表演人数5万余人次，在全省竞赛活动中，分获优秀组织奖、优秀诗歌创作奖和优秀朗诵奖。举办了本市2011年新年音乐会、春节晚会、庆祝建党90周年群众歌咏晚会、庆祝市党代会召开专场文艺演出等，组织举办了市第二届读书节、市民文化大讲堂、首届群众文化节、乡村文化节和各种社区文化活动，极大地丰富了广大群众的文化生活。成功组织了葫芦岛与韩国富平区第十二届文化艺术交流活动，为推动两市区之间广泛交流与合作发挥了重要作用。

【宣传工作的传播力和影响力不断扩大】 1.舆论引导能力进一步增强。建立了市新闻宣传工作管理平台，刊发新闻宣传工作提示，加强了对县（市）区委宣传部、市直新闻单位的管理，增强了新闻宣传工作的保密性、及时性。在全市新闻战线开展了“走基层、转作风、改文风”活动，使新闻宣传更加鲜活生动，新闻质量明显提高。围绕中心工作，对本市“主题概念园区”开发开放建设和保障民生等重点工作进行深度报道，充分反映经济运行的发展变化和亮点；精心策划了市“两会”、市四次党代会、本市依法取缔城区内营运三轮车等阶段性新闻宣传；特别是对建党90周年的各项活动的宣传报道，宣传部门牢牢把握正确导向，做到了既热烈有序，又氛围浓厚。

2.对外宣传工作的影响力不断扩大。今年，外宣工作着力在塑造特色形象，推介区位优势，展示宜居环境，烘托发展亮点上下工夫。一方面，通过整合资源，加大对外宣传。启动了市直新闻媒体的对外宣传功能，市广播电视台成立了对外宣传办公室，在央视、辽台发布新闻200余条。《葫芦岛日报》、《辽宁日报》驻葫记者站在《经济日报》、《辽宁日报》重要版面发表具有影响力新闻30多条。另一方面，通过加强通联，优化主题宣传。开启了和连云港等友好城市的宣传互动；在央视四频道、天安门广场LED显示屏做了城市宣传片；配合央视《远方的家》栏目组完成了“远方的家—葫芦岛的风采”专题节目，在央视播出；利用全国“两会”、省“两会”的有利契机，邀请省以上主流媒体做市长专访，宣传推介本市发展的区位优势。在辽宁省赴香港招商的新闻宣传中，本市招商新闻被香港12家媒体做了大量报道，辐射面达到近50个国家。完成了“中国·葫芦岛（兴城）国际泳装文化节”和“2011中国·葫芦岛打渔山泵阀产品博览会”等大型活动的对外宣传推介工作。在加强正面宣传的同时，积极主动地应对负面报道，先后较好地处置了“连山拆迁自焚事件”等各种新闻突发事件近30起。

3.队伍建设得到全面加强。落实“三贴近”工作原则，加强了宣传思想文化战线队伍的思想作风建设，狠抓了领导班子思想政治建设和廉政建设，宣传工作的领导力和执行力不断提高。开展创建学习型机关和学习型党组织活动，不断提高了机关干部的理论素养和工作水平。围绕全省宣传文化重点工作的落实，组织了对全市宣传文化系统的大调研活动。先后完成了《关于开展辽宁温泉旅游产业文化生产力的专题调研》、《关于加强学习型党组织长效机制研究》等6篇省委宣传部委托的重点调研课题；向省委宣传部及时上报了重要宣传工作信息50余条、舆情信息90余条，调研质量和舆情分析能力不断提高。

（蔡礼平）

统战工作

【概况】 2011年，在市委正确领导下，全市统一战线广大成员，深入贯彻落实科学发展观，全力打造“同心”品牌工程，着力服务加强和创新社会管理，狠抓政策落实，夯实发展基础，有力地推进了统一战线事业的蓬勃发展。

【加强统战系统思想政治教育】 认真贯彻胡锦涛总书记对统一战线提出的“思想上同心同德、目标上同心同向、行动上同心同行”的“同心”思想，组织广大统战成员以“同心·社会主义核心价值体系学与行”活动为载体，认真学习贯彻党的十七届五中、六中全会和市第四次党代会精神，结合建党90周年、辛亥革命100周年等重要纪念日、重大事件等时机，举办瞻仰塔山烈士陵园以及形式多样的征文、知识竞赛、红歌演唱会、红色电影周等系列活动，凝聚各民主党派、无党派人士及新的社会阶层等代表人士的智慧和力量，坚定共同理想和信念。着眼民主党派和工商联组织换届，举办了党外人士“同心·教育”专题报告会、研讨会，强化政治引导，增进政治共识，确保与中国共产党同心同向同行。充分发挥各民主党派自我教育管理机制，支持各民主党派开展“同心”工程“四个一”活动，进一步巩固多党合作共同思想政治基础。

【服务科学发展取得新成绩】 支持和引导各民主党派、工商联、无党派人士，围绕本市“十二五”规划主题主线，积极参政议政和调查研究、建言献策，开展“我为转型跨越献良策”活动，为经济转型和产业升级出力献策。民革市委关于滨海大道旅游开发建议，得到市委、市政府高度重视；民盟市委发挥社情民意信息“直通车”作用，上报建议120多条，列全省第一名。各民主党派、工商联、无党派人士撰写集体提案116件，个人提案186件，为市委、市政府科学决策提供重要参考依据。着力推动落实中发[2010]16号文件，4次召开工作协调和调度会，协调解决工商联工作大量实际问题，奠定了促进“两个健康”的政策基础和工作基础。围绕“十三个主题概念园区”建设，大力开展引资引智，为非公经济发展搭建平台。连山区委统战部以商招商、以商会商、以情招商，促成3户企业落户打渔山园区。市委统战部和连山区委统战部、绥中县委统战部被省委统战部评为招商引资先进集体。兴城市委统战部靠凝聚力量，赢得市委对统战工作的重视和支持，恢复了侨联和工商联机构设置；南票区为工商联增拨了全额拨款事业编制，增加专项经费并列入本级预算；建昌县成立了非公经济党工委，并在工商联设专职党工委书记。

【服务加强和创新社会管理得到进一步提升】认真贯彻落实中共中央、国务院和省委、省政府《关于加强和创新社会管理的意见》等一系列文件精神，最大限度地发挥统一战线联系各党派、各团体、各民族、各阶层和各界人士的政治优势，充分发挥统一战线化解矛盾、理顺情绪的功能作用，积极支持他们依法参与社会管理、监督，服务推进社会民主化进程，促进社会公平正义。扎实开展民族团结进步创建活动，葫芦山庄被辽宁省首批命名为教育基地。充分发挥统战部门的牵头作用，两次召开联席会议，稳妥处理“天主教祝圣”等涉及宗教热点敏感问题，确保了宗教领域和谐稳定。对全市五大宗教、30多个宗教活动场所进行调研，完善了宗教界代表人士信息库。举办宗教工作干部培训班，开展“创建文明和谐寺观教堂、争做文明信教公民”活动。加强基层宗教工作机制、力量和“三级”网络建设，着力解决宗教工作突出问题，促进宗教领域和谐稳定。市县（区）两级党委统战部门积极支持民主党派、工商联、无党派人士和有关团体认真做好各自成员和所联系群众的工作，发挥了社会稳定器作用。

【多党合作制度和党外代表人士队伍建设持续加强】 协助市委、市政府定期召开民主协商会和情况通报会，支持民主党派领导班子开展民主评议，提高了政治协商和民主党派自身建设水平。认真落实中央和省委协助民主党派换届的文件，严把政治关，协助和指导民主党派和工商联市级组织进行换届工作，圆满完成了各县（市）区工商联组织换届。结合换届推进政治交接，加强领导班子建设。积极会同市委组织部研究党外干部挂职锻炼工作，选派9名党外干部进行了挂职锻炼。连山区、龙港区公开选拔科技党外领导干部，各有一名党外干部担任文广局副局长职务；南票区和绥中县在政府部门党外干部实职安排已超过规定比例。着眼人大、政府、政协换届和调整党外人士安排，广泛开展调查研究，完善了全市党外代表人士数据库和综合评价体系，初步形成了以“六支队伍”为重点，依托市、县（区）为主的两级数据网络，实现了全市党外代表人士动态管理的全覆盖。落实中央《2010～2020年党外代表人士教育培训改革和发展纲要》，突出以素质培训为重点，依托市社会主义学院培训机制，举办各类培训班5期，培训各领域代表人士240多人次。市社会主义学院“做好党外人士培训工作，促进统一战线持续健康发展”的做法，在省委统战部召开的贯彻落实《纲要》经验交流会暨全省社会主义学院工作会议上进行了大会交流。

【统一战线影响力显著提高】 年初以来，市委统战部大力实施“凝心聚力、服务科学发展、促进民生改善、推进社会和谐稳定”的四大“同心”品牌工程，被评为2011年市直机关第三季度最佳实事。以光彩事业五项活动和“双百工程”为载体，引导非公经济人士主动投身“感恩回报行动”，开发扶贫项目20个，实现村企对接135个，安排就业5 800多人。以创先争优活动为载体，推动非公经济健康发展和非公经济人士健康成长。绥中县委统战部以党工委为平台，积极探索非公经济企业党建新模式，受到省委统战部的充分肯定。以扶贫帮困为重点，开展“献爱心、送温暖”活动，先后走访慰问35个贫困户，开展送医送药和义诊等活动达135人次；为贫困地区捐建农村图书室3个，捐助图书和各类科普读物2 000多套

（册），送去化肥20吨、捐助8名贫困大学生学费2.4万元。民建市委“助百名学生圆梦”工程，成为民建中央“思源”工程靓丽；农工党市委在捐资助学、科技支持等方面始终发挥作用。市县（区）党委统战部门举办多种形式的座谈会、茶话会，组织“同心”征文系列活动和百份党刊进场所启动仪式，密切与宗教界人士的沟通，完善了定期与不定期交友联系机制，进一步扩大了统战工作的社会影响。

【促进均衡发展 各领域统战工作扎实推进】 依托党外知识分子联谊会，积极开展调研、考察和联谊活动，为本市经济社会献计出力。市直机关工委加大对市直各部门统战工作协调力度，推进了市直各部门统战工作的顺利开展。积极做好对各县市（区）党政班子的沟通协调和争取支持的工作，实现了统战工作“四个纳入”机制，基层统战工作水平得到了全面提升。在省委统战部2011年“双争双评”表彰活动中，兴城市委等4个单位和杜刚等5名先进个人受到表彰。建立健全了统战信息、新闻宣传和理论研究激励机制，实现了工作的新跨越。市委统战部获得省委统战部统战信息工作一等奖和新闻宣传组织奖；市社会主义学院、民盟市委报送的3篇论文分别获优秀研究成果二、三等奖；南票区委统战部获基层统战信息工作先进单位。不断加大与港澳台海外文化和经贸交流合作力度，协助开展经贸洽谈20余次，邀请接待5个团组31人次来葫考察交流。指导市侨联、市台联、市黄埔军校同学会加强自身建设，海外统战工作稳步推进。

【机关自身建设得到全面加强】 组织党员干部深入进行社会主义核心价值体观教育，开展廉政文化警示教育和学习郭明义先进典型等活动，努力提高思想政治建设水平。认真贯彻落实“一岗双责”和民主集中制，召开了部领导班子民主生活会，提高领导班子把握大局、科学决策和驾驭全局的能力。认真执行辽委办发[2011]27号和26号文件精神，严肃换届纪律，为党派和工商联组织换届工作，创造了风清气正的换届氛围。以目标责任制为抓手，开展“学习型、服务型、创新型、和谐型”机关创建活动。以纪律作风专项整治活动为契机，狠抓经常性管理教育工作，进一步规正了机关办公秩序。积极开展创建健康机关活动，营造团结友爱、和谐向上的良好氛围。

（于　军）

市直机关党的建设

【概况】 2011年，市直机关工委在市委的正确领导下，全面贯彻落实党的十七大和十七届四中、五中、六中全会精神，深入践行科学发展观，紧紧围绕全市“十二五”规划纲要以及“工业强市、项目牵动和沿海开放”战略，以开展创先争优活动为契机，以整顿机关纪律作风、促进改善发展环境为重点，以目标责任制为载体，牢牢把握服务中心、建设队伍两大核心任务，全面加强和改进新形势下的思想、组织、作风、制度和反腐倡廉建设。提高市直机关建设工作科学化水平，圆满完成了全年的各项工作任务。

【思想建设】 机关工委按照武装头脑、指导实践、推动工作的要求，组织市直机关广大党员干部深入学习贯彻党的十七大、十七届四中、五中、六中全会精神，引导广大党员干部解放思想、坚定信心，把思想统一到十七大精神上来，把力量凝聚到实现市委、市政府确定的各项任务上来。一是扎实开展文明机关创建活动。按照全市精神文明建设工作总体部署和目标，机关文明委围绕构建和谐社会的工作主题，从思想教育、文化感染入手，大力加强市直机关精神文明建设。开展了《公民公共文明行为准则》征集活动、“文明使者示范工程”、“身边好人”和第二届全市道德模范评选表彰活动。二是广泛开展“红诗红歌葫芦岛”文化主题活动。为了庆祝建党90周年、大力弘扬社会主义核心价值体系、在市直机关唱响时代主旋律，进一步激发市直机关广大党员干部参与文化建设的积极性和主动性，为“十二五”良好开局营造健康向上的文化氛围，按照市委统一部署，市直机关工委从5月中旬开始，在市直机关开展了以主题歌咏和红色诗歌创作、咏诵为主要形式的“红诗红歌·唱响葫芦岛”文化主题活动。同时，选拔推荐了市工商局、市法院、市安监局、市住建委等单位参加了首届全市群众文化节开幕式。9 月 23 日，市直机关工委在海关广场举行了“颂歌献给党”市直机关红歌演唱会，人社局、政法委、环保局、工商局、气象局、安监局、外经局（开放办）、住建委等 9 家单位 1 000 余名机关干部参加了演出，取得了成功。三是培养和宣传典型，发挥示范作用。在目标责任制表彰大会后，组织新闻媒体对受表彰的优秀单位、优秀公仆的先进事迹进行宣传报道，同时大力宣传不同时期机关先进典型和模范事迹，激励广大干部，在本职工作岗位上发挥生力军作用，为全市经济建设作出应有贡献。还宣传报道了“季评最佳实事”典型单位，市直机关优质服务大厅典型单位的事迹。通过典型宣传，有力地发挥了典型示范作用，为树立市直机关良好风气营造了较好的舆论氛围。四是组织召开市直机关学习贯彻落实“十二五”规划宣讲会。为帮助市直机关广大干部准确把握中国、辽宁省和本市“十二五”期间经济社会发展的奋斗目标、主题、主线和主要任务，4 月 28 日，市直机关工委组织召开了市直机关学习贯彻落实“十二五”规划宣讲会。市直机关各部门主管“十二五”规划的领导和相关的机关干部共 322 人参加了会议。会议的主要内容是宣传讲解我国和本市《“十二五”规划纲要》，邀请市委党校经济管理教研室主任、副教授肖东虹作了《深入理解“十二五”规划纲要，切实提高科学发展能力》的指导讲座，市发改委副主任张立彬作了《我市“十二五”经济社会发展规划纲要解读》的指导讲座。7 月 21 日，市直机关工委又组织召开了葫芦岛市学习贯彻胡锦涛同志“七一”重要讲话精神加快建设沿海经济强市市直机关报告会，市直各部门主管党务工作的领导及机关干部共 300 余人参加会议。会议由市委讲师团团长赵洪作了《胡锦涛同志“七一”重要讲话精神解读》的报告，市委办公室副主任冯岩作了《推进葫芦岛经济社会又好又快发展》的报告；市委讲师团副科长邓革基作《加强党的建设，构建和谐葫芦岛》的报告。五是组织开展学习型党组织建设知识和国防教育知识测试活动。为了推进学习型党组织建设、纪念中国共产党成立 90 周年，从 4 月 20 日开始，在市直机关开展了学习型党组织建设暨纪念建党 90 周年知识答题活动。下发了《通知》，印发了试卷。要求市直机关各级党组织站在“讲党性、讲政治、讲学习”的高度，把此次活动作为贯彻落实党的十七届五中全会精神、推进市直机关学习型党组织建设的重要载体，认真参与，精心组织，以实际行动和优异成绩向建党 90 周年献礼。在活动中，市直机关在职的 6 700 多名党员干部参加了本次测试，市委书记孙兆林等市级领导以普通党员身份参加了此次活动，一些单位还采取封闭考试、集中判卷、设立奖项等形式推动活动的开展，把市直机关学习型党组织建设推向了高潮。与此同时，为了贯彻落实《国防教育法》，配合市国防教育办在市直机关组织开展了国防教育知识测试活动，共收集答卷 6 000 余份。

【基层组织建设】 围绕提高凝聚力和执行力加强市直机关基层党组织建设。一是加强基层组织建设。加强了对基层党组织的换届选举的工作力度，年初对基层党组织换届情况进行登记造册，对到期应该换届的党组织实施通知制度。换届工作坚持“一请示一报告两批复”制度，保障了换届选举工作的规范、有序进行。全年完成了 11 个基层党组织的换届选举工作，对 5 个单位的基层党组织书记、副书记进行了届中调整，保证了基层党组织工作的连续性。二是加强党员经常性教育和管理，进一步做好发展党员工作。严把发展党员入口关，坚持了发展党员公示制、培训考试制、预审制、无记名票决制等制度规定，针对各单位年初制定的党员发展计划，对上报的党员发展材料进行了认真细致的审查，并通过考核进一步掌握拟发展党员的思想状况及现实工作表现，保证了发展党员的质量。10 月中旬举办了市直机关入党积极分子培训班，共培训入党积极分子 190 余人，通过科学、规范的培训，使入党积极分子对党的理论知识、党章有了更深入的了解和掌握，增强了入党的信心和决心。全年发展党员 46 人，转正党员 38 人。三是深化基层党建示范点创建活动。基层党建示范点创建工作在市直机关开展以来，得到了市直机关各基层党组织的高度重视和积极参与，取得了可喜成绩。2010 年度市直机关各基层党组织加大了创建力度，共有 64 个机关基层党组织开展了示范点的创建工作。

“七一”前夕，组织机关党务干部集中时间利用互检的方式对创建单位进行了全面考核、指导和综合评定。6月28日，机关工委召开了市直机关纪念建党90周年暨“一先两优”总结表彰大会。会上，命名基层党建示范点优秀单位15个，继续认定命名基层党建示范点26个，新命名基层党建示范点11个，有力地促进了机关党建水平的整体提升。四是活跃党务干部生活，关心困难党员。加强了党务干部之间的交流学习，推动工作的开展。“三八”妇女节，机关工委将机关女党务干部召集在一起，举办了一次别开生面的联谊活动。大家互相交流工作经验，谈做好党务干部的心得，增进了感情，也促进了工作。还对党员基本生活情况进行了调查，了解他们的疾苦，“七一”前夕，对困难党员进行了走访慰问，为他们送去了党组织的温暖。五是深入开展创先争优活动。2011年加大了对市直机关创先争优工作的指导力度，及时下发创先争优简报，同时做好典型的宣传、报道工作，促进了创先争优活动的健康发展。其中市公安局“民警大走访”、“开门评警”活动得到了公安部长及省、市委主要领导的认可并做了批示。为更好地鼓励先进、鞭策后进，“七一”前夕，工委对在创先争优活动中涌现出的先进基层党组织和优秀共产党员、优秀党务工作者进行了表彰。共表彰先进基层党组织29个，优秀共产党员107人，优秀党务工作者50人。推荐市委表彰先进基层党组织8人，优秀共产党员4人，优秀党务工作者3人。推荐省委组织部表彰先进基层党组织2人。营造了“比、学、赶、帮、超”的氛围。六是认真做好市直机关出席市第四次党代会的代表选举工作。在时间紧、任务重的情况下，机关工委完成了市直机关出席市第四次党代会的代表推选及选举工作。共选出市直机关党代表会议代表241名，推选市直机关出席市第四次党代会代表候选人87名。6月10日，机关工委召开市直机关党代表会议，正式选举产生市直机关出席市第四次党代会代表72名，和市委保持了高度一致，圆满完成了选举工作。

【作风建设】 围绕整治经济发展环境加强市直机关作风建设。一是深入整顿机关纪律作风。按照市委、市政府的统一部署，市直机关自5月3日起，分阶段开展了机关纪律作风专项整治活动。经过层层的教育动员、深刻的自查自纠、严厉的督查整改和巩固提高四个阶段的整治，活动已取得阶段性成效，机关干部普遍受到了一次深刻的纪律作风教育，纪律观念明显增强。为把这项工作做好、做实、做出成效，在4月28日，就向各单位下发了深入开展机关纪律作风专项整治活动的紧急通知，在5月3日印发了机关纪律作风专项整治活动方案。为了使活动能起好步、开好头，机关工委利用5月4～5日两天时间，分6个检查组，对市直机关83个部门和单位，进行督导检查，从一开始就形成高压态势，让机关干部感受到前所未有的压力。为了进一步加压，5月16～20日，又会同市纪委、市委组织部、市委宣传部，再次深入到市直机关各单位，采取听、看、查、录等形式，对各单位专项整治情况进行督导和检查。在这种压力之下，各单位也确确实实行动起来了。在机关传达贯彻、宣传教育到位，做到了不留死角。组织领导到位，都成立了整治活动领导小组，并明确人员，落实责任。舆论宣传到位，做到了广播有声、报纸有字、电视有影、网站有栏目。各单位在全市关注之下，针对迟到早退、上班玩游戏等机关顽症，找问题，看差距，想措施。有的单位为整治玩游戏，成立微机室，将所有科室电脑集中到微机室统一进行管理，集中化办公，有效杜绝了上班时间上网聊天、玩游戏、炒股等现象。有的单位实行了指纹签到，外出审批，返回销假等措施，有效杜绝了迟到早退现象。有的单位还自我加压、自我检查，实行每天一小查，每周一通报等措施。这些措施对纪律作风转变起到了积极的促进作用。为了避免有的单位走形式，摆样子，应付事，从6月7～30日，会同市公安局等有关部门，连续3次对市直各机关及所属事业单位和部分茶楼、咖啡屋等娱乐场所进行暗访，重点检查工作时间玩游戏、炒股票、上网聊天、打麻将、玩扑克等现象。3次暗访共发现9个单位30人存在违规违纪问题，其中玩游戏12人，上网聊天6人，炒股2人，看电影3人，打扑克4人，上班睡觉2人，办公形象不雅1人，都进行了现场录像取证。对这些人，都进行了处理。一是将暗访录像统一制作光盘后，下发至存在问题的单位，组织全体机关干部集中观看，并对照问题开展讨论。二是责成所在单位严格按照《关于违反工作纪律处理规定》进行严肃处理，处理结果反馈给机关工委，如果处理过轻或不当，机关工委直接处理。11 月 28 日再次会同市纪委、市委组织部、市委宣传部进行明察暗访，并及时编发简报，将检查情况通报市直机关，表扬先进，鞭策后进，自始至终保证专项整治有序健康开展。二是深入开展行政业务大厅优质服务竞赛活动。围绕转变政府职能、树立公仆形象，在政府职能部门进一步深入开展“优质服务窗口”竞赛活动，规范服务行为，提高服务水平，赢得了群众的广泛赞誉。年初，机关工委与市审批办联合召开了 2010 年度政业务大厅“优质服务竞赛”活动总结表彰大会。表彰了 13 个优质服务大厅、12 个优质服务窗口、19 名优质服务标兵，充分发挥了作风建设载体作用。三是继续实施行政审批网上公开工程。组织市直 31 个具有行政审批职能的单位把具体审批事项的办结时限、办理进度、收费标准等 12 项内容，通过政府网站实时公开，接受全社会的广泛监督。

【党风廉政建设】　围绕完善惩治和预防腐败体系加强反腐倡廉建设。一是以开展集中警示教育活动为重要载体，加大从源头上预防和惩治腐败的工作力度。在市直机关党员干部中深入开展了反腐倡廉警示教育活动。在警示教育活动中，党员领导干部都能带头参加，联系思想实际，提高思想认识，筑牢拒腐防变的思想防线，确保了教育活动的实效性。二是继续开展好实职科级干部廉洁自律考评活动。对市直机关 1 400 多名科级实职干部建立规范、完整的干部廉政档案，定期进行群众测评，达到了既教育干部，又促进工作的目的。三是认真执行党风廉政建设责任制，落实领导干部“一岗双责”制度。指导市直机关各单位建立和完善了反腐倡廉考核监督体系，采取规范民主生活会、建立廉政情况报告制度、班子成员述职述廉等多种形式对班子成员进行监督。四是认真做好信访和查办案件工作，做到了件件有回音，事事有结果。共受理群众举报 11 件，及时转到相关部门进行了处理。五是积极组织开展廉政文化进机关活动。根据市纪委的安排，机关纪工委出台了《关于推进廉政文化进机关实施意见》，确定了十五家单位为廉政文化进机关示范点创建单位，对这些单位逐个进行走访，指导、督促各单位切实抓好此项工作。将辽阳市纪委相关经验刻录成光盘下发到所有市直机关，使各单位学有榜样，赶有目标。

【群团工作】　加强党对群团工作的领导，充分发挥群团组织在机关建设中的重要作用。一是加强工会组织建设，深入开展职工之家活动，进一步增强机关工会活力。通过基层工会推荐、申报，机关工会考核验收等方式，评选出先进女职工集体和先进个人，并进行了表彰。二是深入开展创建健康机关活动。在市直机关深入开展了创建健康机关活动，通过开展各种健身活动，培养市直机关广大干部职工良好的工作生活习惯，提高身体素质和生活质量。并组织了市直机关第十届乒乓球比赛、羽毛球比赛和万人参加的世界行走日活动。三是进一步加强青年文明号的创建与管理。围绕“青春献振兴，倡导新风尚”开展了青年文明号主题活动。

【工作目标责任制】　围绕市委、市政府工作中心，不断创新和深化市直机关目标责任制工作。一是组织实施 2010 年度目标责任制年终考评，召开了市直机关建设暨目标责任制总结表彰大会，对评选出的 49 个优秀单位、23 个表扬单位、36 个先进科室、106 名先进工作者进行了表彰。二是全市目标责任制表彰大会后，机关工委立即召开了 2011 年度目标责任制工作会议，对 2011 年方案修改进行了详细说明，对“季评最佳实事”和“企业评议机关”活动进行了布置，对进一步深化目标责任制工作进行了安排部署。三是深入开展“季评最佳实事”活动。在市直机关深入开展季评最佳实事活动，2011 年前三季度，市直机关 41 个单位申报实事 78 件，入选实事 57 件。经过进一步统计整理，当选 4 件的有 5 个单位，当选 3 件的有 9 个单位，当选 2 件的有 8 个单位。第四季度季评最佳实事正在有序进行中，当选的实事已经通过《葫芦岛日报》、《葫芦岛晚报》、葫芦岛电视台、葫芦岛人民广播电台、葫芦岛新闻网等新闻媒体向全社会公布。四是加强目标运行监控，强化日常监督。为推动市直各单位目标责任制建设，机关工委加强了平时的检查和跟踪指导。利用纪律作风检查时机，2 次组织各检查组成员单位，于6月份和11月份深入到市直各部门，对目标责任制平时运行情况，给予了具体的检查指导，并提出积极有效的建议。同时收集掌握了全市 31 家行政审批单位全年行政审批事项开展的基本情况，推动了行政审批公开工程活动的深入开展。

（齐艳明）

政法工作

【概况】 2011 年，在市委、市政府的正确领导和社会各界的大力支持下，全市政法机关深入贯彻落实科学发展观，牢牢把握主题主线，以营造和谐稳定的社会环境为目标，以稳步实施社会矛盾化解、社会管理创新、公正廉洁执法和理想信念教育四项重点工程为着力点，认真履行第一责任，主动服务第一要务，为保障本市“十二五”良好开局和建设沿海经济强市作出了重要贡献。

【统筹实施四项重点工程】 各级党委、政府统筹协调，强力推进，政法各部门狠抓落实，四项重点工程扎实有序开展，有效解决了一批源头性、根本性、基础性问题，切实提高了政法机关服务沿海经济强市建设的能力和水平。公安机关积极创新警务机制，严厉打击刑事犯罪，全面加强社会管理，深入开展“打四黑、除四害”、“清网”等系列专项行动，坚持“警务就是生产力”的服务理念，主动服务经济社会发展，全力保障重大项目建设，有效保证了社会和谐稳定和经济社会又好又快发展。“以党建促队建、讲责任比奉献”为主题的“创先争优”活动，受到中组部部长李源潮、公安部长孟建柱的充分肯定。市委作出了向市公安局学习的决定。检察机关始终把服务发展作为第一要务，紧紧围绕促进经济发展方式转变这一主线，以执法办案为中心，着力强化检察职能，延伸工作触角，拓展监督领域，依法加大对破坏经济秩序犯罪的打击力度，大力加强反渎职侵权工作，更加注重职务犯罪预防，着力服务沿海经济强市建设。审判机关以执法办案为首要任务，坚持能动司法，不断强化对各类社会关系的依法规范和调解，依法惩治刑事犯罪，积极化解民商事纠纷，妥善处理行政案件，着力解决“执行难”问题，全力维护了社会和谐稳定。司法行政机关围绕“抓基础，树形象，促转变，以人为本；谋全局，拓新路，求发展，司法为民”的总体目标，积极预防和化解社会矛盾，全面加强劳教、社区矫正试点和安置帮教工作，法律服务工作不断得到规范和拓展；开通了葫芦岛市法律服务网，更加便民、利民，法律援助民生工程深入人心，普法和依法治理工作扎实开展，司法行政队伍素质显著提升。国家安全机关积极服务本市经济发展和国防科技建设，狠抓现实斗争，通过开展专案、专项工作，严密防范和严厉打击了境内外各种敌对势力的渗透破坏活动，坚持“守土有责”，积极搜集、研判影响本市政治安全和社会稳定的内幕性、预警性情报信息，充分发挥国家安全机关职能作用，确保了重大项目建设和军事设施的安全。

【深入推进社会矛盾化解工程】 一是着力强化源头治理。市县两级均健全完善了信访稳定风险评估机制，强化领导干部接访、干部下访、依法处置、责任查究等长效工作机制建设，以机制促事，以机制管人，从政策层面解决问题。继续深入推进四级社会矛盾调处中心建设，有效提高了化解矛盾、解决问题的能力。全市共排查社会矛盾纠纷 9 051 件，成功调处 8 689 件，成功率 96.01%。二是着力强化基层基础建设。各地区、各部门能够充分认识基层基础建设的极端重要性，重视抓基层、打基础，基层硬件设施建设显著改善，经费保障水平明显提高，各级综治、维稳、信访部门通过举办培训班等方式，强化培训，基层工作人员素质得到明显提升，应对复杂问题、群众工作能力和水平显著提高。三是着力强化信访积案化解。以开展“社会矛盾化解年”活动为抓手，积极预防和深入化解社会矛盾，千方百计减少信访存量，严格控制信访增量，全年共成功化解信访积案 237 件，确保了全国“两会”及建党 90 周年庆祝活动等重点时段、敏感时间节点的社会稳定。四是着力深化与“法轮功”等邪教组织的斗争和防范打击。破获“法轮功”案件 19

起，打掉团伙5个，捣毁窝点7个，抓获涉案人员46人，收缴各类宣传品45 006份，涉“法轮功”人员安装使用卫星电视接收设备2套。开办教育转化班2期，转化“法轮功”顽固痴迷人员18人，帮教不稳定人员5人，确保了本市防控目标的实现。

【深入推进社会管理创新工程】 “争创”活动中，坚持创新理念、创新模式、创新范畴，严格落实主要领导责任制和经费保障机制，平安创建工作合力大、水平高。一是各级党委、政府紧紧围绕市委、市政府的决策部署，把开展新一轮“争创”活动作为构建和谐葫芦岛的重要内容和载体，各级综治委（办）充分发挥组织协调优势，进一步完善和强化综治组织网络、工作机制、管理效能，有力推动了各部门齐抓共管工作格局的形成。公检法司、卫生、民政、教育、妇联、铁路、企业、金融等相关部门，积极参与系列平安创建活动，进一步拓展了平安建设的覆盖面，提升了全市基层平安创建的整体水平。二是进一步完善了各级社会矛盾调处中心建设，在乡镇（街道）综治信访维稳工作中心建立人民调解、司法调解、行政调解为主体的联调机制，村（社区）依托综治工作站建立以党支部为核心的调解组织体系，对各种社会矛盾实行统一受理、归口办理、依法调处、限期办结的维稳工作新机制。三是在全省率先启动了“心理介入”工作机制，组织专业人员对缠访、缠诉及有心理障碍倾向人员，开展专业心理疏导和矫正，最大限度地达到息访息诉，案结事了，最大限度地减少信访“存量”。四是始终保持严打高压态势，广泛深入地开展“打黑除恶”斗争、“命案专项治理”工作。全市共立刑事案件5 733起，查处治安案件12 871起，成功侦破了“1·26”、“9·30”等一批打黑除恶专案和“9·05”持枪杀人案等一批现行大要案；全年累计发生命案37起，侦破36起，破案率为97%，万人口发案率为0.13，明显低于全省万人口发案0.15的平均数。在“清网行动”中，全市共抓获各类逃犯742名，其中，部级督捕2名，省级督捕12名，命案在逃犯罪嫌疑人38名，行动前网上在逃犯罪嫌疑人撤网率达90.1%，居全省前列。五是加强流动人口服务管理，强化信息采集备案，建立健全基础数据库。城区登记录入营业性门市10 349户，其中，出租门市7 125户，自用门市1 463户，空白门市1 761户，签订治安责任保证书8 588份，签订率达100%。登记备案暂住人口104 489人，消除了治安管理盲点。六是组织相关部门联合开展暗访督查专项行动，对全市64家医疗保险定点医院、45家门诊部和129家药店进行专项检查，实行末位淘汰3家。对乱办班乱补课进行专项检查，查处违规7起。开展依法取缔无证照经营活动，检查各类建设、生产、经营企业、场所7 851家，督促补办证照2 189户，下达执法责令整改通知书1 123份，查处、取缔2 417户。公安机关开展了食品、药品打假专项整治工作，共破获各类案件107起，其中捣毁窝点38个，打掉团伙3个，侦破案值50万元以上的重点案件18起，省公安厅督办的案值171万元的销售假劣药品案件1起，涉案金额总计达6 000余万元，取得显著成效。七是为了弘扬见义勇为精神，积极主动寻求创新途径，充分发挥综治委作用，调动企业家积极性，向社会募集资金600多万元，成立了市见义勇为基金会，本市成为省内继沈阳、大连两市之后落实此项工作的城市，800万元基础注册资金为平安葫芦岛建设注入了新的活力，为推动社会管理创新增添了新的亮点。

【深入推进公正廉洁执法工程】 一是全面推进执法规范化建设，严密执法办案流程管理。深入开展了“千案评查”活动，全市共确定700件评查案件，全部落实了责任单位、包案领导和司法救助等措施，共确认10起瑕疵案、1起错案，对相关人员进行了责任追究，并有针对性地进行了整改。二是集中清理了涉法涉诉进京重复访积案。对中央交办的138件尚未化解的涉法涉诉进京重复访积案进行了全面集中清理，共化解135件，化解率达97.8%，有效维护了信访人的合法权益。同时，对中央、省市领导交办要结果的29件重点案件进行了限期督办，均得到有效化解。三是多策并举，扎实推进执法规范化建设。公安机关全面推进全警基本执法资格考试，通过集中培训等方式，提高了队伍整体执法素质。检察机关认真组织开展了“规范文明执法、加强纪律作风建设”专项检查、案件评查等专项活动，及时纠正了执法办案中存在的不规范、不文明等问题，促进了执法规范化水平的提高。审判机关注重加强制度建设，建立领导包案、带案下访、信访责任倒查、涉诉信访案件终结等制度，努力解决信访当事人的合理诉求。司法行政机关积极开展警示教育活动，强化队伍责任意识、自律意识和服务意识，提高了综合素质和综合能力。国家安全机关将树立模范典型和开展警示教育相结合，进行正反两方面教育，开展了岗位风险评估自查，组织了执法法律文书规范化学习，提高了队伍的政治和业务素质。

【深入推进理想信念教育工程】 一是结合庆祝建党90周年，全市政法机关组织开展了“颂歌献给党”大型红歌演唱、党的知识竞赛、缅怀革命先烈等活动，进一步提升了政法机关的凝聚力、战斗力，充分展示了本市政法机关和政法队伍的良好形象。二是“发扬传统、坚定信念、执法为民”主题实践活动特色突出，成效显著。公安机关开展的“以党建促队建，讲责任比贡献”，检察机关开展的“争做雷锋式检察官”，审判机关开展的“群众观点大讨论”，司法行政机关开展的“争做雷锋式干警和法律服务者”，国家安全机关开展的具有国家安全机关特色的主题实践等活动，进一步激发了广大政法干警忠诚履职、执法为民、无私奉献的工作热情。三是深入开展了法学研究“双百”活动，组织法律宣讲团开展义务法律宣讲咨询活动9场次，组织“送法进军营活动”宣讲3场，受到基层群众的普遍欢迎。市法学会连续五年被省评为先进法学会。

（郑彪雪）

政策研究工作

【概况】 2011年，在市领导的重视关怀和具体指导下，市委政研室紧密围绕市委、市政府的中心工作，按照想大事、谋全局、当高参、出精品、创一流的思路，服务领导决策，助推科学发展，全面履行工作职能，有效发挥参谋助手作用，圆满完成了各项任务目标。全年共完成重点调研课题16个，超额预定计划一倍多；报送《送阅件》18期，编发《政研与咨询》刊物8期，刊发调研报告48篇；向省委政研室上报信息专刊6期。概括全年工作，主要体现在“五个强化”。

【参与起草市四次党代会报告】 根据市委领导的部署和要求，年初开始就抽调骨干力量，从前期调研、拟定提纲到起草报告全程参与，先后向市领导呈报了《关于起草市四次党代会报告的建议》、《关于对事关本市发展振兴全局的重大问题进一步形成高度共识的建议》等，为起草市四次党代会报告提供决策参考。与此同时，按照省委政研室的统一安排，参与了省第十一次党代会报告前期调研活动，上报了《关于起草省第十一次党代会报告开展调研情况的报告》、《关于葫芦岛市沿海开发开放和重点项目建设情况的报告》等。还全程参与了本市人才工作会议筹备工作，积极配合市委组织部、市人社局制定了《2010～2020年葫芦岛市人才发展规划》、《葫芦岛市加快推进沿海经济带重点区域人才整体开发战略的若干政策规定》等系列文件，得到了市领导的充分肯定。

【强化重点课题调研】 精心选择确定全局性、战略性、前瞻性、实践性课题，深入调查研究，主动献计献策，先后呈报了《关于在我市沿海经济带慎重摆放风电项目的调研报告》、《关于加快发展我市港口物流业的调研报告》、《关于进一步优化我市招商引资环境的调研报告》、《关于加快推进各开发区和重点园区体制机制创新的调研报告》、《关于市公安局服务经济社会发展情况的调研报告》等。市委主要领导均作出重要批示，并据此制定相关政策，经市委常委会研究决定，对各开发区和产业园区加大简政放权和体制机制创新力度，在全市广泛干部中开展向市公安局学习的活动，促进了调研成果进规划、进文件、进决策，做到了研以致用。

【强化调研工作指导】 坚持履行重大课题调研工作的第一责任部门职责，根据不同时期、不同阶段的工作重点，制定调研计划，分解落实任务，整合全市调研力量合力攻关，推进联合调研和开放调研。采取以会代训和专题讲座的形式，有重点、有针对性地进行面对面的调研指导，共举办骨干培训班和专题研讨班4期。强化了对副县级以上领导干部调研工作的组织协调，年初制定下发重点调研课题计划，定期进行调度，年终汇总调研成果，编辑出版了《葫芦岛市县级领导干部调研成果选编》。

【强化决策咨询工作】 将市决策咨询办公室的工作摆到重要议事日程，做到有专人负责、有专项制度、有专门刊物。年初确定16个重点咨询参考课题，连同全市领导干部重点调研课题一道，以市委办文件下发，定期走访和组织调研、考察等活动。进一步强化各专业咨询组的功能，发挥咨询委员的作用，围绕市委、市政府的中心工作，广泛听取、搜集各专业咨询组、咨询委员的意见和建议，有效利用《政研与咨询》、《送阅件》等载体和平台，推进上情下达和下情上知，全年刊发《政研与咨询》8期，刊载咨询委员的对策建议40余篇。

【强化班子队伍建设】 以开展创先争优活动为载体，全面加强领导班子和干部队伍建设，促进政研业务工作。围绕创建学习型、研究型、创新型机关，全员参与创建、参与调研，努力形成学习的风气、研究的氛围、创新的机制，当好领导的参谋和助手，努力提升政研队伍的整体素质。从领导班子带头做起，层层制定和落实了岗位责任制，在政治学习、业务提升、廉洁从政、后勤管理、纪律作风等方面，建立了一整套的规章制度，为政研工作的顺利开展提供了思想、组织和制度保障。

坚持经常性地开展健康机关宣传工作；坚持每年为机关干部职工做一次身体检查；坚持领导带头并开展各项健身运动；坚持每日早晨做广播体操；坚持经常性地传授健康生活理念，营造一种健康向上的良好氛围。

根据中央和省、市委的要求，结合省综治委《2011年度全省综治工作和新一轮“争创”活动考评的意见》，不断推动政研室新一轮争创活动和平安建设的深入开展，实现综治工作人人参与、人人有责的工作机制，做到了工作、目标、责任三明确。

按照《关于开展“真情服务基层，优化发展环境”活动的具体计划》要求，严格通过调查研究等具体工作方式来开展活动，已完成6项立足服务基层、关注民生问题的课题研究项目，这些研究成果已成为推进相关决策和工作的重要参考依据。同时，积极推进扶贫帮困等工作，市委政研室竭尽全力协调有关部门开展了“百企帮百村”扶贫活动，共筹措资金25万元，用于帮扶的连山区新台门镇涂家屯村发展建设，并取得了良好效果。

继续完善机关工作绩效考评激励机制。根据2011年工作目标责任书，分解工作任务，细化、量化工作目标，明确责任，实行记分考核，进一步强化了单位目标管理工作。

总的来看，政研工作取得了一些成绩，但还存在一些不足，主要是政研工作的主动性、创新性有待提升，调研水平和质量有待提高，机关自身建设有待加强。

（王执成）

党史研究工作

【概况】 2011年，是建党90周年，也是党史工作的重要一年。一年来，在市委办公室的领导下和省委党史研究室的指导下，市委党史研究室深入学习科学发展观，坚持党史为现实服务、为大局服务、为市委中心工作服务，认清责任，自加压力，抓紧工作，较好地完成了全年工作任务。圆满完成《党史纵横》征订任务，位居全省第一。被省委党史研究室评为全省党史宣传工作先进单位，全市多名同志被评为全省党史宣传工作先进个人。

【制定《关于加强改进新形势下党史工作的实施意见》】 为充分发挥党史工作“以史鉴今、资政育人”的重要作用，进一步推进全市党史工作科学发展，为实现全面开创葫芦岛经济强市的目标提供强有力的智力支持和坚强保障，市委制定了《关于加强和改进新形势下党史工作的实施意见》。《意见》包括五个方面的内容：加强和改进新形势下党史工作的重要意义，加强和改进新形势下党史工作的指导思想，加强和改进新形势下党史工作的基本要求，加强和改进新形势下党史工作的主要任务，加强和改进新形势下对党史工作的领导。

【出版《中共葫芦岛执政实行录》】 《中共产葫芦岛执政实录》连续出版5年。该书全面、系统、翔实地记述全市各级党组织在葫芦岛经济社会发展中出台的新举措、取得的新成果，以及一些好的做法和典型经验等内容，成为市委领导了解掌握各地各部门全年工作的重要途径，受到各级领导和有关单位的肯定和好评。《中共葫芦岛执政实录·2011》全书60万字，收录图片20幅。共分20个部分：要闻关注、决策聚焦、时政讯息、振兴之路、党的建设、组干工作、宣传工作、廉政建设、统战工作、政法工作、政策研究、对台工作、保密工作、党校教育、信访工作、党管武装、依法治市、群团工作、县市（区）大事、发展概况。

【参与组织全市建党90周年系列纪念活动】 为总结中国共产党成立90年来的光辉历程、丰功伟绩和宝贵经验，深入开展马克思主义学习型政党建设、创先争优活动的理论和实践研究，根据市委有关部署，与有关部门举办建党90周年理论研讨会。市委党史研究室做了《把握党史的主流和本质，反对历史虚无主义》的发言，受到与会者的好评。文章在《葫芦岛日报》、《葫芦岛社会科学》上发表。

【申报党史教育基地】 葫芦岛具有光荣的革命传统，在长期艰苦卓绝的斗争历程中，无数党的优秀儿女谱写了可歌可泣的历史，留下了宝贵的精神财富。为发挥党史遗址的教育和培训功能，市委党史研究室整理塔山革命烈士陵园、建昌革命烈士陵园有关资料，上报省委党史研究室，有望获批辽宁省中共党史教育基地。

【党史宣传教育工作取得新成就】 协助省电视台《红色记忆》栏目组拍摄塔山阻击战历史遗迹，“七一”前夕在辽宁电视台播放，受到广大干部群众的欢迎。

【党史队伍自身建设不断加强】 按照中央提出的“健全机构、稳定队伍、充实力量、提高素质”的要求，努力建设一支素质高、业务精、本领强、作风正、能打硬仗的党史工作队伍。一是通过学习贯彻胡锦涛总书记“七一”讲话重要精神，贯彻落实中发[2010]10号文件精神，进一步增强了做好党史工作的紧迫感和责任感；二是通过政治学习和业务培训，党史工作人员的政治素质和业务素质得到提高；三是通过加强网络建设，党史工作进一步纳入了规范化、制度化、自动化的轨道。

（王凤山）

党校工作

【概况】 市委党校校委班子现由7人组成，第一副校长孙世奎，副校长陈广良、魏学成、林地，教育长孙丽华，校委委员张丽云、韩菲。内设部门办公室、人事科、行政科、教务办、培训部、继续教育中心、财务科等7个科室；人员编制结构：职员37人，专技44人、工勤4人，合计85人。

2011年在市委、市政府的正确领导下，在组织部、统战部、人社局及市直机关各部门的帮助指导下，在全体教职工的辛勤努力下，校委一班人坚持以科学发展观为指导，认真贯彻落实《干部教育培训改革纲要》、党校行政学院、社会主义学院《工作条例》精神，不断深化教学科研各项改革，在围绕中心服务全市发展大局中，充分发挥了“一校两院”作为全市干部教育培训的主渠道、主阵地作用和决策咨询的“智囊团”作用。

【圆满完成“一校两院”培训任务】 在教学培训工作中，坚持围绕中心服务大局，紧密结合本市经济社会发展实际、学员思想工作实际，发挥“一校两院”各自学科优势，突出各自的办学特色，勇于创新大胆实践，使干部教育培训的质量和效益得到了显著增强。全年共举办8种类型培训班32期，培训人数5 228人。

1.适应经济社会发展需要，开展了七个方面的主题教育活动，切实提高了培训的针对性

1、开展了以党的十七届五中、六中全会为重点的特色理论体系教育

上半年把教学的重点放在五中全会精神与市情的结合上。通过《深入领会五中全会精神，切实提高葫芦岛市科学发展能力》的专题讲座并组织学员针对当前本市改革发展中面临的问题展开充分研讨，使广大学员进一步加深了对五中全会精神的把握，理清了发展思路，增强了学员对年初市委市政府所确定各项任务的贯彻和执行力度。

下半年把重点放在六中全会精神的学习上，聘请中央党校赵磊教授为全体在校学员和教职工做专题解读，加深了对深化文化体制改革促进社会主义文化事业大发展、大繁荣的理论政策的理解和把握。

2.开展了以建党九十周年为主题的党性教育和革命传统教育。围绕纪念建党九十周年，紧密结合创建文明机关的活动，着力提高学员的理想信念、宗旨和改进工作作风，发挥党校作为党员领导干部党性锻炼的大熔炉作用。

一是强化党性教育。讲党课，撰写党性分析材料，交流党性锻炼体会；对照杨善洲先进事迹查找差距，撰写以《坚守》为题的体会文章。使学员进一步坚定理想信念，牢固树立了执政为民的意识和理念，永葆共产党员的先进性。

二是强化党的优良传统教育。举办《胡锦涛总书记“七一”讲话》专题辅导和《从中国共产党九十年奋斗史看党的先进性》专题讲座；组织开展了祭扫塔山烈士陵园和红诗红歌颂唱会活动，观看电影《十月围城》；组织县级班学员赴西柏坡、红旗渠考察，使学员在把握党史、缅怀英烈、重温“两个务必”和惊叹红旗渠“人工天河”的现场体验中，受触动、受感染，传承了密切联系群众、艰苦奋斗、勇于奉献的优良品质和作风。

3.开展了解读本市“十二五规划”为主题的市情教育。一是先后安排了《我市“十二五规划”解读》、《“十二五”时期我市经济社会发展需要破解的几个难题》的专题讲座，在学员中组织开展如何加快本市经济发展方式转变的研讨活动，使学员牢牢把握本市“十二五”时期经济社会发展的主题和主线，认清本市当前发展存在的问题和困难，增强加快发展的责任感紧迫感和提高推动科学发展的能力。

二是聘请相关部门领导，安排各班次的学员就本地区本部门工作作介绍。先后有静大成等12人次为学员做本市水资源现状与管理、人口理论等方面的情况介绍，使学员加深了对市情的了解和把握。

三是组织县级班、公务员初任班和非中共中青年干部培训班学员深入六个县市区及“一线十三区”的企业进行实地调研，感受本市发展的强劲势头，增强加快发展的动力和信心；研究本市经济发展中存在的问题，群策群力，进言献策。全年在《葫芦岛日报》发表5篇，在政研咨询上发表了4篇调研成果。

4.开展了以维护社会稳定为主题的社会管理创新培训。开设了“关注转型时期社会心理，全面提升和创新社会管理”、“构建多元纠纷解决机制全面推进和谐社会进程”、“我市信访的现状与对策”等专题课，从历史和现实两个视角来提升学员维护社会稳定创新社会管理的能力和水平。聘请龙港区信访局副局长肖国玺为学员现身说法，并组织学员深入社区和本市矛盾调处中心进行现场参观亲身体验，使学员掌握维护社会稳定创新社会管理的方法。

5.开展了以公务员语言艺术为主题的基本功技能培训。根据省里的要求，行政学院把全市公务员培训的重点放在语言艺术和公务员法两项内容上。先后举办了21期历时3个多月的培训班，使全市机关公务员的语言运用和表达能力有了显著提高。

6.开展了以政治共识为主题的统战基础理论与实践教育。一是开展了特色理论体系和社会主义核心价值体系教育。通过“社会主义核心价值体系”、“建国以来多党合作的理论与实践”等专题授课，使党外代表人士达到在理论上清醒、在政治上拥护党的领导，成为中国特色社会主义共同理想的共同实践者。同时，我们把统战理论作为中国特色社会主义理论体系的重要内容体现在党校、行政学院各个班次的教学中。二是开展了如何提高参政议政能力的研讨和统战知识竞赛等活动，加深了学员对统战基本知识基本技能的掌握。

7.开展了以公共安全、周边安全为主题的科

普知识和国家战略知识教育活动。"一校两院"认真落实政协四届二次会议第313号关于"科普知识进课堂"提案，把它作为"一校两院"教学培训的一项重要内容。先后举办了"认真实施科普法，让科普造福人类"、"食品添加剂的使用与规范管理"等20多次专题讲座，极大地普及了全市机关干部的科普知识和科技素养。请92493部队政研室主任吴末方讲授《周边局势和南海问题》提升了学员对国家战略安全的思考。

【创新培训模式 切实增强了培训效果】 1. 围绕一个主题综合运用课堂专题讲授、远程教学、现场参观、典型引路、先进事迹报告会、小组研讨、撰写党性分析报告、全班交流等多种教学方式，使学员对理论知识的把握更系统、更深入。

2. 建立科普知识和泳装生产企业现场教学基地，加大了现场教学力度。组织县级班学员深入泳装产业基地进行实地考察，组织公务员初任班等在校100多名学员到市科技馆进行现场教学。把理论讲授与社会实践相结合，进一步加深了学员对理论知识的把握和运用。

3. 在公务员基本功技能训练培训班实行分类培训，现场授课、优先培训的模式，收到了良好的效果。根据不同部门工作性质和特点把全市公务员培训划分为两大类。一类是公检法系统，另一类是其他市直部门。在公检法系统的教学中，有针对性地设置了"公务员法"、"心理调适"等内容，并针对公检法系统干部工作任务繁忙，统一集中培训出勤率很难保证的实际情况，采取由公检法各部门负责统一组织统一管理，人社局统一监管，行政学院组织教师到各自部门进行集中授课。此外，针对海洋渔业局每年的海蜇保卫战的实际，采取了优先培训的办法，有效地解决了工学矛盾。

【狠抓教风学风建设 确保了培训质量】 首先抓好教师的教风，内强素质外树形象。一是强化师德建设和职业操守，打造师德高尚、治学严谨的师资队伍。在"七一"前夕开展评选模范教师树立标杆，发挥表率作用；举办我的岗位我负责的先进事迹报告会，树立了干就干出个样子来，做就做出个标准来的工作理念，形成了党校事业人人守土有责，人人奋勇争先的良好氛围。二是强化严谨治学的学术风气，扎扎实实练内功。深入开展了以老带新传帮带活动，举办全员参加的教学大赛重奖激励，加强教师之间的学术交流，开展读书活动举办读书报告会、教学科研一体化研讨会、校内课题联合攻关等活动来促进学术交流。三是严格管理，统一规范。规范教师授课的着装、语言等教学礼仪，严肃授课纪律特别是把好外聘教授的授课关，统一教师对外授课管理。

其次，抓学员学风建设，增强培训效果。一是坚持党校姓党、从严治校的方针，坚持严格管理不松懈，培养学员养成良好的学习习惯。狠抓出席率和听课纪律，各班次出席率在90%以上；严格请假制度，请假超过一周的、予以退学；坚持分类考评制度，对公务员基本功技能培训班以部门为单位进行考评；在公务员初任培训班实行准军事化管理；建立了调训部门、"一校两院"、学员所在单位三方齐抓共管的联动机制。调训部门坚持跟班监督，"一校两院"进行日常管理，把学员学习情况作为工作纪律及时反馈给学员所在单位。二是坚持以人为本，本着尊重、发挥、规范的管理原则通过党性锻炼激发学习内在动力，以考促学增强外在压力，搭建平台调动学习的主动性，广泛开展研讨交流、读书活动，营造浓厚的学习氛围。全年共开展了2次小组党性分析、15次单元学习研讨、8次全班交流、3次全班考察汇报会、2次读书报告会、3次红诗红歌颂唱会、3次领导能力训练、14次学员上讲台、24次考试。三是育管理于服务中，做到思想上尊重学员，学习上关心学员，生活上体贴学员。从入学前的准备到学员结业，对培训工作的每个环节都做到了分工明确，责任到人，形成了一套严密的组织服务体系，为学员营造学得专心、住得舒心、吃得放心的培训环境。

【加强学科建设发挥学科优势】 一是组建了市情教研室，加强了对本市市情的教学和研究的力度。强化了党史党建、公共管理、统战理论三个学科的建设，发挥学科优势，初步建立了具有"一校两院"的各自特色的教学布局和培训模式。二是培养学科带头人和中青年骨干教师，使之更好地胜任了新形势下"一校两院"教学科研新要求。

年初组织教研室主任到广西壮族自治区南宁市委党校学习借鉴教学管理经验；提拔年轻教师担任学科带头人；选派部分教师到基层挂职和到外地考察。先后有12名教师到中央党校、省委党校、省社会主义院进修，促进了年轻教师的快速成长。

搞好组织协调，形成良性互动的工作机制。“一校两院”与组织、人事、统战等调训部门在干部教育培训过程中的合作更加密切顺畅，形成了重大事项、重大活动共同研究共同参与，齐抓共管的良好局面，为全年干部教育培训工作提供了强有力的组织保障。

【完善科研机制 促进科研水平的不断提高】 1.修改科研管理办法，形成有效的科研激励机制。适应新形势下党校科研工作新要求，多次召开学术委员会反复修改完善了科研管理办法，确定了科研项目申报审查制度、课题招标制度、课题结项制度、项目负责人制度，促进科研由数量型向质量型转变，由低层次向高层次升华，提升科研成果的档次。

2.以课题为抓手，加大省情市情县情研究，发挥智囊咨询作用。先后完成省委党校、省行政学院、省社会主义学院、省法制办、省法学会、市科技局等科研课题8项。《葫芦岛市沿海重点园区融资方式的选择与创新》、《关于葫芦岛市农村合作社发展情况研究》等课题，为本市“十二五”时期经济社会发展提供有效的指导。

3.发挥学科优势，参加省委宣传部、省委党校、市委宣传部举办的纪念建党九十周年理论研讨会；在电视台为全市观众做本市“四大战略”解读。

4.促进教学科研一体化，实现科研成果转化教学专题，强化科研为教学服务的功能。教学出题目、科研做文章，成果进课堂。今年我们共有《“十二五”时期我市经济社会发展需要破解的几个难题》、《葫芦岛自主品牌的培育与发展》、《关于我市招商引资中的法律问题》、《抢抓历史机遇，推动文化产业大发展》等6项科研成果转化为主体班教学专题，受到了学员的普遍欢迎。

【发挥理论优势和办学优势】 一是承办市财政局、组织部、机关工委、教育局、人口和计生委等部门举办的培训班10期，共培训1 500余人次。

二是组织教师深入锦天化、地税局等单位授课89场次。把全市对党的十七届五中全会和党史的学习引向深入，充分发挥了党校理论宣传主阵地的作用。

三是承接市委中心组学习、全市公选面试、宣传部、统战部等全市及部门大会30次，成为全市的会议中心。

【强化服务意识 提高服务保障能力】 1.加强信息化建设，为教学科研提供信息支撑。一是投入10万元添置微机建设微机室，为学员的微机应用培训创造了条件；二是建立了现代化的电子图书馆，购置网上阅览图书5万余册，为教师从事教学和科研，学员在校学习提供了信息化的便利条件；三是完善远程教学网络，丰富了一校两院的教学手段。全年共开展8个专题、23次的远程教学活动。

2.不断改善办学条件，提高服务水平和保障能力。一是协调资金完成了对学校食堂屋顶进行了防水处理，主楼办公楼地板改造和墙壁粉刷，在办公楼安装了自动门，并对档案室进行了维修改造。二是为了节省开支，提高伙食标准，主动抓好冬储冬藏工作。储藏腌制秋菜，定期召开学员和教职工座谈会，征求对伙食管理的意见，不断改进伙食管理方式。

【搞好校园文化建设】 一是抓学习营造文化氛围。在全校开展读书竞赛活动，以建党九十周年为契机，向全校教职工推荐8本党建和文化书籍，举行读书报告会，营造了浓厚的学习氛围。二是丰富校园文化生活。每期培训班都组织师生联欢会，新年和重大节日举行文艺演唱会，营造欢乐和谐团结互助的人际关系，增强教职工的集体意识和互助精神。三是净化美化绿化校园环境。种植了草坪花坛，更新了树木，路面铺设了彩砖，院内放置了景观石，对主楼的亮化工程进行了改造升级，使校园环境得到很大改善。四是修建了标准化的篮球场，并配套设置了排球场。对乒乓球室加装了塑胶地板，完善了学校的体育设施。

【全面加强思想政治建设和党风廉政建设】 一

是高度重视校委班子理论学习，切实把加强思想政治建设放在首位。坚持中心组学习制度，每月至少一次，出席率达 96%以上，每次学习都做到有目的、有教材、有辅导、有笔记、有座谈。坚持集中学习与个人自学相结合，有效提高校委一班人的理论素质和政策水平，确保校领导班子在思想、政治、行动上始终同中央、省、市委保持高度一致。二是不断增强班子团结，促进班子和谐统一。严格贯彻执行民主集中制原则，积极倡导和充分发扬民主，坚持集体领导和个人负责相结合。凡涉及重大问题和重大事项决策前，校委班子成员都主动沟通情况，充分发表意见，决策后认真落实。在班子中，切实做到提意见直言不讳，摆问题开诚布公，班子成员分工不分家，各司其职，互相配合，互相信任，互相支持。三是大力加强廉政建设，提高拒腐防变能力。校委班子成员始终牢固树立正确的世界观、权力观和利益观，带头落实“一岗双责”的党风廉政建设责任制，自觉接受群众的监督，做到了“自重、自省、自警、自励”，建立廉洁高效的领导集体，树立起为民、务实、清廉的良好形象。

（江永阁）

老干部工作

【概况】 2011 年，全市老干部工作全面贯彻落实科学发展观，紧紧围绕“十二五”开局和建党 90 周年这两个主题开展系列活动，全面贯彻落实老干部的政治待遇和生活待遇，加强基层老干部党支部建设，实现了年初制定的“高调起步、扎实推进”的目标。

【全面落实老干部政治待遇】 全市各老干部工作部门坚持为老干部订阅报纸杂志 2 000 余份，定期组织老干部开展政治理论学习。市局出资 3 万余元，为市直改制、破产和特困企业离休干部订阅报刊和杂志。各级老干部部门专门设置了文件阅览室，为老干部提供较为舒适的阅览场所。结合建党90周年，对市地级离休干部、抗日离休干部、特困离休干部及遗属进行普遍走访。全市共走访老干部800余名，发放慰问金120余万元，发放慰问品价值30余万元。邀请老干部参加全市各级党代会、人代会、政协会等重要会议，定期向老干部通报本地区政治、经济、民生等方面重要情况，重大问题征求老干部意见，关键问题争取老干部支持。建昌县委在县委十三届党代会召开前夕，就党代会报告专门征求了老干部意见；市委在春节前夕召开迎春茶话会，市委书记亲自向老干部通报了全市经济发展情况；连山区组织老干部实地考察了灵山寺旅游开发项目和打渔山泵业产业园区项目进展情况。

【进一步落实老干部生活待遇】 把市直企业、事业单位离休干部住房货币化补贴纳入预算，形成制度，定期解决。2011 年纳入预算资金 100 万元，解决了原市水泥厂、船舶学院、食品公司等单位 33 名老干部的住房补贴。协调相关部门调整了医疗费结算办法，将原来药费总量控制指标 63%和 60%调整到 70%，将年终平衡分担比例医院承担部分下调 10%，相应增加了财政负担比例，减少了医院负担 200 余万元。落实[2011]16 号文件《关于提高离休干部生活补贴标准和扩大发放范围的通知》，协调相关部门在“七一”前将按文件增加的工资全部打入老干部工资账户。全年累计解决老干部实际困难 18 件，花费资金 20 余万元。

【扎实开展创先争优活动】 围绕建党90周年主题，开展系列丰富多彩的活动。开展“与党同呼吸、共命运”征文活动。共收集全市老干部撰写的回忆录、诗歌、散文等作品 36 件，从中精选作品 18 件，向全国 15 家涉老刊物进行了投递；结合建党 90 周年开展以“红歌联唱，红诗打擂”为主题的“红歌、红诗献给党”活动；开展“我是党员我带头，我的工作请放心”主题演讲活动。全市 13 名选手参加了比赛，从不同侧面展现了本市老干部工作者立足岗位，争先创优，为老干部模范服务的精神风采。本市选拔出 1 名选手参加了省局比赛，获得了优异成绩；开展老干部工作评先选优活动。全市评选出先进离退休党支部 5 个，先进离退休干部 12 名，老干部工作先进集体 3 个，老干部工作先进个人 12 名。赵伟局长荣获全国老干部先进个人；开展基层党支部创新案例征集活动，共征集优秀作品 6 篇，其中在《晚晴报》上发表 4 篇，绥中县老干部局老干部党支部报送的《注重学习“四结合” 加强党组织建设》和建昌县养马甸子乡老干部党支部报送的《发挥老干部优势打造服务型农村基层党支部》获得省级创新案例优秀奖。

【做好调研宣传信息工作】 本市撰写的调研文章《关于我市退休干部工作的调查与思考》获得了省局调研论文二等奖。全年向《辽宁日报》、《辽宁老年报》、《晚晴报》、《葫芦岛日报》、《葫芦岛晚报》、省局网站等新闻媒体报送稿件150余件，被各媒体采用100余件，本市撰写的反映老干部王恩禄事迹的稿件—《坚守精神家园，真情书写大爱》，在省委省政府老干部工作先进表彰大会上作为大会交流材料，较好地宣传了本市老干部工作、老干部精神风貌。

【老干部大学工作稳步推进】 突出办学特色，灵活设置教学科目，深受老干部们的欢迎，招生规模进一步扩大，开办17个教学班，10个专业，学员300余人。2011年6月，老干部大学教师率学员首次参加全国“老年七彩华龄”书画展，获得优异成绩，其中国画作品有4人入选，书法作品11人入选，老干部大学获得优秀组织奖。7月，老干部大学与老科协、老龄委等涉老部门联合举办喜迎建党90周年全市老干部书画大赛，多名学员获奖。9月，在市文化局举办的菊花展上，老干部大学学员10人作品入选。11月，老干部大学举办学员年度教学成果展演，展示了一年来各个专业所取得的成绩，教学成果得到了市领导的认可。

（陈　艳）

领导成员名单

【葫芦岛市委领导成员名单】

书　记　陈晓琨（3月离任）
　　　　孙兆林（3月任职）
副书记　孙兆林（3月离任）
　　　　都本伟（3月任职）
　　　　崔枫林
常　委　陈晓琨（3月离任）　孙兆林
　　　　都本伟（3月任职）
　　　　崔枫林　裴伟东　陈德良
　　　　白雪峰　张富恩　许　加
　　　　刘宁绥　赵俊才　严喜鹤
秘书长　白雪峰
副秘书长　李忠新　梁成栋　张志会

【葫芦岛市委工作部门领导班子成员名单】

中共葫芦岛市委办公室
主　任　白雪峰
副主任　陈　岩　齐　敏　冯　岩

市委组织部
部　长　许　加
副部长　夏　娟（常务，女）　毕荣昌（兼）
　　　　郝建军（兼）　曹柏青

市委宣传部
部　长　钱福云（6月离任）
　　　　白雪峰（6月任职，兼）
副部长　冬　梅（常务，女）　张永林
　　　　白瑞升

市委统战部
部　长　韩　平
副部长　穆在敏　郑　群　徐景友
　　　　宋　杰（女）

市直机关工委
书　记　白雪峰（兼）
副书记　安平学（常务）　朱玉芬（女）
　　　　郭长生
工委委员　刘建华　靖秀伟　岳敏杰（女）
　　　　　金　凯

市委政法委
书　记　张富恩
副书记　仲建国　叶树和　惠志强　张继哲
　　　　梁　涛
纪工委书记　张继哲
市委政研室
主　任　宋春生

副主任　杨耀奎　王执成

市委党校
校　长　崔枫林（兼）
副校长　孙世奎　赵宝来
陈广良　魏学成　林　地
教育长　孙丽华（女）
校委委员　张丽云（女）　韩　菲（女）

市委党史研究室
主　任　池凤臣

市委老干部局
局　长　赵　伟
副局长　金晓东　申俊岭　张清磊

中国共产党葫芦岛市纪律检查委员会

【概况】 2011年，在省纪委和市委、市政府的正确领导下，全市各级党委、政府和纪检监察机关认真学习贯彻党的十七届四中、五中、六中全会、十七届中央纪委第六次全及第十届省纪委第六次全会精神，坚持标本兼治、综合治理、惩防并举、注重预防的方针，坚持以人为本、执政为民理念，坚决贯彻中央关于反腐倡廉的重大决策部署，组织协调各方面的力量，扎实推进党风廉政建设和反腐败工作，为实现本市“十二五”良好开局提供了坚强保障。

【加大监督检查力度 促进决策部署的贯彻落实】 党的十七届五中全会、六中全会，中央和省纪委六次全会召开后，我市各级纪检监察机关深入学习贯彻会议精神，迅速作出安排部署，认真履行职责，围绕中央和省、市委重大决策部署加强监督检查，确保中央政令畅通。紧紧围绕“主题”，创新监督考评模式，建立督导和促进地区科学发展的长效机制。紧紧围绕促进科学发展这一主题，从建立督导和促进地区科学发展的长效机制入手，主动探索创新监督考评模式，于2010年在全省率先开展了对县（市）区党政领导班子和主要领导干部贯彻落实科学发展观情况进行监督检查与考核评价的工作。2011年，在进一步完善考核标准、调整分值权重，确保考核评价更加符合地区发展实际的基础上，抓了向市直部门和乡镇、街道延伸的试点工作。此项工作的实施，有力地推动了地区的科学发展进程，形成了更加注重转变发展方式的发展导向、更加注重改善民生的惠民导向、更加注重以科学发展论英雄的用人导向、更加注重两手抓两手硬的廉政导向、更加注重发动市直部门合力助推县（市）区科学发展的服务导向。紧紧围绕“主线”，建立加强监督检查机制，推动加快转变经济发展方式各项政策落实。紧紧围绕加快转变经济发展方式这条主线，加大监督检查力度，会同有关部门重点对我市“十二五”规划贯彻执行和十二运场馆、青山水库等重点工程实施监督检查，纠正和查处问题165个。紧紧围绕中央重大决策部署，开展专项监督检查，确保中央政令畅通。各级纪检监察机关坚持把维护党的政治纪律、确保政令畅通作为重要职责，会同有关部门加大对中央和省、市委关于水利改革发展、管理通胀预期、保障性安居工程以及经济结构战略性调整、规范和节约用地等重大决策部署执行情况实施监督检查。全年组织各类集中检查21次，抽查46次，市县两级共发现问题197个，纠正和整改问题160个。开展工程建设领域突出问题专项治理，对420个投资规模在200万元以上的国有投资项目进行了专项检查，发现和整改问题18个。开展对市、县、乡三级党委换届纪律执行情况的监督检查，为匡正换届工作风气、确保换届顺利进行提供了保证。

【扎实开展反腐倡廉教育】 深入开展以人为本、执政为民主题教育，组织了党政主要领导讲廉政党课、领导干部任前廉政考试和廉政知识“点将”测试等活动。采取通报典型案例、组织收看警示教育片等形式，2次召开全市警示教育大会。筹集资金在全市设立一批户外廉政公益广告牌，整体提升了本市廉政文化品位。配合推动文化大发展大繁荣，深入推进廉政文化建设，开展了廉政文化“六进”工作的系列活动，在廉政文艺节目展演的基础上，以“弘扬清风正气，共建和谐滨城”为主题，成功地为市“两会”代表、委员奉献了一台精彩的文艺晚会。加大正面典型宣传工作，配合市委，培育并宣传了市公安局主动为整治和优化经济发展环境做贡献的群体典型和20个“勤廉兼优”先进个人典型。贯彻执行廉政准则，针对违背“52个不准”的行为开展专项整治。坚决落实省纪委关于党政主要领导干部“四个不直接分管”的规定，完善了授权委托、专项工作报告、备案等制度措施，并将规定的执行扩大到所有事业单位。认真组织实施领导干部报告因私出国（境）、子女婚嫁等重大事项制度。对18名正县级领导干部进行了经济责任审计，出台了审计结果运用等制度措施。认真贯彻行政监察法，行政监察职能作用得到加强。以现场观摩、经验介绍等形式召开了全市农村党风廉政建设座谈会，农村基层党风廉政建设得到加强。加强农村集体资金资产资源管理，全面开展清产核资工作。加大党风廉政建设责任落实情况检查考核力度，由10名市委常委分别带队，对全市落实情况进行集中检查考核，推动了反腐倡廉建设各项任务的落实。

【坚决查处违纪违法案件】 2011年，全市各级纪检监察机关共受理信访举报822件，初核案件线索502件，立案483件，结案483件，同比增长13.6%，立案件数全省排第6位，其中查处大要案39件。处分党员干部476人，其中给予党纪处分415人，政纪处分56人，党纪政纪双重处分5人，责任追究65人，移送司法机关13人，涉案金额达3.9亿元，避免经济损失7 000余万元，挽回经济损失1 817.86万元。查处发生在群众身边的腐败案件181件。制定并落实了加强和规范案件线索管理、案件审批程序、案件审理和监督管理等方面的制度规定，办案质量和水平进一步提高。坚持“一案两报告”和典型案件通报制度，强化了案件治本功能。兴城、绥中、建昌三县（市）纪委监察局被评为“查办案件工作先进单位”。我市培育总结的“乡案县审”的审理案件模式，在去年9月份中央纪委召开的案件审理工作座谈会上作了经验介绍。

【认真开展全市惠民政策情况大排查】 在市委、市政府统一领导下，对全市近3年来惠民政策落实情况开展了大规模排查活动，截至12月20日，已排查乡镇（街道）121个，行政村（社区）1 266个。共查出10类1 256个问题，已整改1 115件，给予党政纪处分76人。在加大查处力度、着力化解影响和谐稳定的社会矛盾的同时，还选树了一批坚决维护群众利益的先进典型，健全了一批确保惠民政策落实的长效工作机制。此项工作得到了中纪委、省纪委的肯定与关注，受到社会各界的好评。继续狠刹大操大办婚丧喜庆事宜借机敛财风。根据市委的部署，积极开展党政机关“庸懒散”和“慢作为、不作为、乱作为”等不良风气的专项整治，并加大了专项督查力度。

【纠风治乱工作取得新进展】 进一步巩固“小金库”专项检查成果，查出“小金库”10个，清理违纪资金151万元。庆典、研讨会、论坛过多过滥问题的专项治理工作取得阶段性成果。认真开展公务用车问题专项治理，对公务用车进行了登记自查，查处违规车辆18台。认真落实中央关于党政机关厉行节约各项要求，加大对“三公”经费的监督检查。完善了网上药品集中采购工作，对基本药物实行全程统一电子监管。加大教育乱收费整治力度，教育收费行为进一步规范。公路基本无“三乱”成果得到巩固。以规范行政执法行为和解决涉企乱收费为重点，进一步加大软环境整治工作力度，开展各类专项检查3次，纠正各类违规问题45个。民主评议基层站所和评议部门政风行风工作更加深入。继续推行服务承诺、首问负责、限时办结、责任追究等制度。配合软环境整治工作，在葫芦岛人民广播电台、葫芦岛电视台开办了《行风面对面》、《聚焦软环境》等专栏，开展了“万张问卷评政风”、建立百家企业软环境建设监测联络点等活动。绥中县通过组织企业法定代表人对涉企单位和部门进行测评的办法，加大对行政不作为问责力度。进一步发挥典型示范作用，市公安局主动为整治和优化经济发展环境做贡献的典型经验得到李源潮、孟建柱等中央领导的充分肯定，并作出了重要批示。

【从源头上防治腐败工作逐步深化】 积极贯彻落实省委、省政府的决策部署，全面启动和推进了“五大系统”建设工作。行政权力运行制度系统建设在全市43类部门260个单位全面展开，共申报行政权力30 949项，确认保留25 514项；

制作行政权力运行流程图 26 200 个；查找廉政风险点 45 523 个，制定风险防范措施 119 400 项。此项工作得到全省通报表扬。公共资源交易系统建设尽管本市非试点单位，但仍按照省试点方案进行了前期可行性研究。行政绩效管理系统建设在完善行政业绩考核体系的同时，增加了行政效能考核的内容和权重，实现按绩效考评指标完成情况实施对地区和部门的综合排名。行政权力电子监察系统建设在提前实现行政审批项目省、市、县三级联网基础上，完善了网上审批工作配套制度,将市本级 35 个具有行政审批职能的部门纳入了网上审批。民意诉求反馈系统建设在建立和完善民心网葫芦岛分平台的基础上，进一步扩展了民意诉求反馈系统的功能，全年领办民心网诉求 1 804 件，实际办结 1 661 件，四星级以上 1 309 件。同时，督促有关部门积极推进财政制度和行政审批制度改革，继续深化投资体制、干部人事制度、司法体制等重点领域和关键环节的改革。

【加强纪检监察机关自身建设】 各级纪检监察机关积极适应新形势新任务要求，以素质建设工程为抓手，全面加强自身建设，着力提高纪检监察干部履行两项职能的能力。加强学习型机关建设，不断提升干部队伍的能力素质。深入开展主题教育活动。集中一个月时间，在系统开展了以人为本、执纪为民主题教育活动。配合教育，重申了纪检监察机关工作纪律，规定了“十严禁”的纪律要求。大力开展创先争优活动，3 个先进集体、22 个先进个人受到中纪委、省纪委的通报表彰。大力加强素质建设，采取以会代训、业务培训、工作中传帮带等方法，围绕提高广大纪检监察干部履行职责的“五种能力”（服务大局能力、调研创新能力、文字综合能力、突破案件能力、自我约束能力），加大培训工作力度。严格组织人事纪律，坚持正确的选人用人导向。坚持和完善了干部资格准入制度，严把干部入口关。加强换届期间的干部选拔任用工作，严格执行中纪委和省委、省纪委换届工作纪律，圆满完成市、县、乡三级纪委换届任务。采取“开门评议”的办法对市纪委监察局机关 52 名不同岗位的中层以上干部一并进行了年度考核和廉政考评，较好地解决了纪检监察机关谁来监督的问题。深入推进各项改革，不断完善内部工作机制。认真执行省纪委关于“四个不直接参加”规定，围绕履行两项职能开展自检自查和专项工作检查，坚决纠正利用纪检监察机关直接参加招商引资、招标投标、政府采购、房屋拆迁等具体行政业务工作的行为。从完善派驻机构管理方式、工作机制入手，按照驻在部门职能相近、便于工作的原则，将市直 42 个纪检组（纪委、纪工委)组成 6 个协作组。协作组的建立为派驻机构负责人履行职责提供了新的平台，有效地解决了力量分散、单兵作战的局面。开展了权力运行制度建设，从规范权力入手，建立了有效的纪检监察廉政风险防控机制。为确保工作扎实有序推进，在 5 个单位建立了工作联系点，并在兴城市召开了现场经验交流会。本市以点带面统筹推进全市纪检监察机关权力运行制度建设、做法，得到了省纪委领导的肯定。

【领导成员名单】

书　记　严喜鹤
副书记　张云明（常务，2 月离任）
　　　　刘敏学（常务，2 月任职）
　　　　朱荣久　马玉良（6 月离任）
　　　　高志伟（6 月离任）
　　　　金玉枝（2 月任职）
常　委　胡晓梅（女）　王宪伟
　　　　李治军（4 月任职）
　　　　雷雨洲（4 月任职）
　　　　董连如（4 月任职）
秘书长　王宪伟（4 月离任）
　　　　董连如（4 月任职）

（王化云）

葫芦岛市人民代表大会常务委员会

【概况】 2011年，市人大常委会在中共葫芦岛市委的正确领导下，深入贯彻落实科学发展观，紧紧围绕全市经济社会发展大局，认真履行宪法等法律赋予的职权，各项工作都取得新的进展。2011年，举行常委会会议7次；听取和审议“一府两院”专项工作报告25个，对2部法律法规的实施情况进行了执法检查，对39项工作进行了视察、调查；作出决议、决定11项。完成了市四届人大二次会议确定的各项任务，为促进本市经济社会发展和民主法制建设作出了新的贡献。

紧紧围绕“十二五”规划纲要的实施，切实加强对经济工作的监督。常委会坚持把沿海经济带重点项目建设作为监督重点，继2009年、2010年就“一线八区”重大项目资金使用情况进行监督检查之后，2011年又对觉华岛等4个主题概念园区项目建设情况进行了跟踪监督，对13个主题概念园区的土地开发利用和CBD“一场五馆”建设进展情况进行了调查或视察，提出了建设性的意见和建议，促进园区建设健康、快速发展。常委会着力推进中小企业加快发展，在2010年对《中小企业促进法》和辽宁省《促进中小企业发展条例》开展执法检查的基础上，2011年又重点围绕执法检查提出问题的整改情况进行了跟踪检查，作出了关于进一步贯彻执行《中小企业促进法》和辽宁省《促进中小企业发展条例》的决议。常委会为了维护农民利益，强化农产品质量安全管理，采取市县联动的方式，对全市农资市场监管工作情况进行了视察，听取和审议了市政府关于全市农业生产资料市场监管情况的报告，提出了审议意见，进一步保障了农资商品质量安全。常委会对《辽宁省旅游条例》贯彻执行情况进行了跟踪监督，重点对《旅行社条例》执行情况进行了调查，提出了具体意见，督促市政府及有关部门依法规范旅游市场秩序，切实维护旅游者、旅游经营者和从业人员的合法权益，推动了本市旅游产业持续快速发展。常委会加强对计划和预算执行情况的监督，认真听取和审议了市政府关于2011年上半年全市国民经济和社会发展计划执行情况的报告。对市本级部门预算进行了审查，听取和审议了市本级部门预算（草案），作出了批准市本级部门预算的决议。听取和审议了2010年财政决算和2011年上半年预算执行情况的报告、2010年度市本级财政预算执行和其他财政收支情况的审计工作报告，审查批准了市本级财政决算。常委会注重加强对审计工作报告提出问题的跟踪监督，听取和审议了审计问题整改情况的报告，督促市政府认真分析原因，切实加强整改。常委会组织了对《中华人民共和国环境影响评价法》的执法检查，针对存在的问题，要求市政府进一步加强法律宣传和环评基础能力建设，严格执行环评制度，从源头上控制、减少和预防环境污染。同时，坚持人大监督与舆论监督相结合，以“加强水源地保护，确保饮用水安全”为主题，开展了“中华环保世纪行在葫芦岛”宣传活动，进一步提高了全社会对水资源环境保护重要性的认识，为促进全面协调可持续发展，建设资源节约型、环境友好型社会作出了积极的贡献。

着眼于保障和改善民生，大力推进社会建设和民生问题的解决。常委会听取和审议了市政府关于全市城镇居民基本医疗保险的工作报告，针对完善社会保障体系建设提出审议意见，确保全市城镇居民医保工作取得新进展。常委会对本市就业工作现状进行了深入调查，督促市政府不断强化职业教育和技能培训，实施更加积极的就业政策，切实帮助零就业家庭解决就业困难，把稳定和促进就业这一事关老百姓切身利益的大事办好办实。常委会着力促进物业管理工作，组织调查组实地调查了 11 个住宅小区物业管理情况，听取和审议了市政府关于全市物业管理工作情况的报告，督促市政府及相关部门出台具有可操作性的物业管理实施办法和细则，进一步明确政府主管部门、开发商、物业公司和业主各方面的责任、权利与义务，推动本市物业管理产业健康发展。常委会加快推进学前教育事业发展，在组织调查组对幼儿园进行实地调查的基础上，听取和审议了市政府关于全市学前教育工作情况的报告，并作出关于进一步加快学前教育发展的决议。常委会关注食品安全问题，对全市贯彻实施《食品安全法》情况进行了检查，提出了有针对性的意见和建议，有效推动了本市公共食品卫生安全工作。常委会大力提升公共服务水平，听取了市政府关于全市医疗卫生体制改革工作的汇报，专门对“城中村”改造工作进行了调查，还对特教事业发展、社区建设等进行了调查或视察，提出了具体的意见和建议。

积极推进依法行政、公正司法，不断提高依法治市水平。常委会听取和审议了市检察院关于开展诉讼监督工作情况的报告，要求检察机关增强诉讼监督工作的主动性，围绕群众反映强烈的问题，加大监督力度，切实提高法律监督实效，特别是要强化对诉讼活动关键环节的监督，维护和促进社会公平正义。听取和审议了市中级人民法院关于行政审判工作情况的报告，作出了关于加强行政审判工作的决议，督促法院严格依法行使审判职能，提高行政审判质量与效率；要求市政府维护行政审判权威，提高庭审应诉能力，严格执行法院的判决和裁定。常委会深入开展执法检查，确保法律法规有效实施，对《归侨侨眷权益保护法》、《国防教育法》、《防震减灾法》、《专利法》等 8 部法律法规的执行情况进行了检查与调查，听取和审议了 2 部法律法规的执法检查报告。常委会还听取和审议了“五五”普法情况的报告，要求市政府及有关部门加强对重点对象的法制宣传教育，执行“六五”普法规划，切实提高全民的法律素质。常委会进一步加强了规范性文件备案审查工作。全年共受理“一府两院”、县（市）区人大常委会报送备案的规范性文件 18 件。

坚持依法办事，推进科学决策，认真行使重大事项决定权。常委会针对人大工作面临的新形势，组织力量在深入调研、学习借鉴外地经验的基础上，对《葫芦岛市人民代表大会常务委员会讨论决定重大事项的规定》进行了修订。常委会坚持把讨论决定重大事项与开展监督工作有机结合起来，针对听取专项工作报告中的重大问题，作出了关于批准 2011 年市本级部门预算的决议、关于批准 2010 年市本级财政决算的决议、关于进一步贯彻执行《中华人民共和国中小企业促进法》和《辽宁省促进中小企业发展条例》的决议、关于加强行政审判工作的决议、关于进一步加强法制宣传教育的决议、关于进一步加快学前教育发展的决议等决议、决定，有力地推动了相关工作的开展。常委会为了跟踪监督 2010 年作出的《关于加强我市城市交通工作的决议》的落实情况，再次听取了市政府关于城市交通秩序综合整治情况的报告，要求市政府继续推进交通综合整治工作，切实把本市城市交通管理工作提高到一个新水平。常委会针对作出的关于加强农村饮用水安全工作的决议，结合贯彻 2011 年中央和省 1 号文件精神，开展了跟踪监督，认真了解落实决议存在的困难和问题，与水利等部门共同研究解决办法，较好地促进了决议的有效落实。常委会还听取和审议了市政府贯彻执行市人大常委会决议、决定情况的报告，督促市政府积极研究解决执行中遇到的困难和问题，认真抓好落实，切实维护决议、决定的权威性和严肃性。

深入贯彻省委、市委人大工作会议精神，全面加强常委会及机关自身建设。常委会把贯彻省委、市委人大工作会议精神作为自觉接受党的领导、提高人大工作实效的重要举措，以健全组织机构为突破口，解决了一些长期困扰人大工作和常委会机关建设的难题。在市委的领导和市政府的支持下，强化了预算监督、信访申控、代表培训、备案审查等方面的机构和力量；创新强化了评议监督、代表述职评议、对垂管部门监督等工作机制；县（市）区人大常委会机构建设得到全面加强，探索构建开发区人大工作机制进一步推进，更加适应本市经济社会发展需要的人大工作新格局初步形成。本市人大工作创新发展的一些做法得到了省委、省人大常委会的充分肯定。常委会坚持把建设学习型人大机关，提高组成人员和机关干部的政治理论素质摆在突出位置。围绕全市经济社会发展的重大问题和常委会工作重点，深入调查研究，形成了一批质量较高的调研报告。常委会以完善和健全工作制度为重点，进一步落实人大工作各项制度。建立了《关于进一步提高常委会会议质量的若干规定》等规章制度。强化人大宣传工作，着力加强网络宣传，改进广播电视宣传，增强人大常委会工作透明度。

【专项工作评议】 常委会创新深化评议监督，切实提高政府依法行政水平。依据《监督法》的相关规定及市四届人大二次会议的部署，常委会组织对市政府5个组成部门和1个垂直管理部门依法行政、服务经济社会发展的专项工作进行了评议，对市政府47个组成部门、有执法职能的政府直属部门和部分垂直管理部门进行了测评，评议情况和测评结果在新闻媒体上公布。在市四届人大常委会第十次会议上授予市发改委、市财政局、市民政局、市住建委、市农委、市交通局、市人社局、市教育局等8个部门“2010年度依法行政工作先进单位”荣誉称号。此项工作开展，有效地促进了政府依法行政。

【人事任免】 常委会坚持党管干部和常委会依法行使任免权的有机统一，进一步规范任免程序，提高任免质量。共依法任免“一府两院”国家机关工作人员36人次，为“一府两院”开展工作提供了组织保证。同时，坚持和完善对人大及其常委会选举和任命人员任后提交任期目标责任书、呈报年度述职报告制度，增强了被任命人员的法律意识、公仆意识和科学发展意识，任后监督进一步得到强化。

【代表工作】 常委会把代表工作作为基础性工作来抓，以丰富闭会期间代表活动内容为切入点，支持和保障代表依法履职，切实活跃代表工作，充分发挥代表的主体作用。常委会进一步加强与人大代表的联系，坚持和完善常委会组成人员联系代表、联系选举单位、走访代表制度，邀请市人大代表列席常委会会议。2011年，常委会通过不同方式走访代表80余人次，安排60名代表列席了常委会会议。代表小组活动作为闭会期间代表活动的主要形式，充分发挥“代表之家”作用，积极组织代表开展学习和各种活动。全年共组织安排市人大代表参加市人大常委会和各专门委员会开展的“三查（察）”活动9项85人次，为代表依法履职创造了条件。同时，根据有关规定，积极推荐市人大代表担任地方国家机关执法监督员及社会职务，促进了“一府两院”相关工作的开展。常委会不断健全代表约束和激励机制，决定从2011年开始，用3年左右的时间开展代表述职评议工作，2011年各选举单位共安排了82名市人大代表参加述职，促进了代表与群众的联系，增强了代表履职责任感与自觉性。常委会对代表建议办理工作高度重视，认真研究确定重点办理的代表建议，并及时转交办理。继续实行相关专门委员会分口督办、代表工作部门协调的机制，依法加强督办。对主任会议确定的8件重点建议在《葫芦岛日报》向社会公布建议内容，组织部分常委会委员和代表对重点建议办理工作进行了视察，并通过媒体通报办理结果，8件重点建议办复率、见面沟通率、代表满意率均为100%，产生了良好的社会效果。

【信访和申诉控告工作】 常委会始终把接待和处理群众信访和申诉控告工作作为了解民意、体察民情、化解民忧、维护民权的重要渠道，在全省率先设立了信访和申诉控告工作委员会，建立健全相应工作机制，认真做好信访和申诉控告工作。全年共接待人民群众来信来访和申诉控告416件次，群众来访695人次。对重点信访和申诉控告案件，实行重点督办，为维护社会稳定发挥了重要作用。

【葫芦岛市第四届人民代表大会第二次会议】 2011年1月12日至14日举行。会议议程是：听取和审议政府工作报告；审议葫芦岛市国民经济和社会发展第十二个五年规划纲要（草案），审查和批准葫芦岛市国民经济和社会发展第十二个五年规划纲要；审议葫芦岛市2010年国民经济和社会发展计划执行情况及2011年计划（草案）的报告，审查和批准葫芦岛市2010年国民经济和社会发展计划执行情况的报告与2011年计划；审议葫芦岛市2010年财政预算执行情况和2011年预算（草案）的报告，审查葫芦岛市2010年预算执行情况的报告和2011年预算（草案），批准葫芦岛市2011年市本级预算；听取和审议葫芦岛市人民代表大会常务委员会工作报告；听取和审议葫芦岛市中级人民法院工作报告；听取和审议葫芦岛市人民检察院工作报告；选举。会议表决通过了关于政府工作报告的决议，关于葫芦岛市国民经济和社会发展第十二个五年规划纲要的决议，关于葫芦岛市2010年国民经济和社会发展计划执行情况与2011年计划的决议，关于葫芦岛市2010年财政预算执行情况和2011年财政预算的决议，关于葫芦岛市人民代表大会常务委员会工作报告的决议，关于葫芦岛市中级人民法院工作报告的决议，关于葫芦岛市人民检察院工作报告的决议。会议增选钱福云为市人大常委会副主任，补选仲建国、李长荣、李忠新、李咏、焦永忠为市人大常委会委员。

【市四届人大常委会第七次会议】 2011年1月5日举行。市人大常委会主任阎生，常务副主任赵树田，副主任姜淑艳、朱红、王英杰、李宝祥，秘书长智少强及委员共31人出席会议。阎生主持会议。市人民政府常务副市长裴伟东、市人大常委会党组成员李怀瑜、市中级人民法院院长柴学伟、市人民检察院检察长慕宁列席会议。会议审议了市四届人大二次会议日程草案；审议了市四届人大二次会议主席团和秘书长名单草案；审议了市四届人大二次会议主席团常务主席名单草案；审议了市四届人大二次会议执行主席名单草案；审议了市四届人大二次会议副秘书长名单草案；决定了市四届人大二次会议列席人员名单；审议了关于补选市四届人大代表的代表资格审查报告；审议了市人大常委会工作报告（草稿）。会议决定接受支剑锋辞去市四届人大常委会委员职务。会议通过了人事任免事项，任命闫春刚、郭彪、黄雁为葫芦岛市人民代表大会内务司法委员会委员，黄克宽、曹立兴为葫芦岛市人民代表大会财政经济委员会委员，刘东生、郑艳春为葫芦岛市人民代表大会农业与农村委员会委员，刘明、郭玉东为葫芦岛市人民代表大会教育科学文化卫生委员会委员，李杰、徐铁军为葫芦岛市人民代表大会民族侨务外事委员会委员，王光辉、王晓平为葫芦岛市人民代表大会环境资源城乡建设委员会委员，宋书海为葫芦岛市人民检察院检察员；批准免去宋书海的绥中县人民检察院检察长职务。阎生就做好市四届人大二次会议筹备工作发表讲话。

【市四届人大常委会第八次会议】 2011年3月17日举行。市人大常委会主任阎生，副主任钱福云、赵树田、姜淑艳、朱红、王英杰、李宝祥，秘书长智少强及委员共40人出席会议。阎生主持会议。市人民政府市长孙兆林，市委副书记崔枫林，市委常委、常务副市长裴伟东，市委常委、组织部长许加，副市长敖凤玲，市人大常委会党组成员李怀瑜，市中级人民法院院长柴学伟，市人民检察院检察长慕宁列席会议。部分省人大代表，市人大各专门委员会副职及委员参加了对47个市政府组成部门、有执法职能的政府直属部门和部分垂直管理部门依法行政情况的评议和测评。会议听取和审议了市政府关于2011年度市本级部门预算报告，表决通过了批准葫芦岛市2011年市本级部门预算的决议；听取和评议了市发展和改革委员会、市教育局、市民族事务委员会、市民政局、市水利局和市国家税务局6个部门依法行政情况的专项工作报告，并对47个市政府组成部门、有执法职能的政府直属部门和部分垂直管理部门依法行政情况进行了测评；有20个部门的满意度在95%以上，有24个部门的满意度在90～94%之间，有3个部门的满意度在85～89%之间，与会常委会组成人员和人大代表对此表示满意。会议通过了人事任免事项，任命王洪升为葫芦岛市审计局局长，免去施民新的葫芦岛市审计局局长职务。阎生就如何做好常委会当前重点工作发表讲话。

【市四届人大常委会第九次会议】 2011年3月28日举行，市人大常委会主任阎生，副主任钱福云、赵树田、姜淑艳、朱红、王英杰、李宝祥，秘书长智少强及委员共39人出席会议。阎生主持会议。市委书记、市长孙兆林，市委常委、常务副市长裴伟东，市人大常委会党组成员李怀瑜，市人民检察院检察长慕宁和市人民法院负责人列席会议。会议根据市长孙兆林提请，决定任命都本伟为葫芦岛市人民政府副市长。会议决定接受孙兆林辞去市人民政府市长职务，决定都本伟为市人民政府代理市长。会议还通过了其他人事任免事项，任命王忠平为葫芦岛市经济和信息化委员会主任，刘忠义为葫芦岛市政府国有资产监督管理委员会主任，耿凤森为葫芦岛市民族事务委员会主任；免去刘忠义的葫芦岛市经济和信息化委员会主任职务，鲁秀红的葫芦岛市民族事务委员会主任职务，马峰的葫芦岛市政府国有资产监督管理委员会主任职务；批准任命刘海彬为绥中县人民检察院检察长，叶蓬为兴城市人民检察院检察长；免去周洪生的葫芦岛市人民检察院检察委员会委员、检察员职务。推荐了 2010 年度依法行政工作先进单位。

【市四届人大常委会第十次会议】 2011 年 6 月 20 日举行。市人大常委会主任阎生，副主任钱福云、赵树田、姜淑艳、朱红、王英杰、李宝祥，秘书长智少强及委员共 39 人出席会议。阎生主持会议。常务副市长裴伟东，副市长刘宁绥、敖凤玲、石文光、胡克梅，市人大常委会党组成员李怀瑜，市中级人民法院院长柴学伟，市人民检察院检察长慕宁列席会议。会上，授予市发改委、市财政局、市住建委、市民政局、市农委、市交通局、市人社局、市教育局 8 个市政府组成部门“2010 年度依法行政工作先进单位”荣誉称号；听取和审议了市政府关于全市城镇居民基本医疗保险工作情况的报告；听取了市政府关于综合整治城市交通秩序情况的报告；听取和审议了市政府关于全市城市物业管理工作情况的报告；听取和审议了市政府关于贯彻执行《中小企业促进法》和《辽宁省促进中小企业发展条例》整改情况的报告，表决通过了关于进一步贯彻执行《中小企业促进法》和《辽宁省促进中小企业发展条例》的决议；听取和审议了市政府关于全市学前教育工作情况的报告，表决通过了关于进一步加快学前教育发展的决议；听取和审议了市政府关于全市农业生产资料市场监管情况的报告；听取和审议了市检察院关于开展诉讼监督工作情况的报告。会议通过了人事任免事项，任命赵明航为葫芦岛市中级人民法院民事审判第一庭副庭长，储怀清、黄勇、马逵为葫芦岛市人民检察院检察员；免去陈文奎、宗天义的葫芦岛市中级人民法院审判员职务。阎生就如何做好常委会当前重点工作发表讲话。

【市四届人大常委会第十一次会议】 2011 年 8 月 19 日举行。市人大常委会主任阎生，副主任钱福云、赵树田、姜淑艳、朱红、王英杰、李宝祥，秘书长智少强及委员共 39 人出席会议。阎生主持会议。市人民政府常务副市长裴伟东、副市长石文光、市中级人民法院院长柴学伟、市人民检察院检察长慕宁以及市直有关部门负责同志列席会议。会议听取和审议了市政府关于葫芦岛市 2011 年上半年国民经济和社会发展计划执行情况的报告；听取和审议了市政府关于葫芦岛市 2010 年财政决算和 2011 年上半年预算执行情况的报告，表决通过了关于批准 2010 年市本级财政决算的决议；听取和审议了市政府关于 2010 年度市本级财政预算执行情况和其他财政收支情况的审计工作报告；听取和审议了市政府关于本市贯彻执行《环境影响评价法》情况的报告；表决通过了《葫芦岛市人民代表大会常务委员会讨论决定重大事项的规定》。阎生就如何做好常委会当前重点工作发表讲话。

【市四届人大常委会第十二次会议】 2011 年 10 月 27 日举行。市人大常委会主任阎生，副主任钱福云、赵树田、姜淑艳、朱红、王英杰、李宝祥，秘书长智少强及委员共 37 人出席会议。阎生主持会议。市人民政府常务副市长裴伟东，市人大常委会党组成员李怀瑜，市中级人民法院、市人民检察院以及市直有关部门负责同志列席会议。会议听取和审议了市政府关于本市四个园区重大项目资金使用管理情况的报告；听取和审议了市政府关于市四届人大二次会议代表建议、批评和意见办理情况的报告；听取和审议了市政府关于 2010 年度财政预算执行和其他财政收支情况审计工作报告提出问题处理结果的报告；听取和审议了市政府关于本市贯彻执行《辽宁省宗教事务条例》情况的报告；听取和审议了市法院关于全市法院行政审判工作情况的报告，作出了关于加强行政审判工作的决议；审议了市政府关于市四届人大常委会第十一次会议审议意见研究处理情况的报告；会议决定，葫芦岛市第四届人民代表大会第三次会议于2012年1月6～8日召开；会议通过了人事任免事项，免去胡克梅的葫芦岛市人民政府副市长职务；任命孙政林、龚雪峰为葫芦岛市中级人民法院审判员，免去孙光久的葫芦岛市人民检察院检察委员会委员、检察员职务，张兴凌的葫芦岛市人民检察院检察员职务。阎生就如何做好常委会当前重点工作发表讲话。

【市四届人大常委会第十三次会议】 2011年12月7日举行。市人大常委会主任阎生，副主任钱福云、赵树田、姜淑艳、朱红、王英杰、李宝祥，秘书长智少强及委员共38人出席会议。阎生主持会议。市人民政府常务副市长裴伟东，副市长潘春吉，市中级人民法院院长柴学伟，市人民检察院检察长慕宁以及市直有关部门负责同志列席会议。会议听取和审议了市政府关于2011年市本级财政支出预算调整情况的报告，表决通过了关于批准2011年市本级财政支出预算调整的决议；听取和审议了市政府关于全市法制宣传教育第五个五年规划执行情况和第六个五年规划的报告，表决通过了关于进一步加强法制宣传教育的决议；会议决定接受柴学伟辞去葫芦岛市中级人民法院院长职务，任命杜俊峰为葫芦岛市中级人民法院审判员、审判委员会委员、副院长，决定杜俊峰为葫芦岛市中级人民法院代理院长。阎生就如何做好常委会当前重点工作发表讲话。

【市四届人大常委会第十四次会议】 2011年12月26日举行。市人大常委会主任阎生，副主任钱福云、赵树田、姜淑艳、朱红、王英杰、李宝祥，秘书长智少强及委员共33人出席会议。阎生主持会议。市人民政府常务副市长裴伟东，副市长敖凤玲，市人大常委会党组成员李怀瑜，市中级人民法院代院长杜俊峰，市人民检察院以及市直有关部门负责同志列席会议。会议听取和审议了市政府关于贯彻执行市人大常委会作出的决议情况的报告；审议通过了市政府、市法院关于市四届人大常委会第十二次会议审议意见研究处理情况的报告；审议通过了市四届人大三次会议日程；审议通过了市四届人大三次会议主席团和秘书长名单；审议通过了市四届人大三次会议主席团常务主席名单；审议通过了市四届人大三次会议执行主席分组名单；审议通过了市四届人大三次会议副秘书长名单；审议通过了市四届人大三次会议列席人员名单；审议通过了关于补选市四届人大代表的代表资格审查报告；审议通过了市人大常委会工作报告；审议通过了市人大各专门委员会工作报告；决定接受王春奇辞去市人大常委会委员职务；表决通过了关于终止王学伶、陈宏的葫芦岛市四届人大代表资格的报告。会议通过了人事任免事项，任命陈学雷为市人大内务司法委员会副主任委员，翟杰为市人大财政经济委员会副主任委员，李昌国为市人大教育科学文化卫生委员会副主任委员；免去郝建军的市人力资源和社会保障局局长职务，李晓刚的市人大内务司法委员会副主任委员职务。

【市人大常委会及办事机构和工作部门 市人大专门委员会领导成员名单】

主　任　阎　生
副主任　钱福云（女，1月增选）
　　　　赵树田　姜淑艳（女）
　　　　朱　红（女）　王英杰　李宝祥
秘书长　智少强
副秘书长　李全洲　李　咏

市人大常委会办公室
主　任　智少强（兼）
副主任　刘殿良　王春新

市人大常委会研究室
主　任　宋　跃
副主任　方树良　刘红娟（女，12月任职）

市人大常委会人事代表选举工作委员会
主　任　王　芳（女）
副主任　曹世东　陈　浩（12月任职）

市人大常委会财政预算审查工作委员会
主　任　郑洪平（3月任职）
副主任　黄克宽（11月任职）

市人大常委会信访和申述控告工作委员会

副主任　李晓刚（12 月任职，主持工作）
李铁玉（12 月任职）

市人大内务司法委员会
主任委员　王　敏
副主任委员　李晓刚（11 月免职）
李铁玉（11 月免职）
陈学雷（12 月任职）

市人大财政经济委员会
主任委员　郑洪平
副主任委员　蒋晓东（11 月免职）
翟　杰（女，12 月任职）

市人大农业与农村委员会
主任委员　沈忠学
副主任委员　王铁鸿

市人大教育科学文化卫生委员会
主任委员　季中华
副主任委员　刘饱满（11 月免职）
李昌国（12 月任职）

市人大民族侨务外事委员会
主任委员　张万友
副主任委员　齐学利　张凤光（女）

市人大环境资源城乡建设委员会
主任委员　鲍玉泽
副主任委员　曹天一

（田　晨）

葫芦岛市人民政府

重要会议

【常务会议】

1.1月30日，市政府第18次常务会议研究《葫芦岛市鼓励和扶持企业上市若干意见（暂行）》；研究《召开“全市农村工作会议”有关事宜》；听取《“十一五”期间全市安全生产工作情况，研究部署安全生产工作》；传达贯彻落实中央领导通知重要批示精神，坚决预防重特大火灾事故。

2.2月12日，市政府第19次常务会议传达贯彻《全国全省粮食生产电视电话会议以精神，研究部署本市粮食生产工作》；研究《关于召开全市民营经济会议的安排》；研究《中共葫芦岛市委葫芦岛市人民政府“关于加快民营经济发展的决定”》；研究《葫芦岛市人民政府“关于促进中小企业发展的若干意见”、《关于制定公交企业补贴暂行规定及市公汽公司有关问题的汇报》。

3.4月19日，市政府第20次常务会议，研究《2010年度省政府及县（市）区政府绩效考核工作完成情况》、《葫芦岛市2011年“项目年活动方案”》；中共葫芦岛市委、葫芦岛市人民政府《关于部分城区行政区划局部调整工作的实施意见》。

4.5月12日，市政府第21次常务会议，中共葫芦岛市委、葫芦岛市人民政府关于贯彻落实《中共中央国务院关于加快水利改革发展的规定》的实施意见；关于葫芦岛市现代农业产业“十二五”发展规划编制情况；关于前所生态农业园区项目进展情况；《“我们的城市、我们的家园”城市环境综合整治活动动员大会议程方案》。

5.6月13日，市政府第22次常务会议，研究《关于市政府与金鑫集团、宏基企业集团、创元房地产开发公司债务纠纷问题的汇报》；《葫芦岛市保障性安居工程项目房屋征收与补偿实施意见》、《首届中国（葫芦岛·兴城）国际泳装文化节实施方案》。

6.7月4日，市政府第23次常务会议，确定《2011首届中国葫芦岛打渔山泵阀产品博览会活动实施方案》、《葫芦岛市银行业金融机构信贷投放工作考核奖励办法（暂行）》。

7.8月31日，市政府第24次常务会议，葫芦岛市2011年主要经济指标奋斗目标分解方案、《2010～2020年葫芦岛市人才发展规划、葫芦岛市城市灯光亮化管理办法》、《关于组建辽宁立创人防发展有限公司的汇报》、《关于第二批下放城区经济管理权限的意见》、《关于新建市残疾人综合服务设施项目基建收费有关情况的汇报》。

8. 9月10日，市政府第25次常务会议，研究《关于落放全省青山工程动员电视电话会议精神的方案》、《关于提高本市集中供热联网费执行标准的汇报》。

9.11月7日，市政府第26次常务会议，研究《关于认真贯彻落实六中全会精神，全力打造本市体育文化品牌（中国太极岛）的实施方案》、《中共葫芦岛市委、葫芦岛市人民政府“关于加快教育改革和发展的意见”》、《关于推动职业教育快速发展的意见》、《葫芦岛市关于进一步加快学前教育改革与发展的实施意见》、《全市教育工作会议议程方案》、《关于整合城区职业教育资源相关工作情况的汇报》、《葫芦岛市人民政府“关于依法取缔城区内非法营运残疾人三轮车车主享有待遇和政策的情况汇报》。

10.12月9日，市政府第27次常务会议，传达贯彻《陈政高省长、赵化明副省长在听取本市产业集群工作汇报时的讲话精神》、《关于 2011 年度省政府对市政府绩效考评指标完成情况的汇报》；研究《政府工作报告》（讨论稿）。

11. 12 月 26 日，市政府第 28 次常务会议，传达贯彻《省委十一届二次全会暨经济工作会议精神》、部署《2012 年市政府工作》。

市政府办公室

【概况】 2011 年，是实施“十二五”规划的开局之年。市政府办公室在市委、市政府的坚强领导下，紧紧围绕全市大局，“规范、务实、高效”开展工作，为全市经济社会发展作出极大的贡献。

【不断提升公文处理质量关】 公文计算机管理水平不断提高，全年接发文件 1 250 件，承办各类请示、报告等公文 981 件，文字核稿量 160 万余字，无一疏漏。强化办公内网使用，推进“无纸化办公”，保密及印信管理不断加强。

【会务组织高效有序】 按制度办事，全程跟进服务。一年来，共协调承办国际泳装节、打渔山泵阀博览会等大型会议 150 余次，电视电话会议 118 次，市政府常务会议 13 次，协调安排市领导视察、调研和走访国家大企业 90 余次，接待考察团（组）125 次，工作无一失误。

【后勤保障及时有力】 健全财务、车辆、食堂、保卫等管理制度。全年安全行车 160 万千米，管理费用逐年下降，政府采购工作规范运行，完成政府采购任务 262 项，节约财政资金 333.2 万元，节支率 4.5%。

【以文辅政水平大幅提升】 围绕全省第 11 次党代会和全市第 4 次党代会的战略部署，紧扣建设沿海经济强市、打造文化旅游新兴支柱产业、城市环境治理和中小企业融资难等重点问题，完成调研报告 40 余篇，全部纳入市委、市政府决策，全年撰写各种综合材料 1 400 余篇，出色完成《政府工作报告》起草工作；编辑印发《政府工作》12 期，每期都报送市人大代表、政协委员。大型资料性工具书《葫芦岛年鉴》如期发行，共发行 12 卷，正在编纂《葫芦岛市志》（农业卷）和《葫芦岛图录》。

【政务信息质量大幅跃升】 强化政务信息质量，刊发《政务信息》、《每日要情》270 期，45 篇信息被《辽宁信息》采用，《建昌战国古墓群保护利用亟待研究》等 3 篇信息被省《信息参考》刊登并得到省领导批示。

【督察督办成效大幅跃升】 政府办始终把重大决策的督办落实，作为重中之重来抓，全年完成各类督办事项 450 件，编发《督查专报》90 期，上报省政府督察室专报 8 期。督办到位率、反馈报告率达 100%。组织承办省人大代表建议、政协提案共 538 件，办复率 100%，满意和基本满意率达 99%以上。

【海防工作大幅跃升】 加强海防宣传和管理，查处海防治安案件 868 起，抓获网上逃犯 43 人，化解矛盾纠纷 642 起，实现了省边海防委员会提出的“无枪声、零死亡”的海防管控目标。同时，成立了市国防动员综合办公室，编制更新国防动员数据库，国防动员工作有序开展。

【构筑高效快捷的应急管理体系】 严格落实 24 小时值班制度，应急指挥平台良性运转，实现省、市、县（市）区视频指挥作业；全年修编各种预案 11 份，组织协调应急演练 154 次，协调处置了兴城“5·11”建筑倒塌等各类灾害、事故 34 起，有效维护了人民生命财产安全和社会稳定。

【创新政务公开渠道】 全年更新《政府信息公开目录》580 条，下发《葫芦岛市政府公报》1.7 万册，向省上报信息 1 700 篇。其中，省《天下信息周刊》等刊物采纳 21 篇。全年处理《民心网》转办政策咨询 176 件，有 173 件被省评为五星级，27 次被省通报表扬。被省评为“百篇优秀信息奖单位”。

【全力推进开发式扶贫】 实施扶贫攻坚计划，全年协调投入各类扶贫资金 7 282.19 万元，79

个整村、9.4 万贫困人口人均纯收入达到 2 116 元，超过扶贫标准 316 元，实现稳定脱贫。

【扎实开展机关节能】 深入开展公共机构节能检查、考核，建立公共机构车辆定点加油、定点维修制度和单车油耗核算制度，全市公共机构能耗综合下降 2.57%，完成省定公共机构节能工作目标。

【加强思想建设 建设一流队伍】 积极开展“打造一流队伍、创造一流业绩、塑造一流形象”等争先创优活动，机关建设不断提质升级。目前，班子成员团结和谐干劲足，干部队伍任劳任怨有激情；到政府办衔接工作“门好进、事好办”，受到社会各界高度赞誉。被省评为“辽宁省行政机关公文处理工作先进集体”、“人事档案管理一级管理单位”、“2007～2011 年五年政务公开先进单位”、“政策咨询办理先进单位”；荣获本市“党风廉政建设先进单位”、“社会治安综合治理先进单位”、“先进机关党委”、“先进职工之家”、“先进女职工集体”；在市直机关目标责任制考核中获得第一名，荣获 2009～2010 年度政府绩效考评“集体三等功”；有 35 人受到省、市的表彰。

（梁忠明）

行政审批工作

【概况】 市行政审批管理办公室组建于 2002 年 4 月，主任赵俊田，副主任沙洪义、杨玉峰、李立生、刘锐，内设综合科、督察协调科、受理考核科和信息科。市行政服务中心成立于 2002 年 6 月，和市行政审批管理办公室一个单位两块牌子。由于受场地限制，2005 年 7 月建立了交警、消防、运管、房产、国土、住房公积金、医保、社保、劳动就业、安监等 10 个分中心，统一由市行政审批管理办公室管理。

【年度办件情况】 全年，市行政服务中心和 10 个分中心共办理行政审批、行政服务事项 71 万件，其中行政审批 21 万件，行政服务 50 万件。

【组织开展“优质服务竞赛”活动】 与机关工委联合组织市行政审批大厅和各分中心，共 150 个审批窗口，350 名审批人员，开展以优质服务、依法审批、扩大行政服务范围为主要内容的优质服务竞赛活动。各参赛单位都制定了服务规范，实行首问负责制、首办责任制和限时办结制，建立党员先锋岗、雷锋岗，开展延时服务、节假日预约服务等便民措施。通过活动的开展，使市行政审批工作人员服务质量明显提升，办事效率明显提高，服务态度明显转变。全年接待办事者百万人次以上，无一例上访、举报、投诉。市行政服务中心各审批窗口接到锦旗 21 面，表扬信 40 余封。

【规范行政审批网上公开工程】 市行政审批网上公开工程自 2008 年 6 月正式启动，已经在全市运行 3 年多，行政审批网上公开工程已步入正轨，市直具有行政审批职能的 39 家单位 285 项行政审批项目，凡是法律法规规定两天以上审批完的承诺件全部通过网上进行了公示，实现了上网公示不漏项，审批时间不超限，相对人申报不拒受。全年，市行政审批网上公示承诺件共 1.1 万件，保证了应公开的审批服务事项都是在“阳光”下进行。

【加强行政审批电子监察系统建设】 在对市本级行政审批项目进行重新梳理认定的基础上，积极与相关部门沟通协调，使得音、视频监察设备顺利及时安装到位，并督促指导工作人员将所办理的行政审批项目逐一录入网上行政审批系统。通过电子监察系统对行政审批全程进行实时监控、预警纠错、信息管理和绩效评估，基本实现了从事后监察为主向事前、事中、事后全过程监察的转变，切实规范了各审批部门的审批行为，提高了审批效率。

【完成省行政审批项目取消和承接工作】 按照《辽宁省人民政府关于第七批取消和下放管理层级行政审批项目的决定》（辽政发[2010]42 号）文件要求，对市本级行政审批项目进行了清理审核，依法取消行政审批项目 29 项，承接省下放行政审批项目 15 项[其中直接下放到县（市）区 2 项]。

【创先争优活动】 认真学习领会李源潮在中央“创先争优”活动领导小组第七次会议和在窗口单位服务行业“创先争优”座谈会上的讲话精神，结合工作实际，在进驻中心的各个窗口深入开展“三亮一比两争当”活动。通过活动的开展，窗口的服务形象更好了，工作人员的责任心更强了，服务的标准更高了，用“活动”促进日常工作的效率明显增强。

【党风廉政建设】 坚持“一岗双责”的原则，切实把党风廉政建设和反腐败工作同各项具体业务工作结合起来。成立了党风廉政建设责任制领导机构，制定了工作要点，并对工作任务进行了分解，形成“谁主管，谁负责”和“一级抓一级，层层抓落实”的格局。积极开展教育活动，进一步强化廉洁自律意识。严格执行反腐倡廉各项制度，班子成员率先垂范，坚持做到勤政廉政，没有任何违法违纪现象。

【机关纪律作风专项整治活动】 根据市委、市政府的统一安排，针对纪律作风方面存在的问题，与每名工作人员签订了责任状，明确工作标准、完成时限和奖惩措施。完善考核机制，每季度组织一次“红旗窗口”评比，对考核处于末位的，进行通报批评。加强机关效能监察，由巡查组每天不定时对办事大厅进行巡视，并加大曝光力度。机关纪律作风专项整治达到了预期效果。

（邓爱民）

目标责任制考评

【概况】 2011 年，市直机关各单位认真贯彻落实科学发展观，抢抓“东北振兴和沿海经济开放”双重机遇，以工作目标责任制为载体，以加强机关纪律作风建设、提高干部素质、优化经济发展环境为重点，真抓实干，开拓进取，全面加强机关建设，完成了全年各项工作任务，实现了“十二五”良好开局。

通过对市直机关各单位 2011 年 22 项工作目标的考核和 8 个层面的测评，市直机关实行工作目标责任制领导小组对各参评单位实施目标责任制情况进行了综合评定。市委常委会决定，市委办等 53 个单位为优秀单位，市外事办等 30 个单位为通报表扬单位，市港口与口岸局等 17 个单位为达标单位。市委办常新丰等 10 人为市直机关优秀公仆，市人大常委会办公室秘书科等 34 个科室为先进科室。市委办崔涛等 98 人为先进工作者。

【行政业务工作再创新佳绩】 2011 年，市直机关各单位共提出工作任务目标 1 355 项，实际完成 1 407 项，超额完成 52 项。其中受到国家部委表彰的有 58 项，受到省委、省政府及省直部门表彰的有 160 项。在省内同行业排名前三位的有 48 项，其中排名第一位有 28 项。为本市赢得了荣誉。

【机关党建工作再上新台阶】 一是大力推进理论武装工程。举办了党务干部、科级实职干部及副调研员等学习实践科学发展观和十七届五中、六中全会和胡锦涛“七一”讲话精神轮训班。深入基层调查研究，撰写调查报告 2 384 篇，各级采用 869 篇。二是大力推进机关党组织建设。开展“基层党建示范点”创建活动，坚持以示范带动全局，整体提升基层党建工作水平，全年被评为省级优秀党组织 4 个，市级先进党组织 7 个，市直机关先进党组织 29 个、优秀共产党员 107 名、优秀党务工作者 50 名。三是围绕“推动科学发展，促进全面振兴”主题，开展千名机关干部红诗红歌唱响葫芦岛活动，传承革命精神，展示机关干部精神风貌。四是加大从源头上预防和惩治腐败工作力度。对 1 400 余名科级实职干部廉洁自律情况进行测评，并逐一对其进行群众测评，重点对在测评和考评中，满意度低和不称职者进行诫勉谈话。

【机关作风建设得到新加强】 一是按照教育动员、自查自纠、督察整改、巩固提高四个阶段，开展专项整治机关纪律作风活动。对市直机关 83 个部门和单位以及部分茶楼、咖啡屋等娱乐场所，采取听、看、查、录等形式，进行了 8 次大规模的明察暗访，对存在的违规违纪问题，按照《关于违反工作纪律处理规定》进行了严肃处理。上下联动，出台了集中办公、指纹签到，外出审批，返回销假等一系列措施，有效遏制了聊天、玩游戏、炒股和迟到早退等现象。二是大力推进行政审批网上公开工程，对所有行政审批项目及审批事项全过程实行阳光操作，全年共受理各类审批事项 20 868 件，无一违规违纪案件发生。三是深入到企业、村屯、社区、学校等基层单位开展“真情服务基层、优化发展环境”主题实践活动，为基层解难事、办实事 2 120 件。四是在市直各行政业务大厅开展“优质、快捷、便民、高效”为目标的“优质服务竞赛”活动，涌现出 11 个优质服务大厅，18 个优质服务窗口，27 名优质服务标兵，全年实现了零投诉。五是建立各项规章制度，规范机关干部从政行为和服务标准。

【目标责任制工作实现新提升】 一是围绕中心目标任务，服务大局。对市委市政府中心工作和省政府考核市政府绩效工作指标任务，做到全程指导和跟踪服务，促进了各项工作任务目标的落实完成。二是围绕发展，不断完善、创新工作。开展了“万人评议机关”活动，广泛听取社会各界对市直机关工作的评价，增强评定工作的透明度，使目标评定工作更加民主、科学和完善。三是围绕抓落实，强化日常监督。通过半年检查、重点工作督查等工作，建立工委班子成员与市直各部门分片联系制度，强化了目标任务的落实，实行了月联系、季评价、半年考核、年终总评的工作机制。四是围绕开展“季评最佳实事”活动，在市直各部门申报的110件实事中评出了77件最佳实事，并在新闻媒体进行宣传报道。五是围绕开展 “企业评议部分机关”活动，组织 75 户企业对相关的 26 个机关单位进行评议。六是围绕提高机关干部职工的身体素质，建立并制定了创建健康机关活动的长效机制，开展身体健康、科学饮食、心理健康为主要内容的各类活动，不断深化创建健康机关活动。

【目标责任制年终考评结果】

一、优秀单位（53 个）

中共葫芦岛市委办公室
葫芦岛市人民政府办公室
中共葫芦岛市委组织部
中共葫芦岛市纪律检查委员会
葫芦岛市财政局
中共葫芦岛市委宣传部
葫芦岛市住房和城乡建设委员会
葫芦岛市交通局
中共葫芦岛市委政法委员会
葫芦岛市机构编制委员会办公室
葫芦岛市教育局
葫芦岛市审计局
葫芦岛市发展和改革委员会
中共葫芦岛市委统战部
葫芦岛市人力资源和社会保障局
葫芦岛市总工会
葫芦岛市人民检察院
葫芦岛市民政局
葫芦岛市环境保护局
葫芦岛市安全生产监督管理局
中共葫芦岛市委党校
葫芦岛市经济和信息化委员会
葫芦岛市中级人民法院
葫芦岛市公安局
葫芦岛市住房公积金管理中心
葫芦岛市国家税务局
葫芦岛市地方税务局
葫芦岛市卫生局
葫芦岛市妇女联合会
共青团葫芦岛市委员会
葫芦岛市文化广播影视局
葫芦岛市人口和计划生育委员会
葫芦岛市农村经济委员会
葫芦岛市经济合作办公室
葫芦岛市工商行政管理局
葫芦岛市人民防空办公室
葫芦岛市人民政府法制办公室
葫芦岛市对外贸易经济合作局
葫芦岛市海洋与渔业局
葫芦岛市人民政府金融工作办公室
葫芦岛市统计局
葫芦岛市民族事务委员会
葫芦岛市食品药品监督管理局

葫芦岛市城市建设投资有限公司
葫芦岛市国土资源局
葫芦岛市人大常委会办公室
葫芦岛市人大财政经济委员会
葫芦岛市人大环境资源城乡建设委员会
葫芦岛市人大内务司法委员会
政协葫芦岛市委员会办公室
政协葫芦岛市委员会调研室
政协葫芦岛市社会法制民族宗教委员会
政协葫芦岛市委员工作委员会

二、通报表扬单位（30个）

葫芦岛市外事办公室
中共葫芦岛市委政策研究室
葫芦岛市人民政府国有资产监督管理委员会
葫芦岛市行政审批管理办公室
葫芦岛市城乡规划局
葫芦岛日报社
葫芦岛市司法局
葫芦岛市服务业委员会
葫芦岛市物价局
葫芦岛市体育局
葫芦岛市接待办公室
葫芦岛市供销合作社联合社
葫芦岛市畜牧兽医局
葫芦岛市档案局
葫芦岛市科学技术协会
葫芦岛市烟草专卖局
葫芦岛市林业局
中共葫芦岛市委、葫芦岛市人民政府信访局
葫芦岛银行
葫芦岛市水利局
葫芦岛市气象局
葫芦岛市残疾人联合会
葫芦岛市人大常委会人事代表选举工作委员会
葫芦岛市人大民族侨务外事委员会
葫芦岛市人大教育科学文化卫生委员会
葫芦岛市人大农业与农村委员会
政协葫芦岛市提案委员会
政协葫芦岛市经济科技委员会
政协葫芦岛市学习文史资料委员会
政协葫芦岛市港澳台侨外事委员会

三、达标单位（17个）

葫芦岛市港口与口岸局
葫芦岛市文学艺术界联合会
葫芦岛市质量技术监督局
葫芦岛市工商业联合会
葫芦岛市归国华侨联合会
葫芦岛市旅游局
中华人民共和国葫芦岛出入境检验检疫局
葫芦岛市地震局
葫芦岛市物资集团总公司
葫芦岛市科学技术局
葫芦岛市仲裁委员会
辽宁省葫芦岛农业科技示范区管理委员会
辽宁省水文水资源勘测局葫芦岛分局
葫芦岛市人大常委会研究室
葫芦岛市人大常委会信访和申诉控告工作委员会
政协葫芦岛市人口资源环境委员会
政协葫芦岛市文教体卫委员会

四、优秀公仆（10名）

常新丰　市委办督查二科科长
张　彪　市政府办文电科科长
董大为　市人社局信访科副科长
褚　冰　市人防办计划财务科科长
刘艳丽　市畜牧局办公室主任
赵金科　市司法局法制宣传科科长
苑玉萍　市计生委政法科科长
张志金　市安监局安委会办公室协调科科长
赵　丽　市妇联儿权部部长
杜金山　市发改委投资科科长

五、先进科室（ 34个）

葫芦岛市人大常委会办公室秘书科
政协葫芦岛市港澳台侨外事委员会办公室
中共葫芦岛市委政策研究室秘书科
葫芦岛日报社新闻采访部
葫芦岛市科学技术协会普及部
葫芦岛市文学艺术界联合会书画院
葫芦岛市残疾人联合会康复中心
葫芦岛市人民政府国有资产监督管理委员会企业领导人员管理科

葫芦岛市仲裁委员会仲裁审理科
葫芦岛市司法局办公室
葫芦岛市体育局办公室
葫芦岛市科学技术局办公室
葫芦岛市林业局森林公安局
葫芦岛市水利局政治部
葫芦岛市服务业委员会办公室
胡芦岛市物价局综合法规科
葫芦岛市旅游局宣传促销科
葫芦岛市地震局办公室
葫芦岛市档案局业务指导科
葫芦岛市气象局业务科技科
葫芦岛市质量技术监督局特种设备安全监察科
葫芦岛市外事办公室国际交流科
葫芦岛市接待办公室接待一科
葫芦岛市行政审批管理办公室受理考核科
葫芦岛市供销合作社联合社理事会办公室
葫芦岛市烟草专卖局物流中心
葫芦岛银行事后监督中心
葫芦岛市物资集团总公司政治部
葫芦岛市城乡规划局办公室
葫芦岛市畜牧兽医局动物疫病预防控制中心
辽宁省葫芦岛农业科技示范区管理委员会综合计划科
葫芦岛市港口与口岸局航运管理科
中华人民共和国葫芦岛出入境检验检疫局综合科
辽宁省水文水资源勘测局葫芦岛分局水情科

六、先进工作者（98名）

崔　涛　市委办秘书科副科长
李东升　市政府办行政科科长
陈　鹏　市人大常委会办公室行政科科长
胡艾君　市人大财经委办公室主任
聂　静　市人大民侨外委办公室主任
徐　舰　市政协办公室秘书科科员
张福全　市政协办公室秘书科副科长
张恺新　市政协学习文史委办公室副主任
梁志远　市纪检委监察局宣教室主任
钟学杰　市委组织部副县级组织员
郝　宽　市委宣传部宣传科科长
肖经伟　市委宣传部办公室主任
郑飚雷　市委政法委办公室副主任科员
贾海伟　市委统战部办公室主任
齐艳明　市直机关工委副主任科员
任久安　市编委办事业编制科主任科员
查莉佳　市委政研室咨询办主任
王　庆　市委党校行政科科长
冯　刚　团市委青联秘书处副秘书长
任春森　市总工会办公室副主任
董铁锋　葫芦岛日报社办公室主任
关　群　葫芦岛日报社发行部主任
魏风光　市侨联办公室主任
董秀敏　市文联组联部主任
霍　星　市科协办公室主任
张艳梅　市工商联办公室主任
刘久恒　市残联机关党支部副书记
胡忠新　市住建委办公室主任
马志学　市住建委村镇建设科科长
吕子才　市住建委房管科科长
王建成　市发改委基础产业科科长
张　婷　市经信委副主任科员
郑新鹏　市经信委盐务局盐政稽查科副科长
刘宝利　市国资委政治部主任
刘　伟　市农委办公室主任
黄　华　市民委民族经济科主任科员
赵　权　葫芦岛仲裁委仲裁审理科副科长
袁晓芳　市法院立案一庭庭长
宛桂祥　市法院办公室主任
万　伟　市检察院公诉处处长
于成权　市检察院食堂管理员
毕笑倩　市公安局社区警务支队副支队长
张向东　市公安局政治部秘书科科长
龚　克　市财政局办公室主任
殷鹏翼　市财政局非税局综合科科长
邢　丹　市民政局城市低保科科长
王君会　市民政局救捐管理服务中心主任
王　杰　市交通局副调研员
王曙辉　市教育局政治部主任
刘力星　市卫生局规划科科长
荣丰满　市体育局办公室主任
方　红　市文广局政治部主任
李晓辉　市外经局外企科科长
张雪飞　市海洋与渔业局办公室副主任
芦楚宁　市科技局高新技术发展与产业化科科长

张志军　市国土局办公室主任
李忠国　市林业局林政科科长
杨丽军　市水利局办公室主任
杨　虹　市统计局办公室科员
王新忠　市审计局财金科科长
李晋辉　市环保局核与辐射管理科副科长
宋　发　市环保局人事科科长
徐　舫　市服务业委员会政治部科员
景世宏　市物价局收费管理科科长
张润生　市旅游局办公室主任
王爱民　市地震局监测预报科科长
杨国彬　市档案局办公室主任
毕泽臣　市国税局直属分局副局长
王　卫　市国税局人事科科长
岳书平　市地税局财产与行为税科科长
刘　毅　市地税局税源管理科科长
江丽秋　市食药监局人事科科长
何宝财　市气象局业务科技科副科长
郑　升　市工商局市场规范管理分局局长
刘世强　市工商局人事科科长
朱月辉　市质技监局食品科科长
陈　俭　市法制办公室副主任科员
龙茂林　市外事办公室秘书科科长
杨　博　市信访局督查科科长
朱　平　市接待办公室接待一科科长
魏　莱　市审批办公室综合科科长
王月娟　市经合办公室招商促进科科长
张　莹　市供销社政治部副主任
刘　杰　市烟草局审计科科长
杨东生　葫芦岛银行科技部经理
王宏宇　葫芦岛银行会计结算部科员
张文生　市物资集团办公室主任
王　宇　葫芦岛出入境检验检疫局检验监管科科长
龚继满　葫芦岛农业科技示范区管委会综合计划科科长
由明远　市规划局综合科科员
那　阳　市安监执法监察支队副支队长
康庆国　市安监局办公室主任
金华永　市城投公司财务审计科科长
马秀梅　市水文局人事科科长
杨润伟　市港口与口岸局规划建设科科长
王　浩　市台办经济交流科主任科员
毕　楠　市金融办银行保险科副科长
李文英　市外事办对外友好协会秘书科科长

（齐艳明）

信访工作

【概况】　2011年，全市信访工作紧紧围绕领导干部接访、集中化解积案和大力推进体制机制创新三项重点，扎扎实实地开展了各项工作，解决了大量信访突出问题，维护了群众的合法权益，为全市经济发展做出了积极的贡献。

【指标落实情况】　2011年，全市信访总量共计1 856件次，同比增加2%。其中，京访量增加36.4%，省访量与去年持平，市访量下降28.4%。受理有效市民投诉9 326件，办复8 863件（办复率95%）。群众信访反映的热点问题主要有：工资社保问题、土地征用问题、企业改制遗留问题、城市交通管理问题和涉法涉诉问题等。

【信访案件办理】　省联席会议第一批交办本市信访积案381件，经过核实、并案，确定纯案168件。第二批交办本市信访积案69件（总计237件）（已全部实行领导包案）。其中，市本级61件，已经结案36件，化解16件，终结34件。

【提高了工作效率】　按照省联席会议的要求，结合本市的实际情况，市联席会议决定，2011年，在全市范围内继续深化“信访工作效率年”活动，并以学习沈阳经验，完善本市现行工作体制为抓手，重点实施了信访大厅建设、信访积案化解和实施领导包案等项工作，取得了重大突破，涌现出了龙港、绥中等先进典型，解决了一批信访疑难问题。全年共截排查出可能去省进京集体访641件，实际发生97件。全市上下始终坚持经常性排查与集中性化解相结合，努力做到了掌握信访隐患苗头、早发现问题和早解决问题，实现了源头预防、化解，完善了劝返、控防机制。特别是全国“两会”、省党代会、市党代会和庆祝建党90周年纪念活动期间，各地各部门进一步加大了矛盾纠纷排查化解工作力度，明确了领导包案，实施了责任化解，确保实现了未发生有影响的极端事件和群体性事件的目标。

【解决了一批信访突出问题】 按照积案化解工作的要求，从解决问题入手，集中解决了一批“难点”问题。特别是对237个交办案件，全部实施了领导包案，成功化解了因取缔机动三轮车和规范乡镇出租车运行所引发的群体性上访事件。特别是对驰某案件的处理，对稳定信访形势起到了重要的作用。市联席会议和信访局共召开各类协调会100余次，集中解决一批信访问题。矛盾调处中心以《重要情况专报》形式反映和协调解决了9项突出问题，充分发挥了信访部门的职能作用。

【完善了工作机制】 结合信访大厅建设，逐步完善了市、县两级矛盾调处中心建设，特别是接待、交办、调处、督办“一条龙”的联合接访工作机制得到了进一步的充实和完善；2011年，本市出台了《关于信访稳定风险评估制度实施办法（试行）》，省信访稳定工作会议召开以后，我们又组织专人分赴辽阳和锦州进行参观学习，年初，又下发了《关于实施信访稳定风险评估工作有关事宜的通知》，成立了工作机构，制定了实施步骤，明确了具体分工。年初，省委、省政府下发了《关于用群众工作统揽信访工作的意见》，并分步开展建立群众工作机构试点工作，按照省里的要求，并通过借鉴沈阳和盘锦等地的经验，结合本市的实际情况，着手制定了中共葫芦岛市委群众权益保障部（葫芦岛市信访局）主要职责内设机构和人员编制方案（征求意见稿）（讨论稿），待市委批准后，全市将统筹实施。在全省信访系统评优活动中，本市有2人被评为首席接访员、1人被评为标兵督查员、1人被评为优秀办信员，还有1人被评为全国信访系统优秀督查员。

（郝胜利）

接待工作

【概况】 2011年，市接待办圆满完成了各项工作，被省委、省政府授予辽宁省公务接待工作优秀单位，并在全省公务接待工作会议上做了经验交流介绍。

【圆满完成接待任务】 重大政务接待有：全国政协副主席张榕明、郑万通，全国人大常委会原副委员长周光召，住建部部长姜伟新，国家文物局局长单霁翔，省委书记、省长等；重大商务接待有：中国太平洋集团、北京合展集团、北京衣领集团、大连港集团、香港富泰华集团等；专项接待有：省委巡视组、国家审计署地方债务检查组、西藏人大财经干部培训班等；指导县（市）区接待有：省委书记、省长到建昌、绥中调研和辽宁沿海经济带重点园区拉练座谈会等；重大活动有：渤海环境保护省部际联席会议、市第四次党代会、首届中国（葫芦岛·兴城）国际泳装文化节、首届中国（葫芦岛·打渔山）泵阀产品博览会、6家群团和党派换届会议、2012葫芦岛新年（沈阳）新春（北京）团拜会等。

【创新接待工作思路】 一是认真落实公务接待工作流程和预案，进一步细化分工，使责任更明确、管理更规范。二是强化“一人总负责，全员齐参与”制度。日常接待工作由专业科室具体负责，大型接待形成了“一人总负责、全员齐参与”的工作机制，做到了人人都能负总责，人人都是接待员，同心协力做好公务接待工作。三是根据公务接待工作六要素细化了接待环节。接待工作流程贯穿到每个要素，每一步骤都事前充分准备，事中力求完美，事后总结提高；注重接待细节，倡导亲情化、个性化服务；设计制作了体现本市特点的系列接待用品，提升了接待工作的文化品位，丰富了接待工作内涵。四是加强定点酒店管理。与各定点酒店形成了协调沟通机制，每季度召开交流会，反馈各方面的意见建议，帮助他们提高服务质量和水平。五是加大指导基层工作力度。建昌县成立了接待办公室，公务接待工作有了质的飞跃，为县域经济发展作出了贡献。为切实提高基层公务接待水平，遇到重大接待任务时，深入一线实地指导，形成了全市接待工作一盘棋的良好局面。

【领导班子建设】 坚持中心组学习制度，共集中学习10次，理论水平大幅度提高，1篇调研文章被评为一等奖。班子成员自学达100小时以上，人人努力成为杂学家。主要领导带头讲授廉政党课和业务培训课。按照会议制度坚持定期召开党组会、主任办公会，做到会前有部署，会后有落实。严格执行民主集中制，召开2次专题民主生活会，班子成员之间经常沟通情况，重大事项经集体讨论通过。领导班子廉洁自律，严格要求家属和身边人，关心群众生活，吃苦在前，无私奉献，工作在接待一线，为干部群众树立了榜样，起到了模范带头作用。

【接待队伍建设】 将2011年定为“职业化团队建设年”，着重抓了以下工作：一是机关干部队伍建设。通过细化分工，使人人有事做，事事有人做，极大地调动了全办人员工作积极性，出色地完成了各项工作。二是密切相关单位协作。加强与公务接待领导小组成员单位之间的协作与配合，进一步整合接待资源，优化了公务接待环境。三是提高基层接待人员素质。充分发挥行业指导职能，将上级文件及有关要求及时下发、传达到各县（市）区、定点酒店等基层单位。重大接待任务，深入基层实地进行现场指导，手把手传授业务知识，提高了接待队伍的整体素质。四是加强全面建设。充分发挥党、工会等组织的作用，以开展创先争优、纪律作风整治、健康平安机关建设等多项活动为平台，坚持“规范、节俭、务实、创新”工作理念，并贯穿于各项业务工作中，实现了接待能力和服务质量的整体提升。通过家属团拜，外出考察，庆祝“七一”、“八一”等活动凝聚人心，提供动力。

（徐　绯）

机构编制工作

【概况】 2011年，在市委、市政府和市编委的正确领导下，市编委办紧紧围绕市委、市政府的中心工作，服务科学发展，推进深化改革，创新机构编制管理，求真务实，开拓创新，各项工作均取得了积极成效，为全市的经济社会发展提供了体制机制保障。

【行政管理体制改革不断深化】 市县政府机构改革成果进一步巩固。对森林资源保护机构、国动委部分办事机构等进行了调整，优化了政府结构；对节水、河道采沙、集装箱等管理职责分工进行了明确，理顺了部门职责；成立了市公安局食品药品犯罪侦查支队，确定了各部门对“瘦肉精”监管职责的分工，着力打造新型食品安全监管体系。

乡镇机构改革得到深化。优化了乡镇机构设置，加强了乡镇人员编制管理，转变了乡镇政府职能。重点扶持了连山区钢屯镇农民服务中心建设，构建起农村便民服务的新模式。

事业单位机构编制清理规范工作稳步推进。按照省编办的要求，召开专题会议，转发文件，安排部署了本市事业单位机构编制清规范工作。对市科协等部门事业单位进行了清理规范，理清了未进行清理规范的110个事业单位基本情况。

积极配合做好行业体制改革。按照省医疗卫生体制综合改革要求，在充分调研的基础上，核定了全市77个基层医疗卫生单位编制。按照教育体制改革要求，对全市中小学教师编制进行了测算。按照文化体制改革要求，组建城区一体的文化市场综合执法机构。按照食品监管体制改革要求，整合了市区食品安全监管机构。

【体制机制不断创新】 加快创新沿海经济带管理体制机制。落实《关于完善葫芦岛沿海经济带管理体制的若干意见》，组建了前所现代生态农业园区管理委员会和觉华岛经济区国土分局；行文批复了高新区、建昌食品园、南票煤炭园机构编制等事宜；主持起草了《关于觉华岛旅游度假区机构编制有关问题的意见》，参与起草了《葫芦岛市关于进一步促进沿海经济带重点园区加快发展的意见》。积极参与行政区划调整工作，顺利完成了高桥镇人员编制划转交接工作。

【进一步规范机构编制管理】 机构编制管理不断改进。积极做好实名制管理工作，逐步建立起了部门联动、网络联接、联席会议、联合督查的“四联”工作机制，受到省编办充分肯定。完成了市直事业单位近万人的信息录入和核对工作。以行政推动方式强化了事业单位登记管理工作，建立登记管理联络员制度和网上登记等工作经验在全省予以介绍推广。机构编制监督检查得到加强，及时宣传推广联合多部门开展专项督查的经验做法。加强了对县（市）区工作的检查督导，确保上级各项政策落实到位，各项工作目标有效完成。

（陈　静）

人力资源和社会保障

【概况】 2011年，全市人力资源和社会保障工作坚持以科学发展观为统领，以“民生为本、人才优先”为工作主线，以服务全市经济建设大局为中心，精心部署，扎实工作，各项年度指标任务全部圆满完成，实现了“十二五”的良好开局。

【实施更加积极的就业政策】 认真贯彻落实国家和省促进就业的积极政策，不断创新工作思路，拓展公共就业服务能力，坚持城乡统筹，不断扩大就业规模。全年实现新增城镇实名制就业66 373人，完成省年度计划的184.4%；扶持创业带头人209人，带动就业1 914人，分别完成省年度计划的102%和111%；发放小额担保贷款1 214万元，完成省年度计划的101%；实现实名制劳务输出55 838人，完成年度计划的139.6%；城镇登记失业率控制在3.55%。

【多举措开展职业技能培训】 建立和完善按需培训、招培分离制度，实施普惠制培训基地视频监控动态化管理，探索校企合作培养技术人才新机制，采取远程培训、特色培训、送技能下乡等多种培训模式，不断扩大培训范围。全年开展普惠制培训21 509人，完成省年度计划的119%；并为516名原锦化集团改制员工开展技能提升培训，有效解决其转岗问题；同时在全省率先开展了“送技能进警营”活动，帮助714名即将退役的军人掌握一技之长，为其顺利实现就业创业奠定坚实基础。

【大力开展就业援助工作】 大力促进高校毕业生、农民工、就业困难人员等群体就业工作，共援助353户零就业家庭和1 589名就业困难人员实现了就业，保持零就业家庭动态管理为零。深入开展高校毕业生“千企万岗”就业见习政策培训，在全市范围内采取公开招考方式，分两批开发大学生公共就业服务岗位199个；认真探索就业困难人员重新认定工作，顺利完成8.8万余本《就业失业证》换发放工作；积极向被取缔三轮车车主开展了就业援助工作，共为2 243人发放就业援助资金2 018.7万元，公益性岗位安置724人。

【扎实推进人力资源市场建设工作】 充分发挥人力市场在人才资源配置中的基础性作用，认真组织开展就业援助月活动、“春风行动”大型专场招聘会、“走进辽宁工程技术大学”现场招聘会和“民营企业招聘周”等专项公共就业服务活动，举办各类招聘会90场次，共有7 970家企业为6.2万求职者提供就业岗位9.8万个，与企业初步达成就业意向1.3万余人次。

【强化基层劳动保障平台建设】 将择优录用的199名大中专毕业生充实到基层劳动保障平台，整体提升了工作人员素质；不断加强平台硬件建设，为基层平台配备电脑、电脑桌等办公设备共计369台套；制定实施了《葫芦岛市公共就业服务岗位工作人员管理办法》和《葫芦岛市劳动保障平台各项规章管理制度》，在提高平台基础建设与管理规范化水平的同时，进一步完善了就业服务向下延伸的工作机制。

【不断健全社会保障体系】 按照国家及省统一部署，自2011年7月1日开始，新农保试点扩大到全市范围内的所有县（市）区，同时城镇居民养老保险也一并推开，至此，本市继医疗保险实现全覆盖之后，养老保险也实现了全覆盖。截至年底，全市企业养老保险参保409 994人，其中在职参保达289 509人，完成省年度计划的100.8%；失业保险参保233 313人，完成省年度计划的101%；医疗保险参保达709 829人（其中城镇职工参保447 583人，城镇居民参保262 246

人），完成省年度计划的 101.8%；工伤保险参保 265 959 人，完成省年度计划的 100.3%；生育保险参保 204 430 人，完成省年度计划的 100.4%。全市新农保总参保 787 020 人，其中领取待遇人数 191 280 人，参保缴费 595 740 人。

【强力推进企业养老保险扩面征缴专项行动】 在市政府高度重视下，全市人社部门克服资源少、任务重、困难企业多等困难，通过制订实施方案、开展摸底调查、明确目标责任、建立部门联动机制、开展广泛宣传、加大监察稽核等有效手段，在全市强力开展企业基本养老保险扩面征缴专项行动，截至年底，统筹基金征缴完成 104 942 万元，完成省考核指标 100%，圆满完成了扩面任务。

【不断加大困难人员医疗保险参保工作力度】 在全面做好社会保险日常管理基础上，继续将政策向困难群体进行重点倾斜，完成全市 13 566 名困难集体企业职工参加医疗保险工作，至此全市所有困难企业职工无医疗保险问题全面得到解决；继续创新社保补贴办法，实现低保户残疾人等困难群体参加城镇居民医疗保险由“先缴后补”变为“即缴即补”，有效缓解了其参保缴费困难问题；又历经 3 个月，将本市 6 257 名国有及集体企业的老工伤人员纳入统筹管理。

【持续提高社会保险待遇】 完成全市 114 469 名企业离退休职工调资工作，人均上调 136 元/月，目前全市基本养老金水平达到 1 293 元/月；继续提高医疗保险待遇，在增加医保报销病种基础上，职工医保和居民医保住院报销比例也分别提高 1%和 5%，达到了 85.5%和 72.5%；同时将门诊统筹首次起付标准由原来的 40 元降为 20 元，报销比例由原来的 40%提高到 50%，并对 50 种常用药品实行最高限价；生育保险也实现了持卡就医、即时结算。

【着力加强公务员队伍建设】 结合《公务员法》实施五周年，开展了《公务员法》执行情况的专项检查工作，并重点对公务员的调配、任职等工作进行了全面规范。完成 4 366 人参加的公务员招录笔试工作，开展 2011 年新录公务员初任培训和以提升素质能力为主要目的公务员基本功培训工作，并组织开展全省公务员基本功大赛活动。

【推进事业单位人事管理和收入分配制度改革】 召开全市人事管理工作会议，对事业单位人事制度改革工作进行全面部署，现全市事业单位设岗招聘工作基本完成；尤其是出台具有里程碑意义的《葫芦岛市事业单位公开招聘人员暂行办法》和《实施细则》，并于 11 月 12 日开展 2011 年全市事业单位公开招聘工作；与此同时，义务教育学校及公共卫生与基层医疗卫生事业单位绩效工资全部实施，此项工作走在了全省前列；另外，本市新医改中涉及到的 24 家政府举办基层卫生事业单位人员定岗聘任及收入分配制度改革也顺利地通过省政府达标验收。

【扎实开展考核奖励工作】 在高质量完成 2010 年省、市政府绩效考评工作的同时，按照“五大系统”建设总体要求，将绩效管理信息化系统建设作为工作重点，进行了专业研发，按照绩效指标全覆盖原则，相继建立了省政府对市政府，市政府对市直部门、对县（市）区的三级政府绩效考核体系，并初步实现全程动态管理。严格审核行政性表彰奖励，全市以市政府名义进行表彰的先进单位 156 家、记功单位 31 家、先进个人 215 人、嘉奖 16 人、二等功 8 人、三等功 88 人。

【有序开展军转干部安置工作】 今年本市共接收军队转业干部 144 人，其中计划分配 105 人，自主择业 39 人，安置任务在全省排名第五位，目前具体安置工作基本完成。同时有针对性地做好企业军转干部维稳工作和自主择业军转干部管理服务工作，继续保持全市军转干部安置总体稳定。

【积极打造良好人才发展政策环境】 按照《葫芦岛市中长期人才发展规划纲要》的总体要求，结合全市人才队伍实际，与组织部人才办共同起草《葫芦岛市人关于加快推进沿海经济带重点区域人才整体开发战略的若干政策规定》，现已报批，此政策尤其在人才引进和使用环节上较现行政策有大幅度突破，出台实施后，将给本市人才强市战略产生深远影响。

【着力推进招才引智工作】 紧紧围绕13个主题概念园区，加大海外智力引进工作，现完成引进海外研发团队项目2项，申报省级引智示范村项目1项、省级引智示范基地项目1项、重点引智项目4项。特别是秉承“不求所有，但求所用”理念，建立柔性人才智力引进工作机制，实施与清华大学共建社会实践基地项目，今年6月，首批27名清华大学博士研究生来葫，为16家单位开展发展规划、工程设计、英文技术资料翻译等27个项目研究。经过42天对接实践，完成可行性报告25份，解决技术难题55项，翻译资料10.4万字，培训人员280人次，创造经济效益约567万元。

【进一步加强专业技术人员队伍建设】 开展第六批“百千万人才工程”的选拔推荐工作，共报送省厅参选“百人”层次10人、“千人”层次9人、“万人”层次12人。全面做好专业技术人员继续教育工作，共组织培训各类专业技术人员1 200人，3 068人分获不同级别专业技术人员资格，人才代理总数达2万人，各类人事考试整体安全。

【积极开展高技能人才队伍建设】 在圆满完成职业技能鉴定质量管理体系认证工作的同时。建立校企对接机制，开展职业院校培养预备技师试点工作，培养技师806人。积极加强高技能人才培养与认证工作，有1.05万人获得职业技能资格。并成功举办全市第五届职业学（院）校在校生技能大赛。

【不断规范劳动用工秩序】 以劳动用工合同备案工作为抓手，积极营造劳动用工秩序，围绕“三个机制”，大力规范企业工资行为，及时发布工资指导价位和工资指导线，并再次提高全市最低工资标准，建立工资正常增长机制；开展“百日要约行动”、“春暖行动”等专项活动，推进劳动关系和谐企业建设。至目前，全市企业劳动合同综合签订率达到98%以上。

【充分发挥劳动监察作用】 不断加大行政执法和劳动者维权力度，开展全市打击非法用工专项行动，尤其重点强化农民工欠薪清理整顿工作。截至年末，共常规劳动监察用人单位4 375户，督缴社会保险9 942.3万元，涉及劳动者2.88万人，为2 243名劳动者追发工资待遇853.17万元，其中追回被拖欠的农民工工资767.85万元，涉及农民工1 907人；处理劳动者侵权案件427件，投诉举报案件到期结案率达到100%。

【努力构建劳动人事争议“大调解”工作格局】 进一步加大基层劳动人事争议基层调解组织建设力度，积极建立仲裁调解、工会调解、人民调解、司法调解社会大调解工作格局；并与法院协商沟通，建立起“3+1”劳动人事争议仲裁新机制，裁决案件质量有效提升。到目前，全市共立案受理劳动争议案件371件，当期结案率96.4%，其中通过调解结案率达26.4%。

【积极化解信访矛盾】 强化信访建设，规范信访工作流程，畅通信访诉求渠道，建立了大规模集体上访及群体性事件的预警稳控工作机制，着力化解了一批信访积案，全年共接待群众来信来访2 745件，解答率100%。

（张书辉）

民　政

【概况】 2011年，全市民政系统坚持以科学发展观为统领，以党的十七大和十七届五中、六中全会精神为指导，紧紧围绕党的路线方针和市委、市政府的决策部署，按计划扎实推进各项工作，着力完善和落实惠民利民举措，规范和加强社会管理，保障了人民群众的基本生活权益和民主政治权利，为建设富庶文明幸福葫芦岛作出了积极的贡献。

【城乡最低生活保障体系建设逐步完善】 全市城市低保月平均标准达到300元，农村低保年平均标准达到1 570元，增幅均超过10%。全年共下拨城乡低保资金3.57亿元（含绥中4 284万元），有力保障了17万名城乡低保对象的基本生活。建立了社会救助和保障标准与物价上涨挂钩联动机制。先后两次实施价格临时补贴和肉价补贴，城市低保对象、农村五保对象、在乡优抚对象两次合计补贴每人每月 50 元，农村低保对象每人每月 40 元；为全市低保边缘对象发放了一次性价格临时补贴，其中城市不低于 150 元、农村不低于 100 元，没有因物价上涨给城乡困难群众生活造成影响。2011 年是本市连续第 5 次实现全市城乡低保对象春节临时救助全覆盖，发放救助金 4 349 万元。全年取暖救助 10 356 户（含绥中 3 624 户），发放资金 1 049.85 万元（含绥中 113.79 万元）。

【城乡医疗救助水平进一步提升】 对城市低保对象医疗救助制度进行科学调整，医保限额内救助比例由 20%提高到 30%。提高救助标准后，城市低保对象的患病医疗支出，特别是患大病的高额医疗费用支出，平均有 75%的医疗费用得到解决。在全省率先开始实施城市贫困孕产妇救助。全市农村低保、五保对象医疗救助标准提高 10%。全市全年共救助城乡特困家庭大病医疗患者 4 409 人次（含绥中 1 046 人次），发放救助资金 880.47 万元（含绥中 233.17 万元）。

【城乡贫困大学生就学救助力度不断加大】 2011 年 10 月 23 日市政府制定下发了《葫芦岛市城乡特困生助学救助暂行办法》。城市低保家庭大专生和中专生救助标准分别提高了 500 元和 400 元。同时，从 2011 年 7 月 1 日开始对农村低保家庭新入学和在校的大学生实施全程全覆盖救助，救助标准与城市等同。全年共救助城乡低保家庭大学生 3 757 人，发放救助金 620.85 万元。

【救灾救济工作及时扎实】 全年下拨灾民生活救助资金 2 080 万元。连山区渤海街道育才社区，建昌县石佛乡汤土沟社区被评为省级综合减灾示范社区。积极开展防灾减灾日系列活动。共印制发放防灾减灾知识手册、宣传单 3.3 万张，较好地宣传了防灾减灾知识。加快减灾安居工程和救灾物资储备库建设步伐。建昌县杨树湾子乡马河沟村洞子沟组减灾安居工程，共 17 户 73 人，杨家杖子经济开发区减灾安居工程共 32 户 76 人，全部竣工入住。建昌县救灾物资储备库、兴城市救灾物资储备库建成投入使用。

【慈善事业广泛发展】 开展“送温暖、献爱心”社会捐助活动，市本级共接收捐款 257 万元。全年慈善救助 5 000 多人次，发放救助款物合计 800 多万元。首次举行全市慈善义工宣誓大会。全市已发展慈善义工队伍 32 支，慈善义工总人数达到 4 000 多人，形成了有规模、有组织的全市慈善义工体系。

【社会福利事业稳步发展】 深入开展养老服务社会化示范活动，全市居家养老达 1 583 人。积极引导、支持社会力量兴办养老机构，全年新批养老机构 2 个，新增养老床位 303 张。农村困难家庭常年病人托管中心运营及建设工作进展顺利。全市已投入运营的托管中心 2 个，接收托管病人 361 人次；新建托管中心 3 个，全部已完成主体工程建设。省厅对建昌县农村困难家庭常年病人托管中心的建设和管理模式向全省进行了推广。全市机构集中供养孤儿和社会散居孤儿月人均最低养育标准分别达到 1 000 元和 600 元以上，增幅均超过 40%。认真贯彻落实《老年法》，推动落实了老年优待政策。90～99 岁老年人每人每月 50 元高龄补贴，100 岁以上老年人的长寿补贴提高到每人每月 200 元，全部及时足额发放到位，并入当地财政预算。继续开展“关爱老年人健康行动”，积极组织开展各种老年文体活动，使全市老年人老有所为、老有所乐。

【福利彩票发行再创新高】 通过抓宣传、抓市场、抓管理，福利彩票发行量呈现较大幅度增长，全年全市共发行福利彩票 2.52 亿元。

【农村五保供养水平进一步提高】 农村五保对象分散供养标准每人每年提高 220 元，集中供养标准每人每年提高 360 元，分别达到每人每年 2 020 元和 3 160 元。全市完成了 12 所农村中心敬老院维修改造工作。

【社区建设成果丰硕】 继续深入开展村务公开工作，“四议一审两公开”制度已在本市村级组织全面推开。城乡社区建设稳步推进。社区工作者待遇进一步改善。城市社区干部每月增加补贴200 元，全市大部分社区工作者的补贴标准已达到每人每月 1 100～1 200 元。全面完成了社区信息录入工作，全市共录入居民信息 70 0913 条。开展城乡社区服务中心建设。经过积极努力，全年共投入资金 770 万元，其中省、市投入帮扶资金 220 万元，县（市）区自筹资金 550 万元。全市 80 个农村社区、30 个城市社区服务中心已全部建设完成。

【顺利完成第八届社区居委会换届选举工作】 全市 217 个社区进行了换届，社区居民的参选意识进一步得到增强，平均参选率达到 85%以上，社区居委会班子整体素质普遍提高，结构更趋于合理。开展了对新一届社区干部的全员培训工作。通过采取集中培训、分级培训、专业培训的方式，提高了社区干部建设文明和谐社区的素质和能力，确保了社区工作的连续性。

【全市双拥工作创新发展】 全市党政军民在智力拥军、科技强军上下工夫，在解难题、办实事、抓落实上下工夫，以着力解决热点、难点和重点问题为突破口的发展思路，开创了双拥工作新局面，荣获全国双拥模范城四连冠。对全市 750 名随军无工作家属发放货币化安置资金 216 万元，为 99 名随军家属安置了公益性岗位。

【优抚政策全面落实】 进一步修订完善了本市重点优抚对象医疗保障制度。在乡老复员军人、老烈属、老伤残军人的报销比例提高到 100%，其他对象提高到 95%，解决了困难企业的 1～6 级残疾军人达不到 100%报销住院医疗费的老大难问题。将生活困难的成建制入朝民兵民工和老复员军人遗属也纳入保障范围，报销比例为 90%，全部实行银行网上支付。全市各类重点优抚对象生活补助标准平均增幅 20%。完成了农村籍享受养老补助退役士兵审核认定工作，全市新增优抚对象 6 440 人，全部建立了电子档案。积极协调各相关部门，强化对塔山烈士陵园和县乡级烈士陵园的维修与建设。光荣院进行了改造建设，保障设施和服务管理都得到进一步改善。

【退役士兵安置和军休服务改革有序进行】 全面完成了 2010 冬季退役士兵档案接收审查及登记报到工作。对 160 名 2008 年和 2009 年退役士兵进行了安置。深层次开展退役士兵技能培训，引导退役士兵转变就业观念。筹集退役士兵一次性经济补助费 418 万元。第四批军休干部住房改革开始启动。完成了全市军队离退休干部基本情况数据录入。对军队伤病残军人及退休干部进行了接收安置。积极组织军休干部开展广泛的文体活动。

【民间组织发展健康有序】 深入开展创先争优活动，促进社会组织加强党的建设。全市社会组织新增党员 126 人，新成立党组织 23 个。大力培育社区社会组织，对全市 180 余个社区社会组织进行了备案。

【区划地名工作平稳开展】 全市第二次地名普查试点工作全面启动。核实、更新基础数据，地名数据库建设逐步完善。进一步加大地名管理工作力度。行政区划调整取得重大突破，高桥镇平稳划归南票区，其他 5 个乡镇的划转工作有序进行。

【救助管理积极主动】 继续探索新的救助管理模式，开展了救助管理进社区、街头主动救助等活动。同时，广泛宣传救助管理工作，使社会救助管理政策更加深入人心。2011 年全市救助流浪乞讨人员共计 2 433 人。认真协调省内与跨省救助，救助体系运作良好。

【殡葬改革不断深化】 举办葫芦岛市首次骨灰撒海活动。清明节期间，全市祭祀人数达 81 023 人次，车辆 20 365 台次，无一起事故发生，确保了清明节期间群众集中祭祀平安有序。城乡低保户殡葬救助制度落实到位，全年共有 2 103 户低保家庭享受减免政策，免除资金 196.6 万元。

【福利企业管理依法强化】 依据《民政部关于印发〈福利企业资格认定办法〉的通知》文件精神，完成了 2011 年度福利企业资格年度认定。强化福利企业管理，切实保障残疾职工权益。

【96100 民政便民服务系统反响良好】 全市96100 民政便民服务系统积极发挥着“倾听困难群众心声，送达党和政府温暖”的作用。2011 年，坐席员共接听受理咨询 350 余次，真正做到了服务百姓，方便群众。

（吕　健）

民族 宗教

【概况】 市民委内设部门：办公室、文教政法科、民族经济科、宗教科共四个科室。人员编制：行政编制 16 个，工勤编制 2 个。

2011 年，市民族宗教局坚持以科学发展观为统领，以民族团结、宗教和谐为主题，发展少数民族经济和社会各项事业，依法加强对宗教事务的管理，积极引导宗教与社会主义社会相适应，妥善处理和解决民族、宗教方面各种矛盾和纠纷，及时处理各种热点和难点问题，确保社会稳定。

【促进少数民族地区经济发展】 2011 年，民族地区经济发展出台新举措，在对全市民族乡村经济社会发展情况调研的基础上，完成了全市民族乡工作“十二五”发展规划和全市少数民族特色村寨保护和发展“十二五”规划。民族地区资金投入再上新台阶。2011 年争取民族三项资金总额突破历史新高，较 2010 年增加 23%。共完成项目 28 个，参加项目农户 1 500 余户，项目覆盖人口在 5 万人以上。在资金使用上向贫困民族地区倾斜，仅在“百局、百企帮百村”活动中就争取资金 20 万元帮助兴城市围屏满族乡围屏村搞两茬作物生产项目，仅此一项就使该村年人均增收 500 元以上，实现当年脱贫。引进抚顺市四维石化有限公司到绥中县满族聚居乡镇投资建设年产 20 万盏高效、节能 LED 灯具及芯片封装配套项目。该项目总投资额为 9 758 万元人民币。该项目已开工建设。

【维护少数民族合法权益】 2011 年，民族地区特色新村展示新风采。启动实施“全市少数民族特色新村建设”工程，选定龙港区南荒地村为少数民族特色村建设试点村。按照“生产发展、生活宽裕、乡风文明、村容整洁、特色鲜明、民主管理”的总体要求，帮助该村完成特色村“十二五”发展规划，帮助协调，争取项目资金 50 万元用于路桥改造、亮化工程及民族文化活动中心主体工程。

【促进民族文教事业健康发展】 2011 年，主题活动的启动进一步收到实效。2011 年被市委、市政府确定为以“和谐家园”为主题的民族团结进步年。围绕这一中心，结合省民委搞好宣传月活动的要求，本市及时研究制定了民族团结进步年和宣传月活动方案。宣传载体的影响进一步得到扩大。民族团结进步年暨宣传月启动仪式结束后，委托市移动公司在手机上发送有关民族团结进步的信息。在报纸、广播、电视等新闻媒体连续刊登播发各类宣传稿件。在主要街道、繁华地区、大型建筑物悬挂宣传条幅标语。在社区、学校通过设立宣传栏、办宣传板报、张贴宣传画等方式，广泛开展宣传教育。通过摆设展板进行巡回展览，到大街小巷和民族乡发放宣传资料和出动宣传车等形式，广泛宣传党的民族政策和有关法律法规。教育基地的作用进一步得到发挥。民族团结教育基地坐落在葫芦山庄旅游景区，已被国家民委命名为国家民族团结教育基地。在教育基地举办民俗节，宣传民族团结进步。文体活动的展演进一步取得佳绩。本市独轮车队代表辽宁省参加第九届全国少数民族传统体育运动会表演类项目的比赛，取得铜牌的成绩，展示本市少数民族风采；组织建昌县蒙古族中小学学生参加省蒙古族少儿艺术节，共参加书法、绘画、语言、声乐、器乐、蒙古象棋等多场项比赛，都取得了良好的成绩；组织本市少数民族艺术家参加在北镇市举办的“和谐美、民族风、闾山情”辽宁省满族剪纸作品展，本市选送了 8 幅作品，其中有《满族姑娘》等 3 幅作品获奖。市民委获优秀组织奖。

【依法加强对宗教事务的管理】 2011 年，夯实宗教基础工作。对各宗教团体进行了年度考核。完成了宗教教职人员认定备案工作。举办了甲类场所财务人员专业培训班，规范了财务管理。治理基督教私设聚会点。开展治理基督教私设聚会点专项工作，同时加强对家庭学习小组的管控工作，防范其扩张、演变为私设聚会点。规范宗教场所的设立审批。认真贯彻省委统战部、省宗教局下发的《关于进一步制止乱建寺庙和宗教造像的通知》精神，结合本市的实际情况，开展了专项治理工作。制发了《关于对拟批准筹建场所加强监管的通知》。进一步规范和完善宗教活动场所设立审批及宗教活动场所改扩建审批程序。

【加强宗教团体建设】 2011 年，本市积极引导宗教界与社会主义社会相适应，宗教界“双文明”活动取得丰硕成果。开展宗教界教育活动。以庆祝建党 90 周年为契机，组织开展了以“同心同行”为主题的“全市宗教界开展征文系列活动”。活动共收到来自不同宗教活动场所的征文作品 81 份。场所参与率达到 76%。活动不仅得到宗教界的欢迎，也受到各新闻媒体以及社会各界的积极关注。不仅是我省宗教工作的首创之举，也是宗教界为中国共产党成立 90 周年献上的一份特别礼物。开展平安场所创建活动。通过评比表彰、经验交流等多种形式不断推动宗教界加强自身建设和宗教管理工作。为此，市综治办、公安局、宗教局联合召开了“全市平安宗教活动场所创建活动总结表彰大会”。会议授予高桥基督教堂等 20 个场所为市级“平安宗教活动场所”。会议中还对市公安局民族宗教大队等 13 家单位、常怀中等 24 名个人进行了表彰。开展党报入宗教场所活动。从 2011 年 7 月 1 日起，为全市依法登记的所有宗教活动场所免费征订《葫芦岛日报》。这一创新举措，对于及时传递党和政府声音，拉近宗教界人士、信教群众与党和政府距离，引领本市宗教界紧跟时代步伐，与党同心同行，共同促进社会和谐等都将产生积极而深远的影响。这项工作被市直机关评为 2011 年最佳实事。

（彭华昌）

外事（侨务）工作

【概况】 2011 年，坚持外事侨务工作服务全市经济和社会发展大局，按照“加强管理、履行职能、发挥优势、搞好服务、打造平台”的工作思路，较好地完成了市委、市政府交给的各项工作任务。

【切实加强涉外管理工作】 始终坚持在服务中深化管理，在管理中优化服务，切实做好管理与服务的有机结合。截至年底，全年累计审核审批因公出国（境）团组 44 个，143 人次。在严格把好外事政策和外事纪律关的同时，坚持急事急办、特事特办，在提高效率的同时注重提高服务质量。特别是在招商经贸团组审批过程中，面对时间紧、政策严、困难多等种种复杂情况，主动沟通、积极协调，争取各方面的理解与支持，确保了招商经贸团组顺利出行。为按时全面启动电子护照办理系统，投资 5 000 多元配备了专用电脑和相关设备，确保了电子护照试点的正常运行。

【圆满完成各项接待任务】 累计接待来自美国、加拿大、奥地利、泰国、日本、韩国等地的外国友人 18 批 136 人次。在首届中国（葫芦岛 · 兴城）国际泳装文化节期间，经过充分的准备，高标准地完成了外宾的邀请、翻译、接待和其他外事管理工作，确保了泳装文化节的顺利进行。工作中，注重在接待工作中积累客商的资料，寻求和捕捉经贸、科技、文化、教育、卫生等领域的合作与交流信息，做好相关信息的整理和传递，促成了多项交流意向和成果。

【促进友好交往和经济社会发展】 友城建设有新突破。本市已与 4 个国家的 4 个城市建立了友好城市关系。为了早日实现与拉脱维亚叶尔加瓦市结好，多次与中国驻拉脱维亚使馆、外交部、国家友协、省友协等部门进行联络沟通，最终于 10 月 10 日得到了国家友协的正式批复，为本市与欧洲地区的交往打开了新的通道。发挥外侨资源优势，为招商引资牵线搭桥。为进一步推进制糖项目的落实，2011 年，泰国旺可奈集团阿里总裁又先后 4 次来本市，与北港就公司注册、资金注入等细节问题进行了深入洽谈与磋商。9 月份，市政府派出了以代市长都本伟为团长的经贸代表团赴日本、韩国进行招商引资活动，并顺访了友好城市韩国仁川市富平区，取得了圆满成功。大力开展对外宣传活动，切实做好对外推介工作。5月5日，本市友好经贸访问团对拉脱维亚共和国进行了为期6天的友好访问和经贸洽谈活动，期间，高桥陈醋有限公司与叶尔加瓦市贸易总额达100万人民币；5月8日，外事办王静凯主任陪同市委孙兆林书记参加了由省政府组织的经贸招商活动；9月12日，代市长都本伟率领市政府经贸代表团赴日本、韩国进行招商引资。通过这些活动的开展，充分展示了葫芦岛的良好新形象，为推动本市经济社会快速发展、科学发展、又好又快发展营造了良好的外部舆论环境。

【积极做好侨务工作】 贯彻落实《保护法》和《实施办法》。全年共接待处理来信来访73人次、20件，已结案18件，结案率90 %以上。为1名归侨子女办理了中考加分录取手续。协助做好了连山区侨法宣传角成立筹备工作。认真做好本市在日侨胞遭受震灾情况调查工作。日本震灾发生后，紧急启动应急机制，对本市在日侨胞受灾情况进行调查，仅用一周时间即查清了23名在日本震区和涉震区人员的情况，确认无人员伤亡。协助一名日本侨胞与其在日亲属取得了联系。认真做好外派教师储备人选的筛选工作。会同市教育局开展了外派教师储备人选筛选工作，经考核面试，初步确定了11名中小学和幼儿优秀教师。做好扶贫工作。全年向海外和新华侨重点人物发送贺卡60余份。会同市民政局对81户、155人困难归侨侨眷进行了走访慰问。做好捐赠工作，协助抓好了美国欣欣基金会在连山区台集屯镇捐助的欣欣纪念小学的设置和管理工作。

【加强机关建设】 以“创先争优”活动为载体，抓好党建工作。年初，对机关党支部进行了改选。6月17日，组织全办党员进行了一次“唱红歌、颂红诗”活动。6月28日，组织大家观看了《红色足迹》和《时代先锋》，并组织参加了知识网络竞赛活动。抓班子、带队伍，树立外侨机关新形象。牢固树立“团结奋进、务实高效、清正廉洁”的领导班子建设目标，班子成员率先垂范，按照学习型、创新型、务实型、高效型机关建设要求，狠抓机关建设，外侨机关面貌焕然一新。认真开展“机关纪律作风专项整治”活动。按照要求开展了专项整治机关纪律作风活动。组织机关干部认真学习了市委主要领导在严肃换届纪律保证换届风清气正会议上的讲话，对外体干部重点培养今日事今日毕，雷厉风行的工作作风，有效地提高了外事部门工作效率。通过活动的开展，全体党员干部强化了服务经济社会发展的大局意识，开阔了视野、统一了思想、转变了观念、振奋了精神、提高了工作效率。扎实推进全办党风廉政建设健康发展。认真落实党风廉政建设责任制，实行“一岗双责”，将任务分解到科室，责任明确到人，建立和规范党员干部廉政档案，及时掌握勤政廉政动态，建立考勤考核机制，增强了干部职工的组织纪律意识。

（龙茂林）

对台工作

【概况】 2011年，对台工作围绕沿海开发开放发展战略，以招商引资为总抓手，夯实基础、突出重点、创新领域，积极推动了对台工作的进一步发展。新增台资企业5户，邀请接待来葫考察台商5个团组31人次，办理因公赴台5个团组85人次。

【对台招商工作】 一是参加了省政府组织的“关东风情宝岛行”活动。葫芦岛市参访团在台期间对接推进项目16个，投资总额3.65亿美元，合同台资3.15亿美元。二是参加“2011辽宁（沈阳）台湾名品博览会”。组织上报了签约台资项目，积极配合外经贸系统做好博览会期间的项目对接洽谈工作。会议期间，促成副市长李双金会见、参访台商和沈阳台资企业。三是跟踪落实“关东风情宝岛行”活动省长推进的台资项目。落实了在高新区兴建“台商大厦”的具体事宜。为推进聚氨酯项目，市台办与高新区领导一起专程赴广东、深圳协商洽谈促成佳丽化工贸易公司落户高新区。四是组织、协调参加“第十届辽宁台湾周”和招商洽谈会。实施了《葫芦岛市参加第十届“台湾周”工作方案》，促成台湾东森现代农业产业园项目。五是重点帮助台资企业“大润发”葫芦岛店开业前需解决的问题，促成其如期开业。

【对台交流工作】 一是组织、协调、参与2011年2月以孙兆林市长为团长的47人经贸交流考察团赴台，并取得圆满成功。二是组织服务业代表团赴台交流考察。2011年4月7～14日，考察团在台期间参访了7家协会（公司）。三是组织以市人大常委会副主任赵树田为团长的10人教育考察团于2011年6月在台交流。四是组成以市委常委、常务副市长裴伟东为团长的赴台推进项目团，随省委常委、常务副省长许卫国于2011年10月15～22日在台湾考察。参访团在台期间会见了涂义泽、余宗泽、王荣周、马宝玉、周胜煌、吴麒麟等台湾知名人士，就建昌食品厂、大成集团二期饲料工程和电宰厂、东森现代农业产业园区等项目进行了商谈。五是邀请接待了台湾财团法人海峡两岸合作发展基金会董事长张世良、敬稳国际实业有限公司总经理萧舜章一行来本市交流考察南票区再生资源开发项目。六是安排接待来本市考察的台湾造船工业同业公会、台湾冷冻食品工业同业公会考察团一行13人来葫考察。七是邀请接待了沈阳市台资企业协会一行8人来葫考察。八是安排接待了台湾佳丽化学工业有限公司董事长涂金山一行就聚氨酯台湾园项目进行进一步磋商。

【对台宣传工作】 一是在台湾主流媒体《联合报》、《联合晚报》和《经济日报》连续报道了沿海开发开放发展战略和十三个主题概念园区的发展。进一步扩大了本市在岛内的影响，岛内民众对本市的发展有了更深的了解，从而为对台招商引资打下良好基础。二是赴台考察团组都带去了葫芦岛精美旅游画册、招商画册和有葫芦岛特色的精美礼品等赠送给台商，进一步加深台商对本市的了解。三是利用赴台行前指导会的方式，对赴台人员进行涉台教育。四是组织了“在对台工作岗位上”主题征文活动。五是做好投稿和市台办网站维护工作。截至11月份，在“辽宁神韵”、“华夏经纬”和“辽宁台讯”投稿30余篇。对市台办网站进行了全面改版。六是编辑《葫芦岛对台工作》刊物5期。七是加强了对台调研工作。完成了对台资企业现状的调研和省台办、省台联下达的各项调研工作。

【台联工作】 一是召开了市台联理事会。二是走访慰问台胞台属。在重要节日走访慰问重点台胞、台属和困难台胞、台属。三是接待了天津市台联叶惠丽副会长来参访，进一步增强两市两会之间的交流。四是发挥台联界委员参政议政作用，积极建言献策，提交了《关于建立我市老年人医疗服务窗口的建议》、《加速我市公立医院改革，改善医疗市场状况》等提案。五是热情接待台胞台属的来信来访。全年接待台胞台属来访9件次，做到了件件有着落，事事有回音。

（王鲁东）

领导成员名单

【葫芦岛市人民政府领导成员名单】

市　长　孙兆林（3月离任）
代市长　都本伟（3月任职）
副市长　裴伟东　刘宁绥　敖凤玲　石文光
　　　　潘春吉　胡克梅（9月离任）
　　　　张海平　李双金
市长助理　黄晓霞（女）
秘书长　陈利世
副秘书长　乔德波　年冠金　郑守义
　　　　　兰钰枝　刘成利　张守华
　　　　　李　勇　孙永兴　那　军
　　　　　陈世杰　张庆增

【葫芦岛市人民政府工作部门领导成员名单】

市政府办公室
主　任　陈利世（兼）
副主任　张庆增　张志会　付　尧　董大鹏

市地方志工作办公室
主　任　邹锦凯

市政府驻京办事处
主　任　包瑞峰
副主任　孙　波

市接待办公室
主　任　刘景林
副主任　朱文泽　丛文龙　刘铁达　黄友诚

市信访局
局　长　梁成栋（兼）
副局长　刘长山　王连鹏　武振国　刘素新
张爱群　嵇志慧　孙　波

市台湾事务办公室
主　任　郑　群（11 月离任）
刘志新（11 月任职）
副主任　常学明　杜锦平

市行政审批管理办公室
主　任　赵俊田
副主任　张海洋（6 月离任）
沙洪义　杨玉峰　李立生
刘　锐（6 月任职）

市政府法制办公室
主　任　王　志
副主任　齐士宏　陈耀平（3 月离任）
陈洪才　张剑波
刘明绥（6 月任职）

市外事办公室
主　任　王静凯
副主任　姚德维　刘守杰　闵希伟

市发展和改革委员会
主　任　孙铁鹏
副主任　付兴奎　张贺文　赵国生　张立彬
付玉芳
纪检组长　吴佐周

市经济和信息化委员会
主　任　刘忠义（3 月离任）
王忠平（3 月任职）
副主任　李畅义　李树军　于校光　苏久义
尚晓明
纪检组长　石国权

市国有资产管理委员会
主　任　马　峰（3 月离任）
刘忠义（3 月任职）
副主任　吴建成　刘贺锦　霍学东
宁庚勤（6 月任职）
副主任　纪委书记　陈世成

市科学技术局
局　长　李建国
副局长　周　磊　金纪元　吴　靖（女）
段旭芳（女）　吴传宝　刘铁军
付　国（12 月任职）
纪检组长　李春鹤（6 月离任）

市知识产权局
局　长　李建国

市教育局
局　长　刘尚书
副局长　王森林　高文良　刘志裔（女）
王世成　于向东　王建国
刘饱满（11 月任职）
纪委书记　郁淑霞（女）
工会主席　王永久

市民族事务委员会
主　任　鲁秀红（3 月离任）
耿凤森（3 月任职）
副主任　孟凡仲　孙文辉　杨宝芝　聂宝良

市公安局
局　长　潘春吉
副局长　孟庆元　申海清　杨文铁　刘恩来
张国成

市监察局
局　长　高志伟
副局长　王景新　李大海　潘邵岩

市民政局
局　长　姜海山

副局长　刘志新（11 月离任）　杨志清
　　于胜利（3 月离任）　栗恩秋
　　刘忠成（12 月任职）
纪委书记　马云林

市司法局
局　长　傅维升
副局长　常秀艳（女）　姜立元
　　杨海彦（6 月离任）
　　李万和（6 月任职）
　　王晓军（6 月任职）
纪委书记　刘志强

市财政局
局　长　杨翠杰（女）
副局长　贾玉瓒　左　政　刘艳华（女）
　　谭玉敏（女）　陈宝权
纪检组长　孙晋青

市人力资源和社会保障局
局　长　郝建军（12 月离任）
副局长　沈继芳　曾　光　闫海波　夏长顺
　　张贵元　郭广平　夏　滨　殷继臻
纪委书记　李福军
工会主席　李　兴

市动物卫生监督管理局
局　长　蒋瑞武
副局长　赵振秋　孙守军　王　毅　封玉龙
　　李福民
纪委书记　吕明泽

市住房和城乡建设委员会
主　任　刘旭东
副主任　单德兴（6 月离任）　闫庆贺
　　张宏岩　张庭政（6 月任职）
　　任松华（6 月任职）
副书记　黄泽军
纪委书记　闫庆贺（6 月离任）
　　郑保林（6 月任职）
工会主席　任松华（6 月离任）

市城乡规划局
局　长　邓爱平
副局长　刘尽波　王　冶　李　涛　卢士才
纪检组长　于铁生

市交通局
局　长　伊效民
副局长　赵国政　魏　峰　鲁中藩　袁　涛
　　张德文（6 月任职）
纪委书记　潘良纯
工会主席　王忠志

市港口与口岸局
局　长　赵荣卿
副局长　马宝山　张　清　郑秀明
党组副书记 纪检组长　吴建国

市水利局
局　长　静大成
副局长　魏福刚　孙松年　李丙伟　王贺忠
　　李修坤　王岩松
　　高庆伟（6 月任职）
纪委书记　王　琦

市海洋与渔业局
局　长　朱宝平
副局长　裴玉海（6 月离任）
　　许国秋（6 月任职）　赵志彬
　　樊德荣　张巨伟
纪委书记　周云举

市农村经济委员会
主　任　谷玉彬
副主任　柴振华　王树平（4 月离任）
　　韩彦明　刘国祥　王长文　许春柏
纪委书记　宋　雪

市安全生产监督管理局
局　长　石宝利
副局长　王佳喜　张贵民　崔利民
纪委书记　贾桂玲（女）

市林业局
局　长　张振勤
副局长　周　凯　叶宝文　王明友　高贵卿
杨明毅
纪检组长　潘　伟

市服务业委员会
主　任　张余德
副主任　许文忠　陈友军　乔　阳
副书记　毛中华　郑雅芝（女，3月离任）
纪委书记　朱敬东

市对外贸易经济合作局
局　长　李树存
副局长　王　欣　张雪峰（8月离任）
艾凯辉
纪检组长　吴铁牛

市文化广播影视局
局　长　韩庆春
副局长　周玉文　赵　男　王富平　翟　恒
齐国栋　李翠英（女）
王喜国（6月离任）　胡云福
纪委书记　张玉珍

市档案局
局　长　陈利众
副局长　樊秀玲（女）　肖纯才　田全贵
梁恩富　刘洪波

市卫生局
局　长　黄永强
副书记 副局长　李　萍（女，兼）
副局长　魏春宁　郭宝年　王克非　张贺林
刘志伟　赵珉珉
纪委书记　王春颖（女）

市体育局
局　长　崔焕民
副局长　刘肃清（6月离任）　孙　辉
赵志民　赵　万
关立峰（6月任职）

市人口和计划生育委员会
主　任　郭玉娟
副主任　杨春成（6月离任）　刘剑秋（女）
魏宝林　戈文瑞
纪检组长　裴臣光

市审计局
局　长　施民新（3月离任）
王洪升（3月任职）
副局长　时春明（7月离任）
于桂芹（女）　董伟健　陈道发
刘玉森　赵素芝
蒋晓东（11月任职）
纪检组长　孙　波（6月离任）
段宇征（6月任职）

市统计局
局　长　冯立忠
副局长　刘楚龙　刘　勇　赵志强　刘双元

市环境保护局
局　长　王志兴
副局长　王忠平（3月离任）　杨俊春
崔志仁（9月离任）　于景波
靳宗青
纪检组长　杨　静（女）

市旅游局
局　长　苏英生
副局长　李文杰　史建伟　袭锦宁　李存洲
党委副书记　纪委书记　郭长寿（6月离任）

市国土资源局
局　长　张正非（4月任职）
副局长　赵平文　夏德荣　李敏建　郭敬东
纪检组长　边　实（女）

市食品药品监督管理局
局　长　陈文明
副局长　张哲文　梁国军

市物价局
局　长　金恩利（3月离任）
李铭伟（3月任职）
副局长　滕文广　朱秉标　段海波　甘建洲
滕秀英（11月任职）
纪检组长　孙开宇

市地震局
局　长　徐　宾（6月离任）
李兴玉（6月任职）
副局长　杨志勇（6月离任）　肖　群
赵占才

市经济协作办公室
主　任　孙永兴
副主任　李连华

市物资集团总公司
总经理　任铁英
会计师　梁　英（女，6月离任）

市供销合作社联合社
理事会主任　党委书记　王洪林
监事会主任　党委副书记　宗明轩
理事会副主任　高玉良　冯悦江
纪委书记　胡道林

【中省直驻葫芦岛市各单位领导成员名单】

葫芦岛市工商行政管理局
局　长　刘双立
副局长　张凤凯　何东波　冯欣荣
纪检组长　吴春林

葫芦岛市国家税务局
党组书记　何心田（12月离任）
局　长　吕　徽
副局长　高鸿声（7月离任）
杜怀广　王宝华
纪检组长　张保林（7月离任）
吴树明（7月任职）
总经济师　吴树明（7月离任）
李玉东（7月任职）
总会计师　李春生（7月离任）
吕　登（7月任职）

葫芦岛市地方税务局
局　长　袁子立
副局长　郝云阁　张荣玉　李广仁
李校媛（女）
纪检组长　刘占武
总会计师　韩朝旭
总经济师　魏凤侠（女）

葫芦岛市邮政局
局　长　党委书记　孙连顺
副局长　刘玉经

辽宁移动通信有限责任公司葫芦岛分公司
总经理　商　勤
副总经理　孙朝平　周　义　石进山

中国联合通信有限公司葫芦岛分公司
总经理　张　兵
副总经理　费士良（7月离任）
王志富　谷维民　张利群
滕　剑　王　兵（7月任职）

中华人民共和国葫芦岛海关
关　长　从建滋
副关长　王　程　高　伟

中华人民共和国葫芦岛边防检查站
站　长　杨立清
政　委　高广生

中华人民共和国葫芦岛出入境检验检疫局
局　长　吴大为
副局长　吴爱军　袁东明

葫芦岛市气象局
局　长　常富玉
副局长　张继赢　曹士民
纪检组长　赵国臣

葫芦岛市烟草专卖局（专卖公司）
局长 经理 张宁一
副局长 曹志良
副经理 王景波 刘永凯（7月任职）

葫芦岛市质量技术监督局
局 长 刘 刚
副局长 徐洪宝 孙振江 贡继华 刘汉阳

中国人民银行葫芦岛市中心支行
行 长 王利民（7月离任）
李建忠（7月任职）
副行长 李建忠（7月离任） 韩世明
纪委书记 仇克灵
工会主席 张素华（女）

银监会葫芦岛市监管分局
局 长 杨绍军
副局长 郑卫红 王 晶

中国工商银行葫芦岛市分行
行 长 陈海林
党委副书记 副行长 祝庆国
副行长 陈铁男 杨志宏 张国伦
纪委书记 郭忠岩
工委主任 毛建华

中国农业银行葫芦岛市分行
党委书记 行长 张冀忠（6月离任）
王志斌（6月任职）
副行长 谭百岩 王红玉 陈 涛
黄相毅

中国农业发展银行葫芦岛市分行
行 长 冯长龙
副行长 张国强 刘殿武 吴广明

中国建设银行葫芦岛市分行
党委书记 行长 张泉山
副行长 魏国柱 田丰满 曾绍强 赵永良
纪委书记 张爱东
工会主席 刘殿魁

中国银行葫芦岛分行
行 长 王 辉
副行长 夏 渝 浦治波
冯金秋（6月任职）
纪委书记 邵 培（6月任职）

中信实业银行葫芦岛支行
行 长 王世静
副行长 赍宝玉 白忠民
索亚菲（6月任职）

葫芦岛银行
董事长 党委书记 赵恩纯
行 长 曹立兴
监事长 纪委书记 雷鸣祥
副行长 高发忠 杨 铮

锦西天然气化工有限责任公司
经 理 张世强（10月离任）
费建民（10月任职）
党委书记 刘德言
副经理 李永华 费建民（10月离任）
郑书君
总会计师 田德春

（张 军）

重要文件目录

【葫芦岛市人民政府文件】

1.《关于实施国家基本药物制度推进基层医药卫生体制综合改革的实施意见》（葫政发[2011]1号）2011年1月24日印发。

2.《关于印发葫芦岛市鼓励和扶持企业上市的若干意见（暂行）的通知》（葫政发[2011]2号）2010年1月31日印发。

3.《关于给予冯冰等8名同志记功表彰的通知》（葫政发[2011]3号）2011年2月14日印发。

4.《关于成立葫芦岛市青山水库建设有限公司的通知》（葫政发[2011]4号）2011年2月14日印发。

5.《关于表彰大2009度现代畜牧业推进计划竞赛活动 优胜单位和达标单位的决定》（葫政发[2011]5号）2011年2月25日印发。

6.《关于印发葫芦岛市人民政府关于促进中小企业发展的若干意见的通知》（葫政发[2011]6号）2011年2月28日印发。

7.《关于下达全市2011年保障性住房计划的通知》（葫政发[2011]7号）2011年3月1日印发。

8.《关批准2010年市级现代农业示范基地建设单位的决定》（葫政发[2011]8 号）2011 年 3 月2日印发。

9.《葫芦岛市人民政府关于取消和承接行政审批项目的决定》（葫政发[2011]9号）2011年3月15日印发。

10.《关于全面开展新型农村社会养老保险工作的实施意见》（葫政发[2011]10 号）2011 年 3 月15日印发。

11.《关于表彰2010年度全市对口支持工作先进集体和先进个人的决定》（葫政发[2011]11号）2011年3月16日印发。

12.《关于表彰全市依法行政工作先进单位推进依法行政工作先进单位和先进个人的决定》（葫政发[2011]12号）2011年3月18日印发。

13.《关于废止宣布失效和修改部门规范性文件的决定》（葫政发[2011]13号）2011年4月20日印发。

14.《关于表彰2010年度农田基本建设“大禹杯”竞赛优胜单位的决定》（葫政发[2011]14号）2010年4月21日印发。

15.《关于表彰2010年葫芦岛市级示范农民专业合作社和优秀农村经纪人的决定》（葫政发[2010]15号）2011年4月22日印发。

16.《关于关于表彰2010年度葫芦岛市消防工作先进集体的决定》（葫政发[2011]16号）2011年4月23日印发。

17.《葫芦岛市人民政府关于表彰2010年度政府工作中取得突出成绩的县（市）区政府的通报》（葫政发[2011]17号）2011年5月9日印发。

18.《关于将葫芦岛市蛤蟆山矿业有限公司安全监管职责划归属地管理的决定》（葫政发[2011]18号）2011年5月16日印发。

19.《关于表彰2010年度葫芦岛市市长质量奖及名牌产业的决定》（葫政发[2011]19号）2011年5月30日印发。

20.《葫芦岛市 保障性安居工程项目房屋征收与补偿实施意见》（葫政发[2011]20 号）2011年6月9日印发。

21.《关于印发葫芦岛市银行业金融机构信贷投放工作考核奖励办法（暂行）的通知》（葫政发[2011]21号）2011年7月6日印发。

22.《关于全面开展城镇居民社会养老保险工作的实施意见》（葫政发[2011]22号）2011年7月22日印发。

23.《关于调整我市最低工资标准的通知》（葫政发[2011]23号）2011年7月23日印发。

24.《关于岔沟土地拆迁补偿事宜的决定》（葫政发[2011]24号）2011年8月24日印发。

25.《关于表彰2009～2010年度政府绩效考评先进集体和个人的通报》（葫政发[2011]25号）2011年9月5日印发。

26.《关于调整地方教育费创加征收标准有关问题的通知》（葫政发[2011]26号）2011年9月28日印发。

27.《关于调整城镇居民医疗保险有关政策的通知》（葫政发[2011]27号）2011年9月30日印发。

28.《关于命名2010年度葫芦岛市“守合同重信用”单位的决定》（葫政发[2011]28号）2011年10月14日印发。

29.《关于印发青山水库淹没耕地长效补偿安置方案的通知》（葫政发[2011]29号）2011年1024日月20日印发。

30.《关于加快供销合作社改革发展的实施意见》（葫政发[2011]30号）2011年11月28日印发。

31.《关于加快推进城镇化建设工作的意见》（葫政发[2011]31号）2011年12月14日印发。

32.《关于推进职业教育快速发展的意见》（葫政发[2011]32号）2011年12月22日印发。

33.《关于加快学前教育改革和发展的实施意见》（葫政发[2011]33号）2011年12月23日印发。

34.《关于将韩家沟果树农场全部股权划转入葫芦岛市投资集团有限公司的决定》（葫政发

[2011]34 号）2011 年 12 月 28 日印发。

35.《关于将部分海域使用权划转入葫芦岛市投资集团有限公司的决定》（葫政发[2011]35 号）2011 年 12 月 28 日印发。

36.《关于转发<葫芦岛残疾人事业“十二五”发展纲要（2011～2015）>的通知》（葫政发[2011]36 号）2011 年 12 月 29 日印发。

【葫芦岛市人民政府令】

1.《葫芦岛市人民政府关于废止部分市政府规范性文件的决定》（葫政令[2011]133 号）2011 年 3 月 28 日印发。

2.《葫芦岛市价格调整基金管理办法》（葫政令[2011]134 号）2011 年 5 月 11 日印发。

3.《葫芦岛市地名管理办法》（葫政令[2011]135 号）2011 年 7 月 25 日印发。

4.《葫芦岛市城市灯光亮化管理办法》（葫政令[2011]136 号）2011 年 7 月 26 日印发。

5.《葫芦岛市城市排水管理办法》（葫政令[2011]137 号）2011 年 8 月 23 日印发。

6.《葫芦岛市供热管理办法》（葫政令[2011]138 号）2011 年 10 月 16 日印发。

7.《葫芦岛市城乡特困生就学不救助暂行办法》（葫政令[2011]139 号）2011 年 10 月 23 日印发。

8.《葫芦岛市人民政府关于公布继续施行及予以废止和宣布失效的规范性文件的决定》（葫政令[2011]140 号）2011 年 10 月 31 日印发。

9.《葫芦岛市城市河道管理暂行办法》（葫政令[2011]141 号）2011 年 12 月 29 日印发。

（毛秀云）

中国人民政治协商会议葫芦岛市委员会

【概况】 2011年，市政协常委会在中共葫芦岛市委的正确领导和市政府的大力支持下，以贯彻落实市委政协工作会议精神为主线，动员组织参加政协的各党派团体、各族各界人士和广大政协委员，紧紧围绕全市中心工作，认真履行政治协商、民主监督、参政议政职能，充分发挥协调关系、汇聚力量、建言献策、服务大局的作用，完成了全年各项任务。

【政协工作水平进一步提高】 一是政治协商质量进一步提升。市政协紧紧围绕重大战略、重要部署和群众高度关注的热点难点问题，议大事、聚焦点，精选协商课题；邀请市党政主要领导参加常委会议并通报有关情况，进一步拓展了市委、市政府、市政协领导层面协商的新机制，提升了协商层次；在充分运用“学、听、看、议”协商方式的同时，变单向建言为互动协商，变关门协商为开门协商，使协商活动更有成效，形成了“全委会议整体协商、常委会议专题协商、主席会议重点协商、专委会对口协商”的多层次、宽领域的协商格局。全年共开展各种层次的协商议政活动26次，提交专项建议报告8份。二是民主监督力度进一步加大。把加大民主监督力度作为2011年的重点工作。一年来，通过召开民主监督小组组长培训会、座谈会和派驻单位负责人座谈会等形式，提升了民主监督的组织化程度；坚持“寓监督于支持与服务之中”的工作理念，把事前监督和跟踪监督、日常监督和重点监督、委员监督和社会监督结合起来，丰富了民主监督形式；紧紧围绕事关经济发展、人民群众普遍关注的民生问题，根据派驻单位的性质、特点，选择不同的监督主题、重点和载体，提高了民主监督的实效性。44个民主监督小组全年共开展监督活动100余次，提出监督意见建议300多条。三是参政议政渠道进一步拓宽。通过邀请市党政主要领导通报工作，召开政情通报会等形式，拓宽了知情明政的渠道；通过组织委员参加市政府工作报告及其他报告的讨论、重大工程项目的论证、重要民生政策的征求意见会等形式，拓宽了参与讨论重大事项的渠道；市政府分管领导和有关部门在办理提案、建议案和制定政策、措施的过程中，都邀请市政协领导、提案人、专家委员等一起研究，并将意见建议转化为政策措施和具体行动，拓宽了直接参与决策、参与抓落实的渠道。

【在推动发展中积极作为】 一是为加快服务业发展进行调研协商。针对服务业发展相对滞后的现状，组织各民主党派、工商联，县(市)区政协和100多名委员，重点针对金融、商贸、旅游、物流、信息、会展等产业的发展情况，考察学习外地先进经验，深入各县（市）区、主题概念园区、市直有关部门和部分企业，摸情况，找问题，想对策，形成了《大力发展金融业，加快辽西区域性金融中心建设步伐》等21篇专题调研报告和1份综合调研报告。经四届七次常委会议协商讨论后，向市委、市政府提交了《关于推进服务业加快发展的建议案》，其主要建议被全市加快服务业发展大会的工作报告所采纳，并纳入服务业发展规划。培育龙头企业、打造产业集群、建设优势产业等诸多建议转化为市政府的具体政策、措施。关于服务业集聚区认定、发展会展业等方面的意见建议得到了有效落实。二是为推动沿海经济带发展建言献策。积极参加辽宁沿海经济带政协论坛活动，学习考察山东沿海四市的发展经验，深入到沿海县(市)区、市直相关部门进行调研，提出了优化开发理念、科学合理规划、提升保护并重等建议，形成了《关于要给百姓留下近海亲水的共享海岸线的建议》，上报省市党政有关部门。陈政高省长、邴志刚副省长和本市党政主要领导对此建议非常重视，均作出了批示，有力地促进了海岸线开发利用理念的调整和更新，推动了近海亲水岸线百姓共享工程的规划和建设，也为辽宁沿海经济带政协论坛的调研成果作出了重要贡献。三是为建设生态宜居城市献智出力。组织委员对泳装企业开展调研视察，《创办泳装节，宣传和发展葫芦岛》、《关于兴城市泳装产业发展的建议》等提案得到落实；连续3年跟踪视察永安堡长城景区的保护与开发工作，助力景区8项工程顺利推进，景区有望今年对外开放；关注设施农业发展情况，深入乡村实地视察，提出意见建议；关注城建难点，就锦葫路改造、茨山河治理等工程进行多次跟踪视察，针对存在的问题及时提出解决措施和办法；开展联合考察、视察活动，就推进温泉水开发利用、加大招商引资力度、加快葫芦岛港建设等提出站位高、操作性强的建议；扎实开展“关注森林”活动，围绕提升城区美化亮化品位、治理交通拥堵、推广节水灌溉技术等提出50余条建议。四是为优化软环境建设开展民主评议。为进一步促进软环境的优化和改善，从2011年开始，市政协会同市纪检监察部门、市直机关工委，组织166名市政协民主监督员，利用3年时间，对全市49个部门的软环境建设情况，进行专题民主评议。2011年各评议组通过问卷调查、座谈、明查暗访、网评、调阅卷宗等形式，对18个被评议部门的软环境建设情况进行了全面调研。一年来，共向社会发放调查问卷3 800份，组织召开各类座谈会78次，走访、暗访、约谈达1 800余人次，深入到被评议单位调研41次，形成评议报告18篇，查找问题113个，提出整改意见建议80余条，对促进软环境建设起到了积极作用。这项工作得到了省政协的充分肯定，认为是创新民主监督形式、增强民主监督实效、推进社会管理与创新的新突破。政协在省政协社会法制会议上专门作了经验介绍。

【保障和改善民生】 一是以调研成果破解民生难题。市政协把深化医药卫生体制改革，破解医改难题作为四届六次常委会的专题调研课题。在学习考察、调查研究、科学论证、常委会专题协商的基础上，形成了7篇专题调研报告和1份综合建议案，提出了“提高基本医疗卫生服务保障水平、加快推进基本药物制度综合改革、不断促进公共卫生服务均等化”等建议。市委、市政府对此调研成果给予了高度评价，认为市政协勇于挑战难题，医改课题选得准、问题找得准、意见提得准，对全市的医改工作具有很强的指导性和借鉴性。市政协还组织委员就大中专毕业生就业、社区管理、新农村建设等方面出现的新问题开展专题调研。全年向党政部门报送调研报告36篇，以市委文件形式转发7件，为市委、市政府科学决策提供建议和参考。二是以专项视察聚焦民生热点。针对群众反映强烈的出租车、三轮车运营不规范等问题，组织委员专题视察，提出优先发展城市公交等建议，助推市政府开展交通整治“三大战役”并取得阶段性成果；关注供暖质量问题，连续多年进行民主评议、跟踪评议，通过入户查看、问卷调查等形式，收集意见，提出建议，为市供暖部门提高服务质量提供参考；就食品安全问题，参与市有关部门组织开展的食品安全监管工作专项整治活动；组织委员深入到各县（市）区对人口和计划生育服务工作进行实地视察，提出抓紧落实计划生育服务中心建设项目，逐步建立和完善计划生育网络化服务体系等建议，促进了相关工作的加强和改进；对市公安局开展的“清网行动”、禁毒工作进行视察，提出了建立长效机制等建议。三是以提案落实推动民生改善。把提案落实作为推动民生改善的重要抓手。全年共征集提案576件，立案491件，办复率为100%，其中民生方面的提案占57%。狠抓征集环节，从源头上保证提案质量。狠抓办理环节，对市公安局、市教育局的提案办理情况进行了“后评议”。通过办前高层运作、联合调研等形式，使委员提出的增开公交线路、保障低收入者家庭生活水平、加强养老机构建设等提案得到了落实。特别是对《加大保障性住房建设力度，确保困难群体住有所居》、《大力推进城区供水管网改扩建工程》两个“一号提案”进行了跟踪督办。先后4次组织委员到保障房建设工地进行实地视察，提出意见建议10余条，为全市保障性住房建设工作超额完成省定指标发挥了作用；8次组织委员和市民代表到供水管网改造现场视察，提出督办意见建议 50 余条。市政府经过努力，改造工程提前 1 年完成，6 万户、18 万人的“吃水难”问题得以解决。四是以信息渠道反映民生诉求。切实发挥政协社情民意信息“直通车”的作用。2011 年信息工作实现了委员参与最多，收集数量最多，采用篇数最多的新突破。全年共征集信息 1 231 条，编发《胡芦岛政协信息》141 期。其中《以立法手段推动住房保障规范运行》等 9 条被全国政协采用，《关于棚户区改造相关问题的建议》等 14 条被省委、省政府采用，《亟盼提高辽宁整体工资水平》等 8 条被省政协采用，《“村村通”公路损毁严重，农民盼望及时养护》等 5 条被省领导批示，《春耕农民有“六盼”》等 52 条被市委、市政府采用。这些民意信息已进入党政决策视野，所提意见建议得到了重视和采纳。市政协荣获省政协系统信息工作一等奖，在全国政协第二批信息联系点第六次会议上作了经验介绍。

【在协调关系中汇聚合力】 一是在加强团结合作中集聚能量。以建设和谐葫芦岛为目标，积极为各民主党派、工商联、无党派人士和人民团体履行职责创造条件，搭建平台。在市政协全会、常委会议、主席会议及其他活动中，尊重和优先保障各党派以本党派名义发表意见建议。积极组织各民主党派、工商联、无党派人士和人民团体参加有关调研、视察、民主监督、民主评议等活动。一年来，各党派、工商联、人民团体提交提案 90 件，反映社情民意 390 条；委员活动小组发挥界别优势，提出提案 17 件，反映社情民意信息 150 条。市民建、市致公党联合提出的《加大保障性住房建设力度，确保困难群体住有所居》被市政协列为 2011 年的“一号提案”；九三学社报送的《关于进一步提高个税起征点的建议》等信息被全国政协采用。二是在扩大联谊交流中增进共识。大力加强对外交往和联谊工作。热情周到地做好外地人员来葫参观、考察、调研的接待服务，为宣传葫芦岛、展示葫芦岛、推介葫芦岛发挥了积极作用。协助恢复侨联组织，为归侨侨眷参政议政搭建平台。深入侨资、台资企业视察，帮助企业解决实际困难。加强与新社会阶层、民族宗教等社会各界人士的联系，通过走访慰问、座谈联欢等形式，努力把市第四次党代会精神传达到各个层面，把各族各界人士的思想和行动进一步统一到市委、市政府的重大决策部署和要求上来。三是在彰显文史特色中扩大影响。加大实地采访力度，撰写文史稿件 79 篇。举行纪念辛亥革命 100 周年座谈会，就辛亥宁远起义历史遗迹保护等提出建议。开展纪念“九一八”事变 80 周年活动，组织委员视察南票区缸窑岭镇下五家子惨案纪念陵园，赴绥中县大台山义勇军纪念馆和矾石村义勇军指挥部旧址调研，就抗日遗址遗迹保护提出意见建议。组织委员深入调研，形成了《关于挖掘“重庆号起义”资源，打造文化品牌的建议》的调研报告，得到市委、市政府主要领导的重视与批示。出版《重庆号起义与葫芦岛》文史书籍与画册。配合省政协开展文史征集工作，为《我与辽宁振兴》、《山河作证—辽宁抗日遗址遗迹纪实》征集、报送稿件 34 篇。通过承办中国乡土诗人协会年会，参加省政协摄影展等，为深入开展文化艺术创作、交流、研究、展览活动搭建了新平台。

【在创新和完善机制中发挥委员主体作用】 一是创新委员管理机制。出台了《委员履职量化考核办法》，明确委员履职的刚性要求、量化标准和考核方法。把委员履职内容细分为 41 个履职小项，逐一进行量化打分，实现了强化委员管理的新突破，这一做法在省内政协系统尚属首家。根据量化考核结果，首次对委员年度履职情况、出席全会情况进行了通报，对不参会、不尽责的 16 名委员进行了约谈，发挥了激励先进、鞭策后进的作用；首次以委员履职得分为主要依据，采取定量考核与定性考核相结合的方法，确定了“优秀政协委员”、“优秀提案者”、“优秀民主监督员”等系列表彰人选。出台了《关于进一步加强委员学习培训的意见》，推进了委员学习的制度化建设。改版升级了委员管理系统，初步实现了委员管理的数字化、系统化、规范化。二是完善委员服务机制。按照“把委员管理寓于感情沟通之中、建立在服务保障之上”的工作理念，修订完善了《联系常委、委员制度》，重新确定了联系的内容、形式、方法，广泛与委员交朋友、沟通感情。2011 年，主席、副主席和常委到基层单位和各县（市）区，走访、联系委员 280 余名，制定《委员活动小组经费使用管理办法》，为委员活动小组提供了后勤保障。多次召开委员活动小组组长座谈会，起到了典型引路、相互提高的作用。三是委员活动空前活跃。33 个委员活动小组均开展了学习、视察、调研、联谊等活动，共计 57 次，呈现出委员人人长年都在组织之中、人人长年都在活动之中的生动局面。全年以委员活动小组名义形成调研、视察、考察报告 26 篇；踊跃参加“五个一”活动，绝大多数委员做到了开展一次调研活动、撰写一份提案、反映一条社情民意信息、参加一次小组活动、办一件好事；农林委员专家组、企业管理委员专家组注重发挥技术、管理等方面的优势，通过举办培训讲座、实地指导等形式，积极为农林经济发展、中小企业经营管理把脉、支招；开展以“人民政协爱人民，同心托起大学梦”为主题的捐资助学活动，共捐款 12.76 万元，资助贫困大学生 31 名。

【加强机关建设】 一是创先争优活动取得新实效。制定并实施了《市政协机关干部“创先争优”活动方案》，明确职责、细化要求。突出政协特色，在表彰先进集体、先进个人的同时，首次设立了公文能力奖、组织活动奖、创新贡献奖等单项奖。隆重召开了市政协机关创先争优总结大会，表彰先进，振奋士气，全面激发了干部职工的工作激情，机关干部职工的工作能力和服务水平得到了明显加强，形成了“比学赶帮超”、团结和谐、谋事干事的良好氛围。二是文化建设展示新风貌。举办 6 次“政协讲坛”活动，由政协机关干部轮流作辅导讲座，内容涉及经济、法律、文学、历史等多个领域，充分调动了干部职工“讲与学”两个方面的积极性，有效地提高了机关全员的综合素质和履职能力；以庆祝建党九十周年为契机，组织开展了书画影展、诗歌朗诵比赛、登山等活动，活跃了机关文化生活，“书香政协”、“活力政协”的风貌初步显现。三是制度建设得到新加强。进一步建立和完善了财务、公务用车管理、后勤保障等工作规范。出台了《市政协机关公文处理办法》等 6 项办文、办会、办事等工作制度，形成了用制度管人、按制度办事的良好局面。市政协机关的服务质量和办事效率得到了全面提升，制度化、程序化、规范化建设进一步深化。四是对外宣传再上新台阶。重视与宣传部门和新闻媒体的联系沟通，充分利用市内外媒体、网络等平台，大力宣传市政协重点工作、重要会议、重大活动和委员履职亮点。开展了政协系统第 15 届好新闻评选活动，有 53 篇新闻稿件获奖；精心办好市政协网站，出台了管理办法，完善了网上提案、信息、办公等功能；编发《葫芦岛政协》6 期；全年在各级媒体刊物上发表理论新闻稿件 520 余篇，较好地展示了市政协有为有位的整体形象，进一步扩大了政协工作的社会影响。

【政协四届二次全体会议】 2011 年 1 月 11 日至 13 日，政协葫芦岛市第四届委员会第二次全体会议召开。会议听取并审议了市政协主席郑宏伟所作的《中国人民政治协商会议葫芦岛市第四届委员会常务委员会工作报告》、副主席王兴勃所作的《中国人民政治协商会议葫芦岛市第四届委员会常务委员会关于四届一次会议以来提案工作情况的报告》；委员列席了市人大四届二次会议，听取并讨论了《政府工作报告》及其他报告；会议通过了《中国人民政治协商会议葫芦岛市第四届委员会第二次会议政治决议》、《中国人民政治协商会议葫芦岛市第四届委员会常务委员会工作报告的决议》、《中国人民政治协商会议葫芦岛市第四届委员会关于四届一次会议以来提案工作情况的报告的决议》。会议增选夏雨恩、韩平为政协葫芦岛市第四届委员会副主席，补选王玉萍、付连刚、付海忠、叶树和、孙世奎、李学文、陈有生、甄承砺为政协葫芦岛市第四届委员会常务委员。

【市政协常委会历次会议】 2011 年 1 月 13 日，市政协召开四届五次常委会议。市政协主席郑宏伟，常务副主席王旭光，副主席郝廷怀、王宝军、夏雨恩、王兴勃、刘德兴、李翠英、刘凤之、韩平，秘书长佟民及 69 名常委出席会议。会议由市政协常务副主席王旭光主持。会议审议通过了《政协葫芦岛市第四届委员会常务委员会 2011 年工作要点》。市政协主席郑宏伟作总结讲话。

2011 年 7 月 14 日，市政协召开四届六次常委会议。市政协主席郑宏伟，常务副主席王旭光，副主席郝廷怀、夏雨恩、王兴勃、刘德兴、李翠英，秘书长佟民及74名常委出席会议。市委书记孙兆林、副市长敖凤玲应邀出席会议。会议由市政协常务副主席王旭光主持。会议审议通过了《关于医药卫生体制改革情况的调研报告》、《政协葫芦岛市委员会联系常委、委员制度》、《政协葫芦岛市委员会关于委员履行职责量化考核办法》以及人事任免有关事项。市委书记孙兆林、市政协主席郑宏伟分别作重要讲话。

2011年9月1日，市政协召开四届七次常委会议。市政协主席郑宏伟，常务副主席王旭光，副主席郝廷怀、王宝军、夏雨恩、王兴勃、刘德兴、李翠英、韩平，秘书长佟民及69名常委出席会议。市委副书记、代市长都本伟，市委副书记崔枫林、副市长李双金应邀出席会议。会议由市政协副主席郝廷怀主持。会议审议通过了《关于推进服务业加快发展的建议案》和有关人事问题。代市长都本伟、市政协主席郑宏伟分别作重要讲话。

2011年12月23日，市政协召开四届八次常委会议。市政协主席郑宏伟，常务副主席王旭光，副主席郝廷怀、王宝军、夏雨恩、王兴勃、刘德兴、李翠英、韩平，秘书长佟民及71名常委出席会议。市委副书记、代市长都本伟，市委副书记崔枫林，市委常委、常务副市长裴伟东，市中级人民法院院长杜俊峰，市人民检察院检察长慕宁应邀出席会议。会议由市政协常务副主席王旭光主持。会议听取了代市长都本伟代表市政府所作的2011年全市经济社会发展情况通报；听取市委常委、常务副市长裴伟东代表市政府所作的关于市政协四届二次会议以来提案办理情况的通报；听取市中级人民法院院长杜俊峰所作的关于市中级人民法院工作情况的通报；听取市人民检察院检察长慕宁所作的市人民检察院工作情况的通报；市政协副主席王兴勃就市中级人民法院、市人民检察院工作情况通报讲了市政协常委会的意见；审议通过增补市政协委员名单；审议通过市政协四届三次会议有关文件和人事选举、表彰等有关事项；审议通过了人事任免名单。会议决定，政协葫芦岛市第四届委员会第三次会议于2012年1月5～7日举行。市政协主席郑宏伟作最后讲话。

【市政协四届委员会及其工作部门 专门委员会领导成员名单】

政协葫芦岛市委员会

主　席　郑宏伟

副主席　王旭光　郝廷怀　王宝军　夏雨恩　王兴勃　刘德兴　李翠英（女）　刘凤之　韩　平

秘书长　佟　民

副秘书长　栗素红（女）　于　枫

市政协办公室

主　任　佟　民（兼）

副主任　徐晓敏（女）　王智慧

市政协调研室

主　任　于　枫（兼）

市政协各专门委员会

经济科技委员会

主　任　李　军

提案委员会

主　任　曹桂英（女）

学习文史资料委员会

主　任　马连喜

文教体卫委员会

副主任　李学文

民族宗教社会法制委员会

主　任　张　为（女）

人口资源环境委员会

主　任　闫耀明

港澳台侨（外事）委员会

主　任　张晓红（女）

委员工作委员会

副主任　陈有生

（刘　妍　张福全）

民主党派 工商联

中国国民党革命委员会葫芦岛市委员会

【概况】 中国国民党革命委员会(简称“民革”)成立于1996年11月,内设参政议政工作委员会、社会服务工作委员会、祖国统一工作委员会、妇女工作委员会四个专门工作委员会。市委会下设有1个总支和6个支部:连山区总支委员会(下设连山区青年支部、连山区老年支部)、龙港区支部、兴城市支部、绥中县支部、综合一支部、综合二支部和卫生支部。2012年12月29日召开民革葫芦岛市第四次代表大会,选举产生民革葫芦岛市四届委员会,市委委员9人,其中,副主委3人。机关2人驻会,其中驻会副主委和秘书长各1人。至2011年底,全市共有民革党员134人,党员中有高级职称35人,中级职称39人;担任省政协委员1名,市政协委员15名,其中市政协常委4名;市人大代表3名。党员中1人担任群团组织正县级实职,1人担任人大常委会副县级实职,1人担任政协副县级实职。

【主要活动】 一、深入开展学习、树立和践行社会主义核心价值体系活动,大力加强自身建设,圆满完成市委会换届任务。

继续深入开展学习、树立和践行社会主义核心价值体系活动,并以其作为全年思想建设的重点。全市各基层组织广大党员认真学习社会主义核心价值体系的有关文献,学习中共十七届六中全会精神,准确把握加快转变经济发展方式的主线、把握今后五年国家经济社会发展的总体思路和目标任务、把握“十二五”时期发展的重大举措。始终与学习贯彻中共十七大精神相结合,与深入学习贯彻科学发展观活动相结合,与完善政治交接长效机制和继承民革光荣传统相结合,切实把思想和行动统一到中共中央的战略部署上。2011年市委积极组织骨干党员和新党员培训班,推荐党员参加各级组织举办的培训和讲座,及时总结活动成绩,表彰先进。

贯彻落实全省新闻宣传工作会议精神,把加强参政能力建设作为思想宣传理论研究工作的主题,加强骨干队伍的培养,为各级组织和广大党员开展参政党理论研究创建服务平台。继续开展征订《团结报》,进行读报活动,2011年全年达到中央要求的30%订报率的目标,在团结报发行工作中市委会被民革省委评为先进集体。

继续加强领导班子建设和后备干部队伍建设,为实现政治交接奠定扎实基础,在民革辽宁省委和中共葫芦岛市委的领导下,在中共市委统战部的具体指导下,圆满完成市委会换届任务。在上级关于市级组织换届精神明确后,市委机关发扬团结向上、开拓进取、无私奉献的工作作风,及时完成换届领导小组即时安排的各项任务,完成第四次代表大会的会议材料,为市委会顺利完成换届任务做好充分准备。根据上级精神,按程序和步骤认真实施各项换届工作内容,圆满完成换届任务。

认真贯彻落实《民革中央关于进一步做好组织发展工作若干问题的意见》,进一步规范组织发展工作程序,在坚持原有重点分工的基础上,着重发展社会和法律专业人员中的代表性人士,把握好发展党员的质量和整体素质。2011年全年发展党员11人。

二、围绕本市中心工作,积极开展调研活动,履行参政党职能,提高参政议政水平和质量紧紧围绕“十二五”规划的实施以及广大群众关心的热点、难点问题选准调研题目，深入开展调查研究活动，为本市经济进步和社会建设献计出力。同时，各基层支部和广大党员充分发挥作用，认真履行参政议政职能，以支部为单位，开展专题调研活动。2011年全年完成调研报告10篇，其中1篇被省委采用；完成信息上报40余条，其中多条被政协刊物采用。

党员中的人大代表、政协委员和监督员发挥作用，积极参加协商会、通报会、座谈会，积极参加视察、调研活动，围绕本市中心工作建言献策，履行好参政议政、民主监督职能。2011年在市政协四届二次会议上，民革市委共提交组织提案8件，提案质量有新的提高，得到相关部门的采纳和答复。

三、以“四个一”活动为平台，继续开展社会服务工作，树立民革良好形象

继续开展扶贫帮困、送医送药、送文化、送科技下乡、慰问部队等社会服务活动，鼓励和支持各支部和党员开展助学和扶贫帮困活动。春节前夕，民革市委领导来到杨家杖子残疾托养中心看望生活在那里的残疾人，送去2 000元慰问金，向老人致以新春美好的祝福，同时还走访慰问了民革市委老领导及生活困难民革党员。民革市委联手兄弟党派组织党派书法家到驻葫武警某部，以写春联的形式为官兵送去新春祝福。5月15日是第21个全国助残日，民主党派机关干部到市特教学校进行慰问，并现场捐助3 500元帮助学生购买学习用品。“六一”儿童节前夕，民革市委到市残联聋儿语训班看望残疾儿童及特教教师并送去了慰问品等，这是民革葫芦岛市委会领导第三次来慰问残疾儿童。与此同时，各支部也发挥各自优势开展活动，组织党员积极服务社会。

四、以纪念辛亥革命100周年为契机，积极开展促进祖国和平统一工作。

2011年，两岸隆重纪念辛亥革命100周年。为纪念辛亥革命100周年，民革市委积极组织党员开展系列纪念辛亥革命100周年活动。“三八”国际劳动妇女节前夕，民革葫芦岛市委组织党员前往锦州，参观了辽沈战役纪念馆。市委副主委李久荣、王忠琦、民革党员及民革联系人近50多人进行了参观。4月初，民革市委以文件形式相继下发了《关于开展纪念辛亥革命100周年征文活动通知》及《民革市委关于图片征集通知》，得到了广大民革党员的热烈响应，市委会收到了多篇征文及展示民革党员在参政议政、社会服务及民主监督活动中的图片，图片编辑成《葫芦岛民革》画册。与此同时，各支部也发挥各自优势开展活动，组织党员参与服务社会。

【领导成员名单】

主任委员　郃玉华（12月离任）

副主任委员　刘香礼（12月离任）

王忠琦（12月离任）

王　敏（不驻会）

李久荣（不驻会）

刘建华（12月任职，驻会）

（王　颖）

中国民主同盟葫芦岛市委员会

【概况】　中国民主同盟葫芦岛市委员会（简称“民盟”）成立于2003年8月10日，为民盟市级地方组织。下设2个总支，9个支部，共11个基层组织。市委会设教育、老龄、卫生、科技、妇女、青年六个专门委员会。2011年新发展成员25名，现有盟员260名。盟员中担任市政协委员的24名，其中常委5名，市人大代表4名。担任副县(区)长的1名，其他副县级领导职务的4名。盟员中担任市级政府部门民主监督员22名。市委会设主任委员1人、副主任委员4（暂时3人）人，委员12人。民盟市委机关人员编制2个。

【主要活动】　一、认真学习十七届六中全会精神，继续学习践行社会主义核心价值体系，提高思想建设水平。

2011年，盟市委按照盟省委和中共市委、市委统战部的有关文件和指示精神，把民盟思想建设放在各项工作的首位，在思想引导、理论武装的前提下，积极开展各项工作。

按照上年民盟市委制定的深入开展“社会主义核心价值体系学与行”活动方案，2011年为学习践行社会主义核心价值体系第二阶段，重点结

合“十二五”规划制定和开局，把学习践行社会主义核心价值体系和参政议政工作进行有效对接，同时结合换届工作，把自身建设和对接社会主义核心价值观，建设高素质参政党统一起来。

2011年，是建党90周年和民盟成立70周年，围绕这两个主题，民盟开展了一系列活动。首先，组织代表人士和骨干盟员开座谈会；其次，隆重召开庆祝中国共产党成立90周年、民盟成立70周年庆祝大会并开展一系列纪念活动；再次，组织丰富多彩的基层活动。为提高广大盟员参政议政意识和能力，市直综合一支部及连山区总支部分别到北京和本溪关门山进行考察学习；司法经济支部在“六一”儿童节到市福利院看望孤残儿童；市委会在“三八”妇女节、教师节、重阳节组织盟员考察等等。

二、努力发挥参政党作用，参政议政出现新成果。

参政议政是民主党派的重要职责，也是民主党派存在的意义和价值所在。

1.协商议政，建言献策，尽职尽责。高层协商是民主党派参政议政的重要方面。2011年，民盟市委主要领导参加市委、市人大常委会、市政府、市政协的协商会、通报会、和视察活动10余次，就本市的经济工作、政府工作报告、永安堡长城保护开发等进行建言。从而促进本市的经济和社会建设发展。

2.利用市政协会议这个参政议政的平台，开展调查研究，积极撰写集体提案。为了提案工作年年都有新突破，民盟市委每年在“两会”之前都召开参政议政工作会议，表彰提案和信息先进个人，用激励机制促进此项工作的开展，并对下一年的参政议政工作做出部署。会上还提出继续执行“三个一”的要求，即“每个支部、每个专委会一件提案，每个盟员一条信息”，发动群众，调动大家的积极性和创造力，集思广益，收集上来大量的信息和意见，在政协四届二次会议上整理出有价值、有分量的集体提案15件，其中8件被列为市政协重点提案，占53.3%，重点提案过半，民盟市委的集体提案被评为市政协优秀提案。

3.积极参加各种民主监督活动，当好党和政府的诤友、挚友。全盟24名市政协委员有20名同志担任了新一届民主监督员；其中5名同志担任了政协民主监督小组组长。这些同志被派到各单位后履行民主监督职责，完成工作任务。此外，还有6人分别被有关部门聘为执法巡视员、民主监督员、民主评议员等，开展民主监督工作，为本市的民主政治建设贡献了力量。

2011年，民盟市委曾参与了城市道路交通管理情况民主评议、民政工作后评议、城市管理情况民主监督、永安堡长城保护开发项目视察等活动。

4.调动广大盟员反映社情民意的积极性，信息工作有较大程度提高。信息是反映社情民意的最快捷的途径。特别是政协信息，给民主党派反映社情民意提供了一个很好的平台。2011年，民盟市委充分发挥社情民意信息“直通车”的作用，及时上报有价值的意见建议共128条。向盟省委报送26篇，市委统战部报送26篇，市政协调研室报送59篇，向市政协网站报送21篇。其中曹明撰写的《关于打造滨海大道旅游观光农业带的建议》、赵霄循撰写的《应在全国范围内叫停“一元钱消毒餐具”》、张雪撰写的《关于整治露天堆放钼矿尾砂的建议》等3条信息被省盟采用并上报省政协被省政协采用，被采用数量列全省14个市委会第一名，占民盟省委被采用11条信息的28%。

5.民盟盟员履职能力进一步提高。市政协统计的2011年度常委、委员履职量化考核中，民盟政协委员得分前30%的人员共12名，占24名政协委员的一半，充分体现了民盟盟员履职能力正在逐步提高。

三、组织建设结硕果。

2011年，民盟葫芦岛市委认真贯彻落实“人才兴盟、人才强盟”战略，确立了干部队伍建设和人才工作在盟的自身建设中的核心地位，注重以增强盟的活力、凝聚力，扩大盟的影响力入手，不断创新组织工作思路，在组织发展、后备干部队伍建设和基层组织建设等方面开展了一些工作，取得了一定的成绩

1.组织发展工作。组织发展是干部队伍建设的前提条件。组织发展工作的水平，直接决定整个盟员队伍的水平，最终也将决定到盟的参政议政水平，关系到民盟更好地履行参政党的职责。

为此，盟市委高度重视组织发展工作，严格按照组织发展程序，本着在工作中发展，发展为了工作的原则，主动向盟省委请示沟通，与中共市委统战部联系协商，通过考核，发展27名盟外积极分子为中国民主同盟盟员（转走2名）。全部为大学本科以上学历。27名新盟员中具有高级职称的7人，占29.9%；其中有3名盟员为正高级职称。中级职称的8人，占29.6%；中上层人士15人，占55.6%；40岁以下21人，平均年龄34.5岁。是一支年轻、高学历、高职称，具有较高层次的队伍，为民盟组织注入了新鲜血液，增强了组织活力。

全市在籍盟员260名。其中女盟员136人，占52.1%;具有大学以上学历的222人，占85.1%;具有高级职称的83人，占31.8%；中级职称的93人，占35.6%；中上层人士201名，占77%。基层组织11个，其中2个总支部委员会、9个支部委员会。

2.基层组织建设工作。盟的基层组织是盟在地方的组织基础和工作基础。为切实加强基层组织建设，健全基层工作机制，盟市委继续执行上年出台的民盟基层组织考核打分细则，把基层组织在参政议政、自身建设和为社会服务等各项工作所取得的考核分数作为年终基层组织评先选优的依据，进一步调动了基层组织的积极性，激活了民盟神经末梢，增强了民盟的基层组织活力。

为了纪念中国民主同盟成立70周年,充分调动广大盟员积极性，以先进为榜样，盟中央和盟省委表彰了一批先进典型，民盟连山区总支被评为盟中央先进基层组织，共有2名盟员被评为盟中央先进个人，连山区总支、市直综合一支部、市直综合二支部被评为盟省委先进基层,共有13名盟员被评为盟省委先进个人。

四、积极开展好各项活动，增强民盟组织活力，提高民盟组织凝聚力和向心力。

1.2011年3月19日是中国民主同盟成立70周年纪念日,民盟葫芦岛市委隆重召开纪念大会,会上对全国、省、市先进基层组织、优秀盟务工作者和优秀盟员进行了表彰。最后，广大盟员还自编自演了一台丰富多彩的文艺节目。

2.李晓安主委一行到葫芦岛调研。李晓安主委一行首先来到民盟葫芦岛市司法经济支部视察。然后到渤海船院对高校组织工作进行调研，最后参加了“纪念中国民主同盟成立70周年民盟中央、民盟辽宁省委优秀基层组织、先进个人”颁奖大会，李晓安主委亲自为获奖的单位和个人颁奖。

3.春节期间走访郑宝良等20名老盟员,送去了慰问金，带去了盟组织的关怀。

4.民盟市委在“三八”妇女节、教师节、重阳节组织盟员进行考察活动。

5.民盟连山区总支部组织盟员赴北京考察学习。

6.民盟市直综合一支部组织盟员到关门山考察调研。

五、履行为社会服务职能，继续开展“四个一”活动，为建设和谐社会贡献力量。

1.全国助残日到市特教学校走访并送去慰问金。

2.以市政协民主监督员的身份,通过团市委，资助连山区锦郊小学4名困难学生。

3.两次到建昌县开展扶贫助学活动，帮扶汤神庙镇8个贫困大学生。

4.民盟司法经济支部成员“六一”儿童节看望残疾孩子。

【领导成员名单】

主任委员　胡　光（女）

副主任委员　姜淑艳（女）　吴　靖（女）
刘抚兴（驻会）

（刘抚兴）

中国民主建国会
葫芦岛市委员会

【概况】 中国民主建国会（简称“民建”）葫芦岛市委员会成立于1996年4月。2011年民建葫芦岛市召开第四次代表大会，选举产生了民建第四届市委会。现有市委委员13人，其中主委1人，副主委4人。市委会机关编制2人，由副主委和秘书长驻会。内设“五部一室”，即组织部、宣传部、参政议政工作部、社会服务部、经济联络部和办公室。下设2个总支和6个直属支部，连山总支下属连山一支部、连山二支部、连山三支部、锦天化支部等4个支部；龙港总支下属龙港一支部、龙港二支部等2个支部；直属支部为综合一支部、综合二支部、综合三支部、工商企业支部、化工支部、机关支部等6个支部。2011年发展新会员17人，会员总数达到212人。会员中有全国人大代表1人，省人大代表2人（其中常委1人），省政协委员2人（其中常委1人），市人大代表1人，市政协委员31人（其中副主席2人，常委10人）。

【主要活动】 一、以建设高素质参政党为目标，加强自身建设。以纪念活动和学习培训为载体，不断推进思想建设。2011年是中国共产党建党九十周年和辛亥革命一百周年，民建市委充分利用这一有利契机，组织开展各种活动，不断推进思想建设。清明节前夕，民建市委组织会员到塔山祭扫烈士陵园，缅怀革命先烈，激发会员爱党、爱国、爱社会主义情感，提升会员的责任感和使命感，服务社会贡献力量。为纪念中国共产党建党九十周年，民建市委举办了诗歌咏唱会，组织征文和书画摄影作品参加民建省委和市委统战部开展的纪念活动。通过多种形式歌颂中国共产党的丰功伟绩，教育民建会员与中国共产党在思想上同心同德，目标上同心同向，行动上同心同行。

不断丰富学习内容，建设学习型组织。民建市委及时下发《民讯》、《辽宁民建》会刊和《中国民主建国会简史》，为会员系统学习创造条件。为提升会员的政治思想水平，让更多的会员了解会内外大事，民建市委通过全委扩大会和支部主任会议及时组织学习民建省委及中共市委统战部传达的学习内容，并以文件形式转发，将学习内容延伸到每一位会员。民建市委围绕民建中央九届四中会议精神、社会主义核心价值体系、杨佳先进事迹、十七届六中全会精神等组织多次学习。

积极选送会员参加各级培训班。推荐17名会员参加中共市委统战部组织的党派成员轮训班，2名支部主任赴省社会主义学院参加民建省委支部主任培训班。综合三支部主任刘坤娜学习回来后，将自己的学习心得与会员们进行交流，延展了学习范围。

组织建设稳步进展。组织建设是民建自身建设的有力保障，市委会在组织建设方面重点做好以下几项工作。

组织发展工作呈现新特点。继续坚持“三个为主”原则，严格组织程序，广泛征求市区统战部及新会员所在单位党组织意见，2011年共计发展新会员17人，会员总数已经达到212人。对新会员的考核更加侧重文字水平和参政能力，市委会要求入会积极分子在向市委会提交申请和个人简历的同时要提交一份调研报告，对于能力突出的新会员将重点培养和使用，组织发展工作与后备干部队伍建设结合起来。

基层组织建设稳步推进。为进一步推进基层组织工作规范化，市委会统一印制了《基层组织工作手册》，足额发放基层组织活动经费，制定出台了《基层组织活动制度》、《基层支部经费管理办法》、《基层组织考评办法》等工作制度，各基层组织呈现出思想统一、工作踊跃、活动丰富的局面，自身建设、社会服务、调研工作不断取得新佳绩。2011年，龙港总支、连山总支、综合三支部分别被民建辽宁省委评为“思源工程”、“四个一”活动先进集体和先进基层组织。

市委会换届工作圆满成功。2011年是民主党派市级组织换届年。为营造讲团结、讲民主、讲和谐的换届工作氛围，民建市委制定了换届工作方案，成立换届工作领导小组，多次召开主委会、全委会和民主推荐会，学习民建辽宁省委和中共市委统战部关于换届工作的文件精神，统一思想，提高认识，充分发扬协商民主，使全体成员正确对待换届工作中的进、退、留，为换届工作顺利进行做好了思想上和组织上的准备。12月27日，民建葫芦岛市第四次代表大会胜利召开，选举产生了第四届市委会，组织交接顺利完成。

机关建设迈上新台阶。3月份，副主委张玉洁调任机关专职副主委，进一步增强机关力量。机关人员不断增强主观能动性，努力提高自身素质，在构建学习型机关、服务型机关、高效型机关、和谐型机关方面进行有益探索，有效提高了机关的工作效率和服务水平，密切了机关与基层、与会员的联系，成为全会坚强的中心和枢纽。

二、以关注和改善民生为根本，积极参政议政、民主监督。提案和信息工作取得新成绩。“两会”前夕召开参政议政工作会，会内政协委员和人大代表共同研究讨论集体提案，保证了提案的数量和质量。“三八”妇女节，市委会在全体女会员中开展集中征集社情民意信息工作，调动了会员的参政积极性。在政协四届二次全会上，民建提交15份集体提案，34件个人提案，有3件提案被列为重点提案。其中《加大保障房建设力度，确保困难群体住有所居》被列为市政协一号提案，《关于兴城泳装产业发展建议》列为主席包案。全年共上报反映社情民意信息29篇，民建省委和市政协共采用17篇。全年在媒体上刊登宣传稿件7篇。2011年民建市委被民建省委、市委统战部评为信息工作先进集体。

调查研究工作赋予新内容。民建市委作为市政协一号提案的提案者，三次到县（市）区就保障性住房建设的落实情况进行调研，针对保障性住房建设中存在的问题提出各种合理化建议，有力地推动了本市保障性住房建设任务提前超额完成，为解决低收入群体的居住条件，构建社会和谐作出了应有的贡献。

民主监督作用发挥又上新水平。会内有23名政协委员被派到26个单位担任民主监督员，2011年他们肩负全市18家单位软环境建设民主评议工作。会员们以参政为民为己任，认真履行职责，积极参与到问卷调查、视察、暗访、座谈等工作中来，以实事求是的工作态度对本市经济发展软环境作出公正客观的评价，主动反映社情民意，提出切实可行的建议，推动软环境建设不断取得实效，为本市经济社会科学发展做出积极的贡献。

三、会内活动丰富多彩，凝聚力不断增强。2011年，市委会组织开展了各种会内活动，不断增强会的生机和活力。春节前夕，走访会的老领导和70岁以上的老会员，为他们送去了民建组织的关心和慰问；召开了春节联欢会；重阳节组织老会员到圣水寺和葫芦山庄游览；各基层组织也开展了内容丰富的支部活动，连山总支相继组织会员到草原参观，到灵山风景区开展家乡游活动。龙港总支组织会员登长城，工商企业支部组织会员到建昌龙潭大峡谷开展支部活动。丰富的会内活动增进了会员之间的了解，提升了会员参政的意识，组织凝聚力不断增强。

四、以促进社会和谐为宗旨，大力开展社会服务工作。积极开展社会活动。春节前夕，市委会与各党派机关到驻葫部队走访慰问，为基层连队书写春联；全国助残日，民建市委到市特教学校走访慰问并捐赠助学金，在中共市委统战部的统一组织下，各民主党派机关为建昌县汤神庙镇八名贫困大学生捐款，资助他们完成学业，会内政协委员共同参与了市政协组织的资助贫困大学生的活动。

创建民建“助百名学生圆梦”社会服务品牌工程。民建会员以服务社会奉献爱心为己任，会员王秀珍、朱志会、王庆民、孙宝岩、卜海彬等每年都资助贫困学生。但这种分散的、小范围的、短期的服务模式所产生的效果还极为有限，民建市委努力开拓思路，统筹会内人力、物力资源，使社会服务工作向长期、固定的、集聚的模式转变，创建了“助百名学生圆梦”社会服务品牌。一百多名会员参与到活动中来，短短的时间内就筹集到了3万元捐款，并依托团市委希望办的信息平台与全市范围内100名贫困家庭的孩子（其中：中学生25名，小学生75名）结成帮扶对子，解决他们的实际困难。民建市委将不断探索这一活动的长效机制，确保活动深入持久开展下去，扩大民主党派的影响力，彰显社会价值。

开展科技助农活动，推动社会主义新农村建设。充分发挥民建组织和专家会员优势，为本市“三农”做贡献。引进和推广蔬菜新品种、新技术，在龙港、兴城、连山、绥中等地为农民开展技术培训和指导工作，宣讲农业生产技术、免费发放图书和宣传单。组织开展广播电视节目“科技面对面”、“在线专题直播”、“专家讲坛”等有益的活动。连山总支在春种时节邀请种子站专家到塔山乡潘家屯村存开展选种育种的专题辅导，受到基层领导和农民的赞扬。

【领导成员名单】

主任委员　李翠英（女）

副主任委员　王国林　聂宝良　杜春华（女）　张玉洁（女）

（吴海洋）

中国民主促进会葫芦岛市委员会

【概况】 中国民主促进会葫芦岛市委员会于1995年12月25日成立，2000年11月10日和2006年11月21日两次换届，本届是第三届市委会。现有委员13名，其中主任委员(简称"主委")1人，副主任委员（简称"副主委"）3人；市委会机关编制2个，由副主委和秘书长驻会；市委会下设1个工委，15个基层支部：民进连山区工委；一高中支部、二高中支部、渤海船院支部、市教育局直属学校支部、市文化支部、市直机关支部、市政协机关支部、龙港区支部、连山区综合支部、连山区教师进修学校支部、六中支部、实验小学支部、兴城市支部、市实验高中支部、卫生支部，其中连山区工委下设连山区综合支部、连山区教师进修学校支部、六中支部、实验小学支部等4个支部；全市现有民进会员195人，其中具有高级职称的106人（正高6人）。会员主要由教育、文化界的高中级知识分子组成。会员中有2名省政协委员（其中常委1人），34名市政协委员（其中副主席1人，常委10人），21名县（市）区政协委员（其中常委4人），5人担任副县级领导职务，17人担任科级、副科级职务，有39人担任省市政府部门的特邀监督员。

【主要活动】 2011年是"十二五"规划的开局之年，民进葫芦岛市委在中共葫芦岛市委、民进辽宁省委的正确领导和亲切关怀下，在中共市委统战部的大力支持和热心帮助下，带领全市广大会员不断加强自身建设，积极适应新形势，切实履行参政议政、民主监督职能，广泛开展各种社会服务活动，为葫芦岛市经济社会的发展和民生的改善作出了积极的贡献。

一、自身建设得到全面加强

自身建设是民主党派工作中一项基础性工作。民进市委一年中围绕思想建设、制度建设、组织建设、理论研究及宣传等方面开展大量工作，不断促进自身建设的逐步完善。

1.思想建设取得新进展。市委会带领广大会员深入学习贯彻科学发展观，坚持以社会主义核心价值体系为引领，深化坚持走中国特色社会主义道路学习教育活动，扎实推进政治交接长效机制建设，为建设适应时代要求的高素质参政党奠定坚实的思想基础。

组织开展了各种学习和培训活动。市委会组织90余名会员参加了中共市委统战部和市政协举办的各种培训班及专题报告会，并举办了第14期全体会员培训班，来自民进各工委、支部的105名新老会员参加了培训。培训班邀请了中共葫芦岛市委统战部常务副部长穆在敏作了题为《以"七一"讲话为指导，努力建设高素质参政党》的专题讲座。市委会还组织各工委、支部的80余名会员到葫芦岛市爱国主义教育基地—绥中永安堡长城参观考察，在庆祝教师节的同时，对全体会员进行勿忘国耻，爱我中华教育。上半年，市委会还组织会员参加了民进中央举办的学习《规划纲要》有奖征答活动，民进市委15个支部共181名会员全员参与，并有2人获奖，会员参加人数多，学习覆盖面广，成效显著。通过一系列的学习、培训、考察等活动，会员的思想理论水平不断提高，市委会凝聚力得到增强。

开展了庆祝建党90周年纪念活动。市委会根据民进中央和民进省委及市委统战部相关文件要求，出台了《关于开展纪念中国共产党成立90周年活动的安排意见》，在全会中开展双岗建功、"重温历史、同心同行"—学习中共党史、民进会史及在线征文活动，庆祝党的生日。6月份，民进市委机关人员在中共市委统战部组织下到葫芦岛市民族团结教育基地参观考察，进一步了解中国团结的多民族国家的历史。市委会机关人员还参加了市政协机关举办的纪念建党90周年书法、绘画、摄影作品展活动。并在市委统战部组织下到塔山参观了革命烈士纪念馆，缅怀革命先烈。并积极参加市委统战部举办的纪念建党90周年红歌会。民进各工委、支部也都开展了形式多样的庆祝活动。连山区工委召开了迎接建党90周年全体退休老会员座谈会。

2.组织建设和制度建设进一步加强。首先，基层组织建设得到加强。市委会对各工委、支部开展学习、活动情况和档案化管理情况进行了检查。2011年，民进市委有3个支部被民进辽宁省委评为先进支部，有4名会员被评为优秀会员。其次，组织发展稳步进行。组织发展是市委会得以生存和壮大的条件。2011年，根据《葫芦岛市各民主党派组织发展工作座谈会纪要》精神及民进市委《关于组织发展工作的意见》要求，市委会共发展新会员14人，市委会对新会员进行了严格的考核，以确保组织发展质量。上半年，市委会还对全体会员组织信息进行了重新采集，上报民进中央。2011年，市委会还完善了各项规章制度，市委会和机关工作实现了规范化、制度化、程序化。市委会按规定召开了各种会议，总结工作，制定计划，布置任务，开展活动。

3.宣传工作成果显著。市委会及会员一年中共发表宣传会务工作、会员事迹及参政议政工作的文章50余篇，其中在《人民政协报》等国家级报刊上发表5篇，在省政协《友报》上发表11篇，其余发表在《葫芦岛日报》上。市委会向民进省委和市委统战部各报送宣传信息50余条。1月份《民进辽宁省委工作简报》刊登了2010年各市民进组织供稿情况，民进葫芦岛市委稿件被采用28篇，数量仅次于沈阳位居全省第二位，受到了民进省委的表扬。2月份在葫芦岛市政协举办的第十五届“宣传政协好新闻”评选中，民进市委报送的作品《莫让斑马线变“夺命线”》被评为一等奖。3月份在市委统战部召开的宣传信息工作会上，民进市委被评为“统战信息工作优秀单位”，市委会秘书长获“统战信息工作优秀信息员一等奖”、“统战宣传工作先进个人一等奖”，市委会宣传部副部长张恺新获“统战宣传工作先进个人二等奖”。会上，民进市委做了经验介绍。

4.加强了统战理论研究工作。市委会根据民进省委和中共葫芦岛市委统战部关于统战理论研究工作的安排部署，制定并下发了文件，号召各工委、支部积极开展理论研讨工作。2011年，市委会共征集统战理论论文6篇，参加全省统战理论研讨会。市委会还征集建党90周年纪念文章5篇。理论的指导和支撑作用得到进一步发挥。

二、积极做好参政议政工作

1.提前做好政协全会提案工作。一是提前对参政议政工作进行布置。在“两会”召开前，市委会及时组织各支部主任和会员中的市政协委员参加参政议政工作会，布置“两会”中提案和建议工作及调研工作，并向各支部下发了《关于做好“两会”参政议政工作的意见》的文件，对“两会”参政议政工作做出安排。二是组织开展了调研工作。市委会支持、鼓励基层支部、会员和人大代表、政协委员共进行了30余次调研活动，完成了10余项调研课题。在年初召开的市政协四届二次全会上，市委会和会员共提交提案98件，其中市委会集体提案19件，会员提案79件。《关于大力推进本市地下排水管网改扩建工程的建议》、《关于采取多种措施保障城乡低收入家庭生活水平的建议》、《关于坚决制止恶意突击种树套取国家动迁补偿资金现象的建议》等8件提案被市政协列为重点提案，其中集体提案5件，会员提案3件。其中《关于尽快取缔市内三轮车的建议》的提案，是民进市委连续第三年在政协全会上提出。民进市委在调研中发现，全省各市城内都取消了三轮车，唯有本市的三轮车还在城里营运，而由三轮车引发的交通事故占葫芦岛市交通总事故率的34.1%，三轮车不但干扰交通秩序、破坏城市形象，还存在严重的安全隐患，威胁着市民及车主本身的生命安全，因而取缔三轮车迫在眉睫。但由于三轮车主多是弱势群体，生活大多比较困难，因此取缔三轮车不能盲目进行。为此葫芦岛市委、市政府在两年充分调研的基础上，组织相关部门反复研究、修改，于2011年的4月7日，正式出台了《葫芦岛市政府取缔城区内营运三轮车的通告》。民进市委三年提案终得落实，三轮车成功退出了葫芦岛市交通历史舞台，市民们拍手称快。

2.一如既往做好反映社情民意信息工作。为了提高信息质量，增强会员特别是政协委员参政议政的自觉性，民进市委专门召开了全委扩大会，下发了《关于民进会员中市政协委员做好反映社情民意信息工作的意见》，对政协委员报送信息工作提出具体要求。截至11月末，市委会向市政协报送反映社情民意信息110篇，向民进省委报送58篇，被市政协采用44篇，被市委市政府采用2篇，被民进省委采用36篇，被省委统战部采用7篇，被省政协采用1篇，被民进中央采用3篇。1月份，民进省委对2010年度参政议政工作先进个人和反映社情民意信息工作先进单位和先进个人进行了表彰，民进葫芦岛市委以信息总分在全省各市民进组织中排名第一的好成绩被评为“2010年度反映社情民意信息工作先进单位一等奖”，有 12 名信息员被评为“反映社情民意信息工作先进个人”，有7名会员被评为“参政议政工作先进个人”。3 月份，在葫芦岛市政协召开的反映社情民意信息工作会上，民进市委荣获先进集体一等奖，信息总分位列政协各参加单位第一名。市委会有 2 名领导被评为“信息工作先进个人”，有6名会员被评为“优秀信息撰稿人”，民进会员在会上作了典型发言。

3.扎实有效开展民主监督工作。民进市委积极支持会员中的民主监督员广泛开展各种监督活动。1 月份，市委会 5 名交警执法监督员应邀出席了“葫芦岛市十大爱民交警”颁奖晚会；3 名公安系统监督员到葫芦岛市看守所开展了调研活动，听取了看守所一年来的工作汇报。3 月份，部分监督员参加了市政协学习文史委组织的到葫芦岛市电力公司开展的调研活动。4 月份，民进市委主委刘德兴带领会员中3名公安系统监督员到葫芦岛市公安局走访慰问，向公安机关开展的“开门大走访”活动取得的丰硕成果表示祝贺，并献上了锦旗。民进市委主委、市政协副主席刘德兴以及民进会员中其他5名交警执法监督员还到葫芦岛市交警支队参加了“全市机动车涉牌涉证违法行为集中整治新闻协调会”。民进部分政协委员到市取缔三轮车一站式办公点视察了取缔营运三轮车情况，并在办公点听取取缔办领导的汇报。5 月份，民进市委副主委王建国及其他 3 名公安系统监督员参加了市公安局召开的“开门纳谏”座谈会。部分政协委员还参加了市政协组织的征求意见座谈会，会上，就市政协出台的《关于委员履行职责量化考核办法》提出了意见和建议。7 月份，民进市委中全市软环境建设民主评议的成员在副主委王建国的带领下对市公安局和市发改委开展了民主评议。召开了工作见面会，到市公安局部分基层单位开展了调查、暗访活动，向社区群众征求意见。并组织交警支队及市出入境管理处的服务对象 100 余人及连山区基层派出所管辖的 9 个街道的 50 名群众填写了调查问卷，并抽选 20 人召开了座谈会。民进市委中民主监督员都充分履行了自身的职责。

三、深入开展“四个一”活动。

1.认真开展调查研究工作。为提高参政议政质量，市委会要求会员在会前认真阅读文件、开展调查研究，做好参加会议的准备工作，防止参政议政的随机性、局部性、个人性。会领导及会员积极参加中共市（区）委、政府及部门召开的协商会、座谈会、通报会 40 余人次，提出意见、建议 50 余条，都得到采纳和落实。2011 年，民进市委承担了市政协教育服务体系调研的子课题，接到任务后，民进市委即刻成立以副主委王建国为组长的调研组。上半年，调研组成员深入各县（市）区，对全市幼儿教育的发展情况展开了全面的调研，并形成《树立服务理念办好人民满意的学前教育》的调研报告。5 月份，民进市委还与其他党派形成联合调研组到绥中县永安堡长城和前所现代生态农业园区开展调研，并就永安长城的开发与保护利用情况提出了意见和建议。市委会据此采写的通讯《葫芦岛市五个党派联合调研后呼吁“野长城”保护刻不容缓》被《人民政协报》刊登。7 月份，民进市委 3 名水利系统民主监督员到乌金塘水库就除险加固情况进行了调研。8 月份，民进市委主委、市政协副主席刘德兴带领民进会员中部分教育界别市政协委员到民营幼儿园开展了调研活动。通过这些调研活动的开展，为民进市委更好地参政议政打下了坚实的基础。

2.开展了一系列社会活动。第一，开展了送文化下部队、下基层活动。春节前，市委会组织 3 名书法家到驻葫某部队慰问，现场写春联 100 余副，创作书法作品 20 余幅，深受部队官兵的欢迎。市委会文化支部还组织本会艺术家，到 6 个县（市）区慰问，送去了 6 台文艺节目。第二，开展了慰问执法部门活动。市委会组织会员中政协委员及民主监督员在中秋节、除夕等节日慰问一线执勤民警 10 余次，为执勤民警送去了鲜花、月饼、饺子等慰问品。第三，开展了爱老敬老活动。1 月份，市委会到部分老会员家中进行走访，送去各种会刊等资料。4 月份，民进龙港支部组织全体会员到龙港区双树乡敬老院慰问，看望孤寡老人，并为老人们带去近 1 000 元的生活用品。重阳节，市委会和连山工委一起看望退休老会员，并为他们购买了小米等养生食品。第四，开展了扶贫帮困活动。5 月份全国助残日，市委会与其他各党派一起到市特殊教育学校去慰问，并捐赠现金 3 500 元，帮助残疾儿童购买学习用品。8 月份，市委会联合市委统战部及其他各民主党派到建昌县汤神庙镇酒局杖子村开展“同心情暖贫困学子”活动，向 8 名家庭贫困的大学生捐助助学款 24 000 元。此外，民进会员中市政协委员在市政协开展的“同心托起大学梦”—市政协委员资助贫困大学生活动中捐款 10 000 元，帮助 31 名贫困大学生顺利迈进大学校门。第五，开展了送医下乡活动。11 月份，民进市委组织卫生支部全体会员到连山区钢屯镇卫生院开展现场义诊活动，为前来咨询的群众进行了细致的健康检查，并热情的提供了心理咨询、疑难病例分析等服务，受到当地群众的普遍欢迎。

3. 积极开展了引资活动。在引资方面市委会做了积极努力。和龙港区支部帮助湖南和吉林商人来本市考察投资，帮助他们在本市成立美容美体商务会馆，到位的投资金额已达到 3 800 万元。还有投资金额为 700 万元人民币的贵金属商行项目正在洽谈中。为本市经济社会发展作出了贡献。

4. 开展了爱岗敬业活动。市委会号召全体会员在本职工作中不断取得新成绩，争当表率，在不同的工作岗位上发挥自己应有的贡献。各支部都结合实际开展了形式多样的“爱岗敬业”系列活动，在职会员都争当先进和骨干，部分支部还树立了自己的典型会员。有 80 余名会员受到了本单位或上级单位的表彰，在本单位树立了民进会员的新形象。

【领导成员名单】

主任委员　刘德兴

副主任委员　王建国　曲玮晶（女）
　刘英伟（女）

（孙　玲）

中国农工民主党
葫芦岛市委员会

【概况】　中国农工民主党是以医药卫生界高中级知识分子为主，由一部分社会主义劳动者、社会主义事业建设者和拥护社会主义的爱国者组成的政治联盟，是接受中国共产党领导、同中国共产党通力合作的亲密友党，是进步性与广泛性相统一、致力于中国特色社会主义事业的参政党。

中国农工民主党葫芦岛市委员会于 2003 年 12 月 8 日成立，于 2009 年 6 月 5 日召开第二次全体党员大会，二届委员会由 9 名委员组成，其中主委 1 人，副主委 3 人；党派机关专职驻会秘书长 1 人；市委会下设 4 个基层支部；全市现有农工党党员 54 人，其中具有高级职称的 29 人，中级职称的 11 人；党员中有市政协委员 9 人其中常委 3 人，县（市）区政协委员 5 人，其中常委 3 人。

【主要活动】　2011 年，农工党葫芦岛市委在农工党辽宁省委和中共葫芦岛市委的正确领导下，在市委统战部的大力支持和指导下，以中共十七大和农工党十四大精神为指导，深入贯彻落实科学发展观，树立和践行社会主义核心价值体系，围绕制定“十二五”规划，履职献计。一年来，不断加强自身建设、提高参政议政的能力，认真履行参政党职能，深入开展“ 同心”工程“四个一”活动，积极发挥地方组织的作用，圆满地完成了各项工作任务，树立了良好的社会形象。

一、自身建设不断加强。

农工党市委始终把加强自身建设作为工作重点，思想建设、组织建设等各方面常抓不懈，与时俱进，不断适应新时期参政党建设的需求。

1. 思想建设

（1）加强理论学习，提高政治素质。在巩固树立和践行社会主义核心价值体系学习成果的基础上，今年按照农工党省委和市委统战部的安排部署，农工党市委深入学习贯彻胡锦涛同志“七一”重要讲话精神，学习胡锦涛同志在辛亥革命 100 周年大会上的讲话，学习中共十七届六中全会重要精神。在思想上牢牢把握以中国特色社会主义为发展道路，以中国共产党的领导为核心的政治理念。

（2）注重宣传活动，增长理论知识。在庆祝中国共产党建党 90 周年宣传教育活动中，在农工党辽宁省委的号召下，集中学习中共党史、各民主党派发展的历史及统战理论知识。发放学习资料、订阅《前进论坛》，引导党员们自觉学习。积极组织党员参加《纪念中共建党90周年和前进论坛创刊50周年知识竞赛》答题活动，参与率达到了100%，通过答题活动党员们增长了知识，提高了政治素质。

市委举办了“庆祝中国共产党建党90周年红歌会”，党员们以饱满的政治热情讴歌了伟大的中国共产党，抒发了热爱中国共产党、热爱祖国的情怀。

（3）积极参加培训，树立良好形象。积极组织党员参加农工党省委、市委统战部、市政协举办的各类培训班及讲座。机关干部及相关党员参加了省委机关举办的各类业务能力培训班。2名党员参加了第8期党派成员轮训班，王红鑫同志担任班长职务，并出色完成任务。王红鑫、杨文两名同志还获得了培训班统战理论知识竞赛第一名的良好成绩。李秋艳、杜熹陟2名党员参加了市委统战部举办的第6期非中共中青年干部培训班，李秋艳同志担任培训班班长职务，在一个半月的学习培训中，很好地发挥了组织、协调和为老师、同学服务的作用，受到了师生的一致好评。多名党员参加了市政协、市委党校、市图书馆等单位举办的文化大讲堂等活动。

2.组织建设

（1）领导班子建设。市委非常重视领导班子建设，在工作中班子城员都能以大局为重，把工作放在首位。大家都能敞开心扉，交流思想，就一些重大问题进行集体商议，既有民主又有集中，努力实现各项决策的科学性与实效性。

（2）机关建设与制度建设。市委机关建设不断完善。市委机关及时完成了农工党市委的各项工作，履行好参政党的职能，认真落实农工党省委、市委统战部下达的各项工作。一是做好参政议政工作，积极参与农工党省委、市政协开展的调研活动并认真撰写调研报告，收集整理提案和社情民意信息。二是逐步建立和完善了各项规章制度，定期召开主委办公会、全体委员会，制定组织发展计划，规范考核发展新党员程序，机关工作逐渐步入了规范化、制度化、科学化的轨道。三是努力做好服务工作，及时与领导和党员联络，发挥纽带和桥梁作用。不断加强与农工党省委和中共葫芦岛市委统战部的工作联系，使政务畅通并及时完成上传下达的各项任务。四是协助各支部开展社会服务活动并做好宣传工作。一年中，及时宣传市委及各支部所开展的各项活动，在《葫芦岛日报》刊登了2篇宣传文章，在省政协友报刊登了1篇宣传文章，向市政协网站投稿6篇，向省委网站投稿4篇，《葫芦岛政协》、《辽宁农工》等刊物多次刊登了市委及各支部的活动。

（3）基层组织建设。市委非常重视基层组织建设，支持鼓励各支部开展形式多样的活动。2011年，各支部活动次数有所增加，形式和内容有所创新。市委对各支部给予了一定的资金支持，除了扶贫议诊、捐资助学和科技支农外，二支部还开展了“爱我中华，登我长城”活动，三支部组织党员开展了到辽阳温泉度假村参观学习的活动。

在人员发展的基础上，为便于基层组织开展工作，在中共市委统战部和兴城统战部的支持下，2011年底农工党市委成立了兴城支部，这是农工党葫芦岛市委在基层组织发展上的一大成果。

（4）做好组织发展工作。多年来，市委在发展党员上始终坚持发展是为了工作和在工作中发展的原则，控制数量、保证质量。2011年共考核发展了7名新党员，其中三名是新阶层代表人士，填补了本市农工党员中没有新阶层代表人士的空白；一名是环境监测领域的工作人员，增加了“人口资源、环境保护”的新领域。到年底，党员总数已达到54人。

二、围绕市委和市政府的中心工作，积极参政议政

农工党葫芦岛市委共有市级政协委员9名，其中常委3名，县级政协委员5名，其中常委3名。市委领导多次参加中共葫芦岛市委和市政府举办的各种民主协商会、座谈会和情况通报会，就本市具有全局性、战略性问题积极建言献策；党派中的政协委员多次参加政府有关部门的行风监督、评议座谈会，就本市的行风建设积极发挥民主监督作用。

党员中的6名政协委员担任了交通局、审计局、国土资源局、检验检疫局、统计局、城投公司等部门的民主监督员，2名政协常委分别担任了经科、医药界政协委员活动小组的组长，他们

在社会调研和民主监督中发挥了积极的作用。

政协委员充分利用人代会、政协会作为平台，在市政协四届二次会议上，农工党市委以集体和个人名义共提交了16份提案，各项提案都得到了相应的落实和答复，其中王宏同志撰写的《应加快实施新的生活饮用水卫生标准》和齐立群同志撰写的《建议对锦葫路两侧进行统一规划，打造我市另一景观大道》2项提案被市政协列为重点提案，发挥了比较重要的作用。

在四届三次市政协全会上，6名市政协委员获得了葫芦岛市优秀政协委员称号，他们是卢广金、刘英、齐丽群、赵一明、刘梦佳、王宏。刘英同志还获得了优秀民主监督员称号，农工党市委获得了优秀提案集体、优秀调研报告的荣誉。

另外，市委的社情民意信息工作也有了很大的起色，2011年度共撰写社情民意信息17条，被市政协采用了8条。向农工党省委报送社情民意信息2条，其中王宏同志撰写的《关爱色盲、色弱群体使他们一样可以拥有驾驶机动车的权力》信息被农工党中央采用。

三、积极开展同心工程"四个一"活动

1.开展社会调研，提高参政能力。2011年，农工党市委积极参加市政协关于医药卫生体制改革的专题调研活动，调研共分六个专项题目，农工党市委承担了第五组关于新农合改革的调研工作，并形成了《搞好新型农村合作医疗稳步推进医改工作全面实施》的调研报告，市委副主委卢广金同志在政协常委会上做了专题发言。党员刘英同志参与了"推进我市服务业加快发展"的专题调研，并完成了《适应时代发展 打造网上商城加速我市电子商务的发展》的调研报告。

2.做好社会服务，促进社会和谐。捐资助学、扶贫帮困一直是农工党葫芦岛市委多年坚持的社会服务活动。2011年在帮扶活动中主要做了以下几项工作：一是市委主委赵珉珉同志，继续个人出资捐助就读于中国医科大学的贫困学生，帮助她完成学业。二是市委在统战部的统一组织下到建昌县汤神庙镇酒局杖子村进行扶贫帮困，给村民们送去了化肥，还一帮一捐资助学，出资3 000元，捐助了一名大学生。三是坚持多年的捐助特教学校活动，在每年的助残日活动中，向特教学校捐资500元。

各支部活动特色鲜明：第一支部坚持开展义诊活动。2011年6月农工党葫芦岛市委第一支部结合"中国环境与健康宣传周"活动，以"人居环境与健康"为宣传主题到连山区寺儿堡镇敬老院开展了义诊、宣传活动。他们带去了千余元的常用药品，为老人们进行了健康检查与咨询，并为他们每人量身购买了一件半袖衫，向他们宣传保持人居环境卫生促进身体健康的科学知识。

第二支部坚持开展捐资助学活动。2011年，农工党葫芦岛市委第二支部到连山区山神庙子乡九年一贯制（寄宿）学校开展了捐资助学活动。他们事先与校方联系，了解学校及学生们的需求，得知该学校有30名住校生，而且多数学生家庭比较困难，床上用品五花八门，新旧不一，于是决定给住校生每人赠送一套床单、被罩、枕巾，利用休息日送往学校，使宿舍管理整齐划一。

第三支部坚持开展科技支农活动。在第二十三届"国际科学与和平周"之际，到兴城市沙后所镇新民村开展了科技支农活动。这次活动，本着理论与实际相结合的原则，把村民们集中起来讲解了当前实用的设施棚菜高产栽培技术、病虫害防治技术以及农业生产与气候气象分析等方面的知识并向他们发放书籍。带领农民实地走进大棚中，分析讲解了每一个蔬菜大棚中存在的问题与隐患，针对农民们种植的辣椒、芸豆、西红柿等不同品种，教会他们如何喷施叶面肥、浇水、控温等生产技术，还向农民们赠送了价值 2 000多元的叶面肥。

市委机关干部积极参加各项社会公益活动，坚持开展拥军活动等。市委机关在农工党辽宁省委的帮助下，为市图书馆争取到了红十字巴蜀基金会捐赠的价值10万余元的图书，这些港版图书丰富了本市馆藏图书的品种和数量。

3.做好引资引智工作。市委鼓励在高新区发展局工作的刘英同志积极发挥作用，2011年，她通过自身的努力，协助中联节能、京东呋喃公司等企业落实科技资金支持200余万元。

4.立足本职工作，崇尚爱岗敬业。农工党市市委 54 名党员都在各自的岗位上圆满地完成了本职工作，树立了农工党员良好的社会形象。

2011 年，在市中心医院中层干部竞聘上岗中，有7名农工党员经过综合考评、民主投票而担任科室主任的职务，其中仇晓玲、王悦是新当选的科室主任。于铁峰调到市中心医院担任副院长并任第三医院院长职务；齐立群、王悦获2011年市中心医院先进生产工作者称号；郜丽君获2011年市中心医院劳动模范；衣同军晋升为主任医师。刘英获得农工党辽宁省委授予的社会服务先进个人荣誉称号；杜熹陟调到人社局信息中心任副主任；杨文晋升为正高级职称；李冬梅被卫生局党委评为岗位标兵。马惠娟获得市建功立业标兵称号；龚克获得葫芦岛市直机关目标责任考核先进个人；杨柳获得了市政协评选的提案答复先进个人及市财政系统评选的调研报告一等奖；姜文祥获锦西石化医院先进个人；刘梦佳担任人社局考试中心副主任；张晋一获得市实验中学先进个人荣誉；李秋艳获得兴城市统战工作先进个人称号；驻会干部王宏获得了农工党中央社情民意信息工作先进个人、省委社会服务工作先进工作者荣誉称号，以及市政协、市委统战部的信息、宣传工作等各项表奖。

【领导成员名单】

主任委员　赵珉珉（女）

副主任委员　马德发　张　敏　卢广金

（王　宏）

中国致公党葫芦岛市委员会

【概况】　中国致公党葫芦岛市委员会成立于2003年12月，在2009年6月召开了致公党葫芦岛市第二次党员大会，进行了换届。根据党员人数的递增，市委会委员组成进行了调整，现有市委委员9人，其中有主任委员1人，副主任委员3人，秘书长1人，至2011底共有党员108人，其中大专以上103名，有高级职称21名，中级职称36名，担任副处级以上职务3名，副科级以上15人，党员平均年龄42岁。市委会下设一个总支5个支部。党员中有区政协常委2人，委员4人。有省政协委员1人；市政协常委3人，市政协委员18人，区政协常委2人，区政协委员4人。

【主要活动】　2011年，致公党葫芦岛市委在致公党辽宁省委和中共葫芦岛市委的正确领导下，以邓小平理论、“三个代表”重要思想为指导，深入贯彻落实科学发展观，学习践行社会主义核心价值观体系，切实加强自身建设，认真履行参政党职能，团结和动员全体致公党党员，齐心协力谋发展，尽心竭力惠民生，凝心聚力促和谐，为推进葫芦岛市社会全面进步作出了一定贡献。

一、履行参政党职能，积极做好参政议政、民主监督工作

抓住工作重点积极参政议政。致公党葫芦岛市委在四届二次会议上共提交集体提案18份,所有提案都贴近葫芦岛市经济发展实际，质量高，重点突出，3份被列为重点提案，其中《加大保障房建设力度，确保困难群体住有所居》被列为市政协一号提案。致公党葫芦岛市委组织党员认真学习贯彻落实中共十七大和十七届五中、六中全会精神，以科学发展观为统领，围绕中心，服务大局，深入开展调查研究，向市政协报送了多条有价值信息。有7名担任政协委员的同志被市政协评为优秀政协委员，并受到表彰。

扎实开展专题调研。致公党市委组织党员紧密围绕全市经济发展的重点领域和重大问题深入一线调研，就助推葫芦岛市服务业发展和加快实施品牌战略两大课题进行专题调研，经过进一步的梳理、加工、提炼，形成了《挖掘潜力，拓展市场，促进我市家庭服务业发展》和《加快实施品牌战略，推动品牌战略与经济工作深度融合》两个调研报告，被编入《葫芦岛市政协建言献策汇编》。其中《挖掘潜力，拓展市场，促进我市家庭服务业发展》被作为市政协四届七次常委会专题发言。后经过提炼完善，提交省政协提案。

二、加强自身建设，提高党派整体素质

致公党市委进一步加强和改进基层组织建设，本着“小支部，大作为”思想，充分发挥基层组织坚强作用，根据致公党中央《关于树立和践行社会主义核心价值观体系，推进致公党基层组织建设的通知》和致公党省委工作要点的部署，落实基层组织建设年活动，国庆前夕，致公党葫芦岛市委召开贯彻落实社会主义核心价值观座谈会，基层支部要把学习社会主义核心价值体系作

为一项重要工作来抓，注重把核心价值体系融入到日常生活工作之中，进一步修订完善支部学习制度，把社会主义核心价值体系学习教育作为党员教育培训重要内容，采取灵活多样的方法和喜闻乐见的形式开展活动，基层支部工作活跃，提升了党员的思想境界和精神境界。在 2011 年度中，市委会经过严格考核，有 7 名年轻、政治素质好的人士加入了中国致公党。

三、开展多姿多彩的组织活动，增强组织凝聚力

春节前夕，致公党葫芦岛市委主委李敏建带领机关干部走访了离退休和身体有病及生活困难的老党员，代表市委为他们拜年并送去了慰问金，使这些老党员深切感受到组织上对他们的关怀。在“三八”妇女节举行了座谈会，全体女党员欢聚一堂，主委李敏建代表市委会向全体女党员致以节日的问候和美好的祝愿。在年初召开的全体党员大会暨元宵节座谈会上，对 2010 年全年工作做了总结，对 2011 年工作做了布置。主委李敏建对 2011 年工作提出新的要求，市委统战部常务副部长穆在敏出席会议并代表市委统战部对致公党市委工作表示了充分肯定，会上党员即兴表演了精彩的文艺节目。为庆祝中国共产党成立 90 周年，致公党葫芦岛市委会组织党员开展了一系列丰富多彩纪念活动，使全体党员受到了自觉坚持中国中国共产党领导的多党合作和政治协商制度教育和深刻的爱国主义教育。

四、切实关注民生，搞好社会服务。

致公党葫芦岛市委与市各民主党派联合到当地驻军部队进行慰问，结合军民共建活动开展，选有书法特长的党员，为部队现场写春联 130 余副，致公党市委为该部队图书馆赠送价值 1 100 余元的图书，此项活动深受部队官兵的一致欢迎和赞誉。母亲节，致公党葫芦岛市委与其他民主党派一起赴驻葫武警某部慰问，与战士们共同庆祝这个伟大而美好的节日。致公党市委在建昌县汤神庙镇帮扶了 3 名贫困大学生，党员纷纷慷慨解囊，累计捐款数额达 6 000 余元。

【领导成员名单】

主任委员　李敏建

副主任委员　姚德维　袁　鑫　王庆岩(驻会)

（王庆岩）

九三学社葫芦岛市委员会

【概况】 2011 年，九三学社葫芦岛市委员会有市委委员 17 人，其中主任委员 1 人、副主任委员 4 人。社市委会机关有驻会副主任委员 1 人、驻会秘书长 1 人。社市委会设四部一室。即：组织部、宣传部、参政议政部、科技工作部、办公室。有 3 个基层委员会：锌厂基层委员会、化机基层委员会、市直基层委员会；8 个支社：锦西石化支社、锦化（集团）公司支社、中国化工新材料总公司锦西化工研究院支社、锦西天然气化工有限责任公司支社、市中心医院支社、连山支社、兴城支社、渤海船院支社。全社共有社员 289 人，其中女社员 134 人。具有高级职称的有 185 人，中级职称的有 91 人。全国政协委员 1 人，市政协副主席 1 人、市政协副秘书长 1 人、市政协常委 4 人、市政协委员 22 人、区政协委员 5 人、区人大代表 2 人、民主监督员 17 人。

【主要活动】 加强思想建设，提高政治素质，增强履职能力。以科学发展观为指导，组织带领全体社员深入学习贯彻中共十七大精神，积极参与坚持走中国特色社会主义政治发展道中的政治交接主题学习教育活动。坚持走中国特色社会主义政治发展道路，加强团结合作，体现了中国社会主义民主的本质要求，也是中国共产党十七大报告的重点。学习这些精神，就是要动员全体社员高举中国特色社会主义伟大旗帜，深刻领会科学发展观这一治国方针的重大战略思想。为此，组织了多种学习活动，如组织市委班子成员、基层组织负责人和骨干社员，认真学习中共十七大精神和全国两会精神；组织十余名新老社员参加市委统战部和市社会主义学院组织的民主党派成员学习班；通过学习使广大社员统一了思想，凝聚力量，在实践中切实提高了以科学发展观指导参政党自身建设的能力，增强了走中国特色社会主义政治发展道路的自觉性。

积极参与社省委、市政协、市委统战部组织的“纪念中国共产党成立 90 周年 辛亥革命 100

周年”活动，巩固和发展思想建设的成果。广泛发动社员参加社省委、市政协、市委统战部组织的“纪念中国共产党建党 90 周年”的征文、书画、摄影等活动。共向社省委报送征文 3 篇，摄影作品 3 篇，向市政协报送书法作品 1 幅，向市委统战部报送征文及摄影作品 4 份。组织观看了胡锦涛总书记“七一”建党 90 周年讲话，进一步感受到了伟大祖国的发展进步，中国共产党的英明伟大，增强了对中华民族伟大复兴的自豪和信心；组织广大社员收看了王珉在十一次党代会上的讲话，使广大社员加深了对辽宁省未来五年的发展有了了解。

开展树立和践行社会主义核心价值体系活动，组织广大社员收看杨佳事迹的光盘、电影《郭明义》，学习师昌绪先进事迹等活动，增强榜样的作用，激发广大社员爱国、爱社的情怀。通过学习广大社员被他们的精神所感动，大家纷纷表示，要把更多的精力投身于社会经济建设中，立足本职，积极参政议政，履行好民主党派的职责。

认真开展统战理论研究工作，学习社章社史及统战理论，推动思想建设和理论研究不断深入开展。组织骨干社员参加社省委、市委统战部举办的各种班训班，针对统一战线理论、社务工作实践、多党合作理论等课题开展专项讲座，提升了参加培训的骨干社员的思想素质。组织社员参与社中举办的“富得宝杯”纪念中国共产党成立 90 周年辛亥革命 100 周年暨社章社史知识竞赛活动，增进了对九三学社社史的了解，激发了社员对九三学社的热爱和自豪感。积极参加社省委举办的理论研究年会，很多骨干成员提交的理论文章获得社省委的奖项。2011 年，社市委进一步完善了统战理论研究工作机制，在年初召开全委时向每个基层组织分配了理论研究的任务，共收集到各基层组织和社员的理论研讨文章 10 篇，报送市委统战部 1 篇，报送社省委的统战理论研讨会 3 篇。在今年的统战理论研讨会上，社市委共有 4 篇文章荣获“2010 年度九三学社辽宁省统战理论思想研究优秀成果奖”。

推进组织建设，提升素质和活力。社市委继续开展“基层组织建设年”活动，把基层组织履行职能，发挥基层社员的重要作用为目的，提高广大社员的参政议政的能力和水平。6 月份，全省基层组织建设年推进会在本市召开，在会上市委会作了经验介绍。

围绕中心、服务大局、参政为民，积极履行参政党职能。一年来，市委会注重发挥九三学社特色，坚持以科学发展为中心，立足本市经济、社会发展实际，依托自身优势，凝练课题，加强调查研究，精心组织好参政议政调研工作以及社情民意(信息)工作，不断提高参政议政的水平。

课题调研作为年度重点工作，市委会高度重视。3 月份，市委会专门召开了全年工作部署会议，刘凤之主委亲自部署了今年的调研、反映社情民意信息工作。根据当前市委、市政府关心的重点问题，经过对比筛选，市委会按照基层组织为单位，要求每个基层组织必须提交一份调研报告，每个基层组织的负责人要亲自参与调研，亲自主笔。同时要充分发挥九三学社各级政协委员的作用，市委会还将市政协委员分成了四个小组，并确定了调研题目。完成了《关于加强我市出租车规范管理的建议》的调研报告，并上报市政协，得到了市政协的采用。

在市“两会”召开前夕，市委会专门召开了会议，研究、确定今年的集体提案。在市政协四届二次会议上，社内政协委员围绕本市科技创新、城市建设、旅游发展、食品安全等课题提出了集体提案 19 份，个人提案 35 份。集体提案《关于加强我市食品安全监管的建议》被市政协列为重点提案，并由分管副主席包案，已得到了市卫生局的答复。

全年市委会共向市政协、社省委上报信息 86 条。其中，《关于取消对收养婴儿在户口簿相关项目登记的建议》、《关于进一步提高个税起征点的建议》被全国政协采用，《关于市民哄抢食盐应引起重视》得到了省、市领导的批示，《关于市民哄抢食盐应引起重视》、《中等职业学校招生难问题分析与建议》被中共辽宁省委采用，《关于市民哄抢食盐应引起重视》、《关于进一步强化网吧管理的建议》、《中等职业学校招生难问题分析与建议》被中共葫芦岛市委采用，《建议大力整治开发商不合理收费》等 26 条被市政协采用。

市委会加大了对外宣传工作的力度。《九三学社葫芦岛市委呼吁规范高考加分项》、《九三学社葫芦岛市委呼吁加强团购网站的监管》、《林下水土流失应引起重视》3篇在《人民政协报》发表，《组织专家出点子助农增收》等14篇在《友报》上发表，《加强我市出租车行业的规范管理》等4篇在《葫芦岛日报》上发表。

以“四个一活动”为平台，加大社会服务力度。市委会加大社会服务的力度，继续开展“百名专家进乡村入学堂活动，进行法律和医疗知识的宣传，为和谐社会建设贡献力量。

“三八”妇女节之际，市委会组织女社员到市中心血站进行义务献血，通过此次活动，增强了女社员为社会做贡献的责任感、使命感，也增强了女社员在党派中发挥作用的主动性。“三八”妇女节前，连山支社骨干社员到连山区北院社区进行义诊活动，到锦郊街道锦北村进行法律宣讲教育活动，积极参与市委会开展的义务献血活动。

在第19个助残日来临之际，市委会到市特教学校进行慰问，并捐款。在高考后，市委会响应市委市政协关于扶助农村贫困大学生号召，出资3 000元帮扶建昌县贫困学生满大学梦。同时市委会号召全体社员向身边有困难的学生伸出援手，共收集资金5 000余元，帮助那些贫寒学子。

爱岗敬业活动也取得了显著成效。广大社员立足本职、爱岗敬业，产足于本职，发挥自身优势，服务于社会。市委会被社省委评为2007～2011年度社会服务工作、妇委会工作先进单位，连山支社被评为“2007～2011”年度社会服务先进基层组织，社市委被评为2010年度的政协信息、统战信息先进单位，荣获市政协优秀新闻奖1人。还有多人被评为本系统的省、市先进个人。

市委会始终把发展作为第一要务，紧紧围绕中共市委、市政府中心工作任务，认真做好招商工作。在多方努力协调下，积极开展招商引智工作。经过多方努力，终于引进“葫芦岛城网配套电力承装有限公司”落户打渔山工业园区，为本市经济工作出了积极的贡献。

广泛开展“第23届世界科学与和平周活动”。为贯彻落实科学发展观的理论学习，充分发挥九三学社科技人才优势，推进科学发展观深入基层，树立以科学发展观指导工作的理念。九三学社市委按照社中央、社省委工作部署要求，在第23届世界科学与和平周来临之际，组织医疗专家、科普专家等7人，积极参与到社省委的“百名专家乡村学堂讲科普”活动之中，把科学的思想、科学的理念深入到基层，深入到农村，普及到乡村学堂。11月7日九三学社市委会在赵玉霞副主委的带领下，在连山区北院社区开展义诊活动。为近150余人开展医疗问诊、义务咨询，并发放预防和治疗糖尿病知识宣传材料100余份。

“国际和平周”期间，市委会发动社员捐献衣服，参与社省委妇委会组织的扶贫帮困活动。共收集衣物千余件，扶贫资金5 000元，于11月12日，在社省委副主委张和平的带领下，送到了连山区钢屯镇楼房村的贫困户手中，为严寒中的百姓送去了九三学社的爱心和关爱。

【领导成员名单】

主任委员　刘凤之

副主任委员　张明义　赵玉霞（驻会）

于德复　周华文

（张亚莉）

工商联

【概况】 工商业联合会是中国共产党领导的面向工商界、以非公有制企业和非公有制经济人士为主体的人民团体和商会组织，是党和政府联系非公有制经济人士的桥梁纽带，是政府管理和服务非公有制经济的助手。2011年，葫芦岛市工商联在葫芦岛市委、市政府的领导下，在上级工商联的指导下，按照市委、市政府的工作部署，以科学发展观为统领，紧紧围绕全市工作中心，认真抓好非公有制经济发展工作，不断壮大区域经济，取得了良好效果。

【深入基层开展调研】 由常务副主席刘凯带队，5月份到6个县（市）区工商联开展调研，认真了解基层工商联的现状和存在困难。重点了解学习贯彻中央16号文件和省委6号文件的情况。截至11月份，本市6个县（市）区的工商联换届工作圆满完成。市工商联在调研中对每个县（市）区对2～4个不同类型的民营企业实地了解情况，为市工商联换届等工作打下了坚实的基础，同时至12月初，市工商联的换届材料已经全部完备，只待市委批准开会。

【创新宣传工作方法 为民营企业搭建舞台】 加大宣传工作力度，为民营经济展现自我提供一片天地。具体做法是收编《葫芦岛企业家》杂志社，市工商联成为主管部门，指导该刊物 围绕全市工商联工作开展和全市民营经济发展动态等进行宣传报道，办成有工商联特色的刊物以飨读者；在《葫芦岛日报》第四版上开设民营经济专版，每周一期，报道全市民营经济的发展动态，弘扬民营企业的发展精神；在葫芦岛电视台开设专栏，多角度、多视野地宣传民营企业的典型事迹，为民营经济鸣锣开道，鼓劲加油。

为了更好地促进本市民营经济健康发展，引导民营经济人士健康成长，树立民营经济形象。方便关心、关注民营经济的读者及领导系统地阅读和保存“民营经济”，也为葫芦岛民营经济发展留下历史的印记，编印了“2011民营经济”合订本，此项工作已在12月31日顺利完成。

【开创培训工作新渠道】 定期在北京、浙江、上海等地请一些知名学者来葫讲学，就企业管理、风险回避、投融资、无风险上市等进行培训，还将开办国学、养生等内容讲学，多方位充实和丰富民企管理人员的知识，促进个人修养的提高。已与北京汉卓律师事务所签署了合作协议并于6月11日在本市进行了首次培训，260多名民企管理人员参加，就民企融资、企业长寿密码、无风险上市等问题进行培训，从反馈看效果良好。

【开展维权服务工作】 主要是在连山区和龙港区调研中根据民营企业反映的一些困难，主动与工商、国税、地税、消防等部门协调沟通，帮助民企解决一些困难。为了做好维权服务，同法院、检察院建立联系，帮助民营企业解决经营中的一些困难，维护了民营企业的利益，促进了本市发展环境的建设与改善。

【认真履行参政议政职能】 一是调动工商联界别政协委员在社会事务上发挥作用，号召委员多开展社会调查。二是在政协大会和平时多提有关民生方面的提案。重点完成全市物业管理情况的调研，适时提交政协进行协商，真正体现为民办好事、办实事上来。三是利用市委、政府的通报会、座谈会、协商会等机会，向市委、政府提出建设性意见，为党委政府制定出台促进民营经济发展方面的政策措施提供可靠的依据。

【加强综合治理】 2011年，市工商联认真按照综治委综治工作相关文件和会议精神及综治工作的部署和要求，紧紧围绕市委、市政府的中心工作，以维护稳定构建和谐社会—和谐葫芦岛为目标，以安全防范作为重点，为本市经济建设与发展做出积极贡献。以建设“富庶文明幸福新辽宁”为目标，结合工作实际，有计划、有重点、有措施，积极维护非公有制企业及非公有制经济代表人士的利益，为促进本市经济和社会和谐发展做了大量工作，扎实推进综治工作。坚持以人为本，为民营企业服务为中心的工作理念，根据本市民营经济发展速度加快对工商联工作带来的新问题，不断改进和创新工作方法和工作思路，通过简报宣传、考察调研、参政议政、法律维权等工作结合，以服务为主体，以宣传为重点，全面推进本市民营经济的建设与发展。化解矛盾、消除隐患、避免冲突、和谐共建，从未发生过任何矛盾冲突事件及刑事治安案件，完成了综治工作责任目标。

【领导成员名单】

主　席　王宝军（不驻会）

党组书记　韩　平（兼）

常务副主席　刘　凯

（王　博）

人民团体

总工会

【概况】 2011年，紧紧围绕市委市政府的中心工作，牢牢把握“十二五”规划的宏伟目标，按照省第十一次党代会、省总十大的总体部署，认真谋划，突出重点，明确责任，加紧实施，各项工作任务得到了有效落实，取得了较好进展。

【激发全市广大职工的创造活力】 在全市范围内开展建功立业活动。在深入县（市）区和企业调研的基础上，以市委、市政府文件的形式下发了《2011年葫芦岛市劳动竞赛方案》，以“工人先锋号”为载体，对全市竞赛活动进行了全面部署，通过督促检查评比和经验交流，拟在年末召开全市班组工作经验交流会议并表彰50个工人先锋号、50个先进班组、50名优秀班组长和以个人姓名命名的20个“明星班组”；开展职工技能培训，促进高技能人才成长，通过筹备葫芦岛市第七届职工技能大赛，进一步激发广大职工的智慧和能量；关注关爱劳模成长进步，充分发挥劳动模范的引领带动作用，共走访慰问劳动模范116人，动用资金10余万元，推荐全国五一劳动奖章4人，省五一劳动奖章14人，奖状2家。另一方面，充分利用一台、一报、一刊这一职工文化宣传阵地，借去年葫芦岛第四届劳模大会的东风，有计划有步骤地对各条战线涌现出来的劳动模范进行了系统的宣传，大力弘扬劳模精神和工人阶级伟大品格，结合工会维权工作各类报刊共发表157篇，制作电视节目40期；围绕建党90周年活动，大力开展红歌演唱会、诗歌朗诵会，极大地激发了广大职工爱党爱国爱家乡，共建和谐葫芦岛的热情；以“创建学习型组织，争做知识型职工”为载体，推动“职工书屋”建设。截至年底，共创建全国职工书屋示范点10个，省级3个，市级65个，较好地发挥了工会的教育阵地作用，提升了职工队伍素质；着力抓好葫芦岛市工会第四次代表大会的筹备工作。严格按照《中国工会章程》的有关规定，做到换届筹备工作紧张有序，依法依规进行，取得了阶段性成果。

【基层工会组织建设】 在组织建设上，以省总下达的任务为目标，以乡镇街道工会干部专职化和行业工会干部职业化为突破口，以县（市）区企业建会为重点，调动整合一切力量，不留死角，不留退步，紧盯指标，层层推进，全面铺开了建会工作。第一，年初召开了全市工会组织工作会议进行全面部署。通过详细的调查摸底，在掌握全市企业地区分布和建会情况下，拟定了2011年全市企业建会涵盖法人单位净增1 500家，选配乡镇街道专职工会主席70名，选聘社会化工会工作者10名的工作目标。在会上进行指标分解，签订目标责任书，为建会工作开展奠定了基础。第二，强力推进乡镇街工会干部专职化。作为工作的重点难点，组成了以市委常委、工会主席陈德良为组长的专题调研组，深入到6个县（市）区进行调研督导，就工作中需要解决的干部职级、干部指数等问题现场办公，取得了明显成效。坚持试点先行、典型示范的工作思路，召开了葫芦岛市乡镇（街道）工会主席专职化工作现场会，绥中县委、县总工会介绍了推进工作的成功经验，起到了很好的示范效应。年底前，全市将实现80%的乡镇（街道）配备副科级专职工会主席，100%的乡镇（街道）配备专职工会副主席的工作目标。第三，开展社会化工会工作者的选聘工作，为行业工会联合会的建设铺平道路。选聘社会化工会工作者定位在抓行业工会联合会建设上，研究制定了关于切实抓好社会化工会工作者选聘工作的专题文件，对抓好社会化工会工作者选聘工作的重要意义、目标要求、组织领导都提出了明确要求，作出了相应规划。全市现已选聘社会化工会工作者 13 名，完成年初计划的 130%。市总也切实加大了对此项工作的支持力度，全年拿出 12.6 万元用于社会化工会工作者的工资待遇。全市企业建会涵盖法人单位 2 631 家，其中企业独立建会 1 437 家，建区域、行业性工会联合会 188 家，涵盖企业法人单位 1 006 家，全市共发展会员 23 000 名。组织开展了模范职工之家和优秀工会工作者的评选表彰工作，全市共表彰模范职工之家 80 个，先进职工之家 80 个，模范职工小家 52 个，优秀工会工作者 96 名，优秀工会积极分子 47 名，优秀工会之友 38 名。

【建立维护职工的“安全网”】 10 月 21 日，根据省委、省政府的要求，在葫芦岛市总工会的认真筹备下，葫芦岛市委、市政府召开了葫芦岛市和谐劳动关系建设工作会议，会上通报了本市和谐劳动关系建设工作情况，市委书记代表市委、市政府对今后开展和谐劳动关系建设工作作了讲话，会议下发了《葫芦岛市和谐劳动关系建设工作实施意见》，对这项工作作了制度性安排，为今后更好地做好这项工作提供了保障。二是在开展工资集体协商上，结合葫芦岛市实际，制定了《关于深入推进葫芦岛市工资集体协商工作的意见》，拟以市委市政府文件的方式下发，作为推进本市工资集体协商的纲领性文件，指导全市这项工作的顺利开展。三是抓住贯彻《劳动法》、《劳动合同法》、《辽宁省集体协商和集体合同规定》这一契机，会同市人大市政协加强了对工资集体协商制度落实情况的监督检查，为开展工资集体协商工作奠定了基础。四是开展了“百日要约行动”。为了加大力度，把劳动合同和集体合同工作纳入到了《在全市工会系统开展创先争优竞赛活动考评方案》中，在调查摸底的基础上，市总工会共向 58 个用人单位发出了签订工资集体建议书，县（市）区总工会共发出要约书 310 份。同时，采取多种形式，积极宣传贯彻《辽宁省工资集体合同规定》，并以此为依据，进一步推动工资集体合同工作的开展，收到了较好的效果。本市的宏跃集团、绥中县建筑行业率先签订了民营企业和行业性工资集体协议。五是以创建劳动关系和谐企业为载体，促进职工队伍稳定。从今年 3 月开始，在全市企业中开展了“2011 年度模范劳动关系和谐企业（工业园区）评比”活动，促进了劳动关系的稳定和企业的发展，在此基础上，市劳动关系三方联合考察推荐两家企业申报省级模范劳动关系和谐企业（工业园区）。六是发挥劳动关系三方机制作用，定期开展劳动关系问题的研究探讨，协调解决了一系列的劳资纠纷。在具体处理劳动争议工作中，独立裁决了 11 件劳动争议，参与市仲裁委组织的重大疑难案件评议 5 次，为 5 起 15 名工人和农民追讨工资、申请法院强制执行、仲裁、诉讼提供法律援助，代写法律文书 13 件，提供法律咨询 110 多人次。积极参与葫芦岛市开展的“社会矛盾纠纷化解年”活动，参与处理有重大影响的职工群体上访（原公汽公司 105 人、原南票水泥厂退休职工 200 人）2 起。接待来访 67 件次，人数 680 余人，电话访 77 人次。

【为困难职工和会员群众排忧解难】 2011 年，市总从两个方面进行了深入的尝试和拓展。一方面，紧紧围绕困难职工帮扶救助这个主题，为困难职工、下岗失业职工提供帮助。全年救助困难职工 13 647 户，发放救助款（物）合计 360 万元。其中，春节送温暖 180 万元，救助 12 316 户，同时采购大米 60 000 公斤，为困难职工送去了党和政府的温暖；送清凉活动投入资金近 26.6 万元，走访 11 个工地，慰问一线职工 17 300 人；金秋助学共投入资金 62.8 万元，资助 306 名寒门学子圆梦大学；送亲情投入资金 12.53 万元，购买月饼 2 400 公斤、珊瑚绒毯 960 条、洗漱袋 1 400 个、洗衣液 86 箱、电话充值卡 680 张；“五一”国际劳动节投入 2 226 元，为困难劳模购买了 53 套《心理健康法则》和《运动养生金处方》，为困难劳模的身心健康提供帮助。重视源头参与和就业引导，为下岗失业职工提供帮助，并形成了《关于我市下岗职工生活现状和就业状况的报告》，为政府在企业用工、公益岗位利用等方面发挥了参考作用；开展“春风行动”，为下岗失业职工择业提供平台。现场招聘会有2 550人和170家企业参加，480 人达成了就业意向；以市总再就业中心为龙头，全面动员各级工会开展下岗职工就业培训，共培训下岗失业职工6 015人，超额完成省总3 720人的培训任务，70%获得了专业等级证书，实名制安置3 300人，比省总下达的安置任务多安置300人；扩大《社会保险法》和再就业优惠政策的宣传，为职工特别是困难职工提供政策指导。另一方面，拓展为会员群众服务的领域，让工会的服务更多地惠及会员群众。一是继省总“工会会员光明康复行动”之后，市总工会联合本市何氏眼科医院开展免费救治白内障和青光眼活动。经过市总的精心组织和广泛宣传，有1 200人报名参加，最后有400名会员符合条件，做了康复手术，为每名职工节省医疗费用 5 700元，整个活动为会员群众节省医药费240万元。二是联合长虹集团开展了“工会关爱职工、长虹情系滨城”扶贫帮困活动，为困难职工家庭赠送长虹液晶电视10台，为300名困难职工购买电视提供15万元的资金支持。三是市总工会联合葫芦岛市中心医院免费开展“痔愈”活动。四是组织市心理咨询专家团队深入企业义务开展以“从富士康事件看员工心理健康与企业安全”等为主要内容的心理健康知识讲座32场，受益职工近5000人，在3月召开的“中国企业EAP专家大会暨管理模式创新研讨峰会”上，市总心理咨询中心被评为“中国员工心理帮助计划 2010 年度人文关怀先进单位”，得到省总工会的充分肯定。五是开展了女职工“关爱行动”，启动“困难女职工、女农民工妇科癌症筛查”及救助工作。本次活动省总划拨资金6万元，市总配套资金6.14万元，为本市开展好“关爱行动”提供了经济上的保证。

【加强工会自身建设】 市总机关和全市各级工会组织在自身素质和工作水平上都有了较大提高。一是在工会自身建设工程上，以学习贯彻落实党的十七届六中全会精神和工会十五大精神为重点，加强工会干部的学习和培训。二是以县(市)区总工会、企事业单位工会分别开展创先争优、星级企业评比活动为载体，推动重点工作实现新突破。2011年，全市工会系统分别在县（市）区工会、市直企事业单位工会中开展了创先争优、星级企业两大评比活动，把经济技术工作、基层组织建设工作、依法维权工作、困难帮扶工作、综合性工作等全部内容纳入考评活动中，通过活动的开展，推动全市工会系统工作上档次、有了新的突破。其中重点推动了工资集体协商工作、工会干部职业化、专业化建设，取得了新的进展。在活动中，把两个载体建设与创新相结合，与调研相结合，与提高工会干部自身素质相结合，与机关评先选优相结合，建立激励机制，激发了基层创新活力。三是以工运学会为依托，组织全市基层及市总机关大力开展工运理论研究，共撰写理论文章和调研报告400余篇。四是经费收缴稳步上升，财务管理进一步加强，女工、技协、审计、信息等工作得到长足发展，各产业工会也结合自身特点，在维护职工权益方面发挥了积极作用。

【领导成员名单】

主　席　陈德良

副主席　刘　明　李林河　甄成立　项长海　罗志岩（女）

（赵艳春）

共青团

【概况】 2011年，团葫芦岛市委认真贯彻落实市委三届十四次全会和团省委十二届四次全会精神，紧密围绕市委、市政府中心工作，以科学发展观为指导，坚持党建带团建，围绕中心，服务大局，紧紧抓住“十二五”开局之年的有利契机，围绕本市经济社会发展大局，切实履行团的基本职能，各项工作取得了良好的成绩。团市委机关在 2009～2010 年度政府绩效考核中被市委市政府记集体三等功；团市委被市委评为党风廉政建设先进单位；团市委机关党支部被市直机关工委评为市直机关先进党支部；团市委被市委、市政府评为2010年度综治工作先进单位；被省预防青少年违法犯罪工作领导小组评为预防青少年违法犯罪工作先进市；“团市委筹集资金24.5万元，建设希望工程快乐音乐教室7所”、“成功刷新吉尼斯世界纪录，提高本市城市影响力”两项重点工作连续两个季度被市直机关工委评为市直机关最佳实事。

【团的组织建设取得稳健发展】 基层组织建设扎实推进。圆满完成了本市 93 个乡镇、33 个街道（社区）团工委、2 个乡镇体制的街道兼职副书记、委员的选配和换届工作，达到 100%的工作目标，本市街道团的组织格局创新工作被团中央作为典型经验向全国推广。全市成立农合组织团委 158 家，在辽宁共青团农村工作会议上介绍工作经验。全力推进“两新”组织团建工作，全市非公有制经济组织建团 270 家，任务完成比例 193%，新社会组织建团 22 家，任务完成比例 110%，覆盖团员青年 5 789 人。本市的“两新”组织团建工作走在全省前列，得到了团省委主要领导高度评价。着力实施青年农民工建团工作，全年共建立市县两级农民工团组织 17 个，市县两级驻外团工委 9 个，覆盖团员青年 2 400 余名。成功召开共青团葫芦岛市第四次代表大会，选举产生了新一届团市委委员、常委、副书记、书记，对今后一个时期全市共青团工作作出了新的安排和部署。

【青少年思想教育取得明显成效】 全市纪念建党 90 周年系列活动影响深入。通过开展全市青少年网络学党史、团干部“学党史、强党性、铸信仰”等一系列独具特色、影响广泛的活动，直接吸引参与青年 4 500 余人次，影响青年达 2 万余人。开展“迎全运、爱家乡、建辽宁”主题教育实践活动，组织动员广大青年以志愿服务的形式关注、支持和参与十二运的筹备工作。成功举办“全市青年庆祝建党九十周年暨第八届‘葫芦岛十大杰出青年’颁奖典礼”。青年马克思主义者培养工程生动实施。在重点青年中着力培养青年马克思主义者，通过专题报告、主题党课、形势任务座谈等形式，使 3 000 余名青年受到较为系统的马列主义教育。青少年理想信念教育丰富多彩。争当“四个好少年”、“寻找历史足迹”少儿故事大赛、“历史伴我成长”主题征文、“红诗辽宁·激情葫芦岛”红诗作品征集等活动，让广大青少年在美好的艺术熏陶中铭记历史，感恩祖国，端正人生观，树立正确的价值观。组织实施“蓝图·我到北京上大学”、“红领巾心向党——寻访光荣足迹”优秀中小学生夏令营活动和大学生社会实践活动，107 所学校、15 000 余名大中小学生通过自己的亲身体验感受到祖国的伟大和进步。组织“我爱比基尼 挑战吉尼斯”世界纪录创建活动，来自全市各行各业的 3 090 名志愿者身着比基尼舞动在美丽的葫芦岛海滨广场，创造了新的吉尼斯世界纪录。

【服务经济社会发展取得突出成绩】 大力开展 SYB 创业培训“六走进”活动和普惠制技能培训工作。全年实现就业技能培训 817 人，创业能力培训 406 人，进城务工青年“订单式”培训 353 人，返乡青年农民工培训 628 人，新型农村青年培训 3 072 人，成立了由 52 名导师组成的创业导师团队。组织开展创业导师高校巡讲活动，共开展职业生涯导航讲座 10 场次，创业意识培训 9 次，激励和引导 5 000 余名青年投身自主创业的大潮。扎实做好小额贷款工作。全年发放小额贷款 358 笔，共计 1 757.6 万元，带动就业 1 168 人。新增资金支持规模 4 500 万元，扶持创业青年 731 人，其中资金扶持 367 人，带动就业 2 174 人。开展全市农村青年信用示范户评选，评选出 305 名“农村青年信用示范户”。农村青年科技培训工作稳步开展。全年举办各级各类农业技术培训班 158 期，共发放科普宣传资料、书籍 33 000 余份，光盘 3 000 余张，挂图 2 000 余张，培训农村青年 12 800 名。

【服务青少年成长取得良好效果】 服务青少年维权需求生动有效。开展“两法一规定”宣传教育活动，召开全市预防青少年违法犯罪成员单位工作会议，举办“共青团与人大代表、政协委员面对面”活动，改造市青少年宫教学环境，扎实开展共青团关爱农民工子女志愿服务“千语千寻”圆梦行动和“美丽太阳花”青少年心理健康教育。本市的预防、维权工作实现继续保持全省优秀行列。希望工程助学活动品牌效应突显。送优质教育资源到希望小学、援建希望工程快乐音乐室、协调资金捐建希望小学、社会群体结对帮扶等活动，把涌动的社会爱心与困难学子紧密相连，全年共筹集资金95.5万元，建设希望小学2所、快乐音乐教室7所、希望工程图书室1所，1 050 名品学兼优、家庭经济困难的中小学生和28 名高考学子得到资助，发放各类助学款 45.7万元。青年婚恋交友活动迈出新步伐，通过举办“美丽情缘”、“七夕之约”、“青春你我同行”户外登山交友等多场联谊活动，为广大青年搭建一个长期性、公益性的婚恋交友平台。

【领导成员名单】

书　记　柴力君

副书记　佟　欣　单　伟

（仲　博）

侨　联

【概况】 2011年是本市经济发展十分重要的一年，市侨联在市委、市政府的正确领导下，在省侨联的指导下，以科学发展观为统领，深入贯彻落实党的十七大和第八次侨代会精神，围绕纪念中国共产党成立90周年和辛亥革命100周年系列活动，凝聚侨心、汇集侨智、发挥侨力，服务大局，在群众工作、维护侨益、海外联谊、参政议政等方面取得了优异的成绩，努力实现了“十二五”时期良好开局。

【发挥独特优势促经济发展】 以侨搭台，加快招商引资步伐。市侨联积极发挥自身优势，打破地域局限，树立“大侨务”的科学发展观，依托兄弟省市的侨务资源，努力为本市的招商引资构建良好的环境。今年抓住本市举办首届葫芦岛兴城国际泳装节这一契机，将海外著名侨商侨领葫芦岛行活动融入泳装节活动中。充分发挥侨联的独特优势，邀请了国家侨联副主席乔卫、国家侨联经科部副部长、中国侨商会秘书长安晨、中国侨联海外委员、匈牙利华商联合会会长郑乾友、墨西哥中国商业联合总会会长高大平、美国福建公所主要成员在内的 50 余名海内外著名侨商侨领参加了盛会。通过项目推介说明会，介绍本市市情及重点招商项目，同时也向海外嘉宾说明了目前辽宁沿海经济带上升为国家战略，为本市的发展、振兴带来了前所未有的机遇。最后，在首届泳装节经贸洽谈会上，在市侨联的积极努力下，辽宁省侨联与市政府签订千亩侨商工业园项目协议书和在墨西哥合众国首都墨西哥城建立泳装销售市场、在兴城临海产业区建立墨西哥玉石工厂三份协议，总投资额3 800万美元，受到了市领导的好评。

招贤引智，推进文化教育事业的发展。市侨联在引资的同时注重智力资金引进。连山区白马石乡初级中学创建于1958年，由于该地区发展落后，经济条件差，此校舍进行过几次修缮，没有搞过大修大整，因年久失修，原教学用房 1 420平方米几乎全部成了危房，墙壁拉裂，墙皮脱落、漏雨严重。侨联得知此情况后，充分发挥自身优势，积极联络海外侨团及慈善机构，在多方努力下，终于获得中国侨联华侨经济文化基金会的大力支持，由广东国际华商会副会长、东莞彼乐斯皮具有限公司董事长韩仕洪先生捐赠20万元，兴建连山区白马石乡仕洪侨心中学，其余配套资金由连山区政府出资。11月，经葫芦岛市侨联牵线搭桥，由波司登集团董事长高德康先生成立的“高德康基金会”捐赠 20 万元建设的首家“仰望星空——天文教室”落户本市龙湾实验中学。这些捐赠被市直机关工委评为第四季度全市最佳实事。

【多渠道 多空间拓展海内外联谊空间】 加强横向联系，实现资源共享。侨联立足自身优势，树立“大侨务”观念，打破地域，加强同外省、市、县（区）侨联及海外侨团的纵、横向联系，加强与兄弟省、市侨联的接触与联络。年初，经侨联沟通联系，市领导拜会了世侨会秘书长任兴亮，就本市如何抓住百市千县直通车这一契机，更好地扩大宣传，提高对外影响力，促进引资引智工作进行了深入探讨。6 月，侨联赴浙江、福建著名侨乡学习考察了当地侨务资源的利用情况，每到一处都与当地侨联和著名侨商座谈，介绍本市地理、人文优势，欢迎当地侨商到本市来投资兴业，并与当地侨联结成友好侨联，实现工作互通有无，侨务资源共享。7 月，侨联接待了省侨联主席王之锋带领的省内知名侨商考察团和省政协侨联友好组考察团到兴城临海产业区考察侨商工业园项目。市领导在会见时介绍了本市的发展情况、地缘优势以及招商引资的优惠政策，并实地进行了现场考察，侨商们纷纷对本市的发展前景看好，表达了投资兴业的愿望。中下旬，市侨联还接待中国侨联机关干部及家属300余人分两批来葫度假，加强了辽宁与中国侨联的联系，让中国侨联更加了解辽宁、更加了解葫芦岛侨联工作，为以后中国侨联的工作重心转移，更加关注与支持辽宁和本市打下了坚实的基础，创造了条件。8月，侨联接待了台湾文化创业产业基地项目考察组，就建设东北影视城选址进行了实地考察，现项目正在进一步洽谈中。

全年，共接待海内外团组10余个，500余人次。

创建侨商工业园，吸引海外侨资。为紧紧抓住辽宁沿海经济带上升为国家战略等重大历史机遇，凝聚侨心、汇集侨智、发挥侨力，吸引更多海外侨商、侨资及海归人员来本市投资兴业，经市侨联积极运作，市政府与兴城临海产业区协商，一期拿出0.67平方千米土地创建侨商工业园。随后，市侨联负责人陪同市领导赴长三角地区考察、招商，重点考察了江苏常州津通国际工业园，在前期接待津通集团董事长贡毅来葫考察东北基地的基础上，深入与贡毅博士就合作形式进行了交流与探讨，借鉴津通模式一同合作把兴城侨商工业园做大、做强，吸引海外侨商、侨资到葫芦岛投资兴业。

以侨商会为平台，架设桥梁纽带。为团结、引导、凝聚海内外侨商、港澳工商界人士，发挥他们的独特作用，促进葫芦岛与世界各国的交往和华侨华人的交流，侨联在上年成立侨商会的基础上，加强与国内外侨商会的交流与合作。2011年，侨联积极为泳装企业招商引资，经侨商会联系，兴城德容制衣有限公司等企业出资780万美元成功并购俄罗斯泳装知名企业，获得海外企业最具核心价值的设计能力、全部著名泳装品牌、全部优质客户资源和销售渠道等核心资产的实际控制权，提高了研发和品牌竞争能力，为企业赢得了更大和更稳定的海外市场份额。同时，还组织侨商理事参加了天津国际会展中心举办的第十八届投资贸易洽谈会、中国侨商会在广东深圳举行的全国侨商组织会长年会暨第二届秘书长会议、海内外侨商聚辽宁等大型会议，与多地商会建立了联系。

全年与福建省莆田市、福清市、浙江省杭州市、青田县、江苏省徐州市、广东省国际华商会等10多家侨商会、侨联签订了友好协议，互相支持，通力协作，发挥整体效能、形成资源互补，在城市推介、技术交流等方面，多沟通交流，搭建海内外和区域间经贸交流合作的平台。

【加大侨法宣传力度】 除在报刊和网站上继续加大宣传力度外，侨联还开展丰富多彩的活动宣传侨法知识。连山区在东门社区开展了侨法知识竞赛，有300多人参加到活动中，让更多的人了解《归侨侨眷保护法》及实施办法，有效地普及侨法知识。

积极参政议政。参政议政是党赋予侨联组织的重要职能，市侨联为更好的提高侨界人大代表、政协委员和侨联委员的政策水平和参政能力，积极组织侨界代表、委员深入实际调查研究，掌握第一手资料。针对本市海内外侨情发生的重大变化，新华侨华人、留学人员等不断增加，新归侨侨眷迅速增多的情况，市侨联开展了专题调研，并撰写了题为《我市新侨情况调查》的调研报告，为做好新时期侨联工作奠定良好基础。全年共撰写反映社情民意信息6条。

维护侨眷合法权益。市侨联把信访工作一直作为工作重点来抓，始终坚持主要领导负总责，指定专人负责的侨务信访工作格局；坚持首问责任制和侨务信访案件的交办、督办、查处制度；坚持热情接待来访人员，做好说服教育和政策解释工作。同时还聘请了市法律援助中心李永恒律师作为市侨联法律顾问，并向广大归侨侨眷公布法律援助电话，为侨界群众和侨商保驾护航。日本地震发生后，及时通过多种渠道了解和联络在日的葫芦岛籍人员，确保他们跟家人的联络，并积极为滞留在日人员联系回国机票；归侨苗祥林的子女回国后工作无着落，经市侨联多方协调为其找到了合适的岗位；泰国归侨黄王奇双眼患白内障，主动与眼科医院联系，为其免去了手术费。通过解决好归侨侨眷的实际困难，解除他们的后顾之忧。全年共接待来信来访28次百余人，涉及侨房、生活困难、解决低保等，各级侨联通过积极沟通，作了相应的处理，把矛盾化解在基层。

【群众工作】 凝侨心，聚侨力，开展丰富多彩的群众活动。为纪念建党 90 周年，7 月市县两级侨联组织广大归侨侨眷举行了“党在我心中”系列歌咏、书画比赛和座谈会。为纪念辛亥革命 100 周年，9 月市侨联、侨商会联合举办了“爱家乡，迎国庆，弘扬辛亥革命精神，侨界精英登山大赛”。这些活动的开展，进一步坚定了侨界群众拥护党的领导和跟党走的决心。

广开源，巧探索，努力做好扶贫帮困工作。一方面，拓宽扶贫资金来源渠道，从省侨联、市财政及相关部门积极争取资金，并发动基层辅以资金和物资配套，全年共发放扶贫款物约 5 万元。印尼归侨梁玉常老伴罹患癌症，化疗费用没有着落，多方争取，为其解决了一部分医疗费用，并帮助其子女解决了就业问题。春节前夕，走访了 20 余户困难归侨侨眷；为建昌归侨肖玉琴争取医疗救助款 5 000 元；“七一”前走访慰问了一批困难老党员，将党的温暖送到他们家中；在兴城发生洪涝灾害之后，及时对归侨侨眷受灾情况进行调查，并对受灾严重户实施了资金救助。另一方面，不断创新扶贫方式，设立无息扶贫循环使用金。对正在开展致富项目但又缺少启动资金的两位侨眷发放无息扶贫循环使用金，帮助他们将项目做起来，早日脱贫致富。

多空间、多渠道，构建侨联信息绿色通道。为进一步拓宽侨情民意的来源渠道，及时掌握基层侨联和侨企的动态，丰富侨网的内容，市侨联组建了由市侨联委员、各县（市）区和有关单位的侨联专（兼）干以及侨界热心人士组成了信息员队伍，连山区、龙港区侨联在所辖社区都设立了专（兼）职侨务干部，负责信息收集，为信息报送建立起绿色通道，使广大归侨侨眷能及时、准确、便捷地了解侨联的动态，及时将侨声反馈上来。

【加强自身建设】 组织建设和干部队伍建设事关侨联工作的大局。一方面按照省委《关于做好新形势下加强和改进侨联工作的意见》精神，积极探索基层恢复或成立侨联组织的新路子，在年初兴城市恢复侨联组织的基础上，着手对南票区、建昌县恢复侨联组织做了大量细致工作，为侨联组织恢复做好铺垫。另一方面十分注重加强政治理论学习，提高侨联干部的政策理论水平。通过对八代会等精神的学习，进一步增强了做好新形势下侨联工作的使命感和责任感，始终保持侨联工作正确的政治方向。通过举办培训班、学习班等形式，提高了侨联委员和机关干部求真务实、开拓创新、为侨服务的能力。

【领导成员名单】

主　席　伊效民

副主席　朴海兰（女）　付连刚　曲玮晶（女）

（魏风光）

妇　联

【概况】 2011 年，市妇联紧紧围绕市委市政府中心工作，充分发挥自身优势，积极履行职责，努力把妇联组织建设成为党开展妇女工作的坚强阵地和深受广大妇女信赖和热爱的温暖之家，全面推进妇联各项工作取得了新发展。市妇联被省妇联评为“主题活动先进妇联组织”、“增收项目进家庭最佳业绩奖”，在“妇联组织参与社会管理 促进辽宁全面振兴”专题研讨会征文活动中被省妇联评为优秀组织奖，市妇联被评为本市 2010 年度平安建设先进单位、第十四次被评为目标责任制优秀单位、市妇联党支部被市委评为先进党支部并被继续认定为党建示范点，今年共有 3 项工作被市直机关工委评为季度最佳实事，市妇联推荐的典型多次在国家、省获奖。

【重要会议】 2 月 23 日，召开三届六次执委（扩大）会议。市妇联执委、市直机关妇委会主任和大中型企业女工部部长参加了会议。会上，市妇联主席郑学勤做工作报告，市委副书记崔枫林出席会议并作重要讲话，10 月 21 日，召开三届七次执委会，听取了关于召开葫芦岛市妇女第四次代表大会的筹备工作报告，通过了三届执委会工作报告，通过葫芦岛市妇女第四次代表大会议程。12 月 5 日，葫芦岛市妇女第四次代表大会在锦西石化文化宫隆重开幕。来自全市各行各业的 365

名妇女代表参加了会议。市委书记孙兆林出席会议并讲话，市领导阎生、郑宏伟、崔枫林、陈德良、白雪峰、张富恩、刘宁绥、赵俊才、赵树田、姜淑艳、朱红、敖凤玲、王旭光、刘德兴、李翠英、刘凤之、韩平，渤海船舶职业学院党委书记芮柏玲，市长助理、葫芦岛高新技术产业园区工委书记、管委会主任黄晓霞等出席了大会的开幕式。省妇联主席史桂茹也专程到会祝贺并讲话。大会总结了过去五年的工作成就，研究部署了今后五年的工作任务，选出了新一届市妇联领导班子。

【双学双比】 全力实施“双学双比”和“双进家”品牌活动，以巾帼科技示范基地为载体，示范推广农作物新品种、农业新技术、新项目。依托市妇女培训团，采取专业培训、科普大集等形式，为农户解决生产中的难题。在全市建立5个培训基地，举办各类实用技术培训班86期，培训妇女技术骨干1 000名，培训妇女8 200人次。发放各类科技书籍4 000余册、宣传资料5 000份、音像资料2 000余份。

【巾帼建功】 在全市开展了以“争创巾帼文明岗 优质服务迎全运”为主题的巾帼建功活动，在全市女职工中开展了读书活动。开展“手拉手、送温暖”岗村共建、岗校共建活动，为贫困村和贫困妇女、儿童提供项目、资金、技术、信息等方面支持，引领城乡妇女互相合作，共同进步。不断完善妇女小额担保贷款贴息工作。争取省巾帼再就业资金38万元，发展19个创业项目。与有关部门联合开展“春风送岗位”现场招聘会，为807人办理了求职登记，发放宣传资料3 000余份。

【新风采家政】 强力打造“新风采家政”品牌。作为辽宁省妇联新风采家政的连锁机构，市妇联新风采家政以为妇女搭建新的就业平台、减轻社会就业压力、服务社会为宗旨，采取一手抓培训、一手抓用工，以培训带动用工、以管理促进发展的模式，力图打造出本市乃至全省具有一流水平的专业家政服务队伍。6月21日，市妇联新风采家政首期免费培训班正式开班。截至去年年底，已开办育儿嫂、催乳师、手工编织等培训班10期，培训人数800人，推荐600人上岗。

【主题宣传活动】 “三八”节前夕，启动了百万妇女健身行活动，全市共组织1万多名女干部、女职工，100个“妇女之家”参加了徒步走活动。此项活动被辽宁电视台播出，社会反响良好。“三八”节期间，市妇联还与市妇科医院联合为女干部进行体检，并组织机关妇委会开展了“手牵手、献爱心、送温暖”活动，为贫困妇女送去慰问金和慰问品。“五四”青年节期间举办了“缘在滨城，相约春天”青年联谊会，为50多名机关青年男女搭建交往平台。母亲节期间，走访慰问了10位优秀母亲，为她们每人送去1 000元慰问金及健身用品，并为全市的12个优秀“妇女之家”送去价值3万元的健身器材。为隆重纪念中国共产党成立90周年，市妇联在全市妇女中开展了以“颂党恩、创新业、建功十二五”为主题的“党的光辉照我心”红色歌曲大合唱和“为党旗增辉、展巾帼风采”演讲大赛活动，葫芦岛电视台在黄金时间实况播放，受到社会各界的一致好评。

【系列家庭创建活动】 全省开展了“和谐家庭”、“绿色家庭”、“平安家庭”等系列家庭创建活动，并以此为平台，积极开展廉政文化进家庭、创建“巾帼绿色庭院”活动。全市有全国文明家庭10户，省和谐家庭50个，建“三八绿色工程”示范基地15个，建“巾帼绿色庭院”1 650个。

【两个《规划》终期验收】 2011年是实施2001～2010年《葫芦岛市妇女儿童发展规划》的终期监测评估之年，为迎接省政府的终期评估检查，在2011年初，市妇联就成立了终期监测评估领导小组、监测统计组和专家评估组，并对相关工作人员进行监测评估业务培训，全面收集十年来本市实施两个《规划》的相关资料和数据，撰写了《葫芦岛市妇女发展规划终期监测评估报告》和《葫芦岛市儿童发展规划终期监测评估报告》。2011年5月，省政府妇儿工委委员、省妇联副主席宋晓茹率省政府两个《规划》终期评估检查组来到本市，对两个《规划》实施情况进行终期评估检查。检查组对本市的工作给予充分肯定，认为达到了“四好”，即：在贯彻落实两个《规划》过程中，政府职能作用发挥得好，人大、政协监督得好，各相关职能部门合作得好，省级示范点—龙港区建设得好。为宣传本市十年来实施妇女儿童发展规划的成果和经验，《葫芦岛日报》开辟专栏，分5期报道了本市两个《规划》实施十年来各项工作的开展情况和取得的辉煌成绩。

【维权助困】 在全市开展各种形式的宣传活动，发放宣传资料1.3万份，现场咨询1 600余人次。市及6个县（市）区妇联全部开通了12338妇女维权公益热线，推动解决了一批侵害妇女儿童合法权益的典型案件。2011年，市妇联机关共接待来信来访案件58件，结案率达95%以上，群众满意率达100%。切实关爱贫困妇女儿童。实施“母亲安居工程”，争取省妇联资金80万元，市里配套20万元，为全市80户农村单亲贫困母亲援建住房。实施“母亲健康工程”，开展贫困妇女“两癌”筛查活动，并对查出的167名患病贫困妇女实施救助。实施“千名女童关爱行动”，招募1 000多名爱心妈妈与千名女童实名结对，这些爱心妈妈为贫困女童送去了价值6万元的书包、文具及助学金，并与兴城市妇联联合，组织来自兴城市白塔、南大、围屏、药王、高家岭和旧门等6个满族乡的100名女孩，到辽宁工程技术大学葫芦岛校区开展了“百名山村女童高校行”活动。建立10所爱心妈妈联盟示范工作站，以妇女之家、妇女儿童维权示范工作站为依托，在全市建立10所爱心妈妈联盟示范工作站。实施“扶贫助困、关爱贫困学子”工程，2011年，市妇联机关共筹集、争取资金15万元，帮助51名贫困学生圆了大学梦。

【建立100个示范站】 为切实加强基层社会治安综合治理和妇女儿童维权工作，筑牢全市平安稳定的第一道防线，市妇联在已经建立的25个省级妇女儿童维权服务示范工作站暨社会治安综合治理示范工作站的基础上，与综治部门联合，在全市又建立了100所市级妇女儿童维权服务示范工作站暨社会治安综合治理示范工作站，并把此项工作纳入年度综治目标考核内容。示范站做到“五统一”，即统一站名标牌，统一配备法律书籍，统一制作工作规范流程和组织机构展板，统一制定《妇女儿童维权服务站工作制度》，统一建立“两册五簿”（服务站工作人员名册、服务站志愿者名册、学习培训记录簿、联席会议记录簿、来电来访记录簿、调查调解记录簿、开展活动记录簿）。这些工作站的建立，将普法宣传、矛盾化解、治安防范、心理指导、民生服务等工作内容共交融齐推进，将大量矛盾纠纷化解在基层，把民生服务送到了群众身边。

【聘用调解员工作】 为进一步加强妇联信访基层基础工作，全面做好社会矛盾纠纷调处工作，及时、准确掌握社情民意和群众诉求，切实维护社会稳定，市妇联与相关部门联合在全市聘用1 000名妇联干部作为矛盾纠纷调解员暨信访代理员。被聘后，矛盾纠纷调解员暨信访代理员将定期接受法律、政策及业务知识培训。聘用期限为两年，任期届满由市妇联、市综治办、市信访局进行考核，对优秀、称职者进行续聘。今后，这1 000名被聘者将在增进家庭和睦、邻里和谐，畅通信访渠道中发挥积极作用。

【积极推动女性进社区“两委”】 女性进社区“两委”是妇女实现参政议政的主要途径，也是妇联基层组织建设的重要内容。2011年本市进行了社区“两委”换届工作，221个社区中全部配备女委员，社区妇联主席全部进“两委”。同时，经与市人力资源和社会保障局联合，在全市221个社区中配备社区妇女工作者，即：在现有社区劳动保障协理员队伍中，指定一名协理员从事社区妇女工作和社区劳动保障工作。

【加强机关建设】 市妇联抓住全市机关纪律作风专项整治活动这一契机，进一步强化管理、完善规章制度，使机关的纪律作风面貌焕然一新。全体机关干部以“八查八看”为重点，深入分析查找存在的问题与不足，并签订承诺书，承诺做敬业型、学习型、服务型、务实型、节约型、清廉型、创新型、和谐型干部。坚持党员挂牌上岗，为机关的每一名党员制作“党员示范岗”标牌，既方便了前来办事的群众找到相关人员，又便于群众监督。

【领导成员名单】

主　席　鲁秀红（女）

副主席　吉银霞（女）　杨林立（女）

（周丽华）

科　协

【概况】　2011年，在上级科协指导和支持下，市科协紧紧围绕市委、市政府中心工作，以创先争优活动为牵引，团结和带领全市广大科技工作者积极参与经济社会建设，圆满地完成了各项工作和任务。

【搭服务平台为经济建设服务】　紧紧围绕企业技术创新、节能减排，动员组织广大科技工作者开展了技术攻关、技术改造、技术创新活动。参加“讲、比”活动的科技人员总数1万多人次，提合理化建议675条，完成立项306项，实现经济效益8 684万元。自然科学学术成果奖在全市范围内征集市级论文122篇，报省参评论文63篇，29篇论文获奖。大力加强农技协和科普示范基地建设，南票区玉米种植科普示范基地等三家科普示范基地申报国家“科普惠农兴村计划”项目；绥中县、兴城市、龙港区、建昌县参加全国科普示范县（区）并通过了省科协、中国科协的检查验收；兴城市果蔬专业技术协会和兴城市永平大菱鲆工厂化养殖基地申报辽宁省“科普惠农示范工程”项目。推选连山区马铃薯生产技术协会推荐的黄瓜和西红柿、连山区白马石乡推荐的青椒和黑花生、绥中县秋子沟乡腰岭子果业协推荐的白梨、建昌县小德营子乡农技协推荐的红英达方椒和红太子番茄、成洁牌兔产品参加省科协举办的“科协搭桥、科普惠农、农产品进超市”活动。开展科技思想库建设，向全市科协组织广泛收集、储备和展示本市广大科技工作者在各个专业领域中的聪明智慧，为科技工作者建言献策搭建平台，为本市经济社会发展提供科学决策依据和建议。本市被确定为省级科技思想库试点市。

【六项科普工作提议获落实】　“十二五”开局之年，科协工作、科普工作先后有六项“科普”提议得到市领导的批示，并得以实际落实。全民科学素质工作正式写入全市十二五发展规划。内容为：发展科普事业，提高全民科学文化素质，宣传科学思想，推广科学方法，普及科学知识。加强农村科普工作，提高农民素质；加强青少年科普教育，培养青少年创新意识和能力；加强各级领导干部和公务员的科学素质培训，提高科学决策水平；加强社区居民科学素质教育，提高居民科学意识和生活质量；加强科普场馆建设，提高运营质量，鼓励科普文化产业发展。葫芦岛市“科普进党校课堂”活动正式启动。科普专版报道了全市青少年科技教育工作特色工作和近年来深入开展“科普惠农兴村计划”工作。《关于购买科普大篷车的请示》得到市长孙兆林和副市长裴伟东批示，购置了依维柯Ⅱ型汽车。《关于在乡镇、街道设置专职科普宣传员的建议》、《关于成立葫芦岛市科普推广中心的请示》得到市委领导的批复和落实。

【建“四库一团”推动科协事业发展】　根据市科协“十二五”发展规划，开展了“科技专家库、科普惠农项目库、科普资料库、科技思想库”和科普宣讲团“四库一团”建设。科技专家库收录本市各地专家400余名。科普惠农项目库建设，已经收录科普示范基地、典型农村专业技术协会、农村科普带头人项目40项，并做好跟踪指导、典型示范推广工作。科普资料库建设，采购收集《青少年课外创新辅导》、《世博会的科学传奇》等科普图书260种，4 000余册；农业技术、公共安全等影像光盘85种，1 200余张；科普挂图21种，1 100幅。组建了科普宣讲团，宣讲团成员由各行业80多名科技工作者组成。科普宣讲团设置了专门机构，在人员、经费、设备、车辆上给予全力保障。市科协根据各地、各单位的报送宣讲计划安排宣讲活动。

【打造特色品牌科普活动】　开展“百场科普宣讲”活动。建立“四库一团”以后，启动了科普进党校、进社区、进校园、进乡村、进企业、进军营“科普宣讲六进”活动。深入党校、社区、学校、军营、企业，开展以节约资源、保护环境、循环经济、防震减灾、食品安全等为主要内容的科普宣讲活动102场，听众达3.5万余人次。与市委党校共同启动了“科普进党校课堂活动”，市科技馆被定为市委党校现场教学基地，在党校进修班和培训班上已开展12次科普宣讲活动。联合市通信学会、移动、电信和联通公司，搭建了科普知识短信传播平台，开展“科普短信”活动。开展青少年科技教育节活动，5月24日，兴城市高家岭满族乡举办了首届少年科技教育节，展出了90多件小学生科技作品，激发了农村青少年学生学科学、爱科学的热情。“葫芦岛市第二届青少年科技教育节”活动中，本市5个县（市）区、29所中小学、近5 000人次参加了第26届辽宁省青少年科技创新大赛，有学生项目15项、教师项目10项、优秀科技实践活动5项、科学幻想绘画489幅，分别荣获一、二、三等奖。

【加强科普信息化建设】 在科普信息化建设方面，启动了葫芦岛数字科技馆网站建设。开始筹划科普视频节目制作工作，派人员去省里进行了系统学习，购置了摄像、编辑设备；开始剪辑、压缩、上传视频科普节目，在三个网站上做了视频科普链接。已经上传40多个视频科普节目。市科协工作网站上增加了科技致富、科普大篷车、科普与生活、县（市）区科协、企业科协、建家创优栏目，累计上传600多篇文章信息，有11篇文章在中国科协、省科协、市政府、市新闻网网站发布。同时葫芦岛公众科技网和科技馆网站也逐步完善。

【领导成员名单】

主　席　王　巍

副主席　冯德秋　刘　毅　张建军

（金　谦）

残　联

【概况】 2011年，是“十二五”开局之年，也是残疾人事业发展承上启下的关键之年，市残联紧紧围绕全市经济社会发展大局，以保障和改善残疾人民生为重点，以实施“残疾人十大民生工程”为载体，以“缩小差距、协调发展、共享小康”为奋斗目标，抢抓机遇，积极谋划推进残疾人“两个体系”建设，残联各项工作得到深入开展，残疾人事业发展迈上一个新台阶。

【体制机制建设逐步完善】 建立和完善了党委领导、政府负责的领导体制和各部门密切配合、残疾人组织充分发挥作用的各种机制。制定出台了《葫芦岛市残疾人事业“十二五”发展纲要》等一系列对残疾人事业发展具有战略意义的重要政策。全年媒体播发稿件200余篇，广播电台、电视台播出节目 20 余次，营造了有利的舆论氛围。基层残疾人组织机构规范化建设全部达标，全年共举办三期残疾人专职委员培训班，参加培训的人员达300多人。市残疾人综合服务中心建设前期准备工作全部就绪，2012年开工建设。全市共为38 000多人办理了残疾人二代证。建立了完整的残疾人康复需求档案。

【康复服务能力不断加强】 全年共实施聋儿语训、0～6岁儿童抢救性康复等10项康复工程，共为193名残疾儿童提供各种康复训练，实施白内障复明手术270例，为社区、家庭提供康复服务 50 000 人次，救助社区家庭康复训练 1 100人，免费为贫困肢残者安装假肢36例。投入资金25万元，免费为残疾人发放辅助器具1 000件。为1 140名贫困精神病患者提供免费服药和一次性住院救助。加大了残疾儿童康复救助力度，此项工作被评为第一季度市直机关最佳实事。多方筹措资金，成立了葫芦岛市残疾人联合会假肢矫形器装配中心，填补了本市假肢装配领域的空白，此举被评为第二季度市直机关最佳实事。

【就业工作多措并举】 全年组织举办专场招聘会22次，实名制安置残疾人就业385人，其中分散按比例安置33人，集中就业安置22人，个体组织就业330人。全市41所盲人按摩院，安置盲人就业109名。投入资金13.8万元，扶持残疾人个体创业带头人23户。举办各类残疾人职业技能特色培训班18期，培训残疾人757人次。投资20万元，依托兴城市中铁建疗养院建设了市残疾人职业技能培训基地，此项工作被评为第三季度市直机关最佳实事。在全国第四届残疾人职业技能竞赛中，本市选手周雪松、周雪梅分别取得程序设计第九名和剪纸比赛第五名的优秀成绩。

【扶贫和社会保障工作深入开展】 落实省残疾人专项扶贫资金 10 万元，以实物发放形式重点扶持了 55 户残疾人发展种养殖项目。元旦、春节期间全市党政机关、残联系统和社会各界走访慰问贫困残疾人 1 097 户，发放款、物折合人民币 37 万多元。筹集资金 40 万元，为 80 户农村贫困残疾人进行了危房改造。投资 6.5 万元对今年考上大学的 7 名残疾人大学生和 56 名贫困残疾人家庭子女大学生进行资助；争取省残联教育专项扶贫资金 2.5 万元，资助建昌县聋哑学校 40 名贫困学生。

【托养机构逐步完善】 2011 年，本市继续“实施阳光家园计划”，开展居家托养服务。全年发放补助资金 39 万元，对 650 户残疾人实施了居家服务补助。投入扶持资金 20 万元，用于完善杨家杖子残疾人托养院，杨家杖子开发区居家养老，阳光家园以残助残、以残养残的托养模式受到了有关部门和社会的一致好评和赞誉。

【信访维权和无障碍建设工作有序推进】 进一步畅通信访渠道，建立和完善领导接访制度、领导包案制度，开辟了残疾人法律援助和司法救助“绿色通道”。残联系统全年共接到来信来访 1 200 余次，集体访 10 批次，向上级和有关单位报送信访动态信息 15 件次，受理残疾人法律援助案件 45 余件，审结、调解完成 30 件，提供法律服务 800 余人次，印发残疾人维权手册、宣传单 1 万份，配合市政府完成残疾人营运三轮车取缔工作，有效地维护了社会的稳定。对 50 个新建和现有居民小区、160 户残疾人家庭进行了无障碍改造，为残疾人参与社会活动创造了条件。

【文化生活丰富多彩】 围绕建党 90 周年开展了系列文化活动。比如：与市文化局图书馆联合举办了书法、绘画、散文诗歌比赛活动；与市福利院联合开展了残疾儿童文化趣味活动；组织市特教学校开展“牵手残疾人，走进市图书馆”文化读书活动；组织了滨河街道锦中社区残疾人群众性体育示范活动等。在第八届全国残运会上，本市选派 6 名残疾人运动员参加，获得了 2 块金牌，4 块银牌的好成绩。残疾人运动员何雨佳被评为全国优秀残疾人运动员。

【机关建设扎实推进】 扎实开展了“创先争优”活动，以学习贯彻十七届五中、六中全会精神为首要政治任务，抓好政治理论学习，积极推进学习型党组织建设。建立和完善了一系列机关工作制度，编制了《机关规章制度汇编》，不断推动机关规范化管理进程。深入开展反腐倡廉警示教育活动，坚决预防和杜绝了腐败现象发生。2011 年，市残联被授予优秀政治思想工作先进单位称号。

【领导成员名单】

党组书记　何志刚

理 事 长　郜玉华（女）

副理事长　李志刚　李学峰　何小平

（杨玉艳）

文　联

【概况】 2011 年，市文联举办主题鲜明的文艺活动，送文艺下基层，注重文艺人才培养，完善激励机制，为广大的文艺工作者营造优越的创作环境，出精品，出人才，在促进本市文艺事业发展方面做了大量的工作，取得了突出的成绩，为推动本市经济社会发展，实现全面振兴做出了积极贡献。

【召开第三次代表大会】 12 月 28 日，葫芦岛市文联第三次代表大会隆重召开。300 余名代表欢聚一堂，共商本市文艺事业发展繁荣大计。省文联党组书记、副主席李春晓，省作协副主席邵永胜，市四个班子相关领导出席了本次会议。会议为期两天，对过去五年来葫芦岛市文艺事业发展的辉煌成就加以总结，对未来五年文艺事业发展的美好前景作出规划，审议工作报告，通过文联章程，选举产生了新一届文联领导机构。

【开展主题活动】 一是以“纪念建党90周年”为主题，开展系列活动。

组织纪念中国共产党成立90周年大型美术、书法、摄影作品展。展览由“走向辉煌”美术作品展、“壮丽山河”书法作品展、“历史的足迹”摄影作品展三个部分组成，展出美术作品71件、书法作品52件、摄影作品148件。并于同期举办“地域瑰宝”本市民间文艺作品精品展，展出作品100件，其中包括根雕、奇石、剪纸、布艺画、葫芦工艺品等民间艺术作品。

举办“纪念建党90周年北京书画名家作品展”，展览邀请国家一级美术师、中国民族画院副院长刘存惠等五位书画名家，展出了他们创作的50余幅写意山水、花鸟及书法作品。

开展“红色记忆”征文活动。以“党的90周年发展历程与葫芦岛建市22周年改革开放建设变化”为主题，开展征文活动，并出版纪念中国共产党成立90周年文艺作品专刊。

二是继续开展“五走进”活动。

选拔本市优秀的文艺工作者组成同心乐艺术团，深入到连山区杨郊乡、绥中县高岭镇等偏远乡镇举办文艺演出。市音协、舞协、曲协分别组织会员走向城区、乡村中小学、部队、锌厂车间，为他们送去歌曲、舞蹈、相声、小品等文艺节目，把专业知识传授给基层同志，有效地提高了本市群众的演艺水平。大力推广普及“百姓健康舞”活动，参加全省展演，规模和水平居全省前列。

市作协在葫芦岛市曙光小学开展了主题为“作家牵手学生，好作品浸润童心”本地作家进校园活动，10名本市知名作家牵手百名小作者，对小作者开展文学辅导。并向葫芦岛市曙光小学捐赠了525册价值万元的图书及一万元的购书卡。

三是助力“国际泳装文化节”。

本市举办首届中国（葫芦岛·兴城）国际泳装文化节期间，舞蹈家协会倾力“万人比基尼”的组织活动，策划、编导人员布局、舞蹈动作，使此活动成功创下了吉尼斯世界纪录。摄影家协会组织会员拍摄了大量照片，并举办摄影比赛。美术家协会到现场收集创作素材，用画笔记录了激动人心的每一时刻。

【做好本职工作】 一是组织作品参加“辽宁沿海六城市书画联展暨俄日韩美术邀请展”。此展览由大连市发起，丹东、锦州、营口、盘锦、葫芦岛及俄、日、韩的友好城市共同参与，展出作品180幅，本市选送30幅参展，并于7月中旬在本市巡展。

二是组织各艺术家协会换届。今年是本市11个艺术家协会的换届之年，市文联充分利用这一契机，严密换届组织程序，认真选拔各协会领导班子，把年富力强、业务成绩突出、协会和社会反映良好的人才选用到协会主要领导岗位上，组织各艺术家协会一一召开代表大会，完成换届工作。

三是组织艺术家到周边地区采风。为了开拓本市文艺家的视野，丰富文艺家的生活，激发文艺家的创作灵感，市文联分别组织美协、曲协的骨干会员及文联机关的工作人员到兴城四家村、绥中九门口水上长城、碣石宫、医巫闾山等地采风，为他们提供相互交流的平台，激发出许多创作灵感，为创作优秀的文艺作品奠定了良好的基础。

【艺术创作硕果累累】 2011年，广大艺术家根植于生活的沃土，创作了大量优秀作品。周建新受省委宣传部的指派，创作长篇报告文学《郭明义》，30万字的作品已结稿，即将出版发行。由中央宣传部、中央文明办、教育部、团中央、全国妇联主办的“全国第二届优秀童谣”评选活动揭晓，本市作家盖尚铎的童谣《找北京》获得二等奖，此稿受到省委宣传部领导的充分肯定。在中国美协举办的纪念中国共产党成立90周年全国专题美术大展上，本市画家史国君的油画作品《金地》、杨志贤的国画作品《重帘未卷》入选，实现了本市美术作品入选国展“零”的突破。由中国书法家协会主办的“全国首届手卷书法作品展”在北京评审揭晓，本市书法家史金任的作品《桃花源记》、陈亮南的作品《四君子诗卷》入展。由辽沈晚报社和辽宁省书法家协会联合主办的新友杯“辽宁省首届书法篆刻临帖大赛”，本市书法家张儒林等17人入围成年组，11人入展；少儿组共6人入围。在辽宁省民委、辽宁省文联联合主办的“和谐美、民族风”辽宁省满族剪纸作品展中，本市刘俊梅的作品《满族姑娘》获得银巧手奖，齐文香的作品《花瓶》、李冬生的作品《国色天香》获得铜巧手奖。在省剧协主办的全省评剧票友大赛中，本市选手薛秋影获金奖，石亚云获银奖。

【领导成员名单】

主　席　李荣军

副主席　周建新　齐　丽（女）

（陈　野）

红十字会

【概况】 2011年，市红十字会在市委和市政府的领导下，在省红十字会的指导下，坚持科学发展观，努力发展红十字事业，充分发挥红十字会在构建和谐社会进程中的独特作用，在组织建设、赈灾、救助和救护培训以及宣传工作等方面取得了新进展，为建设和谐葫芦岛作出了积极贡献。

【宣传工作】 精心组织“2011 年红十字博爱周”活动，活动期间，市红十字会在市政府办公楼前悬挂八幅宣传条幅，组织市出租车志愿服务工作站志愿者在百台出租车后风挡玻璃粘贴“携手人道助民生、志愿服务迎全运”宣传条幅，并由志愿者向乘客发放宣传材料。市内各冠名机构及团体会员单位在活动期间分别在本单位门前悬挂纪念横幅，设置宣传台，发放宣传材料。各县（市）区红十字会按照市红十字会统一要求，组织开展宣传纪念活动。

配合辽宁电视台“致敬辽宁”新闻人物摄制工作，本市公益人物“幸福”被评为“致敬辽宁”十大新闻人物之一。

“世界急救日”活动期间，市红十字会组织各冠名医院和部分志愿者在市府广场开展宣传活动，市中心医院派出专业救护人员现场传授急救知识，并现场发放急救知识宣传材料。

“世界艾滋病日”市红十字会在长途客运站组织志愿者开展了艾滋病日宣传活动，现场发放艾滋病预防宣传材料，各冠名医疗机构会员深入病房宣传艾滋病防控知识。

【人道救助工作】 继续开展“红十字博爱送万家”活动。元旦、春节期间，筹资10 000元，购买米、面、油等生活物资救助建昌县杨树湾子乡生活困难群众。继续开展“光明行动”、“心动计划”、“幸福家庭计划”等救助项目。与团体会员单位何氏眼科医院联合为家庭生活困难的白内障患者免费手术110例，免除手术费用300 000元；与北京武警总医院和省会协作单位四六三医院携手资助生活困难的先心病患者实施手术8例，资助手术费用16 000元；与市妇科医院联合救助宫颈癌患者6名，资助手术费用18 000元。

争取省红十字会“红十字家园”项目，为连山区滨河社区和惠民社区分别搭建红十字志愿服务工作平台，由省红十字会统一配置各种服务工具和救助物资，共投资20 000余元。

【红十字志愿服务工作】 加强对志愿服务工作站的指导，多次开展红十字运动知识、志愿服务理念的学习和培训，组织志愿者参与各种形式的志愿服务工作。

净宗图书馆志愿服务工作站多次组织志愿者学习红十字知识，参加培训，积极开展志愿服务活动。为敬老院孤寡老人送去各种生活物资，为孤寡老人义务理发，打扫卫生等。资助贫困家庭学生学习生活用品。

出租车司机志愿服务工作站在“5·8”世界红十字日、“世界急救日”、“艾滋病日”等宣传活动期间均组织出租车司机开展活动，发放宣传材料，高考期间组织司机免费接送考生，深受市民称赞。

无偿献血和捐献干细胞志愿服务工作站也利用“世界献血日”开展无偿献血和捐献干细胞的宣传工作。

【救护培训工作】 市教育局红十字会举办救护知识培训班，培训校医180余人。利用“5·8”世界红十字日、世界急救日等大型宣传纪念活动开展自救互救知识普及活动，组织红十字急救中心医务人员在活动现场对过往群众进行模拟演练，全市共发放《大众避险逃生手册》等宣传资料万余册。组织急救员开展救护技能演练，并参加省红十字会救护技能大赛获优秀奖。

【无偿献血 捐献造血干细胞 遗体器官捐献工作】 “6 · 14”世界献血日期间，与市红十字中心血站联合开展无偿献血宣传纪念活动，组织部分会员走上街头向过往行人宣传无偿献血、捐献造血干细胞科普知识，发放宣传单 5 000 余份。继续做好造血干细胞捐献者的动员和干细胞采集工作，年内共采集造血干细胞 765 例，完成再动员工作 4 例。登记遗体、器官捐献报名志愿者 20 人。有 11 069 人次参与无偿献血。

【领导成员名单】

会　长　敖凤玲（兼）

常务副会长　马艳莉（12 月任职）

（王景武）

政　法

法制工作

【概况】　2011 年，市政府法制办在编人数 29 人，其中领导成员 4 人：主任王志，副主任齐士宏、陈洪才、张剑波；内设机构 6 个：秘书科、法规科、备案审查科、政府法制监督科、行政复议科、行政应诉科。

【贯彻落实国务院《纲要》《决定》和《意见》】深入贯彻落实国务院《全面推进依法行政实施纲要》和《国务院关于加强市县政府依法行政的决定》，筹备召开了全市依法行政工作大会，总结了《纲要》颁布六年多来的依法行政工作，对今后一个时期推进依法行政的各项工作进行了安排部署，表彰了全市依法行政工作先进单位、推进依法行政工作先进单位和推进依法行政工作先进个人。围绕省政府法制办提出的“依法行政深入推进年”活动，全面贯彻落实《国务院关于加强法治政府建设的意见》，立足葫芦岛市经济社会发展实际，制发了葫芦岛市《关于加强法治政府建设的实施意见》。积极开展依法行政示范点的创建活动，制定具体标准，认真做好总结、交流和推广经验工作，完成了上级机关对葫芦岛市依法行政示范点的检查考核。

【规范性文件管理工作】　市政府法制办始终坚持将富民强市、保障和改善民生作为规范性文件制发的立足点。并紧紧围绕工业强市、项目支撑和沿海开放战略等市委、市政府的中心工作和人民群众最关心、最直接、最现实的利益问题，科学安排规范性文件制发和前置审查工作，严格执行制发程序，切实提高制发质量和效率。2011 年，共制发市政府规范性文件 24 件（其中市政府令 8 件通告、公告 16 件），完成省地方性法规、规章草案征求意见反馈 26 件；前置审查规范性文件、合同、重大行政行为等 16 件，均形成书面反馈意见；收到市政府部门报送备案的规范性文件 6 件；开展全面清理政府规范性文件一次，专项清理两次，清理规范性文件 1 364 件（保留 1 033 件，修改 40 件，废止 291 件）。

【政府法制监督工作】　加强政府法制监督工作，规范行政机关的行政行为。一是深入开展依法行政考核。结合省政府下发的法治政府建设指标体系，进一步完善考核方案，科学确定了 2011 年度依法行政考核的内容、方式和标准，邀请人大代表、政协委员参与考评，增加公众参与，提高透明度，同时，坚持日常考核与年终考核有机结合，增强了依法行政考核工作的科学性和实效性。二是切实规范行政执法行为。市政府法制办依法办理行政相对人投诉案件 11 件，经依法监督，责令行政机关自撤 7 件。认真落实《辽宁省行政执法程序规定》，组织专门检查组开展了行政执法案卷评查，共评查案卷 500 余卷，规范了行政执法文书，纠正了违法行政行为。按照《辽宁省规范行政自由裁量权规定》，制定了具有可操作性的实施方案，实行行政处罚裁量基准动态管理，并监督各执法部门抓好落实。三是严格落实行政执法人员资格管理制度。按照省政府法制办要求，对各县（市）区政府和市政府有关部门上报拟申领行政执法证件人员进行了资格审查，分两批组织各县（市）区政府和市直部门的 1 520 名行政执法人员参加了全省统一的执法资格考试，对 1 220 名考试合格人员颁发了行政执法证件。四是积极推进行政管理体制改革。按照上级要求，联合市财政局、编办下发通知，推动兴城市和绥中县政府开展相对集中行政处罚权工作，配合省政府法制办开展检查调研，并积极做好督促工作。年初以来，市政府法制办协助市监察局做好规范行政权力运行工作，负责32个部门的清权确权、编制职权目录和制作流程图工作。五是重大行政处罚备案和统计工作。2011年，共收到备案件63件。对各单位上报的行政处罚情况进行认真统计，有针对性地改正工作中存在的问题。及时开展行政执法证件审验工作，共审验行政执法证件 2 631个，备案国家部委颁发的证件 1 900 个。

【行政复议工作】 一是健全行政复议受案制度。畅通复议申请渠道，简化申请手续，最大限度地方便当事人提出申请，提高了办理行政复议案件的质量和效率。二是完善行政复议案件办理方式。健全了《行政复议案件办理规则》，提高了复议办案的规范化、制度化水平。三是加强对行政复议工作的宣传和指导。先后为市林业局、规划局、财政局、发改委、渔政处等执法单位提供业务指导和法律咨询。举办有关县（市）区法制工作人员参加的行政复议专题研讨会，重点加强土地、林地确权、房屋拆迁等热点案件的指导力度，提高案件办理的质量和效率。2011年，共受理行政复议案件37件（其中，撤销证照2件，林地确权5件，土地确权5件，行政裁决2件，行政许可10件，行政处罚10件，工伤认定2件，未依法发放最低生活保障1件）。经依法审查，结案28件（包括上年立案的6件），撤销1件，维持25件，经调解终止2件。

【行政应诉工作】充分发挥参谋助手和法律顾问作用。一是认真做好应诉案件办理。年内，代政府办理应诉案件9件，经认真出庭应诉，一审5起案件胜诉，二审2起案件胜诉，1起案件达成和解，1起案件正在审理中。2011年，市政府法制办加大了对行政机关应诉工作的协调指导，配合市中级法院行政庭，组织各县（市）区政府主管法制工作的领导、法制办主任等参加了兴城市土地确权行政诉讼案件的审理观摩，兴城市常务副市长亲自出庭应诉，开了省内首例行政首长出庭应诉的先河。落实与人民法院联席会议制度，及时研究行政执法和行政审判工作中的难点问题，实现了依法行政与公正司法的良性互动。制定了《葫芦岛市行政机关负责人出庭应诉工作暂行办法》，力争在全市行政机关中予以推行。

【政府法律事务工作】 2011年，办理了龙港区北港街道两村村民因土地权属纠纷上访、海滨观光路项目投资情况调查、连山购物广场土地争议、公汽客运特许经营权、二手车市场监管、渤海水泥有限公司国有资产转让、开发区执法主体资格、清理整顿市区内营运三轮车、行政执法与刑事执法衔接等10余项涉法事务，充分发挥了政府的参谋助手和法律顾问作用。

（孙东明）

公　安

【概况】 2011年，葫芦岛市公安机关在市委、市政府和省公安厅的正确领导下，在人大常委会的依法监督下，全市公安机关紧紧围绕“打造国际一流警务”奋斗目标，扎实开展“创先争优”活动，全面加强公安机关能力建设，深入推进“三项重点工作”和“三项建设”，大力创新社会管理，主动服务经济发展，有力地开创了公安工作新局面。特别是“创先争优”活动、社会管理创新、服务经济社会发展、追逃“清网行动”等各项工作成绩突出，均位居全省前列，为葫芦岛沿海经济强市建设作出了重要贡献。

【全力维护社会稳定】 2011年，全市各级公安机关始终把维护社会稳定，打造平安和谐葫芦岛作为公安工作的头等大事抓紧抓好。坚持以“发现得早、控制得住、处置得好”的原则，全力开展各项维稳工作。一是主动出击，加强隐蔽战线斗争，严厉打击、严密防范了“法轮功”等境内外敌对势力非法活动，共端掉制作、散发非法宣传品窝点 4 个，侦破“法轮功”等邪教案件 21起，打击处理54人。二是排查稳控，及时化解社会矛盾。共排查重点群体28个。三是坚决果断，依法妥善处置群访事件。共处置群访事件115起，涉及9 000余人，确保了全市社会大局稳定。特别是在配合政府成功取缔了营运三轮车，没有发生有影响的群体事件，得到了市委、市政府和广大人民群众的充分肯定。

【严厉打击刑事犯罪】 坚持严打方针不动摇，始终保持严打高压态势，不断加大打击刑事犯罪力度，强力组织开展了严打春季攻势、打击和防范电信诈骗犯罪以及农资打假保春耕、“天网2011”打击银行卡犯罪、打击侵财犯罪等一系列专项行动，有力维护了全市社会治安大局稳定。年初，全市发生刑事案件5 000余起，破案2 000余起；逮捕1 353人，劳动教养63人；全市共抓获各类在逃嫌疑人1 095人。特别是成功侦办了“1·26”、“9·30”等一批打黑除恶专案和“9·05”持枪杀人案等一批现行大要案，沉重打击了黑恶势力犯罪。“1·26”专案已报请公安部作为挂牌督办案件。从5月26日开始，按照公安部的统一部署，全市公安机关全力以赴，以超常力度开展了声势浩大的网上追逃“清网行动”，截至12月15日，全市共抓获在逃嫌疑人742名，其中部级督捕在逃犯罪嫌疑人2名，省级督捕在逃犯罪嫌疑人12名，命案在逃犯罪嫌疑人38名。本市行动前网上在逃嫌疑人撤网率90.1%。提前、超额完成“公安部提出的年底前下降率50%、省厅提出的撤网率80%”的清网行动任务指标。公安部副部长刘金国7次对本市“清网行动”作出重要批示，省厅和市委、市人大常委会、市政府、市政协主要领导分别多次作出批示给予肯定。省厅先后9次致电本市表示祝贺。7月21日，市委副书记、代市长都本伟在公安部大连会议上介绍了经验。10月17日，副市长、局长潘春吉在全国清网行动电视电话会议上作了经验介绍。本市追逃“清网行动”成效明显，位居全省第一方阵。

【全面加强社会管理】 2011年，全市各级公安机关牢牢把握“最大限度激发社会活力、最大限度增加和谐因素、最大限度减少不和谐因素”的总要求，全面推进了实有人口动态管理、社会矛盾排查化解、社会组织管理、社会治安防控、公共安全管理、虚拟社会管控等重点工作。4月29日，《人民日报内参》第768期刊发了我局创新社会管理工作的做法。一是充分利用信息化手段，加强行业场所治安管理。全市旅馆业信息管控率100%，传输率达98%以上，位列全省第一；积极开展流动人口和出租房屋专项整治工作，减少了漏管失控，本市暂住人口、出租房屋和承租人信息质量全省排名领先；加强精神病人管控，共录入全国重性精神病人信息管理系统2 347人，有效防止了精神病人肇事肇祸行为发生，此项工作被公安部、省厅以简报形式报道推广。二是提升网上斗争能力，加强网络安全监管。通过24小时监控、强化舆情引导等方式，确保了网络安全。全市433家网吧网络安全管理系统全部升级改造完毕，市局网安部门对涉案电脑MAC收集上报率位居全省第一。三是深化社会治安防控体系建设，严密治安防范。按照“布局科学化、勤务规范化、装备现代化”标准，不断巩固和加强了全覆盖、全时空、全封闭的社会治安防控网络，城区可防性案件明显下降，人民群众安全感明显增强。9月16日，市委书记孙兆林来调研时特别表扬了全市治安防控体系建设工作。四是深入开展治安整治，解决突出治安问题。全市共排查整治9个社会治安重点地区。特别是坚持不懈地抓好校园安保工作，针对学校及周边治安实际，在全市部署开展了校园“清刀行动”，有效消除了治安隐患，整治了校园治安环境。全市共查处行政案件296 195起，其中治安案件12 871起；查处违法人员293 861人，其中治安违法人员11 183人。五是全面加强公共安全管理，化解各种风险事故。以安全大检查为重点，切实强化了治安、交通、消防、内保等安全管理，有效杜绝了群死群伤等重大治安灾害事故的发生。全市各级公安交警部门共处罚交通违法行为380 012起，其中吊销驾驶证101本，交通违法记满12分589人，行政拘留1 485人。全市共发生道路交通事故185起，死亡130人，受伤160人，经济损失81.77万元，四项指标较上年同比分别下降2.12%、8.45%、3%和22.29%。交警部门“三超一疲劳”违法行为整治工作位列全省第一。交警支队被辽宁省社会治安综合治理委员会评为全市政法系统唯一“平安示范单位”，并被市安全生产委员会授予“2011年度安全生产月活动先进单位”称号。6月20日，公安部在本市召开八省区市交通肇事逃逸案件侦破工作座谈会，本市交警支队介绍了经验。消防部门深入开展“构筑社会防火墙”工程和“清剿火灾隐患”战役，不断加大火灾隐患排查整改力度，提升灭火救援能力，成功扑救了“7·24”中石油锦西石化分公司120万吨汽油加氢装置爆燃等一批火灾事故，保护了国家财产和人民群众生命安全。全市共发生一般性火灾127起，死亡1人，直接财产损失87.86万元。加强大型活动安保，确保了首届中国（葫芦岛·兴城）国际泳装文化节、首届中国葫芦岛打渔山泵阀产品博览会等66次大型活动顺利进行和万无一失。六是打四黑除四害，消除社会毒瘤。集中开展了打击食品药品领域违法犯罪统一行动和“打四黑除四害”专项行动，共破获各类制售假劣食品、药品、建筑材料、机械配件等案件107起，捣毁窝点38个，打掉犯罪团伙3个，侦破案值50万元的重点案件18起（省公安厅督办案值171万元的制售假劣药品案件1起），涉案金额达6 000余万元。“打四黑除四害”专项行动成果在全省排名第二位。本市食品药品领域打击整治成果受到省公安厅和市委、市政府充分肯定，广大群众拍手称快。

【主动服务经济社会发展】　全市公安机关坚持“警务就是生产力”等一系列服务理念，以“逢山开路、遇水架桥”的主动作为精神，紧紧围绕葫芦岛经济社会发展大局，不断加强和改进公安行政管理，拓展公安机关服务职能，有力服务了经济社会发展。一是主动服务，全力保障重大项目建设。全市重点工程项目全部实现警务对接。通过“零距离、保姆式、跟踪式”服务，保驾护航龙湾CBD、青山水库、三条油气管道、棚户区改造等重点项目建设，为国家节省资金近亿元。二是加大打击整治力度，维护经济发展秩序。为促进沿海经济区的快速发展，市局先后成立三个专案组，专项整治绥中沿海经济区治安环境。“9·26”专案组打掉了“沙王”张某团伙。抓捕犯罪嫌疑人40人，移送起诉26人，涉案金额近2亿多元。“2·26”专案组，对绥中沿海非法占地的行为进行了专项整治，共查处二河口新村渔港、南江渔港、大南浦港、照山港等涉案港口4个，破案10起，打击处理14人。为国家追回非法占地千余亩，追回被破坏的国有林地近0.33平凡千米。“DS”专案组共打掉分别以段某、曹某、李某为首的犯罪团伙3个，破获各类刑事案件26起，抓获涉案犯罪嫌疑人21人，挽回经济损失300余万元。得到了地方政府和领导的认可。三是加强公安行政管理，整治优化发展环境。市局深入落实服务经济社会发展83条措施，切实增强了服务质量和服务效率。出入境管理处、边防支队、消防支队、社区警务支队、交警支队都制定出台了便企利民措施，进一步提升了服务发展水平。特别是在2009年成功推行民爆物品直购的基础上，进一步加大直购工作力度，全市共有72家较大的企业实现了爆炸物品直购，共直购炸药11 000余吨、雷管890万枚、导爆索58万米，直接为这些企业节省生产成本约1.6亿元。全市从事矿山工作的人员已经由2009年初时的不足2万人，增长到现在的11万余人。为净化本市交通运输环境，市局成立了“4·19”专案组打击黑出租车，共扣押涉案“黑出租车”70台，逮捕18人，收缴涉案伪造国家公文5份，扣押假出租车营运手续7本，扣押非法所得400余万元。5月19日，本市200余台出租车司机自发组织，敲锣打鼓，高举标语，来到市公安局敬献锦旗，感谢市局开展出租车运营秩序整治工作的为民之举。我局服务经济建设工作得到省委书记王珉、省长陈政高和省厅、市委、市政府的充分肯定，受到了全市企业的欢迎和拥护。全市公安机关共收到群众赠送锦旗1 582面、感谢信（短信）1 731封（条），得到了广大人民群众的高度褒奖。

【全面加强公安队伍建设】　全市公安机关始终把队伍建设作为根本，以党建“创先争优”为抓手，以能力建设为主线，深入开展核心价值观教育、打造公安铁军、大练兵大比武等一系列活动，从严治警与从优待警相结合，全力打造“关外第一警队”，为完成各项公安工作任务提供了有力保障。一是坚持领导带头，发挥表率作用。市局班子成员带头从自身做起，叫响了“向我看齐”的口号，并郑重承诺发挥“五个表率作用”、“五个严格做到”。全市各级公安机关班子以身作则、带头工作，在专案侦查、维稳处突、抢险救灾、抓捕在逃犯罪嫌疑人等工作中冲在第一线，为民警做出了榜样，激发了队伍士气和斗志。二是深入开展“以党建促队建，讲责任比贡献”主题实践活动，开创党建工作新局面。严格落实15项党建制度、组织生活“八个一”制度、规范“5本11册”党建档案建设、采取“九抓”等党建措施，进一步规范了全市公安机关组织建设、思想建设、制度建设、作风建设。党建工作得到了中组部部长李源潮，公安部长孟建柱，副省长、公安厅长薛恒等领导的批示肯定。5月15日，《人民公安报》头版头条刊发了市局党建工作做法，5月23日，市创先争优领导小组在全市推广了我局创先争优活动经验；6月10日，葫芦岛市政法机关党建工作暨创先争优与创新社会管理现场会在我局召开，会上介绍推广了我局党建工作经验做法。三是以“四团两论”为依托，扎实推进民警核心价值观教育。组建了宣讲团、报告团、警示团、警官艺术团，紧紧围绕“四个忠于”、克服“十种思想”、强化“十个意识”，在民警中广泛深入开展了民警核心价值观教育；以开展“八必访”、“五个一百”、“百万群众评公安”等活动为切入点，进一步深化了“大走访”开门评警活动。5月10日、11月10日，副市长、局长潘春吉两次接受“人民网”、“中国警察网”在线视频访谈，介绍了我局“大走访”开门评警和社会创新管理等工作做法。四是深入开展“大练兵、大比武”活动，全面加强公安机关能力建设。“警务技能大练兵、实战本领大比武”活动以来，以实战需求为导向，以提高岗位核心能力为目标，强势启动了练兵比武活动，收到了良好效果。特别是以执法规范化建设为重点，全面推进全警基本执法资格考试，通过集中培训、教官指导、自学提高等方式，提高了队伍整体执法素质。五是全力提升信息化应用，更好地服务实战。在深化信息化建设、深度应用上，市局采取了一系列超常措施，促进了公安信息建设健康有序发展，全体民警信息化应用能力明显提升。通过信息化手段破获案件1 468起，抓获现行犯罪嫌疑人963人、网上在逃犯罪嫌疑人430人。4月12日，省厅在本市召开全省公安机关加速推进信息化建设及高端应用现场会，推广了本市经验做法。六是坚持两手抓，大力加强从优待警和从严治警工作。认真落实从优待警措施，加强民警福利待遇保障，努力解除民警后顾之忧。深入落实“执法如铁、纪律如铁”两条刚性要求，严肃查处违法违纪行为，有效提升了社会各界群众对公安机关的满意率和公信力。共查处民警违法违纪案件7起，处分民警12人，通过铁腕治警，整肃了警风警纪，规范了民警言行。队伍建设呈现了朝气蓬勃、积极向上、比学赶超的浓厚范围。11月21日，市委、市政府作出《关于开展向市公安局学习的决定》，号召全市各级党政机关、各级党组织和广大党员干部向市公安局学习。

（姜　梅）

审　判

【概况】　2011年，市中级法院坚持以邓小平理论和“三个代表”重要思想为指导，认真贯彻科学发展观，坚持“三个至上”指导思想，积极开展“人民法官为人民”主题实践活动，深入推进“社会矛盾化解、社会管理创新、公正廉洁执法、理想信念教育”四项重点工作，忠实履行宪法等法律赋予的职责，各项工作取得新进展。全年共受理各类案件2 075件，审（执）结1 763件。

【全面发挥审判职能作用】　依法惩治刑事犯罪，维护社会稳定。突出打击重点，严惩故意杀人、抢劫、强奸、盗窃、诈骗等暴力犯罪和多发性侵财犯罪，维护正常社会秩序，审结此类案件573件，判处罪犯822人。深入开展“打黑除恶”专项斗争，顺利完成“10·23”涉黑大案的开庭审理工作。依法惩治腐败，审结贪污贿赂、渎职等案件72件。严厉打击金融诈骗、非法集资等破坏社会主义市场经济秩序的犯罪，审结此类案件65件，判处罪犯130人。正确把握“宽严相济”的刑事政策，对罪行较轻的罪犯判处缓刑、管制或免予刑事处罚。严格执行《刑法》，积极开展量刑规范化改革，统一量刑方法、标准和步骤，规范法官裁量权，提高量刑公开性与透明度。本着“教育、感化、挽救”的方针，审结未成年人犯罪案件89件。

积极化解民商事纠纷，促进社会和谐。两级法院共审结民商事案件12 271件。依法支持国有企业改革，促进地区经济发展，妥善审结锦化氯碱破产重整案件。依法维护市场交易秩序，审结金融借贷、买卖等合同纠纷案件 1 737 件。认真审理涉农纠纷案件，依法促进社会主义新农村建设，审结土地承包、土地补偿等纠纷案件 265 件。高度重视涉及民生案件的审理，依法保护妇女、儿童的合法权益，审结婚姻家庭等纠纷案件 3 565 件。认真执行《劳动合同法》，审结劳动争议案件 327 件。坚持加大案件调解力度，两级法院一审民商事案件调解、撤诉 6 820 件，调撤率为 63%。

妥善审理行政案件，推进依法行政。两级法院共审结行政诉讼案件 537 件。注重运用诉讼协调手段解决行政争议，促进纠纷的多元化解。充分发挥行政审判的司法监督作用，对 201 件非诉行政案件依法审查。依法开展国家赔偿工作，保护赔偿请求人的合法权益。推行行政机关负责人出庭应诉制度，定期向市政府有关部门通报情况，促进行政机关依法行政。

坚持综合治理，着力解决“执行难”问题。两级法院共执结案件 4 285 件，执行标的额近 6 亿元。认真落实与公安、金融、城建、土地等部门相互配合的联动机制，积极开展反规避执行专项行动。完善管理制度，规范执行行为，实施分段执行、提级执行、交叉执行、监督执行等管理制度，促进执行工作的规范化建设。继续加大执行力度，采取搜查令、限制高消费、曝光等措施，加大对抗拒执行行为的打击力度。成立执行指挥中心，对全市两级法院执行法官、执行资源实行统一调配、统一指挥，实现执行工作快速反应、集团作战，有效克服“执行难”。

【认真落实司法为民措施】 加强立案窗口建设。完善诉讼服务中心便民设施，为群众诉讼提供便捷服务；健全首问负责、服务承诺、办事公开、文明接待、岗位责任等各项制度，提高服务水平；推行网上立案、节假日立案等便民立案方式，一小时立案和当天立案达 95%以上，立案效率大为提高。

认真落实司法救助制度。对老、弱、病、残、下岗职工、农民工等弱势群体的诉讼，给予司法人文关怀，两级法院全年缓、减、免 1 432 件诉讼费 70 万元。

加大涉诉信访案件化解力度。加强制度建设，建立领导包案、带案下访、信访责任倒查、涉诉信访案件终结等制度，努力解决信访当事人的合理诉求。坚持院长、庭长接待制度，两级法院接待信访人员 2 420 人次。积极开展涉诉信访案件化解活动，全年受理上级机关交办的 267 件信访案件，已化解 185 件。

【全面加强法院各项管理】 强化审判管理。扎实开展“案件质量年”活动，实行审判绩效考核，完善质量评估、案件评查、流程管理、考核奖惩、监督指导等系列审判管理制度，促进审判规范化管理。实行网络监控，案件立案、审理、裁决结果全部上网，审判质量和效率等信息网上自动生成，审判管理更具针对性、科学性。

加强对下监督指导。坚持工作重心下移，实行中院领导干部基层联系点制度，帮助基层法院解决实际困难；召开审判工作例会，下发改判发回案件分析通报，加强审判监督指导；召开法庭工作会议，培训法庭庭长，促进法庭建设。

完善法院基础建设。积极争取国债投资基金和财政专项资金，改善法院的审判条件。市中级法院、连山区法院、兴城市法院、龙港区法院的审判综合楼正在筹建中。加强信息化建设，省、市、县法院实现三级联网，各法院均建设了数字化法庭，实现庭审全过程同步录音、录像和网上直播。

【不断加强法院队伍建设】 深入开展思想作风建设。大力开展“社会主义法治理念再学习再教育”、“人民法官为人民”等主题实践活动，进一步强化宗旨意识，坚定理想信念。结合“发扬传统、坚定信念、执法为民”和“群众观点大讨论”活动，认真查找问题与不足，改进工作作风。积极开展“集中整治庭审不规范行为专项活动”、“机关纪律作风整顿活动”，对两级法院明察暗访，发现问题，严肃处理。全年发通报 17 期，有效促进了庭审规范和机关纪律作风的转变。

扎实推进反腐倡廉建设。认真落实党风廉政建设责任制，采取院领导上廉政党课、观看警示教育片等多种方式，开展警示教育活动。严格执行“五个严禁”和《人民法院工作人员处分条例》，确保司法廉洁。创新开展审务督察和司法巡查工作，建立廉政预警机制，进一步完善预防腐败的内部监督机制，提高廉政风险防范能力。

努力抓好司法能力建设。加强领导班子建设，提高班子民主科学决策水平和管理能力。完善干部培养机制，加强对年轻法官的培养。重视岗位职业教育，全年培训干警21期700余人次。积极开展“创先争优”活动，激发干警岗位建功立业热情，增强干警的凝聚力和战斗力。

【自觉接受人大 政协的监督】 自觉接受市人大及其常委会的依法监督、市政协的民主监督，依法报告、通报法院工作。加强与人大代表和政协委员的联系与沟通，听取意见，接受监督。市法院全年走访和接待人大代表、政协委员900多人次，赠阅《法院之窗》4 500 册。主动邀请 131名人大代表和政协委员旁听庭审 23 个。聘请15名市人大代表和市政协委员为特约调解员，参与法院案件调解和社会矛盾化解工作。

【领导成员名单】

葫芦岛市中级人民法院

院　长　柴学伟（12月7日离任）
代院长　杜俊峰（12月7日任职）
副院长　曹宝泉　姜宏伟　孙一博
　　　　曹　忠　范晓杰（女）
纪检组长　池俊宽
政治部主任　高艳莹
执行局局长　刘　军
党组成员　刘　众

连山区人民法院院长　骆忠山
龙港区人民法院院长　张汝成
南票区人民法院院长　陈春秋
兴城市人民法院院长　项　雷
绥中县人民法院院长　刘国军
建昌县人民法院院长　郭　彪

（贺亚军）

检　察

【概况】 2011 年全市检察机关认真贯彻落实市委、省检察院各项工作部署，坚持“服务发展、保障稳定、强化办案、提升能力”的工作思路，忠实履行宪法法律赋予的检察职责，务实创新，积极进取，各项工作平稳发展，全面推进。

【着力服务沿海经济强市建设】 全市检察机关始终把服务发展作为第一要务，紧紧围绕促进经济发展方式转变这一主线，强化执法办案，发挥职能作用，积极营造有利于赶超发展、跨越发展的良好环境。

严厉打击严重刑事犯罪。进一步加强和改进批捕、起诉工作，坚决依法打击扰乱社会秩序、侵害群众利益、影响群众安全感的严重刑事犯罪。全年批捕各类刑事犯罪案件 1 229 件 1 600 人，起诉 1 655 件 2 393 人，其中批捕涉黑、杀人、强奸、盗窃、抢劫、诈骗等黑恶势力犯罪、严重暴力犯罪、多发性侵财犯罪和毒品犯罪533件700人，起诉501件684人。

深入查办和预防职务犯罪。全年立案查办贪污贿赂犯罪 59 件 80 人，立案人数同比上升18.1%，其中大案27件、县处级要案6人；立案查办渎职侵权犯罪27件39人，立案人数同比上升 18.2%，其中大案 5 件、县处级要案 2 人。深入重点行业和领域开展预防宣传教育活动，成功举办“全国检察机关惩治和预防渎职侵权犯罪”葫芦岛巡展，介入“901”人防工程、青山水库等一大批重点建设项目开展专项预防，职务犯罪预防工作稳步推进。

不断强化对诉讼活动的法律监督。以市人大常委会听取、审议诉讼监督工作情况报告为契机，加大监督力度。全年依法监督侦查机关立案 13件27人、撤案28件34人。对应当逮捕而未提请逮捕、应当起诉而未移送起诉的，决定追捕 65人、追诉 41 人。依法提出（提请）刑事抗诉 22件，经法院审理改判10件、发回重审4件。立案审查民事行政申诉案件91件，对认为确有错误的民事行政裁判，依法提出抗诉 38 件，法院改判17件；提出再审检察建议9件，法院采纳9件。

着力营造规范有序的市场环境。组织开展了“发挥职能作用、优化发展环境”专题调研活动，研究制定了《葫芦岛市检察机关服务全市“主题概念”园区建设与发展的十项措施》，服务发展大局更加主动。积极参与整顿和规范市场经济秩序活动，扎实开展打击侵犯知识产权和制售假冒伪劣商品专项行动，重点打击逃税骗税、金融诈骗、生产销售伪劣商品、侵犯知识产权等犯罪。突出查办工程建设、国土资源、商业贿赂、新农村建设、国企改制等领域贪污贿赂、渎职侵权犯罪，促进了经济持续健康发展。

【着力维护社会和谐稳定】　全市检察机关始终把维护社会和谐稳定作为第一责任，坚持推进检察工作与加强和创新社会管理有机融合，主动深化检察职能，延伸工作触角，拓展监督领域。

积极做好保障民生、服务群众工作。坚持把人民群众的关注点作为保障民生、服务群众的着力点，加大查办民生领域职务犯罪力度，深入开展查办危害民生民利渎职侵权犯罪专项活动，依法查处征地拆迁、教育培训、医疗保险、社会保障、安全生产等领域贪污贿赂犯罪 30 件 45 人、渎职侵权犯罪 15 件 19 人。依法批捕危害食品、药品安全刑事犯罪 8 件 11 人，审查起诉 2 件 5 人。办结刑事赔偿 7 件，支付赔偿金 25.7 万元。积极开展刑事被害人司法救助工作，发放救助金 3.2 万元。

积极化解和防范矛盾纠纷。全面落实宽严相济工作机制，充分运用刑事和解、量刑建议和不批捕、不起诉等措施，努力把减少对抗、促进和谐的要求落实到执法办案各个环节，全年办理刑事和解 48 人，提出量刑建议 1 035 人，对犯罪情节轻微的作出不批捕决定 280 人、不起诉决定 102 人。全面落实群众诉求表达机制，认真坚持检察长接待日制度，不断拓展“12309”专用举报电话的控告、申诉、投诉、咨询、查询等功能，方便群众反映问题、表达诉求。全面落实社会矛盾化解机制，深入开展“社会矛盾化解年”活动，妥善处理群众信访案件 258 件，办结刑事申诉案件 34 件，息诉化解率达 100%。全面落实执法办案风险评估预警机制，在是否立案、批捕、起诉、抗诉等关键环节上，充分考虑可能引发的对抗情绪，主动做好解疑释惑、释法说理工作。

积极参与对特殊人群的帮教管理。坚持从宽处理与帮教管理相结合，认真落实未成年人犯罪不捕不诉回访帮教制度，深入开展优秀“青少年维权岗”创建活动。坚持日常监督与专项检察相结合，认真组织开展久押不决案件和监管场所使用械具情况专项检察，及时监督解决监管活动中存在的突出问题。坚持监外执行检察与社区矫正法律监督相结合，积极探索强化社区矫正法律监督的有效渠道，切实防止监外执行罪犯脱管、漏管。坚持监督与服务相结合，积极配合有关部门做好刑释解教人员的安置、帮教、管理工作，使其更好地融入社会。

积极促进治安防范体系建设。认真落实检察环节综治工作各项措施，特别是对办案中发现的社会管理问题，会同相关职能部门深入开展调查分析，并从教育、制度、监督等方面提出检察建议，对完善制度、促进管理发挥了积极作用。广泛开展检察进机关、进乡村、进社区、进学校、进企业活动，通过法律咨询、以案说法等形式，主动引导群众用平和、理性的方式处理和对待矛盾纠纷。

【着力加强检察业务建设】　全市检察机关始终把业务建设作为立检之本，突出决策、规范、监督、考评等关键环节，确保执法水平和办案质量不断提高。

着力加强检察委员会建设。检察委员会作为检察机关的最高业务决策机构，承担着研究决定重大疑难案件和其他重大问题等工作职责。市检察院高度重视检察委员会建设，不断完善例会制度、决定执行与结果反馈制度、典型案件评析制度、重点案件实体审查制度，民主科学决策的能力和水平进一步提高。

着力加强执法规范化建设。坚持执行程序法与执行实体法并重，认真落实《检察机关执法工作基本规范》和证据适用规则，在细化办案流程、规范执法行为的同时，全面客观审查、判断、运用证据，依法排除非法证据。坚持日常指导与专项检查并重，认真组织开展“规范文明执法、加强纪律作风建设”专项检查、案件评查等专项活动，及时纠正执法办案中存在的不规范、不文明等问题，促进了执法规范化水平的提高。市检察院控申举报接待室荣获全国检察机关“文明接待室”称号，驻看守所检察室被评为“全国一级规范化检察室”。

着力加强执法监督制约。继续深入贯彻落实立案侦查职务犯罪案件报上级检察院备案，不起诉、撤案报上级检察院批准制度；讯问职务犯罪嫌疑人全程同步录音录像制度；逮捕职务犯罪嫌疑人报上一级检察院审查决定制度，严格内部监督制约。进一步深化人民监督员制度，将查办职务犯罪案件中的主要环节全部纳入监督范围，由市检察院统一组织实施。通过专题报告诉讼监督工作情况、召开人大代表座谈会、开展走访代表活动、参加软环境建设专题民主评议等形式，主动接受人大依法监督、政协民主监督，不断改进办案工作。

着力加强执法办案考评工作。注重发挥执法考评在质量建设中的引领、导向作用，不断完善考评标准，强化案件管理，健全奖惩措施，深入开展精品案件和优质案件评比活动，办案质量明显提高。所办案件没有错案和严重瑕疵案件，没有因审查不细、把关不严导致批捕、起诉后判无罪案件，没有涉检赴省进京上访案件和引发群体访案件。

【着力提高队伍整体素质】 全市检察机关始终把队伍建设作为根本保障，以公正廉洁为核心，多措并举，重点在提高素质、改进作风、夯实基础上下工夫，积极推进检察队伍稳步发展。

扎实推进教育培训工作。坚持把深入开展“发扬传统、坚定信念、执法为民，争做雷锋式检察官”主题教育实践活动与纪念建党90周年、检察机关组建80周年结合起来，认真学习胡锦涛总书记“七一”重要讲话和党的十七届六中全会精神，积极开展歌咏比赛、书法绘画展、缅怀革命先烈等活动，教育、引导广大干警坚定理想信念、践行执法为民宗旨。积极参加高检院《检察机关执法工作基本规范》网络轮训和省院“检察论坛”等专项培训，邀请国家检察官学院专家教授进行高端培训，努力提高干警综合执法能力。

持续加强纪律作风建设。深入践行忠诚、公正、清廉、严明的职业道德基本准则，认真组织多种形式的警示教育活动，不断加强对干警内在素质和道德修养的锤炼，努力从思想深处夯实廉洁从检的根基。坚持以公正执法、办案安全、纪律作风为重点，深入开展“维护人民群众合法权益，解决反映突出问题”专项检查活动，加大检务督察力度，积极整治有令不行、有禁不止、以案谋私、吃拿卡要等问题。

大力推进基层基础建设。推动检察工作平稳、务实、和谐发展，重在抓基层、打基础。市检察院注重发挥一线指挥部作用，采取挂职锻炼、骨干培训、内部挖潜等措施，积极支持和鼓励基层院走内涵式发展道路，改善队伍结构；采取强化执法考评、推行办案“一体化”、列席基层院检察委员会等措施，积极促进和带动基层检察院业务建设；扎实推进经费和基础设施保障机制，6个县（市）区院均达到了上级规定的经费保障标准，检务保障能力不断增强。

【领导成员名单】

葫芦岛市人民检察院

检 察 长　慕　宁

副检察长　鄢常贵　张一昭　牛宝成

郑亚文　戴东风

缪树权（12月29日离任）

政治部主任　魏艳春

纪检组组长　刘国权

党组成员　高智君

反渎职侵权局局长　商广华

反贪污贿赂局局长　耿　巍

（12月15日任职）

兴城市人民检察院检察长　叶　蓬

绥中县人民检察院检察长　刘海彬

（1月8日任职）

建昌县人民检察院检察长　杨忠伟

连山区人民检察院检察长　姜公臣

龙港区人民检察院检察长　白银燕

南票区人民检察院检察长　罗继双

（李东虹）

司　法

【概况】 2011年是“十二五”规划开局之年，全市司法行政机关在市委市政府和省司法厅的正确领导下，坚持围绕中心，服务大局，深入实施四项重点工程，为全市经济社会实现科学发展、创新发展、和谐发展作出了重要贡献。

【维护社会稳定工作成效显著】 集中开展“人民调解进万家，化解矛盾在基层”活动。围绕难案、缠案开展攻坚调处活动，全年共调处矛盾纠纷 9 374 件，调处成功 9 043 件，成功率 96%，防止民转刑、防止群体性上访、防止群体性械斗案件 47 件。龙港区司法局的“调防结合”经验作为典型在全省推广。进一步加强医疗、交通等领域的行业性、专业性人民调解组织建设，全力营造三调联动的大调解格局。加强人民调解组织建设，以《人民调解法》的实施为契机，进一步完善四级调解网络，全市共有各级调委会 1 521 个，调解员 7 683 人，其中一、二级调委会占 98%。

按照“首要标准”的要求，不断提高教育挽救质量，认真落实“七项”常规教育，全年对劳教人员进行的各类教育达到了 1 358 课时，习艺劳动及岗位培训 240 人次。在全省法律常识抽考中，本市获第一名。结合纪念建党 90 周年，组织劳教人员开展了唱红歌、诵红诗、读红书活动，丰富了教育形式和内容。开展“场所管理规范化建设年”活动，完成防护网和视频监控系统的改造和升级，监控点由原来的 30 个增加到 144 个。新建习艺楼 2 277 平方米，投资 400 万元进行所内环境改造，场所面貌焕然一新。2011 年，全所未发生重特大监管安全事故和生产安全事故，连续三年实现了“四无”的工作目标，保证了场所的持续安全稳定。在年度目标管理考评中，本市取得了第六名的好成绩。

【服务发展服务民生成效显著】 全市法律服务机构牢牢把握主题和主线，通过组织实施法律服务团、辽宁沿海经济带法律服务大行动等多种服务形式，重点为沿海经济带的全域开发、重点经济区建设、县域经济的发展提供法律服务。省厅沿海经济带法律服务大行动活动调研组到本市进行调研时，对本市律师服务“一线八区”建设及社会矛盾调处工作给予了充分肯定。积极参与民生问题、热点问题的解决，通过快速办理、减半收费、延时服务等便民措施，为群众提供及时、便捷、优惠的法律服务。全年，全市律师共为 217 家政府、企事业单位和公民担任法律顾问，代理各类案件 4 000 余件；公证机构办理公证事项 3.6 万件。围绕化解信访积案、推进体制机制创新，发挥律师、公证、法援的专业优势，参与社会矛盾调处工作，建立律师值班和法律援助包案制度，全年共接待上访、解答法律咨询 230 余人次。法律援助工作，以便民、惠民、利民、佑民、安民为服务理念，开展“服务民生，法律援助在您身边”主题实践活动。创新服务方式，成立了农民工维权站，在市劳教所设立了法律援助联络部，不断扩大法律援助覆盖面。全市两级法律援助机构共办理了法律援助案件 2 233 件，受援群众达 2 500 余人。

【加强和创新社会管理成效显著】 连山区、绥中县、兴城市的乡镇（街道）社区矫正试点工作已经全面铺开，累计接收各类矫正对象 925 人，解除矫正 80 人，解除矫正人员无一重新违法犯罪。加强试点工作的规范化建设，建立社区矫正工作领导小组 7 个。强化社区矫正人员的教育工作，按规定每月到矫正对象家中走访，适时与矫正对象电话沟通，及时掌握其思想和行为动态。

完善刑释解教人员的衔接管控工作机制，下发了《关于进一步加强刑满释放解除劳教人员安置帮教工作的实施方案》（葫司发[2011]39 号），落实了服刑在教人员的基本信息核查和信息平台统计工作，对重点帮教对象，逐步落实必接必送制度，努力实现“无缝对接”。全年共接收刑释解教人员 293 名，帮教率达到 100%，安置率达 94%，无一例重新违法犯罪案件发生。巩固和新建安置帮教基地（安置点）13 个。其中，依托恒源热力有限公司建立的市级回归人员安置帮教基地，极大提高了安置帮教工作的社会影响力。

积极组织协调，做好“六五”普法和创建法治城市的启动工作。围绕领导干部学法用法，邀请中国人民大学教授为全市领导干部作了依法行政专场报告会，包括市委中心组在内的 300 余名领导干部参加了报告会。针对青少年特殊群体，开展了“法官妈妈、检察官妈妈进社区”活动和葫芦岛市首届（网络）中小学生法律知识竞赛。加强法制宣传教育阵地建设，开办了葫芦岛法律服务网，网站的点击量已超过 7 万人次。

司法鉴定工作重点加强了资质管理、质量管理、制度建设和执业监督。组织开展了司法鉴定规范执业专项检查活动，完成了26名执业鉴定人转岗培训验收考试，细化了鉴定工作规则，通过严格执行专业培训、执业教育、专家会检、层级复核、检查抽查等制度，切实规范执业行为，提高鉴定质量。

2011年国家司法考试的组织实施工作圆满完成，本市有报名考生394人，考试合格29人，合格率7%，组织工作管理规范、保密安全、秩序井然、纪律严明。

【基层基础建设成效显著】 基层司法所规范化建设得到进一步强化，有93个司法所达到省级规范化标准。司法部副部长郝赤勇一行在考察了本市的基层司法所建设情况后，对本市的基层司法行政工作给予了高度的评价。市县司法行政业务用房建设取得积极进展，包括市本级在内的列入国家“十二五”投资计划的项目达5个，预计总投资4 626万元，现已下达投资项目1个，到“十二五”末，市县两级司法业务用房建设能够基本完成。

【司法行政队伍建设成效显著】 围绕庆祝建党90周年，深入开展“发扬传统、坚定信念、执法为民，争做雷锋式干警和法律服务工作者”主题教育实践活动，组织广大干警、法律服务工作者重温入党誓词、重读革命经典、传唱红色歌曲、瞻仰革命旧址。在全市政法系统迎接建党90周年知识竞赛中，荣获团体第二名的好成绩；在全市政法机关庆祝建党90周年红歌演唱会上，荣获二等奖。开展结对帮扶活动，协调地方企业捐资170 000元为建昌县王宝营子乡京油杖子村修建了1.8千米长的村级公路；组织司法行政干警开展“献爱心活动”，捐款18 000元用于修缮京油杖子村部活动室和资助2名贫困大学生。

【继续深入开展创先争优活动】 以“学雷锋、学模范、执法（业）为民比奉献”为载体，在党员队伍中广泛开展公开承诺、设岗定责、志愿服务等活动；结合贯彻市第四次党代会精神，制定了《葫芦岛市司法行政系统贯彻落实第四次党代会精神实施意见》，调动党员创先争优的活力。律师行业的党建形势得到巩固，本市律师行业党组织创先争优活动经验，在全省范围内得到推广。辽宁一鸣律师事务所被确立为全国律师行业创先争优活动示范点，苏立春、苏来源两名律师被评为全国律师行业创先争优活动党员律师标兵。

（汤晓贺）

军　事

军分区

【概况】 2011年，认真贯彻胡锦涛“七一”重要讲话和十七届六中全会精神，坚决落实军区、省军区党委部署要求，以推动科学发展为主题，秉持“一个关键、三个重点”建设思路，抓理论明方向，抓龙头促准备，抓安全保稳定，抓风气正形象，圆满完成年度各项工作任务，全面推进军分区建设科学发展、整体跃升。军分区党委被省军区评为先进师级单位党委。

【落实战备工作】 修改完善《一个计划四个方案》，协调市水利局、林业局、地震局、环保局、海事局，对接《部队参加防汛抗洪预案》、《火灾扑救预案》、《抗震救灾预案》、《化学事故救援预案》和《海上搜救应急预案》，规范军地运行机制，提高军地应付突发事件 de 能力。整治军分区、人武部战备值班系统，完善战备库室、各类值班室配套设施，落实战备物资器材“三分四定”要求，正规军分区、人武部战备秩序。兵要地志信息和核生化数据采集录入工作，受到军区表扬。组织辖区国防工程普查和险工险段勘察，标绘辖区抗洪抢险兵力部署图，召开驻军防汛工作协调会议，建立指挥协调机制，发挥驻军在抢险救灾中的重要作用。狠抓节日战备值班工作，加强敌情分析研究，组织民兵应急分队进行防火、防汛、维稳应急训练，在扑灭山火、抗击台风中发挥了重要作用。

【加强应急物资储备建设】 根据军区民兵抢险救灾装备建设指示和葫芦岛市自然灾害频发的实际，本着“功能完备、实在管用、真打实备”的原则，多方筹措资金，及时购买救援器材（生命探测仪、空气呼吸器、多功能液压钳等3大类22个品种，价值60余万元），努力提高全市6支应急值班分队抢险救灾能力。通过请领购置、军地联合保障等途径，储备野战炊事车、指挥帐篷、班用帐篷等野外作业及生活保障设施百余个，抗震、灭火、防暴等专业救援器材1 000余件（套）。3月，协调地方政府投资400余万元，购置配备冲锋舟、动力橡皮船30艘，应急救生器材3 000余个。会同市政府联合下发《葫芦岛市军民通用装备器材征（租）用实施办法》，落实应急行动所需大型工程机械、车辆、船舶预征储备，基本达到了应急有备、保障有力的要求，为遂行各类应急任务打下了坚实的物质基础。其经验在《中国国防报》、《前进报》刊载。

【提高应急行动能力】 随着多样化军事任务日益繁重，立足于驻地特点，着眼于任务需求，在扎实抓好应急行动准备的基础上，突出目标任务、方案计划、力量构成等“五要素”，明确工作标准，拿出有力措施。组织专门力量对辖区江河水库险工险段、地质灾害易发区、易燃易爆危险品存放区进行了拉网式勘测，标绘了情况分布与应急力量配置图。针对遂行防汛、抗震、灭火等不同任务的需要，细化应急行动方案，并通过网上模拟推演，增强了方案的针对性和可操作性。建立以民兵应急分队为主的应急力量，以现役干部、民兵、公安、消防和地方行业部门为主的应急机动力量，以民兵和驻军专业分队为主的应急救生专业力量等应急队伍；建立地方党委政府统管、军分区统筹指挥协调的军地联合指挥体制，细致做好应急行动准备，进一步提高了应急行动能力。

其做法被《前进报》刊发。

【开展“岗位大练兵、行业大比武”活动】 5～11月，针对现役干部、专武干部、战士、职工、民兵预备役人员训练中的短板弱项，采取集中训练、个人自学、函授作业、专题讲座、岗位练兵、考核验收等方法，深入开展“岗位大练兵、行业大比武”活动。依据训练与考核大纲，按照横向到边、纵向到底和区分阶段、逐次深入、贯穿全年的要求，制定练兵比武活动方案，周密设计各类人员练兵比武内容，细化练兵比武标准，做到全员参与、系统推进、全面见效、整体提高。联合市委、市政府，制定现役干部、专武干部、战士、民兵、职工练兵比武奖励办法，表彰奖励获军区、省军区比武前10名和军分区前3名人员，成绩突出的专武干部推荐给市委、市政府提拔使用。积极协调新闻媒体，对19名获省军区、53名获军分区比武竞赛名次人员进行宣传报道和新闻采访，有效激发了参训人员练兵热情。及时下发月、周训练计划，每个工作日上午集中办公，下午开展训练，做到日常工作与岗位练兵两不误。在集训、会议、检查、整顿等活动比较多的情况下，见缝插针，确保训练不间断。定期印发训练资料和作业题目，采取分级组织、岗位自训、重点辅导、统一考评等方法，每月集中展评作业成果，评出好中差。全年下发训练考核通报8期，集中讲评辅导11次，参加上级集训与比武考核15次，其中，市民兵防空团参加省军区在铁岭组织的要地防空团首长机关训练与比武考核，取得单位综合成绩第1名；参加全省民兵预备役部队抗洪抢险骨干集训与比武考核取得单位综合成绩第1名；参加全省通信无线电台演练考核取得第1名。南票区人武部在省军区组织的“四会”教练员集训与比武考核中获总分第6名；民兵装备仓库职工张胜军在省军区装备部组织的民兵武器库主任（保管员）集训与比武考核中获得个人总分第1名。军分区组织比武竞赛活动12次。政治部和龙港区人武部、连山区人武部在现役干部基础科目比武考核中，分获总分前3名。有117名“四会”教练员被军分区聘用、67名民兵受到各级奖励、12名专武干部受到提拔、17名专武干部受到戒勉谈话、9名民兵被扣发奖励工资。通过练兵比武，提高了现役干部、专武干部、战士、民兵、职工军事素质和遂行军事任务能力。

【民兵预备役军事训练规范化骨干集训】 4月7～11日，辽宁省军区利用全国民兵调整改革试点成果，在葫芦岛军分区教导队举办辽宁省民兵预备役军事训练规范化骨干集训。全省民兵预备役作训科长、股长、参谋48人参加集训。省军区副司令员张兵到集训现场检查指导。集训主要学习《民兵工作条例》、《民兵军事训练大纲》和《预备役部队军事训练》等条例文件和民兵预备役规范化训练组织实施方法、步骤，观看军分区民兵预备役规范化训练组织与实施录像片，规范《民兵预备役军事训练流程》，统一民兵预备役军事训练登记统计（一册、七表、五项）。通过集训，提高了作训科长、股长、参谋人员业务素质和组织民兵预备役部队规范化训练能力。

【组织营以下军官军事素质考核认证】 7月18～21日，在军分区教导队，采取统一组织、分类实施、集中考核等方法，按照“人员考到、内容考全、条件考严”的要求，围绕基础理论、战术标图、文书拟制、手枪射击、体能、计算机操作、课件制作等内容，对军分区机关和县（市）、区人武部46名营以下军官进行军事素质考核认证。经综合评定，优秀率达49.2%、良好率达39.5%、及格率达11.3%，平均成绩达75分。

【组织新型“四会”教练员培训】 6月15～19日，在军分区教导队，采取理论授课、观看录像、交流经验、考核验收等方法，组织18名现役干部和民兵预备役部队骨干参加新型“四会”教练员培训。聘请海军飞行学院教授、武警某部教练员讲课，观看全军教导队优秀课目教学、优秀示范课录像，审定县（市）、区人武部上报的民兵应急分队、专业技术分队教学教案，交流教学方法，组织优秀战术课示范教学、“四会”教练员考核、微机战术标图和多媒体课件制作，逐步实现由传统“四会”向“两新四能”的转变，由单一型向复合型、由传授型向交互型、由模仿型向创新型、由观赏型向实用型的转变。7月26日，军分区参加省军区考核的3名“四会”教练员均取得优秀成绩。

【安全隐患大排查 安全教育大整顿】 1月9日～5月25日，采取思想动员、专题辅导、教育整顿、对照检查、考核验收、总结讲评等方法，深入开展“安全隐患大排查、安全教育大整顿”活动。一是明确责任。落实司令员、政治委员负总责、司政后机关具体抓责任制，细化、量化安全工作目标、任务，层层签订《安全管理责任书》、《保密工作责任书》，安全管理落实到人头。二是集中教育。利用图片专栏、电视录像、案例分析等方式，搞好安全警示教育，从思想上打好安全“预防针”。三是查找隐患。采取自上而下、先分后合的方法，组织军务、作训、通信、装备、运输等职能部门，认真分析人员、训练、保密、枪弹、车辆管理形势，搞好自查自纠，确实找准安全隐患、薄弱环节（6个方面32个问题），在解决问题中“保稳定、保安全、保发展”。四是整改落实。修改《人员管理规定》、《训练安全管理规定》、《信息保密工作规定》、《装备管理规定》、《车辆管理规定》，组织干部、战士、职工参加条例法规考试，召开安全风险评估会审会，检查安全管理工作落实情况，讲评通报安全管理工作，交流安全管理工作经验，表彰安全管理工作先进单位和个人。通过大排查、大整顿，促进了安全工作落实。

【保密工作受军区表彰】 认真落实《保密条例》、《保密守则》、《信息保密安全十不准》和保密工作目标、任务，组织官兵观看警示教育录像片，开展“敌情就在眼前，间谍就在身边”安全保密教育，使官兵充分认清窃密与反窃密斗争的严峻形势和保密工作的重要作用，保密工作自觉贯穿于日常工作全过程。根据军区通知精神，组织机关和县（市、区）人武部干部、战士、职工参加沈阳军区保密条例知识竞赛，参赛率达99.2%。针对个别人员为图方便，私自留存、复印文件资料，涉密U盘、硬盘等存储介质平时上交不及时和不分场合、地点谈论军事机密等问题，开展信息安全保密整治活动，清查文件资料、涉密存储介质，解决涉密文件随意复制、涉密电子文档随意拷贝、涉密存储介质公私混用等倾向性问题，做到专册登记、专柜存放、专人保管、专盘使用。不在无安全保障的设施中保存、复制、使用、传递涉密文件资料，保证涉密文件万无一失。6月和11月，军分区两次检查机关和县（市）、区人武部保密工作情况。检查文件资料柜98个、计算机128台，回收文件125份，删除计算机硬盘涉密文件8份，签订保密工作责任书11份。年底，军分区被军区评为保密工作先进单位，司令部参谋李强被军区评为保密工作先进个人。

【士官直招工作受海军表扬】 6～8月，根据招收士官条件、标准，军分区首长、机关干部深入渤海船舶职业学院、辽宁工程技术大学等高校第一线，对大学生面对面地宣传招收士官政策规定、优抚待遇、安置政策，制作士官直招工作宣传板，开设士官直招工作动态专栏，刊登招收士官工作信息，解答大学生关注的“热点”问题，让更多的大学生掌握士官招收政策和规定。利用大学生饭后和就寝前时间，工作人员多次深入宿舍，以聊天的形式做好宣传发动工作。开通校园24小时招收士官咨询热线，悬挂招收士官横幅、标语145条，粘贴招收士官公告850张，发放招收士官宣传单1 500余份。通过宣传发动，全市有526名大学生报名应征，筛选后有364人上站体检，合格88人。经过政治审查，有56人批准入伍。8月上旬，军分区将直招的士官送交海军航空兵学院青岛训练基地，士官专业对口率、部队接收率均达100%。

【军事学术研究】 坚持以“打得赢”为目标，以应急军事行动为重点，紧紧围绕应急行动准备需要，将学术研究与使命任务、年度工作紧密结合起来，重点研究应急行动、城市防空作战、装备技术保障、民兵预备役建设、基层武装部建设、国防动员等课题，撰写、梳理一批有价值的军事学术研究成果，为推进军事斗争准备和促进军分区建设科学发展提供了重要的理论支撑。共有32篇军事学术研究成果在军区以上刊物发表，其中，《专武干部进出不畅咋办》、《抗震救灾装备建设》、《民兵组织建设如何适应形势有所创新》等论文，在《中国民兵》刊载；《积极加强企业民兵组织建设》、《大力加强应急物资储备建设》等文章，在《国防》杂志上转载；《抓好应急行动准备落实》、《民兵装备管理的几点思考》、《构建非战争军事行动军地联合指挥体制探要》等文章在《装备学术研究》、《东北后备军》、《陆军学术》杂志上刊发。

【创建“文明卫生军营”】 制定《创建“文明卫生军营”活动方案》，召开创建“文明卫生军营”活动动员大会，部署创建“文明卫生军营”任务。下发《官兵疾病防治常识手册》、《营养与食品卫生常识手册》，指导创建“文明卫生军营”活动的开展。抓好“7个专题教育”（健康基本知识、个人卫生、饮水饮食卫生、“四害”防治、传染病防治、生理卫生、心理卫生），引导官兵养成良好的卫生、饮食习惯。推广应用军人保障卡，配齐、加密软硬件设施，采取多种形式普及保障卡日常应用操作流程常识，采集数据307人次，领取发放保障卡108张。制订传染病防控预案，定期检测化验饮用水、主副食质量，严防食物中毒、肠道传染、群体性发热、流行性出血热等传染病的暴发流行。开展“爱国卫生活动月活动”，清运垃圾，疏通沟渠，降低营区“四害”密度，提高了官兵文明卫生素质，净化了营区卫生环境。

【开展“五节一清”活动】 坚持从点滴入手，以强化官兵勤俭节约意识为基础，开展“五节一清”（节约一度电、一滴水、一两油、一斤煤、一张纸，清理小金库）活动。年初，修改《资源节约管理办法》、《物资采购管理规定》和接待费、差旅费、电话费、公杂费、车辆维修标准，用办法、规定、标准促进“五节一清”活动的开展。使用节水器具，落实专人专管制度，严禁洗车、营院绿化使用自来水，防止长流水现象发生。坚持节约用电，长时间不使用或下班后彻底断开计算机、传真机、复印机等办公设备电源，减少待机能耗。落实集中购油、用卡加油、定点维修、定期保养制度，严格车辆派遣手续，以派车单和行车里程数为依据，每月核实车辆动用情况，提高油料保障效能。加强办公经费、用品使用管理，制定办公用品采购、配备、领取规定，提倡双面用纸、减少文件印发份数。按照经费统一使用、统一管理的原则，清理不符合财务管理的小金库，打击用假发票报销的违法违纪行为。年内，集中采购物资380个品种、5.5万余件，支付资金80万元，节约经费10万元；接待就餐人员1 200余人次、住宿1 400人次，节约经费15万余元；修车费、水电费、燃油费、办公消耗与2000年同期相比分别下降9%、8%、12%、11%。《东北后备军》刊发了军分区开展资源节约活动的经验。

【企业民兵编组经验被总参谋部推广】 着眼形势发展，积极破解编组难题，改革创新企业民兵编组形式，努力提高企业民兵组织建设质量。一是按照“任务牵引、基于需求，把握标准、突出重点，着眼长远、打牢基础”的思路，本着“民兵组织紧跟企业发展找兵员、建队伍”和“宜大则大、宜小则小、适当适量”的原则，积极向各类企业拓展民兵组织。二是合理调整组织分布，编组布局做到“四个突出”和“四个转移”。“四个突出”：即民兵组织突出向主要方向和重点目标附近企业调整，突出向城区和重点乡镇企业调整，突出向沿海和交通干线附近企业调整，突出向应急任务重的区域附近企业调整。“四个转移”：即编组重点由农村向城镇企业转移，由国有传统企业向非公有制新兴企业和军民兼容企业转移，由效益差的企业向效益好的企业转移，由人力密集型企业向科技密集型企业转移。三是在编配对象上，坚持“四多编四不编”，即多编长期在位、拉得出、用得上的人员，多编退伍军人和党员、团员，多编专业对口人员和专业技术人才，多编有训练基础的人员；不编企业中“牵一发动全身”的岗位人员，不编经常外出、在位率低的人员，不编专业不对口人员，不编现实表现差的人员。在编组方法上，采取特大型企业逐级编、大中型企业单独编、小型企业联片抽组编、行业系统垂直编等方法，实施灵活规范编组。四是通过身份管理、用工管理、通信管理等多种途径，把所编民兵纳入企业组织管理；以企业党、团、工会和生产管理组织为依托，加强民兵成建制管理教育；建立健全企业民兵教育、联系、请销假和奖惩制度，明确各级管理职责和属地化管理措施；军地联合制定《企业民兵组织建设标准》、《企业民兵组织规范化建设实施办法》、《企业民兵管理办法》等文件，进一步强化了地方党委核心领导、政府主抓、军事机关协调和企业落实职能，达到了企业民兵规范化管理、规范化建设、规范化使用的要求。

【按纲施训抓规范经验被省军区推广】　一是围绕完善组训体制抓规范。建立以军分区为主体、人武部为基础、基层武装部为补充、驻地部队协作配合的组训体制，采取重点分队集中训、普通专业同步训、特殊专业联合训等形式，扎实推进民兵训练向集约化训练转变。采取统一计划、统一实施、统一保障、统一考核的办法，军分区主要抓好民兵干部骨干、教练员和重点分队训练，提高各类骨干复杂条件下的组织指挥能力和分队成建制遂行任务能力；按照“训实基础、训精专业、练熟应用、练好协同”的要求，人武部重点抓好一般分队训练；结合生产活动，基层武装部重点抓好岗位练兵和应急排训练。二是围绕改进训练方法抓规范。1.基地训练。集中使用教学和保障资源，依托教导队和人武部民兵训练基地，对成建制担负训练任务的民兵分队和各类骨干进行集中强化训练。2.在岗训练。针对行业系统和企业重要岗位民兵集中抽组训练难度大的实际，探索了“三分法”在岗训练模式，即：分头指导训、分期补差训、分层集中训，训练结束后，及时考核验收，训练成绩记入民兵训练档案。3.跨区集中训练。利用区域训练资源优势，对训练难度较大的小兵种或重点专业民兵分队进行跨区域集中训练。4.挂钩训练。借助驻地部队的装备器材、训练场地和教学力量等资源，协调建立挂钩训练关系。5.军地联合训练。会同政府有关部门统一协调武警、公安、消防、水利、林业等单位专业救援力量，与民兵应急分队进行了应对公共突发事件和抢险救灾联合演练，探索规范了多种力量联合行动组织与实施的程序、方法。三是围绕落实训练内容抓规范。按照“任务牵引、训用一致、突出重点、注重实效”的原则，以大纲为依据，围绕有效遂行多样化军事任务，区分不同专业分队任务特点，加大针对性训练比重，拓展维稳“处突”和抢险救灾等非战争军事行动训练，开展军警民联防、维稳处突、抢险救灾、核生化救援、海上搜救等应用技能训练和多种分队同步参加的带有战术背景的动员集结、快速机动、展开行动等综合演练，提高了民兵分队应急行动和协调一致完成任务能力。四是围绕正规训练秩序抓规范。制定《民兵军事训练规范化组织与实施细则》、《民兵军事训练考核实施办法》、《民兵军事训练保障办法》、《民兵军事训练问责办法》等配套规章制度，统一规范民兵训练档案和训练考核登记统计，健全完善了训练月报告、计划审批、考核与通报等制度机制，确保了各级开展民兵训练始终做到有章可循。五是围绕疏通保障渠道抓规范。按照军地结合、上下结合、共同保障的原则，会同地方政府制定《民兵军事训练教（器）材保障办法》、《民兵军事训练经费保障办法》，规范了军地双方和编兵单位保障民兵训练的责任和义务，明确了保障方法和标准。在教学保障上，采取外聘院校专家、借助驻军优势、活用自身资源等途径解决教学组训力量，所有课目全部编写出制式教案，所有室内教学全部制作多媒体课（软）件，所有参训人员都有一套训练资料。在场地器材保障上，按照通用装备征（租）用、一般器材订购、大型装备器（教）材上级配发的方法，统筹共享训练资源。在训练经费保障上，城市民兵离岗、在岗训练保障费用由地方政府纳入年度财政预算拨付；民兵遂行临时性训练、演练任务，由军分区或人武部提出专项申请计划，由地方政府纳入财政补充预算及时拨付。军分区总结的按纲施训抓规范经验在《东北后备军》刊发。

【紧跟形势任务设置民兵教育内容】　一是抓住解决现实问题这个关键，时事政策教育贯彻始终。针对民兵思想活跃的特点，采取不同形式和方法，抓好党的路线、方针、政策和国内外一系列重大事件、重大问题教育，回答民兵最敏感、最关注的问题，把民兵存在的思想困惑说清，把疑点难点问题点破，确保民兵政治思想坚定。二是抓住民兵成才致富这个现实需要，把科学文化教育贯彻始终。尊重民兵求知成才和勤劳致富的愿望，依托民兵训练基地、“青年民兵之家”、乡镇农民夜校和文化活动中心，开办各种科技培训班，让民兵骨干成为科技致富的带头人、建设新农村的排头兵。三是抓住培育战斗精神这个紧迫任务，把根本职能教育贯彻始终。充分利用报刊、广播、电视等大众媒体和遍布城乡的教育基地、纪念场馆等各种社会教育资源，突出抓好“培育当代革命军人核心价值观”主题教育，使民兵战斗队的优良传统在新形势下发扬光大。

【基层武装部建设】 针对专武干部能力素质弱、民兵组织活力不足、基层整体建设水平不高的实际，采取打牢基础、强化素质、全面建设、整体提高等方法，努力抓好基层武装部建设。制定基层武装部建设标准，建立基层武装部建设责任制，定期检查基层武装部建设情况，及时解决基层武装部建设中存在的问题。结合地方机构改革和乡镇领导班子换届等时机，把那些责任心强、素质好、热爱武装工作的党政干部选拔到专武干部队伍中来；按照统一管理、统一培养、统一考核、统一使用的要求，抓好专武干部教育管理，从根本上解决过去管人与管事相脱节的问题，畅通专武干部进出渠道，保持了专武干部整体活力。采取集中培训、短期轮训、以会代训、岗位练兵、领导帮带、检查考核等多种形式，不断提高专武干部素质和组织指挥能力。针对后进单位存在的具体问题，集中时间、集中力量、有计划、分步骤地抓好专武干部管理，帮助后进单位查找后进的原因，制定切实可行的整改措施，促进了基层武装部全面发展，提高了基层武装部建设质量。

【组织国民经济动员应急演练】 5 月 30 日～6 月 3 日，根据“军队提需求、国动委搞协调、政府抓落实”的要求和军民结合、寓军于民的方针，市政府、军分区与海军试验基地在葫芦岛港码头组织以舰艇码头油料补给为主要内容的“联保—1 号”国民经济动员应急演练。葫芦岛市民兵后勤专业保障分队、海军试验基地共 201 人参加了演练。国家国防动员委员会领导，国家经济动员办公室主任，各省、自治区、直辖市经济动员办公室主任，各大军区经济动员办公室主任和沈阳军区联勤部首长及相关人员 108 人到现场观摩。演练以《中华人民共和国国防动员法》为依据，以海军试验基地遂行大规模联合作战舰船装备试验保障任务为背景，以舰艇码头油料补给为切入点，主要演练需求提报、协调落实、力量使用三个环节，分为室内推演和室外实兵演练两部分，室内推演主要演示了需求汇总、潜力分析、计划拟制、审定提交、需求受理、召开会议、组织落实、集结前送的组织指挥程序和方法步骤；室外主要演练了分队集结、军地交接、管线对接、协同保障、防空预警、分队灭火、野战输油、管线铺设和为铁路油罐车装卸油、在野战油库输油、在码头输（转）加油等课题。演练中，军分区协调地方政府，组织有关部门和相关企业，落实部队所提需求，完成生产、储备、运送任务。有动员任务的政府部门和单位，按照各自职责履行战时职能，具体抓好本部门、本行业、本系统经济动员保障任务的落实。通过演练，探索了国防动员委员会动员组织协调参战支前、军兵种军事需求提报程序和部队使用联勤力量的新路子，完善了地方落实军事需求运行机制、对接机制和征用地方力量补偿机制，促进了军地资源开放共享和军民两用技术相互转移，提高了遂行军事行动能力、军民融合式发展水平和战时后勤燃油补给保障能力，经验材料由《中国国防报》和《军区要讯》刊发。

【交通战备建设】 认真落实沈阳军区国防动员正规化建设细则，制定下发葫芦岛市交通战备正规化建设标准，保证交通战备正规化建设有章可循、有法可依。根据交通战备专业保障队伍进入基干民兵队伍要求，完成 4 个保障大队（公路运输、公路工程、海上运输、交通通信）、16 个中队、1 117 人的编组任务。依据国家《国防交通信息管理系统》有关规定，重点调查统计全市道路、桥涵、港口、管道和各种运输工具，更新交通战备管理数据，完善交通战备管理系统。9 月，组织市直和县（市）区有关人员参加辽宁省交通战备办公室在南昌举办的专业理论培训班，系统学习在交通现代化、信息化条件下如何进行交通战备应急保障等内容，提高了交通战备工作人员业务素质和交通战备保障能力。10 月，由市发展改革委员会副主任、交通战备办公室主任付玉芳带队，逐个县（市）区检查交通战备正规化建设情况，通报了检查结果，指出了存在的问题，制定了改进措施，促进了交通战备正规化建设。

【建八一希望小学教学楼】 根据建昌县药王庙镇 5 个村小学并到八一希望小学，生源集中，教学楼容纳不了400名教师、学生的实际情况，军分区会同市双拥办、县教育局到八一希望小学考察，研究建八一希望小学教学楼问题，协调1个军级、7个师级和12个团级单位捐款77万元，争取市政府财政资金160万元，建昌县投资80万元，共筹集300余万元，帮助八一希望小学建1 389平方米教学楼。6月20日，八一希望小学新教学楼扩建工程正式奠基开工，葫芦岛市驻军团以上单位首长、市教育局和建昌县四个班子领导参加奠基仪式。9月1日，八一希望小学教师、学生搬进新教学楼。

【领导成员名单】

司令员	焦永忠	大校
政治委员	赵俊才	大校
副政治委员	韩雪冬	大校
参谋长	刘海洋	大校（4月离任）
	朱利明	大校（4月任职）
政治部主任	邓宗义	大校
后勤部长	于海峰	上校

（邓顺然　张　东）

武　警

【概况】　2011年，支队连续九年被总部表彰为“预防事故案件工作先进单位”和“营区房地产正规化管理优秀单位”；被总队评为“基层建设先进支队”和“新闻报道工作先进单位”，司令部、政治处被总队评为“先进司令部”、“先进政治处”。直属大队三中队连续6年被总队树为“基层建设标兵中队”，直属大队二中队、兴城市中队被评为“基层建设先进单位”，35名个人受到总部、总队通报表彰，28份经验做法被上级转发推广，研制的哨位执勤综合平台被总部认可，并将在全总队推广。更值得支队官兵荣耀的是，支队长蒋弘俊同志代表全体官兵光荣出席了武警部队第二次党代会，受到了胡锦涛总书记的亲切接见。部队全面建设和履行职责使命的能力进一步加强，形成的是健康发展、稳步上升的良好态势。

思想政治建设更加扎实有效。引导官兵始终保持政治上的坚定性和思想道德的纯洁性，始终保持坚强的革命意志和旺盛的战斗精神，不断打牢官兵为谁当兵、如何做人的思想根基。深化密切内部关系教育整顿成果，官兵的感情基础逐步深厚。严格落实预防犯罪形势分析“四步法”，坚持总结思想工作骨干“十八五”工作法，骨干队伍第一发现问题、解决问题的能力明显提高。深入开展以“五红”为牵引的系列文化活动，总结并介绍了经验。深入开展以“唱队歌、铸队魂、讲队史”为主要内容的群众性励志活动，在总队组织的队歌、队魂和“七一”歌咏评比中均获得一等奖。举办第四届警营文化节，彰显了官兵的精神风貌，提升了警营文化品位，检验了周末育才成果。孪生兄弟蒋立国、蒋立佳建功警营的先进事迹被中央电视台专题报道。大力开展“我是中队之最”为主题的创先争优活动，涌现出了优秀指挥警官倪清华、“十大深知兵真爱兵模范”肖鸿、士官标兵张文龙、射击能手张舜等一批有分量的先进典型。

遂行多样化任务的能力更加贴近实际。训练作为提升遂行多样化任务能力基本途径，狠抓了以机动中队为龙头、以教导队为依托的军事训练和专勤专训。组织了4批勤训轮换，培训了“一枪毙敌”的狙击手和“一招制敌”的搏击手各14人，在总队“千人大考”中成绩显著。深入开展“五小”练兵活动，充分利用三级网和营区监控云台，坚持网上示范教学、网上训练考核、网上训练检查，收到了较好效果。建立了警地一体化的平战结合指挥体系，实现了资源共享、信息顺畅、便捷高效。努力拓展升级执勤哨位集成箱，研制定型了哨位执勤综合平台。优化力量编成，整合作战要素，形成了四套战备方案。后勤综合保障能力不断增强，自身建设有了新的进步，在推进现代化检验性考核中取得了优异成绩。共出动执勤兵力4 870人次，执行安全保卫、现地备勤和武装押解等临时勤务53次，抓获各类在逃犯罪嫌疑人14人。8月29日，支队出动120名兵力圆满完成武警部队军师职领导干部理论学习班来葫芦岛实践教学活动时的路线警卫勤务，受到了一致好评。9月5日，支队在担负“9・5”持枪在逃杀人犯罪嫌疑人搜捕任务中，任务完成出色，受到了省公安厅领导赞誉。

抓经常打基础工作更加持续深入。坚持大抓软实力的基调不动摇，大力倡导“真实、厚重、规范、精到”的理念，部队安全发展的根基不断巩固。机关建设成效明显，办公秩序进一步正规、服务意识进一步牢固、综合素质进一步提高，能想事、能干事、能成事的人逐步增多。作训股、干部股、营房股被评为先进股。基层干部的素质得到强化，在总队大队、中队主官《纲要》培训考核和“六项基本功”比武竞赛中，都有了说服力的印证。直属大队，大局观念和主动作为的意识不断强化，“前沿指挥所”作用发挥明显。一中队，中心任务和临时性勤务完成好，全面建设进步幅度比较大。二中队，终于迈入先进行列，甩掉了连续9年的后进帽子。三中队，官兵士气足，保持了引领的地位。兴城市中队，保持了先进的势头，积蓄了持续发展的内力。绥中县中队，形势比较平稳，两位主官配合好。建昌县中队，内部关系融洽，全面建、整体上的势头良好。警通中队，基本保持了正规秩序，较好地完成了任务。卫生队，独立开展工作的意识强，有效地发挥了卫勤服务和保障作用。教导队，定位意识比较准、建设思想比较牢，培训的水平、服务的标准都有新的提高。

与地方党委政府的关系更加紧密牢靠。深刻领会、坚持贯彻“双重领导”、“双重保障”的原则，靠前所未有的作为，赢得了前所未有的地位，靠前所未有的地位赢得了地方党委政府前所未有的信任和支持。召开了市委常委议警会，推动了“四个纳入”的有效落实，一次性解决了支队305万历史欠账，增加50万元执勤补助并列入市财政预算，原则通过2011年增添必备的反恐器材。此外，在干部转业安置上给予特殊的政策，支队官兵的幸福感、荣誉感、归宿感普遍增强。

党委班子建设更加坚强有力。班子成员按照“六个必须”的要求，进一步在成就什么样的事业上达成了共识，进一步在彻底转变风气上动真格、见成效，进一步在强化自身上下工夫，大家的理论素养和思想观念发生了明显变化，党委科学决策、依法决策、民主决策的水平不断提高，特别在执勤隐患治理、病退干部和转业干部移交、违纪干部处理、伤病残士兵清退等方面，体现了党委的执行力和政策纪律的严肃性。解决了一中队食堂破旧和洗澡难、警通中队无晾衣场、兴城和绥中中队没有标准训练场地等问题。全年推荐两名后备干部、调整使用的31名营连职干部、选改晋级的33名士官、大项开支涉及金额650万元，都能做到严格按规矩来、按程序来、按群众意愿来，官兵满意率达到98%。

【党委一届三十六次全体（扩大）会议】 1月22日，支队党委召开一届三十六次全体（扩大）会议。支队党委成员，部门副职领导，基层大队、中队主官及全体机关干部共46人参加会议。会议认真传达学习总部党委一届九次扩大会议和总队党委三届十九次全体扩大会议主要精神；葫芦岛市副市长、公安局长兼支队第一政治委员潘春吉出席会议并讲话；党委书记、政治委员庞鲁豪作题为《聚精会神打基础，平心静气抓落实，在新的起点上创建全面过硬建设一流的团队》的工作报告；党委副书记、支队长蒋弘俊作题为《彻底转变抓建理念，彻底纯正部队风气，努力实现支队全面建设新跨越》的讲话。会议还表彰了2010年先进单位和个人。

【“两会”期间万家设卡勤务】 2月23日～3月15日，根据葫芦岛市委、市政府的统一部署，支队每日出动20名兵力，配合公安机关担负“两会”期间京沈高速万家检查站设卡堵截任务。检查车辆近8万余台、20万余人次，抓获网上在逃犯罪嫌疑人10人，查处吸毒人员53人、无证驾驶人员43人，劝阻上访人员10人，查控法轮功分子3人，查缴各类违禁品300余件。

【“五红”活动试点】 2月10日～3月31日，根据总队部署安排，支队担负以“读红色书籍、唱红色歌曲、看红色电影、讲红色故事、做红色传人”为主要内容的“五红”系列主题文化活动先行试点工作。通过精心组织、拓宽渠道、加强指导等举措，一中队“百首红歌连”、二中队“红色小广播”、三中队“红色故事会”、兴城市中队“红色腰鼓队”、绥中县中队“红色话剧”、建昌县中队“红色快板队”特色活动成效明显，支队“筑牢高举旗帜听党指挥的思想根基，把“五红”系列文化活动引向深入”的经验做法在总队主题教育部署会上交流。

【央视《和平年代》栏目组到支队采访】 4月3～7日，中央电视台第七套节目，《和平年代》栏目编导李凌、摄像师王战胜深入支队，专题采访三中队和兴城市中队双胞胎蒋立国、蒋立佳兄弟在支队的成长历程。4月26日、27日，《和平年代》栏目播出以蒋立国和蒋立佳为人物背景的专题片《葫芦兄弟PK战》，在支队引起强烈反响，极大地激发广大官兵的工作热情。

12月9～13日，中央电视台第七套节目，《和平年代》栏目组一行四人到支队对三中队和兴城市中队双胞胎蒋立国、蒋立佳兄弟进行表层跟踪报道，深入挖掘两人典型事迹，大力宣扬支队正规化管理、风气建设、人才培养等方面取得的突出成就，充分展示支队全面建设的风采。

【扑救山火】 4月10日11时40分，葫芦岛市龙港区望海寺街道小仙沟村因几名儿童玩火引发特大山林火灾，过火面积达0.67平方千米。12时20分，支队接到葫芦岛市政府紧急通知后，迅速出动50名兵力，携带风力灭火机30台，灭火拍、铁锹和扫把各20把，灭火弹60枚，赶到火场参与扑救任务。15时30分，经过官兵全力奋战，山火扑灭。

【主题教育】 4月10日～10月30日，根据总部、总队党委统一部署，支队在基层部队集中开展“培育当代革命军人核心价值观，永远做党和人民的忠诚卫士”主题教育活动。整个教育，按照教育准备、集中教育、教育总结3个阶段组织实施。通过教育，激发全体官兵忠于使命、献身使命、不辱使命的政治热情，为圆满完成执勤、处突任务和实现争创先进支队目标提供强有力的精神支撑。

【参加援建八一希望小学奠基仪式】 6月21日，葫芦岛市在建昌县药王庙乡隆重举行驻葫部队援建建昌县八一希望小学开工奠基仪式，支队副政委沈喜波代表支队出席仪式并捐款3万元，展示武警官兵为人民的良好形象。

【安保勤务】 6月23～26日，根据葫芦岛市政法委的统一部署和市公安局要求，支队出动17名兵力，完成中国共产党葫芦岛市第四次代表大会会场的安全保卫任务。官兵昂扬的斗志、过硬的作风和良好的形象，受到与会代表的一致好评。

8月16日、17日19时30分，葫芦岛市首届国际泳装文化节开幕式、闭幕式在葫芦岛市兴城财贸学院文体馆如期举行。根据市公安局统一部署，支队出动26名兵力，完成现场安全保卫任务，官兵的良好形象和过硬作风，受到各界领导和在场观看演出群众的广泛赞誉。

11月1～14日，葫芦岛市中级人民法院对阜新彰武县以谢敬满为首的黑社会性质组织“10·23”专案68名涉案人员进行开庭审理。根据省厅打黑办统一部署，支队共出兵810人次，圆满完成庭审期间犯罪嫌疑人的武装押解和庭审现场的安全保卫任务。

11月28日～12月6日，葫芦岛市总工会、共青团、妇联第四届代表大会在锦西炼化总厂文化宫召开。根据葫芦岛市委、市政府和公安局的统一部署，支队共出动136人次，圆满完成会议期间会场的安全保卫任务，受到与会代表一致好评。

12月13日10时，支队守卫执勤目标渤海船舶重工有限责任公司举行“重点军品交接仪式”。中央政治局委员、中央军委副主席郭伯雄，中央军委委员、总装备部部长常万全，中央军委委员、海军司令员吴胜利参加交接仪式。根据总队要求和市公安局统一部署，支队出兵70人，圆满完成活动现场安全保卫、升国旗及机动备勤任务。

【检查指导工作】 7月17日，武警部队副政治委员崔景龙率工作组一行4人，由总队政治委员秦友来、副政治委员高力生陪同，到支队检查调研工作，葫芦岛市副市长、公安局长兼支队第一政治委员潘春吉等领导陪同调研。崔景龙还与葫芦岛市委书记孙兆林和代市长都本伟会见，对市委、市政府多年来在葫芦岛支队建设上给予的高度重视、大力支持表示衷心感谢。

【第四届警营文化节】 8月31日～9月2日，

支队举办第四届警营文化节。内容涉及歌咏、演讲、书法、绘画、摄影、体育、文艺、厨艺等八大类，共计十余个项目比赛。来自机关、直属队及基层中队的11个代表队参加比赛，直接参与官兵220余人，开闭幕式、歌咏比赛、演讲比赛及文艺汇演利用视频系统向全支队直播，体现上下互动、全员参与的原则，贯穿“安全、和谐、热烈、圆满”这一主题思想，充分展示顽强拼搏的意志品质和良好的精神风貌，有效提升了部队的战斗力和凝聚力。

【搜捕“9·5”持枪杀人犯】 9月5日，葫芦岛市南票区发生一起天硕集团总经理裘云彪因与其被害人李云飞发生口角并厮打后开枪致李当场死亡的持枪杀人案件。11时10分，葫芦岛市公安局要求支队紧急增援，12时25分，支队出动61名兵力，于13时35分，到达南票区公安分局，16时11分，开始对重点地域搜捕、重要路段设卡堵截，6日8时33分，支队官兵接近犯罪嫌疑人藏匿地点，经过强大的武力威慑和政策攻心，犯罪嫌疑人裘云彪投案自首，并找到藏匿枪支，一并移交公安机关，圆满完成搜捕任务。

【市委常委召开议警会议】 11月21日，中共葫芦岛市委常委召开议警会，着眼推动葫芦岛支队率先实现现代化，集中研究解决加强支队建设的有关问题。市委书记孙兆林作了讲话，市委常委、市政府领导和相关局的负责同志参加会议。支队长蒋弘俊、政治委员庞鲁豪列席会议。会议决定，一次性解决支队的历史欠账；增加执勤补助并列入年度预算，进一步提高官兵的生活补助，原则通过2013年前分批添置反恐装备器材。

【领导成员名单】

支队长	蒋弘俊
第一政治委员	潘春吉
政治委员	庞鲁豪
副支队长	段军生（3月离任）
	姚　旭（3月任职）
副政治委员	沈喜波
参谋长	姚　旭（3月离任）
	张　宁（3月任职）
政治处主任	王　兴
后勤处处长	张　宁（3月离任）
	罗晓军（3月任职）

（樊新建）

消　防

【概况】 2011年，在市委、市政府、省消防总队和市公安局的正确领导下，市消防支队结合全市消防工作实际，以防火、灭火和抢险救援工作为中心，以加强各级班子和干部队伍建设为根本，以预防和减少火灾事故发生为目标，加速推进消防工作社会化进程，全面推进“清剿火患”战役，打造现代化公安消防铁军，规范应急救援队伍建设，部队硬件建设和软实力大幅提升，为全市城市建设和经济发展提供了强有力的消防安全保障，赢得了地方党委政府和人民群众的广泛赞誉。

【消防监督工作】 2011年，市消防支队积极发挥职能作用，全面推动消防工作责任制落实，提请市政府于年初召开了全市消防工作会议，下达了《消防工作目标责任书》，明确了全市全年消防工作任务。首次以政府名义向全市74家一级列管重点单位、32家大型建筑开发、设计、监理、施工单位下达了《责任书》。出台了全市“十二五”消防发展规划和城区消防建设专项规划。市政府制定了“基础任务减分、重点任务加分、失职渎职一票否决”等三种考核措施，明确了行政监管、刑事追责、政府督查、企业信用数据干预等四类管理措施，消防工作步入法制轨道。市政府组织建设、安监、工商、质监、旅游、民政等部门，相继开展了施工工地、阻燃材料市场、消防产品产销企业、泳装制衣行业、旅游接待场所、福利机构等6项消防安全治理，消除了大批火灾隐患。各县（市）区政府也召开了消防工作会议，层层落实分解消防工作任务。支队制定了《消防监督工作量化考核标准》、《内部执法监督问责规定》和《“清剿火患”战役五项问责措施》等相关规定，健全了考核奖惩机制；印发了《行政案件取证和证据上网标准》、《重大火灾隐患报备制度》

等指导性文件，全面修订了执法规范卷，改进细化了执法流程，并通过召开执法例会、组织考核评议、开展案卷讲评等措施，有效提升了一线单位的执法质量。支队采取集中培训、实例教学、业务拉练等方式，组织开展业务培训8次、业务考试2次，并邀请市公安局法制骨干讲授办案、取证、询问等经验技巧，执法队伍整体素质得到进一步提高。在配齐配全消防监督装备的基础上，支队投资50余万元，增配了摄像机、照相机、数码录音笔、火调员全套防护装备等器材，落实了执法人员加班补助和火调员岗位津贴，为执法提供了强有力的保障。支队出台了办事程序网上公开、建立重点建设工程项目警务对接制度、实施重点建设工程项目全程跟踪服务、缩短行政审批时限、实行部分建设工程消防行政审批“便民利民”制度、实行大型建设工程审批借鉴制度、实行消防验收、开业使用前消防检查同时进行制度、实行建设工程局部验收制度八项便民措施，并向社会公布了垂询热线和监督电话。年初以来，在行政审批中缩短办结时限的项目达到662项，累计提供上门服务1 050余家，帮助企业和群众解决消防技术难题2 672项。支队消防行政审批窗口被评为“全市优质服务窗口”。出台了五类场所《火灾高危行业各类人员消防安全工作指导标准》，指导社会单位开展“四个能力”建设验收工作，以高压执法手段确保社会单位在短期内加强建设，达到标准。联合规划，农业部门在深化农村消防工作“十有”建设的基础上，瞄准导致连营火灾的主要隐患，联合启动了柴草垛搬迁出村专项整治工作；将拓宽社区消防车道、划定预留消防车位工作纳入到社区消防设施建设和消防验收范畴。全市按照新标准新建12个农村和社区消防工作典型，以点带面推广经验，提高了农村、社区防控火灾能力。全市消防部门广泛动员社会力量，全方位、高频次开展“网格化”排查整治工作，在全市范围内开展了“清剿火患”战役。联合市公安局，抽调20多名警力组成六个交叉互检工作组，对各县（市）区开展督导检查，集中曝光了一批重大火灾隐患和典型火灾案例，消防执法总量大幅上升，火灾四项指数明显下降。全市公安消防机构共检查单位36 203家次，督促整改火灾隐患25 643项，拘留违法行为人230人，责令“三停”隐患单位368家，火灾隐患治理的成效、成果达到历史新高。

【消防宣传工作】 2011年，市消防支队创新消防宣传载体，利用公共视频、城市电视、车载电子广告屏、手机短信等时尚媒体，广泛开展消防宣传教育培训。创办了《滨城消防动态》月刊，免费向党委政府、公安机关和企事业单位发行，积极报道消防大事要事，全面宣传滨城消防工作动态，在社会各界引起了强烈反响；以电视台、广播电台、《葫芦岛晚报》、消防门户网站和微博为主平台，刊发各类新闻稿件1 002篇；以“119”消防宣传月为契机，先后开展了“大手拉小手”消防宣传、“居高思危”高层建筑逃生演练、“农村消防知识大讲堂”、“企事业单位消防明白人大比武”四项主题活动；走进企业开展“消防知识巡回大讲堂”活动，对全市1 575名农村“两委”和社区负责人、1 500余名消防安全重点单位责任人和消防安全管理人进行了消防安全知识培训，培养了一大批消防“明白人”。同时，支队协调省奉泰学校在本市设立代培点，开展了为期三期的消防控制室从业人员培训活动，566名消防控制室从业人员全部通过结业考试，过关率达100%。在5月份全省“消防技能大擂台”比赛中，本市参赛队员取得了团体第二名的好成绩。面向群众举办宣传活动142次，发送短信18万条，发放宣传资料35万份，播放户外视频20万余次，消防站接待群众26万余人，营造了异彩纷呈的宣传氛围。

【火灾与灭火救援】 2011年，全市共发生火灾129起，无人员伤亡，直接财产损失88.2万元。同比去年，火灾起数下降23.1%，伤亡人数持平，直接财产损失下降23.1%。全市保持了建市以来未发生群死群伤恶性火灾事故和“十一五”以来未发生较大以上火灾事故的平稳态势。2011年，支队以“实现四个100%，提升四大能力”为总体目标，按照“以比促训”的总体思路深入开展打造现代化滨城消防铁军工作。分别在6月、9月和11月举办了体能、技能和综合性比武竞赛。通过比武竞赛，有效检验了基层部队打造铁军工作的成果，达到了历练强将精兵、打造钢铁战士的目的。强化了“八会”指挥员训练，组织召开了6次高层地下、石油化工等类型战术研讨会，重点强化了类型火灾扑救对策及战术运用，为灭火救援工作打下了坚实的理论基础。支队成立了石化类、易燃易爆类等八个灭火救援专家组，明确了专家组任务职责以及工作规程，每月召开一次调度会，针对工作情况和亟待解决的各类问题进行讨论。依托7支综合性应急救援队伍组建了灭火救援、水域救援和高速灭火救援3个专业队。深入开展“六熟悉”和实战演练，年内共开展“六熟悉”和实战演练1 866次，出动车辆10 288台（次），出动人员33 119人（次）。部队成功处置扑救了兴城“5·11”建筑倒塌、“5·26”威尼斯水城、“7·24”中石油锦西石化分公司120万吨汽油加氢装置稳定塔爆燃、“9·4”裕鑫化工厂二氯丙烷等火灾事故，抢救遇险人员300余人，保护财产价值近亿元，得到各级党委政府的高度赞誉。省政府为支队记集体二等功一次，市政府授予支队“滨城公安消防铁军”荣誉称号。

【思想政治工作】 2011年，市消防支队大力推动“一职双责”制度落实，启动了党委作风建设“六个一”工程，班子成员每月到基层中队当一天兵，每月到基层召开一次座谈会，每月为基层单位办一件实事，每月同官兵谈一次话，每月向党委汇报一次基层建设情况，每年撰写一篇调研报告，切实了解基层实际状况，帮助基层解决实际问题。深入推动孝养基金、子女入学、家属就业、干部住房、转业安置、功模休养“六大暖心工程”，干部父母累计收到孝养基金近50万元，组织协调在CBD中央商务区为干部团购住房一处，2名官兵享受功模休养，进一步增强了官兵的工作积极性。支队改造升级了政工管理系统，在全省得到推广和应用。实施文化精品工程，投资43万元在各基层中队建设“警营影院”，官兵们足不出户就可以享受到电影院的感觉，提升警营文化品位。支队更新、丰富警营文化长廊形式、内容，将传统文化、官兵生活点滴、廉政建设等主题纳入重要内容，时时教育官兵。开展了干部读书学习活动，每月为干部推荐一本书，每人写出一篇心得体会，官兵共撰写心得体会1 200余篇。在今年首次“双考”选拔团、营职领导干部中，2人晋升为团职领导干部，5人晋升为副团职领导干部，13人晋升为营职领导干部。干部队伍士气高昂、人心思进，风清气正。部队双拥共建工作在全市叫响，团营职干部“一对一”助学、香炉山消防希望小学、八一希望小学、贫困家庭帮扶四大“爱心工程”百姓有口皆碑。50名家庭贫困学生受益，连续10年开展“百名警官资助贫困学生”活动，投资3万元援建建昌八一希望小学，支队官兵累计为香炉山消防希望小学捐款和捐物折款50余万元。围绕庆祝建党90周年，大张旗鼓开展了在党旗下成长、学党史、颂党恩、看建党献礼影片、颂歌献给党、党在我心中、铭记爱党之情、向党宣誓、向党报告九大系列活动，编写唱响了《滨城红门铁军之歌》，进一步坚定了官兵听党话、跟党走的理想信念，凝聚了警心、鼓舞了士气。先后出台了《干部廉洁自律“十不准”》、《督察工作规定》、《勤政廉政“七日谈”》等相关制度，向各部门、单位颁发了《党风廉政建设责任书》，春节前出台了《节日期间干部廉洁自律五个严禁》，推进了消防行风监督员的监督指导，建立了支队长、政治委员直通车信函工作机制。尤其是勤廉“七日谈”制度，将单位内部监督、地方政府（公安机关）评议、社会单位调查、家庭助廉有机结合，筑起“四位一体”的严密防护网。创新了廉政文化建设载体，精心制作集廉政格言、廉政宣传画、漫画为一体精美的“廉政屏保软件”，在所有公安内网的计算机上安装，工作闲暇反复播放，潜移默化警醒官兵，实现了廉政建设的常态化、制度化、实效化。

【后勤建设】 2011年，市消防支队全面提高消防经费保障水平，2011年市本级财政预算1 317.4万元，较2010年增长了15%。在总队配套670万元的基础上，市政府配套1 340万元资金，为支队购置4台进口消防车辆。划拨1 412万元用于明年采购3台进口消防车辆。为官兵办理人身意外保险和家庭财产保险近3 000万元，为官兵申请出勤补助每人每月400元，并纳入各级财政预算。全面加强消防装备和队站建设，年内，投入5 000余万元建设了消防模拟训练基地、消防培训中心、2个新消防站，投入3 000余万元购置了23台消防车和部分器材装备,对钢屯镇政府专职消防站、部分现役消防站营房进行了改造,新建、维修145个市政消火栓和5个消防水鹤。全市消防队站总数增加到了17个,实现了跨越式的发展。完成了龙湾中央商务区消防站、建昌县河东消防站等5个消防站的规划设计等工作,明年全力投入建设,两年内全部投入使用,预计总投入达到1亿元。届时,全市消防站总数将达到22个,执勤战斗车辆达到100台,人员总数达到700人,全市消防部队综合战斗实力得到进一步增强。全面加强多种形式消防队伍建设,葫芦岛市连山区和兴城市面积大,辖区内企业多,经过支队党委反复调研、论证,确立了以建立政府专职消防站为依托,打造“5 分钟消防圈”的总体目标。在支队党委的积极协调和不断争取下,兴城市政府投入27万元,对东辛庄镇政府专职消防站进行了改造,连山区政府投入120万元对钢屯镇政府专职消防站进行了改造,两个政府专职消防站与市区现役消防站遥相呼应,辐射周边地区,扩大了消防保护范围。10月25日,《人民日报》头版以《一支消防队,三个守望者》为题报道了支队东辛庄三人消防队的感人事迹,得到了社会各界的广泛关注和高度评价。

【领导成员名单】

党委书记 支队长(局　长)　赵前程

党委副书记 政治委员　辛广平

(曲鹏程)

边　防

【概况】 2011年,支队新一届党委班子把“支队连续五年被总队评为‘先进党委’”作为动力源和“提速器”,坚持“巩固成果,创新发展”的工作理念,秉承“有一必争,有旗必扛”的优良传统,以争创“模范党组织生活先进单位、正规化管理示范单位、爱民固边模范单位、规范化执法标兵单位”为目标,在总队党委的正确领导下,审时度势谋发展,竭心全力干事业,较为圆满地完成了全年各项工作任务,部队各项建设取得了长足发展和进步。

【构建“五型班子” 提升核心领导作用】 一是着眼素质提升,构建“学习型”班子。把开展“三学”活动贯穿党委中心组学习始终,组织学习了《改造我们的学习》、《论共产党员的修养》等规范和改进党内生活的经典著作、重要文献,不断重温党的历史、政策规定和纪律要求。共组织专题学习12场次,组织座谈研讨、专题调研8次。班子成员不断坚持理论联系实际,带头深入基层一线开展调研,共计撰写调研报告9篇、理论文章27篇,人均撰写笔记达2万字以上,提升了党委驾驭全局的能力。二是营造融洽氛围,构建“团结型”班子。支队新一届党委班子组建以来,始终把团结和谐作为干事创业的第一保证。工作中,班子成员牢固树立“一盘棋”思想,各司其职、各负其责,既分工明确,又做到分工不分家;成员之间关系融洽,在工作上能够相互支持和提醒,在生活上能够相互关心和帮助。认真贯彻落实民主集中制,凡是涉及部队建设和官兵切身利益的重大、敏感事项都能坚持集体领导、党委决策,做到了议事程序规范,议事氛围浓厚,未出现议而不决、决而不行和临时动议的现象。三是不断开拓进取,构建“创新型”班子。支队新一届党委成立后,一班人就怎样实现“巩固成果,创新发展”,怎样争创“模范党组织生活先进单位、正规化管理示范单位、爱民固边模范单位、规范化执法标兵单位”进行了认真地思考。在实际工作中,支队党委紧紧围绕抓好各级党组织建设、建立健全各项规章制度、提高公安边防主业工作水平、抓好部队管理、保持与地方党委政府和公安机关的良好关系等五大方面,大胆实施队伍管理改革、机制保障改革、警务实战改革、基础设施改革。通过一系列行之有效的措施,部队的各项建设上了一个新的台阶,多次在上级检查考核中获得了优异成绩和得到了各级领导的表扬。四是坚持求真务实,构建“务实型”班子。建立了党委常委基层联系点和下基层当兵制度,班子成员每天都有人在基层检查指导工作。班子成员既是指挥员又是战斗员,在夏季旅游景点执勤、防“梅花”台风、重大安保任务、“清网行动”等工作中都能做到亲临一线、亲自参与。年初承诺的九件实事全部办结。五是强化廉政高效,构建

“廉洁型”班子。支队党委扎实开展了“忠诚、敬业、廉洁”主题实践活动，反腐倡廉主题教育和集中整治活动，以及“两个经常性工作”隐患排查等专项行动，认真贯彻执行《军队党员领导干部廉洁从政若干规定》及“两个文件”精神，特别是公安部警示教育电视电话会议召开后，支队党委对照广东总队吕文彦腐败问题扎实开展了集中警示教育活动，对照问题认真进行了剖析整改。同时，支队党委坚持以制度做保障，出台了党务公开实施细则，在局域网开通了阳光党务专栏，对重大敏感事项及时进行公开，形成了风清气正的良好氛围。

【推进创建模范党组织生活活动】 一是围绕一条主线，确定创建思路。支队紧紧围绕恢复和发扬党的优良传统这条主线开展创建活动。成立了创建活动领导小组，党委正副书记任组长，下设创建活动办公室，配齐配强专干力量。活动伊始，支队党委确定了“以党建促队建，抓队建促工作”的整体思路，先后召开9次会议研究部署创建活动。支队先后代表了总队迎接部局工作组督导检查，得到了部局工作组的充分肯定。承办了总队辽西政治教育协作区创建活动推进会。二是明确两个主体，筑牢创建根基。支队党委把基层党支部和广大党员作为创建活动的主体。调整充实了9个基层支部班子，改选了大队党委成员，书记全部由政治主官担任；与市委党校建立帮建机制，先后举办了党委（支部）书记培训班，印发了《创建活动指导手册》、组织生活示范卷等学习资料；积极开展“一老带一新”、“一老帮一新”活动，以党支部或党小组为载体，通过思想汇报、自我鉴定、民主评议等方法，加强了对党员的教育、管理和监督。三是做到三个创新，力求有所突破。创新破解工学矛盾。强化“三学”活动，指导基层单位合理划分党员学习小组，建立编组带班学习、走访“代课”、日学习制度；定期邀请党建专家、教授利用视频系统向全体官兵授课。创新落实基本动作，在总队规定动作的基础上，增加了“在每月第一个星期一或每逢重大节日组织党员重温入党誓词”活动，并要求试点单位确定一项基本动作作为研究课题，用样板带动全局。创新联创联建形式，加大与联建单位交流合作，把联创联建与中心工作有机结合。截止目前，各基层党支部相继与29个乡镇、村屯、公安所、友邻部队等单位结成联创联建对子。四是抓好四个结合，扩大辐射效应。与建设学习型党组织相结合。各级领导干部为官兵讲授党课54人次，全体党员撰写学习体会500余篇，组织收看红色电影、历史纪实等教育类作品20余部。与基层党建工作责任制相结合。明确了基层创建活动组织机构；把创建活动纳入基层班子量化考核之中；制定出台了《三级党组织公开承诺制度》，做到目标任务逐级承诺，成效奖惩一律公开。与打造边防党建文化相结合。实施“红色五个一”工程；组织开展了“喜迎建党90周年·党员文化月9个10”活动，广大党员以多种形式讴歌党的光辉业绩。与中心工作相结合。开展了学习马天民、郭明义先进事迹、“三亮三比两争当”、“每名党员七一前为辖区群众做一件有意义的好事”等配套活动，设立党员先锋岗12个、党员模范窗口18个、党员服务队3支；开展了“五好”党支部和“五好”党员评选活动。五是强化五项措施，紧扣关键环节。强化推进部署。支队先后召开创建活动部署会、推进会等7次，制定方案、意见11份，严格落实了部局《两个意见》。强化制度建设。结合支队实际情况，对学习制度、会议制度等8项制度进行了修订完善，制定了党务公开、三级承诺等5项制度，提高了党建科学化水平。强化达标验收。支队制定下发了组织生活示范片和达标评分细则，组织开展了“三会一日”现场模拟演练，邀请7名军地党建专家进行了现场点评指导。强化检查指导。制定下发了《推进基层组织生活制度规范落实的意见》，创新推出了上级旁听指导、定期巡回督导、量化考核评比等三项措施。强化舆论引导。设立了创建活动专题网站，创建活动经验做法先后被部局、总队编发简报12篇；《边防警察报》头版头条报道了支队创建活动做法。葫芦岛市副市长、公安局长潘春吉作出了“请市局各部门、各警种和各县区局要对照检查本单位不足，学习边防支队做法”重要批示，并编发简报印发全市公安机关。

【实施“322工程” 提升群众工作水平】 一是走访工作出成效。支队以“大走访”开门评警活动为契机，紧紧围绕“走评改建”四个节点，确定了“送温暖、献爱心”、“打击犯罪、维护稳定”等10项配套活动，出台了《走访工作指导意见》。支队各级主动向地方党委政府、公安机关以及有关职能部门汇报和介绍深化爱民固边战略成效，认真听取工作建议，共走访企事业单位 560余家，人大代表、政协委员及群众代表 12 962人次，为群众做好事、办实事、解难事1 045件，收到意见和建议110条，意见建议整改率达到了100%，群众安全感和满意度均达到了 98%以上。先后有 23 个乡镇级以上领导对支队大走访开门评警工作作出了重要批示。新华社、《人民日报》等多家中央级媒体先后对支队“大走访”开门评警活动进行报道，《中国广播网》以专版形式报道了杨家所大走访先进事迹。二是模范创建上层次。年初，支队党委提出了“322”创建理念，即：每个所创建三个模范村（社区）、每个大队创建两个模范乡镇（街道）、支队创建两个模范县（区），全力推进爱民固边模范市建设。目前，共创建爱民固边模范村42个，模范乡镇、街道8个，模范区1个，模范县1个，模范校园2个，模范景区、医院各1个，22个所全部实现了“一所三村”的创建目标，形成了爱民固边模范区域品牌效应。经市创建活动领导小组考核验收，市委、市政府将绥中县命名为“爱民固边模范县”，将龙港区命名为“爱民固边模范区”，并印发了《葫芦岛市开展创建“爱民固边模范市”活动实施方案》。市委常委、政法委书记、创建爱民固边模范市领导小组组长张富恩对支队爱民固边战略作出批示：边防支队爱民固边工作卓有成效，望再接再厉，继续加大工作力度，全面推进此项工作再创新佳绩。三是关注民生有作为。年内，支队 66名民警担任所有91个行政村的民警村官，积极开展关注民生、治安维稳和生产致富等工作，增强了村“两委”班子的凝聚力和战斗力。支队各级关爱弱势群体，为困难儿童、困难群众送去慰问品和慰问金达5万余元，解决了支队长期帮扶的30名困难儿童的生活和学习难题。据统计，支队全年为辖区350名困难群众解决了就业和生活难题，带领300余名农民走上了科技兴农、富农之路，保障了40家中小企业的正常运营。吴魁、邢宏亮两人分别被部局评为“群众工作先进个人”和“模范民警村官”。部局、省厅、总队和各级新闻媒体相继刊发和报道了支队的经验做法。四是创新管理赢支持。目前，支队辖区内共有大型开发区7个，已有200余家企业落户各大园区，计划总投资额达2 000亿元。为此，支队出台了《服务沿海经济带发展十一项措施》，在各大园区、企业、社区、村屯建立警务室 57 个，为 5个驻企警务室配备了专职民警；主动应对北港工业区、绥中滨海经济区警务机制改革，出台了《规范巡防工作指导意见》、《矛盾纠纷等级风险评估实施办法》，为园区企业打造了良好的经济发展环境。在支队的积极协调下，爱民固边战略纳入葫芦岛市政法委、边海防委员会和3个县（市）区的政法、综治等工作规划，22名派出所主官进入了驻地乡镇党委班子。

【提升社会管控能力】　一是严厉打击违法犯罪活动。开展了矛盾纠纷隐患排查、春季攻势、严打整治、“打四黑、除四害”、“清网行动”等专项行动。截止目前，共破获刑事案件150起，查处治安案件868起，打击处理611人，化解矛盾纠纷642起，抓获各类网上逃犯43人，自立逃犯抓获撤网率达100%。葫芦岛市委书记孙兆林对支队“清网行动”作出批示：此次行动取得的成果，展示了边防官兵打击违法犯罪的信心和维护沿海地区安全稳定的能力，体现了边防官兵特别能吃苦、特别能战斗的工作作风，值得充分肯定和表扬。与此同时，支队在打击侵财犯罪专项行动中取得了明显成效。止锚湾边防派出所成功破获一起涉案价值达10万余元的系列盗窃电缆案，抓获犯罪嫌疑人15人。望海寺边防派出所成功破获了以“为他人办理工作”为名，涉案价值达350 余万元特大系列诈骗案，打掉了一个诈骗犯罪团伙，抓获嫌疑人3名。9月，支队成功破获“9・07”系列盗窃案，打掉盗窃团伙5个，破案77起，抓获犯罪嫌疑人14人，涉案价值高达200余万元。对此，葫芦岛市公安局党委专门发来了贺电予以表扬。11月8日，局长潘春吉对此案侦破专门作出批示给予肯定。11月15日，刘乐国副厅长对支队侦破“9・07”系列盗窃案和“清网行动”作出了重要批示，充分肯定了支队取得的成绩，总队还专门派工作组到支队调研总结了工作做法。二是全力维护海上治安稳定。先后开展了反偷渡、涉外企业、人员排查、整治边防辖区治安秩序等专项行动。经工作,辖区无“三非”外国人居留，实现了走私、偷渡零发案的目标;加强渔船民管理，积极开展制止越界捕捞工作，出台了《对外埠船只落实管控措施的工作意见》,与海一和河北海警召开了海上治安管控协作会议。支队协调地方政府、海洋与渔业等部门前往山东、河北等地开展异地渔船摸排活动，在山东成立绥中渔船办事处，与外地作业渔民逐人签订保证书。目前，海上事态平稳，无恶性事件发生。年内，支队共搜集情报信息100余条，其中，被总队采用28条，被市局采用52条。三是扎实推进执法规范化建设。印发了《2011年度执法规范化建设工作意见》,把葫芦岛所、龙湾所作为支队执法实战培训基地，购置法律书籍300套，组织执法业务培训310人次、参加市局培训11期90人次。投入180万元完成了22个边防派出所执法功能区改造任务，葫芦岛、钓鱼台、龙湾所执法场所设置及应用成为属地公安机关的标杆。制定出台了《执法监督工作规定》,成立了1支执法服务队，聘请了4名律师监督员。截止目前，支队未发生一起复议变更、撤销、诉讼败诉案件和国家赔偿案件。总队在支队召开了提高执法质量案卷观摩会，得到了兄弟单位的一致认可和好评。部局政策法规处领导对支队执法质量给予了高度评价。四是圆满完成各类安保任务。针对辖区维稳形势，支队进一步完善了处置应对预案，组织开展了处突演练28次,提升了部队遂行任务的能力。在全体官兵的一致努力下，支队各级圆满完成了“两节两会”安保、国庆安保、国家渤海环境保护省部级联席会议、首届中国国际泳装文化节、首届中国葫芦岛打渔山泵阀产品博览会等安保任务80余次。防抗台风“梅花”期间，广大官兵配合地方党委政府转移辖区群众2 240人次，保障了人民群众生命、财产的绝对安全。

【确保部队安全稳定】 一是建章立制严管理。支队与大队、大队与派出所逐级签订了《安全目标责任状》，并将正规化管理与年终量化考核挂钩，提升了基层单位正规化管理工作的意识。先后出台了《机关管理规定》、《机关量化考核实施办法》、《行政会议制度》等规章制度，从一日生活、执行纪律、值班备勤、安全工作等十个方面进行明确，推进了部队正规化管理。进一步修订完善了《车辆管理使用规定》,为每辆装备车辆安装了GPS定位系统，出台了《官兵自购车管理暂行规定》,明确私家车购买、使用和审批程序。二是以点带面促规范。部局、总队正规化管理现场会后，支队党委先后召开了三次专题会议进行部署，做到“逢会必讲、逢会必议”，进一步统一了官兵思想。认真对照新条令和部局“两个规定”，全面梳理修订了现行的各项规章制度，制定出台了《机关正规化管理实施细则》和《基层正规化管理工作规范》。在此基础上，确定了支队机关和龙湾所作为正规化管理试点单位，召开了两次正规化建设现场会，对物品摆放、内务设置、营区各类标识等进行了规范，各单位普遍粉刷了营房，更换了办公设施，统一了库室设置，有效地规范了部队的执勤、训练、工作和生活秩序。三是多措并举抓安全。集中开展了安全稳定教育整顿、车辆管理专项整顿活动，举办了条令知识竞赛和警务技能培训班;坚持安全形势分析制度，做到每月对重点敏感部位进行检查，每季度对基层单位进行抽查，重大节日进行一次普查，提前进行隐患预测和整治。制定了《督察管理规定》,明确了督察工作具体实施和职责分工，采取值班首长随机、值班领导每日、值班干部视频电话和专职人员明察暗访等督察的方式，对基层执法执勤和一日生活制度落实情况进行督导检查。全年，支队共派出督察人员158人次，下发整改通知书200余份，部队全年实现了无执勤事故、无安全事故、无违法违纪事件的目标。

【推动队伍建设上台阶】 一是扎实开展思想政治教育。开展了“发扬传统、坚定信念、执法为民，践行军人核心价值观”主题教育，在做好规定动作的基础上，采取短信教育、多媒体教育、网络视频授课、主题教育夜校等方法，提升了教育效果。充分发挥辽西政治教育协作区平台作用，支队作为轮值单位，组织开展了4次网络视频授课、3次参观见学、1次交流学习，举办了“和谐辽西杯”篮球赛、党务知识竞赛、演讲比赛、主题教育宣传栏展评等活动，收效明显。完善了官兵思想档案，深入开展“三互”活动，认真落实谈话制度，将思想工作渗透到官兵的日常工作、学习、生活等各个环节。老兵复退期间，支队组织开展了“学老兵、赞老兵”、“做好事、表衷情”、“话离别、谈理想”、“一颗红心两手准备，正确面对走与留”等四项活动，确保了部队的高度稳定。二是大力推进文化宣传和典型培树工作。利用总队配发的60台电脑，并划拨10万元完成了基层单位的警营网吧、文体活动室等硬件建设；完善了基层营区宣传栏、宣传板报、宣传条幅、灯箱、标语等设置；开展了“爱民固边·锦旗故事”征文活动，被《辽宁警网》设专栏转载；适时组织官兵开展各种球类、棋类、文艺类活动比赛，有效缓解了官兵工作和生活压力。紧紧围绕爱民固边中心工作开展典型培树，继续加大对吴魁的培树力度，现正在审报参评 “市杰出青年卫士”；积极培树了王晓龙、赵婧等新典型，“晓龙说警务”、“服务型民警赵婧”的先进事迹逐步在支队范围内得以推广。全年，29个单位和个人受到地方党委政府、公安机关和部队各级的表彰奖励。在《新华每日电讯》、《人民公安报》、《边防警察报》、中央电视台等中央级新闻媒体刊稿48篇，超额完成了指标任务，其中执法规范化建设、创建活动被《边防警察报》在头版头条刊发，扩大了部队的影响力。三是加强纪检保卫工作。支队党委将反腐倡廉和预防犯罪教育与思想政治教育相结合，在政工信息网设立了党风廉政建设专栏；党委正、副书记带头为官兵讲授廉政党课，还先后2次邀请地方党委政府领导为官兵授课；组织收看了10余部警示教育片，增强了官兵的遵纪守法和廉洁自律意识。完善了《“两防”工作目标责任书》，在特殊敏感时期，制定出台了《海蜇资源保护期间“五个不准”和八一建军节期间“五个禁止”》等规章制度；认真落实纪委谈话制度，对基层领导班子成员进行了任期廉政谈话，对新调整领导干部进行了任前廉政谈话。开展了“忠诚、敬业、廉洁”主题实践、公务用车专项治理、“两个经常性”工作问题隐患排查、反腐倡廉主题教育和集中整治等专项活动，有效排除了各类廉政隐患，部队全年无信访案件。

【领导成员名单】

支 队 长　李　哲　武警上校
政　　委　刘茂杰　武警上校
副支队长　李学东　武警中校
副支队长　陶建军　武警中校
参 谋 长　安　军　武警中校
政治处主任　刘　辉　武警中校
后勤处处长　车长全　武警中校

（王　迪）

人民防空

【概况】 2011年是“十二五”规划的开局之年，也是葫芦岛人防建设实现新跨越的一年。葫芦岛市人防办在葫芦岛市委、市政府和军分区的正确领导下，在市人大的法制监督和市政协的民主监督下，坚持以科学发展观为指导，认真贯彻党的十七届五中全会、第六次全国人防工作会议和东北地区人防工作会议精神，结合葫芦岛人防建设实际，以人防事业科学发展、融合式发展、创新发展为目标，牢牢把握人防建设全面融入经济社会发展体系这条主线，大力加强人防战备基础建设。为本市加快建设沿海经济强市作出了应有的贡献。人防工程建设与管理水平大幅提高，城市整体防护能力稳步增强；组织指挥和信息化建设全面加强，防空应急准备能力显著提高；平战结合工作步伐加快，人防综合实力进一步壮大；机关“准军事化”建设硕果累累，人防队伍整体素质再上新台阶；法制建设和宣传教育工作有序开展，人防科学发展内外环境进一步优化；财务资产管理规范严谨，人防经济实力阔步发展；人防建设管理体制改革捷报频传，人防发展新模式前景广阔。

截至2011年，人防办内设部门：机关党委、秘书科、综合法规科、指挥科、通信科、工程科、财务科。派出机构有葫芦岛市连山工作站、葫芦岛市龙港工作站。下辖事业单位：葫芦岛市人防监察大队、葫芦岛市人防设施管理处、葫芦岛市人防办通信站、葫芦岛市人防指挥信息中心、葫芦岛市人防质量监督站。机关行政人员编制37人，下属事业单位人员编制57人。

【人防工程建设与管理】 按照“以建为主、应建必建、应收必收”原则，狠抓结建管理，应建率、应收率均达到100%。全年共为48家建设单位办理人防结建审批手续42项。审核民用建筑总规模368万平方米，办件总数为83件，办结率100%。新批建防空地下室12项，批建面积88 951平方米。历年在建人防工程8项，总建筑面积达63 342平方米。新建工程扩初设计和施工图审查率、质量监督到位率、监理受监率均达到100%。其中葫芦岛市901人防工程于2011年底竣工并投付使用，运转正常。对已建人防工程的管理上，及时建立健全了工程档案，与工程管理单位签订了《人防工程维护管理协议书》，明确管理责任和义务。做到了职责明确，措施到位，管理规范。全市人防工程良好率和消防安全率均达100%。

【人防组织指挥和信息化建设】 对全市人防委成员进行了调整，组织召开了全市人防专业队伍整组训练工作会议，对全市七种人防专业队伍整组和训练工作进行了统一部署。按照《葫芦岛市人防专业队伍编制表(试行)》和省整组会议要求，组建全市七种人防专业队伍共计1 519人，约占城区人口总数的2‰，达到了名册相符，人员定位，一兵一编，岗位明确的要求。开展了指挥机关业务理论培训、岗位练兵等丰富多彩的训练活动，专业队伍的整体素质得到了有效提高。加强了人口疏散体系建设和预案建设。在连山区、龙港区全面展开了人口疏散对接工作，提前实现了“四个对接”的要求。完成了相关资料和数据的采集工作，为编制本市《城市人口疏散体系建设规划》打下了坚实基础。修订了市本级《城市人民防空袭预案》，编制了全市《区域支援协同行动方案》，完成了重要目标三维建模数据的采集工作和人防预案管理系统电子地图的更新升级，使防空袭预案体系建设更趋完善、配套和实用。在加强信息化建设方面，加强了计算机网络安全管理，为每台上网计算机安装了互联网保密监控客户端，杜绝了计算机网络泄密。加强了警报器维护管理，坚持维护保养和巡检制度，全市警报完好率达100%。开展了九一八警报试鸣演练，全市警报鸣响率达100%。加强数传台和警报台值班管理，做到了值班联络、收听、抄报无失误。全市信息化建设走上了科学化、规范化轨道。

【人防平战结合建设】 大型人防平战结合项目初见成效。葫芦岛市“901”人防工程建设项目于2011年底竣工并投付使用，完成投资额2.1亿元。“901”工程地下停车场完成整体出租，地下商业街（奥佳时尚广场）运营效果良好，设备运行正常。其约有商铺1 000余个，从业人员达3 500余人。自开业后，日均客流量约10万多人次。预计年营业额达2.5亿元以上，将有力拉动葫芦岛商业经济发展。大型人防平战结合项目的战备效益、经济效益、社会效益的多元综合效益已初步显现。龙湾海滨人防工程主体基本完成，设备安装接近尾声，正开始对外招商，已完成投资额8 270万元。另外，“901”二期工程建设项目进入全面准备阶段。该工程项目建议书已经获得国家人防办和省办批准，总建筑面积5.2万平方米，计划投资3亿元。战时作为人员掩蔽部和物资储备库，平时作为地下商业区和行人过街通道。

【人防机关“准军事化”建设】 全市人防系统着力构建学习型党组织，努力提高班子成员领导人防科学发展能力。在政治理论学习上，领导班子中心组做到了集中学习与个人自学相结合，认真撰写学习笔记和心得。采取发放学习资料、举办廉政讲座、播放理论辅导电教片、体会交流等多种形式，强化了理想信念教育、战备形式教育、社会主义人生观和价值观教育，起到了带头示范作用。在人防业务训练上，将人防“行业通”学习训练活动覆盖到全市人防系统，举办了人防组织指挥人员培训、人防结建审批工作程序培训、人防系统法制培训以及人防宣传经验交流会，人防系统干部职工的业务素质得到提升。在人防机关作风纪律建设方面，加大了对机关作风检查和抽查力度。深入开展市直机关行政业务大厅“优质服务竞赛”和行政审批网上公开工程，全面推行首问负责制、限时办结制、服务承诺制，确保了机关工作优质高效。同时，深入开展“创优争先”活动，为创建健康机关、文明机关、和谐机关奠定了良好基础。2011年，市人防办被评为“省级精神文明机关”、省级保密工作先进集体、省人防系统目标管理优胜单位。2011年6月，被评为东北地区人防工作先进单位。

【人防法制建设和宣传教育】 为加强人防法制建设，修订完善了人防依法行政实施方案，加强行政权力运行制度系统建设,完善政务公开制度。积极推进行政审批网上公开工程，主动接受有关部门和社会各界监督。行政审批网和纪检监察网累计报件158件，全部按承诺时限办理。为加强人防行政执法检查,确保人防建设健康有序发展，市人大王英杰副主任亲自率领人大代表和有关部门人员，深入各县（市）区，对贯彻落实人防法情况进行了专题检查，使各县（市）区党委、政府深化了贯彻执行人防法规重要性的认识，进一步规范了基层人防工作，为推动本市人防建设科学发展起到了积极的促进作用。市人防办会同市规划局、财政局组成联合检查组，开展了行政审批联合执法大检查，增强了各企事业单位依法履行人防义务的自觉性。为推进人防宣传“五进”广泛开展，全市人防系统坚持主动向党政军领导请示汇报工作，使党政军领导和机关能够及时了解人防建设动态，掌握人防政策法规，把人防工作摆在重要议事日程。利用政务公开日、9·18纪念日、人防法颁布纪念日等时机，集中进行了人防宣传教育。10月27日，市人大和市政府领导在《葫芦岛日报》发表了署名文章，纪念人防法颁布15周年，对贯彻落实人防法，加强人防建设提出了要求，同时也扩大了人防社会影响力。全年采取赠送人防宣传资料，组织人防执法检查，定期走访征求意见、建议等多种形式，加大了对企业、社区、媒体、学校等领域人防宣传教育工作力度，全市城镇中学“三防”知识开课率达100%。营造了全社会了解人防、关心人防、支持人防建设的浓厚氛围，人防事业发展环境得到明显改善。

【人防财务资产管理】 在计划管理上，增强编制的科学性和运行的严肃性。积极落实并全面完成2011年人防建设计划，切实做到预算随着计划走，计划随着项目走，决算随着验收、审计走，坚决杜绝计划外和违规购建项目的发生，拉动和促进县区工作科学发展，督促兴城、建昌2个县（市）进行平战结合建设项目的前期工作。在采购管理上，实行政府采购。依据《中华人民共和国政府采购法》，遵循政府采购公开、公平、公正的原则，严格按照政府采购要求，除涉及人防行业特殊和保密要求的项目进行单一来源政府部门采购外，其余各项目均采取政府采购，进行公开招标。尤其是对“901”和龙湾海滨人防工程相关项目招投标，严格执行了网上公告、公开招标、专家评审等政府采购手续。全年共计办理采购项目57项，节约资金100余万元。在筹措资金上，全年累计依法收费约1.96亿元，全额上缴财政，并全额拨回，无违规操作、无截留、无沉淀和挪用现象发生，为人防事业的稳步发展提供了资金保障。

【人防建设管理体制改革】 人防建设管理体制改革取得新进展。为认真贯彻落实第六次全国人防工作会议精神，实现人防建设融入城市建设、经济建设和社会发展之中，促进人防事业科学可持续发展，省人防办将葫芦岛市定为全省人防资产和融投资体制改革的试点城市。根据《关于开展人防投融资试点工作成立投融资公司的通知》（辽人防秘[2011]25号）文件精神。葫芦岛市人防办已着手与辽宁人防协会共同组建辽宁国瑞人防发展有限公司，目前公司章程和运作方案已基本确立，其他相关准备工作正在紧张有序的筹备中。人防发展有限公司的组建，是人防建设管理体制改革的大胆尝试，对人防事业的自主发展、滚动发展和长远发展将起到不可估量的作用。

【领导成员名单】

主　任　董金旭

副主任　罗和平　项　颖　孙凤龙　王　勇

党组成员　邓国强

（田各略）

农　业

综　述

2011年，全市农业广大干部群众以科学发展观为指导，以加快现代农业发展为重点，突出发展县域经济，抢抓机遇，扎实工作，农业农村经济保持持续向好的发展势头。

2011年，全市粮食总产量达到136万吨，增长24%，创历史新高；水果、蔬菜、肉蛋奶、水产品产量分别达到102万吨、308万吨、72.2万吨、42.8万吨，分别增长12%、10%、8.9%和4.7%；农副产品出口创汇3 142.3万美元，增长29.4%；县（市）区生产总值实现619.9亿元，增长11%；公共财政预算收入实现57.3亿元，增长26.5%；农民人均纯收入实现7 901元，增长19.8%。

一、现代农业发展迅速

1.农业结构调整取得新成效。全市粮食播种面积18.9平方千米。创建国家级粮油高产示范区15个、省级2个。建省级设施蔬菜小区5 500个，增长33%，设施蔬菜面积达到733.33平方千米，增长41%。新建畜禽标准化养殖小区80个，新建畜禽养殖标准化示范场10个、生猪标准化规模养殖场13个。建成国家级标准果园1个、省级3个。新增经济林面积42平方千米。水产工厂化养殖面积超过130万平方米。认证绿色食品、无公害农产品53个，认证无公害畜产品39个，认证无公害水产品71个。

2.农业产业化经营实现新跨越。新增规模以上农事企业50家，农业产业化龙头企业达到239家；引进10亿元以上农业大项目12个，已开工建设6个；新增农民专业合作社290家、农村专业经济协会104家；新增市级现代农业示范基地22个、地理标志商标3个；兴城优质花生产业基地成为国家富民强县项目，连山区塔山乡西堡子村获全国一村一品示范村称号，葫芦山庄被农业部确认为五星级休闲农业示范企业；兴城市被评为全国渔业平安示范县。

3.农业科技成果转化实现新进展。深入开展农村科技特派行动，新增农村科技特派团15个，特派员1 300人。大力实施设施农业、阳光工程等培训项目，培训农民3.3万人。引进推广农作物新品种156个，农作物良种覆盖率达到98%以上。实施测土配方施肥733.33平方千米，推广耐密型玉米800平方千米；推广应用畜禽饲养综合配套技术达到1 869.2万头（只），开展水产科研项目7个，新建基层核心农业信息站122个。

二、农业基础建设得到加强

1.农田水利建设再创佳绩。实施农田水利骨干工程779项。完成节水灌溉面积133.33平方千米，规划实施滴灌节水农业工程项目110平方千米，治理水土流失面积248平方千米，完成5座小型水库除险加固工程。完成饮水安全工程314处，解决13万人饮水安全问题。青山水库主体工程和移民动迁超额完成年度任务，猴山水库项目前期工作取得积极进展。签订耕地保护责任书33万余份，连续14年实现耕地占补平衡。

2.生态环境建设成果显著。完成绿化造林537.33平方千米。白狼山自然保护区晋升国家级保护区。生态治河2.67平方千米，河道工程治理20千米，全面完成大凌河保护区工作任务。完成天然草场改良312.67平方千米、人工种草158平方千米、草原沙化治理60平方千米。设定海洋环境监测点16个。推广“一池三改”户用沼气工程2 100户，新建农村能源乡村服务网点项目24个。创建省级环境优美村镇19个，创建市级新农村示范村 20 个。

3. 农机、气象服务和农产品质量监管水平全面提升。农机总动力达到 138 万千瓦，增长 2.2%，综合机械化水平达到 65%，提高 3 个百分点。建立气象自动观测站 101 个，实施人工增雨作业 10 次，人工防雹作业 60 门次，启动海洋气象预报。完成年度防汛任务，取得防台风“梅花”的全面胜利。农产品、畜产品、水产品质量安全检验检测体系进一步加强，相关基础设施建设得到完善，监管能力进一步提高。

三、农村社会事业和民生保障水平进一步改善

1. 农村各项事业繁荣发展。文化事业健康发展，新建乡镇文化站 46 个，实现一村一个农家书屋。广播电视“户户通”工程全面启动。推进农村教育均衡发展，建成九年一贯制（寄宿）学校 7 所，改造学校 97 所，创建标准化中小学校 26 所。完善农村计划生育服务体系，建立农村计划生育服务所 30 个，人口出生率控制在 6.58‰以内。城市化率达到 42%，提高 5 个百分点。乡村旅游结硕果，建昌县石佛乡、连山区山神庙子乡凉水井子村、龙港区葫芦山庄景区受到省政府表彰。

2. 农村民生工程优质高效。农村劳动力转移就业 15.4 万人，其中有组织劳务输出 5.6 万人。新农保工作全面铺开，78.7 万农民实现“老有所养”。完成农垦系统危房改造 1 504 户。11.5 万农村低保、五保对象实现应保尽保，低保救助标准再次提高。新农合参合率达到 95%，基金使用率达到 85%。农村中小学公用经费标准再次提高，农村低保家庭大学生救助实现全覆盖。全面完成扶贫攻坚任务，79 个整村、9.4 万贫困人口人均纯收入达到 2 116 元，高于扶贫标准 316 元，实现稳定脱贫。

3. 农村各项改革不断深化。发放粮食综合直补等惠农补贴资金 2.74 亿元。实施农业保险面积 1 414.67 平方千米，投保率达 66.8%。建农户储粮仓 2 000 个。开展村级公益事业“一事一议”建设项目 1 073 个，筹资 4.2 亿元。筹建小额贷款公司 8 家，开业 2 家。村镇银行贷款余额达到 5.8 亿元，增长 310%。完成集体林改面积 3 898 平方千米，发放林权证 15.4 万册，发证率 99%。农垦经济发展迅速，各项惠垦政策得到全面落实。

（李　丹）

葫芦岛农业科技示范区

【概况】 2011 年，示范区在市委、市政府的正确领导下，在有关部门的大力支持下，认真贯彻落实党的十七届五中、六中全会精神，按照市委三届十四次全会暨全市经济工作会议部署，深入开展学习实践科学发展观活动，坚持理论联系实际，不断创新工作思路，真抓实干，圆满地完成了全年的各项工作任务。

【新品种引进试验 示范工作取得新成果】 新品种的引进试验筛选是示范区开展各种推广工作的前提与基础，每年都要投入大量的人力与资金。2011 年，共引进耐密型玉米、花生、大豆、甘薯、马铃薯新品种 60 个，进行了品种对比试验，不同密度的小区示范，耐密型玉米下茬试验，通过测产筛选出适宜本地区种植的优良品种共有 13 个。其中：玉米 4 个、花生 2 个、大豆 1 个、甘薯 3 个、马铃薯 3 个。

【马铃薯全程机械化示范获得成功】 2011 年，与辽宁省农科院共同向省科技厅立项《无公害蔬菜及果品生产技术集成与示范》。针对项目区的农业产业特点，着重开展了马铃薯新品种引进及产业化配套开发工作，具体包括：1. 优质、高产马铃薯新品种的引进与示范，针对项目区马铃薯种植品种单一、退化的状况，引进早大白、辽薯 6 号、中薯 5 号、诺兰、费乌瑞它、尤金、富金、东农 303、213、兴佳 2 号等 10 个马铃薯新品种，在项目区进行品种比较试验，其中辽薯 6 号、中薯 5 号、费乌瑞它等品种表现突出。2. 马铃薯全程机械化生产技术示范与推广根据项目区马铃薯种多采用手工作业，成本高、生产效率低、资源浪费问题，引进马铃薯精量播种、覆膜、收获和秧棵还田机，促进马铃薯生产机械化，提升马铃薯生产水平。利用马铃薯播种机，一次性完成开沟、施肥、播种、起垄、喷除草剂、铺膜，亩节省人工成本 180 元；用马铃薯杀秧机一次性将垄

上与垄沟的秧苗吸起粉碎产秸秆还田，免去人工拔秧和运秧的强体力劳动并节省成本 45 元；用马铃薯收获机把整个垄床抬起，收获效率高、不伤皮、不落薯，还可以直接提取土壤中残存的农膜，不影响下一季作物生产，并节省收获成本 70 元。通过采用全程机械化，每亩共节约成本 295 元，得到了市（县）开发办、乡（镇）领导干部和群众的一致认可与好评。3. 马铃薯双膜覆盖复种粮食、油料作物技术集成与推广马铃薯双膜覆盖早熟栽培技术要点包括品种选择、困种、催芽、切块与催大芽、坐床练芽、选地、整地与施肥、保墒整地、深耕细耙、破膜、放风控温、节水灌溉、植株的调控等技术措施。复种作物初步筛选出辽单 565、辽单 1211、良玉 88 等适合马铃薯下茬种植的玉米品种，辽杂 19 高粱品种，辽豆 14 等适合马铃薯下茬种植的大豆品种，阜花 12 花生品种。

【两薯脱毒品种栽培技术推广】 2011 年，向市科技局立项《两薯脱毒品种配套高产栽培技术推广》项目，按照项目实施进度，主要工作包括：1. 优质脱毒马铃薯种薯的引进与示范共引进脱毒种薯 20 000 公斤，安排在绥中县网户满族乡、荒地镇、小庄子镇，开展脱毒种薯的品种比较及大面积脱毒种薯的示范与推广，实践证明通过使用脱毒种薯，每亩可增产 30%以上，增收 1 000 元。2. 高产脱毒甘薯配套栽培技术推广徐薯 22 和徐薯 27 两个甘薯品种，经过连续两年的生产试验，高丰产性和商品性具备了大面积开发的基础。2011 年，在兴城市沙后所镇、南票区沙锅屯乡、绥中县高岭镇、建昌县牤牛营子乡和示范区展示园内各安排 2 亩的示范田。为保证推广工作的顺利进行，我们为每个示范点免费提供种苗、地膜、除草剂，并进行实时跟踪调查指导。虽受 2011 年不利自然因素影响，示范点甘薯徐薯 27 最高亩产 3 415 公斤、徐薯 22 最高亩产 2 910 公斤，均比对照品种腾飞、卢选 1 号增产 99.1～138.9%；同时增收效果也非常明显：沙锅屯高家屯示范户王一采用提早上市的方法，1.5 亩甘薯纯收 2 万元，开辟了该品种新的增值途径，另外该品种的高淀粉率也赢得了收购商的好评，从而奠定了这两个品种大面积开发推广的良好基础。

【塑料大棚蔬菜生产技术推广效果显著】 2011 年初我们向市开发办立项《塑料大棚番茄生产关键技术推广》。自立项以来，在市农业综合开发办的领导下，依托辽宁省农科院的技术支持，示范区按照项目的规划方案和实施项目，卓有成效地开展实施，组织专家，通过规划、设计、现场指导、印发资料等方式，在绥中县高甸子满族乡獐子沟村开展塑料大棚蔬菜生产关键技术推广，取得了显著效果。1. 2011 年初实地考察了獐子沟村塑料大棚生产现状、蔬菜品种类型，调查了当地的自然资源状况、经济发展水平、生产技术水平，以及当地的蔬菜市场和产品流通方向等情况，明确了该地区塑料大棚蔬菜生产的优势种类、优势季节、优势茬口，确定了以番茄为主栽品种的塑料大棚蔬菜生产关键技术推广综合示范基地，推广面积 0.67 平方千米。2. 为鼓励和支持农民发展塑料大棚蔬菜生产，保障推广项目顺利实施，针对个别菜农大棚塑料受损及棚室内土传病害严重的情况，示范区投资 2 万余元，从天津购买高质量塑料、垄鑫棉隆土壤消毒粉剂及化肥纷发给菜农。3. 采取现场指导、技术培训、印发资料等方式，推广了四项重点生产技术：土壤消毒技术、塑料大棚番茄水肥管理技术、枝蔓调整和疏花疏果与蘸花技术、定植后病虫害防治技术。4. 在项目区内总计推广塑料大棚蔬菜生产关键技术，达 0.67 平方千米，完成计划任务指标。印发技术资料 1 200 份；土壤消毒 0.01 平方千米；技术培训 6 次，现场指导、电话咨询 30 余次。累计培训各类人员达 500 余人。

通过项目的实施，带动了项目区及周边塑料大棚蔬菜产业的发展，面积已达 1.33 多平方千米，经济效益、社会效益十分显著。

【实施高标准农田科技项目】 2011 年与辽宁省农科院共同实施，在绥中县网户满族乡和荒地镇建设《绥中狗河流域高标准农田建设科技项目》。按照项目的分工，着重参与并实施了玉米示范区、马铃铃薯示范区的建设：在网户满族乡河东村建立马铃薯双膜复种核心区 0.02 平方千米、马铃薯机械化栽培核心区 0.01 平方千米、玉米高产示范区 0.2 平方千米和荒地杨保村玉米高产示范区

0.2 平方千米。

1. 马铃薯高产栽培技术示范。根据项目区马铃薯生产需求，重点开展马铃薯优良新品种脱毒种薯引进与示范，马铃薯双膜覆盖复种粮食作物、油料作物，马铃薯三膜覆盖极早熟栽培技术，马铃薯科学施肥技术，马铃薯全程机械化生产技术、马铃薯应用生物秸秆反应堆，马铃薯高效灌溉技术 7 项综合技术。为农户提供了优质脱毒种薯早大白、费乌瑞它等品种 3 000 多公斤，取得了良好效果。采用脱毒种薯比采用未脱毒种薯的产量增产 34.6%，而且早上市一周左右，仅此一项亩增加收入 2 550 元。实际调查，应用脱毒马铃薯可以提高出苗率，植株生长旺盛，生长势增强，提高大薯率，使产量大幅度提升。通过项目的试验示范，提高了项目区农户的认识，种植脱毒马铃薯的积极性明显提高，加快了脱毒马铃薯的推广，对提高马铃薯生产水平和经济效益，保障马铃薯产业健康、持续发展发挥了重要作用。

2. 玉米高产田示范。选用辽单 565（4 800 株/亩）和辽单 527（4 200 株/亩）两个品种，采取“三比空密疏密”和“大垄双行”栽培方式，开展早熟、矮秆玉米新品种和缩距增密增产技术、“三比空密疏密”增密高产栽培技术、“大垄双行”增密增产技术、“易丰收”施用增产技术、“植物光合增效剂”施用增产技术、微溶灌水抗旱节水技术等 6 项技术示范，分别增产 12.11%、12.46%、10.99%、10.37%、14.66%、12.18%，平均增产 10.63%，平均亩增产 39 公斤，增加产值 124.7 元，累计增加产值 7.48 万元。

【科技共建工作稳步推进】　示范区与葛家满族乡木锨沟村进行科技共建已达三年。通过前几年对共建村的物质帮助与科技支持，该村的村容村貌发生很大改变，人们生活水平不断提高，科技种田意识日益增强。鉴于此，今年我们继续坚持“科技致富”的共建宗旨，增加科技投入力度。

1. 帮助村民低价购买优质高产水稻辽星 20，在全村推广 0.07 平方千米。2. 特派专家进村入户培训指导暖棚蔬菜生产栽培技术 120 余人次，发放技术手册和科教光盘 200 余份。3. 针对共建村老棚土传病害严重的现状，免费提供“垄鑫”棉隆土壤消毒粉剂，进行土壤消毒示范。

【科技培训工作扎实开展】　2011 年科技培训工作主要围绕所要示范推广的项目工作进行，以电视、广播、报纸为宣传媒介，采取集中授课、现场指导、电话答疑、发放技术资料等形式，培训推广了《覆膜花生高产栽培技术》、《温室大棚土壤消毒技术》、《保护地蔬菜栽培技术》《马铃薯高产高效栽培技术》等 12 次，培训各类人员 5 000 多人次，发放资料 20 000 余份。

（于辉军）

种植业

【概况】　2011 年，农业种植业在市委、市政府的正确领导下，认真贯彻落实中央和省农村工作会议精神，确保稳住粮食播种面积，努力提高单产，粮食生产实现“八连增”，全市总产 123.5 万吨，创历史最高产量，农民人均收入 7 901 元。市农业技术推广中心被省农委评为 2011 年度粮食生产先进单位，被市委宣传部、市委组织部等 5 家单位联合评为市思想政治工作先进单位，市植保站被省农委评为 2011 年度农作物病虫害测报与防治工作先进集体。

【制定全市农作物种植计划】　全市农作物总播种面积 2 300 平方千米，其中，粮食作物播种面积稳定在 1 800 平方千米。在各种作物播种面积中，玉米 1 500 平方千米，高粱 20 平方千米，谷子 30 平方千米，水稻 80 平方千米，小麦 0.5 平方千米，杂粮 9 平方千米，薯类 100 平方千米，豆类 80 平方千米，花生 200 平方千米，蔬菜 200 万平方千米。

【宣传落实良种补贴和农业保险政策】　2011 年，省里给本市下拨良种补贴面积 1 300 平方千米、资金 2 009.75 万元，全部及时足额发放到农民手中。同时本市对种植玉米、水稻、花生、大豆、小麦五种农作物的农户实行全覆盖农业保险政策，全市共计承保农作物面积 1 400 平方千米，承保率 66.75%。

【落实粮油作物高产示范区创建工作】 根据省农委部署，本市制定了全市创建粮油作物高产示范区工作实施方案，成立了工作领导小组和技术指导组，全市共安排创建万亩玉米高产示范区20个，其中国家级6个、省级1个，其余为市级。经省、市、县农业技术部门组织专家实地验收，全市高产示范区平均单产达到869.15公斤，比农业部指标高出69.15公斤，增幅达8.6%；比一般生产田每亩增产粮食167.2公斤，增幅达23.8%，共为本市增产粮食5万吨以上。

【加强化肥和农药执法监管】 在春耕关键时期，市政府组织全市有关部门收视收听省春耕备耕生产电视电话会议，成立了春耕生产督察组，各级农业部门认真开展春耕备耕生产调查和督察，市农委编制春耕简报5期，对春耕生产典型经验进行宣传。市土肥站和市植保站采取专项治理和日常监管相结合的方式，进一步深化执法监管，全市共检查肥料经销业户246家，肥料品种120多种，经销数量4万余吨，特别对高桥镇、建昌镇等肥料重点经销地区重点检查，覆盖率达100%，同时抽检农药标签150个，农药标签合格率稳定在80%以上，本市农资市场经营秩序良好。

【农作物新品种和农业新技术引进 示范和推广】 全市共引进各种农作物新品种100个以上，其中市本级51个，通过比较试验，筛选出适宜本市的新品种玉米4个、花生2个、大豆3个、谷子2个、马铃薯2个、甘薯3个。同时推广耐密型玉米品种高产栽培技术100平方千米、亩增产50.3公斤，推广花生高产栽培技术80平方千米、亩增产25公斤，推广马铃薯保护地高产栽培技术60平方千米、亩增产100公斤，推广脱毒甘薯高产栽培技术10平方千米、亩增产120公斤，总增值约270万元。

【继续深入实施测土配方施肥工程】 全市共实施测土配方施肥面积700平方千米，采集土样1 500个，安排示范区3平方千米，落实3 414项试验和配方肥肥效实验15个，制定肥料配方21个，发放施肥卡20万张，指导农户20万户。全市配方肥应用数量21 080吨，有力推动了本市测土配方施肥工作和农业生产。

【大力推进农作物病虫害专业化统防统治】 全市共建专业化服务组织11个，植保机防队员339人，喷雾机械1 000余套，在兴城市花生、建昌县梨树、连山区保护地蔬菜、绥中县果树上开展专业化统防统治，面积累计达300余平方千米次，同时实施玉米螟、东亚飞蝗、稻水象甲、马铃薯晚疫病等重大病虫害大规模统防统治600平方千米次。

【重视实施重大植物疫情苹果蠹蛾监测】 全市共设置苹果蠹蛾监测点250个，其中部级17个，省级8个，其余为市级，本市苹果蠹蛾监测点布局基本完善，实现了果树大面积种植区内诱捕器监测覆盖率100%。

【加强设施蔬菜土传病害防控工作】 全省设施蔬菜土传病害防控示范现场会于3月31日～4月1日在本市连山区金星镇召开。本市在连山区、兴城市、绥中县共应用药剂申嗪霉素、垄鑫处理土壤0.0001平方千米。通过项目试验示范，本市设施蔬菜土传病害防控能力进一步提高。

【大力推广病虫害绿色防控】 全市共建安全控害示范区4个：连山区20平方千米蔬菜安全控害示范区、兴城市30平方千米花生安全控害示范区、建昌县6平方千米小杂粮安全控害示范区、绥中县10平方千米前所果树安全控害示范区，共完成病虫害绿色防控面积300平方千米。

【积极开展农业科技培训】 市农业专家服务团共派出专家142人次，开展培训、指导74场次，直接培训技术骨干2 000余人，发放资料9 000余份。

（马秀敏）

畜牧业

【概况】 2011年畜牧业工作，按照抓规模、创品牌、增效益、保安全、上台阶的总体思路，坚持以市场化的理念谋划畜牧业，以生态化的理念规范畜牧业，以优质化的理念服务畜牧业，实现畜牧业经济持续稳定快速发展。2011 年，全市肉蛋奶产量达到 73.21 万吨，同比增长 10.4%，畜牧业产值达到 62.5 亿元，同比增长 6.97%。猪饲养量达到 460 万头，同比增长 12.5%；牛饲养量 29 万头，同比增加 3.2%；羊饲养量 200 万只，同比增长 8.52%；禽饲养量 8 680 万只，同比增长 7.28%。

【现代畜牧业建设有新进展】 2011 年，进一步加强畜禽标准化养殖小区建设，把畜禽标准化养殖小区建设指标列入市政府对各县（市）区政府绩效考核内容。到年底全市完成新建畜禽标准化养殖小区 80 个（其中建昌县 15 个，兴城市 23 个，连山区 15 个，南票区 5 个，龙港区 2 个，绥中县 20 个）；同时对本市现代畜牧业示范区建设工作按照标准严格把关，确定现代畜牧业示范区 5 个。其中兴城市、连山区、绥中县列入生猪示范区，建昌县列入肉牛示范区，连山区列入奶牛示范区；畜禽养殖标准化示范创建场 10 个。其中兴城市 2 个生猪示范场，连山区 2 个生猪示范场、1 个奶牛示范场，绥中县 3 个生猪示范场，建昌县 2 个肉牛示范场；生猪标准化规模养殖场 13 个，其中兴城市 3 家，连山区 2 家，建昌县 2 家，绥中县 6 家。

积极促进发酵床养猪和奶牛良种补贴项目实施。通过督察和验收的形式，积极推进项目落实实施。全市发酵床面积合计 4 286 平方米，全部通过省级验收。其中兴城市 7 户，发酵床 2 286 平方米；建昌县 6 户，发酵床 2 000 平方米。奶牛良种补贴全市共使用冻精 18 358 剂，其中连山区 9 530 剂、南票区 1 002 剂、兴城市 7 214 剂、建昌县 612 剂；冷配奶牛 9 427 头，其中连山区 4 784 头、南票区 451 头、兴城市 3 625 头、建昌县 567 头；配准 7 718 头，其中连山区 3 909 头、南票区 315 头、兴城市 3 081 头、建昌县 413 头；受惠农户 455 户，其中连山区 135 户、南票区 96 户、兴城市 186 户、建昌县 38 户。

畜牧技术推广应用进一步提高。一是畜禽饲养综合配套技术推广应用超额完成。其中生猪达 116.8 万头，完成计划的 109.16%；肉牛、奶牛达 15.802 万头，完成计划的 105.35%；高产蛋鸡达 667.4 万只，完成计划的 106.78%；良种肉鸡达 1 069.21 万只，完成计划的 103.81%。二是家畜品种改良得到有效实施。其中生猪改良 12.88 万头，奶牛改良 0.94 万头，肉牛改良 4.48 万头；羊 16.265 万只。三是秸秆加工利用进一步提高。全市秸秆产量 101.4 万吨，秸秆加工利用 57.42 万吨，利用率达 56.62%。

【草原生态建设稳步发展】 一是草原沙化治理三期工程进展顺利，60 平方千米沙化治理补播工作已经完成，共使用沙打旺、草木犀等草种 164 吨。二是天然草场改良效果显著。累计改良面积 312.8 平方千米，比上年年底增长了 42.53%；累计人工种草面积已达 158.07 平方千米，比上年年底增长了 7.63%。三是草原防火及鼠虫害防治工作得到加强。4 月份开展了草原普法宣传月活动，全市共出动宣传车辆 25 台次；散发草原法律法规宣传单 25 000 余份，各类法律法规及牧草种植技术小册子 2 000 余册；制作宣传板 6 块；在公共场所悬挂标语、条幅 28 条；举办培训班 2 期，培训 100 余人次；知识讲座 3 期；现场答询 800 余人次，活动收到了预期的效果。同时成立了森林草原防火指挥部，将草原防火工作正式纳入政府工作议程，并在全市设立了 195 个鼠虫害观测点，进行鼠虫害防治 245.4 平方千米。本市草原生态建设工作位于全省前列。

【种畜禽监督管理工作进一步加强】 全市现有种畜禽场（户）442 家。其中祖代种畜禽场 11 家、生产商品代种畜禽场 105 家、经营冻精 1 家、孵化场 1 家、配种站点 324 家，监督管理实行许可制度，全年共核发许可证 126 个，其中新发 17 个、换证 109 个，符合条件的种畜禽场实现 100% 持证经营。并将惟一一家省级核心育种场兴城寅发牧业发展有限公司列入种猪性能测定范畴，存栏种猪 523 头全部测定。同时将连山、兴城、建昌 9 家种猪场种猪氟烷敏感基因检测工作纳入政府绩效考核专项考评内容。现 9 家种猪场存栏的纯种猪全部送检完毕，共送检 3 085 头。

【重大动物疫病防控工作扎实有效】 扎实开展

春、秋两季动物集中免疫工作。全市春秋两季禽流感免疫家禽 2 167.18 万羽。其中蛋鸡 1 470.21 万羽，肉鸡 655.26 万羽，鸭 25.47 万羽，鹅 8.37 万羽，其他禽 7.87 万羽；口蹄疫免疫牲畜 232.77 万。其中猪 149.63 万头，牛 11.22 万头，羊 71.92 万只，猪瘟和猪蓝耳病各免疫 134.96 万头；全市补免禽流感213.16万羽，口蹄疫11.26万头（只），猪瘟 9.66 万头，高致病性猪蓝耳病 4.7121 万头。免疫率、免疫卡发放率、免疫耳标佩戴率、免疫档案规范率均达 100%。畜禽免疫抗体保护率超过农业部 70%的标准。同时在全市范围积极开展防控高致病性猪蓝耳病“百日会战”活动，集中补免生猪 5 万头。

加强流行病学调查和预警监测工作。除配合省疫控中心完成自主采样工作外，按计划及时完成每月的日常监测、月监测、季度监测、缓冲区口蹄疫强化监测及样品采集，同时完成了动物诊疗机构、动物屠宰厂和畜禽养殖户流行病学调查工作，流调范围涉及 83 个乡镇、270 个行政村、3 167 户饲养户、22 个诊疗机构和 16 个动物屠宰厂；全市共采集监测样品 50 947 份，检测项次共达 95 321 项次，为科学预警和风险评估提供了翔实的技术依据。

无疫区建设工作继续推进。为迎接国家评估认证，分别对各县（市）区无疫区评估认证准备工作进行了检查指导，并在绥中县组织召开了大规模现场会，继续推进无疫区建设工作，同时依据省局无疫区评估认证联系组检查反馈意见，严格按照 96 项验收标准，积极进行整改；同时通过广播、电视和报刊等新闻媒体报道和张贴宣传条幅、发放宣传单的形式，积极开展《辽宁省无规定疫病区管理办法》宣传落实活动，并经过精心准备，科学筹划，制作《辽宁省无规定疫病区管理办法》视频讲座，在葫芦岛市政府网站上播出。

防控重大动物疫情应急管理工作进一步加强。强化应急物资管理，扩建应急物资储备库，更新应急储备物资，完善各项规章制度；组织应急预备队全体队员参加，积极开展防控重大动物疫情应急培训和演练。培训主要以防控牲畜口蹄疫技术和免疫无口蹄疫区评估认证为主，培训结束后进行书面考核；演练注重实际操作，分别进行应急器材的使用，一次性防护用品和防化服、防毒面具穿戴，临时检疫消毒站搭建；发电机、扑杀器和大、中、小机动喷雾器使用等应急设备的操作演练，进一步提升应急反应和应急处置能力。

【动物卫生监督工作全面加强】 产地检疫率进一步提升。继续推进“乡镇所+协检员”的产地检疫模式，及时更新公布检疫申报点信息，加大投入，完善检疫申报点基础设施建设，检疫员严格按照检疫规程的要求临栏检疫，产地检疫率进一步提升，规模饲养场的产地检疫率达到 100%。全年共计产地检疫生猪 64.97 万头，牛 1.56 万头，羊 6.62 万只，禽 1 766.04 万只。

屠宰检疫进一步规范。完善各项规章制度，加强对屠宰厂（点）监督及动物检疫员的管理，严格落实入厂畜禽宰前检疫的查证验物，未进行“瘦肉精”检验的畜禽一律停止检疫，检疫前置模式有效运行。对屠宰检疫合格的动物产品出证率达 100%，不合格的动物产品一律进行无害化处理。全年共计屠宰检疫生猪 27.64 万头，牛 0.48 万头，羊 0.77 万只，禽 1 102.44 万只，无一例病害产品上市销售。

动物卫生监督执法力度进一步加大。一是以规模化种畜禽场和屠宰加工场所的动物防疫达标建设为重点，严格按照无疫区评估认证工作要求，强化对动物防疫条件和动物防疫活动的监管，发放《动物防疫合格证》154 个，监督检查规模饲养场（户）1 820 余个次，饲养户 112 360 户次，屠宰加工场所 410 个次，限期整改 5 个。二是规范动物卫生监督检查站的管理。切实落实公示制度、24 小时岗位值班制度，做好引入和过境动物信息通报工作和运输监管联动机制，严格实施监督检查，共检查车辆 435 台次，动物 12.08 万头只，消毒车辆 435 台次。三是强化诊疗机构监管。对辖区内 31 家动物医院和诊所进行了大检查，内容主要包括执业人员、诊疗场所、仪器设备、诊疗服务、规章制度等，针对检查发现的问题要求限期进行整改。四是以经营加工病死畜禽及其产品的案件查处为重点，建立信息联动机制，实行有奖举报制度，加大案件查处力度，做到重大案件的立案率、案件评查合格率 100%，做到了行政诉讼和行政复议案件零发生。全市共立案 91 起

（其中经营加工病死畜禽及其产品的案件7起），罚款 11.74 万元，无害化处理病死畜禽 736 头（只），病害产品7.2吨。

大力宣传《辽宁省政府关于严禁非法制售和使用“瘦肉精”等有害物质的通告》。为积极应对河南“健美猪”事件，按照省局和省监督所会议精神和工作部署，积极落实“省通告”的宣传工作。“省通告”不仅在葫芦岛政府网站、葫芦岛畜牧兽医在线网站刊登，而且在《葫芦岛日报》上全文刊载；“省通告”宣传覆盖面达到100%，张贴面达 100%。全市共发放通告 79 722 份，张贴 3 000 份，发放宣传单 15 万份，媒体宣传 62次，悬挂宣传条幅 899 幅，累计出动宣传车 312台（次）。

全面开展“讲学习 强技能 树形象”主题教育活动。举行教育活动启动仪式，并以此为主线，有序开展《辽宁省无规定疫病区管理办法》，新版检疫书证应用，动物卫生监督证、章管理暨无疫区评估认证现场评审准备工作，“瘦肉精”检测等培训活动，有效实施“迎全运、爱家乡、建辽宁”“瘦肉精”专项整治、检疫证明专项整治、外引动物专项整治、打击加工经营病死动物及产品专项整治工作，排查饲养场户 1 200 个（户），加强节日期间动物卫生监督管理，完善动物及动物产品全程监管追溯体系建设，强化行风建设，层层签订责任状 1 200 余份。

【畜产品质量安全监管工作再上新台阶】 开展饲料生产企业年度备案和饲料质量安全专项整治工作。根据省局下发的《关于开展 2011 年饲料生产企业年度备案工作的通知》的有关规定，经过对企业备案材料形式审核、现场审核、评审组复核等程序，本市已通过饲料生产企业审查合格证年度备案企业 35 家；饲料添加剂和添加剂预混合饲料生产许可证年度备案的企业 1 家；动物源性饲料生产企业安全卫生合格证的企业 9 家；同时开展违法添加使用“瘦肉精”、“三聚氰胺”、“问题乳粉”、“地沟油”专项整治活动，共出动执法人数 160 余人次，检查饲料生产企业 60余家，饲料生产经营企业 328 家，进行“三聚氰胺”抽样检测 100 批次，没有发现违法行为，对部分不规范企业责令限期整改。

开展“3·15”兽药打假活动。主要针对 2009 年，特别是 2010 年被农业部通报的非法企业及2011年农业部确定的重点监控企业前5家所有产品进行清缴，对违规经营企业进行查处。此次活动共清缴 34 个品种的假冒伪劣兽药共 3 000 盒（瓶），案值 3.5 万元。3 月 15 日，通过在集贸市场、商业闹区设立咨询点加强宣传，发放打假宣传资料 7 000 份，《兽药管理条例》、《中华人民共和国农产品质量安全法》等宣传资料 5 000份，并对全市清缴上来的假冒伪劣兽药当众进行销毁。

开展生鲜乳收购站专项整治活动。一是开展生鲜乳违禁物质问题专项治理行动。结合本市具体情况制定下发了《2011 年葫芦岛市生鲜乳违禁物质问题专项治理方案》，方案主要围绕生鲜乳生产、收购和运输三个关键环节，以强化管理，推动生鲜乳收购站标准化建设为目的，严厉打击在生鲜乳中添加违禁物质的各类违法行为。活动期间全市共出动执法人员 171 人次，检查生鲜乳收购站 58 次，发现问题及时处理解决。二是贯彻落实生鲜乳生产收购记录和进货查验制度。生鲜乳收购站全面建立完善收购、销售、留样、检测、消毒及不合格生鲜乳处理等 7 个记录及各种规章制度。同时加大监督执法力度，对从事违法生产、收购、贮存、运输生鲜乳等行为依照相关法规进行管理和处罚。

积极开展“迎全运、爱家乡、建辽宁”以“瘦肉精”专项整治为重点的畜产品安全主题教育实践活动。一是开展“瘦肉精”专项整治活动。认真贯彻落实《辽宁省人民政府关于严禁非法制售和使用“瘦肉精”等有害物质的通告》，积极开展辖区内“瘦肉精”专项整治活动。整治活动分别被《辽宁日报》和《葫芦岛日报》报道，整治活动取得很好效果。专项整治期间共计抽检双汇冷鲜肉 80 个批次，屠宰厂出境动物抽检 33 个批次，检测结果全部阴性。二是全面加强监测。省政府《通告》下发以来市药监所共进行畜产品安全检测 3 410 批次。其中兽药 185 批次，饲料 230 批次，生鲜乳 40 个批次，残留监测 2 955 批次（其中瘦肉精应急监测 96 批次、交叉监测 100 批次）。

开展节日期间畜产品安全专项整治活动。节日期间在全市范围内加大对畜产品抽检力度、频次，对养殖场、屠宰场、超市等重点环节开展集中监测，共计抽检畜产品样品500批次。同时开展畜产品质量安全工作专项检查，重点检查饲料生产企业蛋白原料、饲料添加剂使用情况，打击使用“三聚氰胺”“地沟油”等违禁添加物和非法添加物行为及销售假劣兽药、原料药、人用药等不法经营行为，规范奶畜养殖（小区）投入品使用及生鲜乳收购站收记录填写和制度落实。共计出动执法人员120余人次，检查饲料生产企业24家，限期整改企业2家，取缔无证生产饲料企业1家，对2家饲料生产企业进行立案处罚；检查兽药经营企业20家，进行整改企业2家；检查养殖场10个，生鲜乳收购站3家，屠宰厂2家，对不规范企业，进行了限期整改。

全力推进兽药经营企业GSP认证进程。以加强节日期间畜产品质量安全监督检查为契机，严把兽药、饲料、奶站等投入品安全关，全力推进兽药经营企业GSP认证进程。GSP验收小组对兴城、连山、建昌、南票4个县（市）区共计248家申请企业进行了材料审批及现场验收，有179家经营单位通过验收。

加快无公害畜产品产地认定和产品认证工作进程。此项工作作为绩效考核内容之一，我局制定出《2011年全市无公害畜产品认证数量各县区指标分配表》，并下发到各县（市）区，全市总计39家。其中：连山10家，兴城14家，建昌10家，南票3家，龙港2家，绥中25家。

畜产品质量安全网络监管平台建设稳步推进。此项工作为全省亮点工程。从年初开始，畜产品网络监管平台建设，经过方案制定、阶段考察、征求意见，经过反复修改，现在已经完成可研报告编制、立项等前期工作，并已制定网络监管平台建设推进时间表，建设工作按计划安排稳步推进，力争在2012年开始试运行。

【兽医医政工作不断加强】 加强体系基础设施建设工作。向省发改委和省畜牧兽医局申报2011年葫芦岛市动物防疫体系建设项目投资计划。根据省发改委与省畜牧兽医局共同制定的辽宁省2011年乡镇兽医站项目建设单位名单，本市6个县（市）区共有56个乡镇兽医站，全市兽医站建设总投资255万元。其中绥中县75万元，建昌县40万元、兴城市65万元、连山区40万元、南票区10万元、龙港区5万元。主要用于购置疫苗冷藏箱、运输冷藏箱、远红外线测温仪、显微镜、摄像机、冰箱、冰柜、消毒机、笔记本电脑设备。

积极开展动物诊疗机构清理整顿工作月活动。制定并下发动物诊疗机构清理整顿实施方案，同时深入各县（市）区进行明察暗访，摸清全市动物诊疗机构基本情况，并对各县（市）区已经办理诊疗许可证的和没有办理许可证但正在营业的诊疗单位进行登记备案。

（高　辉）

农　机

【概况】 2011年，农机工作以中央一号文件精神为指针，紧紧围绕社会主义新农村建设，全面贯彻落实省、市农村工作会议精神，大力推广农机新技术，逐步优化农机装备结构，不断完善农机服务体系，认真强化农机监管工作，努力提高农机化综合水平，农机事业取得长足发展。

【农机化综合水平创历史新高】 及早部署农机具检修工作，全年共检修拖拉机6 961台，检修机具7 859台（套）。及时召开春播种、秋整地动员现场会，推动农机生产全面展开。作业中期，组织现场拉练会，交流经验，寻找差距，解决问题，掀起农机生产新高潮。2011年，全市农机总动力达到138万千瓦，拖拉机拥有量达到21 500台，分别比上年增长2.2%和2.3%。耕播收综合机械化水平达到65%，比上年增加3个百分点。

【玉米生产机械化有新发展】 一是全面实施机械化保护性耕作技术。全市共建立重点保护性耕作试验区、示范区和推广区16个，其中试验区5个，示范区5个，推广区6个，分布在5个县（市）、区。2011年完成作业面积90平方千米。二是积极推广玉米精量播种技术。推广市农机总站自行研制的2BQF-2型气吸式精量播种机，2011年完成作业面积400平方千米。三是大力推广机械深松技术。机械深松技术是利用土壤深松机疏松土壤而不翻转搅乱土层的一种土壤耕作方式，2011

年完成 230 平方千米。四是努力抓好玉米全程机械化项目。加强玉米生产机械化示范基地建设，全面提高玉米生产机械化水平，2011 年完成 200 平方千米。

【农机购置补贴政策充分落实】 2011 年，葫芦岛市共落实国家、省农机具购置补贴资金 4 700 万元，比上年增加 900 万元；直接带动农民投入 10 967 万元，共购置拖拉机 1 265 台，农具 9 335 台（套）。

【经济作物机械化有新进展】 2011 年花生机械播种面积达到 170 平方千米。棚菜生产机械化程度进一步提高，全市共有园田管理机 120 台，参与菜整地小型拖拉机 150 多台。

【以科技项目为载体促进农机科技推广】 市农机管理总站组织实施的“玉米全程机械化技术集成与推广”项目获葫芦岛市科技进步一等奖。

【大力宣传贯彻《农业机械维修管理规定》】 一是开展农机打假保农耕专项治理工作。全市共出动检查人员 89 人次，车辆 28 台次，对 568 个农机维修点进行了重点检查。二是开展农机维修规范治理工作。共出动宣传车 45 辆次，发放宣传资料 10 000 余份。认真建立维修管理档案，完善审批手续，共核发农机维修《技术合格证》75 个，换发 25 个。

【农机服务体系逐步完善】 一是创建农机作业合作社。本着“民建、民管、民受益”的原则，连山区成立了东城、兴农农机作业合作社；兴城市成立了兴盛农机合作社；南票区成立了农机合作社；绥中县成立了农机协会。2011 年，全市新成立农机专业合作社 8 个。二是积极拓展县级农机技术中心（站）服务功能。三是大力发展农机科技示范户。全市农机大户 630 户，农机科技示范户发展到 92 户，其中拥有农机固定资产 20 万元的农机科技示范户 75 户，拥有农机固定资产 50 万元的农机科技示范户 9 户。

【农机监理依法行政】 一是认真开展安全检审验工作。机车检验率达 91%，驾驶员审验率达 94%，为本市农机安全生产打下了良好基础。二是认真开展农机安全宣传教育工作。共发放宣传单 3 万份，宣传覆盖面达 50 万人次，切实保证了本市农机安全生产。

（李 晖）

果树 蚕业 花卉 中药材产业

【概况】 2011 年市果蚕花药产业坚持以市场为纽带、以龙头企业和专业合作组织为主体、以标准园创建为抓手、以提质增效为目标，通过努力，全市果蚕花药各业生产实现了新的飞跃。水果总面积发展到 825 平方千米，比上年增长 3%。水果总产量实现 102 万吨，比 2010 年增加 11 万吨，增长 12%，其中苹果 42.47 万吨，增长 8%；梨 40.83 万吨，增长 14%；葡萄 7.04 万吨，增长 30%；其他 10.5 万吨。桑蚕制种 3 万张，鲜切花面积 800 平方千米，年鲜切花产量达 1 600 万支，中药材面积达 9 平方千米。果树设施栽培面积 260 平方千米，总产量 4 300 吨。

全市果蚕花药总产值实现 27.7 亿元，比上年的 24.6 亿元增加 3.1 亿元，增长 12.6%，其中：水果 25 亿元比上年的 22.1 亿元增加 2.9 亿元，增长 13%；桑蚕 0.01 亿元，与上年持平；花卉 1 亿元；中药材产值 1.2 亿元；设施果业 0.5 亿元。优质果率达到 70%，比上年增长 5 个百分点。农民果蚕业人均收入 1 430 元，果农人均收入 8 333 元。

【加快老残果园更新改造】 针对目前市梨果生产中存在诸如老品种多新品种少、晚熟品种多早熟品种少以及早熟品种成熟期过于集中等实际问题。经过慎重考证，从辽宁省果树科学研究所引进早熟梨新品种—早金酥优良苗木 1.3 万株，建成标准化示范园 0.15 平方千米，其中：连山区白马石乡唐家屯村 0.12 平方千米，兴城市沙后所镇西关村 0.01 平方千米，前所果树农场 0.01 平方千米。市果树专家服务团在免费为广大农民提供苗木的同时，还始终坚持跟踪技术服务，也正是由于建园起点高，采取标准化管理模式，果树苗木长势良好，据调查，1.3 万株新品种梨苗栽植成活达到 98%以上。今年全市老残果园更新改造 33 平方千米。通过新品种引进和对地方特色品种“绥中白梨”进行优中选优，本市果业地方特色品种及优新品种比例为 75%左右。

【继续实施果园“革新改造技术”升级拓展工程】 在规模扩大的同时，加强了对项目的指导工作，让果农学懂、弄通、会应用关键技术（树体改造、角额壁蜂授粉、精量定果、节水灌溉、果盘覆膜、果实增色等），实现辐射整个苹果优势区域，并扩大到梨、葡萄等其他树种。通过升级拓展工程的开展，本市涌现了一批像兴城市沙后所镇赵光壁、连山区杨郊乡西老爷庙苹果园等高标准果园，取得“远看有规模，近看有精品”的良好效果。

【开展水果标准园创建活动】 按照标准园创建在“优势区域布局，集中连片选建”的要求，全市创建了 14 个典型标准园，共落实面积 30 平方千米。其中国家级标准园 3 个、省级标准果园 3 个。2011 年绥中县和建昌县的 3 个国家级标准园创建通过国家验收。全市 14 个标准园预计可实现产值 9 000 万元，增收节支 3 500 万元，效益增幅为 25%。建昌县和尚房子乡开展标准果园创建以来，共投资 50 多万元，加宽作业路长 2 千米，打井 3 眼，维修一眼，铺设管路 2 300 米，修蓄水池两个，彻底解决整个标准园缺水的问题。架设高压线 230 米，新购置柴油机 40 台，整个标准园动力机械已达到每公顷一台，完全满足了供水需要。全市标准园共兴修道路 11 千米，打井 13 眼，新建蓄水池 500 立方米，还购置了机动喷雾器、杀虫灯、各型水利配套设备。标准园创建带动全市果园水利配套设施建设，建设了一批滴灌、微喷等节水灌溉系统。

【中草药产业】 2011 年本市中药材发展速度加快，品种较多，截至 2011 年 6 月统计全市新植中药材面积 3.95 平方千米。其中苦参 3 平方千米、五味子 0.2 平方千米、韩国大枸杞 0.13 平方千米、知母 0.07 平方千米、桔梗 0.2 平方千米、防风 0.13 平方千米、黄芪 0.2 平方千米、其他 0.07 平方千米。比 2010 年增加 73%，全市中药材面积达 9.3 平方千米，预计实现产值 1.2 亿元。产值 300 万元以上 2 户、100 万元以上 2 户、50 万元以上 3 户。

【果树设施栽培】 全市果树设施栽培面积发展到 2.67 平方千米。其中：桃设施栽培面积 0.8 平方千米、葡萄设施栽培面积 1.07 平方千米、草莓设施栽培面积 0.13 平方千米、其它施栽培面积 0.67 平方千米。总产量 4 300 吨，产值 5 000 万元。

【花卉产业】 全市鲜切花生产面积达 0.8 平方千米，新增 0.2 平方千米。年鲜切花产量达 1 600 万支，产值达 1.2 亿元。

【努力提高果农科技素质】 2 月 24 日，市果蚕专家服务团在兴城市元台子满族乡姜女村茂源果树专业合作社，开展了标准果园创建技术培训活动。此次活动特别从前所果树农场、大台山果树农场聘请了 24 名剪枝能手，以技术援助的方式现场进行果树修剪示范。针对当地果园存在的树林郁闭、果园管理手段落后、果品质量低下等实际问题，重点开展了以“开心透光、通风控害、节水培肥，提质增效”为目标的果园“革新改造”等提质增效技术培训和指导。通过与剪枝能手一起修剪，果农掌握了果园标准化管理修剪技术，提高了实际操作技能。通过培训，当地果树技术人员和果农大户在业务能力和管理水平上得到了较大幅度的提升。

2011 年 8 月 17～18 日市果蚕站组织连山区、建昌县、兴城市、南票区、前所果树农场、大台山果树农场、韩家沟果树农场等单位技术人员及果业合作社及果农等 80 余人，在省果树研究所及试验基地就果树新品种及配套栽培技术情况进行考察学习。省果树所梨栽培室李俊才主任接待大家，并在省果树所试验区向大家重点介绍了新育成的梨品种“早金酥”，向大家介绍了该品种的特性及栽培技术。通过考察和专家的讲解，不仅对新品种有了进一步的了解，而且掌握了新品种的配套栽培技术，对本市果树新品种的引进和栽培一定会起到很好的促进作用。

通过“走出去、请进来”，不断地更新观念，随时增添新的知识；采取集中培训、现场指导、聘请专家讲课、发放技术资料（手册）、光盘等方式，做到培训到户，指导到园，落实到树，科学的技术真正走进了千家万户，起到了提高果农科技素质的作用。初步统计全年举办各级各类培训班100多次，直接受训人数3万多，发放技术培训资料5万份。

【推进果业标准化】 在技术推广中培育典型，对一些好的经验和做法进行总结，通过召开现场会、印发宣传材料等形式，及时得到普及和推广。7月12日，市果蚕管理总站组织各县（市）区果农大户及果业合作社，在兴城市沙后所镇西关村召开葫芦岛市标准化果园建设及管理现场会。大家实地考察了高标准果园的现场，并听取了园主赵光壁的果园管理经验介绍，大家感受很深。会后有不少果业合作社自发组织社员到赵光壁果园参观学习。通过标准果园的示范展示示范带动作用，果农学懂弄通了如何进行标准化生产。标准果园创建活动大大提高了各级领导与科技人员的认识，同时充分调动果农积极性，让从业人员树立了统一管理、集中经营、利益共享、风险均担的现代果业经营理念。

【提高果业产业化水平】 果业主管部门充分发挥农民专业合作组织在新品种引进、新技术应用、产业结构调整等方面的载体和示范作用，形成了全方位支持农民专业合作组织发展的良好环境和合力。积极鼓励和支持各类专业合作组织参与标准园创建。支持水果深加工、储藏保鲜龙头企业扩大生产规模。到2011年底，全市组建果蚕业专业合作组织120多个，为农民提供产前物资供应、产中技术服务和产后统一营销。龙头企业和专业合作组织在引导果农进入市场、发展果业产业化经营、提高果品竞争力、促进果农增收、建设现代果业等方面发挥了积极作用。

（李宝昱）

水 利

【概况】 在市委、市政府的正确领导下，在省水利厅和市直部门的大力支持下，局党委认真贯彻党的十七大和十七届四中、五中、六中全会精神，深入学习实践科学发展观，抢抓机遇，以项目为支撑，以民生水利为己任，以落实中央、省一号文件精神为主线，一心一意谋水利新发展。一年来共争取省以上水利建设资金超5.9亿元（青山水库工程3.5亿元），比上一年增加28%，预计列全省前五名。为各项水利工程建设提供了资金保障，较好地完成了全年各项工作任务。

【青山水库工程推进有力】 为实现工程主体、移民动迁“双过半”的目标，市水利局、青山水库建管局凝神聚力，加班加点，倒排工期，科学施工，全力推进青山水库工程建设。水库枢纽工程完成全部工程量的55%，输水工程完成45%，移民动迁有序开展。完成工程、移民资金6.5亿元。预计年底将完成全年计划工程量的112%。

【农田基本建设】 农建工作以推进社会主义新农村建设为目标，以改善农村生产生活条件为重点，不断增加投入，农田基本建设又创佳绩。全市共投入人工1 085万工日，完成土石方5 175万立方米。全市已完成重点骨干工程350项，比上年增加了12%。新建水源工程1 500项，新增灌溉面积60平方千米，新增节水灌溉面积117.8平方千米，新修加固堤防157.1千米，完成河道生态工程建设3.09平方千米。

省农建办领导对全市的农建工作进行了检查指导，对本市的农建工作质量、进度给予肯定。

【防汛防台抗旱】 在汛期，本市共遭受3次强降雨袭击，1次强台风“梅花”的影响。在市委、市政府的正确领导下，在省防抗指的关心指导下，市防抗指精心指挥，科学调度，市水利局举全局之力，防抗指成员单位密切配合，党政军民团结奋战，战胜了强降雨的袭击，夺得了防御强台风“梅花”的全面胜利，实现了不伤亡一人的目标，得到了市委市政府主要领导及省防指充分肯定。

汛期平均降水量427毫米，比多年同期平均值（317.6毫米）多33.2%。为了抓好2011年的防汛工作，提前召开防汛工作会议，及时调整了防汛抗旱指挥部机构的成员，落实工作责任。同时，按照国家防抗总的要求，针对本市洪涝灾害具有突发性强、洪水形成快的特点，编制完善了《城市防洪应急预案》、《全市防汛预案》、《突发地质灾害预案》等六部应急预案。储备了价值300万元的救生衣、卫星电话、冲锋舟等防汛器材。此外，市水利局加强值班、值宿工作，24小时不断线，及时掌握各地区的雨情、水情和灾情，及时做好上报工作。

按照上级领导对防御“梅花”工作部署，做好了充足的准备，做到了“八到位”。一是责任落实到位。将防御责任分解落实到每个工程、每个人头。二是预案落实到位。进一步落实防御台风、城区防汛、水库洪水调度、山洪灾害防御等预案，做到了超前预测，事先谋划。三是宣传教育到位。通过电视、广播、报纸、手机短信等形式，对强台风发展趋势、危害、防御知识进行广泛宣传。四是重点工程和重点部位盯防到位。全市75座水库、12座小型病险库、42座尾矿库专人负责，专人盯防；在建的青山水库施工人员全部撤离，施工机械搬离现场。五是防汛物资和抢险队伍落实到位。全市准备了100台抢险车辆、32艘冲锋舟，储备了价值600万元的抢险物资、5 000人抢险队伍，夯实了防御工作物资和人员保障基础。六是防洪工程到位。2011年汛前，完成新修加固堤防88.3千米，维修加固护岸14.31千米，清淤河道11.5千米，平整河道沙坑34处，清理阻水土石方2.7万立方米，清除垃圾点23处，阻水林木0.02平方千米。同时对河道入海口阻水障碍物进行了整治。七是转移人员到位。台风期间，6个县市区共转移人口14 290人，涉及198处、62个乡镇、街道。八是抢险演练到位。市防抗指组织市水利局、国土资源局、安监局等10多个部门进行了抢险、救灾的实战演练，提升了组织指挥、通信保障、部门协调、快速反应能力，为抗大险、防大洪做了全方位准备。

在防御“梅花”期间，省市领导高度重视。王珉书记、陈政高省长、赵化明副省长等分别作出重要批示和指示。8月6日，陈政高省长亲临本市听取汇报，指导防御工作。8月7日，副省长邴志刚带领督察组坐镇本市，并深入一线检查指导防御准备工作。市委书记孙兆林2次做出防台风批示。代市长都本伟4天召开5次防台领导小组和防汛抗旱指挥部成员单位会议，传达上级有关要求，安排部署全市防台风工作。副市长张海平4天一直坚守在市防汛办，11次听取气象、水文部门对“梅花”发展趋势的研判和全市雨情水情状况。市委市政成立7名市委常委、7名副市长为组长的防台、防汛督导组，加强对6个县（市）区、城区防御工作的检查指导。市水利局领导班子带领全局党员干部始终坚守一线，使市防办各项工作有序、高效运转。

在抗旱工作中，狠抓抗旱预案、设备、人员的落实。2011年，由于降水充沛，我们重点加强抗旱预案的编制和抗旱的基础工作建设，加大抗旱物资储备工作力度，争取了35万元抗旱资金，购买抗旱机动设备100台套，为明年春耕生产打下良好的基础。

【高质量完成“大禹杯”】 本市已连续十四年荣获省政府农建“大禹杯”。2011年，为实现“大禹杯”十五连冠，市水利局完成纳入“大禹杯”考核的四项工作，为了再一次夺杯夯实基础。

一是饮水安全工作。全年完成饮水安全工程243处（不含绥中县），工程总投资5 200万元，解决9.93万人饮水安全问题。完成16个项目区339项小农水工程，总投资4 900万元，效益面积37平方千米，其中节水面积30.33平方千米。

此外，按照省政府发展千万亩滴灌水源工程建设的要求，完成了全部水源工程建设，其中维修改造原有工程452处（眼），控制灌溉面积37.4平方千米，新打井174眼，新建拦河截潜3座、方塘57座，控制面积52.6平方千米，完成投资4 100万元。

二是水库除险加固工作成绩。全年共完成8座病险水库除险加固竣工验收工作，其中完成3座（乌金塘水库、虹螺山水库、碱厂水库）大中型水库，5座（建昌县仓上水库、谷杖子水库、孤山子水库、兴城市四家屯水库、连山区拉拉屯水库）小型病险水库，总投资0.5亿元，确保水库2012年汛期实现正常运行。完成6项水毁工程和4座小二型水库病险水库、1座病险水闸鉴定工作。

三是水土流失治理工作。全年共完成了水土流失治理面积163.33平方千米，圆满完成五项水土保持治理工程，即省级7条小流域水土流失综合治理工程、国家第二批中央预算内水土保持综合治理工程、国家重点水土流失综合治理大凌河项目区、农业综合开发水土流失治理项目、国家易灾地区水土流失综合治理项目，有效改善了本市生态环境。争取到《国家农业综合开发东北黑土区水土流失重点治理工程松辽流域辽宁省兴城市三道沟项目》，为本市水土保持工作起到了推动作用。同时，开展了水土保持执法活动，对5家无水土保持方案的企业，下达了整改方案，开展了《水土保持法》的宣传等活动，解答群众疑问百余人次，发放宣传资料3 000多份。

2011年，水土保持治理工程呈现出3个之最，即争取省以上资金最多，到位1 336.5万元，是“十一五”5年的总和，是2010年的6倍；水土治理规模最大，效益最好；项目管理最规范。省水利厅领导对本市水土保持工作给予了高度评价。

四是水利普查工作。今年是水利普查的攻坚年，按照省水利厅的工作要求，要完成所有普查数据的上报工作。为了按时完成任务，市水利局成立了专门机构，抽调17名业务骨干，专人专职负责水利普查工作。同时培训普查指导员435名，培训普查员1 326名，印制宣传画5 000张和标语口号5 000张，群发水利普查宣传短信20万条。通过普查工作人员的共同努力，本市已完成水利普查清查登记阶段工作任务，通过了省水利厅普查督导组的验收，并获得好评。预计本市水利普查工作可进入全省前三名。

【水库移民工作见成效】　水库移民问题涉及面广，政策性强，稍有不慎就会引发移民情绪的波动，影响到社会的稳定。我局在落实移民政策过程中，采取统筹兼顾，任务分解，实行一级抓一级，层层落实责任的方法。各有关部门按照职责分工，各负其责，密切配合，加快了水库移民工作步伐。一年来，完成了2010年度第四季度和2011年第一季度移民直补资金发放工作，发放直补资金693.3万元。完成移民600元外项目12项，总投资419万元，完成600元内统筹项目9项，总投资140万元。完成了《全市2011～2015年600元外规划》编制工作。接待并处理移民上访350人次，做好了全市移民的稳定工作，得到上级部门的表扬。通过对水库移民的项目扶持，改善了移民生活环境，提高了生活水平。

【水利管理工作不断加强】　一是进一步加大了执法力度。全市共查处水事案件7起，查封深井5眼，挽回经济损失百余万元，加大了涉水法规的宣传力度，利用“世界水日”和“节水宣传周”发放节水材料1 500余份，宣传画50余张，营造了惜水、爱水、节水的社会氛围，有力维护了本市正常水事活动的开展。

二是进一步强化了水资源管理。严格实行计划用水制度和取水收费制度，共下达了计划用水指标5 600万立方米，其中工业为3 700万立方米，生活为1 900万立方米。完成收取地下水资源费360万元，比上一年增加80%。在《葫芦岛日报》刊发了2010年度《葫芦岛市水资源公报》，让广大群众了解全市水情；编制了《城市抗旱预案》，起草了《葫芦岛市封闭地下水取水工程实施方案》，对全市水资源进行了优化配置。按照中央省一号文件精神，着手编制《葫芦岛市实行最严格水资源管理制度实施方案》、《葫芦岛市用水效率控制红线实施方案》、《葫芦岛市水功能区限制纳污控制红线实施方案》、《葫芦岛市水资源开发利用控制红线实施方案》，不断加大全市水资源科学化管理力度。

三是进一步加强了河道治理工作。2011年，全市新修加固堤防92.3千米，维修加固护岸14.31千米，清淤河道15.5千米，河道疏浚6.3千米，平整沙场16处，取缔非法采沙场18处，清除垃圾5处，完成方量140.88万立方米，总投资4 384万元。完成河道生态建设2.01平方千米，种植乔木53万株、灌木40万株，种草0.42平方千米。收取河道采砂权出让金369.8万元，收取占河费16.7万元。完成建昌县大凌河干流段退耕还河1.06平方千米，栽种生态林0.28平方千米。

四是进一步加强了质量监督和安全生产工作。一年来，市水利局克服全市水利工程项目点多、线长、面广的困难，积极组织工程技术人员进驻现场，对在建的20余个水利工程的质量和施工安全进行了70余次检查，对个别重点工程，在现场设置监督检查站，随时进行指导检查。同时，建立各项规章制度，紧抓责任落实，积极消除安全质量隐患，在大家的共同努力下，全年没有发生过一起安全质量责任事故。

五是进一步加强了乌金塘水库的管理。在保稳定、保增长的基础上，不断深化水管体制改革，加大解决历史遗留问题力度，转变水库水面和沙场的管理模式，盘活资产，破除阻碍水库发展的关键环节。进行干部制度改革，形成“能者上、庸者下”的氛围，为水库干部的任用注入活力，全年供水近3 000余万立方米，为保障全市生产、生活作出了贡献。

（吴志策）

海洋与渔业

【概况】 2011年，市海洋与渔业工作在市委、市政府的正确领导下，在省海洋与渔业厅及有关部门的大力支持下，以科学发展观为指导，牢固树立科学发展理念，紧紧抓住海洋经济和现代渔业两大发展主题，贯彻落实市委、市政府及全省海洋与渔业工作的部署和要求，全面加强海洋综合管理，优化调整渔业产业结构，加强海洋资源环境保护，强化海洋与渔业执法监察，高效履行部门职能，各项工作进展顺利，实现了全市海洋与渔业事业平稳健康发展。2011年全市海洋经济总产值实现360亿元，同比增长18%；海洋经济增加值实现180亿元，同比增长11.7%；渔业经济总产值实现48.3亿元，同比增长10%；渔业经济增加值实现28.3亿元，同比增长9%；水产品总产量43.1万吨，同比增长10%；水产品加工出口创汇1 800万美元，同比增长20%。

【服务大局贡献突出】 坚持把服务沿海经济带建设作为首要任务，履职尽责，优化服务，完成区划修编，深入园区调研，化解用海矛盾，提高办事效率，跑省进京，千方百计争取上级主管部门支持，按时优质完成了海域使用受理、审查、审核和上报工作，审查上报用海事项16个，打渔山园区、葫芦岛港集团有限公司、绥中煤炭码头有限公司申报的5个填海项目通过省厅审查，2个项目获省政府审批，填海造地0.48平方千米。审核用海事项11个，总面积达2.32平方千米，保障了重点项目用海的需求。完成了全市有名岛、无名岛、低潮高地共42个海岛地理实体前期调查工作，建立了数据库。菊花岛整治修复与保护项目获得国家海洋局批准，争取资金2 904万元。《葫芦岛市海域海岛海岸带整治修复保护规划》编制完成。

【结构调整步伐加快】 大力发展以鲆鲽类、海参、扇贝、虹鳟鱼为主的精品养殖，底播、池塘养殖海参33.33平方千米，工厂化养殖面积130万平方米，大菱鲆养殖占全省95%以上，年产值10亿元。有4家农业部水产健康养殖示范场入选“菜篮子”工程，获得资金100万元。强力推进现代海洋牧场建设，投入资金265万元，增殖放流中国对虾1亿尾、日本对虾2.5亿尾、三疣梭子蟹416.22万只，沿海渔民普遍受益，增加收入8 000万元，在宫山嘴水库增殖放流鲢鱼、鳙鱼36万尾。

【海洋生态环境保护工作卓有成效】 坚持开发与保护并重的原则，严格海洋项目环境评价制度，注重海洋生态修复，加强渔业水域环境保护。组织实施了陆源入海排污口、赤潮、海水入侵和盐渍化等9项监测，开展了蓬莱19-3油田、绥中36-1油田突发溢油事件监测监控，取得监测数据9 456个，照片881张，提交监测报告19份。积极应对以觉华岛为重点的海冰灾害，发布海冰监测报告72期，首次在《葫芦岛日报》和葫芦岛电视台开辟专栏每天向社会发布，为市委、市政府防灾减灾提供了决策依据，为渔民安排生产生活提供了直接服务。编制发布《2010年葫芦岛市海洋环境质量公报》。省政府对本市海洋环境保护专项绩效考评获得99分，列全省沿海地级市第一名。

【全力打造平安渔业】 深入开展了“安全生产年”、“渔港执法年”等专项整治活动，渔业安全生产监管常抓不懈，隐患排查治理不留死角，编队生产等安全措施有效落实。发送大风、海浪警报、大雾预警等生产安全信息6万多条。登船安全检查2 500艘次，检验渔船2 702艘，培训职务船员和普通船员 2 018 名。在 5 座渔港安装了安全监控设施。成立渔业安全组织 36 个，组织 1 712 艘渔船成立 9 个生产编队大队，221 个小队。组织救助行动 8 起，救助渔船 8 艘，救助渔民 48 人，挽回直接经济损失 400 多万元。渔业生产安全事故、死亡失踪人数、受伤人数、直接经济损失分别比上年下降 55.5%、81.8%、100%和 83.5%。

【水产品质量安全监管不断加强】 深入开展执法整治活动，依法管理水产苗种生产，苗种许可证办证率、苗种检疫率均达 100%。抽检水产品合格率达 99.5%，高于全国平均水平 4 个百分点。“兴城多宝鱼”地理商标认证工作取得重大进展，国家工商总局已正式公告。7 家养殖企业被农业部批准为水产健康养殖示范场。新增省级虹鳟鱼良种场 1 个，新批准无公害认证企业 12 家。全市无公害水产品产地认定企业 57 家，无公害产品产地认证 71 个。水产品质量安全实现“零事故”。省政府对本市水产品质量安全专项绩效考评获得满分 5 分，成绩在全省名列第一。

【执法水平明显提高】 海监执法部门加大监视监察和巡航工作力度，开展了“海盾 2011”、“碧海 2011”、海岛专项行动 12 次，查处违法用海案件 6 起。渔政部门开展了“护渔 2011”、整治非法造船、制止非法越界捕捞、春季联合执法等执法行动。出动执法船 980 航次，登船检查 3 200 艘次，圆满完成伏季休渔任务，海蜇资源保护工作实现第 9 年按期开捕目标。加强涉外渔业管理，组织辖区内所有渔船签订不非法越界捕捞包保责任书，明确任务，责任到人，劝阻渔船回港 159 艘次。海监渔政执法有力维护了海域使用和渔业生产秩序。各级海洋与渔业部门对涉海涉渔信访事件高度重视，认真研究，通力合作，积极稳妥地处置了塔山、笊篱头子、稻池、白马石等群众信访问题。

【科技支撑作用显著增强】 科研推广部门开展了《池塘养殖海参的底质改良与推广》等 7 个项目的研究与开发，有 2 个项目分别获得市科技进步一等奖、三等奖，有 4 个项目分别在省厅、市科技局立项。注重科技成果转化，新品种新技术得到推广普及。星突江鲽淡化试验成活率达到 93%以上。斑节对虾不同模式养殖和咸水养殖三倍体虹鳟鱼项目获得成功。积极为渔民养殖户提供高效优质服务，新增病害测报品种 5 个，新增病害基层测报点 4 个，未发生大的疫情。渔业专家深入生产一线，提供技术服务 142 次，无偿组织讲座 9 次，并在电视、广播、报纸专栏介绍渔业养殖新技术，受到渔民的热烈欢迎。

【年度工作再创佳绩】 被省海洋与渔业厅评为“2011 年全省海洋与渔业系统目标考核一等奖单位”、“2011 年全省海洋与渔业安全工作优秀单位”。2011 年，兴城市被评为“全国平安渔业示范县”；市渔政处、市渔监处继续保持“全国渔业文明执法窗口单位”荣誉称号。全市海洋与渔业安全生产工作受到市政府表彰，被评为 2011 年度安全生产工作目标管理先进单位。市渔政处被评为葫芦岛市思想政治工作先进单位，推广站被评为市科技特派团先进集体。2 个科研项目分别获得市科技进步一等奖、三等奖。

（张雪飞）

林　业

【概况】 2011 年，在市委、市政府的正确领导下，在省厅的大力支持下，推进林业改革，毫不动摇地加快林业发展，大力实施辽西绿色生态长廊工程，全面做好各项重点工作，推动全市林业建设实现了新的发展与进步，为“十二五”乃至长远发展奠定了良好基础。

【辽西绿色生态长廊工程建设不断深入】 在 2010 年获得“全省造林绿化先进市”称号的基础上，本市立足新起点，对造林绿化工作更加重视，要求更严、抓得更紧、投入更大，造林绿化的质量、档次更高，成效更加明显。全市以辽西绿色生态长廊工程建设为平台，以国家三北防护林、沿海防护林和退耕还林等重点工程为依托，围绕主要交通干线两侧及可视荒山绿化，主要河流两侧及可视荒山绿化，城区和乡镇周边山体绿化，园区和开发区绿化，村屯和农村校园绿化，兴城觉华岛绿化和“小开荒”造林等重点项目展开造林绿化工作。同时，彻底改变了过去以雨、秋季造林为主的传统观念和做法，春季造林声势大、效果好，造林面积接近2010年的4倍，显著提升了造林绿化工作进度。全市全年累计完成造林面积458平方千米，完成计划的118.5%，其中：人工造林342.67平方千米，完成计划的117.6%；封山育林81.33平方千米，完成计划的132.6%；飞播造林34平方千米，完成计划的100%。启动绿化村屯771个，植树122万株。全民义务植树523.3万株。辽西绿色生态长廊工程建设不断深入，城乡人居质量有效提升。

【集体林权配套改革稳步推进】 在完成明晰产权的基础上，扎实开展了集体林权制度改革“回头看”活动，进一步规范了林改程序、集体林地（林木）承包合同及林改档案，加快推进了林权证发放速度，全市完成林改面积3 896.07平方千米，已发放林权证15.43万册，发证面积3 861.4平方千米，发证率达99%，超省厅要求2个百分点。同时，稳步推进了集体林权配套改革工作。一是综合服务能力不断增强，新建林业综合服务管理中心和办公室各1个。二是专业合作进程不断加速，新建林业合作经济组织7个，新成立专业协会2个。三是林业融资体系不断完善，发放林权抵押贷款6 710万元；政策性森林保险试点正式启动，310.87平方千米森林投保。四是林权纠纷得到有效调处，全市已有林地承包仲裁委员会6个，各县（市）区都建立了林权纠纷调处联席会议制度，共调处纠纷117起。全市集体林权制度各项配套改革积极、有序地全面铺开，逐步提高了广大林农依托林业增收致富的能力。

【林业产业加速发展】 继续坚持“生态建设产业化、产业建设生态化”的方针，积极争取资金上项目，努力培育产业发展典型，加快推进产业发展步伐。全市新增经济林24.47平方千米，超计划115.9%，其中：核桃14.73平方千米，榛子4平方千米，大枣3平方千米，仁用杏2.67平方千米；新增各种野生动物养殖场367处，新增存栏量40万头；新增木材加工企业31家；“葫芦岛大红枣”成功注册国家地理标志证明商标，其产地连山区虹螺岘镇被评为“辽宁特产之乡”；建昌县的白狼山牌薄皮核桃被确认为葫芦岛名牌产品；投资10亿元，占地0.33平方千米，年加工30万吨原果的汇源果汁深加工项目落户建昌县；投资7 000万元，占地0.013平方千米，日产50吨的辽西最大干果类食品加工企业（葫芦岛市开心食品有限公司）落户连山区寺儿堡。全市林地经济建设“一县一业”产业格局初步实现。绥中、建昌的良种核桃初具规模，累计达到47.33平方千米，产量达到300余吨，产值2 100余万元；南票的大枣产业已经成为当地农民收入的主要来源，在上年枣树花期低温多雨的情况下，南票大枣的产值仍然达到3 000万元；兴城和连山把发展平欧杂交榛子作为当地的林业产业重点项目，加快示范基地建设，栽培面积超过13平方千米。通过项目牵引和典型带动，有效推动了林业产业的加速发展，全市实现林业总产值34.11亿元，同比增长20.4%，有力地带动了山区农民增收致富，促进了农村经济结构调整。

【资源管护工作全面加强】 成功启动了青山工程，以政府名义出台了《关于青山保护工程的实施方案》和《青山保护工程考评奖惩办法》（葫政办发〔2011〕61号），为青山工程的全面实施奠定了良好基础。完成了“十二五”期间森林采伐限额编制工作，并严格执行森林采伐限额制度，全市共消耗采伐限额5.1万立方米，综合执行率为42.78%，森林资源消耗得到有效控制。以政府名义出台了《关于做好全市林地保护利用规划编制工作的通知》（葫政办传〔2011〕20号），成立了以政府主要领导任组长，相关部门领导任成员的领导小组，初步完成了林地保护利用规划编制工作。林地保护管理进一步加强，扎实开展了违法使用林地专项治理行动，共查处案件40起，涉及林地面积7.5万平方米，违法使用林地行为得到有效遏制。公益林管理进一步规范，完成了全市0.149平方千米，1 713.6万元公益林管护资金的下摆工作，续聘和新聘护林员1296名，监管员236名。森林防火工作力度不断加大，全市共发生森林火灾8起（其中一般火灾5起，荒火3起），受害森林面积0.0262平方千米，森林火灾受害率为0.08‰，火灾发生次数和受害森林面积均大幅度下降，全市没有发生重、特大森林火灾和人身伤亡事故。积极开展了“严厉打击破坏森林和野生动物资源违法犯罪专项整治”、“查处野外违规违法用火专项整治”和“封山禁牧”等专项行动，共受理各类林业案件1 012起，查处1 012起，案件综合查处率为100%，通过连续不间断地严厉打击各类涉林犯罪，有力促进了全市林区社会治安大局的持续平稳。全市范围的封山禁牧工作全面启动，设置封禁围栏、标志等基础工作稳步推进。全面实施重点林木有害生物治理工程，防治各种林木有害生物512平方千米，防治率达100%，生物防治率42.49%，无公害防治率93.83%，成灾率为0；监测覆盖率达到100%，测报准确率达到95%；检疫造林绿化苗木0.21平方千米，1 806万株，种苗检疫率达99.9%。积极开展野生动植物保护工作，建昌白狼山自然保护区成功晋升为国家级自然保护区，虹螺山自然保护区晋升国家级初评已获国家林业局批准。通过上述大量工作，有效保障了全市森林资源的基本安全和资源总量稳步增长。

【林业支撑和保障功能发挥充分】　注重推动基层林业站建设，积极举办基层林业站长培训班，提高基层林业站的业务和管理水平。深入开展“百乡千村林农科技致富行动”、“林业专家进村入户”、“办科普大集”和“科普之冬”等惠农活动。重点推广林业实用技术3项，建立各类示范基地6个，科技示范村10个，扶持科技示范户260个。强化了“林以种为本、种以质为先”的理念，全市共收调林木种子4.78万公斤；完成林木育苗7.67平方千米，超计划31%；总产苗木1.1亿株，其中容器育苗3 150万株，良种育苗1亿株，可用于造林的成苗1亿株，满足了全市造林所需。林业支撑和保障功能得到充分发挥。

（宋占东）

沿海经济带（园区选介）

葫芦岛经济开发区

【概况】 2011年，开发区进一步夯实基础、突破重点，实现发展新跨越。在市委、市政府的正确领导下，在龙港区和市直部门的鼎力支持下，开发区领导班子带领全体干部职工再接再厉、再鼓干劲，取得了基础设施建设、招商引资和其他各项工作的全面进步和超常发展，初步构建起开发区崭新的发展形象。

【基础设施建设】 1.工程建设方面：开发区本年度计划实施工程共9大项27个单项(含去年结转工程10项)，计划总投资5.17（含动迁补偿）亿元,年底前综合产业园10.5平方千米范围内全部实现“七通一平”。1～7月份，在市住建委、规划局、发改委的支持下，开发区共委托实施商务区、园区东扩、滨海公路选线、220kV高压线路改线等设计4大项，完成道路、综合服务楼及绿化施工图设计23项；完成4个道路标段、4个绿化标段及二个土方工程标段的公开招投标工作。全长14.1千米的黄山路续建、汉江路、黄河路续建、嵩山路等7条园区道路工程于4月初全面启动，累计实现投资3 433万元，5 000米滨海公路工程完成征地放线，即将进行施工招标信息发布。供电工程10kV公网线路工程正式启动，临时电工程竣工并形成区域性覆盖，共实现投资1 933万元。220kV线路改线工程完成设计变更，现已开工，计划8月上旬竣工。回填土石方350万立方米，实现投资5 443万元。排洪渠续建工程、绿化工程及港口联检办公楼、边检中队训练营房分别完成投资160万元、584万元和239万元。葫芦岛港新进两台25吨（35米）门机完成安装，完成后方陆域回填200万立方米并铺设道路 2 300米，码头控制楼开挖机槽，主电缆沟及污水管线分别铺设450米、1 000米，形成连锁块7万平方米，港口总体实现投资7 575万元。综上，1～7月份，开发区基础设施建设累计实现投资 47 462万元。

2.工程管理方面：按照工程建设规范年的总体要求，在市建委、市财政局、审计局和环保、安监、质检、人防等部门的支持下，开发区实现了基础设施建设管理上的新突破。一是在建章立制上下工夫。制定出台了《北港工业区建设工程管理实施细则》,进一步理顺和规范了施工建设的各项程序，明确了规划建设、工程监管、材料采购、工程监理等部门和单位的责任分工，提高了工作效率，形成工作合力。二是在工程决算审计上下工夫。严格遵守国有投资项目审计制度，主动要求市审计部门、财政部门进驻，前期经开发区工程监管办决算的总造价约2.85亿元的工程全部正式移交审计，架起工程建设与工程审计的桥梁。三是在招投标工作上下工夫。在去年采取商务标、技术标兼顾的招标办法的基础上，针对招标工作中反映出的一些细微问题，我们又研究制定了新的评标办法，通过随机抽取折减系数（0.81～1.5次抽取均值），确定一次折减低位中标价，通过加权平均投标价（乘以0.95系数），确定二次低位中标价，两个价格平均后，最接近的投标价格为最终中标价格，这样就从根本上杜绝了围串标和人为控制投标的现象发生。四是在质量和安全上下工夫。明确了开发区建设工程“安全高于一切，质量重于泰山”的基本原则，进一步强化了质量和安全管理。为加强工程质量监管，我们通过公开招标的形式优选了相对固定的高资质的监理单位作为开发区合作伙伴，建立长期的合作关系，这种模式增强了监理单位责任意识，又降低了监理总体费用。同时，还采取工程质量验收期间建设队伍不得二次参与开发区工程、材料质量服从工程需要等有效措施，凸现质量主题。此外，开发区高度重视施工安全工作，组建了安全生产办公室专门负责督促、检查企业安全生产工作落实情况，建立起与市建委安监站的密切联系，切实提供安全工作指导，严格规范企业行为，严肃查处企业恶意违规行为。

【开创招商引资的崭新局面】 随着发展环境的不断优化，开发区迎来了招商引资和项目建设的新高潮。前7个月，开发区新增项目总数24个，总投资114.8亿元。至此，开发区招商引资项目总数已达到60个，计划总投资240.77亿元。其中，建成项目6个，实现投资6.6亿元；在建项目19个，总投资25.3亿元；拟开工项目19个，总投资23.5亿元；重点跟踪在谈项目17个，总投资135.45亿元。在已经落实的43个项目中，投资5 000万元以上项目22个，投资亿元及以上项目11个。

创新的招商思路在实践中得到检验。一是全面推行代理招商策略，依托当地或驻地的资源与人力优势，先后在宁波、沈阳、上海等三地设立了三个开发区驻外办事处，形成了定点招商的新格局，既提高了招商效率，也解决了开发区招商人员不足问题，一定程度上还降低了招商经费支出。目前，开发区驻宁波办事处开始正常运作，成功组织举办了“葫芦岛经济开发区（宁波）投资环境说明会”，向60余家浙江地区商会和规模较大的企业集团推介开发区，效果良好。下一步我们还将在黑龙江、吉林等地设立招商机构，重点为有出海口需求的企业提供招商服务。二是丰富概念招商策略。在轻工产业园之后，我们又先后推出了浙江工业园、新加坡工业园等园区概念，在开发区大的环境背景下，形成区域性的更加容易被特定投资者认同和接受的小环境。目前，浙江工业园完成开园奠基，入驻企业一家。新加坡工业园迎来了首批新加坡客人的来访，表现出较强的投资意愿。三是瞄准大项目招商。开发区建设成败的一个重要标志是能否做到项目落地、产业聚集，要实现这一目标，必须有大规模、牵动力强的项目进驻。围绕大项目招商，一方面我们多渠道收集与开发区主导产业相关的国内外大型企业情况，千方百计建立联系，靠自身努力招商；另一方面我们十分珍惜各级领导为我们创造的与大企业集团的接触机会，以诚招商、以情招商。四是建立招商引资的奖励激励机制。制定出台了具有吸引力的引荐人奖励政策，通过报纸、电视等媒体广泛发布，引起全社会的关注，努力构建全民招商体系。同时，还聘请了35名在各行业内颇有建树的人士担任开发区招商顾问，利用乡情、友情、感情促进招商，形成众人拾柴火焰高的整体氛围。还创建了开发区网站的英文网页，建起开发区擎天柱广告牌、彩虹门，完成了开发区招商指南、幻灯片、光碟的更新，为招商引资工作提供了坚实的宣传保障。

【全力做好各项基础性工作】 开发行贷款累计到位10亿元，实际支付资金9.2亿元。其中上年到位6亿元，今年到位4亿元；完成21块新征占海域的组卷工作，形成海域使用和环境影响报告42份，先后在大连和本地召开专家论证会6次，相关手续报省海洋渔业厅受理之中，海域使用审批工作走在全省五点最前列，有6块海域正式发放海域使用证；累计实施各类拆动迁800余次，涉及一个街道、5个村、521户农民，全额发放补偿款3.65亿元。总共接待群众来访200余批次近2 000人次，各种矛盾纠纷得到及时有效化解，未发生一起越级群体上访事件。

【建立起企业服务工作的新格局】 一是强化对企业服务工作的总体调度与协调。设立了开发区企业服务中心，一名主任助理牵头总抓。服务中心直接协调开发区各直属部门并沟通市直相关业务部门，全权负责服务调度工作，发挥指挥中心职能。服务中心随时汇总项目建设中遇到的特殊情况，分析问题，部署任务。涉及项目建设中的具体问题，均由中心相关组成部门限期处置。半年多来，真正实现了从签订项目投资协议到项目建成、企业投产为止并贯穿企业运营过程中的“一条龙”服务。

二是千方百计降低企业建设成本。全面落实

行政事业性收费减免政策，共减免各种费用约200万元。针对经营性服务收费较高且工作效率较低的问题，开发区管委会直接出面与各中介机构接洽，真心实意为企业降低费用。年初以来，我们先后理顺了可研、环评、安评、规划等书面材料编制渠道，确立了超低限收费标准。比如，正常情况下，编制投资亿元以下项目的安评报告收费在6万元左右，我们在北京联系了一家高资质单位按件收费，每件仅收费2万元，使企业获得了实实在在的好处。针对部分企业反映的供电部门收费过高的问题，经过多次协调，得到葫芦岛供电公司的支持，在保证安全的基础上，适当降低了企业电力设施造价。

三是想方设法提高行政审批效率。依托市直部门力量及派驻开发区分支机构力量，在确保入区企业环保达标、施工安全、符合规划的前提下，初步确立了开发区“特事特办、急事急办”的工作模式。工作中市直有关部门敢于打破不必要的束缚，部分采取了专家预审，职能部门预批，手续限期补办的新办法，实现了各项手续办理的齐头并进。四是帮助入区企业解决融资难问题。针对企业普遍提出的融资难问题，开发区致力于为银企双方搭建合作平台，增进相互了解，推动贷款落实。3月21日，我们与市商业银行联合召开了开发区第一届银企对接会议，17家企业利用会议机会掌握了申请贷款的必备条件及贷款审批发放程序。已落实的贷款资金达到1.2亿元，有力地支持了入区企业建设。同时，在市发改委的支持下，积极与省有关部门协调，争取省政府对企业的贷款贴息，上半年到位500万元。

【领导成员名单】

主　任　潘东波

副主任　王　伟　陈海洋　刘桂甫　金哲浩　沈劲松　李　利　安　婷　周同炜（发改委挂职锻炼）。

（金　雷）

葫芦岛龙湾中央商务区

【概况】 在市委、市政府的正确领导下，商务区各项工作扎实、有序推进，取得了实质性进展。重点工程建设、土地整理拆迁、园区招商引资，“三套马车”齐头并进，回迁楼、园区小学、园区景观等民生工程建设组织有序。商务区已完成固定资产投资13.7亿元，完成计划任务的124.5%；引进内资36.9亿元，完成计划任务的123%；实际利用外资4 000万美元，完成计划任务的100%；圆满完成了市委、市政府下达的各项任务目标。

【工程建设】 1.基础配套设施计划投资4.05亿元。包括道路、桥梁、广场、停车场、给水、排水、电力、通讯、路灯工程。现已完成投资2.4亿元。完成道路工程10.5千米，铺设各类管线40余千米。通海大道商务区段、三环路西段已于今年10月竣工通车。

2.月亮河改造、龙回头景观工程和海滨广场工程计划投资1.8亿元。其中月亮河改造工程0.26亿元、景观工程0.1亿元、广场工程0.72亿元。对月亮河进行生态改造，河道宽度为14～40米，一期工程截至10月底已竣工。倾力打造龙回头景观，6月改造完毕向游人开放；13万平方米龙湾海滨广场开工建设，现已完成土方整理。今年商务区绿化工程投资1 600万元，植大树2 375棵，栽地被111万株。

3.体育中心工程计划投资6.9亿元。体育场建筑面积57 548平方米、座席32 156个，体育馆建筑面积23 233.5平方米、座席5 350个，游泳馆建筑面积13 629平方米、426个座席。体育中心，体育场、体育馆、游泳馆钢结构工程已完工，开始进入幕墙工程施工阶段，年底前将完成体育中心幕墙工程，转入内部装饰装修。现已完成产值4.5亿元，2012年7月建成，投入试运营。

4.文化中心工程计划投资2.55亿元。图书馆建筑面积13 725平方米、投资0.93亿元，群众艺术馆建筑面积12 255平方米、投资1.24亿元，博物馆面积10 115平方米、投资0.88亿元，文化馆、博物馆、图书馆主体工程已全部完工，外立面干挂、幕墙工程已完成。文化馆已转入室内装饰装修工作，外环境地面铺装、绿化、亮化工程已启动。现已进入装修收尾阶段，完成产值1.5亿元，文化馆年底投入使用。

5. 教育设施工程0.25亿元。在规划区内建设一座24班型、4层10 185平方米的高标准小学校一座及附属设施。

6. 回迁楼建设投资2.6亿元，共1 218户、11.4万平方米，已完成投资2.15亿元，综合验收已完成，居民开始验证回迁。

【土地整理】 区域内可利用土地4.34平方千米，已支出资金10.82亿元。整理3平方千米，完成土地总量的69%（未整理土地约1.33平方千米）；已申报9批次、征地2.35平方千米，获批复2.24平方千米，加上原政府储备土地0.32平方千米及其他有证土地0.29平方千米，商务区现有有土地使用证土地2.86平方千米（尚未征地1.2平方千米）；已经实现供地2.25平方千米，其中文化中心0.06平方千米、体育中心0.24平方千米、道路用地0.8平方千米、小学用地0.03平方千米，社会投资项目供地1.15平方千米（其中，新奥集团0.22平方千米、首创集团0.23平方千米、龙湾置业0.08平方千米、中旭集团0.31平方千米、恒大集团0.17平方千米、香港意发0.07平方千米、国电0.04平方千米、英泰集团0.03平方千米）；商务区尚具有能出让土地已全部供出，未供及未整理的1.39平方千米，其中，绿地集团用地0.88平方千米，恒大集团用地0.23平方千米，新奥集团用地0.28平方千米。

【招商引资】 招商引资工作成果丰硕。截至12月30日，已引进上海绿地集团(100亿元)、恒大地产集团（80亿元）、首都创业集团（60亿元）、新奥集团（80亿元）、中旭集团（60亿元）和香港英泰国际投资集团（60亿元）、北京隆东投资集团（40亿元）等七大品牌投资商，投资总规模达500亿元，建设内容涵盖了政务接待中心（国宾馆）、大型购物中心、五星级酒店、游艇俱乐部、全能运动中心、高端商务办公和住宅项目。2011年，社会投资项目开工面积达180万平方米。

【资金使用】 政府投资建设的市政设施、“一场五馆”、教育设施和居民回迁楼等工程概算总投资39.43亿元。其中工程投资21.03亿元（含贷款利息、预备费及其他费用）、土地动迁补偿费18.4亿元（不含20-2油气分离厂）。

为加快龙湾中央商务区的建设进程，我们多渠道融资保证项目资金需求。2011年，包括贷款、地方国债、借款和省市财政拨付专项资金在内共落实各类资金27.52亿元，其中：银行贷款12.1亿元（中行贷款3亿元、开行贷款8.1亿元、葫芦岛银行1亿元）。地方国债资金3亿元，用于体育中心、文化中心建设。市财政土地出让金返还11.21亿元。借入资金1.11亿元。市五里河工程借款0.3亿元，市自来水管网改造工程借款0.81亿元。贷款贴息资金。获得省财政厅、服务业贷款贴息和补助资金1 000万元。

龙湾中央商务区实际到账各类资金24.55亿元。一是银行贷款9.13亿元，二是财政拨入资金11.21亿元（地债2.9亿元、土地返还7.04亿元、贴息500万元）；三是借入资金1.11亿元。已支付各类资金23.82亿元，其中用于市政配套设施1.72亿元、体育中心建设3.17亿元、文化中心建设2.05亿元、游泳馆建设0.52亿元、景观工程0.28亿元、教育设施0.11亿元、行政服务中心0.25亿元、土地动拆迁8.87亿元，居民回迁楼2.35亿元、退还投资企业基础设施配套费1.92亿元、银行贷款利息0.76亿元，为其他政府工程垫付资金0.43亿元（借给锦化集团用于改制资金2 000万元、借给城投公司支付利息1 270万元、垫付海军飞行学院土地款1 029万元）。缴纳耕地占用税0.53亿元，缴纳契税0.86亿元，代扣代缴营业税0.13亿元。截至年底，总计上缴配套费0.53亿元，财政尚截资金1.94亿元（其中国有土地收益基金7 114万元，农发基金1 014万元，廉租房3 060万元，业务费612万元，水利基金3 763万元，教育基金3 852万元）。

【领导成员名单】

主　任　赵家鹏

副主任　李海臣　成　林　刘忠伟

（刘忠伟）

葫芦岛高新技术产业开发区

【概况】 2011年，高新区完成工业总产值53.5

亿元，增长138%；技工贸总收入74.8亿元，增长88%；高新技术产值41.4亿元，增长188%；工业增加值9.6亿元，增长95%；固定资产投资13.5亿元，增长51.7%；实际利用外资6 133万美元，增长83.5%；引进内资46.9亿元，完成市政府下达的35亿元任务134%；社会消费品零售总额27亿元，增长44.3%；GDP 7亿元，增长21.3%；出口创汇740万美元，增长50.4%；一般预算收入1.43亿元，增长6%。

【高新区纳入辽宁沿海经济带】 2010年2月，高新区正式获得省政府批准，成为辽宁沿海经济带重点支持区域，纳入国家发展战略。从而促进聚氨酯产业区域协调发展，在全国范围内形成更加合理的区域产业分工格局。特别是将锦化化工集团纳入高新区规划范围，总体规划增至20.79平方千米，使高新区发展聚氨酯上下游产业链更加完善。

【招商引资】 坚持以聚氨酯产业为重点，抓好主题概念招商，同时加强了对商贸服务业和地产项目引进。年初，将指标分解到各部门，各级变压力为动力，主要领导和工作人员在招商工作第一线艰苦奋战，在产业转移集中的地区密集组织举办推介活动，赴宁波、上海、温州、深圳、广州等“长三角”、“珠三角”地区，在香港、台湾等地区举办推介会20余次，“一对一”的对接项目45个。新引进项目36个，总投资78亿元。实际利用外资比去年增长2 791万美元，引进内资完成市政府下达的35亿元任务134%。紧紧抓住产业龙头，积极推进与兵器集团、中海油、国电电力集团等国内100强企业（集团），以及中国聚氨酯协会、中国建筑协会等机构的合作，境外重点推进德国林德气体公司、美国亨斯迈公司、台湾聚氨酯龙头企业的合作，紧紧盯住行业动向，广泛建立紧密的合作机制。正推进的重点项目12个，重点有兵器总公司10万吨/年TDI项目；40万吨MDI、26万吨聚碳酸酯项目；国电4×35万千瓦热电联产项目；德国林德工业气体项目等，总投资180亿元。高新区已经成为境内外聚氨酯产业重点跟踪的地区之一。随着园区知名度的提升，基础配套功能的完善，以及汽车4S店一条街项目、恒丰基业五星级酒店及商购项目和万豪写字楼及住宅楼项目落户和生活服务区项目的推进，高新区商业氛围显现新的发展态势，招商引资呈现新的良好局面。

【基础设施配套建设】 全区完成固定资产投资13.5亿元，其中，园区投资3.26亿元。各有关部门克服时间紧、任务重、要求高等困难，抢抓工期，精心组织实施，完成了五项工程。一是投资1 800万元，完成了精细化工园一期1平方千米“七通一平”。累计完成道路给排水土石方52 000立方米，路基4 500平方米，沥青路面及土层32 000平方米，管道1 200米。二是投资4 900万元，建成高新区22 000平方米标准化厂房。三是2万吨/日污水处理厂项目开工，完成了厂区道路路基和厂区土方平整。该项目从启动到开工历时3年，项目开工意义重大，一直影响发展的一大瓶颈将得以解决。四是锦山生活区全面进入主体施工。五是投入162.8万元完成高新九路、北四路、北三路、北二路和西八路、西七路绿化。全区企业累计固定资产投资10.24亿元，在建的世纪雅苑二期主体工程已经建成，随着锦山生活服务区以及其他在建产业项目的推进，区内2.5平方千米的项目密集区基础配套全面完成。

【产业项目扎实推进】 2011年，新开工项目14个，总投资28.6亿元。其中建成项目6个，总投资7.2亿元，建成的项目有海油石化船舶燃料油项目；孚迪斯石油化工（葫芦岛）有限公司1 000t/a航空润滑材料和1 000kg/a各向同性石墨材料项目；京东呋喃10万吨糠醇项目；高新区22 000平方米标准化厂房项目；路赛得实业有限公司10万套/年机车油耗监控系统项目；福特汽车4S店项目。在建重点项目3个，总投资5.5亿元。分别是化研200吨/年聚硫橡胶项目，辽宁丽天36万吨/年可发性聚苯乙烯项目，高新区污水处理厂项目等，以上项目正进行基础施工。拟建项目10个，总投资22.5亿元。重点有：方大碳素10万吨/年针状焦项目、化研航空级聚氨酯系列项目、灌注法生产聚氨酯保温管项目、宏杰家具项目、汽车4S店一条街项目、恒丰基业五星级酒店及商购项目、万豪写字楼及住宅楼项目等。以上项目基本完成开工各项要件。2011 年，将有 10 个项目新开工，有 3 个项目续建，项目包括聚氨酯产业、城市综合体和商贸服务业，园区建设进入新的发展阶段。

【产业格局初形成】 聚氨酯产业基地已入驻企业达 29 家，总投资额 42 亿元，逐步形成从上游原料到下游中低端产品生产链条，基地逐步实现由起步到聚焦的转变。在高新五路两侧至 102 国道及迎宾大道两侧的先进制造及商贸综合区项目基本饱和，已经形成较好的发展规模。在建的高新区生活服务区、锦山生活服务区项目正在推进，以及恒丰基业五星级酒店及商购项目、万豪写字楼及住宅楼项目的入驻，集高档酒店、商务办公、休闲娱乐及商业地产为主的中心商务区已经落实，新城区形象进度将在明年初步凸现。区块规划以及产业发展框架形成，为园区持续稳步发展提供了保证。

【创业中心升级为国家级科技企业】 把科技创新作为园区发展内驱力的重中之重，将创业中心升为国家级工作摆上议事日程，坚持不懈地做好申报工作。由创业中心牵头，在有关部门的大力支持与配合下，经过一年的紧张筹备，完善各种要件，并积极与省科技厅、科技部协调沟通，做了大量富有成效的工作。1 月 4 日，科技部火炬高新技术产业开发中心下发通知，葫芦岛高新区创业中心被正式认定为国家级科技企业孵化器。上升国家级后，创业中心的服务功能将更加强大，园区高新技术产业发展的动力将全面提升。高新区被市政府评为科技进步考核优秀单位。

【经济发展软环境上新水平】 全区上下牢固树立服务理念，千方百计提高服务质量和水平，全力打造优质发展环境。经济发展局为京东呋喃化学有限公司、华能工业陶瓷有限公司两家企业申请市级科技计划支持专项资金 50 万元，协助金属结构厂申报国家中小企业技术改造资金 147 万元。申请 4 个基础设施类项目获得省沿海经济带基础建设第一批中央专项资金支持。财政局加强预算管理，坚持保障重点、统筹兼顾，确保收支平衡。配合市财经及国税、地税部门有效开展债务清查等整改工作。为园区争取市财政补助 1 772 万元，重点工程建设资金 865 万元，地方债券 500 万元。

【派驻单位服务】 工商局狠抓自身建设，卓有成效地开展“三深入两服务”活动，有 5 家企业赠送锦旗。《葫芦岛新闻》做了综合报道，7 次接受葫芦岛电视台、葫芦岛人民广播电台等媒体专访。国税局大力推行纳税服务承诺制、首问负责制，深受企业好评，鑫畅达泡棉制造有限公司赠送“情系企业、优质服务”锦旗。地税局深入推行“五位一体”的税源管理机制，坚持“服务零距离，满意全方位”工作理念，全年，依法为企业减免税 300 余万元，被评为省级文明服务窗口单位。规划、土地、建设等派驻部门及工作人员各司其职，圆满地完成了工作任务。

【征地 供地工作卓有成效】 征地工作社会敏感性强，涉及连山区、龙港区的 5 个村，面临的问题多、操作难度大，工委、管委会高度重视，周密策划，精心组织实施。坚持按照国家法律法规办事，土地局与园区各部门密切合作，与省市有关部门沟通协调，耐心做好群众政策宣传和思想工作，按质按量地完成全年工作计划，既节省了资金，农民群众也比较满意，确保了社会稳定。全年，完成农转用征地手续 0.04 平方千米，获得省政府批准。完成征地及地上附着物补偿 0.17 平方千米。供地工作抓得紧、做得实，全年，共挂牌、拍卖土地 0.73 平方千米，其中，拍卖 0.2 平方千米，挂牌 0.53 平方千米。收回违约用地 3 118 平方米。

【安全工作全面达标】 工委、管委会紧紧围绕安全生产的总体要求，着力建设园区安全生产长效机制，巩固和完善管委会各有关部门、市安监局和企业三级安全生产监管网络。按照分级分类管理的工作思路，管委会与各行业监管部门签订《安全工作目标责任书》，开展专项检查工作，确保监管落实到位，实现了高新区安全责任零事故的工作目标。高新区被市评为社会治安综合治理先进单位。

【领导成员名单】

工委书记 管委会主任　黄晓霞

工委副书记 管委会副主任　盛海翔

副主任　高　飞　原中瑞　纪　敬　李德徽

纪工委书记　黄晓鹏

（王　姝）

杨家杖子经济开发区

【概况】　辽宁葫芦岛杨家杖子经济开发区位于葫芦岛市区西北部25千米。现有人口近5万人，辖2个街道、10个社区、3个村。占地面积48.49平方千米。共设12个工作机构，即综合办公室、政治部、群工部、经济发展局、招商局、财政局、民政局、劳动和社会保障局、建设交通局、安全生产监督管理局、环保局、社会事业局，规格均为正科级。开发区管委会派出机构2个，即杨家杖子街道办事处和毛祁屯街道办事处。行政编制52人。

【主要经济指标完成情况】　2011年，地方生产总值实现145 000万元，同比增长39.7%；财政一般预算收入完成19 648万元，同比增长51%，其中税收收入完成17 056万元，同比增长60.1%；引入内资完成180 400万元，同比增长50.1%；实际利用外资1 210万美元，是2010年的100倍；外贸出口完成1 186万美元，同比增长2.9%。圆满地完成了开发区党工委、管委会在年初确定的经济指标。其中，国内生产总值、财政收入、实际利用内外资、人均收入增幅均创历史新高，经济增长的速度和效益明显提高。

【重点项目建设】　2011年，按照“依托资源优势、培育特色产业、打造产业集群、发展园区经济”的发展思路，全力推进项目建设，其中：年产200万吨海绵铁项目前期工作基本就绪，大窑炉调试后即可扩大产能进行生产；大型超市项目已与辽宁兴隆大家庭商业集团达成合作共识；总投资12亿元的宝石城项目前期工作已结束。

【基础设施条件获得完善】　总投资13 220万元的杨家杖子矿区集中供热工程项目，已完成90%工作量；总投资4 500万元，为四个工业园区基础设施配套的黑鱼沟环城路项目，已累计投资1 100万元，正加紧路面建设；总投资为4 000万元的客运站工程、总投资为7 700万美元的污水处理项目、总投资为1.1亿元的地质环境综合治理工程即将进入施工阶段；总投资300万元的社区卫生服务中心建设项目，已完成投资60万元。

【招商引资成效显著】　大力实施“走出去”战略，赴香港、台湾、重庆、上海、浙江、山东等发达地区考察、洽谈项目20余个，积极参加不同层面的招商推介会6次。共引进项目10个，项目总投资上百亿元。先后有7家公司落户开发区并开展前期工作。

【民生得到进一步改善】　一是安居工程扎实推进。2011年，在资金、土地短缺等多重压力下，计划开工建设的72.09万平方米住宅面积中，有51.18万平方米已主体完工，2012年8月，17 216户、39 820名居民将全部搬入宽敞舒心的棚改大楼。二是就业再就业取得实质性进展。2011年，开发区实名制就业实现2 605人；全区引导性培训1 873人；实名制扶持创业带头人实现21人，带动就业实现167人；实名制劳务输出实现1 618人；城市登记失业率已控制在4%以内。

【社会事业取得新的进步】　一是社会保障制度进一步健全。2011年，全区养老保险实现14 872人，城镇居民基本医疗保险实现12 721人，参保率分别为84.5%和78%，参加新农合2 606人，参合率为96.2%，均较好地完成了市下达的计划指标。累计发放城乡低保资金4 722.325万元，保障面达31.3%。同时低保调标累计为低保户、边缘户发放生活补贴680万元，24 424人次得到救助。

二是教育教学工作实现新超越。全区教育教学水平和师资队伍整体素质有了新的提高。2011年中考升入一高中19人，二高中21人，创历史最高水平；高考上线率80%，比去年提升了12个百分点；莲花山技工学校恢复成立；莲花山职业技术学院、技师学院筹备工作及与中国索道协会联合办学工作也已展开。

三是卫生文化工作成效显著。人民医院完善制度，强化管理，医疗服务质量明显改进，全区防病治病水平不断提高，基本上能够满足城区居民对医疗卫生的需求。开发区广播电视、《今日钼都报》等媒体，贴近生活，贴近实际，贴近群众，较好地发挥了舆论导向作用。文化工作通过开展文化市场的专项治理活动，保证了文化市场健康、有序发展。通过重大节日举办的大型文艺演出活动，丰富了地区文化生活，收到了预期效果。

【社会继续保持和谐稳定】 2011 年，针对稳定形势脆弱及新生的社会问题，开发区加大工作力度，创新工作思路，继续保持了社会和谐稳定。共接待受理群众来访 152 件次、1 102 人次，信访总量比去年下降了 17.8%。息访 128 件次，息访率 84.2%。有效化解了社会矛盾纠纷，维护了开发区百姓的利益，受到百姓的好评。成为全国“两会”期间和建党 90 周年庆祝活动期间全市唯一的群访为零、非访为零、京访倒流为零的单位。同时，针对经济社会加快发展、变革转型的关键时期，在发展中出现的新的社会矛盾、问题，重新整合优化资源，集中人力、物力、财力，专门成立社会事务管理委员会，对社会矛盾纠纷进行全方位调处，确保了社会和谐稳定，开创了加强和创新社会管理的新局面。“平安创建”活动收到成效，全区刑事案件和治安案件分别比上年下降 9%和 7.6%，安全生产事故起数和死亡人数为零。

【领导成员名单】

党工委书记 管委会主任　郑子清

党工委副书记 管委会副主任　张世功

管委会副主任　付　越　单亚光　王锦纯

（王德富）

工　业

综　述

2011年，本市工业在艰难中前行，在困境中奋进，销售收入955.3亿元，同比增长24.5%，略高于全省和全国平均发展水平，工业效益明显提高，全面完成了年初制定的各项工业目标，为“十二五”打下了坚实的基础。

【工业基本概况】 1.企业情况。2011年，全市规模以上工业企业341户。工业企业销售收入超百亿元的企业2户，分别是中国石油天然气股份有限公司锦西石化分公司和渤海船舶重工有限责任公司。10～100亿元以内的企业7户，分别是锦西天然气化工有限责任公司、辽宁南票煤电有限公司、葫芦岛市钢管工业有限公司、中航黎明锦西化工机械（集团）有限责任公司、方大锦化化工科技股份有限公司、中冶葫芦岛有色金属集团有限公司、绥中发电有限责任公司。1～10亿元以内的企业42户，包括辽宁亿科新型材料有限公司、葫芦岛八家子矿业有限责任公司、辽宁北方锦化聚氨酯有限公司、哈尔滨红光锅炉集团有限公司兴城分公司、渤海水泥（葫芦岛）有限公司等。

2011年，本市民营企业113 553户，同比增长0.33%；从业人员数573 989人，同比增长1.38%；增加值290亿元，同比增长22.96%；总产值1458亿元，同比增长22.73%；利润总额67亿元，同比增长15.71%；上缴税金26亿元，同比增长28.68%；出口交货值23亿元，同比增长13.39%。

2.行业情况。按照工业行业大类分，本市共有煤炭采选业、专业设备制造业、食品加工业、石油加工及炼焦业等31类行业，年产值超100亿元的行业有：石油加工及炼焦业、有色金属冶炼及压延加工业、交通运输设备制造业。2011年，四大支柱行业完成工业总产值825.1亿元，同比增长26.6%，占全市规模工业总产值的81.1%。石化行业完成工业总产值347.6亿元，同比增长40.5%，占四大支柱产业42.1%；装备制造业完成工业总产值236.2亿元，同比增长39.2%，占四大支柱产业28.6%；有色金属行业完成工业总产值130.5亿元，同比减少10.7%，占四大支柱产业15.8%；能源电力行业完成工业总产值77.3亿元，同比增长27.3%，占四大支柱产业9.5%。

图11-1

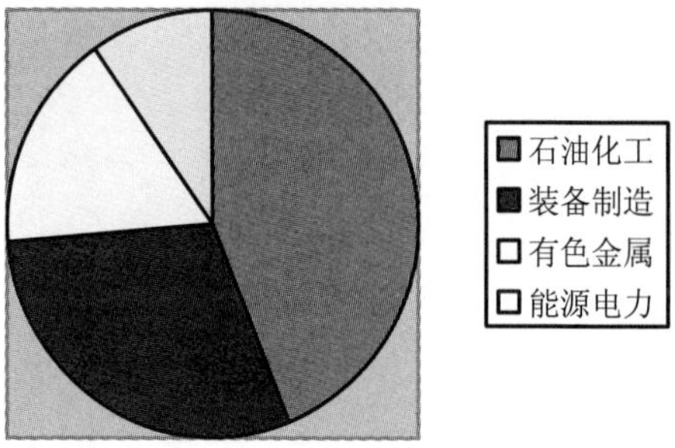

3.产品情况。在全市52种主要工业产品中，属基础原料性产品达40种，占77%；科技含量较高的产品有9种，占17%；附加值较高的产品有7种，占13%；直接用于生活消费的产品有12种，占23%。

表 11-1

指标	单位	累计	累计增长%
原煤	万吨	287.20	2.1
发电量	亿千瓦时	219.90	30.1
原油加工	万吨	523.30	8.2
硫酸（折 100%）	万吨	50.80	-8.5
烧碱	万吨	31.90	17.5
合成氨	万吨	31.90	-5.3
化肥（折纯）	万吨	25.70	-3.8
水泥	万吨	305.30	32.6
民用钢质船舶	万总吨	200.80	32.4
成品钢材	万吨	43.80	33.6
锌	万吨	33.50	-11.9
铜	万吨	0.00	-100.0
聚氯乙烯树脂	万吨	4.40	33.1

【工业运行特点】 1.工业保持较快增长。2011年，本市工业经济持续向好，工业增加值和工业总产值保持两位数增长，全市规模以上工业企业累计完成工业增加值 241.2 亿元，同比增长 15%；累计完成工业总产值 1017.2 亿元，同比增长 29.5%；全市民营经济增加值实现 292 亿元，同比增长 20.1%。

表 11-2

	1月	1～2月	1～3月	1～4月	1～5月	1～6月	1～7月	1～8月	1～9月	1～10月	1～11月	1～12月
2010 年	14.2	27.3	45.3	59.8	67.3	85.3	100.9	116.1	131	148.1	166.3	188.4
2011 年	19	36.5	58.6	80.8	94.1	115.3	133.7	158.1	179.7	201.5	219.2	241.2
增长%	16.1	16.1	16.2	19.2	15.2	16	15.4	21	15.2	20.9	17.9	15

规模以上工业增加值累计增长趋势情况图

图 11-2

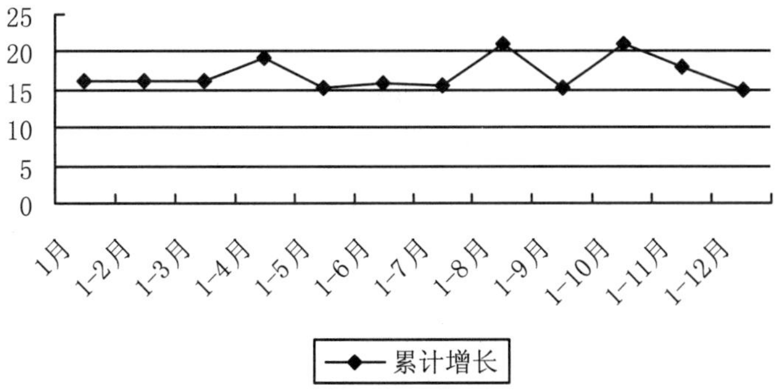

2.工业结构不断优化。一是轻重工业比例持续改善，轻工业全年产值达 76 亿元，累计增幅 66.3%。作为轻工业龙头产业的泳装产业实现跨越式发展，产值达到 70 亿元，同比增长 40%。二是高新技术产业比重上升，全年产值达 132 亿元，同比增长 12%，占全市工业的 13.2%。三是民营工业比重上升，全年规模以上企业产值 436 亿元，占全市工业的 43.6%，比 2010 年提高 10.6 个百分点。三是装备制造业稳步发展，全年产值达 242 亿元，同比增长 35.4%，占全市工业的 24.2%，比 2010 年提高 3.5 个百分点。四是精深加工业比重上升，其中聚氨酯产业集群预计全年销售收入 402 亿元，占全市工业销售收入的 36.18%。

3.工业布局更加合理。本市工业企业和项目加速向园区集聚，布局由单点组团向带状多点布局转变，形成以沿海经济区为先导、辐射内陆腹地的新格局，预计全年 13 个重点工业园区完成产值 211 亿元，占全市工业的 21.1%。

4.工业效益有所改善。2011 年底，全市规模以上工业企业亏损 108 户，亏损面 26.15%，比 2010 年减少 7.36 个百分点；实现利润-13.4 亿元，同比减少 24 亿元；上缴税金 74.9 亿元，同比增加 12 亿元；劳动生产率由 2010 年的 11.9 万元/人提高到 14.3 万元/人。

5.工业投入持续增加。全年完成工业固定资产投资 180 亿元以上，同比增长 5.9%。全市组织实施的重点工业项目（投资 1 000 万元以上）205 个，同比增长 28.9%，其中开工建设项目 88 个，计划总投资 195 亿元；竣工投产项目 11 个，新增销售收入 22 亿元。

6.节能降耗超额完成。2011 年底，本市重点用能工业企业总用能量为 731 万吨标煤，万元工业增加值能耗 2.84 吨标煤，同比下降 6%左右，超额完成全年任务，49 户重点排污企业全年减排二氧化硫 34 万吨、减排工业废渣 40 万吨。

石油化学工业

【行业概况】 石化产业是本市四大骨干行业之一，2011 年，产值超百亿元以上企业 1 户，为中国石油天然气股份有限公司锦西石化分公司，产值 296.40 亿元，同比增长 38%。超 10 亿元的企业 2 户，分别是方大锦化化工科技股份有限公司和锦西天然气化工有限责任公司，其中方大化工产值 27.77 亿元，同比增长 53.77%，锦天化产值 15.54 亿元，同比增长 17.64%。民营企业辽宁世星药化有限公司亦表现出色，产值 7.02 亿元，同比增长 18.78%。

【有利条件】 1.技术优势。一是科技水平稳步提高，改进新工艺多项，开发新产品十余种，其中离子膜烧碱、环氧丙烷/聚醚、聚氯乙烯产品国内领先。二是本市石化科研队伍不断壮大，拥有技术工人数万人，高级职称近千人。三是拥有化工、石油等科研院所、设计院 5 所。

2.区位优势。一是市场向东可扩展到沈阳、大连，向南可扩展到京津，拥有广阔的市场需求，其市场半径均不超过 5 小时车程。二是交通便利，葫芦岛港扩大开放通过国家验收，全市港口吞吐量突破 2 700 万吨。“两铁、两路”平行通过。三是周边又分布着大连、锦州、盘锦等大型石化基地，具备发展重化产业，延伸产业链，提升附加值，发展精细化工及中下游产业的有利条件。

3.产品优势。本市石油炼制能力 700 万吨/年，在全省排行第三，是供应北京地区京Ⅳ标准汽油的主要产地之一。本市已成为继上海之后第二个同时拥有生产聚氨酯的两大原料—异氰酸酯和聚醚多元醇的城市，兵总 15 万吨 TDI、26 万吨 PC，方大锦化 20 万吨聚醚、20 万吨环氧丙烷、60 万吨烧碱和美国亨斯曼 40 万吨 MDI 等项目建设正在进行。此外，本市年产 5 000 吨软泡、2 万吨聚氨酯组合料、100 万平方米聚氨酯型材、36 万吨可发性聚苯乙烯、航空级聚氨酯系列项目即将投产。

【产业特点】 1.产业基础性。石化行业属基础性产业，产品广泛应用于工业生产、人民生活、国防科技等领域，对促进相关产业升级和拉动经济增长具有举足轻重的作用，在整个国民经济发展中具有极为重要的地位。

2.企业集聚性。本市规划建设聚氨酯产业集群一个，定位为以中石油锦西石化分公司、方大锦化化工、锦天化、北方锦化聚氨酯公司等大型企业为龙头，上游带动下游，发展软泡、硬泡、弹性体、涂料为主的系列产品，全面打造中国北方最大的聚氨酯产业基地。

3.产品系列性。目前，本市石化产品包括三个层次，一是燃料油等特种油品及以丙烯、丙烷、乙烯、氯碱、环氧丙烷、聚醚、氯化聚氯乙烯、聚氨酯、合成氨、磷酸二甲酯等基础产品。二是医药中间体、新型农药、船舶防腐专用漆料、石油炼制催化剂、饲料和食品添加剂等深加工产品。三是ADI、MDI、TDI、泡沫材料、弹性体、氨纶、合成革、黏合剂、新型建材、涂料、建筑节能外墙外保温材料、新型树脂、水性环保涂料、航空润滑油、船舶燃料油等高技术附加值产品。

冶金工业

【行业概况】 有色金属业是本市四大支柱产业之一，2011年，本市有色金属行业完成工业总产值130.5亿元，同比减产10.7%，占四大支柱产业15.8%；员工总数万人，现有有色加工企业600余户，年生产各类产品100多万吨；其中中冶葫芦岛有色金属集团有限公司完成产值57.75亿元，同比增长-23%。

【产业特点】 1.产业基础性。有色金属是指对金属矿物的勘探、开采、精选、冶炼以及轧制成材的工业部门，是重要的原材料生产部门，为国民经济各部门提供金属材料，为经济发展提供物质基础。

2.生产外向性。本市有色行业属于“两头在外”，主要产品以出口为主，主要原料以进口为主。以葫芦岛锌厂为例，其原料供应由青海锡铁山矿务局、黑龙江西林铅锌矿、内蒙古白音诺尔铅锌矿等单位供应，其余20%靠进口；而锌锭出口量占公司销售总量的50%左右。

3.产品多元性。一是锌及深加工产品系列，包括：镀锌板（管）、锌合金、高级氧化锌粉、纳米级氧化锌等。二是铜及深加工产品系列，单晶铜、铜带、铜粉、铜杆、铜管、铜线等。三是钼及深加工产品系列，包括：钼酸铵、钼酸钠、有机钼、二硫化钼、钼片、钼粉、钼条、钼丝、钼板等。

【有利条件】 1.规模优势。本市葫芦岛锌厂是中国最大的锌冶炼基地，有色金属年产量50万吨，是我国三大锌冶炼企业之一；辽宁连山钼业集团是国内目前同行业的龙头企业之一。这些大型企业的不断壮大，对全市经济稳步发展起到明显的支撑作用。本市不但可以生产锌、铜、钼等初级产品；还可生产纯锌、高纯铅、高纯铟、高纯钼等高纯产品；锌、钼、铜冶炼及产品深加工，镉、铟、硫酸、硫酸铜综合利用生产能力也在稳步增长。

2.环境优势。一是交通便利，葫芦岛港扩大开放通过国家验收，全市港口吞吐量突破2 700万吨，“两铁、两路”从本市平行通过，货物集散方便。二是电力供应充足，本市目前年发电能力200亿千瓦时以上，而全市有色行业耗电约13亿千瓦时，可充分满足需要。三是本市距离华北和东北两大市场较近。

3.人才和技术优势。一是本市锌厂和钼业均有上百年的历史，积累了大批的专业人才。二是技术含量不断增高，逐渐向产业高端化、高附加值化的“两高”发展，资源配置效率和可持续发展能力不断增强。三是产品研发能力强：镀锌板（管）、锌合金、高级氧化锌粉、纳米级氧化锌；单晶铜、铜带、铜粉、铜杆、铜管、铜线；钼酸铵、钼酸钠、有机钼、二硫化钼、钼片、钼粉、钼条、钼丝、钼板等初步形成生产能力。

装备制造工业

【行业概况】 装备制造业是本市基础产业，主要包括船舶制造、化工机械制造和电子产品制造。2011年，全市装备制造业保持了较快增长，实现产值192.43亿元，同比增长33.9%；利润总额5.31亿元，同比增长43.2%；其中渤海船舶重工有限责任公司完成产值110.8亿元，同比增长18.29%；中航黎明锦西化工机械（集团）有限责任公司完成产值14.64亿元，同比增长79%；渤船重工年造船能力达到400万载重吨，2011年在第七届中国制造业500强评比中，跻身“中国机械行业20

强”；中航黎明锦西化工机械（集团）有限责任公司 PVC 国内市场占有率 90%以上。

【有利条件】 1.人才优势。渤船重工厂龄上百年，化工机械厂龄数十年，拥有大批技术人员数万人，本市拥有富余的船舶制造、石化机械、压力容器专业技术人员和熟练工人 2 万多人，项目用工选择余地较大，员工招聘和培训费用相对较低。2.规模优势。渤船重工是中国重要的大型船舶建造企业，全国排名第 5 位。近年来，率先研发、建造了多艘超大级别的船舶产品，在造船业影响力不断扩大。9 月 23 日，国内建造完成的最大吨位矿砂船—38.8 万吨“BERGE·EVEREST（百国山·埃佛勒斯）”签字交船，此笔大宗船舶的系列化建造，大大提升了公司在国际矿砂船制造厂商中的综合竞争力。3.技术优势。本市发明专利多项，省级以上企业技术中心中 5 个，特别是渤海船舶重工有限公司的技术中心是本市唯一的国家级技术中心。渤船重工 11 项科技成果填补国内空白。锦化机集团百万吨 PTA、CTA 干燥机填补国家空白，达到世界先进水平。

【产业特点】 1.产业集群性。围绕船舶制造配套企业 35 家，2011 年工业销售收入超 130 亿元；高新技术产业集群共引进各类数字技术企业 112 家，年产值超 100 亿元。2.企业园区化。绥中滨海新区有企业 112 户，年产值可达百亿元。3.产品高新化。产品技术含量越来越高，产品系列涉及机械加工，材料、电子和机械零配件加工等。

能源电力行业

【行业概况】 能源电力行业是本市第一大支柱产业，2011 年产值达 424.9 亿元，占规模以上工业的 41.77%，其中，石化行业完成工业总产值 347.6 亿元，同比增长 38%；电力行业完成工业总产值 77.3 亿元，同比增长 27.3%；煤炭生产 287.20 万吨，产值约 14 亿元。

【有利条件】 1.节点优势。由于本市地处东北与华北的结合部，因此绥电公司承担着东北与华北两大电网的调峰任务，这一特点决定了绥电公司可双向供电，即便是在某个电网供大于求时，也可向另一电网继续供电，这是其他发电企业所不具备的独特节点优势和市场优势。

2.资源优势。一是大庆至秦皇岛的输油管道途经本市，为本市炼油企业提供了原料保障；二是秦皇岛港口作为中国最大的煤炭转运基地，为绥电公司煤转电提供了丰富的电煤资源；三是南票区依然有数量可观的电煤资源为南电公司持续运转提供了资源保障；四是本市还具有较丰富的风电资源，2011 年本市风电项目全部达产，发电量超 1 亿千瓦时。

3.规模优势。本市石油炼制能力占全省 13% 左右，与此同时国家初步确定在本市发展核电项目，并已完成前期准备工作。2011 年，绥中发电有限责任公司总装机容量达到 3 600MW，成为东北地区总装机容量最大的火力发电企业，完成工业总产值 58.78 亿元，同比增长 25.67%，产值居东北所有火力发电企业之首。

【产业特点】 1.产业基础性强。能源电力行业属基础性产业，在整个国民经济发展中具有极为重要的地位。整个国民经济以及社会生活对它的需求都具有持续性和持久性。2.多元化。本市能源电力行业不但包含煤电、风电行业，而且包括石油炼制和正在做前期准备的核电产业，内涵丰富，发展道路广阔。3.扩张性。“十二五”期间，本市计划抓好清洁能源和核电建设，提高火电能源利用效率，推进绥电公司三期、南电公司三期扩建工程，到 2015 年，将本市打造成为东北地区最大的能源基地，其中电力行业总产值可达 150 亿元，年发电量可达 400 亿千瓦时。

（杨香豹）

重点企业选介

中国石油锦西石化分公司

【概况】 中国石油天然气股份有限公司锦西石化分公司（以下简称公司）始建于 1939 年，1953

年开始恢复生产，当时名为“中国石油工业部石油五厂”。1960 年大庆油田开发后，第一列大庆原油即由锦西石化加工，随着辽河油田的开发，70 年代起，开始同时加工辽河原油，90 年代又开始加工进口原油。在国家几次大的产业调整中，公司先后隶属于中国石化总公司、中国石油天然气集团公司。现有员工 9 929 人，下设机关处室 13 个，直属机构 7 个，基层单位 42 个，占地面积 640 万平方米，资产总额 73 亿元，主要炼油化工装置 19 套，原油一次加工能力 650 万吨/年，以加工辽河油、大庆油为主，原油直接管输进厂，另有部分进口原油及海洋原油，经锦州港上岸。主要产品有汽油、航煤、柴油、石油焦、聚丙烯等，公司是供应北京地区京Ⅳ标准汽油的主要生产企业。10 月 25 日，公司召开领导干部大会，集团公司党组成员、副总经理喻宝才出席会议。集团公司人事部副总经理任一村在会上宣布了集团公司党组和股份公司关于锦西石化公司主要领导调整变动的决定。吕文军任锦西石化分公司总经理、党委副书记；王洪斌任锦西石化分公司党委书记、副总经理。

【主要生产经营指标】　2011 年，公司加强生产组织，严格受控管理，实现了装置稳定运行。全年完成原油加工量 523.3 万吨，完成主要产品产量 379 万吨、营业收入 298 亿元。汽油完成 142.63 万吨，全部实现 93 号以上，高标号汽油比例达到 100%。柴油完成 210.22 万吨，航煤完成 15.35 万吨。炼油综合能耗为 78.97kgEo/t，炼油水耗 0.75t/t，节能量 25 867 吨标煤，节水量 52.3 万吨，万元工业产值能耗 0.374 吨标煤/吨，超额完成集团公司下发的节能节水考核指标。2011 年，公司获得辽宁省“十一五”节能先进企业、辽宁省节水型企业、集团公司节能节水型企业称号。

【设备管理】　2011 年，公司以“设备本质安全”为主线，以装置“三年一修”长周期运行为目标，严格基础管理和制度落实，深入开展“创完好”活动，加强设备的日常维护，推广应用“四新技术”。公司设备完好率 99%，静密封点泄漏率为 0.12‰。大机组运行状态良好，保证了生产装置的水、电、蒸汽、风供应。加强汛期防雷防静电和防洪防汛工作，防雷防静电测试率 100%。维修、电气、仪表等保运队伍服从大局，充分发挥了保驾护航作用。6 月 15 日～7 月 28 日，公司顺利完成了重油催化、北蒸馏、航煤加氢、制氢、加氢改质和苯乙烯六个装置的计划检修任务，装置检修计划完成率 100%。在设备管理受控方面，公司完成《检修作业规程》的第三次修改审定工作，共审定规程 1 846 份，检修作业规程编制率实现了 99%，主要设备检修作业规程执行率达到 100%，为装置检修后设备一次开车成功奠定了基础。

【安全环保】　2011 年公司认真落实“管业务必须管安全”和属地管理要求，各单位责任意识进一步增强。坚持每周一次案例分析，利用事故资源，对照整改防范。积极开展 HSE 培训，培训员工 4 800 人次。开展“安全生产月”等安全环保宣传教育活动，组织“落实安全生产主体责任知识竞赛”全员答题；荣获国家安监总局优秀组织奖。“安康杯安全环保知识竞赛”荣获全国安康杯竞赛活动示范企业称号，8 次获得全国“安康杯”知识竞赛“优秀企业”荣誉。拍摄的公益宣传片《生命的意义》荣获全国安全电视剧大赛作品三等奖。2011 年，公司被集团公司评为安全、环保先进单位。

公司继续推进 HSE 体系建设。完成炼化板块 16 项管理制度转化工作，全面修订《程序文件》和《管理手册》。通过体系全要素审核和整改，确保公司质量、健康安全环境管理体系运行的有效性，持续提高 HSE 管理水平。公司做好应急工作，有公司级总体应急预案 1 个、专项应急预案 13 个，二级单位综合应急预案 50 个、应急操作卡 1 200 个。其中，总体应急预案和五个专项预案通过了辽宁省和集团公司的评审和备案。重催酸性水罐泄漏应急抢险和碧海公司长输管线泄漏应急抢险对公司整体应急响应能力是最好的检验。

公司严格执行建设项目“三同时”和环境影响评价规定，完成了“三老两高”项目的职业病危害预评价、安全设立评价的评审工作，按期取得省安监局和省卫生厅的行政批复。同时，完成了碧海公司自备锅炉隐患整改环境影响评价工作，完成了 120 万吨/年汽油加氢改质、15 万吨/

年聚丙烯项目、延迟焦化隐患整改项目的环保验收监测方案的编制，重油催化吸收稳定及脱硫系统隐患整改等 12 个项目的环保验收监测。按照集团公司要求，安全环保处对现役装置重催、催化、气分、调合球罐区和碧海油库进行了 HAZOP 分析，整体上提升了装置的本质安全水平。严格环保管理，实现排放达标。2011 年，公司完成了全年环保指标。杜绝环境污染事故，较大以上环境污染事故数为零；污染物排放合格率 100%；COD、石油类、SO_2等主要污染物满足集团公司总量控制指标。

【项目建设】 2011 年，公司强化安全管理，严格执行规范，保证工程质量，加强组织协调，保证工程进度。全年施工没有亡人事故，实现安全施工目标。共完成重油催化隐患整改、厂西气柜更新、油罐、轻质油罐隐患整改、供电系统隐患整改、含硫污水集中处理、技措、隐患治理、基建项目 26 项。涉及产品质量升级、装置扩能、“三老两高”、节能减排、安全环保隐患治理、储运设施完善等方面，2011 年项目进展全部实现年初目标。顺利完成重油催化、苯乙烯、制氢加氢、航煤加氢、北蒸馏等 6 套装置检修。

信息化项目，公司完成补充医疗保险系统和公司档案管理系统项目；产品装车计量系统配套改造项目的实施应用；公司身份管理与认证项目顺利完成；在广泛征求各部门单位意见的基础上，对公司外部网站进行全新设计和规划，增设公司文化二级页面，完成了外部网站改版工作。2011 年，公司信息化工作被集团公司评为“十一五”先进单位、信息管理部荣获全国石油和化工行业两化融合优秀实践奖。

【基础管理】 公司从实际出发，强化基础管理，初步建立适应新形势、新任务需要的体制机制。为提升管理效率和执行力，建立周一至周四生产调度会、周五综合协调会制度，各项指令得到迅速传递，各种问题得到有效解决，保障了生产经营的全面推进。按照界面清晰、职责明确、责权对等的原则，对部分单位业务进行调整。围绕项目建设，明确规划计划、工程管理、物资采购、生产车间的工作界面。建立工作倒查机制，对于发现的问题，从现象追到本质，在源头上加强管理。各单位遇事重分析，工作讲思考，想事干事的主动性明显增强。坚持以安全为核心的管理思路，强调管理必须确保安全，注重从抓安全入手，带动各项管理上水平。

【矿区建设】 2011 年，备受关注的南山危旧楼改造一期工程开始施工，二期拆迁进入结尾。莲花一园隐患治理、新建农贸市场和生活区会馆、天然气改造、电视网络系统升级项目顺利完成。大力开展扶贫帮困活动，走访慰问困难员工家属 4 590 人次，发放慰问金 1 009 万元。按照集团公司的统一安排，为全体员工增加了工资，给一线倒班人员增加了津贴，员工收入水平进一步提高。

【党群工作】 公司用实际行动迎接建党 90 周年。召开不同层次的座谈会，回顾党的历史和丰功伟绩；组织党员学习党的历史，进一步坚定理想信念。按照集团公司统一部署，《中国石化报》刊发 3 篇以纪念建党 90 周年为题材的系列文章；电视台播放《伟大道路》系列片，录制《唱红歌，颂党情》专题节目，并上投中国石油集团公司影视中心。公司党委组织两批干部赴延安学习考察。来自机关、基层单位的书记、优秀政工论文作者共计 80 余人分两批参加此次考察活动。深刻地体会到中国共产党筚路蓝缕自力更生的奋斗历程，真真切切地领会到延安精神的内涵。在中国共产党建党 90 周年之际，公司党委被党中央授予“全国先进基层党组织”称号。

公司深入开展“创先争优”活动，开展党员责任区、党员先锋岗、党员奉献日、党员攻关项目、楼栋党支部建设，把党组织建设与企业中心工作、生产经营建设紧密结合，为安全生产提供组织保证。着力消除无党员“空白班组”，提升党员班组长比例。全年发展新党员 87 名，预备党员转正 116 名。“四好”班子创建活动稳步推进，“四好”班子总数达到 29 个。基层党支部建设不断加强，各基层党支部广泛开展“六个一”创建活动，围绕生产经营建设中心，开展支部活动，较好地发挥出了党支部的战斗堡垒作用。

公司坚持以人为本，积极构建和谐企业，开

展了丰富的文体活动，渲染了和谐氛围。2011 年，举办了象棋、围棋、竞技拔河、羽毛球、乒乓球、跳绳、篮球、钓鱼等八大项比赛，参赛人数达 7 000 余人次。公司拔河队代表集团公司参加中国石油体育协会第三届拔河锦标赛获得三项第一名，并获得“体育道德风尚奖”。代表中石油参加全国拔河锦标赛，荣获 3 个级别的 3 项第三名，为集团公司和锦西石化争得了荣誉。

（葛永江）

锦西天然气化工有限责任公司

【概况】 2011 年，公司班子带领全体员工坚定不移地贯彻集团公司的发展思路，以“解放思想，改革创新”为指导，大力推行精益生产和精细化管理，以全面预算管控为核心，以提高装置安全、高负荷、连续运行为手段，实现节本、降耗、增效。同时，厉行节俭，把有限的资金更多地用于生产经营和项目建设上，努力化解各种经营风险，为完成全年生产经营任务提供了坚实的保障。

2011 年，共生产尿素 554 232 吨，生产甲醇 49 468 吨，全年实现销售收入 126 552 万元，实现利润总额 31 404 万元。在充分考虑集团公司下达的生产经营计划指标的基础上，努力提高装置产能，严格生产、资金、采购等各项计划的审批，全年销售收入超额完成预算的 19.62%，利润超额完成预算的 121.67%。

【强化生产 设备管理】 由于受到转化废热锅炉 100E08、合成废热锅炉 100E42 和尿素气提塔 300E01 相继泄漏的影响，企业的生产经营面临了前所未有的严峻考验。一年来，锦天化在生产操作与设备维护等方面进行了大量严细的工作。生产系统积极开展三项管理整顿，及时消除装置隐患。针对关键设备建立重大隐患安全预警机制，提高了对装置运行的预知、预判能力。

【完成年度大修任务】 2011 年 4 月进行了装置年度大修，共历时 17 天。完成了 100C1、100C2、300C1 和 300P01 等关键设备的大修工作，消除了 100E08 中心管冷端裂纹，对 100E42 漏点进行了修补处理，为完成下半年繁重的生产经营任务提供了必要的前提和设备保障。

【项目建设顺利实施】 按照中水回用项目建设的总体进度，已完成系统调试和水联运。先后加入接种污泥 200 多吨，达标排放部分已开始试运行。

在大颗粒尿素装置改造的过程中，项目组本着“先易后难、持续改进”的原则，分步实施，基本上消除了转鼓造粒机结疤的瓶颈问题，为公司下一步研发缓释大颗粒尿素提供了设备保障和技术支持。

【大力推进精益生产和精细化管理】 在集团公司大力推进精益生产和精细化管理的总体框架下，锦天化已初步构建了以全面预算管控为核心，以精细化对标管理为手段的一体化考评体系。按照集团公司下达的全面预算考核指标，通过与同类型企业在工艺、成本、消耗等方面进行对标，确定了新一轮的考核方案，并逐一分解落实到生产班组进行跟踪考核。

生产、计财、销售系统积极主动把握市场，抢抓机遇，向市场要效益。充分考虑到天然气价格上涨对公司生产经营的严峻考验，不断挖掘装置潜能，视市场销售情况，及时做好边际效益分析及测算，适时调整尿素和甲醇负荷匹配，实现装置产能和效益的最大化。

【强化信息化管理】 信息化集成平台的上线运行是公司信息化建设的一大跨越，使锦天化的信息化管理水平处于同行业及国内领先地位。该系统与精益生产理念有机融合，实现了控制成本、降低消耗和优化指标的基本功能，为生产管理模式和管理手段的全面升级提供了信息化的支持与保证。

【“融入中心、党政互动”，推动企业科学发展】 按照集团党委的要求，全力抓好两级班子和三个队伍建设。紧紧围绕安全生产、经营管理、改革发展、队伍稳定这个中心开展工作，以作风建设为重点，把创建工作融入到企业的中心工作之中，同生产经营紧密结合，形成了融入中心，党政互动，共谋发展，共创和谐的良好局面。

同时，结合集团公司“十二五”项目建设需要，重点加强了中层管理干部绩效考评，使每一名领导干部都能以阳光心态和饱满的激情投入到工作中，在广大员工中树立了以勤补拙、以学添智、以和增力、以廉生威的良好形象。

（孟祥友）

方大锦化化工科技股份有限公司

【概况】 2011 年，是方大锦化化工科技股份有限公司（以下简称方大化工）改制后的第一个整年，一年来得到了市委、市政府的支持和帮助，以及方大集团的资金扶持和先进企业文化的输入，公司领导带领全体员工精诚团结，群策群力，调整思路，统一思想，积极应对市场变化，生产经营等各项经济指标均取得了历史性突破。公司各单位紧紧围绕生产经营工作中心，在工程建设、设备制作安装、运输保管、质量分析、计量检斤、治安保卫、后勤保障等各方面相互配合，全方位做好服务工作，为全面完成全年的工作任务作出了积极的努力。

2011 年，方大化工工业总产值（现价）277 698 万元，是上年同期的 144.97%。产品销售产值（现价）275 715 万元，是上年同期的 146.34%。全年完成销售收入 316 394 万元，产销率 99.51%，回款率 101.30%。

【生产经营工作实现历史性突破】 2011 年，生产系统在确保安全的前提下保证装置高负荷、稳定运行，全年没有发生重大生产、环保、人身安全事故。全年完成烧碱 308 764 吨，是上年同期的 113.49%，其中 5 月份烧碱产量完成 27 775 吨，创历史最高水平；完成环氧丙烷 118 671 吨，是上年同期的 142.89%，其中 11 月份环氧丙烷丙烯定额完成 825 千克/吨，在全国同行业中排名第二；全年完成聚醚 49 997 吨，是上年同期的 164.51%；完成聚氯乙烯 43 317 吨，是上年同期的 131.82%，其中 11 月份聚氯乙烯的电石消耗定额完成 1 457 千克/吨，在全国同行业中排名第一，创历史最高水平。

在优化产品结构，合理安排生产的同时，方大化工实施聚醚产销一体化战略，做到“研”服务于“产、销”，使生产导向型向市场导向型转变，技术研发部不断开发、研制新工艺、新配方，先后研发了九种新牌号聚醚，部分已成功推向市场，为公司增加了经济效益。

【加强市场调研 提高营销水平】 营销系统加强对市场形势的研判，坚持比价销售、比价采购原则，确保原材料采购价格保证在同期市场相对较低，产品销售价格相对较高的态势。同时，营销公司与财务系统、生产系统密切合作及时依据化工产品的价格走势测算产品的盈亏水平，准确把握化工市场走势，及时调整产品结构和销售结构，实施产品战略性储备，提高盈利产品的生产负荷。在原料采购环节及时改变原料供应渠道，建立原料直供体系，不仅有效降低了采购成本，又使得主要原料原盐、石灰、电石质量明显提高。

2011 年，全年完成原料采购额 21.37 亿元（含进口）。主要原料采购量分别为：原盐 617 514 吨、丙烯 102 937 吨、电石 81 896 吨、环氧乙烷 4 137 吨、动力煤 399 599 吨、石灰 215 830 吨、硫酸 3 976 吨、纯碱 4 109 吨。

2011 年，方大化工针对不同产品制定相应的销售策略。在液碱销售中，以东北为主要销售区域，以船运碱为调节手段，全年完成 32%，液碱 226 597 吨，45%液碱 266 542 吨，50%液碱（含船运）217 396 吨；在环氧丙烷销售中，在市场行情明显下滑的状态下，根据用户不同情况制定销售策略，采用订单销售与随行就市相结合的方式与天津三石化、石家庄亚东、抚顺佳化、吉林怡达等建立稳定的供需关系，稳定了销售渠道和销售数量，全年销售环氧丙烷 74 647 吨，产销率为 100.85%；在聚醚销售中，面对市场需求的急剧萎缩，公司一方面采取优惠的销售措施，稳定主要聚醚用户，在市场下滑的情况下，确保公司产品的低库存，保证生产的稳定和利润提高；另一方面加大新区域、新用户的开发力度，全年完成聚醚销售量 47 927 吨。

【技改工作成绩显著】　2011 年，方大化工在抓好生产经营的同时，以提高产品质量、丰富产品型号、技术升级为重点，大力推进技术改造和科技项目的实施。其中：氯碱厂 8 万吨离子膜电解槽零极距改造节电效果明显，每吨烧碱（折百）可降低电耗 90kwh,成本下降 45 元；膜法除硫酸根项目已投入运行，年节约资金达 1 200 万元；4 万吨聚醚车间 DCS 升级改造从工程设计到施工全部自行完成，首开 DCS 自主改造先河，既锻炼了队伍，又为公司节约了资金；树酯厂 5 万吨氯乙烯改造项目不但消除了装置的安全隐患，又盘活了闲置资产；热电厂 1000M3 制氮项目于 2011 年 5 月份投入运行，年创效益达 440 万元，成为公司又一经济增长点。

【进一步完善各项制度 实行精细化管理】　2011 年方大化工从规范管理入手，在安全、生产、设备、质量、消耗定额、采购、销售、质检等各个环节陆续出台了 40 多项制度，规范工作流程，建立迅捷的决策和制约机制。在生产组织调度、优化资源配置、营销运储等方面进行合理部署，加大各个环节的执行和监管力度，对不合规、不合理的问题予以坚决查处，使各项管理工作日趋完善。

为提高企业的抗风险能力，方大化工在盈利的前提下，居安思危、深挖潜力，把目光放在了缩短与同行业先进企业之间的差距上，推出了“双降一增”的重要举措，确立了包括管理、技改、工艺控制等 71 项节能降耗工作，为完成全年生产经营指标奠定了坚实的基础。

【进一步深化机构改革和人事改革】　2011 年，方大化工在精简、高效的原则下，针对机构臃肿和人浮于事的现象，着手对机构和人员进行了优化组合。对班组长全部实行民主选举；对工程技术人员和工人技师根据工作能力和工作业绩实行评聘分开。公司还对物资、原料、销售的业务人员质管取样分析、自动化的计量人员等重要敏感岗位的业务人员实行全员竞聘上岗。

2011 年，方大化工注重从实际出发开展员工培训，立足于公司自己的培训基地和师资力量，对综合管理员进行业务培训，对电工、气焊工、电焊工、架子工和压力容器特殊工种进行技能培训，员工素质和工作效率大幅提高。

【凝聚人心 共享企业发展成果】　2011 年，方大化工员工工资收入逐步提高，员工的月人均应发工资由改制前的 976 元增加到 2 125 元，是上年的 217.73%；节假日慰问品的发放更增加了员工的幸福感；为了庆祝建党 90 周年，让员工享受党的好政策，方大化工按集团要求为每名员工发放了手机，并给予每月的通讯补贴；在方大集团董事局方威主席的提议下，从 2011 年 4 月份起，在企业盈利的前提下为原锦化七十周岁以上的离退休老同志每人每月发放 100 元的慰问金，共享企业改制的成果，得到广大职工家属和社会的好评，同时也促进了社会的和谐稳定。

2011 年，方大化工组建了由 276 名退役军人组成的辽宁陆军预备役后勤保障旅油料运输营，在国家和社会需要的时候，特别是在抗震救灾、防洪防汛等急、难、险、重任务面前，义无反顾，勇于担当，为人民解难、为政府分忧。新华社、《辽宁日报》等多家新闻媒体多次专访公司，方大化工预备役营亮相央视七套军事频道，企业形象得到有力彰显。

（王　芳）

中冶葫芦岛有色金属集团有限公司

【概况】　中冶葫芦岛有色金属集团有限公司（以下简称中冶有色）的前身是葫芦岛锌厂，始建于 1937 年，当时称满洲矿山株式会社葫芦岛制炼所。1948 年后，企业由人民政府接管，曾更名为葫芦岛硫酸厂、葫芦岛锌厂、葫芦岛东北有色集团有限公司、葫芦岛有色金属集团有限公司。1993 年，葫芦岛锌厂、葫芦岛锌厂工贸实业总公司、葫芦岛锌厂工程总公司作为发起人，成立了葫芦岛锌业股份有限公司，1997 年通过发行股票向社会公开募集资金，并在深圳交易所挂牌上市。1995 年，葫芦岛锌厂与沈阳冶炼厂和沈阳有色金属加工厂合并组建葫芦岛东北有色金属集团有限公司，隶属于中国有色金属工业总公司。1998年，葫芦岛锌厂兼并了沈阳有色金属加工厂。沈阳冶炼厂于1999年破产，沈阳有色金属加工厂于2007年破产。2000年，由于国家产业政策的调整，葫芦岛锌厂由中国有色金属工业总公司移交辽宁省国资委管理，成为省属企业。2002年12月，通过债转股成立葫芦岛有色金属集团有限公司。2007年末，公司与中冶集团重组，加入中冶集团。2008年3月，企业正式更名为中冶葫芦岛有色金属集团有限公司。

公司拥有总资产110亿元、员工16 880人，主要产品年生产能力：精锌26万吨、电解锌13万吨、电解铜10万吨、电铅3万吨、黄金5吨、白银80吨、硫酸100万吨，锌、铟、镉的生产能力位居全国首位。公司产品质量好、信誉高。葫锌（HX）牌锌锭获产品质量国家免检证书；精锌在伦敦金属交易所注册；电解铜在上海金属交易所注册；硫酸获国家金质奖；精锌、精镉、锌粉获国家银质奖。

【主要经济指标】 2011年，完成有色金属产量34.3万吨，其中锌32.6万吨，其他1.7万吨；化工产品51.8万吨，其中硫酸50.8万吨，硫酸锌1万吨；实现营业收入73亿元，实现工业产值57.75亿元。

【企业改革和发展规划】 为从根本上解决企业生存发展问题，公司计划在未来三年里集中力量实施技术升级改造，降低成本，增加产能；积极开发矿山资源，原料自给率达到50%以上；拓宽融资渠道，降低资产负债率；将企业负担的社会职能逐步进行剥离，实现轻装前进。

公司2011总体工作思路：以中冶集团工作会议精神为指导，全面实施精细化管理，扎实开展行业对标，深入挖掘生产潜力，着力提高营销水平，加快矿产资源开发与建设，积极做好搬迁改造前期工作，加大各项改革工作力度，为公司实现三年内扭亏脱困奠定坚实基础。2012年具体工作目标是：完成有色金属产量34万吨，实现销售收入61亿元，实现减亏目标。具体工作措施如下：以行业对标为手段，以精细化管理为突破口，强化生产经营管理，深入扎实地开展挖潜降耗工作，提升生产经营效益。充分发挥技术优势，向产品研发和技术攻关要效益，为企业转型打基础。大力推进西藏矿山建设，提高原料自给率。深化内部改革，减轻企业负担。积极推进搬迁改造，提高企业竞争力。加强精神文明建设，发挥党群组织作用，促进挖潜扭亏。

【合理组织生产 定额指标有新突破】 根据市场变化和各生产系统效益情况，合理调整生产负荷，努力降本增效。电解锌系统针对原料变化及时调整工艺参数，强化岗位操作，全年生产热镀锌13.38万吨，达到历史最好水平，浸出渣含锌由18%下降到16%左右，达到国内同行业领先水平，锌总回收率完成96.82%，对比计划提高0.21%。为降低消耗，3月份开始降低竖罐系统生产负荷，陆续关停了4座蒸馏炉和精馏塔组，负荷由16万吨压缩到6万吨，锌总回收率完成95.44%，达到近3年最好水平。ISP系统使用混合矿和中间氧化物料进行配料生产，利用铅泥代替铅精矿，共处理铅泥1.6万吨，降低了生产成本。综合利用系统积极处理积压的含银物料，加强产品中间过程控制，白银产量同比提高14吨，增效8 000多万元，通过对炉体设备和锑铋工艺改造，同比多回收粗锑13吨，全年综合回收创效1亿元以上。

【强化经营运作 经济效益稳中有升】 产品销售升水创新高。热镀锌销售结合实际产量和市场承受能力，在保证稳定销售的同时，坚持提高升水。全年销售热镀锌15.5万吨，平均升水实现927元/吨，同比提高202元/吨。锌锭销售坚持月均价长单为主的销售模式，最大限度发挥“葫锌”品牌优势，在库存、价格、渠道以及品种结构调控方面始终走在市场前沿，全年销售锌锭15.3万吨，实现升水932元/吨，同比提高360元/吨。

原料加工费空间有所提高。国内原料采购坚持就低就近原则，加强了对东北、内蒙古等传统地区锌精矿资源的控制，开发了华北地区、南方地区资源作为补充。全年采购国内锌精矿6.9万金属吨，平均实现采购价差4 688元/吨。进口原料采购主要以长单为主，加大了谈判力度，全年签订锌精矿进口合同28.1万吨，平均加工费实现

120 美元/吨。

燃料采购质量和价格得到有效控制。采取月初定价措施，有效控制了因价格波动而导致成本增加。通过事前控制、事中监督、事后考核等手段，采购质量始终处于稳定状态。其中，中块煤化学成分合格率完成 99.8%，同比提高 1.2 个百分点；洗精煤合格率完成 93.94%，同比提高 2.64 个百分点；焦炭成分合格率完成 92.1%，同比提高 1.28 个百分点。

【矿产资源开发取得新进展】 西藏华夏矿业公司选矿厂于 2011 年 5 月份开始投料试生产，选矿工艺流程全部打通，全年采矿 47 万吨，完成备采矿量 7.5 万吨。并投资 3 500 万元完成了 12 号和 13 号矿体的勘探，探明资源量 70 多万吨，新发现了开发前景良好的 21～26 号矿体。公司新班子成立后，把西藏矿山管理纳入公司日常考核，组织基建改造人员赶赴西藏对选矿厂尾矿输送管路进行改造施工，确保 2012 年实现正常生产。

尼日利亚矿山项目取得显著地质成果。公司技术人员在尼日利亚 1 年多时间，与中南继善高科共同对在尼日利亚已获得勘探权证的 3 座矿山进行了野外勘查，已圈定出矿体 22 条，并取得 42.8 平方千米的探矿权，有望找到超大型铅、锌、银多金属矿。

【企业内部改革取得积极进展】 完成了经营部门管理人员的竞聘上岗工作，中层管理人员由 15 人缩减到 11 人，取消经营部门下属科室 15 个，科长 17 人。在全厂清理了因各种原因不能正常上班人员 1 200 余人。分流停产单位富余人员，合并职能相近部门和工艺流程中关联紧密的环节。成立综合营销部，理顺了经营系统管理机构。向省、市领导和相关部门就公司供水、供电、供暖等社会职能剥离进行了汇报并取得积极进展，部分工作已开始对接。同时，对幼儿园、运输队、职工医院形成了初步改革方案。

【各项管理工作得到加强】 公司通过加强精细化管理，完善制度，落实责任，强化考核，内部管理进一步得到优化。

1. 加强了营销管理。以“指标约束、过程监督、效益激励”为原则，进一步增强经营系统目标观念、效益观念和群众观念。纪委对营销过程进行监督和抽查。利用电子显示屏将每批营销物资价格和渠道进行公示，确保公开透明。完善了经营指标考核体系，拓宽了视野，积极寻找对公司有利的营销项目，充分挖掘了生产经营潜力，提升了综合效益。

2. 加强了财务管理。为了保证资金链的安全，安排精干人员专项管控资金，抓紧销售回款。全年完成倒贷 114 亿元，保证了各银行贷款不逾期，维持了生产经营连续运转。强化了资金预算管理。以现金流为核心，按月按周编制资金预算。加强付款控制，进一步完善了付款审批流程，堵塞了付款漏洞。加强了财务结算管理，利用一个月的时间，对 2002～2011 年发生的进出口结算账目 105 亿元全面清理入账。

3. 完善质量体系。“葫锌”牌锌锭再次通过中国有色金属协会有色金属实物质量金杯奖认定，5 月份被评为辽宁省名牌产品，通过了质量体系复核审查。强化现场联合采样认证和抽查，严格执行验收标准，及时处理各类进厂物资质量异议，累计处理进厂物资质量异议 30 起 225 车。强化出厂产品检查定级，产品出厂合格率实现 100%。

4. 积极处理前期积存的低效资产，盘活资金。对不能投放生产使用的铜精矿和系统无法处理的铅冰铜、铅泥、旋涡尘、焦渣等中间物料，以及废旧钢材等物资，通过招标竞价等方式销售变现，全年共处理低效资产 9 亿元补充流动资金，有效缓解了公司资金压力。

5. 安全环保水平有所提升。落实“安全问责”、“一岗双责”制度，加大了现场整治和隐患排查力度，狠抓习惯性违章。将现场管理作为一项常态化管理工作来抓，坚持每季度组织进行一次现场管理达标验收活动，现场环境明显改善。全年实现重伤以上事故为零，污染源基本实现达标排放。

【加强精神文明建设】 2011 年，公司党委坚持以经济发展为中心，加强精神文明建设，促进企业和谐发展。通过开展创先争优活动，加强自身建设，改进工作方法，坚持科学发展，党建和思想政治工作取得新成效。

有效发挥党群部门作用。注重发挥党组织的战斗堡垒作用和党员先锋模范作用，针对生产经营薄弱环节和难点问题，开展了一系列挖潜增效活动。一些主要生产单位开展降电耗、降煤耗、提高回收率等指标竞赛，收到实效。积极开展青工“状元杯”大赛和“青年科技兴厂”活动，有效调动了青年技术人员的积极性。

大力开展纪检监察工作。年初，公司党委与各单位党政主要领导签订了廉政建设责任书，建立了责任考核和责任追究制度，重点落实“三重一大”制度，针对一些倾向性、苗头性的问题及时敲响警钟。对影响企业效益的重点部位和关键环节进行调研，加强效能监察工作，参与经营单位领导岗位竞聘、闲置物料招标以及高级职称评聘的监督监察，保证各项工作公平公正，及时查处了群众举报的一些干部及职工违章违纪案件。

高度重视信访维稳工作。在企业内部形成了“统一领导、部门协同、统筹兼顾、标本兼治、各负其责、齐抓共管”的工作格局。全年妥善处理个体上访事件32起，集体上访8起，大规模群众上访2起，办结率100%。

积极关心职工生活。全年共走访慰问困难职工、离退休老工人 90 户，救济困难职工 2 280 人次，救济金额58万余元。对9名困难职工子女就读大学实施了金秋助学活动。挤出有限资金对职工住宅进行维修，全年共实施住宅楼防水大修26栋，小修1 218户，暖气管路维修225户，为职工创造安心舒适的生活环境。

（孔宝顺）

中航黎明锦西化工机械（集团）有限责任公司

【概况】 2011年是中航黎明锦西化工机械（集团）有限责任公司重组的第二年。这一年也是中航黎明锦化机新10年规划的开启之年。企业紧紧围绕发展主线，加强工作推进力度，各项工作取得了阶段性进展，比较好地完成了各项任务目标。生产经营和各项管理继续保持了较好的发展状态。

2011 年集团公司实现销售收入 130 692.76 万元，同比增长24.24%；2011年集团公司共回款 129 983.78 万元，其中母公司实体回款 66 205 万元；实现税金2 509万元；实现利润9 012.56万元，同比增长220.42%；实现EVA（经济增加值）7 246.59万元。母公司新产品产值43 194.88万元，同比增长75%；累计订货132 444.38万元，新增订货57 801.38万元。

【生产经营又有新进展】 2011年对于生产系统而言，可以说是困难重重。重点工程多、交货期集中、用户急需等困难成为生产瓶颈，为提高工作效率，公司推行了专业化生产模式，成立了聚合釜、干燥机两个项目部和聚合釜工段、堆焊工段；又针对产前准备时间过长的问题，设立了施工准备处，均衡生产能力，加强了对半成品转出率、商品入库率和关键节点完成率的考核和落实，确保生产作业计划的完成和在产工程的连续性。公司针对重点工程、用户急需工程展开攻坚战，在对二甲苯罐车攻坚战中，创造了一个月生产30台罐车的历史纪录。2011年完成产值比上年同比增长24.3%。全年共完工发货设备862台套，产量26 000吨。其中聚合釜项目完成69台，产值14 270万元；干燥机项目完成4台，产值11 161万元；非标设备完成787台，产值48 013万元。成立了工装处，组建了工装管理队伍，推行了工装二级管理模式，全年节约工装制造费用100万元。安全生产工作开展较好，全年无死亡、重伤、重大火灾、爆炸、多人负伤等事故，轻伤事故率控制在0.45%。

2011年面临市场竞争激烈，原材料价格尤其是钢材价格上涨等诸多不利因素，公司领导班子认真研究国家的宏观调控政策，认真分析经营形势，研究具体措施，充分发挥两级班子的积极性，努力开拓经营，并加强了对项目的前期信息跟踪力度，经营部门对信息进行动态管理，扩大了项目信息来源。同时调整销售政策激励销售人员积极性。积极参加工程投标，其中参加工程投标64项，中标19项，中标率30%，争取多笔大额订单，特别是单笔合同超过8 000万元的有2项，新增订货 57 801.38 万元，实现累计订货 13 274.42 万元。积极组织应收账款清理工作先后多次召开经销工作会，对所有应收款项逐一梳理，同时明确责任，要求各单位积极催要货款。组织法律部门参与了应收款项清理，已下发大量催收函和法律函，正在考虑对其中部分单位提请诉讼。2011年共回款129 983.78万元。实现税金2 509万元；实现利润9 012.56万元，同比增长220.42%；实现EVA（经济增加值）7 246.59万元。成立了售后服务部，协助客户做好了现场设备安装与调试，以及现场维修与保养等，实现了良好和及时的售后服务。

生产经营系统以用户为中心，以信誉求发展，逐步提高了生产效率，缩短了制造周期，提高了合同履约率。

【质量技术又有新提高】 2011年公司推行“零缺陷”管理，全员树立“质量就是生命”的质量观和以质取胜的发展观。新年伊始召开了质量工作会议，引入质量经营概念、加强质量控制、树立以顾客为中心的质量观念，促进质量工作健康发展，质量系统通过开展“整质运动”全面提升质量管理水平。编制了“内部顾客满意度调查表”和统计软件并在13家分厂及7家处室间开展了调查。各单位把兄弟单位当做顾客看待，把为他们提供满意的产品与服务，当做自己的责任。促进了各单位之间密切配合，团结协作，共同提高。通过一系列措施的开展，公司主要质量指标基本上达到了计划要求。一次焊缝返修率为2.26%，比上年略有下降。定型聚合釜优质品率为90.6%，高压设备优质品率为81.8%，泵阀类产品优质品率为97.7%，减速机、高压设备、回转设备优质品率均达到了100%，容器系统一次交检合格率为92.77%，金工系统一次交检合格率为97.51%，均达到了计划指标。

计量处、无损检测中心配合生产及时，为全年生产任务的完成作出了贡献。

技术系统全年确定应完成科研项目20项。已完成13项，4项延期，其余正常实施，科研项目计划节点完成率为100%。取得专利4项，修订了第10版“压力容器制造质量保证手册”，完成了17项产品企业标准的换版备案工作。加强技术开发，取得较好成绩。新产品立项共9项，已完成5项，其余4项正在进行中。新课题立项共7项，已完成3项，其余4项正在进行中。

完成报价技术文件144项，365种设备，产值12.4亿元。

完成产品工艺文件72个项目，设备362台，产值5.4亿元。

公司自主研发的百万吨级PTA/CTA干燥机成功通过了国家级“国产化首台套科技成果鉴定”，显示了本公司在该项目上的雄厚实力。

成功承办了以“节能减排”为主题的第十三届全国干燥会议，提高了企业的知名度。

完成了压力容器制造许可证、安全附件制造许可证等换证工作。

加大了与科研院校的合作与开发。与乌克兰马卡洛夫国立造船大学建立了长期合作伙伴关系，共同开发离心式压缩机、蒸汽轮机和燃气轮机。

【成本控制保证提高效益】 2011年，公司资金周转面临的形势非常严峻，由于工程利润空间越来越小，而支出尤其是人工费用快速上涨，材料（特别是钢材）价格上涨，且支付条件苛刻，经常要现款提货，甚至是预付款后再提货，资金压力较大。针对这些情况，公司完善制度，严格执行，基本完成了资金管理目标。提高催收货款和办理结算工作的效率，取得了一定的效果。注重成本管理工作，加强与各单位的沟通，提高成本的真实性和准确性。坚持成本分析，及时发现成本管理、费用支出等方面存在的问题，积极采取措施，及时解决问题，进一步加强了成本费用的管理工作。

运行保障部加强了设备管理，尤其加强了对精、大、稀、关设备的监护和管理，将设备检查由原来的每月两次调整为每周一次，设备完好率保持在97.4%，基本上保证了生产的顺利进行。认真落实节能降耗计划，加强对水、电、风、气等能源的管理，全年能源消耗费用为2 104.07万元，同比上升了13.31%，万元产值能耗费用为245元，同比上升了5.5%，能源消耗费用增加的主要原因是柴油、汽油、液化气、天然气、电等购入价格分别上涨了4.54%、19.06%、43.45%、35.5%和3.33%。实施了油炉改天然气技改项目，一方面降低了能源消耗，节约了成本，另一方面减少了污染物排放，改善了生产环境，是一件利国、利企、利民的好事。积极配合销售部做好售后服务工作。

2011 年在面临主要能源原辅材料价格大幅度上涨的情况下，我们从源头抓起，坚持“货比三家”的采购模式，在保证质量的前提下，用降低采购成本的方式，抵消部分增资因素，全年采购成本比预算成本减少 303 万元，其中运行保障部节约 39 万元，生产部节约 86 万元，采购部节约 163 万元，泵阀厂节约 15 万元。

【强化人才培养 稳固人才 技术优势】 今年为适应生产经营规模的不断扩大，进一步加强人力资源管理的开发，重点加强了干部队伍建设和人才的引进和培养，加大了对中层以上干部的考核。通过考核，褒扬优秀，鞭策落后。找出干部队伍中存在的问题，进一步提高干部队伍的责任心和战斗力。加强后备队伍建设，为后备人才压担子，促使他们尽快成为主力骨干，为公司储备了一批后备干部，成为公司生产经营拓展的重要保障。加大人才引进力度，注重人才的培养和教育，继上年引进各类本科、专科生后，2011 年又引进研究生 6 人、本科生 42 人、专科生 69 人。创新用人机制，通过公开招聘，搭建公开、公平的干部任用平台，补充了公司对人力资源的紧迫需要。

【结合生产经营实际 提升整体管理水平】 根据生产经营实际，加强各项管理。1. 开展了绩效考核工作。每个单位和每个员工都能围绕公司的经营目标开展工作。但目前还需要在取得实效上下工夫。2. 综合平衡计分卡取得有效推进。11 月 1 日，组织各部门召开了《黎航化机 2011 年 IBSC 推进工作研讨会》。就“平衡计分卡的指标选择和设定”和“平衡计分卡推进工作的问题”两个议题展开了讨论。共形成了 10 项讨论建议。此次讨论进一步统一了思想，同时也剖析了平衡计分卡推进过程中的主要问题，为公司 IBSC 推进工作的进一步开展指明了方向。3. 6S 管理工作形成了月检查、月评价、月考核的推进机制。

【子公司运行良好 发展后劲十足】 物贸公司完成实体订货 963. 54 万元，回款 3 829 万元，实现销售收入 28 489 万元。

锦化机石化装备（内蒙古）公司二期工程正在顺利进行中，边施工，边生产，边开展经营工作。已实现销售收入 25 549. 97 万元，实现订货额 10 869. 35 万元。

锦化机石化装备（呼伦贝尔）公司工程进展顺利，项目建设正处于收尾阶段，各项工作都在紧锣密鼓地进行。

【党建和群团工作有成效】 公司党委紧紧围绕生产经营中心工作，坚持党建与生产、经营、管理相融合，为公司各项工作的开展提供坚强的组织保证。一年来组织党员领导干部协助重点工程穿管子，累计义务献工 8 000 余小时，缓解了生产压力。针对订货、回款的压力，党委组织党群机关人员催收货款，取得 1 750 多万元的成绩。在“整质”活动中，党委组织了质量问题揭示巡展，共展出 8 次，1 000 多名职工受到质量教育。不断加强组织建设，加强对干部的教育和培训。完善了对各级领导干部的管理和考核制度，从德、能、勤、绩、廉五个方面对干部进行考核，形成了较为完整的干部管理、考核、监督和问责体系。2011 年深化了企业文化建设，以企业文化理念与经营管理、制度建设深度融合为突破，开展了新一轮全员价值观塑造工作，着力强化各项工作体系建设、精品意识和精品文化习惯的养成，企业文化认知度已达到 86%以上，统一着装率达到 95%以上，企业文化覆盖率达到 80%以上。

进一步加强了党风廉政建设，对广大党员领导干部进行了“领导干部廉洁自律法律法规”测试，中层以上领导干部都签订了《党风廉政建设责任状》，并自觉地在行动中加以落实，形成了廉政勤政的良好风气。

开展了咏红诗、颂红歌、板报比赛、演讲比赛，创先争优经验交流等一系列丰富多彩、形式多样的活动，不仅使建党 90 周年活动多姿多彩，也使干部职工在活动中受到教育和启迪。

工会和共青团围绕企业中心工作，开展各种劳动竞赛，组织文体活动，丰富职工业余文化生活，参与职工 2 806 人次。共青团组织团干部和团员参加急、难、险、重工程和防汛抢险等工作，发挥了青年突击队的作用，并获得了葫芦岛市“青年文明号”称号。

【以人为本 努力增加职工收入】 不论企业经营多么难，公司始终坚持把为职工办实事、解难事摆在重要议事日程，统筹兼顾，突出重点，不断改善职工工作环境和生活质量，全年在岗职工人均收入 31 638.36 元，同比增加 2 526.96 元。救助困难职工 350 余人次，发放救济款 56 400 元，受益职工 1 650 余人。开展了“暖心工程”，为一线 13 个单位购置加热器、消毒柜、保温桶、白糖、酸梅汁等用品。

（王　海）

旅 游

【概况】 2011年，在市委、市政府的领导下，在省旅游局的指导下，全市旅游工作认真贯彻落实党的十七届六中全会精神，紧紧围绕市党代会确定的打造文化旅游支柱产业奋斗目标，扎扎实实抓好各项工作落实，圆满地完成了全年工作任务。

【五项旅游经济指标圆满完成】 全年接待旅游人数1 584万人次，同比增长21.2%；实现旅游总收入144.5亿元，同比增长56.7%；接待入境旅游人数6.8万人次，同比增长24.5%；旅游创汇实现3 950万美元，同比增长25.2%；国内旅游总收入实现142亿元，同比增长57.5%。完成了年初计划目标和增长比例。全省系统排名力争实现保9位争8位。

【旅游规划工作加速推进】 全市《十二五旅游发展规划》在初步完成的基础上，根据新形势发展的要求，做了进一步的修改和完善，修订的规划更加符合本市打造文化旅游支柱产业的需要。本市《红色旅游规划》、《温泉旅游规划》、《乡村旅游规划》正在制定中，力争早日完成。积极配合省局编制完成了《辽宁省海滨、海岛旅游发展专项规划》。

【旅游招商引资工作实现突破】 全年3次随市政府组织的团组赴台湾、香港和浙江宁波参加旅游招商活动。在台湾的旅游招商宣传活动中，市领导在省政府组织的大型宣传推介会上作了专题演讲，引起强烈反响。市旅游局与台湾3家旅行社签订了旅游合作协议书。温泉旅游项目实现了零的突破，由沈阳蓝德集团投资的兴城市高家岭拉斯韦加斯小镇项目已开工建设，项目总投资20亿元，一期投资5亿元，占地0.12平方千米，2011年完成酒店部分地基工程和温泉溶洞池洗浴工程的基础建设。

【旅游新产品项目积极落实】 在积极编制《红色旅游规划》和开发海滨旅游的同时，围绕这两个主题的新产品正在落实和实施。塔山阻击战纪念馆已完成了布展设计，方案已通过，拟于明年将完成全部布展并开馆对外接待。龙湾海滨至兴城海滨的10千米木栈道项目，已对设计方案进行了论证，基础工作已经展开。

【旅游市场营销成效显著】 在旅游宣传促销活动中，继续实施了"引客出关"和"引客入境"的"双引战略"。一是对内宣传延伸了内陆区域和城市。组织本市20多家旅行社和景区以及媒体组成"大篷车"队伍，到河北省、山西省5个城市开展宣传促销活动。行程3 000多千米，历时8天，吸引当地200多家旅行社参加本市的促销会。河北省石家庄、张家口，山西太原、大同等距本市较远地区的游客2011年旅游旺季大量进入本市旅游。本市参加"中国旅游产品节"，七星集团—亿湾陆森游艇有限公司的游艇展品，受到主办单位和省局的重视。二是对外宣传突出了台湾和俄罗斯两个市场。对台湾地区的宣传收效显著。本市九门口长城景区图片在台湾"东南客运"公交车上打出广告，产生广泛影响。

11月20日，台湾旅行商业同业公会组织专程考察团来本市进行旅游线路考察。11月19日，俄罗斯远东地区4个州、边疆区20家旅行社经理及2家旅游媒体记者，应本市旅游局邀请来本市考察，围绕本市"温泉疗养"旅游产品。三是利用新闻媒体扩大本市旅游影响。在长达半年的时间里，在中央电视台《朝闻天下》和《新闻联播》栏目打出了本市旅游形象广告。网游辽宁专业网站，为本市设计了专门网页，对本市14个景区景点作了全景展示。与本市移动公司合作的旅游网站，采用当今最先进的摄影技术全面介绍本市旅游产品，预计明年初将全面开通。四是借助节庆活动树立本市旅游形象。8月18日本市举办了首届中国（葫芦岛·兴城）国际泳装文化节，40个中外模特走进景区，吸引了中外媒体前来采访报道，本市旅游城市形象得到了充分的展示。

【旅游行业管理得到加强】　2011年新审批了7家旅行社，使本市旅行社总数达到65家。对旅行社的质量保证金、责任保险、业务档案、办公场所以及旅游企业的安全生产进行了定期复核和检查，本市旅游企业全年无重大安全生产责任事故。

全面整顿旅游市场秩序。全年接受旅游投诉40余起，旅游咨询200余件，均已得到圆满解决和答复，全年无重大游客投诉案件发生。全市有608人参加了导游员资格考试。

【几项工作受到省局表彰和支持】　一、在省政府召开的全省乡村旅游工作会议上，兴城市被表彰为先进市，建昌县石佛乡被表彰为优秀特色乡镇，连山区山神庙子乡凉水井子村被表彰为专业村，龙港区葫芦山庄景区被确定为全省乡村旅游示范点，同时，有3名同志被表彰为先进个人。

二、由辽宁省旅游协会主办并全国发行的《游客》杂志，开展推荐2010～2011年度辽宁旅游好去处活动，“辽宁五十佳旅游景区”专项评选中，本市灵山寺景区，建昌龙潭大峡谷自然风景区入选；“辽宁十佳旅游海岛”专项评选中，觉华岛入选；“辽宁十佳乡村旅游区”专项评选中，本市葫芦山庄入选。兴城红崖子满族乡金豆花生被评为全省“十大乡村旅游优秀商品”。

三、积极争取上级部门资金支持，经过努力本市争取到省旅游局旅游基础设施建设资金200万元。

【机关党建工作全面加强】　以“争先创优”活动为载体，全面开展了班子建设、队伍建设和机关日常行政工作，定期召开班子民主生活会，交流思想，开展批评与自我批评，班子团结，形成凝聚力和战斗力。认真落实党风廉政建设责任制。我局被评为党风廉政建设优秀单位。

加强干部队伍管理，开展机关纪律作风建设，强化干部的服务理念，增强工作的责任心和事业心，提高办事效率和服务质量，树立良好的机关形象。

全年承办人大建议、政协提案14件，答复满意率100%。机关扶贫工作取得新成效，被评为市扶贫开发工作先进单位。

（赵凤香）

城乡建设 城乡规划

综 述

2011年，是“十二五”开局之年，也是全市建设工作的丰收之年。面对占全省国有工矿棚户区改造总量1/4的艰巨任务，面对16万市民24小时供水的殷切希望，面对国家强化房地产调控的新形势，面对建设沿海生态宜居葫芦岛的宏伟目标，全市建设系统干部职工圆满完成了年初制定的各项工作目标，建设工作亮点纷呈、硕果累累。

重点民生工程

1.保障性安居工程。2011年，省政府下达给本市56 087户保障性安居工程建设任务。突破国有工矿棚户区改造难点，全力推进保障性安居工程建设，实现了“三高一超”即高标准设计、高质量施工、高速度推进，全年共完成保障性安居工程56 330户，超额完成省定任务，得到了李克强副总理、建设部姜伟新部长和省委省政府主要领导的充分肯定。本市荣获省推进国有工矿棚户区改造工作先进单位称号，兴城、建昌、杨家杖子、南票等县（市）区克服了施工规模大、周期短、施工难度大等困难，较好地完成了任务，表现突出。

2.城区供水管网改扩建工程。

作为市政协一号提案，市住建委倾力实施城区供水管网改扩建工程，工程于2010年5月12日正式启动，2011年11月15日全部竣工，三年工期两年内全部完成。两年来共完成室外供水、配水管线17.7万米，入户改造7.9万户，水表出户改造1.1万户。工程改造后，原直供住宅水压不足问题得以解决，老旧小区水污染问题得到根治。在青山水库未竣工的情况下，提前实现了老城区24小时供水，16万市民与水缸说“拜拜”，惠民成果得到充分体现。

基础设施

以路网改造为重点，加强道路、排水、环卫等基础设施建设。继龙湾大街北延路和海滨北路两条景观路后，2011年投资3 639万元对锦葫路（沈山铁路桥至龙程街路段）和龙程街进行道路改造，城区内两条集功能与景观为一体的道路靓丽展现。同时，对全市主次道路破损路面、方砖、边石进行填平补齐，城区道路完好率达到95%以上，道路承载能力和通行能力大幅度提高，有效地缓解了交通压力。市环卫处转变传统作业模式，购置2台多功能清扫车、2台大型干扫车、2台大型冲洗车、2台多功能除雪车，环卫作业水平进一步提升。

绿化亮化

全年新增绿化覆盖面积1.1平方千米，绿化覆盖率达到41.5%，人均公共绿地面积增加0.8平方米，达到13.1平方米。城区内三条“鲜花大道”扮靓滨城，水系亮化、喷泉雕塑为城市增添了文化内涵与艺术活力。兴城、建昌、龙港等县（市）区不断加大亮化投入力度，夜景观绚丽多彩；龙湾大街中段、海辰路亮化提档升级，温馨高雅的亮化效果已经显现，城区内初步形成了

“白天看绿化，夜晚看亮化，全天看美化”的景观效果。

城市管理

围绕省“绿叶杯”和“四化”竞赛内容，全市开展了以“我们的城市，我们的家园”为主题的城市环境综合整治活动。市住建委、各县（市）区积极创新管理方法，建立了深化城市管理等 6 项制度，实施了 17 项整治和提升工程，各项管理工作取得了突破性的进展。通过拆除违章建筑、清理小菜园、打击小张贴小广告、禁止在城区内焚烧冥币纸钱等一系列城市管理措施，使各种城市“顽症”得到有效治理。随着活动的深入开展，基本实现了基础设施从“有”到“优”，规划管理从“纷繁”到“统一”，环境面貌从“脏乱”到“整洁”的目标。在 9 月初省“四化”竞赛检查中，市直、连山区、龙港区和南票区独立参赛，成绩突出，得到了省检查团的高度评价。

建筑业

2011 年，全市(不含绥中县)完成建筑业产值 195 亿元，建筑业产值增幅和完成比例居全省前列。在做大做强建筑业和规范装修市场管理工作中取得显著成效，在省工作会议上做了经验介绍，一些做法已在全省进行推广。

房地产业

面对国家强化房地产调控的新形势，本市认真落实调控政策，有效抑制房价，同时克服重重困难，从供给和需求两方面入手，保持了房地产市场健康平稳发展。上年，本市（不含绥中县）在施工面积仅有 651.58 万平方米、竣工面积 106.57 万平方米的情况下，实现了销售额 40.57 亿元。

城区供暖

通过实施国电西部供热工程、渤海热源厂改扩建工程、“技改”试点工程、“拆小并大”集中并网工程，有效地解决了城区内热源不足的问题，主城区大的供暖格局向好发展，城区供暖质量明显提升。全年累计投入供热改造资金 7 332 万元，新装、维修改造锅炉 19 台，维修改造供热管网 70.7 千米，完成分户改造 10 万平方米，城区集中供热率达到 96.6%，为实现“四个确保”奠定了坚实的基础。

物业管理

全市新增物业企业 20 家、物业管理面积 59.3 万平方米，全市物业管理面积达到 609.3 万平方米，物业管理率达 39%，同比增长 2%。全年归集维修资金 4 400 万元，使用维修资金 171 万元，维修面积 5.51 万平方米，惠及居民 1 800 余人。

城镇化建设

2011 年，全市城镇化率指标为 38%，截至年底，城镇化率达到 43%，同比增长 7%，增幅位列全省第一。

建筑节能

完成省政府与本市签订的 10 万平方米太阳能应用目标，在全省“禁实”检查中名列辽西第一，在省建筑节能检查验收中，本市建筑节能工作处于辽西五市领先地位。

（张　旭）

城乡规划

【概况】 2011 年，城乡规划工作围绕“工业强市、项目支撑、沿海开放、民生保障”发展战略，紧跟全市赶超发展、跨越发展和保八争七的工作步伐。树立“规划服务于发展、规划引导发展、规划促进发展”的理念，探索创新，真抓实干，较好地完成全年各项工作任务。完成各类规划编制和设计330项。总用地面积37.14平方千米，总建筑面积为750万平方米。其中控规34项，详规87项，市政工程209项；组织召开规划委员会主任会议3次，召开14次业务会和7次审查会，研究了100个项目规划；全年，批复控、详规划46项；审定修详规划47项；审批办理用地规划许可69件；建设项目选址意见35件；出具规划设计条件122件；年初制定的31个建设项目用地规划，审批办理总数的70%。审批办理建设工程规划许可90件，准予建设建筑面积为290万余平方米，较上年同期提高了100个百分点，目标值超出前两年的总和。

【各类园区项目规划】 把支持“一线十三区”和重大项目建设作为服务于葫芦岛市经济建设的重点工程来抓。对龙湾中央商务区控规进行了调整；重新组织编制了经济开发区总规及商务区起步区、新能源装备制造基地控规；编制了高新园区控规；海洋工程园区白马工业区控规；杨家杖子经济开发区总规及控规、前所现代生态农业产业园区总规和觉华岛旅游度假区总规及控规，为各园区建设、晋档升级作出了突出贡献。同时，为各开发园区31个具体项目编制了控规及详规，为加快项目落地、开工建设保驾护航。全年各园区规划和重点建设项目规划比重占总规划编制量的50%以上。

【城市近期规划】 启动新一轮（2012～2030年）城市总体规划修编；依据城市总体规划，合理调控城市建设用地并编制各类规划。城市近期建设规划（2011～2015年）编制完成，并通过评审。组织编制了葫芦岛市和南票区天然气规划等专项规划，城市建设承载力和综合功能有新提高。按计划组织编制了连山区中央大街两侧控规及城市设计、龙湾片区第一层面控规及武边消城市设计、兴达街与文兴街交角及周边地块控规、连山区锦东村改造控规和岛里港口路西侧地块控规。建成区控规覆盖率较上年底提高了2个百分点，基本上达到全覆盖目标。加强村镇规划工作，组织召开了村镇工作座谈会。下大力研究和妥善处理村民建房历史遗留问题，深入各县（市）区督促村庄规划编制工作。全部完成了计划3个乡镇和52个村庄整治规划编制、成果评审和报批工作。落实全省城镇化工作会议精神，本市沿海一线确定的6个镇3个村人口超5万的滨海风情新市镇规划编制已提交成果。乡镇规划覆盖率为94%，村庄规划覆盖率为30%。在规划区内批准农民危房翻建394户。

【保障性住房规划】 保障性住房建设是一项政治任务，纳入民心工程和绿色通道，特事特办。完成了打渔山南票新城、化工地区、杨家仗子共计155万平方米的保障性住房地块的控、详规划的编制与审批，为保障性住房项目快速开工建设提供了技术支撑和时间保证。相继完成了石化南山居住区、化机生活区等地块32万平方米棚改规划；推进完成了连山刘台子、二台子、锦东村及龙港茨山、南荒地、齐屯、郝家屯、岔沟、老和台等城中村改造规划，用地面积3.18平方千米。近10万户居民的居住质量将得到极大改善。

【规划审批管理】 为经济建设服务，真情为基层服务，真心为百姓利益服务的思想树立牢固。根据本部门的工作职责，审批、审核时限、服务规范等具体事项向社会作出了服务承诺，逐级签订了软环境服务承诺责任书，形成了靠制度管理、靠制度落实的管理模式和承诺服务的良好环境氛围，得到了各开发区园区及建设单位的肯定和赞扬。按照市委要求，开展了项目年活动。推行了行政首问负责制。各园区项目、保障房项目均纳入绿色通道审批。集中办理了保障房建设开行贷款选址和为已批未供土地核发规划条件等急、难问题。为支持沿海经济带建设，全局人员统一思想，强化责任，成立了领导小组，每个副局长专门负责一个园区，统筹协调相关规划工作。为服务觉华岛开发建设，组建了觉华岛规划分局。全年，各园区规划占审批总量的70%以上。依法行政制度建设有新作为。年初计划的《葫芦岛市城乡规划管理办法》、《葫芦岛市建设工程规划核实办法》正在修改完善。《葫芦岛市地下管线管理办法》正在起草当中。加强了对规划审查不细，要件不全办理审批的管理，得到明显改善。执法监察成效明显。监察注重制度化、长效化、日常化和服务化管理。对辖区建设工程实施不间断检查230余次，查处违章建筑19项。组织对在建工程放验线81项、竣工验收149项。积极参与“我们的城市，我们的家园”城市环境综合整治活动，与市法制办、城管支队、人防办、非税收入管理局等部门联合执法检查，对存在的问题进行了集中整治，有效维护了城乡规划的严肃性和法律权威性。省住建厅、监察厅联合检查组半年与年底两次对规划执法进行了检查，得到了肯定和表扬。

【城建档案和测绘管理】 城建档案以市重点建设工程及新开工项目为重点，定期深入施工现场进行跟踪指导。对34个建设项目进行跟踪管理，确保建设、施工档案在源头收集齐全、按时移交。逐渐加强对兴城市、建昌县城建档案工作定期进行监督检查和业务指导，确保市县两级城建档案收集齐全、整理规范、有效利用。坚持“四到位”跟踪管理。共签订《报送建设工程竣工档案责任书》45份，核发《辽宁省建设工程竣工档案初验合格证》56份。努力推进城市地下管线档案管理工作。制定了《葫芦岛市城市地下管线工程档案管理办法》，举办了“葫芦岛市城市地下管线工程档案专题知识讲座”，为下一步推进城市地下管线综合系统建设奠定了基础。勘察测绘管理高效完成测绘任务。共完成测绘工程近180项，其中放线486栋。为市政府重点工程提供比例尺地形图177幅，11平方千米。地形图补测904万平方米；建筑竣工图测量110万平方米。北港工业园区GPS控制网三期工程圆满完成。全力为保障性住房建设提供测绘服务，完成了南票打渔山新区399栋楼的规划定桩任务和33.8万平方米的土方测算工作，受到了市政府的表扬。与沈阳地球物理勘察院合作完成了老区的管网系统改造。完成了龙港区望海寺和葫芦岛港5平方千米的地形图更新。大力推进“数字葫芦岛”建设。完成了“数字葫芦岛”的资料收集，并严格按照规范要求对原始数据进行数字化、转换等整理工作，组织编写了《数字葫芦岛地理空间框架建设项目建议书》，政府已同意开展此项工作，现正在申报立项和资金申请。

（齐　东）

环境保护

综　述

2011年，全市环境保护工作在市委、市政府的正确领导下，紧紧围绕全市中心工作，坚持以科学发展观为宗旨，开拓创新、积极进取，在主要污染物总量减排、环境空气质量改善、水源保护、解决影响人民群众突出环境问题、推进生态市建设等方面，取得了实质性进展，为全市经济快速发展作出了积极贡献。

综合治理

【全市环保会议】 3月4日，市环保局召开了全市环保局长会议。会议议题：一是各县（市）区环保局局长汇报2011年度工作打算，二是局党组书记、局长王志兴作2011年工作部署，三是胡克梅副市长代表市政府讲话。参加会议人员有胡克梅副市长、市环保局领导班子成员、各县（市）区环保局长、市环保局中层领导干部。

【污染减排持续推进】 根据制定的“十二五”污染减排方案和2011年减排计划，将减排指标分解落实到县（市）区，对新建项目实行总量确认制度，坚持把总量削减指标作为建设项目环评审批的前置条件，严格控制建设项目新增量。优化结构减排，淘汰落后生产工艺，关停落后水泥生产线，指导企业开展技术改造工作，增设脱硫设施；注重工程减排，督促污水处理厂进行提标改造，积极推进乡镇污水处理设施建设；抓好管理减排，为15家水污染源企业、22家大气污染源企业安装了自动监测设备，实现了省、市、县和企业四级联网，全覆盖、大范围的监控管理网络初步形成。2011年8月，市环保局被省节能减排领导领导小组评为“辽宁省节能减排工作先进单位”。

经环保部核算确认，2011年，化学需氧量工业生活新增减排量为1 020.34吨，新增排放量为1 288.55吨，较上年增加0.25%，农业源排放量较上年削减6.09%，年总排放量较上年削减3.94%；二氧化硫新增减排量为2 778.66吨，总排放量较上年削减8.15%；氨氮工业生活新增减排量为104.9吨，新增排放量260.15吨，年总排放量较上年增加3.33%;氮氧化物新增减排409.9吨，新增排放量845吨，总排放量较上年增加1.1%。在省政府召开的节能减排工作会议上，葫芦岛市被评为“2006～2010年辽宁省节能减排工作优胜市”，市环保局因在“十一五”期间节能减排期间作出突出贡献，被评为先进集体。

【环评审批助推经济发展】 积极推进重大项目环评审批。建兴高速公路项目、南电公司二期工程均得到省、环保部环评审批；积极协助大连港集团开展石河港项目环评，并顺利通过国家环保部评估中心技术评估。全力推进北方锦化5万吨TDI项目验收。在建设项目审批管理上，实行分类管理、分级审批制度，严把建设项目审批关口，按照国家产业政策、区域发展规划、流域规划，合理配置，严格审批，实行排放总量控制前置，避免“两高一资”项目和低水平项目重复建设。2011年市本级审批建设项目120个，项目总投资1 095 748.77万元，环保投资25 239.62万元，其中环境影响报告书项目48个，报告表项目55个，登记表项目27个，验收项目33个。全年共否决不符合产业政策、选址不合理项目7个。

【自然生态和农村环境保护工作扎实有效】 积极开展农村环境连片整治工作，利用优美村镇的辐射作用，带动周边村镇开展基础设施建设，解决农村脏乱差现象，同时，积极推进农村规模化养殖场建设，规范标准，减少面源污染。经过不懈努力，建昌县白狼山自然保护区正式晋升为国家级自然保护区。开展了环境优美村镇的创建工作，全市有1个乡镇、19个行政村被省环保厅评为“辽宁省生态乡镇”称号。

【环境质量监测工作】 2011年市环境空气质量优良天数357天，达标率97.8%，其中优66天、良291天，轻度污染8天，无中度污染和重度污染。首要污染物PM10249天，占全年83.3%，$SO_2$50天，占全年16.7% 。可吸入颗粒物、二氧化氮、二氧化硫、一氧化碳、自然降尘达到国家环境空气质量二级和省定标准。可吸入颗粒物年均值为0.081毫克/立方米，达到《环境空气质量标准》（GB3095—1996）二级标准（0.10mg/m^3），较2010年上升了6.6%。二氧化硫年均值为0.047毫克/立方米，达《环境空气质量标准》（GB3095—1996）二级标准（0.06mg/m^3），较2010年上升23.7%。二氧化氮年均值为0.032毫克/m^3，达《环境空气质量标准》（GB3095—1996）二级标准（0.08mg/m^3）。较2010年上升6.7%。全市自然降尘年均值为7.88吨/平方千米·月，省定标准为8吨/平方千米·月，较2010年上升26.5%。其中清洁区、工业区达标，交通区、居民区超标。2011年全市地表水河流中六股河水质达到地表水II类标准，女儿河水质达到地表水III类标准，五里河、连山河、茨山河、大凌河、兴城河非城区断面水质达到地表水III类标准，城区断面污染相对严重，为V类和劣V类水体。平山水源地水质稳定达到《地表水环境质量标准》（GB3838-2002）III类标准；乌金塘水库水源地通过终端钼处理技术水质达到地表水III类标准，两个集中式饮用水源地水质符合要求。2011年城市功能区环境噪声昼间均值为55.7dB(A)、夜间49.2dB(A)。各类功能区年噪声均值均达到《声环境质量标准》。与2010年相比，昼间下降1.1dB(A)、夜间上升0.7 dB(A)。近岸海域水质各功能区均达标，无单项超标因子。9个站位综合污染指数在6.19～18.26之间，一类功能区站位为轻污染，二、四类功能区站位为重污染。主要污染因子为无机氮、铅、锌、镉等。

【创建首条“环保绿标路”】 按照《辽宁省人民政府办公厅转发省环保厅关于做好全省大气污染联防联控工作意见的通知》和《辽宁省人民政府办公厅关于印发2011年度省政府对各市政府绩效考评工作实施方案的通知》要求，市政府将龙湾大街设置为首条“环保绿标路”。“十二五”期间，为进一步提高城区空气质量，改善群众生活质量，全市将逐步增加“环保绿标路”数量，扩大黄标车限行区域，督促机动车尾气检测，有效控制机动车尾气污染。

【机关作风建设得到进一步加强】 严格执行各项规章制度，狠抓机关办公秩序、环境卫生、值班值宿、车辆管理、安全保卫制度的落实。根据市纪委《关于推进廉政文化示范点建设安排意见》的部署要求，为强化党员领导干部廉政意识，巩固反腐倡廉的思想防线，市环保局开展了廉政文化进机关活动，观看反腐倡廉教育片，市环保局党组书记、局长王志兴作了“常怀忧党之心、恪尽兴党之责”的党课教育，这些活动进一步营造了尊廉崇廉的浓厚氛围。加强机构改革，实现机关科室职能科学化，新增加两个行政科，即核与辐射安全管理科、污染物排放总量控制科，原污染控制科更名为污染防治科。2011年9月，市环保局被辽宁省政务公开办评为2007～2011年度“5·15”政务公开先进基层单位。

环境监察

【开展化学品环境管理专项执法检查】 按照国家、省环保厅要求，结合实际，市环保局组织开展专项执法检查，全面检查危险化学品生产企业环境保护法律法规执行情况，严肃查处环境违法行为，督促企业整治环境污染隐患、建立危险化学品环境管理台账和信息档案，防止重特大危险化学品环境污染事故发生，确保环境安全，维护社会和谐稳定。

【扎实开展环境信访工作】 加大排查调处工作力度，细化职责、责任到人，对热点、难点问题进行细致梳理、排查和分析，制订方案，防止矛盾激化，同时及时处理环境投诉，提高工作效率。2011年共办理省环保厅转办案件18起，省纠风办转办案件6起，市民投诉中心转办噪声扰民案件6起，市本级共接待环境信访81件，处理率100%，结案率100%。

【开展沿海排污口调查】 集中开展了沿海排污口调查。通过现场调查，全市共有47个沿海排污口，其中：兴城市33个、龙港区12个、绥中县2个。按排污口性质划分，有生产废水排污口10个、生活污水排放口31个、海水养殖业排污口6个。全市沿海企业生产废水排放口能够达标排放，生活污水排放主要存在问题是兴城市海滨餐饮业、疗养院等生活污水由于没有生活污水排水管网而直接排入海中。

【扎实开展环境安全大检查】 按照省环保厅《关于开展全省环境安全大检查的通知》精神，市环保局着眼实际，深入企业，全面排查企业存在隐患。在此次检查过程中，共出动执法人员120人次、执法车辆60台次，检查企业36家。通过检查，有效地排除了安全隐患，达到了预期目的，收效明显。

【开展畜禽养殖业专项环境执法检查】 为进一步加强畜禽养殖业环境监管，打击环境违法行为，改善全市农村生态环境质量，按照省畜禽养殖业专项环境执法检查方案要求，市环保局在全市开展了畜禽养殖业专项环境执法检查工作。按照检查方案要求，对全市各类检查对象进行详细调查，并积极与农业等相关部门沟通，摸清底数，建立档案及基本数据库。全市共有74户畜禽养殖专业户，其中连山区29家、龙港区2户、兴城市15户、建昌县9户、南票区9户、绥中县10户，均不在禁养区及环保敏感区域。

【加强水源保护工作】 对全市水源保护区开展了专项执法检查。全市饮用水源保护区内共有70家企业，其中一级保护区内无企业，二级保护区内有13家，准保护区有57家。存在的问题是水源保护区部分企业特别是老矿山企业无环保审批手续；水源保护区内有9家企业有水外排，均为平山水源准保护区内煤矿等涌出水外排，严重影响水质质量。

【加强学校周边噪声整治】 全市共出动环境监察人员450余人次，执法车辆150余台次，下发宣传资料500余份，检查考点周边相关企业160余家，确保中高考期间噪声整治工作取得圆满效果。

【生物质能锅炉安装初见成效】 茶浴炉燃煤冒黑烟是市民投诉的热点问题，为了解决这一历史难题，自2009年以来，市环保局投入数百万元，在连山区、龙港区、兴城市建成区内安装使用生物质能锅炉。通过推广使用，在全市安装188台生物质能锅炉，经过专家组“后评价”，可替代标煤1.83万吨，减少二氧化硫排放426吨，烟尘排放1321吨，环境成效显著。同时，推动了农作物及次小薪材产业深加工发展，推动了部分环保产业发展，燃烧附产物可作为肥料还田，实现了资源利用最大化。

【重金属污染专项整治】 据统计，全市共有涉重金属企业19家，其中市属企业7家，连山区4家，兴城市5家，建昌县2家，龙港区1家；正在生产的有9家，其余均停产。针对企业存在的安全隐患，市环保局加强了重金属污染企业的环境监管，在全市范围内开展了重金属污染企业专项整治。成立了由石文光副市长任组长的重金属整治领导小组，召开了有专项行动成员单位、县（市）区主管领导及县区环保局长参加的全市专项行动动员大会，对专项整治进行了全面部署，全面排查了涉铅、镉、汞、铬和类金属砷企业，摸清企业重金属污染物排放情况，严肃查处企业违法建设、超标排放等违法行为，遏制了重金属污染事件频发的势头，努力改善了环境质量，确保了社会和谐稳定。

环境治理

【固体危险废物管理有序】 开展了持久性有机物污染物、非电力行业多氯联苯调查工作，深入有危废物品的企业，检查指导企业安全运营情况，督促企业建立环境风险防范制度，落实危险化学品防范措施，完善应急处置预案，有针对性地开展环境应急演练监测工作。严格危险废物管理和危废废物转移审批，严把危险废物转移关，坚持危险废物转移逐级审批、转移联单和公示制度。加强了对放射源及射线装置的安全管理，对7家使用放射源的单位进行了安全检查，防止辐射事故发生。

【深入开展大气联防联控工作】 为了认真落实辽宁省大气污染联防联控暨第十二届全运会环境空气质量保障工作启动会议精神，切实做好全市大气联防联控工作，确保“十二五”特别是全运会期间空气质量。2011 年 6 月 14 日，全市召开大气污染联防联控暨第十二届全运会环境空气质量保障工作会议，会议进一步明确了“十二五”期间全市环境空气标准。2015 年，全市环境空气质量达标天数要超过358天，优秀天数90天以上。可吸入颗粒物、二氧化硫年均值比 2010 年下降5%以上；全面完成“十二五”大气污染物总量减排任务；大气国控污染源全面实现达标排放；淘汰 50%以上“黄标车”，酸雨范围、频率和降水酸度显著降低。

【清洁生产成效明显】 市环保局在钢铁冶金、印染纺织、石油化工、化肥农药等 10 个高污染、高能耗行业 69 家企业中开展了清洁生产审核工作，共实施清洁生产审核方案 744 项，总投资为103 564.9 万元,年获经济效益 4.7 亿元,年节水439.53 万吨,年节电 1 172.31 千瓦时,年减排废水 739.24 万吨,年减排烟尘 202.45 吨。

【全面推进乡镇污水处理设施建设】 根据省委、省政府要求，“十二五”期间全省每年按乡镇总数 20%左右的比例建设污水处理设施,5 年累计建设 900 座以上，到 2015 年，全省所有乡镇建成污水处理设施。2011 年先行启动 100 座乡镇污水处理设施，建昌县八家子镇、和尚房子乡、兴城市东辛庄镇、连山区塔山乡、绥中县万家镇、西甸子镇、前所镇和前所现代农业生态园区 6 个乡镇、1 个园区已列入全省污水处理设施建设计划。10 月 9 日，市政府召开全市乡镇污水处理设施建设调度会，副市长石文光代表市政府与各县（市）区签订了《葫芦岛市乡镇污水处理厂建设项目目标责任书》,并对乡镇污水处理设施建设工作做了详细部署。

【机动车尾气检测】 积极开展了机动车尾气检测治理工作。全年共检测机动车 31 744 辆，检测达标率 91%，治理尾气超标车辆 1 200 辆，限期整治 1 200 辆，核发环保检验合格标志 30 400个，完成了 86 辆黄标车的审核。通过路检抽查、检测机构尾气检测，机动车冒黑烟问题得到了根本好转。

宣传教育

【宣传报道工作】 以全力推进重大项目建设、扎实推进污染减排、强化饮用水源及农村环境保护、着力解决危害群众健康、影响可持续发展的突出环境问题等工作为宣传重点，借助新闻媒体这个平台，广泛开展宣传报道。在各级媒体上发表宣传报道 183 条，其中：《中国环境报》9 篇、《辽宁日报》20 篇、《葫芦岛日报》55 篇、《葫芦岛晚报》17 篇、葫芦岛广播电视台 72 条(不含网络新闻)。编辑发行《环保工作》5 期。

【6 • 5 世界环境宣传日】 以“6 • 5”环境日为契机，开展多种形式的宣传教育活动，不断增强全民的环境保护意识，与市妇联、团市委联合，开展了“减少污染,行动起来”的大型宣传活动，50 多名环保自愿者和连山区环保局的 30 多名干部,向行人发放环保宣传单 2 000 份、宣传品 2 000个、利用旧衣服自制的环保购物袋 2 000 个。6 •5期间,在全市大中型企业开展环保征文比赛活动，共收到征文 100 多篇。在龙湾公园广场，举行了纪念“6 • 5”世界环境日“共建生态文明，共享

绿色未来”宣传活动。现场展出“十一五”环保成就和“废物再利用手工制作”作品展板20块，集中地体现了全市环境治理和节能减排的历程和成就。环保工作人员身披彩带向过往市民发放环保宣传手册、宣传品7 000份。组织全局开展了“保护森林、传递希望、共享绿色”为主题的捡拾垃圾活动，呼吁人人行动起来，保护森林呵护绿色家园。“废物再利用手工制作”大赛与市教育局联合在全市学校中开展了“废物再利用·环保低碳生活”为主题的废旧物品制作大赛，此活动得到了学生的积极参与，共收到参赛作品200多件，学生利用矿泉水瓶、空易拉罐、旧盒子、旧挂历、旧衣服和纸张等，通过剪、贴、画、拼等多种表现方式，制作出各种新颖的作品，向人们展示了资源的可循环利用，通过活动的开展，进一步促进学生环境意识的提升和环境行为能力的提高。

（程德军　曹邦伟）

交 通

交通运输

【概况】 2011年是“十二五”开局之年，在市委、市政府和省交通厅的正确决策和坚强领导下，在市人大依法监督、市政协的民主监督和大力支持下，交通系统广大干部职工坚持以科学发展观为指导，团结奋进，勇于开拓，加大交通基础设施建设力度，强化交通运输行业管理，大力开展“交通工程质量年”活动，实施交通惠民工程，圆满完成全年各项任务目标，交通事业继续保持了又好又快发展势头，实现了“十二五”的良好开局。

一、开拓奋进，超额完成基础设施建设任务。

攻坚克难，公路建设顺利推进。完成公路基础设施建设投资 4.91 亿元，争取计划外资金 2 700 万元。完成县级以上大中修工程建设任务25项17条线路161千米，农村公路工程建设任务 471 千米，总计 632 千米，为省计划目标的157%。各县（市）区交通局强化质量意识，全面实现了建养一体化，大幅提升了公路整体形象。

精细养护，公路路况全面改善。全市累计完成路基整修 1 071 千米，加宽路基 26.25 千米；狠抓公路路域环境综合治理，大力实施春秋两季公路绿化会战，路容路貌明显改善，共消灭绿化空白段100千米，补植加密段55千米；建设景点10处，完善景点9处；改建加固险桥860米/33座，保证了公路桥梁的通行安全。高质量完成省厅布置的迎国检工作任务，顺利通过国家干线公路路况检查，并得到高度评价。

自加压力，农村标准路加快创建。全市累计投入8 710万元，用于农村柏油路维修改造，除省厅投资5 163万元外，地方自筹资金3 547万元，共完成大修里程218.7千米，中修里程174.3千米；加大了农村公路养护投入，对纳入路网的乡、村级公路进行了全面养护，提高了路域环境的美化效果。不断完善和促进农村公路养护管理制度落实。共创建标准路215.1千米。

排除困难，建兴高速征迁准备充分。征地动迁核量工作全部完成，顺利通过省高建局核查，完成市土地、林业等组卷工作，并经省批准后及时上报到国务院待批；省、市征地动迁协议已经签署，保证了建兴高速公路如期动工。兴城市、建昌县党政部门及交通部门发挥积极作用，全力配合建兴高速前期准备工作，体现了高度的主人翁意识和大局观念，为下一步推进建兴高速公路建设奠定良好基础。

积极作为，工程质量显著提升。全市累计投入资金6 000多万元用于设备购置更新。其中连山区、兴城市、建昌县分别对其沥青拌和站按3 000 型标准进行改造，又购置进口路面施工设备12台，为全市提高工程质量打下坚实基础。全系统进一步增强质量意识，严把工程质量关，进一步加强精细化管理，严格基本建设程序管理，确保规范化施工。全市公路工程合格率为100%，干线工程优良级品率为100%，县级工程优良级品率为 85%。葫六线、汤李线、朝青线大修工程达到精品工程标准，兴英线、靠前线、前上线、兴老线等一批农村公路工程也达到优良标准。

真抓严管，安全生产形势稳定。以“平安工地”建设活动为契机，不断提高全员安全生产责任意识，加强工程安全专项整治和考核管理。制订了《葫芦岛市平安工地建设实施方案》和《葫芦岛市公路水运工程平安工地建设指导意见》，明确平安工地建设目标，采取多种措施狠抓平安工地建设，彻底消除了重大安全隐患，确保了无重大伤亡事故。

二、开拓创新，运输服务保障能力显著增强。

交通惠民，彻底改善城市交通环境。一是积极参与“我们的城市，我们的家园”文明创建活动，投入1 600万元配合住建委改造锦葫路，并实施美化亮化工程；二是落实公交优先政策，大力发展城市公交，新增公交车辆89台，新开4条公交线路，并延长了夏季运行时间，缩短发车间隔，开通滨海公路长途旅游客运线路，开展文明公交线路创建，提高乘客满意度；三是投入300万元建立公交信息平台，投入150万元启动公交IC卡，惠及滨城百姓；四是规范出租车经营管理，以评选“好的哥、好的姐”、迎接兴城国际泳装节等活动为载体，开展丰富多彩的行业文明创建，全面启动出租车“服务全运、传递文明”活动；五是实施交通扶贫，全年协调解决扶贫帮困资金556万多元，为贫困地区修扶贫路、架致富桥，超额完成了市政府下达的扶贫攻坚任务。

提质增效，运输市场健康发展。加强对全市货运工作的指导，以发展普通货运为主，提倡发展集装箱及甩挂货车，全年全市共发展营运汽货车3 430台。全年更新客车107台，其中中高级客车54台，推进客运线路集约化，集约线路2条。提高安全管理手段，积极建立包括危险品运输车辆、县区际以上客运班车、旅游包车等重点营运车辆的GPS信息公共交换平台和联网联控平台，实现动态监管，安装GPS终端设备1 896台。

三、从细从严，交通市场监管和行业管理进一步规范。

加强市场监管，保持建设市场良好秩序。召开沥青拌和站质量管理专项会议，促进检测能力和管理水平的提高；积极规范检测市场，严格人员资格准入管理；加强对原材料的现场抽检，确保原材料质量和检测数据真实可靠；重视监理队伍的准入和考核，积极发挥监理作用，使全市建设市场秩序得到进一步规范。

坚持依法行政，维护道路运输市场稳定。与交通公安密切配合，严厉打击运输市场违法经营行为，成立了5个稽查队，专项整治与日常管理相结合，在公安交通分局大力支持下，对城区内的“黑车”、“克隆车”、跑固定线路的出租车保持不间断的打击。接待和化解多次群访事件，保证城区内道路运输市场秩序良好。全年接到投诉案件3 339件，办结率达96.1%，满意率97%，反馈率100%。

不断强化责任，安全生产和应急管理全面加强。在道路运输、交通建设领域，继续深入开展安全整治专项行动，一批安全生产隐患得到有效治理，非法违法生产经营建设行为得到及时查处。认真开展桥梁安全隐患排查治理活动，大力推进“平安工地”建设，继续加大险桥改造和安保工程实施力度，交通安全保障能力显著提升。全市危货运输车辆全部安装GPS，二级以上客运站全部使用安检设备，市客运总站增加设施，全面实施车辆安全例检。本市安全生产管理水平明显提高，2011年全市交通系统安全生产事故率为零。开展多次应急演练，配合市应急办成功化解两次危货倾覆重大事故，受到市政府应急办好评。

四、凝心聚力，党风廉政建设和精神文明建设取得新成效。

市交通局党委坚持把思想政治建设、纪律作风建设和廉政建设作为加强党员干部队伍建设的主线，用“三个代表”重要思想和科学发展观武装党员干部，不断提高广大党员干部的政治素质。通过抓学习，牢固树立“以人为本，执政为民”的工作理念；抓创新，拓宽思路，实现全市交通事业新突破；抓服务，强化管理，努力为群众排忧解难。深入扎实开展纪念建党90周年系列活动，强化党员的先锋队意识。制定了《市局创先争优活动实施意见》，修订了《葫芦岛市交通局党风廉政建设暂行规定》，并结合工作实际认真落实。按照市委、市政府要求，深入开展了惠民政策落实情况大排查工作。在干部选拔任用中，坚持公开、平等、择优的原则。在工程建设中，严格实行“双合同”制，在签订工程建设合同的同时，签订廉政合同。开展创建文明行业活动，培育和树立了一批交通行业的先进典型，树立了交通人的良好形象。本市连续5年被评为全省公路建设文明市；市交通局连续十年被评为全市目标责任制优秀单位；2011年，市交通局被省委、省政府评为文明单位；市局统计工作和审计工作分别被省评为先进。市局被市评为行政执法先进单位、党风廉政建设责任制先进单位、双拥工作模范单位、综合治理工作先进单位、统战工作优秀单位、纠风工作优秀单位、安全生产工作先进单位。在全市“最佳实事”评比中，“市公汽公司顺利完成公司化改造”、“平稳取缔城区运营三轮车”、“真情服务于百姓 为民修路解忧”、“圆满完成锦葫路改造工程”获市最佳实事。

【圆满完成假日旅客运输工作】 全年节日时间内，累计发班541 024个，运送旅客1 144万人次，客运周转量13.5亿人千米，累计加班1 749台次。未发生安全责任事故，未发生旅客滞留现象，圆满完成了“安全、优质、畅通、有序”客运道路运输的总目标。

【平稳完成公交企业改制】 建市以来，市公汽公司干部职工为满足市民出行作出了重要贡献。近年来，油价和人工费用猛涨，公交企业经营困难，随着本市经济的发展和城区的逐步扩大，原有的经营模式已经不能满足市民日益增长的出行需求。市交通局从市建委接手公交管理后，在市委、市政府的大力支持下，多次调查研究，与辽宁虎跃集团结成战略合作伙伴，引进外来资金，协调各部门关系，最大限度争取优惠政策，制定职工安置方案，保障职工的合法权益。经过半年多的艰苦努力，2011年4月2日，葫芦岛市城市公交客运有限公司正式揭牌成立。随着虎跃公司的进入，本市公交车辆万人拥有率由现在的20标台增加到50标台，5年内，公交分担率将由现在的5%将提升到20%，公交车比以往准点、安全、便捷舒适，服务质量显著提高，实现了社会与企业共赢的和谐局面。引进虎跃公司，对公汽公司进行改造，职工得到妥善安置，实现平稳交接，没有出现大规模群访事件。交通部、省交通厅对本市“三大战役”一项改革给予高度评价。

【城市交通秩序整治 全面取缔营运三轮车】 近年来，本市城区营运三轮车数量激增，违规、违法经营严重，不仅造成交通拥堵，而且频繁引发交通肇事，严重危害了广大市民的生命和财产安全。在市委、市政府的统一协调指挥下，市交通局、市公安局、市人社局、市财政局、市工商局、市物价局和市信访局等部门，按照《葫芦岛市人民政府关于依法取缔城区内营运三轮车的工作方案》要求，发挥各自职能，密切配合、分工合作，从4月8日起，组织精兵强将在本市城区开展三轮车收缴工作。一是采取走访、沟通、调解、劝解、法制教育等方式，克服重重困难，现场与三轮车主交流谈心，并讲解有关政策，成功化解了150多起矛盾纠纷。二是查阅翔实的基础资料，制定缜密的工作方案，开展耐心细致、热情周到的“一站式办公”窗口为三轮车主服务。历时一个月，共收缴城区营运三轮车2 243台，无证三轮车7 000台，发放三轮车残值补贴163.7万元，发放就业扶助金2 018.7万元，为近800人安排了就业公益岗位。取缔营运三轮车，使交通事故隐患大为减少，交通拥堵状况得到缓解，运输市场得到净化，市民、车主、社会三方满意。三是联合相关部门，上路查扣违法三轮车，杜绝了三轮车上路运营。四是开通了老城区环路公交线路，解决了因运力不足造成的市民出行不便问题。5月1日起，城区禁止营运三轮车上路，11月12～15号，又取缔残疾人三轮车340台，城区交通拥堵明显减轻，交通安全事故明显下降，市民出行环境明显改善，有力地提升了城市形象。

【彻底改善城市交通环境】 一是积极参与“我们的城市，我们的家园”文明创建活动，投入1 600万元配合住建委改造锦葫路，组织开展对机动车道进行维修，对0.8平方千米沥青路面进行罩面，并实施美化亮化工程,改善了交通条件。锦葫路道路改造工程的圆满完成，不仅提高了本市路网的服务水平，而且对优化城市形象，促进全市经济要素加快流动，构建和谐社会具有十分重要的意义。二是落实公交优先政策，大力发展城市公交，新增公交车辆89台，新开4条公交线路，并延长了夏季运行时间，缩短发车间隔，开通滨海公路长途旅游客运线路，开展文明公交线路创建，提高乘客满意度。三是投入300万元建立公交信息平台，投入150万启动公交IC卡，惠及滨城百姓。四是规范出租车经营管理，以评选“好的哥、好的姐”、迎接兴城国际泳装节等活动为载体，开展丰富多彩的行业文明创建，全面启动出租车“服务全运、传递文明”活动。五是实施交通扶贫，全年协调解决扶贫帮困资金556

万多元，为贫困地区修扶贫路、架致富桥，超额完成了市政府下达的扶贫攻坚任务。

【地方铁路生产持续增长】 全年完成货运量1 753.75万吨，货运周转量37.18亿吨千米，对本市经济发展起到了重要作用。加大地方铁路安全基础设施投入，大修线路22千米，中修线路112千米，中修内燃机车68台次，全部完成了蒸汽机车向内燃机车的转型。强化依法行政，切实提高地方铁路安全管理水平，加大地方铁路执法检查力度，全年共查处安全隐患43处，行政处罚立案12起，培训地方铁路特业人员204人次，保障安全运营，实现地方铁路又好又快发展。

（金　莉）

海洋运输

【概况】 2011年，全年完成港口投资4亿元，完成《葫芦岛港总体规划绥中港区总平面布置调整》编订工作，港口货运吞吐量2 736万吨，2011年，水路运输完成客运量53万人，客运周转量690万人千米，货运量92万吨，货运周转量15万万吨千米。港航生产形势稳定，水运安全生产零事故，零死亡，零损失。口岸运输生产继续保持高速增长态势。

（聂　峰）

邮 电

邮 政

【概况】 2011年是“十二五”规划的开局之年，也是葫芦岛邮政进一步深化体制改革，保持快速、协调、健康发展，向现代化邮政企业迈进的关键一年。葫芦岛市邮政局下辖兴城、绥中、建昌3个县（市）局；内设职能机构6个：办公室、人力资源部、计划财务部、市场部、安全保卫部、工会。下设生产单位6个：函件广告分局、集邮公司、发行投递分局、电子商务分局、金融业务部、营业分局。全市共有邮政支局（所）110个、邮政储蓄网点78个，邮路总长度(单程)1 566千米；固定资产总值1.19亿元。服务面积1.05万平方千米，服务人口286万人。全部从业人员1 087人，其中在岗职工463人，劳务工624人。

2011年，葫芦岛邮政坚持以经济效益为中心，积极创新工作方式方法，强化市场营销，深化企业改革，运行质量稳步提高，全面完成了省公司下达的预算指标，全员劳动生产率实现14.39万元。

【邮政经营】 全市邮政部门紧紧围绕企业经营工作中心，着力推进经济发展方式转变和业务结构调整，促进经济增长主要由成本拉动，向依靠市场营销、项目运作和客户开发维护转变。在确保全区代理金融类业务稳步发展的基础上，进一步加大了邮务类、代理速递物流类业务的发展力度，努力实现了三大板块业务的协调快速发展，主要经营发展指标均居全省邮政中上游。

【邮政服务】 深入贯彻落实《辽宁省邮政服务管理规范》和《邮政通信服务质量监控岗位达标考核办法》，遵照省公司“一落实，二完善，三达标，四规范”的工作目标，通过强化邮政管理监控岗位责任意识，不断提高服务质量管理和监督检查履职能力，通信服务质量形成了齐抓共管的良好局面。通过深入推进服务示范窗口和标准化创建工作，做到了城市营业投递及农村支局物品定置定位，对外服务形象得以进一步改善。加强了岗位培训，强化了服务监督检查；召开了社会监督员及大客户座谈会，同时充分利用投诉电话和局长公开电话，广泛听取社会各界的意见和建议，主动接受社会监督，确保了普遍服务质量。加强了邮件安全检查。在世界大学生运动会、亚欧博览会期间，分别开展了邮件安全窗口验视暗访及总包邮件安全交接情况的专项检查工作等，确保了出口邮件寄递安全和窗口对外服务质量。

【通信能力建设】 2011年全区邮政完成固定资产投资1 969.45万元。其中，购置绥中县西山街、建昌人民路、朝阳路、营业分局山神庙子、兴盛局房5处；购置车辆3台及相关办公设备。对兴城沙后所、曹庄、南大、望海，绥中县万家、塔山屯、荒地，建昌的大屯等支局投递及营业场地进行了增加面积及装修改造等工作；完成了步行街、玉锦、解放路、兴盛、岛里、兴城西关、绥中安居嘉苑、建昌八家子及汤神庙等9个网点的迁址改造工作，局所环境得到了进一步改善。

【企业管理】 进一步加强了财务管理。加强了成本费用管理。制定了成本费用管控目标及措施，健全了成本削减机制，进一步规范了成本管理。加强了固定资产管理。对各种房屋、车辆及设备进行了及时清理，对达到年限的资产进行了及时报废，设备成新率已排在全省前列。在资产管理上本着合理利用，避免浪费、修旧利废的原则严格管理，凡资产调动均办理了相关手续。加强了投资预算管理。严格控制预算支出，做到了每笔投资都严格按照请示、核实、审批流程上报，每月上报省公司投资报表，对省公司统谈、统购、统控的设备和自购设备严格把关，降低了采购成本，规范了采购行为，严肃了投资结算纪律。加强了缴拨款管理。及时上缴了各项税费、资金、收支差额等款项。通过资金收支两条线管理工作，实现了资金实时监控、实时调拨和实时管理。做好了统计和量收系统工作。按时准确上报了各项统计报表，完成了统计新软件的安装和升级工作，实现了县局的电子化统计报表功能，通过了省公司量收小组对集邮取消手工营业缴款、收入日报单的验收。加强物资供应采购管理。按照货比三家，选择价格优、质量好的厂家，做到了及时采购，及时发放，确保了生产经营的正常进行。除省公司统购物资外，对物资供应由市局统谈、统购，统一支付，节约了成本，做到了对资金的有效控制。切实规范财务管理。7 月份接受了财政部、中纪委等部门组成的“小金库”督导组的检查，对发生的经济事项进行了核查。按照省公司关于规范财务行为相关文件精神，下半年进一步加大了财务管理力度，有效监控和规范了企业的经营行为。进一步强化了人力资源管理。加强了对薪酬的管理发放工作。根据人员岗位和工种变动情况，及时对岗位工资、津贴和奖励等工资项目进行调整；同时依据绩效考核办法对各县（市）区局、机关和生产分局的绩效工资进行核算、发放。认真做好了各种报表的填报工作。对 2011 年劳资、用工、人事年报的数据进行了认真采集核对，将工资总额和劳务费用数据进行了核对、上报。加强了对用工的管理工作。年初，与劳务派遣单位签订了协议，与 583 名劳务人员签订了劳动合同。按照省公司的要求对委代办用工进行了规范，与 141 名委代办人员签订了劳动合同。同时，对合同到期的在职职工的劳动合同进行了续签。加强了干部管理工作。对聘任期满的中层干部进行了考核。加强了职工教育、岗位技能鉴定、“双定”及作业组织流程优化工作。全区共有 953 名职工参加了全省邮政网络学院网上学习竞赛活动，由于组织到位，职工积极参与，此项活动全省排名第二，受到了省公司的表扬。进一步加强了安全生产工作。切实将资金、车辆、邮件、消防安全及综治、维稳、依法治市工作放在全局工作的突出位置，对 78 个储蓄网点和 4 个金库进行了安全评估，通过交流，促进其相互学习，取长补短。注重出车前后检查，时刻绷紧行车安全神经，不容半点闪失。全年共完成安全检查频次 4 个，下整改通知 106 份。成立了综治、维稳工作领导小组，对我局综治、维稳、依法治市工作进行了周密部署，将综治、维稳、依法治市工作落实到部门及个人包干。全年未发生安全生产责任事故。

【和谐企业建设】 在省公司党组和市委的领导下，坚持“两个文明一起抓，两个成果一起要”的指导思想，紧紧围绕企业经营工作，开展了一系列的思想政治工作，推动了企业“两个文明”建设的协调发展。组织开展了“创建学习型组织、争做知识型职工”和“为民服务，创先争优”活动，不断提高职工思想政治素质和理论水平。强化了理论学习，组织学习了党的十七届五中、六中全会精神以及胡锦涛、温家宝等中央领导同志的讲话，系统学习了国家、省、市关于“十二五”建设发展纲要等。工会、共青团组织通过开展报刊“三突破”竞赛、网运技能竞赛、安康杯竞赛、争创青年文明号等形式多样的活动，进一步增强了企业凝聚力。增设了“局务公开栏”、“局长信箱”、“员工建议意见箱”；支局增设“薪酬、奖金分配公开栏”，维护了职工的利益，落实了职工的知情权、参与权，畅通了廉政通道，开展了“党风廉政宣传月”活动，加强了软环境建设工作，营造了企业廉洁文化氛围。精心制作申办和谐企业短片，深入开展精神文明创建与和谐企业建设活动，大力倡导改革创新和胸怀全局、甘于奉献精神，努力构建和谐企业，获得了辽宁省“和谐企业”和“模范职工之家”荣誉称号。发投分局职工书屋被中华全国总工会授予中华全国总工会“职工书屋示范点”荣誉；绥中县荒地支局被国家邮政局授予全国邮政系统“模范职工小家”光荣称号。

（刘洪军）

中国移动葫芦岛分公司

【概况】 2011年，葫芦岛移动公司以科学发展观为指导,以坚持“客户为根、服务为本”为发展理念，以“服务地方经济发展”为主线，以效益为中心，夯实基础、提速建设步伐、提高网络质量、规范渠道运营、全力提升生产经营能力和服务水平，各项工作取得了较好成绩。

【主要指标完成情况】 1.累计运营收入7.89亿元，累计收入增幅8.13%，收入额度及收入增幅在全省排名预计第九。2.GSM接通率99.43%，指标为99.40%；最差小区比例0.13%，指标为0.20%。3.新增GSM基站208个，TD基站309个，WLAN AP 3 000个，数据专线500条，管道179千米。4.2011年缴纳营业税等共约5 500万元。

【主要工作】 （一）坚持“客户为根、服务为本”的发展理念，提升服务实效。1.加大建设投资力度，促进地方经济发展。2011年新建GSM基站208个，TD基站309个，总投资6亿元。公司实现了对市区、县城和重点/热点区域、重要乡镇的连续覆盖，为无线城市建设打下了坚实基础。并紧紧围绕市委市政府建设的整体布局，发展滨海公路沿线、打渔山园区、北港工业园区、龙湾中央商务区、高新科技园区、兴城临海产业区、觉华岛经济区、绥中滨海经济区、葫芦岛港等沿海经济带和产业园区的通信建设。2.规范市场经营秩序。公司实行全渠道“一价制”正价销售，公司还是坚持持续实施规范的市场经营行为，为客户提供信誉保证，为葫芦岛的城市文明发展贡献力量。3.加快实体渠道补点和电子渠道建设，为客户提供便捷服务。2011年，葫芦岛移动公司自有营业厅新增11个，社会渠道新增44个，方便客户办理业务。同时，为方便客户足不出户即可办理业务，移动公司加大了电子渠道建设，已经实现通过互联网（www.ln.10086.cn）、手机无线网络（wap.ln.10086.cn）、短信（发送业务代码到10086）、电话（10086）等多种途径直接办理业务。4.全面开展服务质量大会战工作，提升服务质量。公司面向全市客户开展服务质量大会战活动，在营业网点等客户可接触点，与客户一对一进行沟通，了解服务中存在的问题，并及时进行整改。服务质量大会战重点围绕营销活动、增值业务、产品质量、集团产品客户接触点等6大类35项展开整改工作。首先，组织公司层面各专业参加专项整改会议，制定具体整改方案措施，将工作落实到部门，落实到人头，务求在规定的时间内完成短板提升工作；其次，公司每月针对投诉焦点及难题问题召开服务例会，查找短板，对影响客户感知的环节进行深入的分析，协调资源、梳理流程。5.组建电话客户经理队伍。为更好地开展中高端客户服务和维系工作，公司组建了电话客户经理队伍，全面铺开电话客户经理一对一关怀服务，有序地开展资料核实、生日关怀、业务办理、套餐推荐等服务，实现了高价值客户的保有，提高了客户满意度。（二）践行社会责任，促进葫芦岛文明发展。1. 3·15倡导维权。3月15日，公司总经理商勤作为葫芦岛市的消费维权志愿者形象大使出席315消费维权活动，倡导大家秉承“奉献、友爱、互助、进步”的精神，尽己所能、服务奉献，为受到侵害的消费者提供救助与服务。2.中国移动葫芦岛第二届读书节活动。于4月联合市政府各部门共同举办了“中国移动”葫芦岛第二届读书节系列活动，此次活动意在全市倡导“读书明理、读书求知、读书成才”的良好风尚，根植“全民学习、时时学习、处处学习”的学习理念，让读书学习成为全市人民自发追求的生活方式，从而不断提升城市文明程度，推动学习型城市、文化强市与和谐社会的形成。3.“劳能创造美，动在你我心”大型系列活动。于4月末联合市总工会、葫芦岛电视台《零距离》栏目组共同推出了“劳能创造美，动在你我心”大型系列活动，旨在关怀慰问不同时期的劳动模范，活动期间共走访15位老劳模，期间向老劳模同志赠送了关爱小礼品。4.“红旗飘飘，党在我心”大型系列活动。于6～7月初联合葫芦岛电视台《零距离》栏目组共同推出了“红旗飘飘，党在我心”大型系列活动，旨在关怀慰问不同时期的老红军、老共产党员，活动期间共走访30位老红军及老共产党员，期间向他们赠送了关爱小礼品，得到了一致的好评。5.动感地带中学生“3对3”篮球挑战赛活动。2011年6～7月公司携手葫芦岛市教委开展了动感地带中学生“3对3”篮球挑战赛，赛期持续近3个月，覆盖全市所有中学，是葫芦岛市学校覆盖范围最广、影响最大、水平最高的中学生篮球赛事。通过此次活动公司将动感地带营销工作渗透到了中学校园，并加深了与学校之间的沟通，最终为中学校园营销传播打下了良好的基础。6.助力高考，关爱考生，服务考生。在全市14个考场外设立了动感地带高考服务站，推出了一系列服务举措，倾情服务考生和家长，为广大的高考考生们献上了一份关爱，受到了社会各界的好评。7.与少年宫联合开展“亲子种植林”活动。移动公司联合市青少年宫艺术幼儿园，举行了“种植希望、放飞梦想”绿色四月主题活动。公司员工和青少年宫艺术幼儿园的小朋友、家长、老师，一起在五里河岸边，栽种了属于他们自己的“亲子种植林”。8.建设魅力葫芦岛网站。公司与旅游局联合推出“魅力葫芦岛网站”（www.mlhld.com.cn、www.mlhld.cn），采用先进的720度全景摄影技术展现家乡美景，介绍人文风土。9.开展系列VIP讲堂活动，推进葫芦岛文明发展。公司特邀于丹、邹越、翟鸿燊等重量级文学大师来本市进行演讲，让客户零距离领略了大师风采，体会到了作为移动客户的尊贵和自豪。于丹“感悟中国智慧”活动社会反响热烈，受到市长等各级领导的关注；邹越“让生命充满爱”大型巡回演讲在本市共举办了7场，27所学校4万余名师生和家长参与；翟鸿燊“解析国学应用智慧”。10.无线城市规划建设。葫芦岛移动作为市内拥有最大移动网络和客户规模的国有企业，在通信领域占有重要地位，肩负着推进本地基础通信设施和信息化建设的重任。

（姚　阳）

中国联通集团有限公司葫芦岛分公司

【概况】 2011年是葫芦岛联通深入贯彻科学发展观，发挥全业务运营优势，实现跨越式发展的起步之年。公司上下顺应移动互联网发展新趋势，以3G和宽带为引领，抢抓机遇、加快发展、做大做强，不断加大市场拓展力度，提高网络保障能力，持续改善客户感知，提升企业综合实力，各项工作取得了新的进展，较好地完成了全年各项任务指标。截至2011年12月底，全地区主营业务收入同比增长5.89%。其中移动业务收入同比增长24.08%；固网业务收入同比下降5.50%。从份额看：2011年11月底葫芦岛联通收入市场份额为37.86%。

【经营工作】 2011年，公司以提升市场份额为目标，以创新营销模式为手段，通过强化经营管理，保存量、激增量，促进重点业务发展。实现了3G业务增长趋势强劲，宽带业务快速发展，2G业务成功转型，融合业务稳定增长，固话业务下滑速度得到控制，行业应用快速发展的公司战略规划目标。

1.2G业务转型初步实现。

重点推广2G合约产品，持续优化佣金支付方式，深入推广“灵通升G”，2G业务转型初步实现。2011年对2G发展模式进行转型，采取低佣金、注重用户发展质量等多种手段，抢夺份额，通过持续优化佣金支付方式，推广2G合约产品，使业务收入和用户规模从年初的同比负增长转为正增长，而且营销成本大幅下降，有效发展率得到迅速提升，业务转型初步实现。转型关键是渠道转型，对社会渠道采取“一次性佣金+话费分成”的合作方式降低佣金，通过建立代理商考核机制，引导代理商由单纯依靠2G业务的传统经营模式，向全业务办理方式上转变。通过大力发展“沃家庭”和“亲情1+”等融合业务、拓展集团客户市场、推广合约计划、加大用户维系等，有效促进2G业务稳步增长。同时抓住关键时间，做好校园和县乡重点市场发展；加快灵通升G发展，确保成功转网。2G累计完成收同比增长3.65%；2G收入占主营收入的34.33%；2G业务累计佣金占收比比上年同期降低10.81个百分点，初步实现了业务收入和用户规模平稳增长，营销成本大幅下降，转型初步成功。

2.3G业务突破发展。

2011年，公司实施渠道领先策略，创新渠道合作模式，增强自有渠道销售能力，拓展社会渠道销售范围；发挥成本激励作用，大力推广合约计划，丰富终端产品种类，不断丰富产品销售模式，持续开展“精彩沃体验”活动，有效推动3G业务跨越式发展。抓紧目标客户，做好校园3G业务突破发展。积极组建集团客户、商务客户VPN网，开展丰富多彩的业务促销活动，实现3G有效发展。3G出账用户期末同比增长260.33%；3G累计收入同比增长194.16%；3G收入占收比从2010年年底的4.21%提高到2011年12月的11.70%，提高7.49个百分点；3G业务实现突破性发展。

3.宽带业务稳步增长。

2011年，公司加快实施宽带提质提速，打造优质服务品牌，不断丰富内容应用，确保了宽带业务持续增长。在城市，开展“宽带社区行，精彩沃家庭”社区巡展营销活动；在农村，在集市现场进行业务宣传，增强宣传推广效果。继续分农村与城市对拆机率进行考核，针对假期包月拆机用户推广“假期宽带包年套餐”业务。落实续办率具体人员负责，对续办率进行考核，分阶段、多渠道对宽带包年到期用户进行期满预告。降低拆机率，提高用户有效发展率。建立无资源市场前后台连动机制，实现“需求”与“资源”对接。资源长期不能解决的地区，通过无线方式发展。

宽带用户同比增长20.99%；整体互联网累计收入同比增长7.94%；宽带收入占收比从2010年年底的17.55%提高到2011年12月的17.88%；截至2011年11月宽带用户市场份额占有率为73.94%，市场主导地位得到巩固。

4.集团业务由单一向综合转型。

2011年，公司以3G业务和行业应用为切入点，利用3G终端补贴政策，先后开展“在网有礼”和燎原行动，带动集团客户整体转网。通过综合业务捆绑，增强用户黏性。采取维系与发展并重，双管齐下的方式，以维系促发展。对于核心客户，除客户经理定期走访、拜访外，分公司领导也与核心客户领导之间建立密切联系，时刻关注集团客户变化动态，确保集团客户的保有。开展“沃行天下”行业应用巡展和现场推介会，重点推广行业应用“5+2”工程。一年来，集团客户的收入增长幅度大，用户稳定，普遍进行综合业务捆绑，实现由单一业务向综合业务的转型。截至12月份，集团客户主营收入同比增长59.63%。

【网络建设工作】 1.形成通信能力情况。本年度新建2G基站132个，3G基站89个，新建分布节点18个，新建WLAN节点42个。新建城市小区82个，新建农村节点124个，新增宽带端口51 480线、窄带端口59 470线。完成大客户工程项目412项。配套传送网新增MSTP设备65端，敷设光缆323.16千米，5 720芯千米。2.网络优化及调整。调整DSLAM端口5500线，替换老旧型号基站330个，光进铜退拆除主干电缆470条、拆除电缆620千米，折合53 782千米。调整P2P方式专线用户为FTTH专线450户。3.网络指标提升。移动网络：本年度改善了网络的深层覆盖及乡村的覆盖率，提升用户感知度。现网GSM网市区覆盖率98.71%，县城覆盖率达到98.84%，农村覆盖率达到87.57%;，市县道路覆盖率98.4%，县镇村道路覆盖率91.33%.4A级以上旅游景点达到全覆盖。3G网络对市区、县城、经济发达地区及热点地区、大中型公共场所、中高档居民小区、主要交通干线、旅游景区、50%的乡镇等进行了较好覆盖。网络拥塞率和半速率、网络负荷等效益类指标居全省前3位。固话网络：宽带和PON+LAN/ADSL端口实占率居全省前2位，城内主干电缆接入距离小于1.5千米，农村主干电缆接入距离小于2.5千米。

【网络维护】 2011年以推进两个承诺为抓手，强力推进网络优化和整治，努力提升客户感知，2011年1～11月份网络维护绩效考核综合得分列全省第2位。

其中移动网络质量得到显著提升，截至11月份移动网络质量投诉率完成0.24次/万户，同比降低2.88%，列全省第5位；GSM网络掉话率完成0.26%，同比降低19.29%，列全省第5位。宽带网内通信质量投诉率完成0.003%，列全省第2位；宽带修机及时率完成99.97%，列全省第2位；宽带72小时装移机及时率完成83.83%，列全省第5位。

1.落实移动网络质量承诺服务，提升移动客户感知。2011年组织开展了移动网络县乡优化、城市热点地区深度优化、集团客户专项优化、高速高铁优化、室内分布优化、GSM载频拆闲补忙、质差小区整治等网络优化会战专项活动。11 月底前实现了 GSM 超忙小区数量比年初下降 51.75%，GSM 超闲小区数量比年初下降 53.64%，GSM 网络掉话率同比降低 19.29%，GSM 网络拥塞率同比降低 67.65%，3G 网络接通率同比提高 0.55%，3G 网络掉话率环比降低 46.90%，网络质量指标得到明显改善。为降低移动基站断站引发的客户投诉，2011 年从提高告警响应速度、提高后备电源支持能力、提高有效发电率和提高承载移动业务网络安全四个方面开展了移动断站管控工作，2011 年实现基站年平均断站次数同比下降 2%，平均断站时长同比下降 3%。

2.落实宽带承诺服务，提升宽带客户感知。2011 年以提高宽带装移修机服务质量为中心，通过开展宽带装移修机流程优化、加强装移修机日常管控、宽带客户异常掉线整治和宽带接入线路整治活动，努力提高宽带客户感知和宽带市场支撑能力。重新优化调整宽带装移修机工作流程，确立以预约服务为主要管控措施，加大预约和履约工作的检查与考核力度。为提高宽带装移修机响应及时率，每周对装移修机情况进行分析与通报。优化 FTTH 装移机流程，实现 FTTH 装移机及时率由年初的 44%提高到 75%。4～9 月期间开展了宽带异常掉线整治活动，通过整治，宽带 BAS 设备异常掉线率由 4 月份的 3.3%下降为 10 月份 2.54%。针对障碍率高发区域开展线路整治，进一步降低了障碍率。

【服务工作】 2011 年，将“服务质量持续改善行动”、“客户感知提升活动”等系列活动贯穿始终，整体工作水平有了很大的提升。继续完善以客户为中心的大服务体系，实施标准化、专业化、差异化、个性化服务，不断创新服务手段，提高服务效率，形成服务比较优势，固网、移动网用户满意度比去年同期均有提高。抓好服务基础管理工作，从源头预防服务质量问题，有针对性地开展“零容忍”活动、“流程穿越”活动。强化营业员的基础服务规范，提升服务质量；举办了城市和农村线务员岗位技能和服务规范培训，开展宽带服务时限短板整治活动，推动入户服务规范及专业业务能力，压缩宽带装移修机历时，客户感知明显提升。并积极开展客户俱乐部管理及维系工作，加强 iphone 俱乐部和葫芦岛北站绿色通道建设，完善合作商家建设及 2GVIP 升 3G 活动。分别在 3 月、7 月组织了大型羽毛球和乒乓球比赛，回报了 VIP 客户，增进了友谊，同时还扩大了联通客户俱乐部的知名度，取得了较好的社会效益。

（白　平）

港口 口岸

综 述

一、加强港口规划建设管理，推进港口物流发展。

年货物吞吐量 2 736.5149 万吨，同比增长28.6%，实现了全年既定目标，共完成港口建设投资4亿。完成了《葫芦岛港口物流发展规划》编制工作，填补了港口物流发展的空白，使本市成为辽宁省继大连之后第二个编制港口物流发展规划的城市。布局合理、结构优化、功能完善、优势互补、分工协作、综合竞争能力较强的现代港口群的目标已经初具规模。

1.港口规划建设。

2011 年，全市港口建设列入省计划 17.7 亿元（绥中 7.48 亿元、柳条沟 9.22 亿元），累计完成 3.8076 亿元（绥中 6 026 万元、柳条沟 2.17 亿元、北港 1.045 亿元）。

（1）绥中港区煤炭码头项目已完成投资6 026 万元，其中：煤炭码头一期工程已完成投资 2 694 万元，项目核准所需编制的 14 项专题报告都已编制完成，其中 10 项取得了最终批文。其他申请文件正在积极准备报审；通用码头工程已完成投资 3 332 万元。物流园围堰及回填工程均已完成，吹填施工已经开始。初步设计及施工图设计正在进行。绥中港区未能按照年度计划完成审批手续，项目不能按时投资建设。

（2）柳条沟港区已完成投资约 2.17 亿元，其中：3 号、4 号、5 号散杂泊位工程中的 3 号泊位已建成，4 号、5 号泊位水工结构已完成，后方堆场年底前完成；7 万吨级航道拓宽加深工程计划年底完成航道拓宽长度 14.6 千米及港池的疏浚加深；6 号、7 号、8 号、9 号散杂码头工程正在进行前期准备工作，可研已编制完毕报省发改委。本年度投资 1 亿元的千万吨炼油项目和投资 5.2 亿元的 6 号、7 号、8 号、9 号散杂泊位工程均未进入项目具体实施阶段。

（3）北港港区已完成投资 1.045 亿元，其中：北港港区航道已完成全部投资 7 600 万元，港口导助航设施也已全部设置完成；海洋工程工业园区 1 644 米防波堤已完成扭王字块安装 1.2 万块，堤身抛石 54 万立方米，完成投资 2 350 万元；葫芦岛经济开发区离岛围堰已形成 1 600 米，完成投资 500 万元。北港工业区计划投资建设的 5 个 5 000 吨级通用散杂泊位工程还处于办理项目审批手续阶段。

2.港口规划管理。

（1）5 月 30 日，在葫芦岛组织召开《葫芦岛港总体规划绥中港区总平面布置调整》专家咨询会，形成专家意见，并于 6 月 21 日得到了市政府批准。

（2）9 月 14 日，与驻军 91404 部队就“绥中港区规划锚地”、“海上监控设施”、“建立海上协调通报机制”三个问题达成共识。

（3）9 月 19 日，经与中海石油（中国）有限公司天津分公司领导进行协商，中海石油天津分公司出具了对锦州 25-1 油田管线改造承诺函。

（4）依据交通运输部和省交通厅文件，深入开展葫芦岛地区水运工程招标备案管理和水运工程建设市场信用信息管理系统信息录入工作，加强本地区水运工程建设项目招标投标监督管理和水运工程市场准入，规范建设行为，净化市场环境。

（5）做好葫芦岛市港口建设月报和绥中港区煤炭码头项目建设动态信息报送工作，已向省交通厅港航管理局报送月报 12 期，向绥中煤炭码头领导小组 23 个成员单位和 27 位领导报送动态信息 8 期。

（6）对港口规划实施有效监督，对违规建设项目及时查处，拆除了违规建设的柳条沟港区加油站。

二、加强水路运输管理，规范整治行业市场。

随着成品油价格上涨，运输成本逐年增高，水运企业举步维艰，有的资金链出现问题，部分企业转卖船舶，导致运力急剧下降，现有运力仅有 1 万多吨，全年完成货运量 92 万吨，货运周转量 15 万万吨千米；水上旅游运输环境逐步优化，客运量继续保持增长趋势。全年完成客运量 53 万人，客运周转量 687 万人千米，比上年增长 4%。

1. 全面核查水路运输企业，规范整治行业市场。对全市水运企业、水服企业经营管理总体情况进行了 1 次全面的审查。核查水运企业 10 家，船舶 53 艘；核查水服企业总计 29 家，通过核查的水路运输服务企业 24 家；核查认定辽宁省航运业从业人员执业能力证书 49 个。实现了年审的既定目标。

2. 加强旅游水运市场管理，树立窗口形象。

继续实施"五统一"管理模式，保障水上旅游运输安全、规范。制订了《龙湾海滨水上旅游运输专项治理方案》，结合方案与龙湾海滨船（艇）业主签订了《葫芦岛市水上旅游运输安全、营运责任状》，继续明确发生 3 起游客合理投诉，全部船舶全年停航的制度。今年，龙湾海滨水上旅游运输经营秩序良好，未发生一起合理投诉事件。

3. 加强准入管理，积极培育水运市场。

对新增 12 家水路运输服务企业严把行政许可关，认真核实企业申报资料。积极引导企业进入水运市场，现已有一家水运企业，预计申请运力 10.4 万吨，公司资料已通过市级审核，正待上报上级行业管理部门办理筹建手续。

三、加强安全生产管理，加大监督检查力度，实现了水运安全生产零事故、零死亡、零损失的工作目标。

1. 确定工作目标，层层落实责任。年初制定了《2011 年港航系统安全生产责任状》，并与港口管理部门、港口企业及水运企业签订安全生产责任状共 7 份。督促和引导企业法定代表人落实安全生产第一责任人的责任，确保安全投入、管理、装备、培训等措施落实到位，履行隐患排查治理职责，做到目标明确，责任落实明确。

2. 抓安全生产监督检查，促安全隐患整改的落实。从源头上遏制安全事故，坚持每季由分管副局长亲自带队检查安全工作的工作制度，对所辖各企事业单位采取明查暗访相结合的方式进行检查，不断加大检查力度，以查促防，以查促改。安全工作做到了月有小检查、季有大检查，检查有记录，有整改措施，有工作总结，有效地杜绝了安全事故。

3. 开展安全生产大检查和专项整治行动。4～10 月，对全市港航系统开展安生产日常巡查的基础上，还专门督查组出动检查车辆 28 车次，检查人员 98 人次。共督察市重点港口 3 处，航运企业 4 家，共发现隐患 19 个，当场落实整改措施 18 个，限期整改 1 个。港航系统全年未发生一起安全生产事故。

四、加大口岸扩大开放工作力度，外向型经济发展格局更加清晰。

1. 口岸运输生产继续保持高速增长态势。

2011 年口岸运输生产继续保持高速增长态势，葫芦岛港口岸完成吞吐量 1 476 万吨，比上年增长 46.43%。

2. 完善口岸查验设施建设，力争早日开展外轮运输。

葫芦岛港口岸扩大开放于 2010 年 11 月 23 日通过国家验收，交通运输部于 2010 年 12 月 31 日发布《关于辽宁葫芦岛港对外国籍船舶开放的公告》，辽宁海事局于 2011 年 2 月 15 日发布《关于葫芦岛港开放相关事项的公告》，对外公告了葫芦岛港口岸的开放范围、航道、锚地等事项。根据国家口岸扩大开放验收会议纪要精神，对存在的不足逐项认真整改，进一步了完善口岸设施建设。同时，葫芦岛港集团积极组织相关人员学习外贸运输业务，模拟操作流程，已具备迎接外籍船舶装卸业务的能力。积极协调港口集团和各查验单位的业务衔接，准备迎接外轮首航。葫芦岛港对外开放，得到了口岸各查验单位的大力支持和积极配合。葫芦岛边防检查站、葫芦岛出入境检验检疫局、葫芦岛海事局均已表示完成全部准备工作，可以开展外轮进出业务。但由于葫芦岛港有关土地手续问题，影响到海关监管场所的登记注册，外轮运输业务尚未开展。

3.积极组织外贸货源，推进本市港口口岸发展步伐。

经多方沟通协调，港口集团已与本市及周边进出口企业达成外贸货物运输意向。其中：方大锦化化工科技股份有限公司年需工业原盐 50 万吨；中冶葫芦岛有色金属集团年进口矿粉 40 万吨；葫芦岛七星钢管厂年出口钢管 5 万吨；锦西天然气化工有限公司每年 6～9 月份季节性出口化肥 3～5 万吨，一直在锦州港装船出口；朝阳昊天有色金属公司年进口红土镍矿 200 多万吨，一直在锦州港进口，该企业也有意向在葫芦岛港开展运输业务；还有吉林、内蒙古等周边省、自治区的一些进出口企业，也表示葫芦岛港对他们有着交通和时效上的便利，一直在密切关注和等待葫芦岛港外贸运输业务的启动。

（靳立山）

海　关

【概况】 2011 年，葫芦岛海关深入贯彻全国海关工作会议和沈阳海关关区工作会议精神，紧跟总署党组提出的“把好国门，做好服务，防好风险，带好队伍”的四好工作要求，以创先争优活动为载体加强队伍建设，以大监管体系建设和业务改革为契机全面履行把关服务职责，着力提高党风廉政建设和风险防控水平，圆满完成全年各项工作任务。2011 年，荣获省直机关“文明服务窗口”荣誉称号；党支部在“争先创优”活动中被评为先进基层党组织，2 人获“优秀共产党员”荣誉称号；工会荣获“辽宁省直机关工会先进职工之家”荣誉称号，1 人获“辽宁省直机关工会建家活动优秀工作者”荣誉称号；通关统计科荣获沈阳海关“文明示范窗口”称号；办公室被葫芦岛市政府授予“2010 年度信息工作先进单位”荣誉称号；1 人获葫芦岛市“2010 年度信息工作先进工作者”荣誉称号；1 人获葫芦岛市“社会治安综合治理先进工作者”荣誉称号。

【主要业务数据】 截至 12 月末，葫芦岛海关累计入库税款 4.37 亿元，同比下降 7.42%，其中：关税累计入库 56 万元，同比下降 92.30%；进口环节税累计入库 4.36 亿元，同比下降 6.03%；收缴罚没收入 121 万元；收缴行政性收费收入 0.24 万元；受理报关单 85 票，同比（下同）减少 47.9%，监管进出口货物 92.8 万吨，减少 23.7%，货值 8.4 亿美元，减少 13.7%。其中进口报关单 42 票，减少 65%；监管进口货物 65.4 万吨，减少 17.8%；出口报关单 43 票，减少 4%，监管出口货物 27.4 万吨，减少 34.8%；出具减免税证明 90 份，审批总货值 803 万美元，减免关税 418 万元，减免增值税 152 万元；备案加工贸易手册 44 本，同比（下同）减少 8.3%，备案进口料件金额 1.9 亿美元，减少 51.2%，备案出口成品金额 11.2 亿美元，增长 72.3%；核销结案加工贸易手册 38 本；监管出境船舶 5 艘、船员 125 名，监管进出保税仓库货物 1 笔、货值 8 640 美元，查验进口转关船用备件 32 票；办理企业注册 32 家；下厂核查 35 次；稽查企业 10 家，移交涉嫌擅自外发加工保税料件违规线索 1 起。

【加强分析与审价 做好税收工作】 一是加强税收分析调研工作。发挥属地海关的信息渠道优势和区位优势，深入企业，开展广泛调研和信息收集，掌握关区企业整体情况和发展态势。二是及时调整税收工作重点。由于关区内主要税源企业进口出现较大幅度下滑，税收较上年同期出现下降。主抓进口商品审价工作，以审价补税方式提高税收总量。特别是针对公式定价进口商品原油，组织业务人员加强对商品知识的学习和分析，加强价格信息和价格资料的收集和审核，明确审价依据，通过价格磋商与企业达成一致意见。全年共审价补税 616 万元。

【规范加工贸易管理和减免税工作】 一是加强加工贸易备案管理及其风险监控。根据企业状况不同，对大型加工贸易企业进行有担保展期，对泳装加工等中小企业加工贸易，根据企业规模开展风险监控，协调监管技术科进行现场核查，检查企业经营的规范性及单耗申报的准确性。二是积极扶持关区内保税仓库的运营，加强电子账册管理等保税仓库业务，指导有关业务开展，保证了保税仓库内部管理和通关业务的正常开展。三是按照沈阳海关调整减免税工作有关要求，对现有减免税档案中有关内部审批程序、单证是否齐全、审批是否符合规定等高风险业务环节进行全面核查。同时对业务档案进行全面清理，完成了全部移交减免税档案的清查和整理工作。

【以风险式管理统筹各项业务工作】 全部梳理各项业务规章制度：一是重点针对业务制度和管理规定中无法执行到位以及过于“理想化”，与海关执法实践严重脱节的部分进行了修改，提高可操作性，规避执行风险。二是对制度内容进行审核，针对新规定，对现有制度存在的政策缺失，规范不明确的地方进行完善和补充。三是结合葫芦岛海关内外勤分离的工作实际，根据“三查合一”要求，针对业务岗位设置，对各项业务流程进行全面梳理，形成了更加适合新形势下的海关工作需要的工作制度。以风险管理统筹业务工作，提高风险管理应用水平：一是做好风险管控分中心组建和相关职责制订工作。二是充分利用风险信息管理平台等分析系统，将风险管理贯穿业务工作全过程，加强对重点、敏感商品和异常执法情况等的监控，有效防范和化解两个风险。全年上报各类风险信息 14 篇，其中风险动态信息 1 篇、查发情事分析报告 1 篇、风险分析报告 12 篇。三是加强与兄弟科室、缉私部门的联系交流，拓宽风险信息渠道，形成风险管理合力。完善内控机制建设工作：一是以迎接对丛建滋关长任中审计为契机，做好全方位的自查和档案清理工作。二是完善内控工作制度和内控指标体系，对进出口通关、加工贸易管理多个业务层面的内控机制参数进行修订完善，实现内控参数覆盖全部重点风险、重要业务节点。三是以科室负责人为责任人，主抓实时监控，对高风险领域进行强化控制，定期对内控机制运行情况和结果进行分析评估。四是建立定期集中研讨制度、定期检查制度，对各业务疑难问题定期进行研讨，对各项业务情况定期进行检查，查找可能存在的风险点。推进“三查合一”工作稳步开展：一是在加工贸易方面，重点加强了对中小企业内销料件数量、单耗核定和到期手册催核工作。二是在减免税方面，积极开展兼职稽查工作，运用风险分析方法确定减免税企业稽查对象，制定减免税企业稽查方案，重点稽查价值大、涉税额高的减免税设备，已实地稽查 4 家企业。三是在监管工作中，积极与总关缉私局、锦州海关缉私分局沟通，完善信息共享和联合办案机制，提高案件查发能力和监管合力，共同防范执法风险。四是邀请稽查处开展稽查业务指导，提高稽查人员业务技能和作业文书制作规范，并对 2 家服装类加工贸易企业开展联合稽查作业。做好业务统计数据上报工作。按时完成业务统计数据上报、贸易统计数据审核、大金额报关单台账管理等项任务；通过运用预警监控系统，进一步提高了数据加工能力，开展统计分析，进行进出口贸易情况分析和监控，拓宽统计监督与服务的新领域。

【助推企业与地方外向型经济发展】 一是主动提供信息政策咨询和法律法规宣讲活动。深入企业开展政策法规宣传，到葫芦岛经济开发区、杨家杖子经济开发区、绥中滨海经济区进行走访调研，宣传国家的优惠待遇和海关的便利措施；组织人员到葫芦岛锌业股份有限公司、辽宁锦西中石油国际事业有限公司等企业开展宣传，对加工贸易监管、公式定价货物通关监管、海关行政处罚等内容进行宣传；同时了解企业困难，与企业商定措施加强海关服务和监管工作。二是积极与总关审单部门、其他海关和本关区兄弟海关进行沟通协调，提高通关效率。主动提示企业报关流程，避免企业出现滞报、滞纳等情况，保证企业及时提取货物；针对企业特殊情况，采用特殊通道的方式向沈阳海关提出申请，帮助企业完成进出口业务，支持企业发展。针对北京方大炭素科技有限公司提出的进口采用车船直取方式的要求，积极请示、联系有关部门，帮助企业解决困难。三是全力支持葫芦岛港对外开放建设。积极关注港口建设动态，陪同沈阳海关职能部门多次现场调研，与葫芦岛港（集团）有限公司、葫芦岛市港口与口岸管理局多次进行会谈，对葫芦岛港监管设施建设问题提出指导意见，并做好海关现场办公、生活设施建设的规划工作；协助沈阳海关党组成员、车燕玲副关长，总关职能部门负责人到葫芦岛港集团公司调研，就葫芦岛港开展进出口业务存在的问题提出初步解决方案；同时认真组织有关人员学习港口监管规章制度，了解业务岗位设置，制定港口监管现场具体业务流程，为下一步工作做好技术和人力资源保障。四是主动向地方政府提供统计分析等海关信息，为地方经济发展和领导决策服务。通过海关统计渠道对葫芦岛地区进出口贸易总值、进出口商品结构、进出口企业性质进行动态分析，引导政府部门合理调整产业结构，引导企业更好发展。

（马颖韬）

海　事

【概况】 2011年，葫芦岛海事局以科学发展观为统领，紧紧围绕水上安全监管这一中心工作，按照“三快两好”的总体要求，认真履行“三保一维护”的海事职责，进一步提升了“三个服务”的能力和水平，保障了辖区水上安全形势的持续稳定。

【通航环境进一步优化】 综合运用CCTV、AIS、VHF等系统，实现动态监管与静态监管的有效结合。实施船舶动态预报审批2 742艘次，审核未通过船舶154艘次。提前介入辖区水域工程，指导业主单位做好立项和工可期间水域通航项目的论证、评估和审批工作。审核水上水下施工作业许可10项，颁发《水上水下活动许可证》11份。对辖区引航机构进行检查，发现5项问题，责令其进行整改。与引航及港口部门建立了良好的沟通渠道，确保通航环境始终处于安全、通畅状态。督促并批准港口单位对通航水域进行扫海测绘4项，进行港口靠泊标准核查4项，有效消除潜在通航风险1项。做好导助航设施的年度检查工作，对存在的问题要求港方限期整改。

【船舶监管水平进一步提高】 认真履行工作职责，严格执行三级审核制度；建立并运行《葫芦岛海事局船舶登记质量体系》，规范船舶登记程序。全年完成船名审核39艘次，船舶识别号申请67艘次，重要日期确认14艘次，发放各类船舶登记证书72本，符合要求的船舶刷卡签证率达到100%，无违规登记发证情况。办理船舶进出港签证9 110艘次，货物监管量2 246万吨，同比增长23%和12%。引航船舶845艘次，同比增长17%，无海事监管责任性事故。积极做好港口国监督检查验收前的准备工作，顺利通过部局资质验收。建立《葫芦岛海事局船舶安全检查工作手册》，在完善安检内部工作制度及人员管理的基础上，注重提高船舶安全检查工作质量，加大缺陷查处力度，切实保障船舶安全航行和运营。通过进行理论与登轮实战相结合的培训方式，加强安检员队伍建设。2011年，FSC检查船舶106艘次，同比增长13%，单船缺陷7.17项，滞留船舶9艘次，滞留率为8.41%。

【危防管理工作进一步提升】 加大对陆岛运输船舶、客滚运输船舶、油船、液货船、特种货物运输等高风险船舶的动态管理。采取理论知识讲解和现场实际操作相结合的方式不断增强相关作业人员的环保意识，组织开展危防培训2次，参培人员38人次。认真贯彻落实法律法规要求，督促相关单位完善溢油应急设备配备，完成辖区4家相关企业信誉等级评定工作。2011年，核准船舶装载危险货物申报1 607艘次，装载危险货物2 160万吨；开具污油水回收证明36份，垃圾回收证明44份。

【船员管理工作进一步规范】 利用船舶安检及现场检查等有效监管手段和“世界海员日”等重要宣传活动，与船员面对面交流，提高船员安全意识，保障船员合法权益。针对新船员输入不足的实际问题，协调培训机构与船公司，开展了B01培训工作，受理初次海船船员注册申请23人次，满足了辖区船公司对海船船员的潜在需求。以渤海船舶职业学院为区域性船员培训建设的突破口，积极推进辽西地区船员培训工作，优化船员结构，提高船员素质。2011年，共签发新版船员服务簿124本，同比增长63%；船员注册人数达213人。

【积极开展专项整治活动】 按照上级要求，针对实际，组织开展了安全生产年活动、安全生产百日行动、打击非法经营专项整治活动、水上交通运输安全隐患专项排查整治活动、小吨位船舶集中检查、船舶应急设施及设备专项检查等九次专项行动，加强了重点物资水上运输工作、“四季多节”安全监管工作。在做好专项工作的同时，还认真总结经验，不断摸索规律，为建立长效管理机制奠定基础。

【严厉打击非法采运砂石船舶】 建立沙石运输船舶安全隐患地方政府通报机制，拓宽通报渠道，增大信息通报密度。组织码头业主和沙石经营单位召开两次安全生产协调会，督促其加强安全管理、设牢思想防线。建立业主约谈、大风预警、管理主体责任等机制，开展六次专项整治行动，协调边防、海警联合执法，加强巡航密度，增强人员配备，保持对非法沙石采运船舶打击的高压态势，形成海事无缝隙管理。全年共组织海上巡航272次，出动执法人员585人次，巡航里程6 902海里，巡航时间1 020小时；陆路巡查85次，出动执法人员135人次，巡航里程10 350千米，巡航时间294小时。对41艘次非法沙石运输船舶实施行政处罚，处罚金额58.3万元。辖区沙石运输船舶全年无事故、无险情。

【加强精选矿粉运输船舶监管工作】 在借鉴其他单位先进管理经验的基础上，结合辖区特点，完善了精选矿粉运输船舶安全监管工作，制定并实施了《葫芦岛海事局精选矿粉运输船舶专项整治实施方案》，加强对低质量船舶、低素质船员、低水平船公司的管理，形成了海事机构、港口部门、船舶公司和船员齐抓共管的良好局面。在现场检查中，通过船舶填报的《载运精矿粉船舶自查确认表》及《载运精选矿粉船舶现场检查确认表》，加强对船舶装货前、装货中、完货后等不同时段、不同内容的检查，严格控制精选矿粉的含水量及载货量满足相关管理规定要求。全年监管精选矿粉运输船舶249艘次，货物监管量299万吨。辖区载运精选矿粉船舶全年无事故、无险情。

【加强施工船舶安全监管工作】 加大现场巡查执法力度，强化对船舶、船员的跟踪检查，建立施工单位诚信制度及施工船舶黑名单管理制度，杜绝不规范船舶和船员参与水工作业。根据施工船舶的实际情况进行全面彻底的专项检查，期间，共滞留船舶2艘次。在有效监管的同时，主动为公司和船方做好服务，建立了“定期沟通协调、应急反应、重点预防、气象信息通报”四项机制；组织精干力量深入施工现场，对船员进行安全教育培训15次，较好地保障了辖区水上水下施工作业安全。

【港建费征收有序运行】 成立了港口建设费征收筹备工作组，结合辖区实际制定了征管规程，安装征管软件，开展培训并模拟运行，做好政策宣传以取得各方理解支持，实现了葫芦岛辖区港建费10月1日的“顺利接管、平稳过渡”。在实际运行过程中，还不断完善制度建设，加强政策宣贯，规范征管流程、优化现有资源、加强学习教育。10月1日至年底，共征收港建费728万元，实现应征船舶货物港建费征收率100%。

【推动口岸开放进程】 2011年，以“三个服务”为纲领，以口岸开放为中心，以电子口岸建设为载体，海事的可持续发展与口岸的建设有机结合。推动了绥中36-1油田五万吨级原油外输码头、煤炭码头、葫芦岛新港、渤船重工船坞建设等重点项目的工程建设。推动绥中36-1油田码头溢油应急设备库建设、柳条沟港区危险品码头CCTV建设等海事监管配套设施建设。提前介入，全程监管，实现首艘外轮安全靠泊，结束了葫芦岛市港无外轮正式进港的历史，为葫芦岛市进一步扩大开放奠定了基础，受到了地方政府好评。

【陆岛运输平安航线建设深入推进】 2011年，通过加大监督检查力度，严把船舶设备安全关；坚持开航必检原则，严把船舶适航关；加强重点时段安全监管，严把高峰期船舶安全关；抓好船员管理，严把船员适任关；查堵污染途径，严把船舶污染关，实现了陆岛运输船舶及旅客出行安全100%的目标。通过开设一个便民微博，开通“冬储”、紧急就医两个绿色通道，推进“一个微笑，一句问候，一杯热茶”的“三个一”式海事服务窗口建设等便民行动，实现了社会满意度100%的目标。2011年，兴城陆岛运输航线进出港船舶达4 290艘次，安全运送旅客44万人次，同比分别增长55%和24%，全年无海事监管责任性事故发生。兴城陆岛运输管理成果受到了中央电视台、《中国交通报》、《中国水运报》等多家媒体的关注。

【全力保障电煤运输畅通】 开辟现场监管和窗口受理双“绿色通道”，提供“一条龙”式快捷服务，形成窗口与现场无缝对接。积极拓展“绿色通道”服务内容，深化“四优先”服务措施，全力保障辖区电煤运输安全、快捷、畅通。规范业务管理，简化工作流程，提高办事效率，努力缩短电煤运输船舶滞港时间。充分利用 AIS 和 CCTV 等信息化监管手段，对过往船只实行全天候、全方位监控，实时掌握电煤船在港动态，主动了解电煤船舶作业计划和进度，有效推动了电煤运输周转效率的提升。2011 年，葫芦岛海事局完成了 922 艘次电煤运输船舶的安全保障工作，电煤运输量达 950 万吨。

【较好履行应急保障职能】 应急服务方面：继续执行“12395”海上遇险报警电话 24 小时值班制度。全年发生重大险情一次、较大险情两起，遇险 25 人，获救 24 人，搜救成功率为 96%。接收极端天气预警预报 154 份，在采取电话、传真、现场送达等传统方式的基础上，首次启用 VHF 语音播报系统实施预警预报。应急体系建设方面：修改完善了搜救应急预案、防抗台风等极端天气应急预案、防抗海冰工作应急预案；制定预警和险情信息处理工作程序；对海上搜救力量资料库及应急协调联系资料库进行更新。应急演练方面：举行“2011 葫芦岛海上联合搜救演习”，分救助、消防、清污三个科目，演习环节环环相扣，指令动作规范到位，现场气氛紧张有序，提高了应急力量的组织和反应能力，积累了丰富的实战经验。

【旅游船艇管理逐步规范】 坚持早部署、早介入、早落实，在旅游船艇下水前，做好前期准备工作。结合“打非”活动，加强海滨浴场巡查力度，严厉打击旅游快艇违法违章行为；组织开展了摩托艇驾驶员适任考试评估工作，24 人取得了适任证书；主动与经营业主沟通，宣传相关法律法规，3 家旅游船艇经营单位主动申请办理了船舶登记手续。

【服务地方船舶修造企业】 与修造船企业建立有效的沟通机制，形成良好的监管氛围；严格执行工作时限制度，为相对人提供高效、便民服务；加强联动，组织引航部门、港口调度及局相关业务部门，制定安全可行的试航计划，全年召开试航安全协调会 26 次；加强对新建及试航船舶防污染监管工作要求，确保无污染事故；强化动态监管，落实好现场督查维护方案，确保通航环境良好；做好试航后评估会议，不断总结经验，持续改进监管措施。全年对修造船企业新建 15 艘船舶、74 艘次的进出港实施安全监管，有力保障了地方创汇重要产业—临港造船业的健康发展。

（刘　青）

边防检查

【概况】 2011 年，葫芦岛边检站党委团结带领全体官兵，贯彻落实总队一届八次、九次全会精神，开拓创新，主动作为，谋求发展，牢固树立大局意识，以党建为龙头，以提高边检服务水平为中心，以队伍建设为根本，大力推进“三项建设”，扎实开展“三项重点工作”，圆满完成各项工作任务，官兵精神振奋，部队履职能力不断提升，综合保障效能明显增强，社会地位凸显，赢得地方党委政府和人民群众的广泛赞誉。

【班子建设得到加强】 1. 提高能力转变作风。依靠健全制度形成党委能力建设的有效机制，完善《党委议事规则》，出台《加强党委能力建设的意见》和《党委加强“八种能力”建设措施》。党委成员坚持坐下身子抓学习、伏下身子搞调研、静下心来想问题，认真落实党委中心组学习制度，坚持用党的先进理论武装头脑，通过深入学习，转变了思想观念，提高了理论素养。以求真务实的作风在实践中提高领导能力，在调查研究、探索规律中增强预见性、掌握主动权，年内班子成员撰写各类调研文章 45 篇，其中 28 篇被刊发，党委对工作的调研总结能力、理性思考能力和创新思维能力取得了明显进步。2. 科学民主决策。

坚持集体领导，落实民主集中制，明确“部队长远发展建设”和“官兵切身利益”两个决策基点，注重提高班子的决策能力和领导水平。年初以来，召开党委会议30次，研究重要议题192项，均得到很好落实，把握了部队建设的正确方向。有效落实“党委务虚、报告工作、提效减负”三项制度，召开党委务虚会3次，报告工作8次，建立并严格落实基层联系点制度，下基层工作时间均达到30天以上，为基层解决实际困难23处，承诺的五件实事已经全部落实到位，树立了党委班子勤政务实的良好形象。3.增进班子团结。叫响“共事一回，友谊一生”的口号，落实民主交心会制度，打造“党委书记、副书记好搭档、党委成员好同志”品牌，党委“一班人”坚持从讲政治、讲大局的高度来看待团结，靠共同的事业凝聚团结，靠书记、副书记的表率作用带动团结。深刻理解“真正的团结不是一团和气”，要坚持原则性、战斗性。班子成员通过民主生活会开展诚恳的批评和自我批评，真正触及思想问题，实现了思想交锋。在议事决策中，能够坚持原则，敢于直言，互相提醒，真正使班子成为富有凝聚力、战斗力、创造力的集体。

【不断提高边检服务水平】 1.落实公安部提服《意见》。主动作为，协调召开由市政府相关领导，口岸局、各联检单位、地方企业及代理单位主要领导参加的服务口岸经济发展座谈会，与联检单位签订口岸联动联建倡议书，出台服务口岸经济发展13条措施，确保口岸通关顺畅。建立勤务制度公开机制，聘请社会监督员，拓宽督导评估方式，开展“文明使者”评选，提供“法律宣传周”、“警营开放日”、边检常识培训和业务咨询等贴心式服务，打造了精细化、特色化的边检服务品牌。特别是在葫芦岛新港接受国家验收期间，全站官兵克服一切困难，以最快的速度、最佳的状态，推出便捷通关、交流合作、人性化服务、规范化执法等一系列措施，有力跟进港口扩大开放工作。为此，市政府发文对边防检查站在口岸扩大开放、接受国家验收期间作出的突出贡献给予通报表扬。2.提高业务能力。落实勤务研讨制度，制发《勤务制度汇编》和《非监管区出入境边防检查勤务实施办法》，规范了勤务流程。与口岸查验部门、企业保卫部门、国家安全部门和公安国保部门建立反偷渡协作、情报共享、联合打击、紧急救助等联勤联动机制，形成口岸管控的整体合力。注重业务素质培养，开展各类培训考核35次，先后赴秦皇岛、沈阳、鲅鱼圈、锦州边防检查站开展业务交流及跟班学习22人次，人员素质和业务能力大幅提升。3.深入走访调研。将大走访“开门评警”与“大学习、大讨论、大宣传”活动相结合，做实做强基础工作，先后走访地方党委政府、口岸联检单位和服务对象12家，发放调查问卷124份、警民联系卡230张，召开联检例会、警民座谈会、服务研讨会16场次，征求意见建议25条，对意见的落实整改率达到100%。部队连续两年被葫芦岛市评为“综合治理先进单位”。市委常委、主管口岸工作的副市长刘宁绥批示：边检开展的这个“提服”活动非常好，很及时也很到位，走在了各查验单位的前面。《葫芦岛日报》、《晚报》等媒体对本站提高边检服务水平、服务地方经济发展的有力举措多次进行专题报道。

【军事业务训练措施得力】 1.推进信息化建设。牢固树立“信息主导、需求牵引、统筹规划、综合集成、系统配套、加大投入、信息强警”的理念，党委下发《信息化建设三年规划》，通过指挥、通信、网管的有机结合，构建综合集成、资源共享、安全保密、传输快捷的信息网络配套体系，努力实现指挥控制实时化、勤务管控可视化、教育训练网络化和机关办公自动化的目标。严格密码管理措施，召开密码工作领导小组会议11次，接传文件、电报136份，无一差错。2.加强执法规范化建设。坚持软件、硬件两手抓，两手硬。立足硬件过关，借鉴“杭州样本”经验，投入8万余元，率先完成执法功能区改造。实现软件过硬，健全完善法律适用、办案程序、证据采集、笔录和案卷制作以及执法考评等制度规范，邀请专家进行法制讲座，与地方公安机关建立执法培训联系机制，举办执法培训班3期130人次，提升了部队整体执法素质。3.加强军事业务训练。以“素质年”为契机，以军事业务比武为切入点，以岗位练兵为平台，突出实战、实用，开展全警大练兵。并有针对性地进行防袭击、防冲撞、防闯关、反偷渡等演练，官兵办公办案、军事技能、处突能力不断增强。在总队军事业务大比武中获得“精神文明奖”，二期士官马昌荣获得400米障碍单项第二名。

【强力推进思想政治工作和正规化建设】 1.严格落实制度。制定《礼节规范》、《行政会议管理规定》、《人员跟踪管理办法》和《车辆GPS系统使用管理办法》，建立《正规化管理物品摆放标准图档》，签订《正规化管理工作责任状》、《“两防”工作责任状》和《工作目标责任状》，完善了《督察工作实施办法》和《正规化管理工作责任追求办法》，从量化评估、细化分数、分级评定、绩效追究等方面入手，探索建立了《正规化管理评估体系》，强化了日常养成，部队“四个秩序”更加规范。2.发挥政治工作服务保证作用。强化干部队伍建设，修订《干部量化管理考核实施办法》，制定《干部队伍建设三年规划》和《干部队伍素质培养提高工作意见》。严格落实“双考”方案，健全“民主、公开、竞争、择优”的选人用人机制。高度重视退休干部移交和转业干部离队工作，正团职退休干部林伟2009年列入移交计划，本人无子女、身患多种疾病、提出的移交条件非常苛刻，已经成为困扰多年的老大难问题，尽到最大努力，顺利完成了移交工作。扎实开展主题教育，通过故事教学法、思想骨干上讲台等创新举措，增强教育吸引力，保证教育效果。健全机关、基层文化设施，开展文艺汇演、读书交流等活动，设置宣传橱窗和条幅标语，全年在各级媒体、网站刊发稿件、信息千余篇，提升了文化素质，营造了浓厚氛围。3.狠抓“两防”工作。站党委始终将“抓安全，保稳定”作为重中之重，加大“知”和“跟”的力度。在“知”上，充分依托“两个经常性”工作，力求从“细”字入手，严格落实官兵思想分析、谈心谈话和个别人排查制度，做到真实掌握官兵思想变化和精神需求；在“跟”上，健全以“大三互”格局和“小三互”组织为载体的思想工作体系，通过建立官兵思想档案和《心情晴雨表》，开展家属助廉和跟踪管理，做到思想工作及时跟进，全方位监管八小时外社交圈、生活圈，确保把问题隐患消除在萌芽状态。扎实推进安全稳定教育整顿，围绕重点岗位、人员和敏感时期，深入开展排查工作，排查出的7类34项问题均得到整改落实，有效预防了各类事故、案件和违法违纪问题的发生，实现了“零责任事故”的目标。

（赵 玥）

检验检疫

【概况】 2011年，在辽宁检验检疫局和葫芦岛市委、市政府的领导下，按照“抓质量、保安全、促发展、强质检”的总要求，贯彻落实辽宁局“八加强八新”工作部署，认真履行职责，深入开展创先争优活动，全力支持辽宁沿海经济带建设，圆满完成了工作任务，不断推进葫芦岛经济社会又好又快发展。再次被评为省级“文明单位”。

【检验检疫业务稳步推进】 2011年共检验检疫进出口货物3 506批、2.02亿美元，同比分别增长9.3%和13.1%，签发证单5 125份，实现了泳装、花生果等14个品种分别首次出口19个国家和地区，检出10批次不合格货物，涉及货值84万美元。

【工作质量进一步提升】 始终把工作质量检查放在突出位置来抓，在工作质量稳步提升的同时，无任何质量事故。企业诚信等级评定落实率100%，企业基础信息维护落实率100%，入境货物流向单落实率98%，出门证单差错率0，内部证单差错率0.1%，检验监管工作完成率100%，未发生国外退运现象。

【质量安全检验监管得到加强】 一是严格出口食品农产品安全监管。对14家卫生备案企业进行监管108人次，提出不符合项98项；完成14家出口植物源性产品备案基地换证审核，取消资格2家，共提出并指导完成修改意见33项。二是加大对输欧、美等国泳装检验力度，加强偶氮、甲醛含量等指标检测，有效降低风险。三是不断提升实验室检测能力，缩短检测流程、提高检测效率，拓宽检测领域。四是加强诚信体系建设。建立了质量诚信动态管理机制，实行分类监管。其中，葫芦岛钢管工业公司被评为“全国进出口质量诚信企业”，已成为国内最大的直缝焊管出口企业，产品出口45个国家和地区。

【创先争优活动取得硕果】 一是精心组织，做到组织领导到位、方案制定到位、广泛动员到位、信息宣传到位。二是丰富内容，开展了公开承诺“回头看”、“五学五比五看”、“三亮三评”、“质检为民”大讨论、“以人为本、监管为民”主题教育、“纪念建党90周年”系列主题活动。总局机关党委常务副书记朱光沛评价本局创先争优工作“领导带头，全员参与，氛围浓厚，特别是紧密围绕中心，服务大局，落实承诺，积极帮扶企业扩大出口，在服务地方经济发展和支持口岸对外开放方面作出了实实在在的贡献”。局机关党支部被评为“市直机关先进党支部”，综合科被评为省级“文明服务示范窗口”，3人被评为“优秀党务工作者”和“优秀共产党员”。

【内部管理进一步强化】 一是坚持绩效和质量体系两手抓。重新确定岗位职责，建立AB角协作机制，层层签订工作质量责任状，绩效考核指标分解到人，确保工作目标落实到位；狠抓工作质量，采取“个人自我控制、流程环节把关、部门定期自查、全局集中内审”的方式，完善内部质量控制机制，保障体系有效运行。二是加强队伍建设。抓好理论中心组学习，开展大谈心活动，举办科级干部领导艺术座谈会，开展业务技能培训19次。三是加强党风廉政建设。落实党风廉政责任制，签订责任状，初步建立廉政风险防控机制，开展了9次廉政主题教育活动，聘请了13名廉政监督员，召开廉政监督会议4次，向企业发放廉政调查问卷128份，均反映良好，继续保持零投诉、无举报，企业满意。四是加强机关文化和精神文明创建活动。对办公楼进行重新设计改造，建立了多功能厅、阅览室、健身房等文化阵地，开展了文明机关、示范窗口等创建活动，营造健康、和谐、文明、向上的氛围。

【全力支持葫芦岛“一线六区”建设】 一是全力支持重点产业、重点项目发展。大力扶持葫芦岛有色冶金、机械造船、能源电力、纺织服装等重点产业发展，加大对徐大堡核电等重大工程、项目的支持，量身定做个性化服务措施，提供高效便捷服务。二是加强部门协作。与地方政府及相关部门建立更加良好的互动机制，与质技监、海关、海事、边检、外贸局等单位签署合作备忘录，建立联动机制，形成工作合力。三是加强出口食品农产品质量安全示范区建设，努力打造地区特色出口优质品牌。主动向市政府提交了《葫芦岛出口食品农产品质量安全示范区建设实施办法》，得到了市政府的充分肯定，李双金副市长批示：“提高了出口食品农产品检验检疫的有效性，对扩大出口有积极推动作用，检验检疫局工作有成效。”

【主动服务进出口企业】 一是开展“助小”活动。对华益食品公司等5家小企业主动跟进帮扶，针对存在问题，分别提出了解决和落实方案。二是推进企业实验室备案。帮助葫芦岛钢管公司实验室通过CNAS认证考核，积极推进中冶集团葫芦岛公司实验室备案。三是积极指导企业获得认证、注册。指导5家食品农产品企业通过了GB/T19001、HACCP、GAP等5项认证，帮助春贺等3家食品企业获得韩国、巴西等国水产品出口注册。四是帮助企业做好国外官方检查和考察工作。指导辽宁正业花生有限公司顺利通过欧盟官方检查，得到了外国专家的认可和赞誉。

【深化落实帮扶措施】 一是继续优化检验监管模式，完善服务功能，创新服务手段，缩短流程时限，确保产品快速通关。二是加大电子监管推广力度。完成了54家出口企业、60多种产品的信息维护工作，出口企业及其产品100%纳入电子监管系统并运行良好。三是用足用好原产地政策。加强优惠原产地政策的研究、宣传和利用，设立签证快速通道，共签发产地证书563份，为企业减免关税约158万美元。四是提升服务质量。在行政业务大厅设置了6个窗口，划分了四大区域，服务设施齐全，受到了企业好评。五是继续落实减免检验检疫费政策，全年共减免收费约44万元。

【深入开展严打专项工作】 一是加强组织领导。

成立严厉打击食品非法添加和滥用食品添加剂专项工作领导小组，健全机构和机制。二是制订了实施方案，对工作进行周密部署。三是加强宣传。通过走访、利用大厅电子屏、张贴公告等方式广泛宣传。四是开展“百人进企业”活动。出动人员22人次，检查出口企业9家，未发现有违规添加和滥用添加剂情况，对企业使用的添加剂全部进行了备案。五是建立信息报告机制，专人定期向辽宁局报告工作情况。

【持续开展“双打”专项行动】 一是扩大宣传，营造氛围。二是引导企业全面开展知识产权自查自纠，帮助企业查找薄弱环节，自觉抵制知识产权侵权行为。三是开展进口食品专项检查，对存在问题提出整改要求。四是加强出口产品检验监管工作。共出动185人次，对出口泳装、水产品等30个品种、55家企业进行了专项检查，保证100%完成“双打”清查工作。

【主动帮扶泳装产业做大做强】 一是始终把支持泳装出口作为检验检疫工作的头等大事来抓，第一时间召开出口泳装检验监管工作会议，为企业提供指导，确保正常快速通关。二是密切关注技术壁垒，加强技术支持。及时收集并研究国外法律法规，适时调整检验项目，对企业提出了谨慎对待工艺单的制定等12条建议，多次帮助企业避免了损失。三是深入企业主动帮扶。为25家泳装出口企业提供管理和技术免费培训150余人次，帮扶指导46人次，发现并纠正各类问题39个，强化了企业质量体系和自检自控能力建设，提高了企业质量管理水平。四是对原辅材料实施备案管理，减少了原料的检测比例，缩短了通关时间，降低了产品风险。五是完成辖区24家泳装出口企业分类管理现场考核工作，提升了出口泳装行业的整体水平。全年泳装共出口385批、货值2 877万美元，涉及欧盟、美国等48个国家和地区，并首次出口阿根廷、智利、伊朗等国家。

【不断加强口岸核心能力建设】 一是全面开通“口岸卫生检疫业务信息管理系统”，使葫芦岛口岸卫生检疫监管工作全面纳入系统管理。二是完成口岸卫生许可工作，完成3家企业卫生许可审核。三是加强对渤船重工、葫芦岛渤海船舶等企业的卫生检疫监管工作，确保船舶卫生。全年共完成9艘新造船舶出境卫生检疫工作，出具证书18份。四是完善了各项应急预案并进行了演练，积极做好日本核与辐射事件应急处置工作。五是继续开展了口岸媒介生物本底调查工作。

（王教敏）

商业 外贸

对外开放

【概况】 2011年是“十二五”开局之年，全市外经贸工作认真贯彻落实市委、市政府年初确定的工作目标，根据全市“十二五”规划和市第4次党代会对外经贸工作的战略部署，紧紧抓住东北老工业基地振兴和国家关于加快辽宁沿海经济带建设的有利机遇，深入实施扩大对外开放、吸收利用外资、鼓励扩大外贸出口、加强经济技术合作等一系列政策措施，外资、外贸及外经工作迎难而上，创新突破，各项任务指标均实现较大幅度增长。

【利用外资同比翻番】 全市批准新设立外商投资企业69户，同比增加18户；合同外资额9.6亿美元，同比增长37.7%。

全市实际到位外资4.4亿美元，同比增长100%，绝对值和增幅分列全省第8位和第2位。一是实际到位外资超额完成省定指标，全省排名较去年上升4个位次，是建市以来的总和，是“十一五”开局之年的43倍，连续第五次实现了翻番，增幅连续两年名列全省第2位。二是狠抓大项目攻坚，共引进世界500强、行业100强及1 000万美元以上的重大项目13个，实际到位外资2.9亿美元，占全市的65.1%。三是赴日、韩、欧洲、香港等国家和地区开展7次“走出去”重大招商活动，引进项目23个，实际到位外资2.1亿美元，占全市的47.4%。四是组织“请进来”国外及港澳台来访团组40余个、200余人次，引进项目21个，实际到位外资2.4亿美元，占全市的52.6%。五是利用当地资源进行招商实现新突破，引进项目14个，实际到位外资2.1亿美元，占全市的46.3%。六是突出金融招商，多方利用外资取得新进展，引进项目10个，实际利用外资1.4亿美元，占全市的31.2%。

【招商成果显著】 赴泰国、台湾、香港、欧洲、日本、韩国等地举办重大招商活动7次，推进招商项目43个，引资额33.56亿美元，招商活动成果显著。一是2月15～22日孙兆林市长率团赴台湾招商活动，共接触台商140余人次，共洽谈推进项目19个，总投资额4.24亿美元，其中引资额3.67亿美元。陈政高省长亲自为本市推进项目5个，总投资额1.05亿美元，其中引资额1.05亿美元。签约项目共计6个，总投资额1.25亿美元，其中引资额1.25亿美元。二是5月8～18日孙兆林书记率团赴德国、法国、荷兰开展招商活动。访问德国林德集团、西门子公司、法国圣戈班集团、荷兰达门造船集团等世界500强和行业100强企业。推进本市5个重大利用外资项目，投资总额27 870万美元，其中：外资额23 035万美元。出访活动不但推进了一批重大在谈和在建项目，加快项目落地和建设速度，而且加强了国际知名企业的沟通与合作，在引进新项目方面取得了可喜的进展。三是4月24～29日，代市长都本伟率团赴香港招商活动，共接触港商300余人次，共洽谈推进项目17个，总投资额109.5亿美元，其中引资额24.2亿美元。陈政高省长亲自为本市推进项目9个，总投资额105.5亿美元，其中引资额22.2亿美元。签约项目共计11个，总投资额66.3亿美元，其中引资额23.1亿美元。四是9月12～21日代市长都本伟率团赴日本和韩国招商活动，通过会见外商、访问企业、召开座谈会等方式，共推进外资项目5个，投资总额35

872 万美元，外资额 26 340 万美元。五是 10 月 24～28 日，代市长都本伟率团赴香港招商活动，共“点对点”洽谈推进项目 18 个，投资总额 48.488 亿美元，外资额 18.08 亿美元；共签约项目 6 个，投资总额 21.45 亿美元，外资额 8.5 亿美元，其中省长会见推进后签约项目 4 个，投资总额 16.15 亿美元，外资额 7.2 亿美元。六是 1 月李双金副市长率团赴泰国考察活动，考察了泰国旺可奈集团有限公司，签署了 100 万吨/年制糖项目备忘录，外资额是 1.7 亿美元。七是 3 月 22 日李双金副市长率团赴香港招商活动，访问了亚洲联合财务公司，会见了张炳煌董事总经理、行政总裁，就在葫芦岛市设立小额贷款公司达成意向。

【外贸出口超额完成省定目标】 全市累计实现进出口总值 12.9 亿美元，其中出口 8.01 亿美元，超额完成省定指标，全省排名第 8 位；同比增长 22.8%，超出全省平均增幅 4.4 个百分点。一是机电产品出口 4.76 亿美元，占全市的 59%，全省排名第 4 位；同比增长 165.2%，增幅列全省第 1 位。二是申请商务部资金 800 万元扶持泳装出口。三是共为企业争取到各类贴息、扶持和奖励资金 1 172 万元。

【重点商品扩大出口】 对全市出口 300 万美元的出口骨干企业，建立了重点联系制度，强化对企业出口运营性的跟踪服务与政策指导，推动骨干企业努力扩大出口；对船舶、钢铁制品、成品油、服装及农产品等重点商品按照产品分类进行跟踪，及时关注出口动态，发现问题，及时协调帮助解决。全市出口完成了第一季度开门红，提前一个月完成了“双过半”，并实现全年“两个不低于”的目标。

【外经工作再次实现突破】 全年共完成境外投资项目 7 个，投资总额 4 840 万美元，同比增长 2.3 倍。全市累计劳务输出 2 270 人次，同比增长 48.4%；完成营业额 680 万美元，同比增长 33.3%。一是为绥中县明水满族乡卫生院争取日本政府无偿援助资金 35 万元；为建昌县新开岭乡小学中心校争取无偿援助资金 70 万元；正在为扶贫帮困联系点建昌县汤神庙镇两家子村申请无偿援助资金 70 万元。二是以辽宁久隆泳装（集团）有限公司所属葫芦岛轻工职业技术学校为依托，向省申报外派劳务培训基地并获批，结束了没有外派劳务培训基地的历史。

【沿海经济带建设情况】 组织 6 个重点园区申报省级经济开放区，启动特殊功能园区申报工作。沿海 13 个主题概念园区共引进外资 3.6 亿美元，占全市的 81.9%，对全市开放型经济的拉动作用不断增强。

（陈立新）

服务业（商业 城区经济 粮食）

【概况】 2011 年，市服务业委深入贯彻落实科学发展观，认真履行职责，较好地完成了全年各项工作任务，有力地推动了全市服务业、城区经济、商贸流通、粮食流通等各项事业的发展。全市服务业增加值实现 242.1 亿元，同比增长 8.8%，占 GDP 的比重为 37.2%，同比下降 2.8 个百分点；服务业固定资产投资 202 亿元，同比增长 39.9%，占全社会固定资产投资的 45.4%，同比下降 1.3 个百分点；全市服务业从业人员达到 49.1 万人，占全市从业人员总数的 35.7%；重点服务业集聚区主营收入完成 110 亿元，同比增长 49.3%；完成城区经济“三年倍增”目标；城区财政一般预算收入完成 38.4 亿元，占全市的比重达到 54.8%，城区地区生产总值完成 334.8 亿元，占全市的比重达到 51.5%，城区经济已经成为全市经济发展的主力军和重要支柱。全市社会消费品零售总额完成 274.2 亿元，同比增长 17.6%。同时，落实国家政策措施，助推项目落地。2011 年共申报服务业和城区经济发展、商贸流通、粮食流通项目 30 个，获批 15 个，获批资金 2 000 多万元。获得“2011 年国家百强军粮供应站”等国家、省、市级先进集体、先进个人荣誉称号 20 余个。

【召开全市服务业发展工作会议】 2011 年 9 月 6 日，召开全市服务业发展工作会议。会议明确了“十二五”期间本市服务业发展的总体思路和采取的主要措施，下达了各项主要指标任务：服务业增加值年均递增16%以上，到2015年比“十一五”末期翻两番，占GDP比重达到45%以上；在全市规划建设24个服务业集聚区；抓好50个3亿元以上服务业重点项目；培育40个服务业领军企业。市委副书记、代市长都本伟在会上作重要讲话。本次会议的召开，标志着葫芦岛市产业结构调整工作全面铺开，标志着葫芦岛市“十二五”发展规划调整后开始实施，标志着葫芦岛市开始全方位构建服务业发展体系。

【建立服务业发展协调工作机制】 2011年7月22日，市人民政府办公室印发《关于建立全市服务业发展协调机制的通知》（葫政办发[2011]41号），明确了市服务业发展领导小组各成单位发展服务业的职责。

【万村千乡市场工程】 新建改造连锁店100个（其中绥中县50个），对500个连锁店进行了信息化改造。对已建的1 369余家连锁店进行跟踪管理，重点加强“万村千乡市场工程”配送中心建设。

【家电下乡 家电以旧换新】 共销售家电下乡产品21.3万台，实现销售额5.3亿元；以旧换新销售新家电6.1万台，实现销售额2.3亿元。协调相关部门加强对“家电下乡、家电以旧换新”网点的检查，防止骗补现象发生。

【下放城区经济管理权限】 根据《中共辽宁省委、辽宁省人民政府关于加快城区经济发展的若干意见》（辽委发〔2009〕13号）和省委、省政府在营口鲅鱼圈区召开的城区经济现场会精神，继2010年下放27项经济管理权限后，2011年10月再次下放16项经济管理权限。至2011年年底，已下放包括项目管理、城建管理等17个方面共43项城区经济管理权限。

【行政区划调整】 为从根本上改变南票区因受资源、空间、地域等因素影响而发展缓慢的状况，着眼于未来葫芦岛市大城区发展格局，市委、市政府于2011年7月下发《中共葫芦岛市委、葫芦岛市人民政府关于部分城区行政区划局部调整工作的实施意见》（葫委发〔2011〕15号），连山区东部的高桥镇等6个乡镇划归南票区。至2011年底，高桥镇的划转已顺利完成。

【建立城区经济发展专项基金】 为进一步激发城区经济发展活力，市委、市政府于2010年12月下发《中共葫芦岛市委、葫芦岛市人民政府关于加快城区经济发展的若干意见》（葫委发〔2010〕23号），制定了加快推进城区经济发展的相关政策和保障措施，决定自2011年起，每年安排500万元财政资金建立城区经济发展专项基金，以激励和推进城区经济发展。2011年的专项基金将用于对主要指标在全省实现位次前移的城区进行奖励、就“两区”已建成的重大项目进行奖励等。

【工业园区建设】 葫芦岛市城区共有三大工业园区。2011年，三大工业园区共完成投资38亿元，历史累计完成投资127.2亿元；有入驻企业121家，实现销售收入11.35亿元。连山打渔山泵业产业园区定位于打造全国泵业产业基地。2011年，该园区完成投资9.4亿元，历史累计完成投资63.4亿元；有入驻企业97个（其中泵业产业项目37个）。10月，中国葫芦岛打渔山泵阀产品博览会开幕。国内193家生产及经销企业参展，展出产品360多种；园区与20余家企业签订了项目投资合作协议，达成意向投资额54亿元；与50多家企业签订了购销合作协议及意向。2011年，该园区已有3家企业试生产。龙港海洋工程园区定位于打造海洋工程装备和船舶修造基地。2011年，该园区完成投资28.4亿元，历史累计完成投资51.6亿元；有入驻企业21家，其中7家已建成投产，实现销售收入5.65亿元。南票红石循环工业园区定位于打造以粉煤灰综合利用为主的循环产业园区。2011年该园区完成投资0.2亿元，历史累计完成投资12.2亿元；有入驻企业3家，有1家企业试生产，实现销售收入5.7亿元。

【服务业集聚区建设】 城区已形成规模的服务业集聚区有两个，均以商贸业为主导产业。连山商贸业集聚区2011年实现营业收入54.5亿元，同比增长近30%。2011年，该集聚区正在建设的三大项目进展顺利：由英国乐购集团投资1亿美元的特易购大卖场正在加快建设当中，将于2012年开业；由宏运集团投资5亿元、建筑面积7万平方米的宏运购物中心项目已完成拆迁；投资4亿元，利用地下人防工程建设的营业面积2.2万平方米的奥佳时尚广场也已开业。连山区目前位于该区域的区直机关、学校将于2年内搬迁至东城新区，腾出的5万平方米“黄金地带”将全部用于发展服务业。龙港商贸业集聚区在全市率先编制集聚区发展规划并成立管委会。2011年，该集聚区主营业务收入实现50.7亿元，同比增长76%。该集聚区有已建成及在建投资千万元以上项目30余个。其中，大润发超市于“十一”前开业；投资亿元以上的沃尔玛超市、宏运新世界、文萃路购物街也将于2012年陆续建成营业。经省考核验收，该集聚区被认定为“省级服务业集聚区”。南票区下凌线综合产业园区是定位于国家级煤炭储配基地的物流业集聚区。2011年，该产业园区正在进行可行性论证、项目报批及土地整理招标等前期工作。

【城郊乡镇改造】 根据市“三位一体”大城区的建设发展格局，积极拓展城区经济发展空间，加大城郊乡镇的改造力度，不断推进城市化进程。连山区东城新区和打渔山园区锦郊街道的5个村和塔山乡的2个村、1个农场已融入城市。龙港区积极推进包括连湾街道的玉皇阁、齐屯、茨山3个村，郝家屯、岔沟2个“城中村”的“两河三村”服务业集聚区建设改造工程。龙湾中央商务区和双树服务业集聚区则包括了双树乡的部分村屯。打渔山南票矿区“棚改”工程正在紧张施工当中，即将有6万居民迁出大山深处的采煤沉陷区。

【市场调控】 除做好春节等节日期间的市场监测工作外，在市场出现食盐抢购风之时，迅速启动了生活必需品监测日报；按市统一部署，迅速协调商家做好防台风“梅花”的物资储备工作；市场猪肉价格出现较快上涨之时，迅速牵头制定冷冻猪肉投放市场实施方案，投放政府储备冷冻猪肉近80吨，成功地引导市场猪肉价格企稳回落并保持平稳。

【参展参会】 组织参加辽宁（沈阳）·台湾名品博览会、中国（大连）首届辽宁沿海七城市特色商品博览会、全国“农超对接”东北片区展示会、第12届中国食品博览会等，达成意向协议额3 000多万元，现场成交180万元；与相关单位共同举办春季汽车展销会，共展出30多个品牌100余款车型，实现销售额1 500多万元。

【商业点建设和便民 利民 惠民工程】 2011年，完成建昌县县域商业点建设规划。积极引导大型餐饮企业开展“扩消费、促增长、惠民生”主题系列活动，丰富了节日市场，扩大了餐饮服务消费。加强家政服务网络体系建设，培训学员600人。推进社区商业发展，积极申报标准化菜市场建设补助项目。开展了新时期中华老字号保护与促进工作。

【成立市商务综合执法支队】 依据葫芦岛市机构编制委员会《关于组建葫芦岛市商务综合执法支队的批复》（葫编发〔2011〕53号）文件精神，市服务业委于2011年12月组建成立市商务综合执法支队。市商务综合执法支队为委下属市财政全额预算相当于副处级事业单位，内设3个科级机构。市商务综合执法支队划入了原市粮食市场监察支队的粮食流通领域行政执法职能，市酒类管理办公室、市散装水泥管理办公室、市定点屠宰管理办公室的行政执法职能，主要负责全市酒类商品流通、散装水泥、粮食流通、畜禽定点屠宰等行业和领域的监督和管理，并受行政主管部门委托，依法对食品、成品油、再生资源、典当、特许经营、洗染等流通行业中的违法经营行为实施行政处罚。

【行业监管】 严格畜禽定点屠宰管理。在生猪定点屠宰企业安装了监控设备，对生猪屠宰环节实施全程监控。督促生猪定点屠宰企业严格落实各项食品安全管理制度，全面开展“瘦肉精”和畜禽定点屠宰环节肉品安全专项整治活动。本市宰猪量近30万头，市本级宰猪量8.4万头、宰牛量5 000头、宰羊量5 500头、宰鸡量120万只。

检出病害猪532头、病鸡447只；取缔非法屠宰点3个，查处销售私屠猪肉案件6起，查处销售私屠羊肉案件3起，使百姓吃到了“放心肉”。严格酒类市场管理。开展打击假冒伪劣酒类商品专项整治活动，检查批发零售及餐饮企业400余家，查处经营假冒酒类业户30多家，使百姓喝上了“放心酒”。加强对特种行业的监督管理。加强成品油经营管理，对全市加油站进行年检整顿。协调组织相关部门开展打击侵犯知识产权和制售假冒伪劣商品专项行动。对县级医院药品流通情况进行调查摸底。抓好报废车管理。在全市取缔城区内营运三轮车工作中，配合各相关部门指导市再生资源回收公司接收三轮车2 241辆。对全市报废车回收企业进行整顿。加强二手车市场管理。协调各成员单位对全市停业整改的二手车市场进行再次验收。会同市法制办起草《葫芦岛市二手车流通管理办法》、《葫芦岛市二手车流通行业“十二五”发展规划》。加强对拍卖、典当、散装水泥等行业的监管。

【诚信体系建设】 在商贸系统开展创建“青年文明号”活动、“双优”竞赛活动及辽宁商业服务品牌评选工作，努力营造健康向上的商业文化。本市11家商贸流通企业获“辽宁商业服务品牌”、“双优”竞赛先进单位、“青年文明号”等省、市级荣誉称号27个。12312商务举报投诉服务中心发挥其服务平台的作用，受理商务举报投诉案件11件。

【粮食流通】 抓好粮油储备管理。修订《葫芦岛市粮食应急供应预案》；认真做好地方储备粮油库存自查和复查工作，达到账实相符；全面完成省下达的地方储备粮油指标，国家各级储备粮食油账实相符、储存安全。加强粮油统计和市场监测。完成2010年度社会粮食供需平衡调查统计任务；加强对23个粮油价格信息监测点的管理，为搞好粮食宏观调控提供可靠依据。加强粮食流通监督检查。组织县（市）区开展粮食收购资格年检工作。组织开展粮食库存检查、国家粮食收购政策落实情况检查等专项检查，有效地维护了粮食流通秩序。全市各级粮食管理部门共执行粮食监督检查任务119次，出动人员1 832人次，形成处罚案件17例，保证了国家各项粮食政策的落实。加强粮食行业服务。协调相关部门，建设农户科学储粮仓2 000个。利用《粮食流通管理条例》颁布7周年等时机，积极宣传国家粮食政策，普及粮油科技知识。积极组织开展粮食仓储企业规范化管理活动，认真做好粮油仓储单位备案管理工作。经申报，8家粮油商品储备企业获得免税资格，有效减轻了企业负担。加强军粮管理。通过组织企业开展争创全国“百强军供站”活动，完善了企业军粮供应质量管理各项规章制度和军粮供应应急设施。市军粮供应站取得省级储备油承储资格。抓好粮食企业管理。积极做好国有粮食购销企业政策性粮食财务挂账管理工作，按75%的比例一次性消化粮食挂账1.8亿元，增强了粮食企业的活力和市场竞争力。对国有粮食企业改革进展与发展情况进行调查。加强粮油质量安全管理。全面抓好市、县两级粮油检验监测体系建设，完善各项基础工作；加强对各级储备粮油、政策性粮油以及粮油收购等环节的质量监管，有效维护了国家质价政策，确保了粮食质量安全。

（李巍山）

供 销

【概况】 2011年市供销社按照年初制定的工作目标任务和总体要求，围绕为农服务、壮大本级经济实力这一工作主线，勇于创新，大胆实践，提升网络质量，提高经济效益，实现经济保持较快增长，农村合作经济体系不断完善，新网工程建设稳步推进的工作目标。

【加快改革发展步伐】 1.推动《葫芦岛市人民政府关于加快供销合作社改革发展的实施意见》尽快出台。在认真学习深刻理解两个文件的基础上，广泛开展调查研究，根据本市供销社实际情况和面临的困难，起草了《葫芦岛市人民政府关于加快供销合作社改革发展的实施意见》。该《意见》认真分析了供销社需要解决的新情况新问题，提出了解决办法，为供销社合法权益和改革发展提供了更多的政策支持和宽广的平台。文件已会签完毕，待政府签发予以发布实施。2.综合开发利用土地，盘活社有资产，保证社有资产保值增值。依据国务院40号和省政府26号文件精神，对所属公司土地进行综合开发利用，变现资金用于解决企业历史遗留问题和为农服务基础设施建设。本着确保社有资产保值增值的原则，经过与相关部门调查论证、咨询沟通，土地评估、测量工作已基本完成。3.全年超额完成各项任务指标。截至2011年11月末全系统实现商品销售额6亿元，比上年同期增长15%；实现利润994万元，比上年同期增长137.8%；市本级利润实现90万元。新发展各类专业合作社8个，发展连锁店12个、协会2个、综合服务社6个。

【大力开展“项目建设年”活动】 2011年全系统继续把抓项目争资金，发展“新网工程”，壮大经济总量作为工作的重点，积极开展项目建设年活动，全力推进项目兴社战略，切实加强新农村现代流通网络工程和农民专业合作社项目建设工作。一是成立项目建设年活动领导小组。小组由市社主要领导亲自挂帅，制定了《市供销社开展项目建设年活动实施方案》，加强对活动的组织领导，明确了活动的目标任务和具体措施，提出了“申报一批、建设一批、储备一批”的发展思路。二是做好项目建设和申报。做好申报项目人员培训工作，聘请省、市专家讲课，为各县(市)区社申报项目单位及专业人员进行项目文本制作和政策解析方面培训，培养一批专业项目申报人员，提高项目申报成功率。将有竞争力的好项目纳入市供销社“十二五”项目库。申报的新网工程项目经过专家评审，建昌县新开岭配送中心建设项目被评为全省第一名。三是活动效果显著。利用中央财政扶持资金，南票区社对沙锅屯供销社网点进行了升级改造，兴城市社农业生产资料总公司新建了红崖子农资配送中心，建昌县嘉伦公司兴建新的水果加工生产线，连山区锦郊供销社网络建设进行了升级改造，绥中县秋子沟果品基地1 000平方米气调库建成并投入使用。截至11月末，全系统共获各项扶持资金530万元，占全省扶持资金的1/8。

【开展办实事解难题促发展活动】 把加强政策宣传、深入调查研究、推动农超对接、银企对接等作为办实事、解难题的重点。积极开展农超对接活动。农产品价格持续高位运行，为国家宏观调控带来较大通胀压力，实践证明农超对接是减少流通环节，增加农民收入，降低农产品价格的有效途径。，市供销社站在国家宏观调控和增加农民收入的角度，不等不靠，主动作为，自费组织全市36家农民专业合作社或相关食品生产企业代表，去北京广盛园华夏特产店进行考察，随后又请来华夏特产店老总多次来葫对相关产品进行考察，经过双方多次接触和谈判，葫芦岛农产品摆上了华夏特产店柜台。为了保证华夏特产店能够及时回款，降低商业风险，市社没有简单地把农民专业合作社与北京超市对接，而是充分发挥供销社农民合作经济发展中心作用，由中心与北京超市对接，经过中心多次努力和沟通，中心与华夏特产店之间经济的活动由华夏特产店的上级公司进行担保，这样解决农超对接活动中的所有担心，开创了农超对接的新路子。构建银企对接新模式。资金不足是制约供销社企业发展的主要问题之一，为解决制约农民合作经济组织和企业发展的资金问题，由供销社牵头协调，建昌县政府办、金融办组织召开银行和农民合作经济组织对接工作会，由银信部门介绍信贷条件、信贷规模，企业阐述发展规划和实际困难，实现信息交流沟通。建昌县嘉伦公司已申办了贷款，缓解了企业发展资金压力。银企对接搭建了信息沟通和服务的平台，构建了良性互动、共谋发展的新模式。

【农村现代流通服务网络日益完善】 注重抓好农资现代流通服务网络。以市农资公司为龙头，各农资经营连锁网点为网络，充分发挥经营优势和网络优势，积极组织适销对路的化肥供应农民，保证了农资市场的稳定，满足了农业生产的需求。在春耕生产农资供应旺季坚持商品优质、价格优惠、服务优良，采取直采方式，营造安全、便利和经济的农资消费环境，2011年全系统供应化肥19万吨，储备化肥2万吨，农资销售额占全市农资销售市场份额的70%，真正发挥了主渠道作用。扎实抓好日用消费品流通网络。通过运用联合、合作、开放办社、租赁承包等形式，整合各类网络资源，同时加快对原有供销社网点的改造、装修，建成一批管理规范的日用消费品连锁店，形成了初具规模的日用消费品连锁经营网络。全系统现已发展乡村日用消费品超市130余家，既满足了农民生活的需要，提高了农民生活的质量，又提升了供销社形象，增强了供销社经济实力。着重抓好农副产品购销网络。围绕主导产业和特色产业，依托基层供销社、专业合作社和行业协会，组织引导农副产品的市场竞争能力，积极搭建“农超对接”平台,以“农超对接”为突破口，构建农副产品供应的主渠道。与北京华夏特产店开展农超对接，将农产品销往全国各地。在积极向北京、沈阳等大城市推销农产品的同时，也在积极打造本地的社区超市，注册了益农达连锁经营有限公司，一期规划建设了益农达连锁经营凯地家园超市等5个超市网点，装修已经完成，可以试营业。恢复组建再生资源回收利用网络。学习借鉴先进地区再生资源回收利用网络建设经验和做法，深入调研草拟了本市再生资源回收与循环利用管理办法，成立市再生资源管理办公室筹备办，积极筹备再生资源回收利用深加工项目，项目正在申请中。

【新型合作经济组织发展日渐规范】 市社始终把发展新型合作经济组织作为供销社改革发展的主要工作，立足本市优势资源和特色产业，结合供销社行业特点和基层需要，按照《农民专业合作社法》要求，不断规范新型合作经济组织发展，完善综合服务能力。专业合作领域有新拓展。2011年与市商业局下属的家政服务中心合作，拓展新的专业合作项目，成立了益农达电子商务公司，设立为农服务的信息平台，为“三农”提供各类信息查询咨询、农产品购销等方面服务。

农产品品牌意识逐渐增强。农产品品牌是农民专业合作经济组织可持续发展的灵魂，品牌建设是带领农民致富，推动现代农业发展的一项重要工作。市社以省第二届展洽会为契机，借展会的形式和要求，树立品牌意识，农民合作经济组织产品品牌意识逐渐增强，创建品牌的积极性进一步提高。参展的35家专业合作社及企业，80多种农副产品，销售额约达3万元，现场签约金额达20万元，意向性成交额1 500万元。农产品包装和创新能力提高。过去专业合作社农产品包装粗糙，既不符合超市和市场要求，又得不到顾客的认可。2011年，市社以市政府农产品公务包装需要为契机，注册成立农产品包装专业社，新上色选机和自动包装机，既满足系统农民专业合作社农产品精包装问题，又提高农产品的内外在质量，达到助农增收效果。2011年，全系统新增专业合作社18个，吸收入社农户3 600户，助农增收15 873万元。

（王少刚）

物　资

【概况】 2011年是物资系统深化改革和维护稳定的重要一年。认真贯彻落实党的十七届五中、六中全会精神和市第四次党代会要求，继续坚持“改革是第一要务，稳定是第一责任”的工作方针，紧紧围绕深化企业改革、维护下岗职工稳定和创建“五型机关”等工作，增强“五个意识”，严格履行职责,较好地完成了全年各项工作任务。

【国企改革工作继续深入推进】 2011年在企业改制工作中，重点做了如下工作：一是清理下属企业档案库，集中时间彻查拟破产企业的债权债务及固定资产账，全部完成了拟破产企业账目的核查清理。并对拟破产企业的营业执照、代码证和专营许可证等资质手续进行了收集整理；二是着力破解债权核呆、债务甄别和经营性债务回购等瓶颈难题，对企业改制以来因诉讼、偿债、处理各种遗留问题发生的经济往来进行财务账目处理，为完善破产工作程序打好基础；三是组织相关人员进行了企业破产培训。

【资产清查回收取得了显著成果】 2011年，集团加大了对物资系统剩余有效资产的清查回收和补办证照的工作力度，共清查房产并补办证照584平方米，最大限度减少了国有资产流失。同时，由于计划经济时期划拨的国有土地边缘已经变得模糊，集团对现有土地资产边界进行了详细的勘测、登记和确权，重新明晰了国有土地和地表资产的权属范围。

【进一步完善了资产变现准备工作】 2011年，集团领导针对国有资产变现问题，完成了与相关部门的沟通协调工作及资产变现前的评估工作，向市政府上报了《变现方案》并获批准。为确保资产变现顺利进行、规避债权人追债风险，实施了一系列重要、有效举措，保证了资产变现工作的推进。同时对拟变现资产向市场进行了积极推介，争取以较高商品化价值实现国有资产增值最大化，为“十二五”期间企业改制攻坚收尾筹措资金。

【偿还国家债务取得了积极进展】 在“十一五”期间与两家资产经营公司达成“回购债权”意向的基础上，2011年，集团加紧了与上述两家公司的磋商，对两大国有资产经营公司的债务，实施了“债权转移监控”，同时积极筹措回购债权资金，全力争取早日成功回购。

【应对经济诉讼案件取得了良好成果】 2011年，物资集团因原所属企业经济纠纷案五次被告上法庭。集团面对经济诉讼案件精心准备，收集大量有力证据，认真研究诉讼对策，同时展开积极应诉，取得了五起经济纠纷案件的最佳诉讼结果：三起案件取得完全胜诉；一起案件以要求赔偿金额百分之十一的赔偿结果结案；一起经济纠纷执行案获终止执行。打赢五起经济纠纷案共为国家减少经济损失约341万元。

【“保民生、保稳定” 工作取得显著成效】 面对物资系统下岗职工4 300多人、遗留问题复杂、居住集中、易引发大规模群访事件的特情，为落实市委四届三次、四次全会及市委、市政府关于加强和创新社会管理意见的有关精神，2011年，市物资集团采取有力措施，确保了物资系统下岗职工稳定。一是明确职责抓稳定。集团召开机关干部大会，签订 “维稳”工作责任书，重新明确职责和任务，确保责任落实到人。二是信访排查保稳定。让机关干部兼任企业维稳联络员，负责上传下达沟通情况。定期开展信访大排查，做到潜在问题早发现，重点问题早掌控，重点人物早盯防。同时按执行部门和责任人限定完成时间和质量，确保排查工作无死角、无疏漏。三是解决问题促稳定。集团领导采取亲自接待来访和深入下岗职工家庭走访的方式，针对反映的热点和切身利益问题，在宣传党的方针政策的同时认真解答，应该解决的立即研究解决，现场解决信访问题占比61%。全年共计接待下岗职工上访417人次，除1例外全部促成息访，并成功处置物资库区和老城区突发群体事件2起。四是保障民生守稳定。动真情，办实事，在资金紧张的情况下，自筹资金，加大民生保障经费投入，千方百计主动为下岗职工和困难群众办实事。2011年，春节走访慰问下岗职工并送去生活必需品和慰问金3.5万元。资助重大疾患职工家庭1.9万元。在台风“梅花”即将到来之际，为下岗职工家庭送去防汛物资和生活必需品价值5.5万元。筹资4.8万元解决了物资库区职工住宅供电线路改造问题，保障了“国庆”期间156户居民和18家企业用电。筹资1.85万元为木材公司进行了住宅楼防水维修和燃料公司住宅楼下水管线疏通维修。为两户无住房的下岗职工提供了临时住所。为部分下岗职工完善了医保手续。为原所属职教、幼教退休教师上报了提高待遇的手续。为62名下岗职工办理了二次房改和公积金退还手续。由于工作前瞻，积极主动，措施到位，服务热情，有力地维护了本市社会稳定大局，实现连续11年市以上因改制问题“零上访”。

【机关建设】 2011年，集团继续全面加强机关政治理论学习和业务学习，并坚持强化党风廉政建设。在实际工作中，集团党委在全体党员干部中倡导增强“五个意识”，即党性意识、大局意识、服务意识、奉献意识和自律意识。继续大力开展“五型机关”即 学习型机关、服务型机关、责任型机关、廉政型机关、健康型机关的创建活动。同时，以开展“创先争优”活动为载体，结合为集团“清回一宗欠款、争得一项荣誉、减少一笔开支、办结一件实事、撰写一篇信息”的“五个一”常态号召，大力开展向“建党九十周年”献礼活动，“创先争优”活动不断掀起热潮。增强“五个意识”活动的开展为在干群中弘扬和落实科学发展观起到了积极的促进作用。创建“五型机关”和向“建党九十周年”献礼活动使机关工作焕发出勃勃生机与活力，这些举措有效地促进了全局工作目标的实现，并树立了国家机关的良好形象。

（张守明）

烟草专卖

【概况】 2011年，以实现“卷烟上水平”战略任务为核心，以“六个坚持”发展思路为指导，稳步提升经济运行水平，持续开展卷烟销售网络建设，严格规范内部管理监督和专卖管理工作，扎实推进基础管理课题推广应用，切实加强领导班子和干部职工队伍建设，各项工作均取得了显著成效，实现了“十二五”规划的完美开局。全年利税总额27 760万元，同比增加5 165万元，增长22.86%。

【经济运行水平稳步迈上新台阶】 按照省局（公司）提出的经济运行要从在发展中积累资源向运用资源提高发展质量转变的要求，市局（公司）突出抓好经济运行效益增长，质量提升，经济运行水平稳步迈上新台阶。一是卷烟销量、结构稳步增长。全年累计销售卷烟92 669箱，同比增加2 151箱，增长2.38%。一、二、三类卷烟比重分别提高2%、2%和12%，卷烟单箱销售收入15 900元/箱，同比增加2 000元/箱。二是经济运行质量显著提升。卷烟销售收入125 763万元，同比增加18 134万元，增长16.85%；卷烟销售毛利31 646万元，同比增长19.87%。三是成本费用控制能力得到加强。预算管理、成本费用管理、资金管理与节约管理课题有效融合，并相继推广应用。三项费用率为7.55%，同比降低0.51个百分点。四是安全意识逐步增强，安全技能应用与自我保护能力逐步提高。通过开展全员安全培训、防火防盗实地演练、日常安全检查，有效提升了企业应对突发事件的处置能力，确保车辆GPS、视频监控、自动灭火、自动报警四大系统正常运转，实现了企业安全生产零事故发生，为“卷烟上水平”提供了安全保障。

【网建工作呈现新气象】 2011年，围绕工作以“三新”工作为目标，结合自身实际，创新工作思路，卷烟销售网络建设呈现新气象，连续五年获得省局网建验收优秀达标单位荣誉称号。品牌培育定位准确、成果卓著，品牌培育能力全面提升。始终坚持品牌培育为第一要务，加强工商双方共享品牌信息，共同完成品牌发展规划；客户经理帮助客户制定品牌培育规划，共同培育品牌，形成了工、商、零共同面向消费者培育知名品牌的强大合力。2011年，“532”、“461”知名品牌销售50 195箱，同比增长24%；重点品牌集中度达到54.27%，同比增加10个百分点，实现以新定位推进品牌发展上水平。全年黄鹤楼、7匹狼等重点品牌发展再创佳绩，在卷烟市场环境错综复杂的情况下，“7匹狼”通系列卷烟销售业绩在全省名列前茅。市场营销模式创新发展，营销水平全面提升。按照《数字烟草发展纲要》的要求，逐步完善运维管理机制，打造健康可控网络环境，加强企业信息化建设，为“135”工作法顺利推广应用、客户等级划分、终端信息采集、网上订货提供强力信息技术支撑。全地区有9 003户实行网上订货，网上订货率达到94.73%，订货成功率达到92.06%，电子商务进程明显加快，有力地推动了传统商业向现代商业的转变。坚持以培育品牌为核心，客户经理竞争上岗、电访员向品牌经理转型，营销队伍结构和能力素质大幅提升。在深化工、商协同营销，实施精准营销，探索文化营销，开展差异化营销，加快现代物流体系建设等一系列卓有成效的工作基础上，推动市场营销模式创新发展，实现以新模式推进市场营销上水平。

创新终端建设方法途径，不断完善零售终端功能。作为全省行业零售终端建设试点单位，按照“四同”的要求，把小终端视同大战略，将之建设成为消费信息搜集的渠道、品牌宣传促销的阵地、展示行业形象的窗口，不断摸索终端建设经验，拓宽终端建设思路，在实践中总结了“提升7种服务能力，发挥终端6大功能”的成功经验，并在全省进行交流，为全省行业终端建设作出了积极的贡献。即：通过开展客户培训、网上营销、设立消费者服务站、卷烟经营示范户、组建客户互动小组、开通客户QQ交流群等一系列举措，提升差异化营销服务能力、对功能客户服务能力、文化营销服务能力、终端消费跟踪服务能力、卷烟经营秩序维护服务能力、零售终端信息化服务能力、终端服务效果评价能力等七种服务能力，逐步完善零售终端形象展示、品牌培育、宣传促销、信息采集、消费跟踪和规范经营六大功能，使卷烟零售终端形象得到极大改善，重点功能客户作用得到充分发挥。

【内部管理监督和专卖管理工作】 严格规范是保持行业健康发展的生命线，市局围绕行业内部监管目标，以“两项工作”为重点，充分发挥“三项工作”管理委员会决策、管理、监督三大职能作用，通过“办事公开、民主管理”加强内部监管，规范权力运行，保障职工知情权、表达权、参与权、监督权。对物流中心烟箱招标出售、绥中办公楼维修工程进行全面、全程监督，保证了监督到位，打造了廉政工程、阳光工程。在专卖内管方面，按照“内管抓核实”的工作思路，抓好内管信息系统中各类异常预警线索的核实。全年累计检查购销合同 1 307 份，分析异常数据 74 431 笔，杜绝了不规范经营行为的发生。省局年度内管检查组对专卖内管工作给予了充分认可。通过扎实推进内管工作，进一步筑牢了严格规范的防线，起到了实实在在的监管效果。

专卖管理工作以“核查、核实、实效”为重点，持续发挥“拼实力、拼智力、拼耐力”的精神，不断提高管理水平。全年共计查处各类涉烟案件 799 起，登记保存涉案卷烟 4 187.1 万支，涉烟案值 1 225 万元，罚没款 133.08 万元，端掉窝点 96 个，刑拘 44 人，批捕 19 人，判刑 10 人。在卷烟打假方面，继续把打击制售假烟网络作为专卖管理的重中之重，充分发挥公安、烟草联合打假机制作用，重点抓好大案要案的侦破，取得了丰硕成果。全年共打掉制售假烟网络 4 个，其中国网案件 3 起、省网案件 1 起，“12·4”、“10·9”网络案件获批为部督案件，查实涉案卷烟 4 300 余万支，涉案总值 4 800 余万元。无论是国网案件数量，还是涉案金额，均居全省前列，国家局、公安部授予本局“全国卷烟打假先进集体”荣誉称号。在市场监管方面，通过推行市场核查、错时检查和交叉互查等针对性措施，确保全市卷烟市场净化率保持在 96%以上。

法规部门认真组织开展了“3·15”、“6·29”、“12·4”及市政府组织的“行风面对面”法制维权宣传活动，共计 17 场次，增强了广大消费者的知法、懂法、守法、用法意识，实现了“六五”普法工作良好开局，被市政府授予“依法行政先进集体”荣誉称号，被省局授予“五五普法先进集体”荣誉称号。

【基础管理工作水平得到新发展】 按照省局提出的“在推广上求模式统一，在应用上求发挥效能，在协同上求衔接顺畅”的要求，加强了现场管理、资产管理、预算管理等“六项课题”的移植与再造、融合与应用，节约管理重点突破，各项课题整体推进的思路，做到“推得开、学进去、融进来”。一是节约管理效能得到发挥。完成制作《节约管理手册》和电视纪实片，整理归纳节约典型案例 11 件、节约窍门 10 件，树立节约标兵 9 人。2011 年，全局节约车辆修理费 24 万元、通讯费 2 万元、办公费 5 万元、燃油 34 754 升，节电 44 652 千瓦时，节水 5 346 吨，节约用纸 89 包。二是各项基础管理见到实效。通过明确各项课题推广的负责部门，落实责任；注重各项课题标准的对照，梳理不适宜项；强调各项课题的互相配合、整体推进，实现基础管理能力和水平全面提升。现场管理课题的推广应用有效地改善了办公环境，提高了工作效率；资金管理和预算管理的推广应用使预算编制与执行的准确性大大提高，偏差率控制在 0.8%，达到全省行业先进水平；物流中心加强现场管理与定额管理，按照“轻、静、洁、齐”的要求，实现了“无杂物、无浪费、无事故、无违纪”的工作目标，物流费用率 1.14%，同比下降 0.15 个百分点。三是基层创建工作扎实推进。2011 年，三个县营销部顺利通过“达标”单位验收，三个县级局全数通过省局组织的创建优秀县级局“回头看”验收，其中兴城市局被国家局授予“全国县级烟草专卖局标兵单位”荣誉称号。四是完成信访稳定工作目标。严格执行领导干部下访日制度，变上访为主动下访，做好信访稳定工作，实现全年群众上访事件为零的工作目标。

（王长余）

财政 税务

国有资产管理

【概况】 2011年，国资委按照省国资系统工作会议和市委全会暨全市经济工作会议部署，坚持党的十六大以来确立的“三分开、三统一”等一系列重大原则，代表市政府依法有效地履行了企业国有资产出资人职责，在健全国资监管体系、推进国企改革、指导企业党建工作中发挥了重要作用，树立了政府机关良好形象。

【不断完善国有资产监管体系】 按照完善省级、提升市级、加强县级的原则，加强了国有资产监管体系建设。认真贯彻《公司法》、《企业国有资产法》和《企业国有资产监督管理暂行条例》，深入落实国有资产评估管理、企业国有产权界定、国有股权持有和转让等管理规定。认真解读国务院国资委《关于进一步加强地方国有资产监管工作的若干意见》，研究界定企业国有资产监管范围，健全国资监管风险预警机制。不断完善企业财务月报体系，完成了年度国有资本运营情况分析和69户企业国有产权备案核准工作，帮助新注资企业修改了公司章程。强化资本运作，积极盘活存量资产，加大融资平台建设力度，协助北港园区完成了一期1亿元人民币融资任务，在确保国有资产保值的同时，努力实现国有资产不断增值。

【着力推进国企改革后续工作】 按照市委市政府指示要求，全力推进锦化氯碱、华天实业、8271、市供销总公司破产重整操作和后续工作。加强了市公汽公司改制重组政策指导工作。经市中法裁定，锦化氯碱重整工作已于上年6月20日终结。在企业破产改制操作过程中，在市委市政府的领导和市中法的指导下，自觉接受市人大的执法监督、市政协的民主监督和新闻媒体的舆论监督，保证了破产改制操作程序的科学性。

加大调研力度，积极、妥善、有步骤地处理7019厂、754矿等改制企业历史遗留问题。主要领导亲自协调，为30名职工办理了退休手续、417名职工办理了社保卡。深入开展“社会矛盾化解年”活动，加大了改制企业生活区供水、供电、供暖等社会职能投入力度，切实解决百姓关注的焦点、热点问题。依据信访条例，全年接待企业职工家属来访170余批，近7 200余人次，去省进京接访、疏劝11批670余人次，市信访联席会分解的“积案”结案率为100%，保证了企业生产平稳运行，维护了社会稳定。

按照市委市政府部署，集中人力物力，认真开展了国有企业办职教幼教退休教师待遇落实的前期工作。在市落实职幼教退休教师待遇领导小组的领导下，主要领导负总责，分管领导亲自抓，4个小组12名工作人员深入45户企业，对2 300余名退休教师档案逐一进行了核查，为2011年全面、准确完成国有企业办职教幼教退休教师待遇落实工作奠定了基础。

【突出加强企业党的建设】 围绕加强企业党的建设，发挥国有企业党组织政治核心作用，下发了《关于在创先争优活动中深入开展党员公开承诺的通知》，转发了《关于在全省基层党组织和党员中开展“当先锋、创佳绩向建党90周年献礼”主题实践活动的通知》。召开了企业创先争优活动座谈会，参加了全省国资系统创先争优活动经验交流会。组织开展了“一先两优”推选、表彰工作，对 23 个先进基层党组织、28 名优秀共产党员和 19 名优秀党务工作者进行了表彰。按照市委的要求和组织程序，圆满完成了市第四次党代会 53 名企业代表推选工作，同时完成了出席省第十一次党代会代表候选人的推荐工作，受到了市委组织部的充分肯定。继续开展了“双争双好”和“四好”班子创建活动，以及“创建学习型企业、争做知识型员工”活动。积极开展反腐倡廉警示教育，构建惩防体系，廉政文化进企业活动富有成效；推进国有企业贯彻落实“三重一大”决策制度，以及领导班子成员和企业领导人员廉洁自律和案件查办、效能监察工作。

（崔学刚）

财　政

【概况】 2011 年，全市一般预算收入完成 70.3 亿元，完成年初预算的 109.3%，比上年增长 25.7%。全市一般预算支出 146.5 亿元，完成调整预算的 98%，比上年增长 33.8%。市本级一般预算收入完成 77 887 万元，完成年初预算的 104.8%，比上年增长 20.5%；一般预算支出 436 498 万元，完成调整预算的 94.7%，比上年增长 14%。财政总决算、乡镇财政决算在全省评比中夺魁，连续两次获全省精神文明先进单位的荣誉，连续第八年被市委市政府评为“党风廉政建设暨纠风工作先进单位”和“市直目标责任制工作优秀单位”，荣获了省“爱国拥军模范单位”称号和市直机关项目年活动优胜单位，被市政协评为优秀民主监督和提案办理单位，绩效评估工作荣立集体二等功，市直机关最佳实事每季都有上榜。

【狠抓增收节支 确保全年收支平衡】 1. 大力组织财政收入。通过认真分析税源结构，把握宏观经济形势，了解微观发展态势，强化措施，狠抓落实，促进了税费征管工作的提质增效，超额完成了收入预算任务和“两个不低于”的奋斗目标。

2. 积极争取上级资金。通过深入研究政策、加强部门合作、积极申报项目，争取到上级专项补助 41.3 亿元，有力地支持了基础设施建设、产业结构调整和惠民政策落实。全年获得上级各类补助资金 83.4 亿元，地债资金 4.6 亿元。3. 努力拓宽融资渠道。完成了对纳入本市投资集团资产整合方案企业的股权划转及工商变更工作，并以葫芦岛市投资集团有限公司为发行人待发 20 亿元城投债券，支持公共事业发展和重点项目建设；申请了开发银行贷款 14.4 亿元，支持了国有工矿棚户区改造。4. 继续控制一般性支出。贯彻落实了党政机关厉行节约的相关规定，严格公务用车配备和使用管理，严格控制公费出国（境）、公务接待费用以及办公、印刷、水电、邮政等一般性支出，降低了行政运行成本。

【大力培植财源 促进经济可持续发展】 1. 支持优化产业结构。继续发挥财政职能作用，科学运用贴息、补贴、奖励和减免税费等手段，支持优化产业结构和转变经济增长方式，巩固和提高实体经济的支撑作用。筹措 1.8 亿元，支持以企业为主体、市场为导向的科技创新、技术改造、节能减排、海外并购和特色产业发展，引导企业扩大投资，自主优化产业结构，促进形成地方可持续财源经济。2. 支持现代服务业发展。筹措 4 067 万元，支持“万村千乡市场工程”、“新网工程”、农产品物流项目、泳装产业公共服务平台建设和开展招商引资活动，促进了城区经济和现代服务业加快发展。投入 2 200 万元，支持城市宣传、推介和文化旅游项目发展，保障了国际泳装文化节的成功举办。3. 支持园区经济发展。筹措 3.1 亿元，支持葫芦岛市沿海经济带基础设施建设，为企业项目入驻园区提供了基础条件。筹措 4 484 万元，支持沿海经济带产业贴息项目 34 个，吸引银行贷款 8.6 亿元，放大了园区效益。4. 支持金融机构加大信贷投放。筹措 1 805 万元，落实县域金融机构涉农贷款增量奖励管理办法，促进了涉农信贷资金的投放；为信用担保机构提供风险补偿金，引导金融机构为中小企业创业发展提供信贷支持。

【加大“三农”投入 支持城乡统筹发展】 1. 加大农业基础投入。筹措 4.3 亿元，支持农村饮水安全工程、小型农田水利工程、水土保持工程、滴灌节水农业工程建设和辽河（大凌河）干流生态恢复治理等以水利建设为重点的农村基础设施建设。2.推进现代农业发展。筹措1.3亿元，支持设施农业发展和现代农业示范基地建设。筹措1.1亿元，实施了20个土地综合治理项目和16个农业产业化项目，提高农业可持续发展能力。筹措2 902万元，支持畜牧业发展。3.支持生态环境建设。筹措2.3亿元，支持植树造林、发展林地经济项目、森林防火和管护、林木病虫害防治项目等农村生态环境建设。4.拓宽农民增收渠道。筹措3.9亿元，发放了粮食直补、良种补贴和“家电和摩托车下乡”等惠农补贴，直接增加了农民收入。筹措3 507万元，通过政府引导、市场运作的模式，支持140万亩农作物和43.6万亩森林参加保险。筹措3 521万元，支持粮食流通产业发展。筹措2 899万元，支持整村推进式扶贫、移民扶贫和劳动力转移培训，以及为扶贫龙头企业贷款贴息等。5.深化农村综合改革。筹措2.7亿元，保证了村级组织正常运转和国有农场正常生产，缓解了基层资金的压力。各级财政投入“一事一议”财政奖补资金2.2亿元，带动农民筹资筹劳4.4亿元，完成了村内道路修建、安装路灯、开设文体活动场所等公益项目建设1279个。

【加大民生投入 推进社会和谐发展】 1.支持教育事业优先发展。筹措2.1亿元，支持基础教育快速发展，重点保障了城乡义务教育公用经费和免学杂费，进城务工人员随迁子女平等接受义务教育，农村中小学校舍维修改造，增加校车补助和校园安保措施，以及学前教育、民族教育和特殊教育的经费需求。筹措6 672万元，支持职业教育基础能力建设和高中提高教学质量。筹措2 004万元，落实各项助学政策。投入9 867万元，化解了农村义务教育债务。2.健全城乡社会保障体系。筹措7.4亿元，提高基本养老保险待遇，支持开展城镇居民和农村社会养老保险。筹措4.5亿元，提高城乡居民最低生活保障标准，发放优抚对象待遇和驻葫部队干部无工作家属补贴，对低保群众实施救助，改善了困难群众生活。筹措2.2亿元，为“零就业家庭”提供公共就业服务岗位，为就业见习者提供“千企万岗”扶持政策，为劳动者和即将退役士兵提供免费技能培训，为下岗创业者提供小额贷款补贴，鼓励创业带动就业。3.推进医药卫生体制综合改革。筹措3亿元，支持开展新型农村合作医疗和城镇居民基本医疗保险。筹措1.6亿元，提高城乡公共卫生保障水平，支持政府办基层医疗卫生机构，建立了财政补偿机制，保障了基本药物制度的实施，减轻了城乡居民医药费负担。4.支持保障性安居工程建设。筹措15.4亿元，支持国有工矿棚户区和城市棚户区改造，廉租住房和公共租赁住房建设，以及为城镇居民发放廉租住房补贴，使更多百姓享受到改革与发展的成果。5.促进社会公共事业发展。筹措4 973万元，支持农村广播电视无线信号覆盖工程、“农家书屋”建设、群众性文体活动的开展、文物保护、博物馆和纪念馆的免费开放，提高了公益性文化服务水平。筹措3 078万元，支持开展科技富民强县专项行动、“科普惠农兴村计划”等科普活动。筹措3 015万元，保障了计划生育家庭奖励扶助和特别扶助等惠民人口政策的落实。筹措965万元，支持了民族、宗教、党派和群团活动的开展。6.确保公共安全与社会稳定。筹措2.4亿元，重点支持开展“清网行动”等社会治安综合治理活动。筹措7 790万元，支持食品、药品、生产安全监察，地震和气象监测以及消防安全建设。筹措2.9亿元，支持化解国企改制社会职能移交的社会矛盾，保障移交人员的社会保险待遇和提供供热、供电等公共服务。7.提高城市公共服务水平。筹措6亿元，支持了锦葫路、龙程街和“葫六线”道路改造，青山水库，垃圾处理场，污水处理厂和热源厂建设，污染源监督监测和补助企业排污治理，城市供水管网改造等城乡公共基础设施和环保项目建设，改善了居民生活环境。筹措1.7亿元，为渔业、林业、城市公交、农村道路客运和出租车等行业经营者发放油价补贴。筹措3 068万元，支持公汽公司挂牌重组和取缔城区客运三轮车，市民出行更加方便、安全和舒适。

【加强财政管理 推进财政科学发展】 1.夯实财政管理基础。在省内第一个实现了全市范围内的非税收入收缴系统改革，统一了非税收入项目库，做到了罚缴分离，实现了实时监控，提升了非税收入征管的规范化水平。启动了市级公务卡改革，强化了政府财务监控。开展了清理整顿财政专户工作，完善了内控机制，规范了业务流程，防范了财政资金的支付风险。开展了党政机关公务用车专项治理工作，完善了行政事业单位资产数据库，为规范管理打下基础。通过规范债务统计口径，全面掌握政府债务来源渠道和规模总量；通过多渠道筹集资金，偿还了到期债务本息2.6亿元，降低了债务风险，维护了政府信誉。2.强化财政监督管理。开展了对市直预算单位2010年预算执行情况、粮食直补资金管理和发放、教育系统的会计信息质量和部分非税收入的专项检查，发挥了财政监督的预防、制约和规范作用。继续开展了“小金库”专项治理工作。对部分政府投资类基建项目进行了工程预决算审查，节约资金3 901万元。3.加强乡镇财政“五化”建设。继续开展了乡镇财政资金监管和财政规范化建设试点工作，在21个乡镇建设了便民服务中心，对乡镇和村干部进行业务培训，为基层干部更好地落实国家的惠农政策奠定良好基础，推进了乡镇组织机构规范化、业务工作精细化、内部管理科学化、队伍建设常态化和便民服务优质化。4.推进依法理财建设。继续严格执行《采购法》，强化政府采购预算编制与执行，规范政府采购行为，推进了“阳光采购”建设；市本级执行政府采购预算6.7亿元，节约资金4 741万元，节支率7%。继续深入宣传贯彻《会计法》，开展了会计从业人员教育培训，为全市持有有效会计从业资格证书的人员建立了诚信档案。制定了财政“六五”普法规划（2011～2015）。规范了结构合理、配置科学、程序严密、制约有效的财政权力运行机制。认真接受了人大的依法监督、政协和社会各界的民主监督，办理人大议案和政协提案答复率100%，满意和基本满意率100%。

【加强队伍建设 提高财政工作效能】 1.推进了基层党建工作。局内组织党员干部开展了党的十七大和十七届五中全会精神学习，通过收听广播、收看电视、请教授讲座辅导和撰写体会文章等形式，对财政干部进行时事政策教育。为庆祝建党90周年，组织全体党员进行了党务知识竞赛活动，组织全市财政系统进行了征文、摄影和书法比赛活动，并被评为全省财政系统优秀组织奖；各基层党支部开展了党员宣誓、参观塔山烈士陵园、慰问基层老党员、县（市）区党员代表介绍经验和党员座谈等特色党建活动。2.加强了政风行风建设。以开展目标责任制管理考核为牵动，组织干部纪律作风检查，督促财政干部严守纪律，提高行业作风。通过聘请行风监督员、设立监察员、发放征求意见函、在全市主要新闻媒体上公开举报电话等办法，积极征求社会各界对我局工作的意见和建议，拓宽民意诉求和反馈渠道建设，促进干部提高自律意识。同时，局党组成员参加了“政风行风热线”走进直播间活动，与民众直接沟通，为百姓解析政策，展示了财政形象。3.加强了反腐倡廉建设。各科室与党组签订了党风廉政建设责任状，明确了廉政职责；完成了局内各单位规范权力运行工作，规范了财政干部岗位职责和工作流程。4.加强了干部能力建设。举办专题讲座、业务考试和业务培训，不断提升财政干部胜任岗位、履行职责、完成任务所必需的基本素质、基本能力和基本水平。5.开展了群团活动。开展了庆“三八”妇女节纪念活动，组织了栽树育树、趣味运动会、早操晨练、庆“五一”长跑活动、万名干部徒步行走、体育友谊比赛和多次义务劳动等活动。这些活动的开展，对促进干部职工团结协作，增强财政队伍凝聚力起到了积极作用。

（常龄予）

国　税

【概况】 2011年是实施“十二五”规划的开局之年。葫芦岛市国家税务局始终牢记为国聚财、为民收税的神圣使命，围绕省局“服务大局、突破重点、内强根基、外优形象”的总体要求，努力发挥税收职能作用，提高纳税服务和税收征管的质量效率，提升税收工作科学化、精细化水平，造就高素质专业化的人才队伍，凝心聚力，开拓创新，团结进取，较好地完成了各项工作任务，实现了在“十二五”初年开好局，起好步的目标，并为促进地方经济全面协调可持续发展作出了积极的贡献。

【推进组织收入工作 提高税收收入质量】 2011年，在经济形势复杂多变、税源状况不容乐观、结构性减税政策影响依然存在的前提下，全市国税系统时刻绷紧组织收入这根弦，坚持“依法征税，应收尽收，坚决不收过头税，坚决防止和制止越权减免税”的组织收入原则，积极探索提高税收收入质量的有效途径，做好税收分析与税收预测，加强税收工作督导，强化税源监控，加强企业所得税预缴管理，开展成品油购销企业增值税专用发票专项整治工作，积极开展稽查专项检查。全年共组织税收收入（不含海关代征）794 917万元，同比增长20.8%，增收136 905万元，收入规模创历史新高。其中，地方级收入完成84 771万元，同比增长34.3%，增收21 654万元。本市国税全口径税收收入的增幅排名全省第6位，地方级收入的增幅排名全省第1位。

【推进依法治税工作 构建现代税务稽查】 全市国税系统不折不扣地贯彻落实国家税收政策，全面推行税收执法责任制，强化执法监督检查和考核，构建现代税务稽查，有效提高了税务干部的执法能力和水平。一是落实出口退税优惠政策，全年共办理免抵调库及退税68 783万元，促进了本市外向型经济的发展。二是落实税收优惠政策，全年共为586户次享受企业所得税优惠政策的企业减免税额7 790万元，为享受资源综合利用税收优惠政策的企业办理退税1 898万元，为福利企业办理退税2 647万元，同时办理缓税46 017万元，有效缓解了企业的资金压力。三是开展专项核查，对资源综合利用企业开展废料废渣综合利用情况专项核查，对全市23户供暖企业开展税收优惠政策执行情况专项核查，对实行简易征收的60户企业开展增值税政策执行情况专项核查。四是构建现代税务稽查，起草了《构建现代税务稽查可行性报告》等指导性文件，全市国税稽查系统2011年执行入库率达到100%，全年选案准确率100%，案件结案率100%，偷税案件率97.46%，偷税处罚率126%，查补入库率100%，较好地营造了公平、诚信的税收秩序。

【推进纳税服务工作 强化纳税人权益保障】 全市国税系统坚持把纳税服务作为税收业务工作核心内容之一，把“始于纳税人需求，基于纳税人满意，终于纳税人遵从”作为纳税服务工作的追求目标，积极转变服务理念、优化服务方式，提高服务水平。一是加快推进纳税服务信息平台建设，做好全省国税网站子频道的建设和维护工作，市局子网站3月30日正式开通，共发布相关信息86条，为纳税人获取税收资讯提供高效便捷的途径。二是积极开展纳税服务与税法宣传工作，利用全国第20个税收宣传月，集中开展纳税服务与税法宣传工作，大力普及税法知识，通过各级媒体开展税法宣传，全年开办各类税法知识免费培训班26期，培训财务人员6 200余人次。三是完成车辆购置税管理权限下放工作，建昌县国税局、绥中县国税局已分别于6月15日和6月20日，开始独立开展车购税征收业务。四是为重点税源企业提供个性化纳税服务，完善重点税源企业档案管理，并在国税直属分局建立全市首个“重点税源企业服务室”，在绥中县国税局试点运行“税企联络员工作制度”。五是建立健全纳税人权益保障机制，3月31日，葫芦岛市龙港区纳税人协会正式挂牌成立；5月25日，葫芦岛市纳税人纳税权益保护协会经葫芦岛市民政局核准成立；分别是全国首家由国税部门倡导筹建、经民政部门审批、取得正式法人执照的县（市）区级和市级纳税人权益保护组织。

【推进征收管理工作 提高工作质量效率】 全市国税系统牢固树立信息管税理念，深入开展税收一体化分析和税收风险管理，全面推行电子定税系统和网上办税厅，通过提升纳税人的税法遵从度，提高征收率，促进征管水平的稳步提高。一是全面推行网上办税厅和网络发票系统，把网上办税服务厅及网络发票系统推广工作作为主要领导工程，在推行过程中坚持逐步过渡原则，坚持纳税人自愿原则；争取各级党委、政府和有关部门的理解与支持，与省国税局、软件开发商、电子印章公司保持密切联系，及时解决推广过程中出现的问题。二是率先应用计算机管理征管档案，为全省推行电子档案系统和全市开展“同城办税”打下了坚实的基础。三是开展“一体化”监控分析，取得成果23 740.5万元，实现了数据增值应用的最优化，有的放矢地提升了征管数据质量，夯实了征管基础。四是全面推行风险管理，共完成风险应对纳税评估 1 098 户，其中有问题户 426 户，取得成果 15 444 万元。五是稳步运行个体电子定税系统，国税定额核定进一步阳光透明，有效杜绝了“人情税”，促进了税负公平。六是重点加强大企业管理工作，开展中石油、中石化下属销售公司及加油站情况调查，摸清基本情况，督导中石油、中石化所属销售公司、加油站开展自查，为全省开展针对成品油销售企业的整治工作奠定基础。

【推进干部管理工作 提升队伍两个素质】 全市国税系统积极探索新形势下加强干部队伍建设和党风廉政建设的新思路、新途径，干部的政治素质和业务素质均有显著提高。一是加强制度建设，坚持以章带队、以规治局，通过建立健全完备的制度体系，初步形成了人人在制度监督之下，事事在制度约束之中的良好机制，有效提高了机关工作的质量和效率。二是加强思想政治工作，继续深入持久学习弘扬雷锋精神，设立“雷锋岗”、开展“最佳办税服务厅”评选、“创先争优—青年文明号在行动”主题实践和“学雷锋树新风、巾帼税官展风采”等活动，目前，市国税局是全市惟一连续两届保持全国文明单位荣誉称号的机关单位。三是加强税务文化建设，积极打造以“法治规范、爱岗敬业、创新进取、廉洁高效、和谐文明”为主要内容的葫芦岛国税文化，实行了着装上岗、岗位公示、挂牌服务；建立了廉政文化展示基地、学习弘扬雷锋精神展示基地、开展创先争优活动展示基地和廉政教育基地；成立了乒乓球、毽球、羽毛球、健身走、台球等各单项健身俱乐部；举办了春季登山活动、首届机关趣味运动会等丰富多彩的文体活动；营造了活泼、团结、进取、向上、和谐的机关工作氛围，使广大税务干部职工在潜移默化中受到教育和激励。四是加强教育培训工作，在省国税局组织的廉政知识竞赛中，获得笔试第一名、总成绩第二名的好成绩。五是加强内控机制建设，共梳理权力事项 188 个，查找确认风险点 393 个，制定防范措施 543 个；归集上级有关制度规定 276 个，建立本级制度 117 个。

【加强政务事务管理 提高机关工作效率】 全市国税系统以完善目标管理考核体系为核心，从规范财务管理与加强机关日常建设入手，全面提升机关政务事务管理，进一步提高机关工作效率，市国税局荣获 2010 年市直机关工作目标责任制优秀单位称号。一是完善目标管理考核体系，初步搭建了横向与纵向并重、机关绩效评价与系统目标管理考核相统一、自上而下、目标明确、责任到人的目标考核管理体系，为推进机关效能建设，创造了有利条件。二是规范财务管理与加强机关日常建设，全面加强规范系统政府采购行为，组织了复印纸询价采购，针对车辆定点维修和一般印刷服务组织了供应单位的竞争性谈判；进一步深化财务公开，实行政府采购领导小组集体审议制度；开展信息安全检查与系统维护工作，进一步规范计算机接口使用管理；以试点内控机制建设为契机，全面加强机关制度建设，强化机关车辆管理，加大后勤保障工作力度。

（任　朗）

地　税

【概况】 2011 年，葫芦岛市地税局在省局和葫芦岛市委、市政府的正确领导下，按照年初全省地方税务工作会议部署，结合葫芦岛地税实际，紧紧围绕服务经济建设大局，围绕组织税费收入这个中心工作，推进依法治税，强化税收管理，优化纳税服务，加强队伍建设，各项工作均取得了长足进步，为推进葫芦岛经济社会持续较快发展作出了新的贡献。

【保稳定 促发展 确保税费收入高幅增长】 全市共组织各项税费收入 79.2 亿元。其中：地方税收收入完成 50.5 亿元，同比增收 9 亿元，增长 21.8%；地方财政一般预算收入累计完成 44.9 亿元，同比增收 7.4 亿元，增长 19.7%；剔除燃油税上划因素，地方财政一般预算收入完成 41 亿元，同比增收 7.4 亿元，增长 22.1%。社会保险费完成 27.2 亿元（含绥中），同比增收 4.5 亿元，增长 19.7%，其中：市级及市级以下基本养老保险费统筹部分完成 11.5 亿元，同比增收 2.7 亿元，增长 31%，超额完成市政府向省政府签订的目标责任状任务。河道费完成 4 000 万元；价调基金完成 3 700 万元；工会经费完成 6 000 万元；残疾人保障金完成 1 172 万元。税费收入平稳较快增长，为全市财政预算的收支平衡和社会稳定做出了积极贡献。

【抓执法 促规范 优化公平税收发展环境】 一是制定《2011 年葫芦岛市地税局加强行政权力运行制度建设实施方案》，有效降低了税收执法风险。二是建立了《葫芦岛市地税局主动接受人大依法监督及政协民主监督制度》，主动接受人大依法监督、政协民主监督，社会反响很好。三是全市地税系统积极推进省局“依法行政深入推进年”活动，依法行政工作取得重大进展和明显成效，被评为“全市依法行政工作先进单位”。四是实施一级稽查，加强稽查工作，开展企业自查和专项检查相结合，有效维护了税法尊严，全年共查补税费款 4 656 万元，在全省地税系统稽查工作考核中，稽查局考核指标名列第一，稽查管理工作排名第二，综合排名位列全省第一。五是配合市、县（区）公安部门，在全市范围内开展了发票打假专项行动，共鉴定假发票 1 万组，累计涉案金额近 280 万元，优化了良好的经济发展环境。

【夯基础 上水平 提高征管质量和效率】 一是进一步夯实了税收征管基础。以数据综合预警平台为依托，加强数据质量管理和分析应用，强化百强企业异常预警信息的监控工作；开展征管质量网上考核和实地考核，在征管质量“九项指标”考核中，全部达标，达到优秀标准，位列全省前三名；企业所得税汇算清缴质量全面提高；全力做好新个人所得税法、车船税法、营业税起征点提高后惠民政策以及《辽宁省人民政府耕地占用税实施办法》实施的各项工作；做好“金税三期”征管系统运维和技术保障工作，确保信息网络安全可靠和高效运转；圆满完成“两税”普查工作，摸清了税源底数，完善了基础数据，共清理漏征漏管户 669 户，增加各项收入 6 669 万元，此项工作在检查验收中得到了省局的充分肯定；全年对全市 169 个重点项目进行了数据录入，20 个重点项目进行了跟踪管理，税收收入质量得到了明显改善。同时，强化税收理论与调查研究工作，分解确立调研课题 68 项，均有成果，有力地指导了税收征管工作。二是完善了征管手段。以龙港区地税局、兴城市地税局作为“发票管家”试点单位，积极推广机打发票；研发推广价调基金、河道费征收管理软件，全省首家纳入金税三期管理；实行房地产一体化窗口统一规范化管理，建立了计税价格评估技术指标体系，实现网上评估，全年累计征收税款 10 472 万元。三是深化了税源管理。对重点项目、重点行业、重点企业进行全过程跟踪监控，形成了“用数据来反映管理问题、监控税源状况、考评征管质量”的数据管税氛围，提高了税源专业化管理水平，连山局的税源管理点评制度经验在全省税源管理会议上交流，龙港局的优化纳税评估规程工作的试点经验在全市推广。四是提高了“三费两金”征管效率。做好社会保险法贯彻实施工作，调整征管范围，规范征收管理，开展专项检查，大力清理欠费，社会保险费征缴工作进一步强化，联合扩面征缴、建安业征管、个人缴费等六项工作实现新突破，荣获“十一五”辽宁省残疾人就业服务和葫芦岛市社保工作绩效考核先进单位。

【夯实征管基础 提高征管质量和效率】 一是强化税收征管基础建设。把夯实税收征管基础工作作为重中之重，加强“金税三期”管理，严格执行税收管理员制度，依法有序促征收。二是强化信息化应用。借助“金税三期”管理的效应，完善现有征管软件，优化征管系统，逐步扩大双定核定系统的应用，研究探索信息化条件下的征管质量考核，全面提升征管效率和质量。三是强化“金税三期”运维工作。认真做好运维平台问题单的处理和跟踪记录，加强数据管理和系统网络安全管理，通过运维平台共处理各类问题 300 多个，通过腾讯通和电话直接解决问题 100 多个。四是积极开展房土两税税源普查工作。市县两级地税部门认真落实省政府以及省局文件及会议精神，积极协调，主动汇报，落实责任。截至 2010 年底，企业自查 10 725 户，增加应纳税土地面积 65 万余平方米，查补房土两税 1 084 万元，这项工作得到了省局主管副局长的高度评价。

【优服务 促满意 营造和谐征纳关系】 一是深入推行一站式服务,定期对纳税服务大厅在岗人员进行培训，积极开展办税服务标兵评比活动。二是加强税收咨询辅导，充分发挥地税网站信息化平台和 12366 纳税服务热线的作用，及时公布国家制定的税收政策和优惠措施,全年共为 3 000 余名纳税人解答涉税问题。三是成立了葫芦岛市首家纳税人学校，全市 103 户企业的 120 名财务人员参加了首期培训及新个人所得税法知识讲座。四是树立税收服务地方经济、支持企业发展的工作理念，认真落实“一线十三区”沿海经济带建设、支持小型微型企业发展、促进就业再就业等一系列税收优惠政策。2011 年，全市地税系统免收税务登记工本费 56 000 多元，落实营业税起征点提高等税收优惠政策免税达 6 550 多万元，受到社会各界及纳税人的一致好评。

【谋创新 求突破 不断推动“两基”建设】 一是抓好机关办公楼建设，切实解决市局稽查局和直属局办公场所问题。于 3 月 18 日开工建设，到目前，主体已经封顶，预计 2012 年底竣工投入使用。二是杨家杖子分局顺利通过省局“两基”建设考核验收，从而实现了葫芦岛地税系统“两基”建设全部达标的总目标。在全省地税系统“两基”建设总结表彰大会上，连山地税分局、兴城市地税局被评为全省地税系统“两基”建设先进单位。三是组织赴外地学习考察两基建设经验。11 月 1～2 日，组织全市 11 个基层单位的负责人到朝阳市喀左县地税局学习考察了“两基”建设工作经验，为巩固和提高“两基”建设成果，促进“两基”建设提档升位，实现“两基”建设常态化管理打下了基础。11 月 17 日，市地税局召开了全市地税系统“两基”建设工作会议，明确了今后五年“两基”建设的总体目标。

【显特色 求效果 深入推进地税文化建设】 一是启动实施地税文化建设工程。组织市局机关和基层局地税文化建设座谈会，召开地税文化建设动员大会，邀请相关专家作地税文化建设专题讲座，制定了《葫芦岛市地税系统“十二五”期间地税文化建设实施纲要》。二是组织开展健康机关创建活动，成立了乒乓球等俱乐部，吸收会员 294 人。三是举办全市地税系统第三届“地税杯”篮球赛，组队参加了全省地税系统第二届“地税杯”篮球赛，男子代表队取得了第四名的好成绩。四是围绕建党 90 周年，开展了一系列的纪念活动。举办了纪念建党 90 周年书法、绘画、摄影大赛，共征集作品 130 件；邀请市委党校肖东虹教授作理论报告，组织了市局青年干部座谈会，组织机关全体干部到朝阳古生物化石馆开展科普活动。五是组织了“迎全运、知荣辱、明礼仪”政务礼仪巡回讲座。6 月 24～29 日，共组织讲座 6 场，千名地税干部聆听了讲座。六是开展向患病职工捐款活动。6 月 21 日，全局 682 人向张静君捐款 12 万元，并以此作为“纪念建党 90 周年、慰问帮助困难党员”系列活动。

【抓教育 强培训 切实加强地税干部队伍建设】 一是突出加强了基层局领导班子建设，制定并下发了《葫芦岛市地税系统基层局领导班子、领导干部管理办法》,对系统内各基层局领导班子和领导干部实施规范管理，进行了全方位考核，总结经验，查找不足。组织市局和基层局班子认真学习了“十二五规划纲要”及相关理论知识，并请专家进行了重点辅导，通过学习，各级领导班子及成员的理论水平进一步提高，用理论指导实践的能力进一步增强。市地税局领导班子也首次被省局评为 2010 年度优秀领导班子。二是完成了空缺科级职位的补位、领导干部交流和县（市）区局股级干部竞争上岗工作。有 5 人晋升为科级领导，有 16 人晋升为副科级领导，有 1 人交流到基层局班子岗位，有 18 人根据工作需要调整和交流了工作岗位，完成了基层局空缺股级干部的竞争上岗工作。三是妥善处理老干部遗留问题，彻底解决了老干部上访问题，确保了退休干部队伍的稳定。四是抓好干部更新知识培训。5 月，举办了 34 名基层分局长税务文化建设知识培训班；6 月，举办了 30 名基层局长及市局科长税务文化建设知识培训班；9 月，举办了 45 名市局机关干部税务文化建设知识培训班；11 月，组织全系统税收管理员考试。通过参加这些培训，提高了参训干部的政策理论水平和执法水平，增强了干部队伍的整体素质。

【抓平时 重预防 突出抓好党风廉政建设】 一是落实“一岗双责”，建立健全行风投诉反馈系统。二是深入开展行政权力运行廉政风险点查找工作，堵塞了漏洞。三是积极参加市纠风办和葫芦岛人民广播电台联合举办的“政风行风面对面”活动，现场解答10多个涉税问题，受到了社会各界好评。四是组织11名基层局长开展集中述廉活动，加强了群众监督。五是组织30名基层局副科级以上干部到辽宁人民会堂参观了全国检察机关惩治和预防渎职侵权犯罪展览，筑牢了拒腐防变思想防线。六是组织市局机关、稽查局、直属分局全体干部观看《闪光的税徽》、《贪官无孝子》等警示教育片，增强了廉洁自律意识。

【重实施 严治理 不断完善内部行政管理】 一是进一步加强公文办理、新闻宣传、督察督办、保密管理、信访处理、档案晋级、建议提案答复等工作，推广应用税务综合办公信息系统，规范内部行政管理，认真开展机关纪律作风建设，工作效率和执行力不断提高。市局机关、龙港局、建昌局顺利晋升省特级档案管理先进单位，信息宣传工作被市委办、市政府办评为优秀单位。二是开展了内部财务审计和领导干部离任审计，经费预决算制度有效落实，固定资产管理不断规范，财务管理进一步加强。认真开展“小金库”、公务用车问题专项治理。三是综合治理成效明显，车辆管理、安全保卫和后勤保障工作顺畅，我局被市综治委评为社会治安综合治理工作先进单位。

（李雪峰）

金 融

综 述

一、2011年全市金融运行情况

一是存、贷款实现“双增长”。截至2011年底，葫芦岛市本外币存款余额936.2亿元，新增114.9亿元，增长14%，高于全省4个百分点；各项贷款余额565.3亿元，新增61.5亿元，较年初增长12.2%，低于全省5个百分点。

二是新增贷款的投放“前少后多”。2011年，本市各项贷款上半年新增25.8亿元，下半年新增35.7亿元，与全国上半年新增4.17万亿元、下半年新增3.3万亿元，全省上半年新增1 859亿元、下半年新增1 500亿元的“前多后少”的信贷投放形成对比，主因是市政府积极发挥协调作用，各金融机构加大了信贷投放力度。

三是地方法人金融机构成为信贷投放的主力。2011年，地方法人金融机构新增贷款47.2亿元，占全市新增贷款的76.6%，比同期多增10.7亿元，增幅29.3%，成为全市信贷投放的主力。部分全国性银行机构信贷投放情况较好，特别是市工商行、浦发银行信贷投入较多。

四是中长期贷款增长较快。2011年，全市中长期贷款余额为250.4亿元，较年初增加49.6亿元，增长24.7%，占全部贷款的比为44.3%；短期贷款余额为288.9亿元，增长3.3%。

五是票据融资业务快速发展。2011年，全市票据融资贷款余额为26.05亿元，较年初增加3亿元，增长13%，其中葫芦岛银行的票据融资余额达到13.8亿元。

六是银行业金融机构经营总体稳健。2011年，全市各银行机构资产总额1 057.4亿元，较年初增加153.4亿元，同比增长17%；实现经营净利润8.68亿元，同比盈利1.73亿元。不良贷款和不良贷款率继续双降，分别下降7.96亿元2.46个百分点，本市银行业经营健康稳健。

二、人民银行不断强化履职能力，积极支持地方政府实现贷款净增和引进外资任务“双突破”

一是增强“窗口指导”的有效性，引导金融机构加大对地方经济发展的信贷支持力度。及时向市委、市政府汇报货币政策导向，帮助地方党政准确理解稳健货币政策的内涵。组织召开全市银行行长联席会、货币政策通报会、信贷投放调度会等会议，加强与政府部门、各金融机构的沟通协调，引导金融机构优化信贷机构，把握好信贷投放的力度和节奏，有效执行稳健的货币政策。

积极发挥信贷政策导向作用，2011年，市人民银行准确把握本市经济发展的脉搏，及时出台了《葫芦岛银行业信贷指引》、《葫芦岛市金融支持中小企业发展指导意见》、《葫芦岛市金融支持文化产业发展指导意见》等措施意见，引导金融机构按照“区别对待，有扶有控”原则，加大对经济结构调整、“三农”、中小企业及文化产业的信贷支持，促进了本市经济实现持续健康发展。

二是提高履行职能的艺术性。确保完成省政府下达的60亿元贷款净增计划。在全省信贷规模非常紧张的情况下，市人民银行多次向上级行反映本市信贷投放在全省的排位和实际需求情况，得到了沈阳分行的大力支持，争取到了12亿元信贷规模。对中小金融机构及地方法人金融机构实施较低的存款准备金率，释放了近10亿元资金，增强了这些机构的资金流动性和资本金实力，提高了信贷投放能力。加强信贷投放监控，按周向政府提供金融机构信贷投放进度情况，及时向市政府汇报金融机构信贷变动情况，为市领导决策提供有力支持。配合市政府完成《葫芦岛市银行业金融机构信贷投放工作考核奖励办法》。协助市政府召开银企对接会、项目资金协调会，积极引导金融机构明确支持重点，加大信贷投入，鼓励金融机构把信贷资金投向全市 12 个主题园区和计划实施的350个5 000万元以上重点项目上去。积极参与市政府信贷投放督查工作，了解信贷投放情况，协助有关企业完善审批要件，确保重点项目资金及时落实。2011 年，本市实现新增贷款 61.5 亿元，完成了省政府给本市下达的 60 亿元的贷款净增计划。

三是综合运用货币政策工具，支持“三农”和中小企业发展。在深入调研的基础上，认真匡算“三农”资金需求，向上级行积极申请支农再贷款，并围绕本市设施农业发展规划，合理摆布支农再贷款，引导农信社、村镇银行重点支持本市农业产业结构调整和特色农业发展。2011 年全年累计发放支农再贷款 9.1 亿元，同比多投放 1.5 亿元，增幅 19.2%，支持本市新建设施蔬菜面积 107 平方千米。积极引导金融机构大力发展票据业务，全市再贴现办理规模不断加大，目前已为市工商行、市建行、市中信银行、盛京银行、连山农商行等 5 家金融机构办理了再贴现，再贴现余额和累计办理金额均位居全省前三位。优先为涉农票据、县域企业及中小金融机构票据办理再贴现，全年累计办理再贴现 285 笔，金额 13.9 亿元，惠及中小企业 200 余家，缓解了中小企业融资难题。

四是有效提升外汇服务水平，助推本市圆满完成省政府下达的 4.1 亿美元的引进外资任务。积极参加市政府召开的引进外资会议，主动建言献策，提出措施意见，很多意见建议被市政府采纳，促进了引进外资工作的开展。扎实做好外汇服务工作，在保证业务合规的前提下，简化审批流程，提高引资工作效率，缩短审批、登记、询证、开户时间，促进了本市沿海经济带 13 个主题园区 65 个引资项目及时落地。灵活运用外汇政策，帮助市政府解决西门子公司、兴城福兴房地产、绥中佳兆业集团、乐购集团、大润发购物中心等外资企业引资遇到的难题。2011 年，人民银行配合市政府引进外资 4.4 亿美元，完成省政府下达的 4.1 亿美元的引资任务。

五是不断强化基层央行金融服务措施，为地方经济发展提供有力保障。加强对银行新设分支机构的开业服务管理，先后为浦发银行、连山农商行等 6 家机构办理了支付、征信、国库等系统接入服务，确保了这些新设机构尽早营业，尽早服务于本市经济社会发展。

加强征信管理工作，全年共核准贷款卡 358 个，提供信用信息查询服务 534 次；推进担保公司开展信用评级，本市所有担保公司均通过了权威评级机构的信用评级。强化国库服务功能，为觉华岛经济开发区设立了市直管金库；为龙湾 CBD 管委会设置了国库拨款绿色通道，实现了当日拨付。推进跨境人民币贸易结算工作，指导市中行对渤海船舶重工有限责任公司进行了跨境人民币备案登记。

三、全市各银行机构进一步加大信贷的有效投放，不断改进金融服务，为地方经济发展提供强力支持

一是大力支持本市重点项目建设。各银行机构按照“区别对待，有保有压”的原则，不断优化信贷结构，加大信贷投放，提高服务效率，力保本市沿海经济带重点企业、产业和重大基础设施建设的信贷资金需求。2011 年，全市各银行机构新增中长期贷款 49.6 亿元，支持了本市石油化工、机械造船等支柱产业的发展。市工商行通过流动资金贷款、项目贷款和贸易融资等金融工具，重点支持本市有色金属、电力、船舶制造等重点企业发展，累计发放贷款达 54 亿元。市中行重点支持本市泳装企业发展，授信额度居全市各家银行之首。葫芦岛银行向龙湾 CBD、经济开发区、高新技术园区、青山水库等重点项目投放贷款 13.8 亿元。市建行重点支持了绥电公司、锦天化、中航黎明化机等企业。浦发银行投放贷款 9 亿元，支持本市方大化工、青山水库等重点企业、重点项目建设。

二是积极支持“三农”经济发展。各银行机构不断增加对“三农”的有效投入，大力支持农业经济发展。市农行启动绥中“三农”试点改革，实现新增支农贷款 4.3 亿元。市农发行累计发放贷款 1.2 亿元用于支持粮油储备。各农信联社不断提高支农服务水平，促进农业产业化结构调整，全年新增贷款 14.5 亿元，支持春耕备耕、设施农

业发展。连山农商行发放贷款 6 000 多万元，大力支持农民专业合作社发展。市邮储银行共发放小额农户贷款 3 万多笔，金额 14.9 亿元，扶持农户致富。

三是进一步加大对中小企业的信贷投放力度。各银行机构不断加大对中小企业的支持力度，扶持中小企业不断发展壮大。市工商行全年新增贷款 4.9 亿元，重点支持化肥、钢材、煤炭、矿产品等小企业的发展。市中信银行新增贷款 1.79 亿元，用于支持 5 家中小企业发展。葫芦岛银行向辽世星药化、渤海石油钢管等中小企业投放贷款近 2 亿元。全市农村信用社以改善小企业金融服务为目标，不断改善和提高小企业金融服务水平，重点支持了万泉河生态、通达泵业、渤海船舶中小企业发展，中小企业贷款新增 11.4 亿元，增幅达到 41.8%。

四是对民生领域的金融支持不断加强。各金融机构加大对下岗失业人员、大学生“村官”、农民青年信用示范户就业创业的金融扶持力度。2011 年累计发放下岗失业人员小额担保贷款 1 196 万元，支持 209 名下岗失业人员进行再创业。葫芦岛银行积极支持民生工程建设，向 8 户供暖企业投放贷款 2.1 亿元，向水务投资有限公司投放 1 000 多万元。盛京银行发放 1.15 亿元贷款用于支持公用事业和民生发展。

五是金融服务效率和水平不断提高。各银行机构不断创新服务方式和产品，拓宽服务领域，改进服务手段，提高服务效率，为经济社会发展提供了支持。市工商行组织开展“2011 服务提升年”活动，深入推进服务精细化管理，服务工作在省行考核中排名第一。市邮储银行营业部被全国银行业协会评为“文明规范服务千佳示范单位”。市农行强化网点服务功能，对 13 个网点进行了装修升级；市中行对 4 个网点进行了改造，迁移了消贷中心和卡中心，方便了客户。葫芦岛银行开发创新了便捷通、网赢通、承兑通、应收账款质押等信贷新品种。连山农商行实施客户承诺贷款办理周期制度，简化了贷款程序，提高了工作效率。市中信银行加强全行服务品质建设，强化了网点服务措施。

（刘运涛）

中国人民银行
葫芦岛市中心支行

【概况】 2011 年是“十二五”规划的开局之年，是货币政策由适度宽松转为稳健的调整之年，也是葫芦岛市中心支行新一届领导班子成立之年。葫芦岛市中心支行在总、分行的正确领导下，准确把握执行稳健货币政策和支持地方经济发展的结合点，面对复杂的经济金融形势，紧紧围绕中心支行新一届党委提出的“务实、严谨、和谐、发展”的治行理念，以提升整体履职能力为核心，认真执行稳健的货币政策，积极维护辖区金融稳定，大力提升金融服务水平，切实加强内部管理，扎实推动中心支行各项工作开展，确保了全年工作任务的顺利完成。

【明确新的治行理念 推动工作协调发展】 2011 年 5 月，中心支行新一届领导班子成立。新一届领导班子上任伊始，就如何推动中心支行各项工作实现新发展进行了深入调研，在广泛听取各方面意见、查找中心支行在发展中存在的问题和不足，分析中心支行发展面临的新形势、新任务与新要求的基础上，经过认真推敲、反复酝酿，确立了“务实、严谨、和谐、发展”的治行理念。新的治行理念，强调以大兴务实的工作作风、运用严谨的管理措施、营造和谐的文化氛围为手段，最终达到推动中心支行各项事业实现新发展、新跨越的宏伟目标。新治行理念的提出为葫芦岛市中心支行未来发展绘制了蓝图，是推动全行各项工作再上新台阶、多创新亮点的思想基础，将引领全行干部职工向打造一流基层央行的目标不断前进。

【促进地方经济平稳较快发展】 一、认真贯彻执行稳健的货币政策。年初，中心支行先后召开了全市银行行长联席会、货币政策通报会、金融形势分析会，向市政府和金融机构宣传实施稳健货币政策的背景和内涵，营造了实施稳健货币政策的内外部环境，为有效实施货币政策创造良好的条件。通过组织召开信贷投放调度会等方式，按照总体稳健、调节有度、结构优化的要求，引导辖内金融机构把握好信贷投放的力度和节奏，保证地方经济发展资金需求。截至年底，葫芦岛市金融机构本外币存款余额936.2亿元，较年初增长14%，贷款余额565.3亿元，较年初增长12.2%。

二、积极支持中小企业和“三农”发展。积极引导金融机构加强对中小企业的信贷支持和金融服务，将信贷资金更多投向“三农”和中小企业，出台了《葫芦岛市金融支持中小企业发展的指导意见》，促进了本市中小企业持续、快速、健康发展。灵活运用货币政策工具。发挥支农再贷款作用，截至11月底，本市支农再贷款余额达到9.06亿元，同比多投放1.46亿元，大力支持了“三农”发展；发挥再贴现在引导信贷资金流向中的作用，对涉农票据、中小企业票据优先办理再贴现，截至11月底，累计办理再贴现256笔，金额12.5亿元，惠及120余家中小企业。中心支行在支持中小企业发展和“三农”方面的工作得到了市委、市政府领导的好评。

三、配合地方政府促进银企项目的有效对接。协助市政府召开银企对接会3次，项目资金协调会5次，积极引导辖区内金融机构信贷投放的力度和节奏，鼓励金融机构把信贷资金投向全市12个主题园区和计划实施的350个5 000万元以上重点项目上去，参与了市政府信贷投放督查组，提出了许多建设性意见，确保重点项目资金落实到位。

四、加大支持文化产业发展力度。认真贯彻中央十六届六中全会关于建设文化强国的战略部署，及时出台了《葫芦岛市金融支持文化产业发展的指导意见》，引导金融机构支持本市文化产业的发展，为促进文化强市建设提供资金保障。

五、切实做好改善民生工作。加大对下岗失业人员、大学生“村官”、农民青年信用示范户就业创业的金融扶持力度。充分发挥小额担保贷款在推动就业方面的积极作用，积极推进和完善“小额担保贷款+信用社区+创业培训”模式，截至11月底，累计发放下岗失业人员小额担保贷款1 196万元，支持209名下岗失业人员进行再创业，为305户农民青年信用示范户发放贷款875万元。扎实开展扶贫工作，在经费紧张的情况下，为扶贫点送去了扶贫款；开展“送温暖、献爱心”捐款活动，募集款项2万余元，改善城乡困难群众的冬季和“两节”期间生活。

六、深入开展调查研究工作。按照新一届领导班子的工作理念，中心支行确立了调查研究工作组织，整合全行调研力量，形成了“大调研”的良好氛围。一是上下联动，完成多项调研工作。重点针对存贷款变化情况、沿海经济带建设、中小企业和私营企业发展情况、关注金融政策及金融扩张情况、金融机构风险防范以及信用体系建设情况，开展了全方位、多角度的专题调研和重点课题研究。二是做好重点课题选题及前期准备工作。按照《中国人民银行沈阳分行2011年度重点研究课题》下发的课题内容，中心支行确定三个重点课题组，每个课题组都由主管副行长挂帅，并抽调相关科室业务骨干参与重点课题研究。年初以来，全行共编发《葫芦岛金融信息》37期，领导干部调研报告20篇，中支动态240篇，被中央办公厅采用1篇（获得国务院领导批示），总行采用4篇，《东北金融信息》采用11篇，16篇被沈阳分行《党群工作》刊载；分行各处室共计采用30余篇。

【切实维护辖区金融稳定】 1.扎实推进“两管理、两综合”工作。10月21日，中心支行召开了“两管理、两综合”工作发布会，向本市银行业、保险业、证券业金融机构发布了沈阳分行制定实施的“一个制度两个办法”，标志着中心支行“两管理、两综合”工作全面启动。中心支行成立了“两管理、两综合”领导小组及其办公室，明确了工作职责。制定了《葫芦岛市中心支行综合评价和执法检查工作总体方案》，建立了《综合执法检查行为规范》、《综合执法检查调取证据办法》等工作制度，完善了综合执法检查格式文本。为全面实施“两管理、两综合”工作打下了坚实基础。

2.加大执法检查工作力度。按照总行提出的要寓管理于服务的要求，中心支行对金融机构开展了支付结算综合执法检查、支农再贷款、存款准备金、人民币管理、金融统计、国库业务、资本金结汇等20多项执法检查活动，对葫芦岛隆盛咨询有限公司等8家企业实施了行政处罚，共罚款240多万元，对金融金融机构提出整改措施100多条，规范了金融机构、企业的业务行为，促进了金融机构依法合规开展业务，维护了基层央行的权威，增强了基层央行的公信力。

【提高金融服务水平与质量】 1.营造良好非现金支付结算环境。紧密围绕支付结算工作从“服务型管理”向“监管型服务”转变的要求，创新工作思路，转变管理理念。组织实施新版银行票据使用工作，开展了“2010版银行票据凭证知识宣传周”活动，组织新版票据防伪技术知识培训，监测新版票据应用情况。加强支付系统宣传，开展了“走进沿海经济带，支付宣传在海岛”、“支付宣传进古城”等特色宣传活动。规范会计核算管理，在辖区开展了ABS风险隐患排查和会计业务大检查，进一步规范会计核算操作行为，防范联行资金风险。

2.强化人民币管理工作。加强人民币管理，增强发行基金调拨的科学性和主动性，确保辖内人民币现金总量供应和券别结构基本合理。积极推动人民币流通净化工程，实现“总量满足、结构合理、票面整洁、持有者放心”的工程目标。加大发行基金的安全管理力度，落实安全管理责任区制。加强钱币市场的监测和管理，维护人民币的严肃性和权威性。加强反假货币工作力度，完善由政府、银行、居民共同参与的“三位一体”的反假币工作网络，构建银警协作机制。

3.不断提高国库管理水平。加强风险责任管理。重新修订了岗位职责、国库应急处置方案。加强国库会计核算规范化管理。强化事前监督和事中管理，严格日常管理，保证会计核算质量。加强国债发行管理。开展了形式多样的国债宣传活动，今年全市共销售国债1.85亿元。为觉华岛经济开发区设立了市直管金库，解决了地方上的实际难题。为葫芦岛龙湾CBD管委会设置了拨款绿色通道，实现当日拨付，全年累计拨款共计2.7亿元。

4.扎实开展统计监测和征信管理。坚持调研与监测相结合，提高监测工作水平。金融统计工作实现了科学化。认真开展贷款卡集中年审工作，认真做好贷款卡行政许可和征信业务电话语音咨询服务工作。不断加强信用环境建设，2011年开展征信宣传活动729场次，涉及银行网点达385个。从开展地方金融机构外部信用评级、担保公司信用评级等方面入手，开创征信市场监督管理工作新局面，截至11月底，共建立中小企业信用档案2 935户，信用乡镇15个，信用村227个，农户信用档案10万户。

5.充分发挥科技支持作用。积极推进网络基础设施建设，完成了业务网核心路由器更新工程和县支行广域网备份线路升级改造工程。加强信息安全管理，做好应用系统推广维护，保证了信息系统的安全运行。加强科技服务，做好城市金融网联网工作，目前已有13家银行加入城市金融网。完成葫芦岛国信村镇银行等6家新增金融机构的信息编码申请、录入、复核、审批等工作。

6.提高外汇服务工作水平。积极支持地方政府招商引资工作，创新外汇服务方式，内外联动，简化审批流程，积极为企业做好服务。在市政府召开的4次引进外资会议上，我行提出的工作意见和措施，全部被采纳。同时，想方设法解决引进外资中遇到的问题，先后为西门子公司、兴城福兴房地产、绥中佳兆业集团、乐购集团、大润发购物中心等企业解决引资难题，树立了外汇局在地方政府和外商中的威信，得到市政府的高度肯定。

7.稳步推进跨境人民币业务。为有效推进辖区跨境人民币结算业务的快速发展，中心支行认真贯彻落实总、分行关于进一步扩大跨境人民币结算业务总量的要求，制定了《加强跨境贸易人民币结算管理促进涉外经济发展的若干意见》。2011年6月，指导中国银行葫芦岛市分行对渤海船舶重工有限责任公司进行了跨境人民币备案登记，合同总金额800万元。

【加强内部管理】 1.认真开展“三整顿，两提高”活动。按照沈阳分行“三整顿，两提高”活动部署，扎实开展了“三整顿，两提高”活动。制定《葫芦岛市中心支行“三整顿，两提高”活动实施方案》，召开活动动员大会，成立活动领导小组。从强化学习、提高认识入手，科学制定活动学习内容，多次召开干部职工座谈会，广泛征求活动意见，做到主题鲜明、组织严密、内容先进、认识统一、领导得力。为把“三整顿、两提高”活动引向深入，对照“三整顿，两提高”活动的查找目标要求，全行共查找出5大项、8条重点问题，在深入剖析问题后，对号入座，限时整改，各部门共制定整改方案20个，制定并落实整改措施8条。

2.有效开展制度执行力建设活动。认真按照分行统一部署，大力开展制度执行力建设，制定了《葫芦岛市中心支行开展制度执行力建设活动实施方案》，行党委为中层干部购买了《执行能力》一书，要求认真学习，不断提高履职水平和制度执行能力。开展制度执行的宣传教育活动，提高全行干部职工的认识，把制度规范内化为干部职工的道德信念、行为准则和自觉行动。围绕日常办公、事务管理、财务支出及重要业务风险点等内容，狠抓基础制度建设，在权力运行、大额度资金使用、基建工程、业务操作、内部监督等制度建设方面，对全行149项制度进行了修订、充实和完善。建立行领导带班检查制度，将各项制度落实作为领导带班检查的主要内容，强化制度执行效果，提高了管理效能。

3.不断提高内部管理水平。大力加强财务规范化管理，科学合理地分配好财务预算资金，加强固定资产管理，做好“小金库”治理工作。扎实做好文书机要档案管理，认真做好督察督办工作，规范了办公秩序，促进了工作任务的分解落实。落实行长接待日制度，做好信访工作，确保了无信访案件发生。加强保密工作，开展了保密宣传教育检查和涉密信息存储清理工作。强化内审监督职能，组织开展县支行领导干部履行职责2项，同级部门负责人履职监督审计3项，开展了发行库、枪弹管理、应急预案等专项审计6项。改进事后监督手段和模式。加强安全保卫工作，保证了“行泰库安”，本行再次被市委、市政府评为“社会治安综合治理先进单位”。认真开展依法行政宣传工作。制定了《葫芦岛市中心支行依法行政宣传实施方案》，采取各种措施开展有针对性的宣传活动，提高了中心支行法律意识和依法行政水平。对照《国务院关于加强法治政府建设的意见》提出的要求和任务，对依法行政工作进行了梳理。加强后勤保障与服务。积极落实节能减排目标，加强公务用车管理，把好员工食堂质量关。

4.加强党风廉政建设。建立健全党风廉政建设工作制度，修订和建立党风廉政建设工作制度29项，初步实现了党风廉政建设制度化的目标。制定了《关于2011年党风廉政建设工作的实施意见》，明确辖区党风廉政建设的工作安排和具体措施。定期召开党风廉政建设专题例会，研究党风廉政建设工作。开展了《关于实行党风廉政建设责任制的规定》集中学习教育活动，强化了落实《规定》的自觉性和责任感。创新“提”“查”并重的监督方式，完善了《党风廉政建设定期提示制度》。积极推动廉政文化建设，制定了《葫芦岛市中心支行关于加强廉政文化建设实施办法》。强化党风政风行风建设，加大党务、政务、行务公开的工作力度。

【加强能力建设】 1.完善选人用人机制。新一届党委坚持以人为本，通过建立良性竞争激励机制和选人用人机制，不断为想干事、能干事的同志创造宽松的工作环境。在严格遵守领导干部提拔任用有关规定的基础上，对干部职工进行了大范围的交流调整，将品德优秀、思想积极、作风正派、工作能力强、业务素质高的干部选配到重要领导岗位。提拔了11名优秀员工充实到中层干部队伍，下派了2名青年干部到县（市）支行挂职锻炼，提拔了3名县（市）支行同志担任非领导职务，交流了9名中层干部和4名业务骨干。切实解决职称评聘工作中多年遗留的累积问题，成立了职称聘任工作领导小组，制定了《专业技术职务聘任实施方案》，召开中级专业技术资格未聘人员专题会议，有序开展专业技术职称评聘工作。通过调整交流干部、开展职称聘任等工作，极大地调动了广大干部职工的工作热情，激活了干部职工工作的积极性和主动性，盘活了现有的人力资源，缓解了县（市）支行人员老化的矛盾，提高了业务水平，取得了良好效果。

2.加强干部队伍建设。一是抓好班子自身建设，中心支行新领导班子非常重视班子自身建设，通过完善党委议事程序、严格落实民主集中制、抓好党委中心组学习等措施，在党委班子中营造了学风浓厚、决策民主、沟通顺畅、团结和谐的良好氛围，提高了领导班子的整体素质，增强了班子的凝聚力和向心力，提升了领导班子科学决策、民主决策水平。二是推进职工素质教育工程，在干部职工中积极开展政治理论学习、反腐倡廉教育、远程教育培训、学历教育和职称考试等教育培训活动，提升职工综合素质和业务本领；积极开展劳动竞赛，年初对2009～2010年度系统和机关先进集体和先进个人、青年文明号、青年岗位能手、巾帼建功标兵、女职工文明示范岗和文明家庭进行评比表彰活动，营造了学先进、比干劲、促提高的良好工作氛围。

3.加强基层党建工作。以建党90周年庆祝活动为契机，开展了“党在我心中 奉献在央行”六大系列主题教育活动。举办了全辖党务干部培训班，提高党员干部队伍的整体素质。加强党员民主评议工作，通过调查摸底、学习教育、自查互评、民主评议、组织考核，在全辖121名党员中，评选出15名优秀党员。做好新党员培养与发展工作，发展6名中共预备党员。

4.积极营造和谐的工作氛围。开展“十个一”主题实践活动，助推了各项工作实现新突破，此项工作得到了王顺行长的肯定。开展征集“我爱我行 群策群力”金点子活动，引导职工献言献策。开展读好一本书、写好一篇心得、赏析一部优秀文艺作品、开展有奖征文活动，陶冶职工文化情操。开展扶贫帮困、走访孤儿院、捐赠公益图书、参与志愿者服务、做文明有礼央行人活动，展现了职工良好的社会公德观念。组织春节联欢会和登长城比赛，成立青年读书社，组织乒乓球、羽毛球、足球、桥牌、游泳等体育活动，活跃了职工日常文化生活。坚持为职工定期体检、保障女职工身心健康、改善食堂伙食，在经费紧张情况下确保了职工各项福利待遇。

【稳步推进基建工作】 中心支行发行库及营业办公用房工程项目于2011年9月26日通过沈阳分行会计处、设计单位、勘察单位、工程监理及中心支行的验收，即将进入配套设施安装和装修装饰阶段。由于原材料价格和人工费的快速上涨，葫芦岛中支基建资金出现一定的缺口，通过党委班子与市委、市政府和市财政的积极沟通和协调，市政府召开常务会议专题讨论人民银行基建资金缺口问题，会上一致同意给予人民银行一定数额的资金支持。为了有效地加强基建工程项目的廉政建设，搞好基建项目的管理和造价控制，防止违纪行为的发生，葫芦岛中支党委自始至终坚持民主集中制原则，强化监督职能，进行科学管理。在施工过程中，中心支行党委高度重视质量安全管理工作，由于施工规范被市政府推荐为省“世纪杯”工程，施工质量也顺利通过省消防局、省人防监测站的专业验收。在内部监督方面，充分吸取了盘锦、吉林市两起案件的经验教训，切实做到项项有监督，处处有防范，基建工作得到总行检查组的充分肯定。

（刘运涛）

中国银监会葫芦岛银监分局

【概况】 2011年，葫芦岛银监分局在辽宁银监局的正确领导下，在市委市政府大力支持关心下，深入贯彻落实总会省局各项工作部署，突出科学监管，全力抓好监管能力建设和金融风险防控工作，实现了银行业的稳健高效运行。葫芦岛银监分局内设8个科室：办公室、监管一科、监管二科、监管三科、统计信息科、人事科、监察科、财务会计科，全员编制50个。

截至年底，全市银行机构资产总额 1 057.4亿元，较年初增加153.4亿元，同比增长17%；各项存款余额949亿元，较年初增加139亿元，增长17.1%；各项贷款余额568亿元，比年初增加62亿元，增长12.2%；不良贷款余额41亿元，不良率7.22%，分别下降7.96亿元和2.46个百分点；全市银行业实现净利润8.68亿元，同比增盈1.73亿元。在稳健发展中，金融业作为现代经济核心作用不断得到彰显，推动全市经济快速发展。2011年，全市主要经济指标完成均好于2010年，社会民生不断改善。

【引领葫芦岛银行业持续稳健发展】 一是三方联动，共建和谐金融生态环境。近几年，本市经济社会持续快速发展，金融的地位和作用也越来越突出，政府、人民银行、银监局三方加强沟通协调，信息共享，通力合作，通过强化金融联席会议制度等方式，让金融机构及时了解全市经济发展的趋势，政府及时把握金融发展的现状和动态，进一步密切配合，共同促进了经济金融平衡较快发展。

二是重拳出击，建立良性金融生态秩序。2011年是葫芦岛银行业“打击不正当竞争，维护市场秩序，规范经营行为”年，通过开展规范存款市场经营秩序“百日行动”等举措，督促银行业经营机构规避各类扰乱金融市场秩序的违规违约行为，促进各银行机构加强行业自律，规范经营行为。通过一年的努力，葫芦岛各银行业竞争回归稳健，趋于理性，不正当竞争和恶性竞争现象明显减少，营造了良性金融生态秩序，树立了银行业良好的社会形象。

三是银行业稳健运行取得明显成效。2011年，葫芦岛银行业经营规模较快增长，在克服锦化破产和绥电公司资金抽离的压力下，存款、贷款余额保持强劲增长势头。其中，存款余额连续三年实现增长百亿元以上；经营能力明显增强，经济效益实现连年增长；不良贷款持续“双降”，资产质量日益夯实；机构种类和数量不断丰富，实现空白乡镇金融服务点全覆盖，服务点布局更加科学合理，稳步推进邮储银行二类支行改革，地方金融资源得到有力扩充；构建案件防控的长效机制，连续多年实现零发案率；法人机构抗风险能力明显增强，各项风险指标得到逐步改善，主要监管指标符合监管要求。

【监管效能和质量获得显著提升】 一是立足风险监管，现场检查质效明显提高。2011年，分局现场检查的力度、频率、范围、覆盖面等方面明显增强，全年组织开展了贷款新规落实情况、三项重大监管工作等现场检查49项，派出检查组72个，检查机构142个次，检查资金153.37亿元，涉及违规金额30.18亿元，发现问题113个，针对存在问题提出整改意见106条。截至2011年底，已完成整改68项，整改金额25.64亿元，现场检查质效明显提高。

二是继续强化非现场监管的风险预警作用，监管的针对性、有效性明显提高。高质量完成监管报表的“二次审核”、汇总上报和金融机构2010年度监管评级工作，继续强化对大额贷款、不良贷款、贷款集中度、贷款迁徙率、资本充足率等相关指标的监测分析，按季召开经济金融形势分析通报会，适时发出风险提示，全年发出《监督检查意见书》23份，以电话及下发风险提示书等形式进行风险提示12次，指出风险点21个，约见高管人员谈话10余次，提出监管意见及建议79条，均得到有效落实。充分发挥驻行监管的作用，全年共走访机构12家，对辖内8家农村中小金融机构进行审慎会谈，答疑指导数据审核等问题50余次，解决各类问题60余个，得到各银行机构的认可。

三是继续强化县域银行监管，有效避免县域监管真空。分局结合葫芦岛县域监管实际，确立了“统一把握、灵活操作、多策并举、持续推进”的工作思路，建立健全县域监管制度、体系和协调机制，设立县域监管联络员，确立县域监管联络部门，每年分局县域银行监管工作领导小组都会分赴兴城、绥中、建昌，组织召开由当地政府、人民银行和各银行机构参加的县域银行监管座谈会，征求县域银行业金融机构对监管政策措施的意见和建议，强调县域银行业支持县域经济发展的工作要求。

四是加强市场准入监管，规范行政许可行为。2011年，分局对行政许可程序和标准进行细化，修订了《葫芦岛银监分局监管委员会会议制度》和《行政许可相关事项审查审批工作规定》，创造性地提出对银行机构高管人员任职资格实行差别化监管审核，任职资格审核时，要求分行副行长以上高管人员到分局监管例会述职，同时简化部分准入事项审批程序，审批效率和考核效果获得显著提升。全年共办理行政许可审查、审批97项，其中：审查高管人员任职资格45项，机构设立、变更52项；组织拟任高管人员考试31人次；向省局出具初审意见6份。在办理行政许可事项审查审批工作中，做到了严格执法、热情服务、规范操作，得到了辖内各银行机构的好评。机构布局调整和设立取得重大突破，全年新批设机构10家，彻底解决了建昌县贺杖子、雷家店两个乡金融机构空白乡镇金融服务问题。

【各类银行业风险管控工作】 一是优化信贷结构，确保信贷资金流入实体经济。一方面，努力发挥信贷资源调配对经济的杠杆作用，通过加强“窗口指导”，督促银行业机构科学配置信贷资源，全力支持辽宁沿海经济带开发战略。2011年，全市银行业金融机构信贷增量的 40%投放到制造业、水电、交通等重点发展产业和基础设施建设上。另一方面，小企业贷款和涉农贷款双双实现增量和增速比上年“两个不低于”目标。截至2011年底，全市银行业金融机构小企业贷款余额77.16亿元，比年初增加23.12亿元，增长30.6%，高于各项贷款增速10.92个百分点；涉农贷款余额171.86亿元，年初增加30亿元，增长21.1%，高于各项贷款增速8.9个百分点。

二是落实贷款新规，推动信贷管理方式加速向现代化转变。近两年来，分局以深入贯彻实施“三个办法、一个指引”为抓手，指导各银行业机构从相关制度建设、业务流程改造、IT系统调整、组织架构调整、合同文本修订、贷款全流程管理等方面实施信贷精细化管理，适时开展了贷款新规在银行业中实施情况的后评估和专题调研，以检查促落实，取得积极效果。在银监局的检查、督促和指导下，各银行机构贷款新规落实工作取得了明显进展，各机构修订了贷款合同文本，并正式使用，存量中长期贷款合同修订补正工作全部完成。截至2011年底，各银行业机构新规走款比重为80.12%，比2010年提高9个百分点。

三是多措并举，督促银行业机构进一步加强政府融资平台贷款管理。2011年，分局采取现场检查、约见谈话、下发监管意见等措施督促各行落实抵押担保、修订完善合同约定还款计划、严守新增关口等平台贷款管理措施，平台贷款清理工作取得了明显成效。截至2011年底，葫芦岛市政府融资平台贷款余额为28.3亿元，全年累计收回4.9亿元（其中：葫芦岛银行收回4户平台贷款、金额4.1亿元），银行信贷风险得到有效缓释，地方信用环境得到进一步优化。

四是努力构建案件防控的长效机制，推动案件防控工作向常态化转变。葫芦岛银监分局按照“持续高压，以点带面，强化执行，形成联动”的案件防控工作总体思路，不断推动银行机构提高内控和制度执行力，指导机构认真开展“银行业内控和案防制度执行年”活动，建立案件防控工作联席会议制度，每年召开全市银行业案件防控工作会议，组织辖内银行业金融机构签订案件防控工作承诺书，并出台专项意见指导金融机构加强案件防控长效机制建设，保持案件防控工作的连续性和有效性，使案件防控工作规范化、常态化、精细化、目标化，连续多年实现零发案率。

五是全面督导，确保信息科技风险监管工作稳步推进。2011年，分局将信息科技监管纳入全局工作重点，以“保安全、促发展”为主线，从强化高管风险意识、督促建设信息科技治理构架、完善相关管理制度、抓好应急演练等方面强力推进信息科技监管工作，并认真做好日常信息科技监测预警和现场检查后续监督工作，取得切实成效。11月份，针对葫芦岛银行在信息科技现场检查中发现的59个问题，分局采取了“现场核查”和“月度报表”相结合的方式督促其限期整改，截至2011年底，已有54个问题整改完毕，整改率达到91%。

六是密切关注房地产贷款风险并取得初步成效。分局一直密切关注国家宏观政策及房地产市场变化，按照银监会提出的相关房贷新政要求，督促银行机构以加强房地产行业分析和预警为前提，以贷后管理为重点，进一步强化房地产贷款风险管理。截至2011年底，房地产贷款余额为16亿元，比年初增加1.1亿元，不良贷款6 851万元，不良率4.27%，分别较年初下降687万元和0.79个百分点，房地产贷款存量和风险均为全省最小。

七是持续监管，加强票据业务排查和风险防范。以齐鲁银行伪造票据诈骗案为代表的一系列案件给银行机构票据管理工作敲响了警钟。分局在指导督促银行机构提高认识、加强票据业务管理制度落实的同时，适时开展了票据业务现场检查，对各行在票据业务管理和操作层面存在的问题下发了监督意见书，要求各行进一步细化操作流程，严格票据审批，压缩大额银票，取得明显成效，如：葫芦岛银行银票余额比年初下降了2.6亿元。截至2011年底，全市银行机构票据业务余额为26.45亿元，余额和风险为全省最低。

建设“两力”集体，建设和谐队伍。一是打造“合力”班子，加强班子素质建设。强化中心组学习，全年共组织12次中心组学习，有效带动了“学习型党组织”的建设；坚持民主生活会制度，民主生活会群众所提意见和建议整改率达到

98%以上，整改效果得到了干部群众的广泛认可。二是打造"活力"队伍，加强和谐分局建设。以打造"活力"队伍为载体，构建特色监管文化，开展球类比赛、赴延安庆祝建党90周年主题党日等一系列活动，进一步增强了团队的凝聚力和集体归属感。

1. 以廉政文化建设为重点，严格履行"一岗双责"。2011年，分局以廉政文化建设年活动为契机，围绕贯彻落实《2011年党风廉政建设责任制和惩防腐败体系建设工作规划》要求，以反腐败抓源头为着力点，以廉政文化建设为切入点，严格履行"一岗双责"，健全完善各项规章制度，开展分局党委书记、纪委书记上讲堂、组织参观"惩治和预防渎职侵权犯罪展览"和市看守所等一系列警示教育，进一步增强全体干部职工的廉政意识，廉政文化建设更加深入人心。

2. 全面加强党建工作，创先争优取得新成果。2011年，分局以创先争优活动为契机，进一步夯实党建工作基础，制定《分局党建治理结构及职责分工》，成立党建工作领导小组及办公室，制定并下发《葫芦岛银监分局党建工作目标管理责任制》等规章制度，进一步提升党建工作制度化和科学化水平。在推进创先争优活动中，分局取得了良好的成果，有些工作做法被省局及总会推广：分局取得辽宁银监局系统趣味运动会团体第六名的好成绩；在辽宁银监局第三届乒乓球比赛中男女单打成绩取得新突破；人事科在省局组织的多项比赛中荣获优秀组织奖；市场准入科在《中国银行业农村金融服务分布图集》2010年数据填报工作一次性通过省局数据审核，受到省局相关处室好评。

3. 加强内部管理，各项基础工作整体推进。一是完善各项规章制度。2011年，分局制度流程规范工作稳步推进，健全和完善了《葫芦岛银监分局信息工作考核办法》等四项规章制度。二是信息调研工作稳步发展。全年共编发监管信息42期，被银监会采用16篇（监管工作信息5篇、派出机构动态9篇、银监会专报2篇）；省局动态采用23篇，信息分数位列全省第六。三是全面推进综治信访工作。全年受理各类信访、投诉34件，针对客户反映强烈的理财及代理保险业务纠纷，分局及时组织调查组深入储蓄网点进行调查，督促银行业机构完善信访投诉机制，规范理财业务操作，保护金融消费者合法权益。四是保密工作体系逐步完善。建立健全了保密工作制度，开展了保密工作自查和员工保密意识、保密知识培训，与各涉密部门第一责任人签订了《保密工作责任状》，明确了责任分工，规范了保密管理，确保国家机密不泄露。五是加强了财务管理，严格了财务支出纪律。完成了2010年财务决算、2011年度"小金库"复查、公车清理和2012年部门预算等工作，通过了省局财务处的财务规范性检查，严格分局车辆的调用、维护、费用报销流程，节约了支出。办公楼内部管理水平也不断提高，保证了分局工作的顺利开展。

（廉　洁）

中国工商银行葫芦岛分行

【概况】 2011年，中国工商银行葫芦岛分行认真贯彻落实国家金融方针政策和上级行工作部署，紧紧围绕转型发展和可持续发展的经营思路，不断加大对地方经济建设的支持力度，经营管理工作取得了新的进展，经营基础进一步夯实。全年实现经营利润2亿元。

【不断加大信贷投放力度】 按照国家宏观调控政策、产业政策和总省行行业信贷政策要求，积极支持本市优质项目和优势企业发展，通过流动资金贷款、项目贷款和贸易融资等金融工具，累计为有色金属冶炼、电力、船舶制造等行业的大中型企业提供融资54亿元。同时，认真落实国家和总省行支持小企业发展的要求，重点围绕化肥、钢材、煤炭、矿产品、粮食和其他农副产品经销商以及核心企业的上游供应商，加快拓展商品融资和网贷通服务。全年累计投放小企业贷款8.3亿元，同比多投放7.5亿元。继续加快投进个贷渠道建设，通过个人住房贷款和个人经营贷款，全力满足广大市民住房、投资和创业需求。全年累计投放个人贷款11.4亿元，同比多投放6.2亿元。年底，全行本外币各项贷款余额达到71.43亿元，较年初增加9.35亿元，贷款存量和增量均在地区国有商业银行和股份制商业银行中列第一位，荣获了市政府颁发的信贷投放先进单位荣誉称号。

【着力提升金融服务水平】 根据客户的资源规模、风险承受能力、理财收益期望等指标，为客户提供基金、保险、债券、本外币理财等多元化的投资理财服务，全年累计提供各类个人理财产品32亿元。大力拓展银行卡分期付款业务，促进银行卡在汽车、家电等消费领域的广泛引用，全年累计实现分期付款交易额1.9亿元。适应本市外向型企业发展需求，通过信用证、进口代收、进口代付等国际业务积极支持中油国际、锌业股份等进出口企业的发展，全年实现国际结算业务量17 323万美元。与此同时，本行还成立了网点品牌服务办公室，加强营业网点和自助设备优化建设，完成了2家营业网点的装修改造，并新增自助设备6台；深入推进服务精细化管理，组织开展了“2011服务提升年”活动，服务工作在省行考核中持续排名第一位。

【加强对县域经济的支持】 积极推进县域支行改革，从人、财、物等多方面给予县域支行支持保障，不断提升县域支行的综合服务能力。2011年，绥中、建昌、兴城三家县域支行个人贷款余额均超过亿元，累计达到3.53亿元；三家县支行小企业贷款余额达到1.36亿元，较年初增加1.33亿元。同时，为进一步做好县域金融服务，满足居民业务需求，本行在绥中县新建成了一家营业网点。

【强化内控案防管理】 制定了内控案防工作目标，进一步明确案防工作重点，通过观看教育片、编制宣传板报等形式不断加强反腐倡廉、案件防范警示教育和网点员工安全保卫防范意识教育，实现了全年安全运营无案件无事故。完善反洗钱工作制度，抓好反洗钱培训，不断提高业务操作水平。认真开展反假币宣传活动，被市人民银行评为金融系统反假币宣传优胜单位，并代表葫芦岛市金融系统参加了省人行组织的反假币展览。

【加强党建和队伍建设】 围绕“经营发展争第一，创先争优当先锋”主题，深入开展创先争优活动，党建和队伍建设不断向前推进。抓好员工培训，全年举办各类培训班19期。认真组织开展特困救助工作，全年发放困难补助173 000元，开展送温暖社会捐助30 700元。积极开展“健康生活、快乐工作”系列活动，活跃员工业余文化生活，全行凝聚力和向心力不断增强，被市总工会评为“先进职工之家”。

（史　航）

中国银行葫芦岛分行

【概况】 2011年，中国银行葫芦岛分行党委坚持科学发展，大胆探索，艰苦工作，实现年初确定的五项工作目标。全面完成省行下达的任务，大公司、大零售联动效果显著。成功清收锦化和方圆两户巨额不良贷款，彻底结束不良率居高不下的被动局面；年内累计推出30项创新产品，助推业务实现突破进展；机构成长考核按省行测算本行得分76.25分，由2010年一级跃升为四级；网点转型全面开花，流程导入平稳推进；企业文化建设生机勃勃，本行体育代表队勇夺全省首届运动会团体第三名，全行上下为之振奋。

【各项计划指标执行情况】 截至2011年底，资产负债总额分别达到74.26亿元和72.4亿元，增长2.91%和1.98%；实现净收入3亿元，增长31.74%；实现中间业务收入5 517.95万元，增长30.73%；完成拨备前利润18 950万元，同比增加6 198万元，增长48.6%；完成考核利润20 069万元，比上年增加14 527万元，增长262.12%，成本收入比30.65%，同比下降4.98个百分点；实现经济价值增加值（EVA）12 209万元；风险调整后经济资本回报率（RAROC）30.64%，较年初提升6.71个百分点。经营效益达到历史最高水平。不良贷款余额17 771万元，较年初减少11 452万元，不良率3.01%，下降1.62个百分点。

【“大公司”战略成效显著】 成功营销了葫芦岛市“一线八区”中的英泰置业、恒大地产等重点项目；重点营销了武警8620部队后勤部基建账户等行政事业存款并取得可喜成效；公司条线一个新字打天下，累计成功推出20多项创新业务，其中叙做全市首家跨境贸易人民币结算业务，福费廷等六款国结产品实现零的突破，投产省内首家市本级财政非税系统，成功上线工商E线通系统，营销省内首笔“日积月累一日计划”对公理财产品。

【个金板块全面推进】 行党委制定明晰发展战略，个金条线激励机制到位、管理调研到位、业务保障到位，个金战略性指标全辖机构无一掉队：电子银行业务取得跨越式发展，贵金属销售列全省第一；消费贷款叙作全省首笔“双享贷”及“多宝格”业务，贷款定价水平居于全省前列；固话POS、第三存管、军保卡、中职卡均列全省前列；在省行发卡竞赛活动中，本行荣获“优胜单位”和“优秀组织奖”

【中小企业日臻成熟】 中小企业团队创新服务，超负荷工作，并取得了骄人业绩，净增投放列全省第三，贷款新增列全省第六。全年泳装企业授信居全市各家银行之首，本行中小企业团队被连山区政府连续两年评为“支持企业先进单位”；对县区行、奥园等转授权，并以岗代训，目前中大、绥中、奥园三家已成功开办业务，实现了真正意义上的网点破冰行动，推进了网点对公转型进程。

【不良清收业绩显赫】 年内，市行党委调动一切力量，历经千辛万苦打赢了两场清收不良歼灭战：8月26日清收锦化氯碱不良4 698万元，9月份成功清收志达集团8 486万元不良贷款本息，使得本行不良率由年初4.62%降至3.01%。待锦化华天裁定下来该笔不良核销后，本行不良率将降至0.2%。

【经营效益明显提高】 截至12月底，本行实现EVA（经济价值增加值）12 247万元，拨备前利润18 763万元，净利润19 254万元，考核利润20 107万元。根据省行测算，本行机构成长考核得分76.25分，机构等级由2010年的一级跃升为四级。本行辖属机构成长也取得可喜进展，在管辖行中绥中支行得分33.55分、升为二级行，在经营性机构考核中龙警支行得分47.06分、石油支行得分46.62分，双双跃升为三级行，连山、新华、奥园、龙警、渤海、龙港、化工、龙湾、绥电公司支行等9家机构均升为二级行。

【强化销售渠道建设】 按照省行统一部署，启动并完成了4家机构的销售服务流程网点导入工作；年内所有机构配备了专职大堂，明确职责，加强培训；制定了客户经理、理财经理绩效考核办法，签订《绩效目标承诺与考核评价表》。在省行公司条线贷后管理考核中，本行两次排名全省第一；对4家机构新网点进行改造，将市行消贷中心、卡中心迁移，极大方便客户。

【队伍建设以人为本】 本行党委强化干部管理长效机制，建立后备人才库，职位选聘通过竞聘、打票、例会、公示等环节阳光操作，招聘新员工背靠背打分，调配人员执行“谁用人、谁聘人、谁管人”原则，先后调配12名大学毕业生充实到重要岗位；邀请资深老师为全辖大堂经理、理财经理和全体中层进行高端培训，取得较好效果。

【企业文化协同发展】 为庆祝建党90周年，开展党日主题活动和党史知识竞赛活动；工会与团委联合开展向贫困山区儿童“献爱心”捐赠活动；开展“爱中行、迎行庆”主题征文活动，烘托了百年行庆氛围；本行组队参加全省首届运动会并勇夺团体总分第三名，全行上下为之欢欣鼓舞。

（杨轻羽）

中国建设银行葫芦岛分行

【概况】 2011年，在省行的正确领导下，在市人民银行、市银监局的关怀指导下，党委一班人带领全行干部员工克服困难，锐意进取，坚定发展理念，以监控行整改为重点，以“务实、高效、突破、发展”为目标，促进各项工作不断发展。全口径存款时点余额114亿元，比年初新增8.51亿元；全口径存款日均余额115亿元，比年初新增10.88亿元；各项贷款余额37亿元；实现中间业务收入4 996万元；实现税前利润10 527万元，经济增加值4 091万元。

【公司业务保持平稳发展态势】　一是围绕旺季营销竞赛及阶段性激励方案，积极组织存款调度，抓重点客户、抓重点产品，重点营销资本金账户，加强本外币联动，推动本外币对公存款的增长，保持了高位运行和稳定增长势头。二是抢抓市场机遇，争取信贷投放，完成大中型额度授信申报并获得批复3笔，金额54 400万元。积极营销氯碱、锌业下游客户及20余个中小企业客户贴现客户。三是国际业务保持了较好发展态势。推广网上结汇业务和定期存款业务，加强国际业务基础管理，为绥中支行申请开办了对公外汇业务。

【个人银行业务均衡发展】　一是相继开展“玉兔迎春，建行送瑞”、个人存款“提位次、争第一”等营销活动，开展赠送新春贺礼、举办理财沙龙、座谈会、答谢宴会等系列子活动，加强中高端客户拓展维护。二是加强客户分层管理，通过培育存款、理财产品、中高端客户等示范网点，达到以点带面的作用。三是推进总行电子银行“增客户、促应用、提能力”专项营销活动和“抓迁移、降柜面、提量比”专项攻坚活动的有效开展，加大柜面业务分流力度，进一步提高自助和电子渠道交易量比和个人产品覆盖度。四是制定网点发展规划，调整网点布局。深化网点一代、二代转型及财富中心向私人银行转型工作。五是加大公积金归集业务营销力度，本年新增归集单位30个，累计归集住房公积金2.2亿元。

【拓展中间业务增收渠道】　一是加强非信贷产品定价管理，对综合贡献度低、产品应用少的客户原则上不予以价格优惠；二是以供应链融资业务合理替代传统信贷业务，重点以国内保理业务、银行承兑汇票、国内保函等表外业务来替代存量流动资金贷款；三是继续巩固单位人民币结算业务、财务顾问等优势产品，有效提升中间业务收入占比；四是继续大力发展传统造价咨询业务，住房委托业务，理财产品销售，加强机构代理业务合作，及时实现代理收入入账。

【提升贷后管理水平 增强风险防范能力】　贯彻执行省分行信贷业务前后台分离政策，明确客户经理和信贷经理工作职责，狠抓制度落实。重新梳理押品管理流程，按季进行押品现场检查与风险排查。对部分网点押品权证保管不够规范的行为进行了认真整改。落实银监局贷款支付的要求，重视监控资金流向，提高受托支付比例，加强信贷资金监管。加强对预警客户跟踪管理系统的应用，保持每月至少召开一次预警会的频率，注重对预警信息的搜集和汇报，加强对会议决策的执行力。

【加强案件防控和安全运营管理】　加强制度措施建设。分行制定案防工作计划、案件应急处置、内控管理工作效能监察办法、风险防控工作例会制度、合规检查管理办法、员工轻微违规行为警示和诫勉谈话制度等一系列制度措施。积极开展“八大突出案件风险”专项治理活动，及时消除了案件风险隐患，为本行案件防控长效机制建设打下了坚实基础。通过开展效能监察，运用积分手段，对有关机构和责任人进行了积分处罚。加大责任追究力度，及时惩处违规违纪行为。坚持以“平安建行”、“平安网点”建设为主线，狠抓制度落实，加强人防、技防管理，对重点部位如机房、金库、押运钞、大厅执勤跟踪检查，提高案件防控能力，实现安全运营无事故。

【加强党风廉政建设】　加强组织领导，签订责任状，明确工作任务，落实工作责任，开展领导人员廉洁从业行为排查活动。组织签订“廉洁从业承诺意见书”，与网点、部门集体签订了“禁止与本行存贷款客户发生资金往来承诺意见书”。加强学习教育，提高廉政意识，营造廉政合规文化氛围。开展“学规定、知禁令、作表率”领导人员廉洁从业主题教育和关于开展“讲廉洁从业，明职业操守，倡合规文化”主题教育活动；开展《领导人员廉洁从业相关制度汇编》、《警示教育手册》、《员工合规从业规章制度手册》教育系列丛书学习活动。开展建立完善部门、岗位职责和梳理业务流程活动。组织开展“合规每日一讲”“案防每周一讲”活动。开展柜面业务法律知识培训活动。学习掌握新修订的“288”条和积分标准。开展《廉政准则》网上知识测试和学习笔会活动。

（赵　明）

中信银行葫芦岛分行

【概况】　2011 年，中信银行葫芦岛分行坚持“稳健经营，持续发展”的指导方针，全行上下坚定信念，知难而进，紧紧抓住经济利润这一核心，坚持“努力实现增长方式根本转变”不动摇，积极应对激烈的市场竞争形势，努力克服大户存款下滑的不利局面，深化“求真务实、对标卡位”的管理要求，大力推进各项业务发展，继续保持了良好的经营业绩，不仅实现利润大幅度增长，而且实现主线业务恢复性增长和增长方式转变的初步转变。截至到 2011 年底，实现 FTP 税前利润 8 459 万元，比上年增长 49.22%；实现经济利润 4 208 万元，完成计划的 98.79%；各项贷款余额 25.72 亿元，比年初增加 2.73 亿元，增长 11.86%；全行一般性存款余额 34.12 亿元，比年初下降 1.18 亿元，其中对公存款余额 18.12 亿元，比年初下降 0.19 亿元；储蓄存款余额 16 亿元，比年初下降 0.98 亿元。实现进出口收付汇量 2.39 亿美元，比上年增长 26.22%，完成计划的 101.57%。在沈阳分行全辖的经营计划和等级行考评中双双名列第二名，荣获沈阳分行先进单位。圆满完成 2011 年既定的各项工作目标。

【对公业务在逆境中实现较快发展】　2011 年，面对外部经济环境复杂和自身调整的巨大压力，该行的公司和国际业务遇到了前所未有的困难，特别是进入下半年以来，随着省社保 3 亿元存款到期退出，及其他大户存款下滑的影响，公司业务陷入了困境。面对困难和挑战，广大干部员工深入践行“笨办法、土办法、实办法”的营销理念，知难而进，顽强拼搏，公司主线业务实现了恢复性增长目标。一是机构客户和结算客户营销取得显著成效。分行领导班子主要成员亲自带队，先后开发和挖掘新老客户 17 户，年底机构存款达 5 亿元，同时调动全行员工积极性，努力开发挖潜结算客户，截至年底非授信存款占比达到 63%，对公存款结构得到进一步优化。二是灵活把握信贷投放节奏和结构，资产收益明显增加。2011 年新增贷款客户 5 户，新增投放 1.79 亿元，同时坚决退出低收益贷款，将腾出的额度用于高收益的票据贴现业务和新增贷款业务，贷款定价水平明显提高。全年累计办理贴现 9.49 亿元，再贴现 7.25 亿元，实现收益 1 700 多万元。三是有效客户开发成效显著，客户基础进一步夯实。全年有效客户增加 22 户，计划完成率 110%，有效客户增量排名第 1 位，在沈阳分行全辖经营机构中名列前茅。四是继续做大汽车金融业务，市场影响力不断增强。新开发汽车金融客户 6 户，总户数达到 20 户，新增授信 4 000 万元，新增存款 5 850 万元。全年累计出票 7.9 亿元，联动保证金存款 1.87 亿元。五是强化产品创新运用，国际业务巩固优势地位。积极克服全市同业竞争和整体贸易量下降等不利因素，抓住重点客户，用足国际产品政策，全年开发资本金客户 5 户，有力促进了国际收付汇业务发展，不仅较好完成收付汇量指标，而且积累了一批国际业务客户。

【零售业务亮点突出】　面对储蓄存款增长乏力、月底冲高的被动局面，坚持“获取客户、经营客户、提升客户”的经营思路，狠抓增储渠道建设，重点采取五项具体措施，推动零售银行业务稳步发展。抓重点，促提高，对全行零售客户经理实行集中管理，成立分行零售营销团队；对分支机构实行差别化管理，强化业务指导。提前 7 个月完成全年私人银行客户数和管理资产增量计划，客户数完成全年计划的 200%。抓代收，获批量，全年成功组织飞天购物广场等三项大规模收款工作，累计收款 3 亿多元，资金沉淀率达到 60%以上。成功获取全市三轮车补助代发业务，带动储蓄存款 2 070 万元，留存 1 000 万元。抓活动，拓营销，举办“巨星影子秀——璀璨之夜”客户联谊会、客户户外穿行、高尔夫之旅、第二届“出国大业”高峰论坛、高考志愿填报辅导和专家健康知识讲座等多项活动，积极推进批量获取客户工作。抓合作，建体系，签约 14 家合作商户，联合泰康保险和信达证券，成立葫芦岛市慈善义工金融服务大队，扩大与其他金融机构的合作，为双方开展联合营销，实现资源共享奠定了基础。抓个贷，增收益，及时调整零售信贷产品，主动向高收益产品倾斜，累计发放个人经营、商用房按揭、综合消费贷款合计 9 129 万元，为促进中小企业发展和改善民生，做出了积极贡献。

【强化激励约束机制建设】 为适应增长方式根本转变的总体要求，该行积极转变思路，推动各项基础管理工作落实，为可持续发展奠定管理基础。依据总分行考核要求，突出以经济利润为核心的经营理念，制定《葫芦岛分行零售客户经理薪酬管理办法》等规章制度十余项，并积极组织落实。强化会计管理，防范操作风险，组织开展银行结算账户专项核查、财政账户突击排查和“啄木鸟”合规行动检查等。全年对违规操作通报批评 6 人次，经济处罚 7 人次，有效规避了操作风险。

【严格防范金融风险】 在增加一名主管风险副行长的同时，充实主管风险管理工作和合规工作人员各一人，风险合规管理的组织架构日趋完善。依据总分行相关管理办法，制定符合行情的信用审查和放款操作流程。以平安银行建设为目标，重点抓好全行安全工作。针对“六禁”教育和“三个不发生”等主要工作内容，开展领导干部与员工诫勉谈话活动，深化安全警示教育。利用业余时间组织开展全行全员消防安全知识培训，加强消防工作四个能力建设。全行安全工作荣获葫芦岛市公安机关颁发的集体三等功。

【有效配置人力资源】 完成零售客户经理退出、主管柜员和大堂经理岗位竞聘、新员工招聘和人力资源系统上线等工作，退出零售客户经理 4 名，新招聘员工 10 人。加强员工考勤管理，明确员工请假、休假制度，重点抓好机构副职履职考核。积极组织开展分支机构领导岗位公开竞聘工作，提拔聘任新干部 11 人。抓好星级柜员竞赛，通过竞赛，为 2 名三星级派遣制员工转正。

【精神文明建设取得优异成果】 开展全行全员优质文明规范服务讲座，重点解决营业网点铭牌和营业时间牌不规范等突出问题。集中开展全员业务培训和技能竞赛，获得沈阳分行岗位技能大比武团体第 4 名的好成绩。全力抓好党建工作，成立分行党委，发展新党员 1 名。组织开展员工家属联欢晚会、员工乒乓球比赛、先进个人外出学习考察和提合理化建议等多项活动，有力增强了团队凝聚力。积极组织开展扶贫帮困工作，投入扶贫资金 2.8 万元，其中员工个人捐款 1.7 万元。围绕保洁、食堂、值更等物业管理，积极推行社会化，引进物业公司，后勤保障能力不断提升。

（李祉萱）

中国农业发展银行葫芦岛市分行

【概况】 2011 年，农发行葫芦岛市分行认真贯彻落实总省行精神，统一思想，更新观念，扎实工作作风，全面完成了各项工作任务。市分行内设八个部室：办公室、客户部、信贷管理部、财务会计部、信息技术部、内部审计部、监察保卫部、人力资源部。下设营业部，还有兴城、绥中、建昌三个县支行。全辖在编职工 117 人。

按照党中央及总、省行会议精神，市行党委确立了“发展是第一要务，不发展是最大风险，发展不能以牺牲资产质量为代价”的经营理念，以支持水利基础设施、土地收储整理等中长期贷款项目为主线，积极维护和规范传统业务的经营。2011 年，针对经营中的新情况、新问题，市行党委及时引领全行干部职工转换观念，充分发挥主观能动性，适应工作要求和精神变化。首先是确保三级储备计划的全面实施。累计发放储备粮油贷款 11 593 万元、入库粮食 3 968 万公斤，累计收回储备贷款 6 082 万元，出库粮食 2 594 万公斤，确保了三级储备增储、轮换和出库计划的顺利实施。其次是确保全辖粮食收购资金需求。累计向 10 户企业发放粮食收购贷款 17 600 万元，油料短期贷款 4 500 万元，支持企业收购玉米 7 083 万公斤，花生 441 万公斤。实现了确保收购不出问题的目标。截至年底，贷款余额 223 656 万元，较年初净增 35 045 万元，信贷业务实现平稳发展。三是各项经营指标完成良好。账面盈利 3 378 万元，同比增加 135 万元；综合贷款利息收回率 87.89%；资产利润率 1.54%，同比提高 0.13

个百分点；日均存款余额34 412万元，同比增加16 388万元；中间业务收入96.02万元，同比增加37.54万元。

【抓住重点 攻坚克难 解决突出问题】 通过总结近几年工作及对内、外部经营形势的分析，年初以来，市行党委把中长期贷款营销、不良贷款清降、财政补贴拨补等重点、难点问题作为推动各项业务发展的切入点，通过共同努力，很好地解决了以上问题，有力的促进和带动了其他工作的开展。

一是做好中长期贷款的投放与项目储备工作。首先是加快已审批贷款的投放速度。督促县行及项目单位加快贷款限制性条款落实进度并及时向省行申报。市行通过电话、公函等方式多次督导，并派人到绥中、建昌两行进行现场指导，确保了69 000万元中长期贷款及时投放到位。其次是认真做好中长期贷款项目库储备工作。对全辖水利项目进行了摸底调查；根据市金融办提供的全市中长期建设项目情况，对符合市行贷款支持范围的项目进行了筛选；行长带队逐县（市）区与地方政府及财政部门就年度中长期贷款项目进行了面对面的沟通；通过调研沟通，将绥中滨海二期道路工程建设和觉华岛土地收储两个项目纳入项目库管理，预计贷款额度6亿元；第三是配合总省行做好青山水库项目的调查工作，对总行调研和评估后反馈的意见与要求，及时与相关部门沟通，督促落实，并严格按要求对贷款资料作了进一步的补充和完善。

二是不良贷款清降攻坚战效果明显。年初，市行党委下发了《2011年不良贷款清降工作实施意见》、《2011 年不良贷款清降专项奖惩办法》，通过加大奖惩力度、提高奖惩标准，进一步调动各行对不良贷款清降工作的积极性和主动性。尤其通过开展不良贷款清收攻坚战，效果明显。8月份，省行不良贷款清收攻坚战开始后，根据全市不良贷款现状，清降任务由省行的600万元提高到1 060万元，分解下达基层行，并就绥中县棉花公司、营业部明远公司、连山粮库等重点企业不良贷款清收情况进行现场督办，明确清收工作的着力点和大方向，指出不良贷款清收最重要的是取得收回成效，不是按程序走过场避责任，市行清收工作进度有序开展并取得成效。截至年底，全辖累计实现现金清收不良贷款961 万元，超额完成省行攻坚任务261万元，绥中行继兴城行之后成为全辖第二个无不良贷款行。绥中行不良贷款清收做法被省行以简报的形式转发推广。

三是财政补贴实现全额到位。由于中长期信贷投放的增加，2011年应由地方财政负担的贷款本息及其他资金额度更大，而本市地方财力却呈现下降趋势。特别是绥中行和营业部，领导班子进行了调整，地方财政部门人员也进行了调整。这无形中增加了财政补贴到位的难度。为此，市行对内提出了确保全额到位的情况下，力争实现按季均衡到位的目标。对外始终以融洽与政府和财政的关系为核心，坚持做到主管部门随时沟通、主管副行长定期沟通，难点问题由行长亲自沟通，使沟通协调工作经常化、制度化、多样化。到年底，地方财政补贴应到位 12 731 万元，实到位12 731万元，到位率实现了100%。

【强化管理 统筹兼顾 促进全面发展】 2011年，党委多次开会研究强化基层行管理和基础工作。一是开展"合规管理年"活动。成立了"合规管理年"领导小组，制定了"日程安排表"，将任务分解落实到每周和每月，确保"合规管理年"活动真正落到实处。增强了党委成员、各部室主管及基层行执行党委会、行务会、行长办公会决议的执行力。二是加强制度建设。为适应业务发展的需要，相继制定了涉及贷款限额、财政补贴、不良贷款清降等方面13个制度、办法，有效地促进了各项业务的发展。三是强化计划资金管理。建立计划执行"双线"管理制度，对信贷投放与回笼实行逐笔监测，信贷计划执行准确率达到 99%。四是加大检查工作力度。全年共开展了贷款客户风险排查、农业小企业以及中长期贷款检查等13次，通过检查及时整改和发现问题。比如，通过检查实现清收建昌县地方储备粮库存亏损76万元。有效地促进了各项规章制度的落实和基础管理水平的提高。五是加强信贷调查、审查、审议及评级授信工作。充分发挥"三个中心"的作用，全面保障信贷业务有效发展。六是加强内控体系建设。加强了重点部门、关键环节和重要岗位的管理，建立了业务发展、廉政建设、风险防范"三位一体"的长效机制，实现了"四无"目标。七是加强信息技术支撑、档案管理、安全保卫等基础工作，服务于全行中心工作。

【以人为本 带强队伍 为发展提供保障】 围绕全年工作思路，从加强机关作风建设入手，狠抓干部职工队伍建设，着力建和谐班子，带和谐队伍，为发展提供根本保证。一是狠抓班子作风建设，提高勤政为民意识。继续开展"四好"班子创建活动。结合实际修订和完善了考核办法。通过创建"四好"班子，增强了班子成员和干部职工的责任感和使命感。二是以"创先争优"为契机，发挥党员先锋模范作用。为充分发挥榜样的先锋模范作用，组织了向严斌同志学习活动。把"创先争优"同纪念建党90周年活动相结合，以读一本党史、看一部红色电影等"五个一"活动为载体，认真开展"党史学习月"活动。通过上党课，开展主题党日、"共产党员示范岗"等活动，提高了党员党性修养，使他们真正起到了模范带头作用。三是强化干部管理，提高队伍的整体素质。根据需要调整和充实了各县行班子。通过竞聘，4名干部走上了副科级以上领导岗位。对全行员工加大了教育培训力度。举办培训班7期，培训员工150人次。通过加强干部管理和培训，为市行科学、有效发展提供了保障。四是以完善责任体系为重点，推动党风廉政责任制的落实。同各基层行和机关各部室层层签订党风廉政建设和惩防体系建设责任书，形成了一级抓一级，层层抓落实的工作机制。五是教育干部廉洁从业。开展了"警示教育月"活动，组织观看警示教育片，邀请专家来行举办专题讲座、上廉政党课，组织大家撰写心得体会文章。注重强化监督防范。在元旦、春节期间，向全行员工及开户企业寄发"廉关"公开信，教育干部要过好"廉关"。组织开展廉洁承诺活动。班子成员带头，全行每个员工都签订了廉洁自律承诺书。

（谢素霞）

辽宁省农村信用合作社联合社葫芦岛办事处

【概况】 2011年，葫芦岛市农信社（农商行）在省联社党委、省联社的正确领导下，在葫芦岛市人民银行和银监分局的有效监管下、在地方政府和有关部门的大力支持下，紧紧围绕省联社"质量年"及银监会"合规管理年"的各项要求，按照办事处年初提出的"四个优化、五个加强"的战略部署，全市广大农信干部员工同心协力、真抓实干，实现了存款快速增长、贷款规模适度扩张、资产质量再度提高、风险控制整体增强，经营效益跨越发展的良好成效。

【存款快速增长 资金实力显著增强】 2011年，全市农信社（农商行）存款余额为1 829 112万元，较年初增加349 958万元，完成省联社指令性计划的115.12％，存款总额居全市金融机构的第1位。其中：储蓄存款余额1 585 638万元，较年初增加303 509万元，增幅23.67%；对公存款余额243 474万元，较年初增加46 449万元，增23.58%，占存款总额的13.31%；低成本存款余额达到447 597万元，较年初增加63 432万元，占比24.72%；金信卡新增发卡118 581张，完成省联社下达全年计划103 000张的115.13%，较年初增幅62.14%，金信卡卡内余额实现72 980万元，较年初增加17 322万元，增幅31.12%。

【信贷规模适度扩张 支农力度不断加大】 2011年，全市农村信用社（农商行）各项贷款余额为1 389 900万元，较年初增加230 000万元，增幅为19.83%，完成省联社下达全年必保计划206 800万元的111.22%。贷款余额在全市金融机构排名1位。其中：全市农信社（农商行）农户贷款余额564 056万元，较年初增加45 608万元，增幅8.8%。完成省联社下达全年必保计划70 000万元的65.15%，中小企业贷款余额为387 126万元，较年初增加114 209万元，增幅41.84%。

【以支促收 经营效益跨越发展】 2011年，全市农村信用社（农商行）总收入实现131 716万元，同比增加27 621万元。其中：实收利息为119 244万元，同比增加23 044万元，完成省联社下达全年计划107 610万元的110.81%；中间业务收入实现290万元。总支出实现109 298万元，同比增加26 127万元。其中：营业费用支出36 344万元，同比增加5 422万元，控制在省社计划之内。利润总额实现29 376万元，同比增加2 846万元，完成省联社下达年度指导性计划23 885万元的122.97%。经营利润实现40 378万元，同比增加8 941万元，完成省联社下达全年计划30 035万元的134.44%。

【优化负债结构 增强金融市场竞争力】 2011年，全市农信社（农商行）牢固树立了“增加低成本存款，增强市场竞争力”的经营理念，立足实际、制定了切实可行的增存办法，明确要求各县级行社要在优化存款的组成结构和组织方式上下手，兼顾规模、速度、结构、质量和效益，进一步优化存款客户结构和组织结构，积极组织对公存款和低成本存款，改变靠关系引存、靠人情引存的传统做法，在提高广大员工的服务意识、服务质量和服务水平上下工夫，从增加和创新服务产品上做文章，用提升综合服务功能来引存、留存。一是实施领导带头、分片包干、具体到人、全员营销的策略。特别是加大各县级行社领导班子在吸收财政性存款、企事业单位存款上的力度，增加对公存款，2011年，全市农信社（农商行）吸收财政性存款50 222万元，占比20.63%。二是抓激励机制建设，以存款日均考核为基础，实行“基本绩效+目标绩效+发展绩效”的工资挂钩管理模式，加大考核力度，用分配制度调动全员揽存积极性，激励员工走出去、引进来，不等不靠、主动出击，做好对种养大户、外出务工人员和个体工商户的跟踪服务，积极筹措社会资金。2011年，全市日均存款增量1 682 266万元，完成省联社指令计划243 200万元的159.25%。三是抓好服务，营造良好的存款环境，增强存款竞争实力。根据《辽宁省银行业协会2011-2012年度优质文明规范服务创建活动方案》、《辽宁省农村信用社优质文明服务标准化管理实施细则》、《辽宁省农村信用社优质文明服务规范》要求，在全市范围内评选6家营业网点参加辽宁省银行业“2011～2012年度优质文明规范服务创建活动”竞赛，选优秀，树标杆，切实增强员工“人人都是信合形象，处处都是优质服务窗口”的意识，提升全体员工的优服理念，营造良好的存款软环境。同时，根据年初省联社营业网点规划要求，2011年，全市迁址升格3家营业网点、迁址1家营业网点、升格1家营业网点、撤并2家营业网点，加大了对营业网点的环境改造及建设力度，为客户提供舒适的硬件环境。四是稳步开展代收代发业务，拉动各项存款持续增长。充分利用代发业务时机，在做好粮食直补业务的同时，积极开展代理新农保业务。全市六家县级行社均已开办了新农保业务，全年实现代理收缴保费205万元，新农保资金专户存款余额达到了18 538万元，该业务的拓展有力的增加了低成本存款。五是发行金信卡、宣传农信银，有效增加存款市场份额。借助农信银开通的有利时机，积极打造“平面有字、电视有影、广播有声”的立体化、多层次宣传格局，采取媒体播报、悬挂横幅、设立金融橱窗、开辟板报和散发宣传资料、张贴宣传海报，设立咨询台等方式，宣传金信卡和农信银业务，提高群众和社会各界对农信的认知度，稳定存款增长。在保证全市农信社（农商行）13台自助柜员机稳定运行的同时，又积极推动银行卡受理市场建设，发展特约商户54家，布放POS机具60台，争揽低成本存款。截至2011年底，全市共累计发行金信卡309 424张，较年初增加118 581张，卡内存款余额达到72 980万元。

【优化信贷结构 提高支持地方发展实力】 在信贷规模同比下降的情况下，全市农信社步调一致，科学把握投放节奏，调整信贷结构，坚持省联社提出的“四个优先”原则，实施“一保一控”的有效措施。一是加大涉农贷款投放力度，提高支农服务水平，推动地方经济发展，促进农业产业化结构调整。2011年，全市涉农贷款余额871 359万元，较年初增加144 783万元，增幅为19.93%，占各项贷款增量62.94%。二是认真贯彻落实省、市春耕备耕生产电视电话会议精神，立足“三早”，服务“三农”，积极安排春耕信贷投放计划，切实加强春耕备耕生产的金融服务工作，保证新增贷款优先用于满足抗旱保春耕的生产资金需要。2011年，全市农信社共投放春耕备耕贷款65 687万元，支持农民购进化肥42 595吨，种子10 535吨，农膜2 619吨，农药417吨，支持农民购进各种农机具 2 805 台（件），保证了全市春耕生产的顺利进行。三是围绕地方政府的发展规划和自然、市场优势，支持农业产业结构调整和特色农业的发展。其中支持棚菜生产贷款 43 236 万元，兴建蔬菜大棚 110.22 平方千米；支持经济林果贷款 71 728 万元，栽种果树及经济林 25 平方千米；支持畜禽养殖贷款 151 663 万元，养鸡、猪、牛、羊 190 508 万只（头）；支持水产养殖贷款 3 448 万元，支持农村产业化龙头企业贷款 690 万元，累计带动农户 14 526 户。其中，建昌联社在古桥子村累计投入信贷资金 279 万元，栽种了 33.33 平方千米“北京大扁杏”，实现人均收入 3 万余元，谱写了“千亩扁杏园富百户农家”的理想篇章。兴城联社加大了向获得国家地理标志认证的红崖子花生产区和“土豆和大白萝卜之乡”大寨满族乡的贷款投放力度，鼓励当地农户改进技术、扩大生产规模，做大做强特色农业。四是根据省联社《关于转发中国银监会进一步改进小企业金融服务有关工作的通知》要求，办事处信贷部制定了《小企业金融服务计划》，落实银监会的工作部署，以改善小企业金融服务为目标，深化“六项机制”，落实小企业金融服务“四单”管理，不断改善和提高小企业金融服务水平，有效增加小企业信贷投放，保证小企业的合理信贷资金需求。重点支持了葫芦岛万泉河生态农业有限公司、通达泵业有限公司、辽宁渤海船舶有限公司、凌云制药、葫芦岛鑫华建筑有限公司、辽宁渤海防腐工程有限公司等一批优良客户。2011 年，中小企业贷款余额达到 387 126 万元，较年初增加 114 209 万元，增幅 41.84%。

【优化收支结构 提高经营利润】 追求利益最大化是企业的最根本目标，在利率的数次上调和人行控制贷款规模情况下，除了做好传统的利息收入科目外，努力增加中间收入比重，提高低成本存款占比，压缩公共开支，降低营业成本，提升经营利润。一是加强利息收入管理。进一步完善利率定价机制，用足用活国家给予农信社的利率上浮政策，合理确定贷款价格，针对不同客户实行差别定价，既要有市场竞争力，又要有合适的收入空间，不断提高收息水平。同时要加强贷款按期结息的监督和管理，严格执行小额农贷按季结息、其他贷款按月结息制度，提高按期结息率。2011 年，全市农信社（农商行）实收利息 119 244 万元，同比增加 23 044 万元，完成省联社全年计划的 110.81%。二是拓宽中间业务领域。在巩固传统的代收代付业务的同时，开发特色中间业务，扩大代理手续费收入。首先，各县级行社因地制宜，和本辖区内的保险公司签订代理协议，增加代理保险窗口，推动代理保险业务发展，增加中间业务收入。2011 年，全市农村信用社（农商行）代收保费 205 万元，手续费收入实现 21 万元。其次，借助农信银开通的大好机遇，积极宣传农信银支付业务，增加系统使用量，扩大支付手续费收入。再次，在增加金信卡发行量的同时，提高活卡率，增加 POS 机和 ATM 机的安装量，扩大刷卡和跨行交易手续费收入。2011 年，全市农信社（农商行）共安装 26 台 ATM 机、增加 60 台 POS 机，有力地夯实了持续经营实力。三是加强财务管理。逐步建立和完善了费用与经营效益挂钩的管理制度，以“总量控制，效益优先，以收定支，超额审批，超限停支，财务公开，民主理财”为原则，压缩公共费用支出，严格控制费用的增长。2011 年，全市农村信用社（农商行）费用支出共计 36 344 万元，（由于存款利率上调、省社按日计提应付息、薪酬改革兑付绩效工资物价上涨等因素影响，同比增加 5 423 万元），控制在省联社核定费用额内。

【加强改革工作 推进农信社发展进程】 2011 年上半年，按照省联社经营工作会议要求，稳步推进改革工作，根据葫芦岛监管分局《关于转发加快推进农村合作金融机构股权改造指导意见》要求，按照“审慎部署、精心测算、科学操作”的原则，一是县级行社股权改制工作稳步推进，提高了法人股比例，优化了股权结构，有效规范了股权管理，全辖投资股总额达到了 162 476 万元，较年初增加 44 524 万元，占股本金总额的 89.60%，较年初提高 17.39 个百分点。其中，连山农商行面向社会溢价募集股本 18 000 万元，发行比例为 1∶1.8，按每股 1∶0.8 的比例出资购买不良资产。大大提高了农商行的资本充足水平，增强了抗风险能力。二是连山农商行借鉴商业银行的人事管理经验，全员实行了竞聘上岗；三是连山农商行真正实现了跨区经营。

（景一男）

葫芦岛银行

【概况】 2011年，葫芦岛银行资产负债规模同步增长，存贷款余额稳步增加，资产质量持续改善，业务创新取得突破，主要经营指标再创新高，开创了加快发展的崭新局面。

截至2011年底，全行资产总额217亿元，较年初增加36.3亿元，负债总额201.3亿元，较年初增加34.9亿元；各项存款余额191亿元，较年初增加30.2亿元，增长18.8%；各项贷款余额128.4亿元，较年初增加20亿元，增长18.4%；不良贷款率0.9%，贷款损失准备充足率491.6%，拨备覆盖率398.7%，流动性比例43.5%，均超过监管风险评级满分标准；实现经营利润2.8亿元。全年实现安全运营无事故。在宏观调控趋紧、市场竞争激烈、监管更加严格的情况下取得“十二五”良好开局。

【沈阳分行顺利开业 实现跨区域经营】 把分行筹备作为头等大事，优先配置资源，周密部署装修改造、系统开发、材料报批等事项，高质量完成各项筹备工作。沈阳分行于5月16日挂牌营业，邀请省市领导出席开业庆典，现场热烈、隆重、简约，展现出葫芦岛银行的崭新面貌和良好形象。截至2011年底，沈阳分行实现存款26.6亿元，发放贷款2.6亿元，市场地位得到有效巩固。

【多措并举 促进负债规模增长】 一、适时开展存款营销活动。一季度存款营销全行完成日均存款增量进度计划的167.9%，完成全年日均存款增量计划的83.9%。制定四季度存款营销方案，严格奖惩，并由经营班子对支行进行分片督导，帮助各支行找准市场定位，寻求存款营销突破口。

二、积极营销重点客户。在市委、市政府和总部的帮助下，沈阳分行营销省社保基金10亿元，有力拉动了全行的存款增长。龙湾、兴盛、海滨、南票、兴城、柳城、古城、绥中、瑞州等支行超额完成存款时点和日均年度增量计划。

三、二级支行扁平化改革效果明显。市内11家二级支行全口径存款时点余额18.7亿元，较年初新增4.6亿元。

四、存款结构得到优化。应对央行将银行汇票保证金存款纳入准备金缴存范围等不利因素，主动压缩保证金存款和同业存款5.3亿元和5.7亿元，做实存款规模，规避流动性风险。

【信贷支持地方经济发展成效显著】 按照“区别对待，有扶有控”原则，加强贷前调查和审查，严把准入关，对《国家产业结构调整目录》中明确为淘汰类项目、两高一剩企业或项目实施市场禁入，严格控制新增中长期贷款。同时，将符合经济发展方式转变和经济结构调整要求的项目及中小企业作为投放重点，为本市实施“工业强市、项目支撑、沿海开放、民生保障”四大战略提供资金支持。全年累计投放贷款112.5亿元，其中新增投放68.3亿元，贷款余额较年初增加20亿元。

推进信贷业务创新。根据市场需求开发出便捷通、网赢通、承兑通、应收账款质押等信贷新品种。特别是针对百货大楼商户融资难问题，在兴盛支行推出便捷通贷款，深受经销商欢迎与认可。制订《循环借款合同》和《最高额抵押担保合同》，开办门市房循环贷款，并将各经营单位的审批权限由20万元提高到50万元。

【信贷管理水平稳步提高】 贯彻落实贷款新规，制定《贷款发放与支付管理规定》，加强支付环节控制，全年新增贷款受托支付比例88.2%，应受托支付比例100%，两项指标均符合监管要求。加大信贷检查整改力度，完善相关整改措施。

全力压缩逾期贷款和融资平台贷款。制定下发《2011年逾期贷款清收管理实施方案》，逾期90天以上贷款余额较年初下降1.14亿元。积极与政府及平台单位沟通，收回全部平台贷款，成功化解了平台贷款风险。

严格控制授信集中度，做好非清收方式达标的超集中度贷款后续管理。对到期的置换贷款进行逐笔核实，及时联系调整置换行、置换客户和置换金额，续签合同。

积极处置不良贷款。全年共化解不良贷款

3 902 万元，不良贷款率降至 0.9%，为历史最低水平。

【资金管理水平和科技能力明显增强】 坚持稳健的流动性管理策略。截至 2011 年底，超额备付金比例 8.4%，存贷比 67.3%，流动性比例 43.5%，各项流动性指标均高于监管标准。全年资金业务实现收入 1.8 亿元。

加强科技支撑。落实《商业银行科技信息风险管理指引》，完成中心机房改、扩建工程及新报表系统、理财产品等 8 个项目的上线或开发测试，为全行经营提供强力保障。

搭建国际业务平台。招聘部门主要负责人，考查国际结算操作系统，确定国际业务部组织结构和人员配置，制定国内信用证管理办法及操作规程等，为国际业务顺利开展夯实基础。

【中间业务建设步伐加快】 截至 2011 年底，全行一通卡累计发卡 24 万张，较年初新增发卡 3.7 万张，收单金额 8 亿元；新增网银签约账户 2 856 户，累计交易笔数 6.2 万笔，累计交易金额 67.2 亿元。各类代理业务累计实现佣金及手续费收入 3 503 万元。

根据全年网点规划，完成 5 家网点的迁址、装修、扩建签批报审及技、物防申报和验收工作。龙湾、柳城、兴城、民安、八家子经济开发区等支行的迁、选址工作也取得积极进展。

新增自助银行 5 家，增添自助设备 15 台，累计布控自助机具 40 台；网上银行系统运行稳定；开通电话银行人工服务，完成系统建设招标。

【强化内控建设 营运水平全面提升】 加强财务管理，突出费用导向。制定下发《葫芦岛银行 2011 年费用管理办法》，调整月度绩效考核指标及营销费用分配系数，充分调动支行营销积极性；严格费用支出管控与核算，合理筹划并依法纳税；加强固定资产及低值易耗品管理，降低无效资产占用比例。

提高会计业务核算质量，完成专项检查 3 次，财政性账户清理及风险排查 1 次，前台业务录像抽查 1 次，对全行业务辅导检查中发现的差错业务及时整改；开展 5 项常规专项审计及 3 项临时项目审计，出具 8 份审计报告；全年合计监督业务 291 万笔，纠正各项业务差错 319 笔，金额 1.3 亿元。上线后监督影像系统和预警系统，提高电子化水平。

高度重视安全保卫及案件防控工作。开展全面检查 3 次，专项检查 1 次，对值班值宿情况进行现场和电话抽查 300 余人次，整改问题 150 余条。加装 8 台自助银行实时监看系统，对总部监控主机和探头进行更新，4 个现金业务库增设震感报警器和红外线视频探头，2 个现金业务库加装智能守库系统。被省公安厅授予“安保工作先进集体”，并连续 4 年被市综治委评为“综治工作先进单位”。

【优服 培训 宣传工作得到加强】 坚持对全行优服工作进行检查。全年共举办各类培训班 35 期，参加培训员工 2 047 人次。

宣传工作得到切实加强。全年在《金融时报》、《辽宁日报》、《葫芦岛日报》、葫芦岛电视台，市委《昨日要事》、市政府《政务信息》、《辽宁银行业》等 18 家媒体宣传报道 129 篇次，并连续 7 年获省银行业协会和市委办信息宣传工作表彰；编发《葫芦岛银行》报 18 期，向社会各界传递了经营与发展的动态和成绩；组织拍摄企业文化宣传片，开展各种球类比赛和慰问演出等行内及社会活动；继续做好扶贫帮困、捐资助学等工作。葫芦岛银行被省总工会评为金融财贸系统“优秀经营企业”。

（赵　杨）

中国平安财产保险股份有限公司葫芦岛中心支公司

【概况】 2011 年对平安产险葫芦岛中心支公司来说是突破瓶颈的一年、奠定基础的一年。公司始终坚持“以市场为中心、以利润为导向、以服务求发展”的经营理念，努力拓宽经营思路，充分调动广大员工的销售热情，齐心协力、抢抓机遇、打开渠道、占领市场，不断完善公司的各项管理工作，大力发展渠道业务，在葫芦岛保险市场增速缓慢情况下，使公司的业务不断做大做强，2011 年完成保费收入 9 419 万元，同比增长 19.1%，其中车险达成 7 646 万元，同比增长 27.9%；财产险达成 1 237 万元；意健险达成 536 万元，同比增长 19.3%；意外险达成 491 万元，同比增长 20.7%。公司上下始终坚持向市场要规模，向规模要效益，以市场为导向，以服务为宗旨，深化销售渠道，努力克服重重困难，实施进攻战略，成功迈出跨越式发展第一步，全面完成全年保费计划收入。机构下设综合管理部、业务管理部、客服理赔部、绥中支公司、兴城支公司、连山营销服务部。人员合计 65 人。

【强化销售管理】 2011 年，通过两核销售协调配合，积极促进有效销售。加强业务培训，提高两核人员技能，努力钻研业务，改变以往工作脱节、跟踪不及时的情况，全力做好对销售业务员的后勤服务工作。公司出台了销售管理办法，对销售人员实行月滚动考核，逐步改变产险业务员的销售习惯，提高团队销售业绩，使团队业绩均衡发展，营造最大空间，最大限度提升销售人员工作热情，促进销售业务的开拓发展，同时推行 E 行销服务，大大方便业务员展业的同时，为客户提供更快捷、更方便的、更新颖的销售模式。

【加强团队建设】 全面提升销售队伍建设，提高业务水平，强化业务技能，增强服务意识，认真执行销售管理制度，强化团队销售人员的管理工作，同时做好有效增员，保持直销队伍的人员稳定，并推进各项销售工作改革的全面实施。为提高销售人员自身素质，公司拟订了一系列培训方案，并制定相应奖励措施，调动全体员工学习的积极性，同时狠抓市场岗和综合开拓、新渠道业务的管理，重点渠道的开发和重点业务关系的拓展，不断拓宽销售渠道。

【以改善服务为突破口 提升公司品牌】 2011 年，公司在改进服务，加强服务创新方面不断推出新的举措，依靠优质高效的服务，在竞争激烈的保险市场上站稳脚跟。公司总经理室多次召开理赔服务现场会，与全体客户服务人员共同探讨和解决实际工作中存在的问题。加强两核人员的业务技能，牢固树立服务宗旨，为客户做好一流的服务工作，使之成为高素质的两核队伍；加大客服中心管理工作，加强员工的责任心与工作技能，真正做到急客户之所急，想客户之所想，车险理赔工作人员，总是在第一时间赶到现场，提供查勘救援服务，简化理赔流程，加快理赔速度，通过夏日送清凉、冬日送温暖活动，真正让客户体会到公司服务的方便、快捷与贴心。公司通过第七届产险客服节，开展“金秋回访、平安送礼”的客户回访活动，为客户提供多种形式的保险增值服务；同时，抓好重大案件的赔付工作，有力提升公司品牌。通过平安产险 95512 电话网络优势和车险全国 E 化理赔服务平台，并积极落实总公司“万元以下案件，资料齐全，一天赔付”，为广大客户提供了便利、快捷理赔服务，使理赔不再难，并最终实现共享平安。

【以落实制度建设求长远发展】 2011 年，公司在完善制度建设，加强内部管理上主要做了以下几项工作。

一、不断加强团队制度建设，实现有效销售。根据总分公司对于团队管理的具体工作要求，支公司结合自身的工作实际，严格执行总公司的销售管理制度，确保团队的各项管理工作更加规范。

二、完善两核、财务等基础管理工作，公司的各项管理工作逐步制度化、规范化。两核工作上，核保工作围绕公司全年计划指标，制定出贴近市场实际的核保政策，提供有竞争力的价格；核赔上，严格各项考核指标，以提高最终的结案率作为考核手段。在财务管理上，实行了出单与打印收据分离、财务支出实行事前签报审批制度，财务支出实行了集中上线管理，这些都有效地降低了经营风险。行政管理上，有效利用公文网上处理系统，保证公文处理的时效性和规范性。

三、加强对四级机构的管控，有效控制经营风险。按照总分公司对四级机构管理工作的要求，中心支公司总经理室加强了对四级机构的管控，在努力为四级机构提供业务发展空间的同时，对四级机构的职场、人事、行政等工作加强了管理，确保不出现人为的经营风险。

【以自身建设提升公司的凝聚力】 在日常工作

中，注重平安礼仪工作的推广，加强对新员工的礼仪培训，加强晨会工作的管理，严格执行礼仪文化制度，重点落实鞠躬礼仪、电话礼仪制度，工作中进行认真的对照检查，使公司的企业文化建设得到有效加强。通过积极落实和组织平安第七届客户服务节活动，提高了公司的整体服务水平，扩大了知名度。通过向协会和公司内部网等媒介提供稿件的形式，加强对外的宣传，进一步提高了公司在社会上和整个行业内的影响力。

（丁　岩）

中国太平洋财产保险股份有限公司葫芦岛中心支公司

【概况】 中国太平洋财产保险股份有限公司是中国太平洋保险（集团）股份有限公司旗下的专业子公司，是在上海证交所和香港联交所上市的公司，入选美国《福布斯》全球上市公司500强。葫芦岛中心支公司2011年在上级公司的领导下，在地方政府的支持下，在省保监局和市保险行业协会的指导下，取得了较好的经营成果，全年实现保费收入4 517万元，同比增长31%，经营效益在全辖处于较高的水平，公司的基础管理能力和风险管控能力也有了很大的提高，为葫芦岛的经济建设提供了应有的风险保障，同时也为本公司又好又快发展奠定了坚实的基础。

【企业使命】 太平洋财产保险公司葫芦岛中心支公司以“做负责任的保险公司”为使命，以“诚信天下，稳健一生，追求卓越”为企业核心价值观，以“推动和实现可持续的价值增长”为经营理念，不断为客户、员工、社会和利益相关者创造价值，为社会和谐做出贡献。面向未来，公司确立了“专注保险主业，价值持续增长，具有国际竞争力的一流保险金融服务集团”的战略目标，努力建设成为信誉卓著、品牌杰出、财务稳健、效益优良的一流保险金融服务集团。

【加快业务发展　提高公司整体形象】 公司认真贯彻保监局、行业协会有关文件精神，继续围绕总公司制定的方针目标，大力调整险种结构，实行精细化管理，牢固树立金融服务经济的大局意识，积极为地方经济发展做贡献，为政府、企业、家庭分散风险、减轻负担，发挥了经济补偿功能。在业务发展上，公司重视经营策略，组合产品优势，参与市场竞争，在贴近市场价格竞争的同时，努力促成市场理性的价格回归和平衡，大力发展银行、汽车销售公司、4S店、经纪公司等代理渠道，加大四级机构和兼业代理网点建设，走多元化的拓展之路；在大项目拓展方面，以客户需求为导向，发掘适合客户急需、市场对路的产品积极参与市场拓销，保证业务持续性、大面积的开拓。

【调整业务结构　加大展业力度】 年初在稳定员工队伍，稳固原有业务的同时，针对上年非车险业务比较少的情况，提出了大力发展非车险业务，保持公司原有车险业务水平的经营方针。为促进业务发展，公司领导班子成员率先垂范，亲自带队参与展业。结合总公司产寿联动业务的竞赛活动，大力发展人意、家财等卡式保单的销售业务，非车险业务的拓展，使险种结构得到较大的调整。

【狠抓理赔管理　提高服务质量】 理赔服务一直是公司经营管理的重要环节。公司以太平洋产险客户服务热线95500为依托，每天为客户提供接报案和查勘救援服务。公司建立了核保核赔制度，向客户做出了贴心周到的“理赔服务承诺”，推出了简化车险小额赔案的快速理赔通道。只要接到报案，无论事故大小，无论白天黑夜，公司始终坚持派人在第一时间赶到第一现场，掌握第一手资料，严格按照快速赔付流程，为客户提供快捷、高效、优质的保险服务，取得了广大保户的信任，为我公司又好又快发展提供了保障。

【规范经营　提升保险工作的管理水平】 为了能够在葫芦岛市更好地开展工作，公司全体员工在总经理的带领下，一是加强与保户的接触和沟通，密切公司与保户之间的联系；二是在日常管理中，认真严格执行上级制定下发的《财务管理规定》、《单证管理规定》和承保相关规定，并用各项规定规范和约束员工的具体行为；三是积极有效地开展工作，对每一份保单、每一次理赔，都做到严格把关，认真审核，既不损害保户利益，也不让公司受到损失。

【加强队伍建设】 公司充分运用“竞争、激励、淘汰”三大机制的约束,通过全面培训，指导销售，使团队销售的单一技能向综合性技能发展，综合性技能向专业化技能转变，提升团队的整体作战能力，成功建立核心团队。同时，公司还从各方面严格要求员工，让员工具有危机感，深深理解与市场“共存共亡”的深刻道理，彻底改变“观望”态度，以更加积极主动的姿态参与市场竞争。经过不断的磨练，公司员工队伍经受了锻炼和考验，正朝着更高的目标迈进。

【加强服务网络建设】 为了更好地做好保险售后服务工作，必须抓好服务网络建设，从服务入手，进一步解决硬件设施，搭建各项组织机构，加快理赔速度，提高服务质量，改善外部业务环境。

【构建和谐的企业文化】 太平洋保险公司的企业核心价值观是“诚信天下、稳健一生、追求卓越”，员工是公司的财富，只有真正的关心员工，充分保障员工的利益，员工才能努力工作，努力发挥主观能动性，为公司创造财富。2011年葫芦岛中心支公司坚持“以人为本、诚信为先”的服务理念，以改善和提高员工的福利待遇，将员工打造成为对公司、对社会有用的人作为自己的使命，于2011年初制定了“2011年绩效挂钩方案”，充分调动了公司员工的工作积极性，为公司的业务发展做贡献、奋力开拓市场的员工有相应的回报，公司超额完成了全年的任务指标。

（周克勤　朱子明）

经济管理

发展改革

【概况】 2011年，市发展和改革委员会设科室14个：办公室、国民经济综合科、经济体制综合改革科、固定资产投资科、资金利用科、地区经济与资源环境科、农村经济科、基础产业科、工业科、高技术产业科（振兴老工业基地办公室）、社会发展科、经济贸易科、市招标投标管理办公室（重点项目稽察特派员办公室）、市国防动员委员会交通战备办公室(信息动员办公室、国民经济动员办公室)。编制112个，其中行政编制54个，事业编制58个。下属4个事业单位：信息中心、重点项目办、沿海经济办、世行办。

【“十二五”规划体系建立】 1月12日，《葫芦岛市国民经济和社会发展第十二个五年规划纲要》在市四届人大二次会议以高票审议通过。在此基础上，组织编制了6个县（市）区、4个省级开发区“十二五”规划和33个市级重点专项规划，本市获省“十二五”规划编制工作一等奖。

【国民经济计划执行情况】 经济总量稳步提升。全市地区生产总值实现650.1亿元，增长12.1%。其中：第一、二、三产业增加值分别实现84.5亿元、323.4亿元和242.1亿元，分别增长6.5%、16.5%和8.8%。财政一般预算收入实现70.3亿元，增长25.7%。全地区税收收入实现121.4亿元，增长18%。金融机构存款余额达到936.2亿元，比年初增长14%；金融机构贷款余额565.3亿元，比年初增长12.2%。工业强市战略顺利实施，第二产业比重加大，第一、二、三产业占地区生产总值比重由上年的13.5∶46.5∶40调整为13∶49.7∶37.3。

现代农业快速推进。粮食产量达到136万吨，创历史新高。引进农业新品种230余个，两薯（红薯和马铃薯）、花生种植面积比上年分别增长27%和9%。完成老残果园更新改造33.33平方千米。认证绿色食品18个，无公害农产品面积达到153.41平方千米。建设施蔬菜小区5 600个、畜禽标准化饲养小区80个，设施蔬菜面积达到733.37平方千米。农业产业化程度进一步提高，土地流转面积达到104.72平方千米，建亿元以上农业产业化项目13个、10亿元以上重大农业项目10个，增加农民专业合作社290个。

县域经济实力增强。3个县（市）地区生产总值完成285亿元，增长16.3%；地方财政一般预算收入实现24.1亿元，增长38%；固定资产投资完成247.8亿元，增长39.7%；社会消费品零售总额实现112亿元，增长18%。

工业经济持续向好。规模以上工业总产值实现1 017.2亿元，增长29.5%；规模以上工业增加值实现241.2亿元，增长15%；规模以上工业主营业务收入实现955.2亿元，增长24.5%。本市增加渤船重工1个销售收入超100亿元的企业，中航黎明锦化机、葫芦岛钢管2个超10亿元的企业；26个工业重点项目列入省专项计划；实施海外并购项目6个；聚氨酯、泳装、有色金属深加工、海洋工程装备及船舶修造等4个产业集群列入省重点产业集群；单位工业增加值能耗降低6%，淘汰落后生产能力企业7个。

项目支撑作用凸显。全市实施5 000万元以上重点项目489个，总投资规模超过3 000亿元。重点建设项目完成固定资产投资299亿元，占全市固定资产投资总额的67%。489个项目中已有

71 个竣工投产，当年完成投资 81 亿元。葫芦岛港柳条沟港区 3 个散杂泊位、农村电网升级改造工程竣工；青山水库主体工程量完成过半；葫芦岛港柳条沟港区 7 万吨级航道、南票输变电、绥中岭南开闭站扩建等工程即将完工；猴山水库、石河港区煤炭码头、大唐热电厂、建兴高速等一批重大基础设施项目前期工作加快推进。全市固定资产投资实现 444.3 亿元，增长 31.1%。

城区经济日趋活跃。社会消费品零售总额实现 274.2 亿元，增长 17.6%。第一轮城区经济发展“三年倍增”计划顺利实施。下放 43 项城区经济管理权限，以服务业为代表的城区经济规模不断扩大。3 个城区地方财政一般预算收入实现 35 亿元，增长 23.2%；固定资产投资完成 134 亿元，增长 29.5%；社会消费品零售总额实现 158 亿元，增长 14.3%。建“万村千乡市场工程”农家店 50 个；奥佳、富尔沃、大润发等大型购物广场以及家电大厦改造、友谊电子城等项目相继投入运营；特易购大型卖场建设加快，国际新兴宝石饰品商业街、宏运购物广场、亿湾陆森游艇俱乐部、恒大物流中心等项目正在抓紧施工。龙港商贸业集聚区被认定为首批省级现代服务业集聚区。六股河漂流项目投入运营；打渔山卧龙岛开发、灵山寺旅游风景区扩建、画廊谷旅游开发、葫芦山庄扩建等一批旅游重点工程稳步推进。灵山寺和龙潭大峡谷风景区列入“辽宁五十佳旅游景区”，觉华岛列入“辽宁十佳旅游海岛”，葫芦山庄成为全省唯一的国家五星级休闲农业与乡村旅游示范区，列入“辽宁十佳乡村旅游区”。全市旅游业总收入实现 144.5 亿元，增长 56.7%。

沿海开发格局基本形成。全市重点园区发展到 13 个，总规划面积达到 543.5 平方千米，起步区面积达到 153.6 平方千米。13 个重点园区引进项目 280 个，建成 62 个。13 个重点园区总产值实现 191.3 亿元，增长 142.8%；完成固定资产投资 271 亿元，增长 73.7%。举办了“首届国际泳装文化节”和“泵阀产品博览会”，多次参加温州、宁波等地招商推介会。全市港口吞吐量 2 736.5 万吨，增长 28.5%；引进省外内资 170 亿元，增长 35%；外贸出口实现 8 亿美元，增长 22.8%；实际利用外资达到 4.4 亿美元，增长 99.1%。

民生得到有力保障。城镇居民人均可支配收入达到 20 159 元，增长 16%；农民人均纯收入达到 7 901 元，增长 19.8%。发放粮食综合直补资金 2.1 亿元；发放惠农补贴 1.8 亿元；增加实名制就业 6 万人，零就业家庭动态管理保持为零，城镇登记失业率控制在 3.7%以内；城乡居民养老保险参保人数达到 27.4 万人；城乡低保对象实现应保尽保，城镇和农村低保标准分别人均每年提高 330 元和 180 元；9.4 万贫困人口实现稳定脱贫。建成农村饮水工程 314 个，老城区实现 24 小时供水；12 个国有工矿棚户区改造工程进入主体施工或主体完工阶段。2 535 套廉租住房建设工程竣工，1 320 套公共租赁住房、300 套经济适用房全部交付使用；成立葫芦岛城市公交客运有限公司，增加 4 条公交线路和滨海公路旅游线路。绥中、兴城、建昌、龙港 4 个县（市）区被命名为“全国科普示范县”。增加乡镇文化站 46 个，市文化馆投入使用，博物馆、图书馆、体育场、体育馆、游泳馆主体工程完工。新建、翻建校舍 9.6 万平方米，兴城、建昌农村病人长年托管中心开始运营，连山托管中心改扩建工程基本完工，南票托管中心主体工程完工。人口出生率控制在 6.58‰。

各项改革不断深化。围绕国企、行政管理、财政、金融、农村、教育、卫生、社会保障等八个方面进行改革探索，为实现全年“两个不低于”目标提供体制机制保障。加强了对基层医改工作的管理和协调，成立了市医疗卫生体制改革办公室，编制了《葫芦岛市实施国家基本药物制度、推进基层医药卫生体制改革实施方案》，出版医药卫生体制改革简报 12 期。本市 83 个政府办基层医疗卫生机构均全部实施国家基本药物制度，基本药物配备和使用率均达到 100%，“新农合”参合率达到 95%。第一批 24 个完全意义上的政府办基层医疗卫生机构综合改革通过了省考核验收。

【社会信用体系建设不断完善】 2011 年，本市“三库、一站、一平台”的建设目标基本实现。《葫芦岛市信用数据交换中心应用平台的设计与实现》项目获得省科技成果奖。本市共征集到 21 个市直部门的信用数据共计 74 658 条，征集信用数据指标集 189 个、信用数据指标项 578 个。出版、发行了《魅力葫芦岛》、《葫芦岛经济展望》（黄皮书），编纂、出版《信息参阅》36期，《经济与信息》4期，为领导提供了可靠的决策支持。改版的“信用葫芦岛”网站在5月份正式外挂，“中国·葫芦岛”政府网站被国家经信委评为“中国政府网站优秀奖”，对宣传信用体系建设和信用工作政务公开起到了推动作用。

（王文清）

统计工作

【概况】 2011年，市统计局设科室12个：办公室、综合核算科、工业交通统计科、农村统计科、政策法规科、固定资产投资统计科、贸易外经统计科、人口与社会统计科、服务业统计科、普查中心、计算中心、执法支队。行政编制33个，事业编制28个。

2011年，市统计局围绕市委、市政府中心工作和重点工作，按照全省统计工作会议部署，全体统计干部认真履行职责、开拓创新、奋力拼搏、高质量地完成了各项工作任务，为全市经济社会又好又快发展做出了积极的贡献。

2011年，市统计局荣获“辽宁省第六次全国人口普查先进集体”；在2009～2010年度省政府对各市政府实行的绩效考评中，市统计局荣获集体三等功。

【扎实推进三项制度方法改革】 2011年，本市全面实施在地统计，为壮大县域和城区经济总量发挥了积极的促进作用，同时扎实推进三项制度方法改革。

一是开展工业统计，准确反映工业经济运行态势。严格执行规模以上工业统计新标准、做好市县两级数据衔接的工作。加强对各个环节的质量控制，准确反映工业经济运行态势。

二是改革固定资产投资统计，确保源头数据质量。我局依据方法制度规定，严格执行加强入库项目管理，做好跟踪调查和监督，确保源头数据质量。

三是推进国民经济核算，维护GDP核算数据的公信力。按照省局的部署，积极稳妥推进GDP“下算一级”工作，确保GDP及时核算并发布，维护GDP核算的科学性、权威性和公信力。

【做好分析研究和统计监测工作】 2011年，本市进一步加大统计服务水平。一是加强统计分析研究，提高服务于政府决策的水平。重点围绕市委、市政府的中心工作，全市“十三个主题概念园区”的开发建设等工作，及时提供经济运行情况。2011年，共提供了统计分析和调查报告50篇、上报了信息369条（其中内网145条，外网214条），分别被国家、省、市新闻媒体及有关部门采用。二是开展统计调查研究，提升服务于经济发展的能力。市局对宏观经济运行中的热点以及经济深层次的问题等进行调研，特别是与市政府办联合对本市经济运行情况进行跟踪监测，每一个月进行一次通报，按月提供《国民经济主要指标》。及时发布统计公报、编印了《葫芦岛市“十一五”时期统计资料汇编》。三是监测经济运行情况，增强服务社会大众的功能。继续加强对宏观经济运行的监测预警、节能减排统计监测、全面小康社会建设进程监测工作和政府目标责任制考核工作，及时提供监测情况反馈，进行监测预警，密切关注葫芦岛经济、社会运行情况。

【重点加强统计信息化工作】 2011年，本市加强了统计信息化工作。一是开通市到县两级统计信息专网，提升统计现代化水平。提高了办公效率，为“四大工程”建设提供坚实的网络保障。二是改版统计信息网页面，丰富网站内容。进一步提高了统计信息网宣传统计工作，方便了内部人员的办公，提高了工作效率。三是消除安全隐患，增强网络安全意识。在我局的互联网计算机上安装了违规处理涉密信息监管系统，确保了网上工作的安全性。

【认真开展大型普查工作】 2011年，本市重点做好三项大型普查工作。一是全力做好第六次人口普查后续工作，确保人口资料详实。高质量完成人口普查光电录入和数据汇总，及时发布《葫芦岛市2010年第六次全国人口普查主要数据公报》。二是认真做好妇女儿童规划（2001～2010年）终期监测统计工作，圆满完成监测任务。本市的妇女儿童规划监测统计工作得到了省、市领导的一致好评并荣获辽宁省先进集体。三是顺利进行第二次 R&D 资源清查公报发布和资料开发工作，满足了新形势下宏观管理和制定“十二五”科技发展规划的需要。

【统计制度改革和常规统计调查工作】 2011 年，本市继续加强统计制度改革和常规统计调查工作。一是贯彻落实保障性安居工程统计制度，确保数据报送时效。采取及时召开部门的统计联席会议，与相关部门进行文件会签，明确责任分工并狠抓落实，确保了每季数据的及时上报。二是积极开展“企业一套表”前期准备工作。我局重点做了五方面工作。第一，加强组织领导，统一思想认识；第二，细化阶段目标，确保责任落实；第三，落实三上企业，确保企业直报率；第四，增加设备配置，推动网络建设；第五，抓好业务培训，研究问题对策。这些工作为企业一套表的实施奠定了较好的基础。三是全面开展各项常规统计调查，完成上级交办的各项任务。

【加强统计法制建设】 2011 年，本市继续加强统计法制建设，提高执法水平。一是深入学习新《统计法》和统计法规等相关专业知识，做好统计执法人员的培训工作。制定了《葫芦岛市统计法制工作要点》（葫统发[2011]14 号），加强对修订的《统计法》的学习、宣传工作。组织举办了全市统计部门《统计法》及统计执法程序培训班，从而提高了执法检查人员的素质和能力。二是认真组织统计专业考试和培训工作，开展了统计从业资格认定工作和统计职称工作，全市总计 640 人参加了考试。此外，市统计局在 5 月份，分三期在全市范围内开展了统计从业资格继续教育培训工作，对培训人员进行统计综合素质考试，并为合格的人员办理了统计从业资格证书年检。三是全面开展批发、零售贸易业和住宿、餐饮业基础工作的执法检查工作，维护统计数据的严肃性。对各县（市）区统计执法大检查工作进行抽查，并重点抽查了一些限上批发零售业和住宿餐饮业。在重点抽查的 16 个企业单位中，对其中 9 个进行了通报批评，对 5 个进行了经济处罚。

（陈　东）

安全生产监督管理

【概况】 葫芦岛市安全生产监督管理局设科室：办公室、政策法规科、综合协调科（市安全生产委员会办公室）、非煤矿山安全监督管理科、危险化学品安全监督管理科、行业安全监督管理科、事故调度科。行政编制 32 个。

所辖行政单位 1 个：葫芦岛市煤矿安全生产监督管理局。

所辖事业单位 4 个：葫芦岛市铁路道口安全管理办公室、葫芦岛市职业卫生监督检验所、葫芦岛市安全生产执法监察支队、葫芦岛市应急救援指挥中心。

2011 年，市安监局以科学发展观为统领，全面落实“安全第一、预防为主、综合治理”的方针，按照“安全生产年”的各项部署，深化安全生产“三项行动”、“三项建设”和企业安全生产主体责任，突出打非治违和隐患排查整治，全市安全生产呈现总体稳定、持续好转的形势，确保了“十二五”时期安全生产工作的良好开局。

2011 年，全市共发生各类生产安全事故 295 起，死亡 144 人，事故总量、死亡人数与上年相比，分别下降 27%和 8%。全年未发生重特大事故，实现了连续 6 年生产事故总量、死亡人数双下降的目标。

市安监局连续第五年荣膺“全国安全生产月先进单位”称号，连续第 3 年被省政府评为“安全生产先进市”，事故调度科评为省级“青年文明号”。

【安全生产执法和专项治理成效显著】 2011 年，葫芦岛市按照“安全生产年”总体部署，以安全生产“三项行动”、“三项建设”为主线，深入开展“百日行动”、“九大战役”、“打非治违”专项行动、隐患大排查大整治和“百日安全大检查”专项行动，全年累计出动检查组 1 057 个次，执法人员 5 901 人次，检查企业 7 526 个，处理非法违法违章违规行为 5 958 个，停产停业整顿单位（场所）172 个，关闭企业 5 个，吊销证照 3 个，行政拘留 145 人。突出 13 个重点行业领域，坚持“打、防、管、控”相结合，全面开展“隐患大排查大整治专项行动”，累计发现一般隐患20 872项，投入资金2.3亿元，整改19 829项，整改率为95%。

【安全文化建设取得新进展】 2011年，全市累计投入资金75万元，举办安全生产论坛、“安全知识”竞赛等11项系列活动，7 100名企业管理人员和特种作业人员得到培训。安全生产月期间，共出动宣传车50辆次，发放公开信1万余封，发放宣传手册3万份、宣传材料14.4万份，播放光盘171场（次）；为7万余人提供了答询服务，制作展板736块。葫芦岛市安全生产宣传教育工作在全省介绍了典型经验，安全生产月活动第5次荣膺全国先进称号。

【安全生产保障能力不断增强】 2011年，本市应急救援指挥平台正式投入使用。31个煤矿完成了井下人员定位、监控、通信、压风自救、供水施救“五大系统”安装。3个水泥企业、3个冶金有色企业落后生产线（设备）淘汰任务全面完成。10个尾矿库进行了干式排放新工艺技术改造。62个道路运输企业、1 543辆车已全部安装使用GPS动态安全管理监控平台。25个渔港安装远程视频监控系统，300艘大功率渔船安装AIS防碰撞系统。409辆县区际以上客运班车、143辆旅游包车、2 034辆危险品运输车、31辆民用爆破器材运输车辆均安装了卫星定位装置，并配备声像监控装置，实现联网联控。

【企业安全生产主体责任进一步落实】 2011年，本市出色完成了57个新、改、扩建工程项目生产安全设施“三同时”审查，提出改进措施876项，用于安全设施投入5.1亿元。84个煤矿、非煤矿山、烟花爆竹、冶金有色企业分别达到安全标准化一、二、三级标准。2个企业分别被评为省、市安全文化示范企业，6个社区参加“安全社区”评比。64个煤矿、182个非煤矿山、57个危化品生产企业和其他34个企业投保工伤社会保险或安全生产责任险。各级政府和部门安全生产监管能力进一步增强，“一岗双责”、双基工程、企业领导带班、安全投入、安全费用提取、技术改造、安全责任险等有关政策措施得到进一步落实和推进。

（赵梓越）

审计管理

【概况】 2011年，葫芦岛市审计局设科室12个：办公室、人事监察科、综合法规科、经济责任审计办公室、经济责任审计科、财政金融审计科、行政事业审计科、社会保障审计科、经济贸易审计科、农业资源环保审计科、固定资产投资审计科、教科文审计科。行政编制41个，事业编制16个。

下设单位2个：国家建设项目审计中心、计算机审计中心。

2011年，全市审计机关坚持“依法审计、服务大局、围绕中心、突出重点、求真务实”的工作方针，紧紧围绕市委、市政府中心工作，从促进经济社会科学发展的战略高度，去思考、去谋划审计工作，认真履行审计监督职责，树立宏观意识，突出重点工作，强化落实措施，为全市经济又好又快发展做出了积极贡献。全市共审计和调查了830个单位，查出违规金额3.6亿元，管理不规范金额14.6亿元，促进增收节支1.2亿元，挽回经济损失和节省投资1.8亿元，提交审计信息和审计报告以及综合报告138篇，5篇审计报告得到市领导批示，审计信息被省《审计文汇》、省《债务审计信息动态》、市委《葫芦岛信息》采用25篇次，发布审计结果公告2期，提出审计建议351条，向司法机关和其他有关部门移交经济案件线索5个。

【完成地方政府性债务审计】 2011年，市审计局按照国家审计署的统一部署，组织市、县两级审计机关70多名审计人员，历时60天，对6个县（市）区8个年度的地方政府性债务进行了全面审计。摸清了本市6个县（市）区政府性债务的规模、成因和管理情况，为政府加强债务管理，防范债务风险提供了重要依据。市县两级政府高度重视地方政府性债务审计中发现的问题，积极采取了措施认真进行了整改，制定了《政府债务偿债管理办法》、《偿债准备金管理办法》等各项管理制度，建立了债务风险控制预警体系，完善了监督管理机制，取得了很好的成效。

【预算执行审计有新突破】 2011年，全市审计机关紧紧围绕市委、市政府“稳增长，促消费，调结构”的工作中心，以关注各部门和单位行政运行成本为主线，共对135个部门和单位预算执行情况、公务用车、接待等行政运行成本、结余资金管理使用情况，以及涉及民生重点专项资金的管理和使用情况进行了审计和审计调查，共查出违规及管理不规范金额6.8亿元。在审计工作报告中，客观评价了本级预算执行的总体情况，反映和揭示了预算执行中存在的问题，并提出了加强和改进预算管理的意见和建议，有效地促进了各部门完善制度，规范管理，确保了财政资金的使用效益，受到了各级人大常委会和政府的充分肯定。在各级人大常委会和政府的高度重视下，对审计工作报告中反映的问题，相关单位都进行了整改，涉及个人违法违纪问题司法机关已经做出了处理，针对财政预算管理机制、制度方面的问题，有关部门已经制定了具体措施，完善了相关制度，预算管理和预算执行更加科学化和规范化。

【政府投资项目审计有新成效】 2011年，全市共完成政府投资项目审计416个，挽回经济损失和节省投资1.82亿元。在审计中，不仅关注项目建设情况，还重点关注项目建成后的运营状况和实际效果，及时纠正了招标投标等方面的问题，对项目的经济效益、社会效益和环境效益进行了客观评价，确保了项目建设的顺利实施和资金的安全、有效。市局在对金鑫集团、宏基集团、创元公司关于民安步行街改造提请政府补偿的债务纠纷进行审计和审计调查过程中，通过内查外调，核减补偿金额1.2亿元，审计结果得到了市领导的肯定和被审计单位的认可。通过审计，不仅为政府节约了资金，而且化解了长达10年之久的政企债务纠纷问题，提高了政府公信力。兴城市审计局在政府投资项目审计中，事前、事中、事后审计相结合，主要抓好三件事：一是以拦标价审计为切入点，挤干预算“水分”，预防虚假预算进入合同；二是以现场跟踪审计为重点，遏制虚假变更情况的发生；三是以竣工决算审计为落脚点，构建政府投资项目全程审计监控体系，有效地遏制了腐败行为，提高了公共资金使用效益，保障了建设资金的安全运行。

【经济责任审计有新举措】 2011年，全市审计机关共完成了对96名党政领导干部经济责任审计，查出领导干部负有直接责任的违规问题金额6 543万元，为加强干部监督管理和党风廉政建设提供真实、完整的信息。全市各级党委、政府认真落实两办规定，高度重视经济责任审计工作，采取各种措施有效地推动了经济责任审计工作的进一步深化。一是市委以两办文件转发了市纪委、市委组织部、市审计局关于《落实中央两办规定，推进我市领导干部经济责任审计工作深入开展的意见》。《意见》要求，经济责任审计结果利用工作要关口再前置，以“逢离必审”逐步过渡到“先审后离”、“先审后任”为目标，进一步健全完善审计结果利用机制。《意见》主要有五项内容：试行对拟任新职的领导干部实行“先审后离”和“先审后任”；对县（市）区新任县级领导干部要先审后任；对市直部门主要领导调转原则上要先审后调；对拟提拔到县级领导岗位并负有主要经济责任的领导干部要先审后任；对部门和单位所属的县级单位主要领导试用期满，正式任职前要施行先审后任。二是进一步加强对市本级部门内部管理单位主要领导干部的管理监督，促进干部廉洁从政，提高其科学执政能力，下发了《关于加强市本级部门内部管理单位主要领导干部任期经济责任审计工作的通知》，制定了审计对象系统内部审计工作制度，强化了部门内管干部经济责任审计工作。三是认真组织学习中央两办规定，扩大经济责任审计工作的影响。市局多次组织全市审计机关所有审计人员学习中央两办《规定》，还邀请了纪检部门、组织部门有关人员参加，并通过《葫芦岛日报》向全社会进行了宣传。

【民生资金审计有新提高】 2011年，全市审计机关为保证党和国家惠民政策的贯彻落实，民生资金真正造福广大人民群众，加大了民生资金审计力度。全市共对化解农村义务教育债务、普通高中债务、取缔三轮车、新农合、新农保基金，抗洪救灾资金等 21 个民生资金和项目进行了审计或审计调查，涉及资金12亿多元。市本级在对汽车运输总公司、公汽公司改制清算和投资集团有限公司资产负债损益审计中，审计资金总额10多亿元。通过审计和调查，针对各项民生资金筹集、管理和使用中存在的问题，结合实际剖析原因，注重从体制、机制的宏观层面作分析，提出审计建议，在促进社会稳定、和谐发展方面发挥了积极作用。

（郭树元）

国土资源管理

【概况】 2011年，葫芦岛市国土资源管理局设机关党委和科室11个：办公室、财务科、法规监察科、综合规划科、地籍管理科、耕地保护科、土地利用科、矿产开发管理科、地质勘查和储量科、地质环境科、人事科。

所属事业单位7个：土地储备中心、土地征用整理中心、国土资源监察支队、土地产权管理中心、地产咨询评估中心、矿产资源补偿费征稽所、国土资源数据中心。

共有编制161个。其中，行政编制38个，事业编制118个，工勤编制5个。

2011年，葫芦岛市国土资源系统全体干部职工，紧紧围绕全市经济社会发展大局，认真贯彻落实科学发展观，加强土地调控，坚守耕地红线，全力保障发展，积极推进土地节约集约利用和矿产资源综合开发利用，不断巩固矿产资源整顿工作成果，完成了年度的各项工作任务。

【全力以赴做好建设用地报批工作】 2011年，省下达本市增加建设用地指标0.64平方千米，后又追加本市2.27平方千米建设用地指标。最终本市增加建设用地指标2.91平方千米，其中，农用地2.12平方千米，耕地1.59平方千米，未利用地0.79平方千米。

省厅共批复本市用地总面积8.05平方千米。其中，增加建设用地7.10平方千米，农用地6.56平方千米，耕地3.55平方千米，未利用地0.55平方千米。与上年相比，增加建设用地、农用地、耕地获批指标分别增长51%、115%和120%。

【千方百计做好建设用地供应工作】 2011年，全市（不含绥中）供应土地375宗，总面积15.66平方千米。出让土地280宗，总面积12.39平方千米，成交总价款72.8亿元，政府纯收益28.1亿元。土地供应总量、出让收入、政府纯收益分别是上年的1.9倍、2.4倍和2.35倍。

2011年，市本级供应土地168宗，总面积8.02平方千米。出让土地123宗，总面积6.36平方千米，成交总价款40.3亿万元，政府纯收益12.6亿元。土地供应总量、出让收入、政府纯收益分别是上年2.16倍、2.2倍和2.6倍。

【做好重点大项目用地预审工作】 2011年，本市积极做好用地服务，保障工作提前介入，积极主动地为全市经济发展提供用地服务保障。对葫芦岛市秦沈线天然气管道工程项目、建兴高速项目和辽宁南电公司综合利用粉煤灰水泥生产线等3个省级项目进行了初审。对国电葫芦岛西部集中供热工程等27个市级项目用地进行预审，保证了项目的顺利进行。

【积极做好批而未用土地清理处置工作】 4月下旬开始，组织对2007～2010年批而未用土地进行逐批次清理，逐地块分析未供原因，有针对性地制定供地方案，全力推动批而未用土地的清理利用工作。

2007～2010年，全市共征、转用土地11.91平方千米，已全部供出，供地率实现100%，省政府督察期间共供出土地5.43平方千米，完成了供地任务，批而未用土地清理利用工作受到省厅的表扬。

【耕地保护工作明显加强】 2011年，本市2 259平方千米耕地和1 897平方千米基本农田实现了“面积不减少、质量不降低”的目标，6月中旬，顺利通过了省政府耕地保护责任目标考核领导小组的检查验收，获得了考核组的好评。本市连续

14年实现耕地占补平衡。

一是建立健全了耕地保护责任机制。各级政府均成立了领导小组，明确了工作职责和分工。层层签订了基本农田保护责任书，基本农田保护落实到具体地块和农户，全市共签订到村责任书1 287份，到组责任书9 809份，到户责任书332 607份。制定了《葫芦岛市耕地保护责任目标考核实施方案》。各县（市）区政府制定了《乡镇基本农田保护制度》、《基本农田污染监测制度》和《基本农田保护监督管理制度》，市局加强了监督检查，确保各项制度落到实处。

二是加大耕地保护宣传力度。充分利用“4·22”世界地球日、“6·25”全国土地日和各级干部集中学习培训的机会，宣传国土资源法律法规，强化广大干部群众的耕地保护意识，有力地促进了耕地保护工作的开展。

三是组织完成了部分“小开荒”项目的核实与验收工作。两次对耕地后备资源库进行修改补正，完成全市2009年入库的263个项目从54坐标到80坐标的转换。通过录入核实本市尚未验收的小开荒项目199个，总面积41.36平方千米。对共67个项目进行了初验，初验合格总面积为11.48平方千米。

四是积极推进土地整理工作，保证了本市补充耕地任务量的完成。组织对正在施工的7个土地开发整理项目进行督办和调度，逐个项目查找存在的问题，研究解决处理办法。

【严格规范矿产资源管理】 2011年，本市不断提高矿政管理水平。一是继续推进矿产资源开发整合常态化。连山钼业有限公司元宝山采矿有限公司被国家评定为第一批矿产资源开发整合工作先进单位。对困扰各地区的矿产资源归属纠纷及热点难点问题进行了彻底清理，对历史遗留或正在发生的采矿权转让行为，及时履行了采矿权转让变更手续，继续加大对非法承包现象的打击力度，促进了矿业经济的健康有序发展。

二是进一步规范了矿业权管理。加强了对探矿权、采矿权扩界、延续和变更审批的监管。完善了矿业权市场体系，加大矿业权二级市场建设力度，有效防止非法转让行为。年初以来，共办理采矿权新立、转让、延续80宗，办理采矿权有偿出让16宗；办理探矿权延续、转让、变更、保留等复核登记审查46宗。

三是进一步加大了规费收缴力度。收缴采矿权价款及采矿权使用费共3 472.9万元，收缴探矿权价款和使用费共474万元。开展了矿产资源补偿费大稽查活动，收缴矿产资源补偿费1 800多万元，较上年增加了300多万元。

四是积极做好地灾防治和地质环境治理项目的管理工作。经汛前全面排查，确认全市地质灾害隐患点237个，其中重要地质灾害隐患点107个，均编制了防灾预案，在8个重点区域建立了监测台账和巡查台账。市局和县（市）区局共组织600多人进行了地质灾害防治“五到位”培训，提高了相关人员的防灾救灾能力。完成建设项目用地地质灾害危险性评估备案6个，进行《矿山地质环境保护与恢复治理方案》审查备案38份，缴存保证金905万元。协助南票区和杨家杖子开发区完成了资源枯竭型城市重点治理项目申报工作，分别争取国家资金9 000万元和6 000万元。

【加大了执法监察工作力度】 2011年，本市违法用地数量大幅下降。一是高度重视国土资源执法工作。多次就国土资源执法工作向市领导汇报。市政府与各县（市）区政府签订了《土地执法监管责任状》，市政府主要领导和分管领导分别就土地违法违规问题约谈有关县（市）区政府领导，对做好国土资源执法监察工作起到了很好的作用。年内，本市违法占用耕地面积占增加建设用地占用耕地总面积的比例为1.88%。

二是卫片执法检查工作受到上级充分肯定。全市共有上年土地卫片图斑509个，涉及土地面积11.66平方千米。违法增加建设用地16宗，涉及土地面积0.1平方千米，现已全部处理到位。共有矿产卫片图斑27个，其中违法图斑24个，也已全部查处。上年的卫片执法检查工作顺利通过上级验收，并受到好评。本年度发放到本市的土地、矿产卫片图斑中，均未有违法现象。

三是公开曝光各类国土资源案件。为加强国土资源管理，维护法律尊严，11月29日，本市再次通过《葫芦岛日报》向社会公开曝光各类国土资源违法违规案件10起，达到了“处理一事，震慑一方”的效果。

四是加强信访工作。全年共办理信访事项105件，除3件正在办理外，其他都已结案，结案率97%。维护了群众合法权益和社会稳定。

（马占一）

工商行政管理

【概况】 2011年，葫芦岛市工商行政管理局设科室14个：办公室、人事科、基层教育科、离退休干部科、财务审计科、监察室、机关党委、注册管理指导科、外资企业注册管理科、商标监督管理科、广告监督管理科、公平交易执法科、合同科、法制科。

直属事业单位4个：葫芦岛市消费者委员会、12315投诉举报中心、信息中心、葫芦岛市个体私营企业协会。

2011年，全市工商系统立足于地方经济社会发展大局，狠抓“四大体系”建设和“五个提升”，深入推进“三深入两服务”促振兴工作，积极服务于发展、服务于民生，严格整顿规范市场经济秩序，不断加强自身建设，各项工作取得明显成效。

2011年，市局被市政府授予“热心服务于企业 办事高效快捷”的牌匾。

【促进市场主体健康发展】 2011年，全市市场主体继续健康稳步发展。内资方面，全市共登记各类内资市场主体达99 570个，其中：内资企业3 774个；私营企业9 869个；个体工商户84 780户；农民专业合作社1 147个。登记内资市场主体总量与上年同比增加541个，增长0.5%。外资方面，全市共登记外资企业（法人）197个，分支机构230个，集团4个（久隆、德容、益丰、虹京钼业）。登记外资企业63个（同比增长23.53%）；增加外商投资总额13.09亿美元（同比增长25.62%），增加注册资本10.15亿美元（同比增长39.04%），外企实际到位资金0.98亿美元。

【倾力助推沿海经济带建设】 2011年，本市制定了《服务外向型经济发展25条制度措施》、《促进外商投资企业发展的若干意见》等文件，优化政策环境，开辟绿色通道，倾力服务于政府招商项目和13个“主题概念园区”建设，大局观念、办事效率、服务质量受到各级党委、政府和入驻企业的一致好评。

【积极服务新农村建设】 2011年，本市以农资市场整治为重点，增加巡查频次，加大宣传力度，切实提高农民辨别种子、化肥真伪的能力。大力开展“红盾护农”行动，严厉打击坑农害农行为。全年查办农资案件339个，为农民挽回经济损失40多万元。

【大力实施商标兴市战略】 2011年，本市经过积极指导服务和有关各方的共同努力，“宏运地产”评为“中国驰名商标”；南票的“北边”黄瓜、“葫芦岛大红枣”、“建昌小米”、“建昌核桃”集体商标和地理标志商标成功注册，实现了全市集体商标“零”的突破，地理标志商标数量跃居全省第二位。同时，以泳装业为重点，加大驰、著名商标争创力度，18个商标被认定为市著名商标，14个商标被认定为省著名商标。2011年底，全市拥有中国驰名商标2个、地理标志商标6个、省著名商标55个、市著名商标87个，涵盖食品、服装、建筑等十多个行业。商标工作质与量齐头并进，实现了历史性突破。

【扎实开展助企融资工作】 2011年，本市广泛开展大走访、大调查活动，深入企业了解运营情况和实际需求，将融资目标层层分解，并纳入年度考核。全年帮助520个企业融资5.09亿元。市个体私营协会在全省融资服务工作会议上作“助企融资”经验介绍。

【深入实施就业帮扶工程】 2011年，本市积极拓宽就业渠道，组织开展形式多样的就业洽谈、校企对接等活动，建立就业见习基地161个，实名制安置就业6 610人，工作经验在全省工商系统推广。开展“创先争优”活动和“助残解困”工程，全市152名工商党员干部、先进协会理事倾力帮助76名残疾会员解决实际困难57件，捐助帮扶资金6.37万元。

【加强流通领域食品安全监管】 2011年，本市组建了专门的监管机构和专职队伍，保障食品安全监管工作落到实处。制定了流通环节食品安全监督管理办法，规范了“一户一账一卡”制度和“两图一书”管理模式。大力实施食品安全“百日行动”，扎实开展节日食品及酒类、食品添加剂等6类市场专项整治，严厉查处瘦肉精、塑化剂等滥用食品添加剂行为，取得显著成效。

【加大清理无照工作力度】 2011年，本市积极协调整合执法资源，“清无”工作取得明显成效。检查发现无证照经营4 022个，引导办照2 189个，下达执法责令改正通知书1 123份，查处取缔1 559个，抄告相关部门1 566个。《中国工商报》专题刊发了本市的经验做法。

【扎实开展各类专项整治】 2011年，本市组织开展了打击侵犯知识产权和制售假冒伪劣商品、通讯器材市场、成品油市场、烟花爆竹市场、“两节”期间名烟名酒等专项整治活动，依法查处商标侵权案件30余个，组织好流通领域商品质量抽检工作，对检测不合格的25个批次烟花爆竹、成品油及泳装等立案查处，进一步维护了市场秩序，保护了消费者合法权益。

【倾力维护市场秩序】 2011年，本市严厉打击食用盐市场囤积居奇行为；第一时间“八大部门”严查重罚导致众多商家停业的谣言，进行辟谣；积极开展专项行动，严厉打击商业贿赂、限制竞争、商标侵权、广告违法以及合同欺诈行为；认真贯彻总局《合同违法行为监督处理办法》，大力开展“霸王条款”治理，有力地维护了公平有序的市场竞争秩序。始终保持打击传销的高压态势，6个县（市）区全部被省政府授予“无传销县（市）区”称号，全市基本实现无传销。

【保护消费者合法权益】 2011年，本市全面推进12315指挥平台和“一会两站”维权网络建设，健全投诉对接机制，加强消费安全教育，加大社会监督力度，引导企业提高自律意识，积极招募“维权志愿者”，开展“专项维权行动”，扎实组织3·15系列活动。积极创新工作思路，规范家电销售、移动电话卡销售、数字电视服务收到显著成效：“葫芦岛市内所有品牌平板电视均附赠挂钩或支架，包装物丢失不作为拒绝退换货条件”，在国内开了先河，受到消费者热烈称赞。全年全系统共受理消费投诉8 552件，为消费者挽回经济损失86.21万元。

（徐东辉）

物价管理

【概况】 2011年，市物价局围绕市委、市政府的中心工作，坚持“促生产、畅流通、增储备、建机制、保民生”的方针，把稳定物价作为宏观调控的首要任务，全面加强价格调控监管，整顿规范市场价格秩序，着力解决民生价格问题，为全市经济又好又快发展做出应有贡献。

【价格管理取得新进展】 2011年，本市继续加强价格管理工作。1、紧盯调控目标，落实价格调控目标责任制。制定《葫芦岛市价格调控目标责任制》，建立由政府分管领导为召集人，财政、服务委、工商、交通等有关部门负责人参加的市场价格调控联席会议制度，统筹协调，联合控价。2、积极疏导成品油价格调整影响，维护行业稳定。成品油价格调整后，市物价局制定《葫芦岛市成品油价格调整应急处置预案》，及时调整燃油附加费，维护出租汽车、公路货运等交通运输行业稳定。每次汽油、柴油价格调整后，市物价局对全地区销售汽油、柴油价格执行情况进行全面检查。共对15个加油站违规销售汽油、柴油行为进行严肃处理。3、加强医药价格管理。按照国家基本药物制度，完成《葫芦岛市医疗卫生机构落实医改实施国家基本药物制度工作调查报告》，保证医疗机构按照国家规定保障用药。4、按照“明确责任，改善民生，短期波动，发放补贴，持续上涨，调整标准”的原则，建立葫芦岛市人民政府社会救助和保障标准与物价上涨挂钩联动机制，完善社会救助和保障体系。全年城乡低保、优扶对象和农村五保户发放价格和肉价补贴5 000余万元，低收入群体生活不因物价上涨而降低，并将逐步得到改善。5、加强价格监测和市场分析工作。加大采价频度和价格形势分析力度，加强对重要商品、服务价格日常监测和市场动态预测。完成8个品种69户的农本调查、农民种植意向、农户存售粮情况、农资下摆情况调查和玉米、生猪、蛋鸡成本预测调查任务。监测品种上报率100%，数据准确率98%以上。市物价局坚持开展《每周价情》，粮油、蔬菜、禽蛋等四大类28个生活必需品价格走势分析和农副产品的价格行情报送市委、市人大常委会、市政府、市政协，为市领导决策提供科学依据。

【收费管理取得新成效】 2011年，本市继续加强收费管理工作。1、加强教育收费监管。与市教育局联合开展惠民政策落实情况大排查活动，并对学前教育收费情况开展调研。对教辅材料订购、校报或学报订购、学校食堂利润、校服订购等收费秩序进行清理整顿。2、开展《收费许可证》年度审验工作。共审查行政事业性收费单位191个，年审率100%。审查收费项目129个，审核收费金额2.9亿元。换发许可证27个，注销收费许可证2个。3、对试行或执行到期的收费项目和标准进行重新核定，并及时办理《收费许可证》。确定兴城古城景区增加的蓟辽督师府门票价格，并同时调整联票价格。对公交IC卡发行收取使用费进行批复。4、管理权限下放工作扎实推进。按照市政府有关要求，下放城区辖区内机动车（不包括交通肇事、违章车辆）、自行车停车场服务收费定价权等6个管理权限，促进县（市）区经济发展。5、考核评定住宅小区物业服务收费等级。对7个住宅小区的基础设施、服务功能、物业成本进行测算监审，批复物业服务收费定级，规范物业小区服务收费行为，制定《葫芦岛市物业服务收费管理办法》。

【价格检查取得新成果】 2011年，本市继续加强价格检查工作。1、加强价格行为监管。在开展涉农收费、涉企收费、医药价费、商品房入住环节收费等专项检查的基础上，进行节假日市场价格、明码标价执行情况检查，对百货大楼、商业超市进行明码标价整顿。开展商品房销售明码标价和“一房一标价”审查工作。共对60个单位进行检查，查出违纪金额2 880万元，实现经济制裁2 248万元，没收违法所得22万元，退还多收价款2 226万元。2、及时应对食用盐抢购风潮。在食用盐抢购风潮中，市物价局迅速启动价格异常波动监测预警机制，第一时间深入盐业公司和各大百货、超市检查食盐的市场供应、库存、价格上涨情况。积极协调有关部门开展“定点投放、定量供应、定价销售”和多部门联合大检查，仅用两天时间就控制住局面，事态得到平息。3、充分发挥“12358”价格举报窗口作用。全年共办理省政府纠风办通过民心网交办的涉及客运票价、洗浴收费、商品房入住环节收费等案件89个，79个办理结果被省政府纠风办评为5星级以上。4、开展全市医药卫生服务价格大检查。纠正经营单位存在的药品价格超过规定加价率、擅自提高医疗收费标准、一次性卫材价格高于规定标准等违法行为。5、加强舆论宣传，引导消费者理性消费。开展纪念“12358”价格举报电话开通10周年活动，发放宣传单3 940张、购物袋（宣传品）2 000个。通过与各新闻媒体密切配合，及时发布民生价格信息及新闻稿件130余条（篇）次，向民心网上报通讯19篇，发布《价格监督检查简讯》21期，正确引导市民消费预期，市场环境更加优化。

【成本监审和调查取得新收获】 2011年，本市开展《关于调整屠宰家禽收费标准》成本监审和对供暖企业建设费用测算工作，为政府提出《关于集中供热联网工程成本测算报告》；对本市自来水价格进行摸底调查，向政府提出暂缓调整自来水价格的建议。

【价格认证取得新成绩】 2011年，本市共受理刑事案件价格鉴定363件，鉴定额1 000余万元；车损价格鉴定100多辆，鉴定额260多万元。在依法取缔城区内营运三轮车专项整治行动中，确定车体残值补偿标准人力三轮车500元、机动三轮车1 000元的价格鉴定评估结论。对2 241辆三轮车进行车体状况检验，会同财政局审核发放残值补款共计163.65万元。在“一站式”办公现场由于解答问题耐心细致，车主称为“微笑窗口”，出色完成任务。

【价调基金征收管理取得新突破】 2011年，本市在充分论证的基础上，修改完善《葫芦岛市价格调节基金管理办法》，并以葫芦岛市人民政府第134号令形式颁布实施。同时，改变价调基金征收方式，由手动改为利用微机软件进行征收。实现全年征收价格调节基金2 938万元，超额完成1 938万元，创历史新高。

【清退商品房入住环节违规收费】 2011年，本市针对消费者投诉开发商在商品房入住环节违反省物价局、建设厅《关于规范住房入住环节收费的通知》实施收费问题，出现群体上访事件。市物价局通过征询专家意见，明确政策界限，直面问题，化解矛盾。市物价局对反映强烈的13个开发企业进行集体约谈，责令其按规定退款，平息上访事态。城区22个开发企业共向8 100个住户退还违规收费2 226万元。

（尚敬东）

质量技术监督

【概况】 葫芦岛市质量技术监督局为省质量技术监督局直属机构，机构规格为处级。设科室8个：办公室（人事科）、计划财务与科技管理科、政策法规宣传科、食品生产监管科、质量管理科（产品质量监督科、认证监管科）、标准化科、计量科、特种设备安全监察科。机关党委、监察室，监察室与纪检机构合署办公。行政编制43个，工勤编制4个。

直属机构1个：葫芦岛市质量技术监督局稽查局，机构规格为科级。行政编制14个，工勤编制1个。

所辖事业单位4个：葫芦岛市计量检定测试所，机构规格为科级，编制22个，全额拨款单位；葫芦岛市产品质量监督检验所，机构规格为科级，编制26个，全额拨款单位；葫芦岛市特种设备监督检验所，机构规格为科级机构，编制58个，经费自理单位；葫芦岛市技术监督情报所，规格为科级，编制4个，全额拨款单位。

2011年，市质量技术监督局认真贯彻国家、省、质量技术监督工作会议精神及省、市经济工作会议精神，以科学发展观统领质监工作，抓质量，保安全，促发展，强质监，深入开展创先争优活动，坚持以质取胜，基层能力建设进一步加强，服务经济社会发展和保障民生的能力进一步提升，较好地完成了各项工作。

【实施以质取胜战略和名牌战略】 2011年，葫芦岛市质量技术监督局着重抓了以质取胜和实施名牌战略。6月1日，召开了市长质量奖暨争创名牌产品表彰会议，对荣获2010年度市长质量奖称号的2个企业、2名先进个人及7个辽宁名牌产品生产企业和9个葫芦岛名牌产品生产企业进行了表彰授牌，都本伟代市长对全市实施名牌发展战略，提升企业质量管理水平作了讲话。组织开展名牌产品的推荐与评价确认工作。组织12个企业参加了省局组织争创名牌的学习培训，推荐申报辽宁省名牌产品9个。组织10个企业作为重点企业参加了省长质量管理奖学习班，积极推进企业采用先进的质量管理方法，促进全市产品质量水平登上新台阶。同时积极开展葫芦岛市名牌产品评价与确认，确认了9种产品为葫芦岛市名牌，评选市长质量奖1个。制定了品牌战略“十二五”发展规划，经政府审批后将形成市政府文件下发全市，进一步明确本市质量发展指导思想、工作方针、目标和任务。

【标准化工作稳步推进】 2011年，葫芦岛市质量技术监督局发挥基础作用，加强标准化工作，做好质量服务，促进地方经济平稳较快增长。积极开展服务标准化试点工作，加强葫芦岛市百货大楼国家级服务标准化试点工作的指导，对制定、修订的100多项企业标准进行了整理与补充，帮助企业进一步完善自身标准化体系建设，整理和收集了试点期间的录像、照片等相关资料，实现动态管理。督促并指导企业各项标准化工作的开展，增强全体员工的标准化服务意识，提高服务质量和服务水平，10月份顺利通过国家考核组验收，成为“全国商贸业服务标准化示范单位”。规范葫芦岛市餐饮服务业行为和市场，提高餐饮服务业人员工作水平和整体素质，在全市开展宣传贯彻地方标准《餐饮业服务规范》，并举办餐饮服务标准化培训班，提高餐饮人员服务质量。继续抓了地理标志产品保护的完善工作。加大对“红崖子花生”和“高桥陈醋”地理标志产品保护力度。兴城市凭借红崖子花生地理标志产品保护作为一个硬件条件，获得了辽宁省一县一品专项资金500万元，得到了市政府的充分肯定。《红崖子花生地理标志使用办法》以兴城市政府令形式下发，鼓励辽宁正业花生产业发展有限公司、葫芦岛市金豆花生有限公司以及葫芦岛市兴茂花生有限公司这3个企业首批使用地理标志产品专用标志。地理标志产品成为企业自身资本与实力的象征。《地理标志产品红崖子花生技术规程》被批准为辽宁省地方标准。建昌县雷家店核桃专业生产合作社被批准为第七批国家农业标准化示范区试点。

【加强了计量管理和监督】 2011年，葫芦岛市质量技术监督局加强计量管理和监督，强化了社会效益。积极开展“5·20 世界计量日”活动，推进民生计量工作。紧紧围绕“计量检测·健康生活”主题，组织开展了现场计量咨询、宣传、服务活动。全市共出动各类人员近120人次，发放宣传资料2 400余份；张贴宣传画300张；悬挂宣传条幅20余条；接待咨询人员80人次；免费检测各类计量器具 50 余台件；免费验光 110人次；对社会开放了实验室10个。让人们对计量有了更广泛的了解，计量工作更深入社会，深入民心。开展了定量包装商品净含量省监督专项抽查工作，制定了《葫芦岛市2011年度定量包装商品净含量省监督抽查工作实施方案》，明确了对20种定量包装商品监督抽查的具体要求，并委托市计量所对全市范围内各定量包装生产企业及流通领域具有一定规模的批发和销售企业的定量包装商品实施了抽检，全年共完成 20 个品种 127个批次的抽检工作。深化能源计量工作，对7个列入国家确定的“千家重点耗能企业”和 10 个市级重点耗能试点单位进行了监督检查，帮助企业建立健全科学的节能减排指标体系、核算体系和监测体系，建立完善企业测量管理体系。开展了诚信计量体系建设工作，宣传和引导集贸市场和眼镜点争创诚信计量自我承诺示范单位。完成了5个集贸市场和10个眼镜店的诚信计量自我承诺示范单位的试点工作。市计量所开展热能表检定和按期开展市新增出租车计价器检定工作，兴城市计量所完成新建出租车计价器检定项目并积极开展工作。

【产品质量监管力度加大】 2011年，本市加大了产品质量监管力度。一是日常监督检查有效开展。全市质监系统共出动742人次，检查(巡查)企业400余个，查处违法违规案件43起，有力打击违法违规行为。二是监督抽查措施得到落实。按照《产品质量监督抽查管理办法》的规定，市质量技术监督局对列入 2011 年市级监督抽查计划的水泥、小型混凝土空心砖两种产品制定《实施细则》，并进行市级监督抽查，共抽查企业 29个，抽查产品29批次，合格21批次，样品抽样合格率为72.4%。其中，水泥产品抽查10个，10个批次，合格 10 批次，合格率 100%；小型混凝土空心砖产品抽查19个，19批次，合格11批次，合格率为 57.9%。同时，积极配合国家、省局对本市产品的监督抽查工作。2011年国家、省局共对我市抽查汽油、柴油、液化石油气、化学试剂、电缆、水泥、泳装等14种产品，106个企业(不包括绥中县)，106个批次，合格86个批次，抽样合格率为81.1%，比上年提高了6.6个百分点。三是对重点产品、重点区域、重点企业监管得到落实。

【执法打假卓有成效】 2011年，葫芦岛市质量技术监督局坚持从严监管，执法打假工作取得了较好实效。扎实开展打击侵犯知识产权和制售假冒伪劣商品专项行动。先后出动380余人次，组织开展了农资打假、纸巾纸产品、汽车轮胎产品、酒类产品等专项检查执法活动，严厉打击无证生产、无照经营、以次充好、以假充真等违法行为，使我市假冒伪劣商品得到进一步的有效控制，生产者的守法意识和消费者的维权意识得到进一步提高。继续开展好强制性产品认证执法。组织开展了打击CCC目录内和有机产品等无证产品、假冒认证标志和认证证书的专项执法行动，严肃查处非法认证、虚假认证、超范围认证，伪造、冒用、超范围、超期使用认证证书等违法违规行为。围绕专项整治中出现的问题，加大曝光力度，在辽宁电视台播发《质量导报》节目，在《葫芦岛日报》上公布食品检验结果4期，有效地震慑了制假售假等违法行为。

【抓好生产加工领域食品安全监管工作】 2011年，葫芦岛市质量技术监督局狠抓了生产加工领域食品安全监管工作。一是落实了区域监管责任制，监管责任落实到人。全市划分监管区域52个，落实监管责任人43名，层层签订责任状。监管责任人以巡查、回访等方式对企业实施监管。二是严格对食品企业监管，落实主体责任。从原材料进厂、生产过程控制、产品出厂检验三个方面加强了对食品企业监管。组织177个食品企业对14大项78小项主体责任开展自查。对229个食品企业落实主体责任工作情况进行了检查，促使食品企业落实主体责任。三是严格食品生产许可，强化市场退出机制。受理38个企业食品生产许可申请，许可31个，不予许可5个，待许可2个，注销了19个企业、20张食品生产许可证证书。四是加大了食品监督抽查和风险监测力度，及时发现处理食品安全问题。市局积极争取食品安全专项抽查经费，市政府拨40万元专项经费。制定了年度食品监督抽查计划、风险监测计划。监督抽查食品92批次，合格73批次，合格率79.3%。风险监测食品34批次，发现9批次样品存在问题，问题样品率26.47%。对发现的安全问题以督办单形式交执法部门或县（市）区局后处理。五是组织开展各类食品专项检查。提高了对食品安全风险信息的反应速度。开展了“三聚氰胺”、“地沟油”、台湾“起云剂”、“瘦肉精”、葡萄酒、肉制品、馒头、淡菜水产、食用织文螺、饮料、雪燕、香精香料、化妆品、辐射食品、辣椒制品、罗丹明B、邻苯二甲酸酯类物质、食品添加剂标签等18项专项检查。未发现重大食品安全问题。严密部署打击食品非法添加和滥用食品添加违法行为专项工作。制定了食品安全专项整治三年工作规划。开展了乳品企业整治，重新审查了乳品企业生产许可，注销1个乳品企业生产许可，加强了乳品及含乳制品企业进货、出厂环节三聚氰胺自我把关检测和乳品三聚氰胺监督检验监测。开展了生产和使用食用油企业专项整治，防止地沟油流入生产加工环节，严打了生产劣质食用油行为。开展了“瘦肉精”专项整治，严防含有“瘦肉精”的原料肉流入生产加工环节。开展了白酒专项整治，严打了非法勾兑和生产假冒伪劣白酒、葡萄酒行动。开展了生产和使用食品添加剂专项整治，规范了食品添加剂的生产使用行为。加大食品安全违法行为查处力度，办理案件50多起，向司法机关移送2起滥用食品添加剂案件。

【加强特种设备安全监察】 2011年，葫芦岛市质量技术监督局加强安全监督，排除事故隐患，保障人民生命财产安全。一是开展特种设备安全生产集中治理“百日行动”。在1～3月份，集中开展了特种设备安全生产大检查活动，推动特种设备隐患排查深入持久地开展。全市出动检查组120次，检查特种设备使用单位234个，下达特种设备安全监察指令书61份，责令停产停业整顿企业4个，封停设备1台。对存在的安全隐患，及时督促企业整改，对一时难以整改的隐患进行了登记汇总，落实整改措施，并重点加强监管。二是开展严厉打击特种设备非法违法生产和使用行为专项行动。制定了《葫芦岛市严厉打击特种设备非法违法生产经营建设行为专项行动实施方案》。对各特种设备生产、使用单位进行专项安全监督检查，严厉打击各类特种设备非法、违法、违规生产和使用的行为，确保特种设备的安全生产和使用。对32个特种设备生产单位和16个市直企业进行了检查，杜绝了特种设备无证生产行为，打击了特种设备非法使用的行为。三是大力开展气瓶“两站”（气瓶检验站、液化气充装站）整治工作。结合本市气瓶监察工作实际情况，市局印发了葫芦岛市气瓶充装站和检验站治理工作实施方案。整治工作的重点是“螺丝瓶”报废。结合实际，市局下发了《关于进一步做好“螺丝瓶”报废工作的通知》文件。市局在葫芦岛日报上刊发了《关于取缔“螺丝瓶”的通告》。全市共印发“螺丝瓶”报废工作宣传材料1000余份，张贴在各液化石油气充装单位及各居民区，还利用电影下乡、进社区机会在片头播放“螺丝瓶”报废宣传短片，取得了良好的宣传效果。全市共报废气瓶22 688只，其中“螺丝瓶”22 630只。市局在兴城召开了气瓶“两站”整治现场工作会，为全市气瓶“两站”治理工作的深入开展起到了较大的推动作用。四是开展工业锅炉能效指标验证和锅炉能效评估工作。按照《辽宁省工业锅炉节能管理办法》规定，创新工作思路、推广新型节能技术，开展工业锅炉能效指标验证和锅炉能效评估工作。完成6台锅炉建造前节能评估工作。五是加强了特种设备事故应急救援工作。对全市应急救援队伍专家库进行补充完善，组建了四支兼职救援队伍，签订了承诺书，一旦市行政区域内发生特种设备事故需救援时，随时服从调动到现场实施救援。督促特种设备使用单位不断完善应急预案，指导开展应急演练。

【大力加强法制宣传】 2011年，葫芦岛市质量技术监督局认真贯彻落实《全面推进依法行政实施纲要》，结合本部门工作实际，落实《葫芦岛市质量技术监督局全面推进依法行政实施意见》。通过做好行政执法责任制和工作目标责任制的落实，全面推进依法行政工作。采取以会代训、网上交流、案卷评查等形式对行政执法人员进行培训，学习《辽宁省行政执法监督规定》等法规，提高执法队伍整体素质。审理行政处罚案件144个。组织参加全市统一的“3·15”宣传日活动，利用宣传板、现场答疑等介绍质检职能、相关法律法规以及消费常识。深入到街道、社区，以科普形式向街道社区居民宣传质检相关法律法规、普及消费常识，受到了居民的欢迎。“政务公开日”期间就食品安全问题进行了新闻发布。刘刚局长带领监督、食品、监察等科室负责人走进了由市政府纠风办和葫芦岛人民广播电台共同主办的政风行风热线直播间。介绍了质监系统年度工作进展情况，然后逐一回答了主持人提出的关于质量提升、法制建设、食品安全、打假工作、政风行风建设等十多个方面的问题，并就听众提出的热点问题进行了解答。录制了《北方不产鸭，处处有鸭血》、《当心化学咸菜》、《浴池里的潜规则》等节目在辽宁电视台《质量导报》播出，反响强烈。

【技术机构检验检测能力得到提升】 2011年，葫芦岛市质量技术监督局继续抓了技术机构检验能力的提升，将2011年定为“技术机构检验能力提升年”。按照“用创新促进能力提升，抓发展维护队伍稳定”的总体要求和“授人以渔”的理念，帮助基层技术机构选准项目并给予力所能及的支持，提升“造血”机能，通过发展来解决困难。多次组织人员到各县区进行调研论证，确定了计量、质检、特种设备检验检测项目，特向省局申请了专项技改资金260余万元，市局配套100余万元，为基层的进一步发展打下良好的基础。一是市级技术机构投入180万元用于技术改造，市质检所投入76.5万元购买了气质检测器、顶空进样器、分光光度计等设备；市计量所投入70万元购买了多功能安全校准器和多产品校准器；市特检所投入35万元购买了测厚仪、硬度计等仪器设备，进一步提高了检验检测水平。二是兴城、绥中、建昌、连山4个质检所投入170万元，主要用于食品气相色谱、原子吸收及常规食品检验设备60台套，达到县（市）区局食品实验室验收标准。绥中局、兴城局投入40余万元用于门窗、建材涂料等项目建设。三是兴城、绥中、连山、龙港、南票5个计量所投入60余万元用于标准改造，同时投入40余万元增加了出租车计价器、水表、燃气表、可燃气体报警器、动平衡等检定项目。四是绥中、兴城特检所投入40余万元，用于气瓶改造和检验办公场所条件改善。截至11月底，通过省市两级局的扶持，6个县（市）区技术机构能力得到完善和提升，完成省局对县（市）区技术机构能力提升的各项验收工作，6个县（市）区技术机构收入大幅提高。其中，兴城局3个所收入达270万元，较上年181万元增加89万元，在职职工人均收入增加400元；绥中局七个所收入达247.5万元，较上年183.95万元增加63.55万元，在职职工人均收入增加263元。两个局技术机构都实现了收入增长20%、在职职工人均收入增加200元的目标。同时，积极争取当地政府特殊政策的支持，进一步提升了自我发展、持续发展和服务经济社会发展的能力。

（马来之）

食品药品监督管理

【概况】 市食品药品监督管理局内设9个职能科室，分别是办公室、政策法规科、人事科（监察室)、食品安全监督管理科、保健食品化妆品监督管理科、药品注册与安全监管科、医疗器械监督管理科、药品市场监督科、稽查科。人员编制35个，其中行政编制31个，工勤编制4个。

派出机构3个：市食品药品监督管理局连山分局、市食品药品监督管理局龙港分局、市食品药品监督管理局南票分局，人员编制均为6个，其中行政编制5个，工勤编制1个。

下属事业单位2个：市食品安全监督所和市药品检验所。市食品安全监督所人员编制39个，下设3个区域所（连山所、龙港所、南票所）；市药品检验所人员编制26个。

【组建龙港分局和南票分局】 2011年，本市按照全市食品药品监督管理工作要求，组建龙港分局和南票分局，2个分局均为市局派出机构，科级建制，负责辖区药品、医疗器械监督管理工作。2个分局分别于6月27日、30日挂牌成立。

【组建市食品安全监督所】 6月30日，市食品安全监督所正式成立，副县级事业单位，主要负责餐饮业和机关、企事业单位食堂及保健品、化妆品行政许可前的现场审查;负责餐饮业和机关、企事业单位食堂的食品安全和保健品、化妆品等消费环节的监督检查；对涉及上述行业的违法违规行为进行相应行政处罚；对涉及上述行业的从业人员资质进行监督检查。市食品安全监督所下设3个区域所（连山所、龙港所、南票所），至年底，市区人员的划转、上划工作及办公场所已经确定。

【完成为期两年药品安全专项整治任务】 2011年，本市认真落实各项整治措施，组织开展整治工作“回头看”活动，对照实施方案，对药品生产、经营、使用各环节的监管情况逐一进行督促检查，查找薄弱环节，积极进行整改，全面完成各项整治工作任务。全省药品安全专项整治工作已顺利通过国家检查评估。通过为期两年的深入整治，全市药品质量安全控制水平显著提高，药品合格率超过98%。未发生药品安全责任事故，人民群众的药品消费信心明显增强。

【全力确保基本药物质量安全】 年初，市局与各县（市）区局（分局）签订2011年加强基本药物质量监管工作责任书，下发了《葫芦岛市基本药物电子监管工作实施方案》。对全市3个基本药物生产企业进行监督检查9次，实现全覆盖；对全市5个基本药物配送企业实施监督检查20次，下达责令整改通知书3份；对5个在产品种实施全覆盖监督抽验；相关中标品种已实施电子监管赋码管理，5个基本药物配送企业100%实现电子监管码核注核销，有效保证本市基本药物质量安全。

【药品监管成效显著】 2011年，全市食品药品监管部门全面加强药品生产、流通和使用各环节日常监管，持续推进药品生产监管、特殊药品监管、高风险产品监管、新版GMP实施、诚信体系建设等重点工作。严格检查法律、法规、各项制度落实情况，监督检查药品生产企业8个、药品经营企业744个、药品使用单位2 800余个，实现监督检查全覆盖。组织开展抗菌药物、中药饮片经营、盐酸克仑特罗、非药品冒充药品等专项检查工作；15个违法药品广告及时上报省局并移送工商部门查处；年内，市局审批零售药店73个，换发《药品经营许可证》52个，核准药品经营企业变更行政许可及登记事项252个，完成52个药品零售企业GSP认证的现场检查；市局积极推进医疗机构规范化药房建设，在市二级以上医疗机构中试行药品供应商备案制，截至年底，近90个医疗机构供应商实施备案，促进了医疗机构药品管理水平的提高。

【医疗器械监管水平进一步提升】 2011年，本市在全市范围内开展医疗机构在用医疗器械质量状况的专项检查。此次专项检查共出动执法人员560余人次，对全市乡镇以上医疗机构近200个的采购和使用环节进行全面检查，并对国家局要求的重点监管医疗器械品种进行重点检查。对检查中发现的问题，我们及时提出整改意见，并对8个医疗机构下达责令改正通知书；对1个生产企业、219个经营企业实施全覆盖监督检查。通过检查，百姓在使用器械环节安全得到保障，同时提高了企业使用医疗器械的责任意识，降低了监管部门的责任风险和信用风险。受理医疗器械各类申请68个。全市医疗器械市场秩序进一步规范。

【餐饮服务食品安全监管全面展开】 2011年，本市继续加强规范《餐饮服务许可证》核发工作，全市核发《餐饮服务许可证》1 673张；相继开展打击食品非法添加和滥用食品添加剂、“瘦肉精”、“地沟油”、塑化剂、餐厨废弃物管理等专项工作。全市监督检查餐饮服务单位4 270个。完成食品安全416个品种、464个样品的监督抽样任务。下发了《葫芦岛市餐饮服务关键环节操作规程》和《葫芦岛市餐饮服务环节食品添加剂管理制度》。

【保健食品 化妆品安全监管有序推进】 2011年，本市深入开展保健食品和化妆品生产、经营企业摸底调研；严格保健食品许可备案制度，共办理523个保健食品经营企业许可备案；深入开展专项整治，共检查保健食品经营企业976个，化妆品经营企业65个，全市共出动监督执法人员1 064人次，执法车219辆次，实现监督检查全覆盖；全市对保健食品、化妆品安全风险监测抽样31批次，监督抽样75批次。

【打假治劣取得重大进展】 2011年，本市共查处各类违法违规案件2 335个，查处假药10种，取缔非法窝点11处，吊销药品经营许可证5个，向公安部门移送案件13个，收缴罚没款245万元。

【清理确认行政权力】 2011年，本市按照相关文件要求，开展行政权力清理确认及制作流程图工作，此次清权确权涉及法律、法规、规章30余部，梳理出食品药品监督管理行政权力112项。其中行政许可3项，行政处罚106项，行政确认1项，行政强制2项。

【充分发挥技术监督支撑作用】 2011年，本市完成药品监督抽验500批次，上报药品不良反应监测报告1 084例，较上年增加了143.1%；医疗器械不良事件上报171例，较上年2例提高了84倍，此项工作实现了质的飞跃。

【广泛开展食品药品科普宣传活动】 2011年，本市根据国家“全国安全用药月”活动，组织开展安全用药月活动启动仪式4场次、“食品药品安全知识大讲堂”15场、播放公益广告片460次、放映宣传电影100场、发放各种宣传资料4万余份、解答群众咨询1 000余人次、受益者达120万人次。通过开展系列活动，提高了广大公众科学饮食、安全用药意识，营造了全社会共同关心、支持、参与的食品药品安全工作的良好氛围。

（林　冰）

经济合作

【概况】 2011年，市经济合作办公室（市招商局）设科室5个：综合协调科、招商促进科、投资服务科、经济合作科、对口支援科。市经济合作办公室事业编制21个(其中工勤编制2个)。

2011年，市经合办以13个特色主题概念园区为依托，坚持“走出去”与“请进来”，实施主题概念和产业集群招商，不断加大国内引进力度，建立了引进项目跟踪服务机制、督察督办机制和推进落实机制，一批重点项目得到推进和落实。较好地完成了对口支援任务。

【参加第六届中国(山东)装备制造业博览会】 3月14～18日，本市根据省政府安排和部署，组织了部分县（市）区和企业赴济南，参加第六届中国（山东）装备制造业博览会。宣传推介了葫芦岛地域优势和制造业发展优势，鼓励参会客商来葫芦岛考察、发展。中国锦西石化分公司、葫芦岛渤海船舶重工有限公司等大型企业与山东省聊城市、淄博市的相关装备制造企业进行了洽谈，相关项目进行了签约。中国石化锦西石化分公司与淄博万昌化工集团公司签署的石化设备、换热器项目，合同金额达3 000万元。

【参加中国·青海绿色经济投资贸易洽谈会】 6月10～13日。本市参加了2011中国·青海绿色经济投资贸易洽谈会。辽宁省政协副主席姜笑琴参观了葫芦岛展区，重点了解渤海船舶重工有限责任公司船模、葫芦岛绿野商贸有限公司绿色杂粮产品、兴城红崖子花生产品、葫芦岛海顺海产品养殖有限公司的产品，本市详细介绍了葫芦岛市工业、农业、旅游业的发展情况，特别是葫芦岛市轻工产品、农产品及其加工产品产业。

【参加第十四届中国（重庆）国际投资暨全球采购会】 5月19日～22日，葫芦岛市经贸代表团随省经贸代表团在重庆参加第十四届中国(重庆)国际投资暨全球采购会，本市展出了渤船重工09潜艇模型、连山高桥陈醋、兴城泳装、建昌杂粮等反映葫芦岛特色的百余种产品。

5月19日，辽宁省副省长邴志刚推介了本省各市招商引资项目，推介了本市的人造宝石城新建等项目。本市重点与重庆市合川区进行座谈，市领导介绍了本市招商引资的工作情况及发展环境。双方在建立联手合作、互通信息、共享资源等方面达成了共识。杨家杖子经济开发区推介了“建设以钼为主的新型材料和生物化工产业集群”的主题概念，邀请了近20名客商进行座谈。本市详细介绍了主题概念，就进一步加强双方的经贸合作进行了深入洽谈。应邀企业家表示来葫投资。5月20日，本市代表团考察了国家资源转型城区重庆市万盛区并进行了座谈。座谈会上，万盛区和葫芦岛杨家杖子经济开发区进行了经验交流，双方进一步加强合作，开展“走出去、请进来”活动，邀请当地企业家到本市寻求合作发展的机会，同时也鼓励本市企业家到万盛发展。此次重庆经贸招商活动交流密切，内容紧凑，为长期合作打下了扎实基础。

【赴温州市招商引资活动】 3月27日～30日，市委书记孙兆林带领葫芦岛市经贸代表团，随省政府经贸代表团在浙江省温州市开展重点项目推介和主题概念招商活动。这次温州洽谈对接，进一步密切与“长三角”等东部沿海地区工商界的联系，促进了两地间的经贸合作和交流，本市26个重点项目得到推介和落实，总投资额363.5亿元。代表团在温州期间，孙兆林会见企业家百余人，对推进的26个重点项目逐一与投资商认真研究，相关部门一起现场办公，协调解决实际问题。各县（市）区、开发区主要领导带队参加项目推进活动，推介招商收效明显，受到企业界人士的欢迎。各类项目迅速落实，一些中下游配套产业项目纷纷进入，很多投资商直接带配套项目与本市洽谈，表示将尽快到葫芦岛考察，投资兴业。这次温州招商的26个项目涵盖商业及服务业、高新技术、海洋工程和农业等重要领域。投资额10亿元以上的项目12个，总投资为281.5亿元。在本市历次招商活动中，项目体量最大，质量最高。葫芦岛市温州商会会长胡晓敏全程陪同推荐，温州商会引荐了温州客商投资连山区五金机电城项目。

3月30日，省长陈政高推进葫芦岛市重点项目。本市提出的重点推介项目19个，总投资为307.5亿元。陈政高充分肯定葫芦岛市招商引资工作和推介的项目，肯定此次温州招商，葫芦岛项目数量多，质量高，主题概念突出。以绥中滨海经济区高新技术产业、打渔山园区泵阀市场建设、兴城市温泉开发、建昌县农产品深加工、高新区石化产业链接、北港工业区重大装备制造和龙港区海洋工程项目建设有特色，一批集群产业正在勃勃兴起，显示出强大的后发优势。

温州招商本市重点推介的19个项目是——

1. 绥中县安防、指纹锁研发生产项目，总投资3.5亿元。

2. 绥中县高科技电子产品研发生产项目，总投资5亿元。

3. 绥中县百瑞尔包装材料项目，总投资2亿元。

4. 高新区年产36万吨可发性聚苯乙烯项目，总投资3亿元。

5. 建昌县汇源果汁生产线项目，总投资10亿元。

6. 建昌县年产10万吨乙酸乙酯项目，总投资15亿元。

7. 葫芦岛工程技术研发中心项目，总投资为1.5亿元。

8. 葫芦岛市救援设备研究院项目，总投资为6亿元。

9. 龙港区葫芦岛市国际建材集散中心项目，总投资30亿元。

10. 龙港区碧海舟大型石油装备及海洋工程基地项目，一期总投资为5亿元。

11．觉华岛度假经济区人工岛项目，总投资26亿元。

12．觉华岛度假经济区觉华小镇项目，总投资40亿元。

13．觉华岛度假经济区起步区项目，总投资10亿元。

14.连山区打渔山园区滨海带状公园/卧龙岛项目，总投资50亿元。

15．连山区打渔山园区泵业产业城市综合体项目，总投资50亿元。

16．连山区打渔山园区泵阀产业科技城（泵阀市场）和商务配套项目，总投资15亿元。

17．兴城市世界温泉部落项目，总投资 15亿元。

18．兴城市首山天沐温泉开发项目，总投资10亿元。

19．兴城市“金天屹”城市综合体项目，总投资10.5亿元。

【赴宁波招商引资活动】 8月23日～26日，市长都本伟率本市经贸代表团，随省政府经贸代表团赴浙江省宁波市参加辽宁省温泉产业（温泉小镇）招商引资推介会和重点项目推进活动。经过深入洽谈、对接，本市推介的12个重点项目得到落实，其中本市推介5个温泉小镇项目在全省推介会上进行了签约。招商活动取得成功，促进了两地间的经贸交流合作。代表团在宁波期间，推进重点项目19个。投资额10亿元以上的项目10个，包括温泉产业、城市综合体、高新技术和现代物流三大类。每一个项目都与投资商认真研究，并与相关部门一起现场办公，协调解决相关问题。8月26日下午，省长陈政高率省直部门领导，共同推进本市重点项目。本市选定的重点推介项目12个，总投资额480亿元。其中，温泉旅游产业项目4个，城市综合体项目4个，高新技术和现代物流项目4个。陈政高对本市推介的12个重点项目给予肯定，同时要求绥中县明水温泉项目的选址要考虑环保问题，修正在猴山水库上游的选址。

宁波招商本市重点推介的12个项目是——

1．兴城市万邦海洋城项目，总投资50亿元。

2．兴城市观海国际商业地产项目，总投资30亿元。

3．绥中县温泉综合旅游开发项目，总投资100亿元。

4.杨家杖子经济开发区人文生态观光旅游项目，总投资70亿元。

5．绥中县滨海世纪城项目，总投资60亿元。

6．龙湾中央商务区绿地生态城项目，总投资100亿元。

7．龙港区印象江南--高档商住综合体项目，总投资25亿元。

8．高新区五星级酒店及商住公寓项目，总投资10亿元。

9．绥中县利尔达物联网产业园项目，总投资5.76亿元。

10．绥中滨海经济区电壁炉项目，总投资12亿元。

11．南票区煤炭储配基地建设项目，总投资6.5亿元。

12．南票区年产1.2万吨葡萄酒生产项目，投资11亿元。

【承办泳装及相关产业投资贸易洽谈会】 8月17日，本市举办了首届中国（葫芦岛·兴城）国际泳装文化节泳装及相关产业投资贸易洽谈会。中国纺织工业协会副会长王天凯，中国侨联副主席乔卫，副省长刘国强，省经信委、省中小企业厅、省侨联主席、省经合办等省直部门领导，市领导孙兆林、都本伟、裴伟东、陈德良、刘宁绥、李双金、黄晓霞、陈利世及中外客商300多人参加洽谈会。

本市牵头承办了这次经贸洽谈会，促使各单位尽快采取“走出去”、“请进来”等方式进行项目洽谈。加强了指导调度，在筹备开始阶段每周进行一次调度，在倒计时一个月筹备阶段每两天进行一次调度，及时掌握邀宾和项目筹备情况。对重点单位、重点项目进行调查研究和督促检查，确保项目质量和重点项目如期签约。对邀宾和项目及时进行收集、整理、汇总、筛选和初审，确保各项工作有序衔接。充实了项目库，编制了《葫芦岛投资指南》和《葫芦岛市招商引资项目册》，开通了葫芦岛市国内经济合作网。认真制定会务方案，精心策划会场布置。在会场选址、会场布置、会议保障、会议程序等重要方面，均提出两个以上方案，做到优中选优。对音响调试、同声传译、项目签约等重点环节，进行预演、彩排。建市以来首次使用同声传译设备，进行了英、俄两种语言同声传译。提高了经贸洽谈会的水准。

此次洽谈会签订投资类项目 23 个，总投资 203 亿元（外资 7 200 万美元）；签订贸易类项目 24 个，合同额 1.66 亿美元；签订框架性 2 个协议。泳装及相关产业投资贸易洽谈会促进了本市的泳装产业升级，实现了以会扩影响、以会育品牌、以会促发展的目标。

【国际宝石饰品创业基地项目落户本市】 2011年，本市对有意向的重点投资项目进行了跟踪服务。组织邀请重庆新兴宝石有限公司董事长叶均廷等客商进行了座谈，推介杨家杖子经济开发区的人造宝石城项目，叶均廷十分看好杨家杖子地区丰富的硅石、锆石资源及劳动力资源。市经合办紧紧抓住这一合作良机，采取深入洽谈、资料提供、政策答询、双方沟通、积极协商等办法，力促这个项目落户杨家杖子经济开发区，双方在重庆签订了框架协议，达成意向。6 月 1 日，叶均廷董事长率队来本市考察投资环境，市经合办对其提出的投资构想进行深入调研后认为该项目符合葫芦岛的整体规划，项目建成后将成为本市旅游景区的重要组成部分，并将弥补人造宝石北方市场的空白。考察过程中，市经合办向叶均廷董事长详尽介绍本市“一线十三区”整体的规划，突出了杨家杖子经济开发区的优势。国家、省、市高度重视开发区，给予大量的政策倾斜。落实棚改资金。本项目作为劳动密集型产业适合落户杨家杖子经济开发区。

6 月 21 日，叶均廷董事长再次率领投资团队，来本市洽谈项目合作细节。22 日，在杨家杖子经济开发区签署了该项目正式合作合同。计划高起点、高标准建设前店后厂、占地面积约 34.47 万平方米的国际宝石饰品创业基地。主要生产人造蓝宝石、红宝石，打造集珠宝产业、商贸、展览、旅游、首饰品展销、住宅于一体的北方人造宝石产业集群。该项目总投资 12 亿元。年销售收入可实现 6 亿元，年实现利税 3 600 万元，直接解决就业人员 2 000 人，间接带动就业 10 000 人，对杨家杖子地区的稳定与发展具有重大意义。

9 月 30 日，在杨家杖子开发区举行了国际宝石饰品创业基地项目奠基仪式，先期投入的 2 016 万元资金已到位。

【创造良好招商引资环境】 2011 年，本市以重点园区为载体，以强化考核、加强服务为基础，以完善政策、优化环境为保障，积极把握重点区域、重点行业、重点项目、重点投资者，进一步建立健全引进项目跟踪服务机制、督察督办机制和推进落实机制，营造了本市浓厚的招商氛围。市经合办作为招商引资的职能部门明确着力重点，推进科学招商。制定了《关于实施重大项目攻坚计划的意见》，在招商引资工作上突出主题概念抓招商、突出重点区域抓招商、突出重点产业抓招商、突出沿海经济带抓招商、突出重点项目抓招商，本市特色园区的主题概念更加明确，招商重点更加明晰。创新“走出去”招商方式，加大“请进来”招商密度。通过“点对点”、“一对一”推介重点项目、上门招商等灵活多变的形式，向长三角、东南沿海、环渤海等地投资商推介葫芦岛。指导各县（市）区、开发区自行开展“走出去”招商活动。强化“请进来”招商，让客商考察相关投资区域，促进项目的落地。制定了《葫芦岛市招商引资引荐人奖励暂行办法》，调动社会各界招商引资的积极性和主动性。制定《关于鼓励客商来葫投资发展的若干意见》，对到葫芦岛投资的客商，认真落实首问责任制，坚持“全方位”、“全程式”、“保姆型”服务，解除客商的后顾之忧，使客商安心放心。改善投资环境，营造安商、敬商、富商的浓厚氛围。

【创新合作项目绩效考核机制】 2011 年，本市按照《辽宁省招商引资（内资）到位资金统计考核实施办法》、《葫芦岛市引进内资统计工作细则》，对全市各县（市）区、开发区内资统计报送的资金证明材料进行认真审核。建立引进项目跟踪服务机制、督察督办机制和推进落实机制。坚持主要领导负责制，责成专门科室，安排专人负责跟踪；指导各县（市）区、开发区及项目单位建立健全网络，确保项目调度工作及时、快捷、准确；加强与项目承接地和项目单位以及省经合办、市政府及有关部门进行沟通，准确掌握项目进展情况；对项目的立项、审批、注册登记、开工建设和经营过程中出现的问题全程跟踪，逐项解决。实行经协办领导适时到现场办公，以“点对点”、“一对一”的方式解决项目推进中出现的各种困难和问题。定期召开全市招商引资工作调度会议，及时通报全市招商引资情况，形成了旬调度、月通报工作机制。年内，葫芦岛市引进省外内资项目295个，项目总投资1 780亿元，引进资金额1749亿元，实际到位省外内资513.4亿元，同比增长121.2%，完成全年任务指标320亿元的160%。

【对口支援新疆生产建设兵团农九师】 2011年，市委、市政府的高度重视对口支援工作，坚持“以支援促合作、以合作促发展”的原则，与新疆生产建设兵团九师及165团、167团的通力协作，进一步加大对口支援力度。本市成立了由市委书记、市长任组长，相关部门、企业主要负责人为组员的市对口援疆工作领导小组，设立了对口援疆工作办公室。制定了具体措施，落实了相关责任。援疆工作纳入了葫芦岛市“十二五”规划之中。2011年，葫芦岛市重点做了四方面的工作：1、参与167团民生工程项目建设。根据167团自然条件比较艰苦、农业基础设施和生活设施条件比较差的特点，建连队住房、给水、排水、道路、照明、绿化等设施（即职工住房200户）。此项目投资1 000万元，其中葫芦岛市提供援建资金800万元。项目已经基本建设完成。2、进行就业与干部人才培训。葫芦岛市有1名干部和3名教师在农九师开展支援工作。农九师有2名干部在葫芦岛市挂职学习。葫芦岛市接待农八师、农九师研讨班学员及转移就业培训人员6批次，累计300余人次。3、针对兵团农九师提供的招商引资项目开展合作。5月27～28日，农九师师长赵亚忠率团在本市开展招商引资项目推介会，市委、市政府、县（市）区、开发区（园区），县（市）区、开发区（园区）招商局以及本市企业家、投资主体80余人参加了项目推介会。农九师以资料片的形式展示了新疆农九师辖区的美丽风光和丰富的物产资源。推介会上，农九师招商局与本市旅游局、蛤蟆山矿业有限公司签订了合作开发旅游资源及矿产资源框架协议。4、落实两地互访机制，深化交流与合作。4月27日，农九师赵亚忠师长率团来葫对接，提出农九师与葫芦岛在装备制造业、能源资源开发、农产品深加工、旅游热点建设等方面有很多互补性，坚持“以支援促合作，以合作促发展”的思路，全面加强双方的沟通协调，充分发挥各自优势，进行更深层次的合作。农九师客人考察了本市北港工业区、高新产业园区和兴城古城、九门口水上长城。7月5日，农九师副师长任军率团来葫考察，8月6日，167考察团来葫考察，8月11日，农九师副政委张爱民率团来葫考察，这三批考察团考察了本市的北港工业区、兴城临海产业园区、兴城古城、兴城文庙、九门口长城等园区和旅游资源，并重点考察了本市适合农九师发展的农业现代产业园。

9月5日～11日，市领导孙兆林、李双金率市直机关20多个部门和部分企业的负责人，在新疆农九师对接165团、167团的对口支援工作。把葫芦岛市对口支援新疆农九师165团、167团工作推向新的阶段。葫芦岛市与农九师进行了座谈。参观了167团的军垦文物陈列室，举行了为167团200套职工住房民生工程建设的“辽宁葫芦岛市援助167团连队职工居住小区”命名揭牌仪式。葫芦岛市向165团和167团捐赠了40吨东北大米、100台微机和100吨建筑钢材。年内援助物资运抵新疆165团和167团。

【对口支援青海省大通县】 2011年，本市开始对口支援青海省大通县，援助时限10年。本市按照《辽宁、青海扶贫协作“十二五”规划》的要求，坚持“以支援促合作、以合作促发展”，围绕饲养业、种植业和三产等产业发展进行整合和创新，提高综合效益，扎实做好对口支援工作。1、把对口支援资金纳入财政预算。2011年市财政预算扶持资金40万元。2、双方进行互访，对接有关援建工作。6月11日，本市代表团赴青海省大通县商讨对口支援工作。在葫芦岛市与青海省大通县对口支援工作座谈会上，双方协商要在能源资源开发、装备制造业、农产品深加工、旅游热线建设等互补性强的方面进行深层次的交流与合作。就落实大通县奶牛良种繁殖场奶牛饲养项目，考察了大通县丰源现代农业基地、大通县神龙油桃种植基地等，为大通奶牛良种繁殖场提供帮扶资金20万元。

9月28日，大通县县长韩生才率团来葫芦岛市落实对口支援工作，进一步密切双方的联系和沟通。商谈了项目工程的扶持和质量验收，探讨了拓展援建的渠道和领域，在教育、医疗、卫生、农业科技等方面进行支援。12月，本市为大通县中学电教室提供了价值 20 万元的微机和配套用品。本市蛤蟆山矿业有限公司为大通县困难家庭的学生捐助了 100 件羽绒服、100 个书包以及其他学生用具。

【葫芦岛市山东商会成立】 7月6日，葫芦岛市山东商会成立。这是辽宁省第一个市级山东商会。本市按照《辽宁省异地商会登记管理办法》和《辽宁省异地商会业务管理办法》，开展异地驻葫商会建设工作。派工作人员到省经合办和外地学习商会建设与管理经验，认真指导山东商会筹委会制定商会章程和各项规章制度；掌握驻葫鲁商的基本情况；在葫已有山东企业近百个，涉及造船、养殖、房地产等行业领域，年产值20亿元，上缴税金5亿多元，吸纳就业超2万人。帮助筹委会带头人选定56个商会会员企业，向驻葫鲁商宣传本市经济社会发展成绩和发展环境，增强为本市作贡献的信心；帮助山东商会选择办公地点，积极为商会建设提供方便条件；加快审批速度，在商会筹委会提交申请的一个工作日内，完成审批工作。葫芦岛市山东商会旨在吸引山东企业家来葫发展，推动辽鲁之间经贸科技合作、人才交流与资源开发。葫芦岛市山东商会的成立，驻葫山东企业有了学习和交流平台，为葫芦岛市经济发展注入新的活力，促进辽鲁两地经济合作。

（李德刚）

科 学

科学技术

【概况】 2011年是“十二五”的开局之年，全市科技工作重点围绕加快经济增长方式转变这一主线，加强科技创新体系建设和产学研结合，扶持高新技术及产业发展，推进社会主义新农村建设。

全市实现高新技术产品产值159.2亿元，实现高新技术产品增加值35亿元。安排市级科技计划项目43项，安排资金800万元；列入省级以上计划34项，争取资金3 64万元，其中国家富民强县计划1项，获得国家支持资金211万元。全市共取得科技成果44项，其中省级成果11项。获得省级科技进步三等奖2项。评出2011年度市科学技术奖52项，其中科学技术功勋奖2项，科学技术进步奖50项，奖励科技人员475人次；龙港区人民政府和建昌县人民政府获科学技术功勋奖。这些获奖成果共新增利润11.69亿元，新增税收0.59亿元，节支总额18.71亿元，创汇1.49亿美元。全年认定登记技术合同11项，技术合同额2 580万元，好于上年。组织相关单位参加了2011中国海外学子创业周、辽宁省及葫芦岛市科技成果对接会、中国专利技术对接洽谈会等大型科技交流活动，促进了本市的科技合作与发展。

【三项指标列入省政府考核指标】 2011年，省政府调整了对各市政府科技工作考核的内容，由过去的一项，增加到三项，分别是高新技术产品增加值、吸纳技术合同成交额、每万名农村人口科技特派员数量。到年底，本市有两项指标超额完成任务。其中吸纳技术合同成交额完成3.6亿元，比全年目标值超出1.6亿元，比上年增长9%；每万名农村人口科技特派员数量达到万分之十三，比全年目标值高出万分之二，指标分值得满分。

高新技术产品增加值完成35亿元，比上年减少9.33%，没有完成增长20%的年度指标。其主要原因有三点：一是上年增幅过大，达到276%，大大抬高了基数；二是受经济形势影响，企业原材料成本增长较大，制造费用增加，造成增加值负增长。据统计，仅渤海船舶重工有限责任公司和中航黎明锦化机集团公司两家企业就减少增加值10多亿元。

【高新技术发展与产业化】 2011年工业项目共有10项列入市级科技计划，安排资金240万元；有4项列入省计划，获得资金540万元。渤海船舶重工有限责任公司研发的“苏伊士油船/新巴拿马最大型散货船节能减排关键技术研究”项目列入2012年度国家高新技术领域预备计划。评定市级高新技术企业13家，累计达45家；有4家企业被授予国家级高新技术企业称号，累计达7家。结合全市十三个“主题概念”园区建设的重点，市科技局为绥中滨海经济区已实现规模生产的企业组织了市级高新技术企业专题认定，在申报的8家企业中，最终认定6家市级高新技术企业。推荐渤海船舶重工有限责任公司、辽宁海思科制药有限公司、葫芦岛龙源采油机械有限公司和国帝药业有限公司四家企业申报国家级高新技术企业，已全部通过认定。为方便企业顺利完成难度较大、程序复杂的国家级高新技术企业申报工作，市科技局在网上开通了“葫芦岛高企认定工作群”，随时接受企业咨询和进行指导。

根据国家对高新技术企业的相关税收政策，

企业自获得高新技术企业认定后三年内将享受重大税收优惠政策，所得税率按 15%的比例征收。依照国家税务总局《企业研究开发费用税前扣除管理办法（试行）》，辽宁海思科制药有限公司自主研发的 9 个项目取得了国家重点支持的高新技术领域认定，享受了相关优惠政策。

【科技支撑新农村建设】 2011 年，全市有 15 个农业项目列入市级科技计划，安排资金 249.5 万元，占本级项目经费的 38%。列入省级以上计划 5 项，获得资金 449 万元；其中“兴城市 40 万亩优质花生产业化基地建设”项目列入国家科技部 2011 年科技富民强县专项行动计划，共获得国家和省支持资金 314 万元。

全市培养农民技术员 237 人，其中与市水产技术推广站签订科技特派培训协议，培养水产养殖学员 100 名。截至年底，全市已有 757 名学员参加培训。中国农科院果树研究所作为省科技厅设立的农民技术员培训基地，已累计培训果树专业学员 471 名。

科技特派工作继续深入开展。全市新增科技特派团 15 个、特派员 1 300 名。共整合市县两级科技特派团 60 个、科技特派员 1 847 名，每万名农村人口科技特派员数量为 13 人。其中市级科技特派团 19 个，特派员 201 名；县级科技特派团 41 个，特派员 1 646 名。培训面覆盖了全市各个乡镇和 90%以上的专业村，引进推广新品种、新技术 368 个，建设和完善农业科技示范基地、示范小区、示范园等 664 个，示范基地面积达到 158 万亩，带动农户近 20 万户，帮助农民创造经济效益约 50 亿元。全市有 21 个科技特派员工作站和 62 个特派员服务站被辽宁省科技特派行动协调小组认定为首批省科技特派员工作站和科技特派员服务站。有 2 家单位被评为辽宁省农村科技特派行动先进集体，23 名同志为先进个人。本市科技特派工作被辽宁省科技厅授予优秀组织管理奖。9 月底召开了“全市科技特派工作会议”，总结了近三年工作进展情况，对一批优秀科技特派团、科技特派员以及优秀农民技术员进行了表彰。

【县（市）区科技进步】 2011 年，龙港区、连山区、建昌县参加了全国科技进步先进县区考核活动，通过国家验收，进入全国科技进步先进县区行列。在市科技进步先进县（市）区、开发区考核中，有 6 家单位达标，两家单位因科技投入未达标准而未达标；龙港区、建昌县、高新技术产业开发区被评为优秀单位。兴城市成功争取到 1 项国家科技富民强县项目，获得科技资金数额为历年最多。连山区开展免费送农民上大学活动，在全市率先实现平均每个行政村有一名农民技术员的目标；科技特派工作累计实现社会经济效益达 1.45 亿元；连山区政府被授予省科技特派行动先进集体，16 名科技特派员获得省、市优秀科技特派员荣誉称号。

【知识产权事业发展】 2011 年全市专利申请总量为 329 件，比上年增长 26%；其中发明专利申请 127 件，比上年增长 25%。职务申请 199 件，超过上年的 2 倍。全年专利授权 187 件，其中发明专利授权 61 件。有 2 项专利产业化项目列入市计划；有 5 个项目获得省专利转化资金，总计 170 万元。辽宁省聚氨酯专利数据库建设暨辽宁省聚氨酯产业知识产权战略研究课题结题完成，并通过了成果鉴定，被认定为国内领先水平。该成果获 2011 年度市科技进步一等奖。

知识产权战略继续推进实施，全年发放发明专利补助资金 12 万元。第二批省级专利产业化试点示范企业工作任务完成，申报 8 家企业为第三批省级试点示范企业，已全部获批。市级专利产业化试点示范企业认定工作启动，首批认定 3 家。市知识产权局被省知识产权局评为本年度知识产权战略制定与实施工作先进集体。

（刘雅新）

气　象

【概况】 2011 年，葫芦岛市气象局在市委市政府的正确领导下，坚持以科学发展观为指导，紧密围绕全市中心工作，积极推进气象工作全面发展。加快转变气象事业发展方式，全面加强气象为农服务农业气象服务体系和农村气象灾害防御体系建设工作，各项工作都取得了良好的成绩。

【气象灾害监测预警能力不断加强】 2011年挂牌成立43个气象信息服务站，在乡镇安装气象信息电子显示屏27块，建成气象预警大喇叭12部。全地区已建成各类气象自动观测站93个。培训上岗农村气象信息员1 046名，气象信息员队伍已辐射至村屯。为农民及相关部门发布墒情分析17期；报送干旱面积和播种进度9期；发布农用天气预报5期。各项业务指标均达到省局目标考核指标。全年短期天气预报一般降水正确率为64%，晴雨准确率为90%，最高气温和最低气温预报正确率分别为74%和67%。暴雨（雪）预报准确率为62.5%，中短期预报质量稳中有升。地面测报、农业气象测报无错情。

【各项业务和服务工作取得良好成绩】 加强跟海洋与渔业、国土资源、交通等部门业务合作，制作并发布：海洋天气预报预警、交通气象预报服务、森林火险等级预报、城市空气质量日报、预报、各类环境气象指数预报，汛期与国土资源局联合发布地质灾害等级预报。年初制定周年决策气象服务方案，为全市各相关部门发布决策服务信息120期，中期预报36期，雨情47期，短期气候预测15期，材料发布数量比去年同期增长19.6%。充分利用电视、广播、网络、报纸、12121热线等方式发布气象信息。葫芦岛市气象预警信息综合业务操作平台建成并投入试运行，实现了气象基础业务自动化、准智能化，更好地为气象服务提供了技术支持。起草制定《葫芦岛市气象灾害应急预案》，修订20项气象灾害应急预案，调整了10个应急领导小组成员。针对渤海石油钻井平台石油泄漏事件开展应急气象服务；针对日本核电站爆炸积极开展核辐射预报服务，消除市民对核辐射产生的恐慌；组织开展森林灭火应急演练。强热带风暴“米雷（Meari）”、第9号强台风“梅花”登陆期间，我局先后8次启动了重大气象灾害Ⅲ、Ⅱ级应急响应命令。

【灾害性天气监测预警系统建设日趋完善】 2010年完成了全市15个区域自动气象站的选址、设备和围栏采购、仪器安装和调试以及基础建设等工作；完成了16个公路气象自动站及中心站建设工作；完成了绥中刁龙嘴温盐井的建设；新建4个自动土壤水分观测站；开通了省市双流高清视频会商系统，完成了虚拟专用网络建设；实现了局内网络的内外网的有限分离。完成了9个四要素区域自动气象站设备的采购。区域自动气象站在全地区气象灾害及其衍生灾害监测预警工作中发挥了重要作用，特别是在2010年历史同期罕见的多次强降雨过程中，为政府决策和精细化气象预报服务提供了可靠的气象数据。

【人工影响天气工作取得明显实效】 人工增雨工作作业领域由单纯的农业抗旱拓展到农业防灾减灾、增加水库蓄水、改善生态环境等领域。今年全地区组织人工增雨作业10次，发射增雨火箭弹500余枚，出动增雨火箭车辆60多辆次。

【气象行政管理工作步入法制化进程】 正式成立葫芦岛市气象行政执法大队，各县局相应设立执法中队。举办施放气球作业人员培训班，对全地区9家礼仪公司、30多位施放气球作业人员进行了岗位培训，先后开展施放氢气球行政执法8次，166人次参加执法，出动车辆28辆次。今年我局开展防雷执法32次，90人次参加执法，出动车辆32辆次。下半年，与市安监局联合下发通知，在全市范围开展了为期四个月的防雷安全专项检查活动，对防雷行政许可开展了专项检查。共对40余家房地产开发企业进行检查，下达5份责令停止违法行为通知书。

【党建 精神文明建设呈现亮点】 职工党员比例由3年前的47%提高到了现在的70%。开展了学习郭明义、杨善洲同志先进事迹，政务礼仪知识培训、“读书促学”赠书、“五个一”等活动。全年共制作印发“创先争优”活动简报21期。有一人次获得市优秀共产党员称号。积极参加全省、市组织的各项活动，组织开展建党90周年红歌咏诵会。开展了节日期间走访慰问活动，多次组织学习胡锦涛总书记“七一”重要讲话精神，组织全体党员赴爱国主义教育基地参观学习。落实党风廉政建设责任制，签订党风廉政建设责任书。加强党风廉政教育，组织开展了一系列警示教育活动，全年制作并发行“廉政之窗”电子专刊4期。

（费　杰　于亚薇）

防震减灾

【概况】 2011 年，市地震局在市委、市政府和辽宁省地震局的领导下，以贯彻科学发展观为统领，以开展争先创优活动为载体，围绕防震减灾“三大体系”建设和机关自身建设，全面落实年初制定的机关工作目标责任制，各项工作得到不断加强，圆满完成了全年的各项工作任务。市地震局现有人员编制 13 名，现有人数 12 名。所辖事业单位有葫芦岛市地震台。内设机构：办公室、监测预报科、震害防御科。

【安排好防震减灾工作】 全省防震减灾工作会议召开后，市地震局根据会议要求，结合本市实际情况，及时将 2011 年地震趋势和做好本市防震减灾工作的意见向市政府做了汇报，根据本市 2011 年面临的地震形势和防震减灾工作需要，市地震局下发文件对全市防震减灾工作提出了明确要求。

【密切监视震情 做好分析预报】 2011 年，针对本市面临的地震形势和当前全球大震频发的大背景，市地震局密切监视震情，始终坚持 24 小时值班制度。每半月召开一次全局会议，每月发一期“震情通报”，积极跟踪、掌握震情发展态势，保持社会稳定。8 月 16 日参加了 2011 年度辽吉蒙交界地区地震联防会，并在会上做了关于葫芦岛地区地震趋势和辽吉蒙交界地区地震趋势的会商报告。10 月 12 日参加了全省 2012 年地震趋势会商会，在会上阐述了对 2011 年震情的分析总结，提出了葫芦岛市对辽宁地区 2012 年地震趋势判定的意见。

【加强台站管理 提高观测质量】 2011 年，本市省级 4 个测震子台，1 个地下水前兆台网运行良好。为确保省属无线传输台网正常运行，市地震局加强了对台网的维护工作，明确了相关部门和人员的责任制，对台网出现的问题，及时上报，及时处理，保证省属无线传输台网正常运行，确保了资料的连续可靠。由于兴城地震站刚刚迁到新址，没有观测手段，市地震局积极与省局沟通，根据兴城地震站的具体情况，选择了深井地应力、深井地倾斜、地下流体观测等手段，并得到省局的大力支持，定于“十二五”期间完成各项观测手段的正常运行。近期省局又给兴城地震站安装了强震监测设备。

【加强地震宏观信息工作】 为了进一步加强地震宏观信息工作，市局 2011 年增加了地震宏观观测点的布设，强化了对地震宏观信息员的管理和培训。2011 年，对去年全市增设的地震宏观观测点进行跟踪管理，重点管理好其中列入省地震局的地震宏观观测点 10 个，使其在全省处于前列。2011 年，市地震局举办了“葫芦岛市地震系统领导干部骨干培训班”。各县（市）区主管防震减灾工作的领导及具体负责地震工作的同志参加了此次培训。通过培训和交流，使地震系统领导干部的业务素质和能力得到一定提高。

【继续做好防震减宣传工作】 5 月 9 日，市地震局联合南票区科技局，在南票区黄土坎大集搞了一次大型防震减灾宣传活动，发放传单五千多份，并且播放了影视资料，很好地宣传了防震减灾知识。

在“国家减灾日”期间，深入开展防震减灾知识宣传普及活动。2011 年 5 月 12 日是汶川大地震二周年日，也是第三个“国家减灾日”。为充分利用这一有利时机，市地震局采取了多种形式开展防震减灾知识宣传教育和普及工作。市地震局在经费紧张的情况下，制作了防震减灾宣传画板，印制了防震减灾知识图书，会同有关单位于 5 月 11 日和 11 月 1 日在市政府门前共同开展防震减灾知识大型宣传活动，宣传普及地震避险和自救互救知识，收到了良好的社会效果。

积极配合兴城、绥中等县（市）区，开展了丰富多彩的防震减灾知识宣传活动，为县区防震减灾宣传工作的开展摸索出一条新途径。

【地震综合防御工作】 跟踪本市大项目建设，做好地震安全性评价工作。市地震局始终坚持围绕中心，服务大局的工作理念，积极主动地开展工作。对全市的大项目进行跟踪管理，为葫芦岛的经济建设服务。

参加了连山区实验小学、龙港区实验二小、兴城市宁远小学应急演练，并做了地震知识讲座。参加了市科协组织的科普进党校活动，取得了良好的效果。

【地震应急救援工作不断加强】 为进一步加强地震应急救援工作，提高本市地震应急救援能力，市局对本市地震应急救救援能力建设进行了全面部署。一是加快地震应急救援队伍建设。依托市政府已经组建的应急救援支队，整合各方面救援力量，建立联动机制。对全市的各类大型施工机械、设备，做好分类登记，统一编号，定人定位。以便地震应急救援统一征用。二是加快地震救援志愿者队伍建设。各县（市）区要成立不少于500人的志愿者队伍。三是加快地震避难场所建设。各县（市）区结合城市建设规划，充分利用广场、公园、绿地等设施，建立了1～3处地震避难场所。为进一步落实市防震减灾工作会议对地震应急救援工作的部署，局有关领导带领震害防御科对各县（市）区落实情况进行了一次全面检查，对存在的问题提出了整改意见和明确要求。

【地震台建设取得进展】 由于市领导的高度重视和局有关人员的不懈努力，建设地震台工作取得可喜成绩。目前，由于客观原因，原来的台址需要变更，市局本着服从大局的理念，积极与中央商务区进行沟通，目前土地置换工作已经完成，场地平整已经完毕。明年确保完成地震台建设。

（刘敬军）

信息化建设

【概况】 2011年是国民经济“十二五”规划实施的第一年，把握机遇，迎接挑战。全市政府信息化建设更是取得新的成绩。“中国·葫芦岛”政府门户网站已成为本市电子政务建设的重要组成部分，党政信息网为本市电子政务建设搭建了通达的桥梁。在经济预测分析信息化上也有新的飞跃。随着本市信用数据平台的应用，全市信用体系工作也正如火如荼地发展。这些都对促进政务公开、改进行政管理、提高行政效能、建设服务型政府起到了重要作用。

【政府网站建设成绩显著】 政府网站在加强主流导向宣传的同时，更加注重信息的质量、网站安全，加大政务公开服务的力度。

打造“中国·葫芦岛”网站品牌。年初“中国•葫芦岛”政府门户网站 “网络视频”频道开通。我们在省内率先合作引进网络视频直播技术，对2011年本市人大、政协“两会”的开幕式、闭幕式进行了视频直播。在新春之际，时任市长孙兆林首次通过“中国•葫芦岛”政府网站视频频道给全市人民拜年。同时六个县（市）区及开发区的领导也参加了网络新春大团拜。这是本市政府网站技术上又一次质的飞跃。

2011年政府网站围绕市委、市政府的重大工作部署及时开设“聚焦十二五　绘就新蓝图”、诚信中国、高考、两会、葫芦岛市公开选拔领导干部、“节能我行动，低碳新生活”、“我们的城市，我们的家园”等相关专题，实时制作元旦、春节国际泳装文化节、建党90周年、党代会等宣传横幅，较好地展现了市委、市政府落实科学发展观，以人为本、关注民生的实际行动。完成文广局等多家子网站建设并上线运行，配合市委机要局制作了市委内网。加强域名管理，完成网站和域名的备案。

同时，通过加入“九市一盟”区域合作网站建设和管理会，加强区域合作组织各成员间信息方面的交流与合作，探讨更加成熟的信息合作工作机制。

从2011年1～11月，网站上传信息18 584条，上传图片1 000多幅，录制视频79个。截至11月底，政府网站总访问量5 034 964人次，市长信箱平均日受理信件3～5件，备受网民关注，办复率达到 90%以上。葫芦岛论坛现注册会员队伍不断扩大，新增民意直通车、亲子乐园、花田喜事、家装家居等版块，日发贴在300件以上，当天在线人数最高达4 391人次。

在2011年12月底获知的2011年中国优秀政府网站推荐及综合影响力评估结果通报中:“中国•葫芦岛”网站荣获“2011 年度中国政府网站优秀奖”。此成绩在辽宁省地级市政府网站名列第一位，全国第12位。这也是近年来，本市政府网站建设取得的最好成绩。

全面推动子网站绩效评估考核制度。部门网站作为门户网站的重要组成部分，其建设好坏对党政信息化牵动很大。目前子网站建设管理日趋完善。政府网站定期对子网站开展网上检查工作，发现问题及时与各子网站联系，进一步完善子网站建设。同时，定期对子网站实时监察，每季度定期发布子网站点击率排名，促进网站发展。

为加强政务公开网络载体建设，推动政务公开网络载体应用工作，市政府决定开展全市政务公开网络载体绩效评估活动，周期为每年一次，市政府办特下发《关于开展全市政务公开网络载体绩效评估工作的通知》（葫政办传[2011]32号）文件。葫芦岛市信息中心作为“中国·葫芦岛”政府门户网站的承办单位，负责协助此项工作的落实。

政府网站制定出葫芦岛市政府部门政务公开网络载体绩效评估指标体系和县（市）区政务公开网络载体绩效评估指标体系，并配合市政务公开办先后两次到市直机关部门60多家单位进行调研、检查，后又对指标体系进行修改。经过5个多月的工作，在年底为每家单位出具各自的绩效评估报告，以促进子网站的建设。

该工作的开展促进了政府网站的全面建设，政务公开工作的全面发展。

【网络结构完整 运行平稳 服务拓宽】 加强网络服务，保证党政信息网的平稳、快速运行。随着网络设备和线路的日益老化，用户上网的不良习惯，网络病毒、木马的层出不穷以及一些突发事件的影响，使网络维护工作变得越来越复杂。在克服诸多困难的情况下，对网络设备和线路及时进行检修和更换，解决了市委、政府、人大等多家单位由于线路断裂、设备死机、端口松动、网络病毒等原因引起的网络故障300多起。在维护和处理故障的过程中做到了及时、快速、准确，保障了党政信息网的平稳运行。并协助党校信息中心完成对党校局域网主干设备的升级工作。

随着用户的不断增加，以及信息报送业务的时效要求，原有的网络带宽已不能满足用户群的需要。针对这一情况，市信息中心及时汇报、主动申请，并得到市领导及相关部门的支持。现将党政网平台原出口双百兆带宽中的一条百兆光纤线路改为千兆，市委、市政府办等部门并入千兆线路。经过调试现网络出口运转平稳。

拓宽网络服务，充实党政网框架，打造坚实党政网平台。完善机房管理，积极做好网站的日常维护和安全防护工作。2011年，建昌、龙港等县（市）区的行政审批电子监察系统设备也进入市信息中心的机房完成托管工作。由于大量设备进入机房组，对日常维护和安全防护工作提出了更高的要求。先后两次对机房进行改建工作，并确保本市党政网及已全面启动的本市信用数据交换中心平台、本市及县（市）区行政审批电子监察建设工程、本市行政权力运行公开应用系统平台、本市及县（市）区工程建设领域项目信息公开和诚信体系建设、葫芦岛市数据灾备系统等几大系统平台的在中心机房组的平稳运行。

【社会信用体系建设工作步入正轨】 自本市社会信用体系建设工作开展以来，一直受到市委、市政府领导的高度重视。本市社会信用体系建设工作的基础平台也已经基本搭建。“三库、一站、一平台”的建设目标也基本实现。

在打造硬件基础的同时，也为软环境建设做了不少工作：先后下发了《关于征求信源单位对数据规范修改意见的函》（葫发改发[2011]5号）、《葫芦岛市企业信用信息征集工作细则》和《关于加强企业信用信息征集工作的通知》（葫信发[2011]1号）等文件，使信用信息征集这项工作做到规范化、制度化，进一步提高了征信工作的效率和成效。

2011年3月，在省政府对2010年全省14个地级市绩效考核评比中，本市信用体系建设工作在全省取得并列第一的好成绩。葫芦岛市信息中心被评选为信用数据征集先进工作单位。

配合全省信用工作步伐，市政府办下发《关于在重点建设工程项目招投标领域推行企业信用报告制度的通知》（葫政办传[2011]19号），随后市发改委、住建委、交通局、水利局四大部门联合下发《关于在重点建设工程项目招投标领域推行企业信用报告制度的通知》（葫发改发[2011]106号）文件，至此，本市也在2011年7

月1日起，在全市重点建设工程项目招标投标领域推行企业信用报告制度。这也是本市信用体系建设工作中的一件大事。

2011年新改版的“信用葫芦岛”网站也在5月份正式外挂。新版网站图文色彩更鲜明，内容更详实，信息公开更丰富透明。对宣传信用体系建设和信用工作政务公开起到了推动作用。

截至2011年11月底，本市共征集到市人社局、经信委、药监局、住建委等21个市直部门的信用数据共计778 335条，征集信用数据指标集189个、信用数据指标项578个，全年累计报送奖惩信息1 594条。此外，本市还积极向“信用辽宁”网站和《信用辽宁》杂志投稿报送信息，共报送信用稿件10篇，报送信用信息共计73条。在省政府对2011年地级市绩效考核评比中，本市信用体系建设工作又获得了一个满分。

葫芦岛市信用中心于2011年6月份得到市编委的批复而正式成立，在市信息中心挂牌办公。至此，本市信用体系建设工作机制健全，为本市信用体系工作向纵深发展提供保障。

【经济预测分析信息化高速发展】 在“十二五”的开篇之年，为了提供准确的经济预测分析导向，我们认真组织分析，抓住本市经济运行的特点，撰写出：《葫芦岛市第二（三、四）季度经济形势预测运行分析》、《葫芦岛市农机发展情况调查》、《沿海经济带振兴发展的增长点》、《正视现状知难而上》等多篇调研报告，为领导提供有价值的决策依据。

本着为市领导提供更有价值的经济信息参考，我们借用信息化手段，编撰《信息参阅》报送市五大班子领导及有关市直部门领导参阅。该内参以智库机构所提供的信息、数据、分析为依托，加以整理，结合本市的实际，实时跟踪经济热点，为领导提供决策支持。截至年底，《信息参阅》共出版36期，深受领导好评。针对2011年的出版情况，年底还出版了一本《信息参阅》年度合订本供大家参阅，且反响不错。

此外，《经济与信息》、《魅力葫芦岛》杂志如期发行，从不同的着重点、不同的角度对葫芦岛市的经济、形象进行宣传、报道。《葫芦岛经济展望》（黄皮书）自出版以来，每年都受到领导的高度肯定，2011年的黄皮书也如期在全市经济工作会议上发行，该书对本市经济工作提供必要的决策支持。

2011年，全市信息化建设成绩显著。在建党九十周年到来之际，葫芦岛市信息中心党支部先后被葫芦岛市直属机关工作委员会授予“基层党建示范点‘优秀单位’”、被市发改委党组授予“先进党支部”。这些也都是对市信息中心在本市信息化建设中所做的工作的肯定。凌源市委宣传部、市政府办，抚顺市信息中心也先后组织人到本市信息中心进行调研、参观、学习。同时，2011年8月份，辽宁省信息中心主任孙立群、副主任刘滨、办公室主任安旭等一行3人莅临本市信息中心检查、指导工作，对市信息中心近年来在信息化建设中的工作给予了高度的评价与肯定。并针对此行专门做了一期专题调研报告发表在辽宁省信息中心《信息动态》上，在这本省信息系统也尚属首次。

（张金发）

教　育

【概况】 2011 年，市教育局设科室 13 个：办公室、政治部、监察室、计财科、人事科、督学室、基教科、高成职科、体卫艺科、法规科、学前科、安全科、关工委办公室。

所属事业科室 9 个：招考办、基建办、企业办、发行站、教育装备中心、保健所、科研所、高函站、电教馆。

市教育局局直单位：市教师进修学院，一高中，二高中，实验高中，六高中，七高中，八高中，九高中，第一中等职业专业学校，锦西工业学校，教师进修学院附属中学，教师进修学院附属小学，特殊教育学校。

本市高校：

1. 市属高校：渤海船舶职业学院。
2. 驻在高校：辽宁工程技术大学。
3. 民办高校：辽宁财贸学院。

2011 年，市教育局在省教育厅科学指导下，在葫芦岛市委、市政府的正确领导与大力支持下，全面贯彻落实全国、全省教育工作会议精神，落实《国家中长期教育改革和发展规划纲要(2010～2020 年)》，《辽宁省中长期教育改革和发展规划纲要（2010～2020 年)》，围绕“工业强市、项目支撑、沿海开放、民生保障”的战略目标，加快教育改革和发展步伐，着力提高教育现代化水平，为全市经济社会和谐发展提供了强有力的人才支撑和智力保障。

【科学规划全市教育事业发展】 12 月 7 日，本市召开全市教育工作会议。会议颁布实施《葫芦岛市中长期教育改革和发展规划纲要（2010～2020 年)》、《葫芦岛市委、葫芦岛市人民政府关于加快教育改革和发展的意见》以及《葫芦岛市关于加快学前教育改革与发展的实施意见》、《葫芦岛市关于推动职业教育快速发展的意见》，全面谋划了未来五到十年的全市教育重点工作。

【各级各类学校办学条件进一步改善】 2011 年，本市改造学校数量 97 所，新建、翻建校舍面积 96 069 平方米，改造危房 26 974 平方米，总投资 15 711 万元。强力改善直属学校办学条件，市六高中开工建设了 17 095 平方米教学楼，市一职专开工了 1 500 平方米体育馆及塑胶操场，工业学校开工建设了 9 500 平方米塑胶操场，师范附小 3 031 平方米教学楼工程也已启动，市八高中 7 000 平方米教学楼前期手续办理基本完毕，市九高中操场及教学楼维修如期完成。

完成了九年一贯制（寄宿）学校建设收尾及附属工程建设工作。之前未完成的 7 所九年一贯制（寄宿）学校全部竣工。教师周转宿舍建设 2 个，建昌县老大杖子九年一贯制（寄宿）学校面积 800 平方米，投资 135 万元（中央投资)；兴城市东辛庄九年一贯制（寄宿）学校，面积 800 平方米，投资 130 万元（中央投资)。

【学前教育普及步伐加快】 2011 年，本市完成了全市学前教育三年行动计划编制工作。上半年，市教育局对全市学前教育资源情况、乡镇中心幼儿园建设进展情况、“十二五”规划情况、县(市)区学前三年行动计划编制情况进行了三次大规模的调研，在认真分析本市现状，科学预测未来适龄学前人口发展趋势的基础上，结合国家以及辽宁省相关政策，起草了《葫芦岛市学前教育三年行动计划》。同时指导各县（市）区完成了三年行动计划编制工作，推荐兴城市为全国学前教育三年行动计划试点市。

完成了辽宁省“加强城镇居民小区配套幼儿

园建设和推进城市学前教育管理体制改革”试点方案的申报和立项工作。市教育局组织连山区和龙港区教育局相关人员赴大连进行学习和考察，与大连市教育局就小区配套幼儿园建设与管理进行了深入的交流和研讨，积极借鉴全国推广的大连经验。同时，积极与各有关部门协调，结合实际，完善了本市的改革方案，起草了《关于规范城区住宅小区配套幼儿园建设管理和使用的意见》，待市政府有关部门研究批复后正式下发实施。

对全市学前教育工作及三年行动计划进展情况进行调研和督导检查。市教育局把加强农村幼儿园建设作为重点，一方面，我们加大全市农村乡镇中心幼儿园建设力度，制定优惠政策，充分调动基层县（市）区建园的积极性，有效解决农村优质学前教育资源严重短缺和入好园难的问题，促进城乡学前教育均衡发展。另一方面，对全市学前教育工作进行调研。5 月份，市教育局代表市政府向市人大常委会领导做了详细的汇报，并深入基层县（市）区考察，对全市各类幼儿园发展状况进行抽样调研。市人大常委会将学前教育发展情况作为 6 月中下旬市四届人大常委会会议的议题。6 月中旬和 9 月下旬，市教育局和省市督学室一起对各县（市）区落实省市要求和三年行动计划进展情况进行调研和督导检查。对于各地出现的问题我们及时进行反馈和指导，适时推进各地学前教育工作，督促其完成 2011 年既定目标。

【义务教育均衡发展势头良好】　2011 年，本市对省级教育体制改革试点县（市）进行立项、实验、推进指导。完成建昌县承担的推进农村初中学校进县城办学试点、兴城市承担促进义务教育资源配置均衡化等义务教育均衡发展试点和葫芦岛市承担的实施普通高中市域内跨县（市）区招生试点的前期准备与推进工作。其中，“初中向县城集中，小学向中心乡镇集中”的办学模式已在建昌县、兴城市、南票区铺开。建昌县在县城征地 10 万平方米，筹建容纳 3 500 名学生初中，计划对 8 个乡镇的初中实施进城；兴城以新建二高中、一中为牵动，实现城区、城郊中小学资源整合；南票区建一所初中，已有 3 个乡镇初中进入了城区。兴城市承担的义务教育均衡发展省级试点改革工作进展顺利，政府投资 2 000 多万元，按照统一标准为城乡义务教育学校进行了资源配置，达到了“双高普九”标准，兴城市中小学面貌焕然一新。

总结“葫芦岛市区域性课程教学改革实验区（南票区）”的阶段性经验。对借鉴学习“杜郎口模式”分阶段进行总结，分布在全市各县（市）区探索新模式积极性较高、基础较好的中小学组成“葫芦岛市中小学课堂教学改革联合体”，并以南票区为活动基地，强力推进。同时，在连山区进行“有效课堂”实验，打造“构建学科有效课堂教学模式的实践与研究”课改品牌。

积极推进“农村标准化学校”、“城市现代化学校”创建工作。上半年，市教育局召开了“全市拉练式中小学标准化建设管理工作暨义务教育均衡发展创建工作现场会”，转发《辽宁省中小学标准化学校标准》，按照工作规划，年内全市将有 20%的学校完成城市现代化学校和农村标准化学校的建设目标。各县（市）区正在稳步推进，市教育局正在筹备进行评定。

扎实推进新一轮“普九”工作。首先参与兴城市“双高”普九的测算工作。对照细则逐校查看，坚持立足“双高”，瞄准“强县”的原则，为兴城市提供了 3 套达标方案。其次充分发挥督政职能督促政府加大教育投入。兴城市追加 2 400 多万元用于改善办学条件。最后指导各基层学校做好评估验收工作。11 月中旬接受省级“双高”普九验收。指导建昌县、连山区和南票区“双高”普九的测算工作。10 月底前完成了测算，并提交给县（市）区政府，11 月初，双高普九资金纳入下年的预算，写进各县（市）区政府工作报告。

深化普通高中招生制度改革。普通高中市域内跨县（市）区招生改革工作正式启动。2011 年，市属 2 所普通高中安排面向全市招收近 200 名体育、艺术特长生，2 所示范高中在统招公费生中向三个县（市）各招收 10 名学生，让农村学生享受与城里学生同等的优质教育资源。

普通高考结束。全市共有 16 972 人报名参加本次普通高校招生考试（文史类 4 603 人，理工类 11 950 人，高职 348 人，小教师资 71 人），分为 6 个考区、14 个考点，580 个考场。通过上下的共同努力，本市2011年高考组织工作取得了令人满意的效果，省政府高考督察组对本市高考组织工作给予了高度评价，全市普通高考达到了“零违纪、零失误、零投诉”，实现了省政府规定的“安全、规范、有序、圆满”的目标。2011年全市共有16 553人参加了全国普通高校招生考试，其中：一本段上线人数为2 194人（理科1 933人、文科261人），上线率为13.25%；二本段上线人数为3 496人（理科2 780人、文科716人），上线率为21.12%；三本段上线人数为3 522人（理科2 594人、文科928人），上线率为21.27%。全市本科以上上线人数为9 212人，上线率为55.65%。专科以上上线人数为15 297人，上线率为92.4%。在全省位次进一步前移，录取率87.6%。考取清华、北大6人。

【中高等职业教育实现了跨越式发展】 2011年，本市继续加强实训基地建设。全市职业学校增加建筑面积9 000平方米，增加实训设备价值800万元，多媒体教室占有率达到68%。6月7日，与市财政局联合申报了2011年中央财政支持的职业教育实训基地项目，锦西工业学校得到中央财政支持180万元。2011年申报了省级实训基地支持项目8个，信息化建设项目6个。

认真做好职业教育招生和就业工作。召开了全市职业教育学校招生工作座谈会，对2011年职业教育招生情况进行了分析，交流、沟通了招生工作方面好的做法和经验，研究了招生工作好的建议、措施和方法。利用新闻媒体，广泛宣传职业教育发展形势，特别是加强了各项资助政策及免除学费政策的宣传。6月份，与市工商局联合组织召开了“首届校企对接招聘洽谈会”，船舶产业等3个园区20多个企业，提供就业岗位200多个，有8所学校300多名毕业生与用人单位进行了洽谈。全年职业教育毕业生就业率超过80%。

启动实施渤海船院三校区整合，易地建校工作。上半年，经市政府主要领导和分管领导几次协调兴城市及市直相关部门，已初步落实了渤海船舶职业学院迁建项目的选址、办学规模、初步规划方案、资金来源渠道等事项，形成《关于渤海船舶职业学院迁建项目相关情况的报告》。在市主要领导的关注下，渤海船舶职业学院校区迁建项目已确定，项目选址在兴城，规划占地面积760亩，总投资6.5亿元。年内完成各项规划、审批等相关手续，规划2013年实现搬迁。

努力提高高等教育办学水平。市教育局开展了系列工作，指导船院起草了“渤海船院晋升本科院校实施方案”；协助辽宁工程技术大学与加拿大蒙特利尔高等商学院进行人才培养方面合作；起草了“关于辽宁财贸学院引进高水平优秀教师措施的建议”；完成了高等函授站的评估检查工作。

【教师队伍整体素质全面提升】 2011年，本市义务教育骨干教师远程培训项目初期的项目组织与报名工作顺利完成。为此，市教育局按照省教育厅的要求，在全市义务教育学校中在遴选、确定了637名教师参加此项目的培训。遴选工作中我们不仅查看参训教师的能力水平，而且也注重参训教师的覆盖面，最后确定的637名教师均为市级骨干教师，且分布在全市的大部分中小学校。

强化市级骨干教师选拔推荐工作。为全面贯彻落实《国家中长期教育改革和发展规划纲要》，切实加强我市教师队伍建设，我们在广泛征求各县（市）区教育行政部门及基层学校意见的基础上，于4月份下发了《葫芦岛市中小学市级骨干教师选拔与管理暂行办法》，并在全市组织开展了2011～2013年中小学市级骨干教师选拔推荐工作。10月份，本市按照省教育厅《关于推荐十二五，中小学幼儿园省级骨干教师的通知》要求，开展了省级骨干教师的选拔推荐工作；按照市人社局《关于评选葫芦岛市学术技术带头人的通知》，在全市教育系统开展了学术技术带头人的遴选工作。

不断提高职业教育工作者和师资队伍素质。为了落实《国家中长期教育改革和发展规划纲要》精神，提高全市职业教育工作者业务素养，推动职业教育健康快速发展，对全市职业教育工作者进行了一次短期培训，聘请了教育部职成司综合处刘培俊处长和辽宁师范大学张贵春教授作了专题讲座。对市级专业带头人和骨干教师进行了年度考核，认定了11名专业带头人，89名骨干教师。提高了教师的科研课题研究工作。

积极推进实施“青蓝工程”，提高教师综合

素质。在教育行政部门和学校的领导下，组织退休的高级教师、特级教师、优秀教师参与帮带青年教师，提高教师的群体素质。本市组织和参与青蓝工程的离退休老教师共有743人，经过几年耕耘，传、帮、带青年教师，极大地提高了青年教师的综合素质。

【困难家庭学生资助体系进一步完善】　2011年，本市继续提高农村中小学生均公用经费标准。按照国家的统一部署，协调财政部门，将农村小学全口径公用经费标准从2010年的510元/生/年提高到610元/生/年，初中从最低610元/生/年提高到810元/生/年。协调本市财政部门，落实资金14 186万元。

加大惠民政策落实力度。贯彻落实免除城乡义务教育阶段学生学杂费、农村义务教育阶段学生免书费、对中高职困难学生资助、对困难寄宿生的资助等政策，所有的资助金全部落实到位。协调市财政局落实省财政厅、教育厅《关于建立健全普通高中资助政策体系的通知》精神，落实专项补助资金681万元，资助家庭经济困难学生4 541名。协助市政协资助困难家庭大学生31名，资助金额近10万元。

开展了对困难家庭大学生的生源地贷款工作。通过与省学生资助中心与各县（市）区的积极协调，5个县（市）区完成了前期准备工作，完成贷款298人、160.3万元的任务。

【学校安全稳定进一步巩固】　2011年，本市继续加强综合治理，促进校园周边安全和校园食品安全。市教育局联合市综治办、公安、工商、城管、食品药品监督、卫生等部门联合执法，印发了《致无证、无照经营业主的公开信》，对渤海船舶职业学院新城区校区、望海校区周边无证、无照经营的小商小贩进行了集中清理。同时，组建了联合督导检查组，对各县（市）区的学校、幼儿园食品卫生安全工作进行了两次检查。

抓好校车管理，进一步确保学生出行安全。全市各级教育行政部门多次组织开展校车交通安全整治工作，重点检查中小学、幼儿园是否租用拼装车、报废车和个人机动车接送学生、幼儿，学校购买或租用的机动车辆是否经检验合格并定期维护和检测，驾驶员是否具有资质，严防出现校车事故造成群死群伤。我们起草了关于规范和加强全市中小学校车管理的实施意见，在征求九个单位意见的基础上，协调召开了联席会议组织讨论，并以市政府的名义下发到各县（市）区，作为指导全市校车管理的指导性文件。同时，本市在8月4日召开了调度会，进一步督促各县（市）区研究落实意见，切实抓好校车管理，确保学生出行安全。

加强应急疏散演练，进一步提高全市学生避险自救互救能力。有效利用中小学生安全教育日、“5·12”安全教育演练日等活动，举办“3·28”葫芦岛市中小学安全教育活动周启动仪式暨渤海小学现场演练观摩会以及“5·12”葫芦岛市中小学防震减灾日暨师范附小疏散演练现场会。年初以来，全市各级各类学校举行应急疏散逃生演练100余场次，各种疏散演练活动切实提高广大师生实际应对和处置突发安全事件的能力，更进一步增强师生防震、消防安全意识，真正掌握在危险中迅速逃生、自救、互救的基本方法，提高抵御和应对紧急突发事件的能力。

（韩国玉　李宏宪　吴海波）

文　化

文化广播影视

【概况】 2011 年，市文化广播影视局设科室 10 个：办公室、政治部、社会文化科、艺术科、文化市场科、文物科、影视管理科、传媒机构管理科、科技科、新闻出版科。共有编制 53 个。

所辖事业单位 11 个：市文化市场综合执法支队、市艺术团、市群众艺术馆、市图书馆、市博物馆、市文化娱乐中心、音像公司、葫芦岛微波总站、葫芦岛广播电视监测台、三二〇转播台、大黑山微波站。

【城乡文化建设成绩显著】 2011 年，本市举办了新年音乐会、迎新春团拜会暨春节文艺晚会、元宵戏曲晚会、红诗红歌唱响葫芦岛暨首届群众文化节等大型系列群众文化活动，全面展示了本市群众文化的丰硕成果，掀起了群众文化活动的新高潮。小提琴与钢琴合奏《黄河》，作为全省优秀节目参加了省首届群众文化节开幕式，为葫芦岛市赢得了荣誉。连山区被命名为“中国民间文化艺术之乡”。专业艺术作品《世纪之花》获“辽宁省首届群众文化节美术书法摄影展”一等奖。

【实现兴城国际泳装文化节电视直播】 2011 年，本市举行的首届中国（葫芦岛·兴城）国际泳装文化节开幕式，市民通过现场直播电视画面感受到了节日的欢乐。而为了确保全市人民能够收听收看文化节整个活动过程，市微波总站工程技术人员克服困难，利用自行设计的无源中继技术，完成了优化微波传输路径；利用先进的数字微波编码调制设备，使传输质量达到了最佳效果，实现本市电视直播由一站式传输到远程传输的历史性突破。

【建昌县东大杖子古墓群考古发掘】 2011 年，本市建昌县东大杖子 2 300 多年前战国古墓群的考古发掘，打破了“考古不出关”和山海关外无春秋战国时期古迹的传统说法。迄今为止，它是辽宁乃至长城以北的东北亚地区发现的最大的战国古墓。

【农家书屋覆盖全市乡村】 自 2008 年农家书屋工程建设启动以来，按照统一投入、统一标准、统一建设、统一管理的原则，经过三年不懈努力，现已全部完成省政府下达的 1 066 个农家书屋的建设任务。农家书屋的建设完成，从根本上解决了群众借书难、看书难的问题，实现了农家书屋在全市行政村百分之百覆盖。

【网吧实行扣分制度获省十大经验之一】 2011 年，本市成立文化市场综合执法支队，首次推出网吧管理实行扣分制度，是本市加强网吧管理的一项创新举措，目的是严格管控网吧超时营业以及接纳未成年人进入网吧上网。此项制度被辽宁省民心网列为辽宁省 3 月份十大经验信息。

【流动电影放映车配发各县市区】 2011 年，本市为 6 个县（市）区争取配备的农村数字电影放映车全部发放到位，并率先在省内实现了每个县（市）区都配有农村数字电影放映车。农村数字电影流动放映车的配置到位，让更多偏远山区的村民和学生都享受到公共文化服务体系建设带来的真正实惠，为进一步解决全市农民看电影难的问题打下了坚实基础，放映范围将覆盖全市 1 066

个行政村。

【群众文化奇葩《探索·研究·创新》】 2011年，本市出版第一本群文理论丛书——《探索·研究·创新》论文集。该论文集收录了本市46个作者的70篇论文。全书共计34万字。该书开了全省群文理论文集的先河，为推动全省群文理论工作做出了贡献。

【古筝合奏《小河淌水》进京展演获赞誉】 8月29日，本市古筝合奏《小河淌水》在北京天桥剧场演出。清新优美的旋律，自然流畅的曲调，自由洒脱的节奏以及近400余名演员的演出阵容，受到领导与观众的欢迎和好评。

【第四届东北文化产业博览会获五项奖】 2011年，本市在第四届东北文化产业博览会上市荣获优秀组织奖、最佳展位设计奖、优秀产品奖、最佳支持单位奖、突出贡献个人奖等五个奖项。

【数字微波传输惠及农户千万家】 2011年，市微波总站充分发挥职能作用，利用现有技术平台，挖掘自身潜力，用先进适用技术改造传统意义的广播电视传输和覆盖，消除广播电视覆盖盲区，增强覆盖效果。在边远山区农村建立数字微波站，利用数字微波的功能，将党的声音传到千家万户，为建立农村广播电视公共服务覆盖网络提供强有力技术支撑。至年底，本市地域内的乡（镇）村的电视用户都能收听收看到包括文化资源信息共享频道在内的8套“户户通”免费节目

【葫芦岛市文物局成立】 7月2日，市委、市政府研究决定成立葫芦岛市文物局，以加强葫芦岛市文物管理力度。绥中县与兴城市也分别成立文物局。

（申国强）

日　报

【概况】 2011年，葫芦岛日报社下辖日报、晚报、印刷厂，内设部室27个，职工243人。日报由财政全额拨款，晚报、印刷厂为自收自支事业单位。

2011年，日报社紧密围绕中心，倾情服务大局，认真践行“三贴近”，新闻能力建设有效加强，主流媒体责任明显提升，新闻良好业态基本形成，经营发展水平稳步提高。

【在新闻传播能力上谋提高】 2011年，日报社大力提高新闻传播能力，坚持走新闻支撑栏目、栏目保障版性、版性凝练品牌、品牌锁定读者的传播之路，以转变报道方式保证新闻宣传的规范传播、精准传播和高效传播。

以创造性地转型保证新闻宣传规范传播。结合“三项学习教育”活动，大力推进报道转型。围绕全市“十二五”规划纲要颁布实施、中共葫芦岛市委四次党代会召开和建党90周年庆祝活动，围绕城区三轮车和机关纪律作风整顿、城市环境综合治理、国际泳装文化节、泵阀博览会等重点工作，围绕“走基层、转作风、改文风”活动，严格按照报道转型要求，在选题上精益求精、在栏目上推陈出新、在稿件上精雕细琢，一批批鲜活、重要、可读稿件见诸报端，日报新闻宣传质量迈上新台阶。

以不间断地策划保证新闻宣传精准传播。围绕市委市政府中心工作和重点工作的展开推进，围绕读者关心、社会关注的热点焦点问题，以每周例会形式，以“三级策划”模式，重大主题重点策划，日常选题经常策划，单篇报道随时策划，月统筹，周部署，日安排，从领导到主任，从采编到出版，人人都有策划之责，周周都拿策划选题，保证有组织策划，不间断策划。在重要会议、重大活动的报道上，靠细致周详的策划，积极、有序、稳妥地逐步推进，层层展开，保证新闻宣传的精准传播。

以无缝隙对接保证新闻宣传高效传播。日报、晚报通过每周一召开编务例会，让涉及新闻生产各环节的部门负责人见面交流，沟通情况，在工作上知己知彼。再通过部门例会，传达贯彻编务例会精神，给一线职工分解任务，明确责任，实现有序工作，不出纰漏。同时，通过每天下午会稿会，对各版面的用稿和出版情况进行统筹，把关定向，实现采编紧密对接，保证新闻宣传的高

效传播。

【在新闻服务能力上求加强】 2011年，日报社以转变宣传形式提高新闻服务能力，以“三个坚持、三个打造”让新闻服务有影响、有力度、有成效。

坚持同频共振，打造规模化宣传，让新闻服务有影响。在重大主题性报道、重大战役性宣传的开展上，坚持与市委市政府对中心工作的部署同一时间、同一步伐、同一方向，在报道节奏和宣传尺度的把握上与中心工作的推进同一频率、同一标准、同一要求，做到既不抢先，又不滞后，既打好主动仗，又高扬主旋律，通过集中式、规模化的宣传，让新闻服务有方向、有位置、有影响。围绕全市的重要会议、重大活动、重点工作，踩好步点，踏准节拍，以不同视角、不同方式进行全方位地宣传报道，做到该预热时预热，该升温时升温，该有高潮时有高潮。

坚持组合出拳，打造立体化宣传，让新闻服务有力度。社党委和社编委会多次开会研究，精心策划，精细安排，以动态报道的及时广泛、深度报道的高远厚重、系列报道的热烈宏大、图片报道的感性直观，点爆重要事件重大活动的立体化宣传。中共葫芦岛市四次党代会召开期间，推出图文并茂、色彩艳丽、气势恢宏的特刊，开设大小栏目10余个，高效率、零差错完成报道任务。庆祝中共建党90周年和泳装文化节的报道，做到早谋划、早行动，通过成就报道、动态报道、系列报道、专题报道、典型报道打组合拳，达到氛围热烈、引导有力，彰显新闻服务的力度。

坚持齐声合唱，打造特色化宣传，让新闻服务有实效。在重大主题新闻报道中，坚持以个性求特色，以特色创品牌，配合重大活动，日报隆重推出新栏目——《瞭望滨城》，以述评形式，表述媒体观点，引导社会舆论，体现高端权威，服务于大局。配合庆祝中共建党90周年，相继推出“党在滨城”、“红色记忆”等特色栏目。结合“走基层、转作风、改文风”活动的开展，日报、晚报在重要版面开设“走一线看变化”、“走基层看民情”等特色栏目。满足不同层次读者需求，推出高考特刊、五一特刊、十一特刊，向社会赠阅。

【在队伍建设和新闻经营上抓保障】 2011年，日报社坚持严管与厚爱并重的原则，推动管理模式转变。

严格规章制度，规范新闻从业行为。严格出版制度，健全完善新闻安全出版逐级负责制和行政责任追究制，严格执行三级审稿制，做到没经过分管领导审阅的稿件，没经过编辑的稿件不能上会稿会，没上会稿会的稿件不得进入出版程序；严格评报制度，成立评报小组，坚持每天对出版的报纸进行阅评，结果上墙；严格分配制度，修订《采编系统考评分配办法》，突出奖勤罚懒、奖优罚劣；严格监督制度，定期在日报、晚报和葫芦岛新闻网对采编人员进行公示，公开各部室电话和电子邮箱，自觉接受社会监督。建立起以广告经营发布管理制度、全员发行制度为重点的经营管理制度群和以广告财务管理、后勤财务管理、印刷厂财务管理为重点的后勤管理制度群。通过强化制度执行，堵住管理漏洞，新闻从业行为得到明显规范。

开展职业道德教育，提高新闻队伍素养。大力加强新闻职业道德教育，杜绝虚假报道，利用半年时间集中开展了专项教育整顿；结合建党90周年，深入开展了以“创先争优、服务于发展”为主题的教育实践活动，开展了党员亮牌示范、岗位奉献和组织创新等活动。广泛开展“读精品、大家谈”教育培训活动，每周一次，抽签定人；定期开展业务研讨，总结交流，相互提高；深入开展“走转改”活动，领导带头，定点联系，全员参与，记者作风、稿件文风明显改进。

注重人文关怀，增强集体凝聚力。对职工的厚爱承诺落实到具体的人文关怀中，通过丰富活跃职工业余文化生活，积极搭建沟通交流平台，打造报社和谐友善的良好人际生态环境。结合“三八”妇女节、建党90周年开展系列活动，有表彰，有娱乐，有红色教育，有互动交流，干部职工归属感、认同感、幸福感明显增强。

强化物质保障，提升整体实力。报社投入100万元装备报纸直接出版系统，提高出版质量和印刷效率。投入50万元改造会议室。投入10万元购入食堂用具。广告收入突破1 000万元，两报发行量双双跃升到2.3万份。

（毕继民）

档案事业

【概述】 2011 年，市档案局设科室 9 个：办公室、综合法规科、档案业务指导科、人事教育科、档案收集科、档案编研科、档案管理科、市政府信息查询中心（档案信息接待利用科）、安全保卫科。编制 34 个。

2011 年，市档案局坚持以科学发展观为指导，转变档案工作总体思路，强化档案工作的宏观管理，加强领导，凝聚力量，努力工作，全面推进，有效地促进了全市档案工作全面协调发展，重点工作取得了历史新突破。

【规范各类档案馆室建设】 2011 年，本市修订了《葫芦岛市档案管理办法》，并定期检查档案法律法规以及各项工作标准执行情况。一是对市委办等 82 个行政权力运行过程中形成的职能业务档案进行专项指导，这是建市以来的第一次。同时把涉及民生、经济社会发展重点利用的司法、税收征管、医疗保险、婚姻登记等专门档案作为检查指导重点，使其初步形成了规范管理体系。二是对市委、市政府所属各部门，以及市政府所属企事业单位、各民主党派机关的档案工作进行了业务指导和督促检查，开展了对审计局、烟草局等市直机关档案执法检查。三是对企业档案工作服务指导，与国资委联合制发了《葫芦岛市企业文件归档范围和保管期限表审批备案工作的通知》，指导 32 个企业编制企业文件归档范围和保管期限表，推动股份制企业、市属企业、民营企业建档和档案规范化管理。四是对龙湾中央商务区等“一线十三区”、兴城徐大堡核电等重点建设项目档案重点监督检查和业务指导，对全市 373 个中央投资项目、省市重点项目全部进行了登记。五是强化市县两级档案馆室规范化建设，制发了《市直机关及直属单位档案室业务规范化建设评价标准》、《2011 年度各县（市）区档案馆基础业务工作考核办法》。全市各类档案馆室建设更加规范化、标准化、科学化。

【稳步推进新农村建设档案工作】 2011 年，本市大力推进农村档案管理工作。一是强化新农村建设档案调查研究工作，把加强新农村建设档案调研列入了全市新农村建设档案工作的重中之重来抓，成立了新农村建设档案调研工作领导小组，主动会同市农委共同组织开展了《葫芦岛市农民专业合作社档案管理问题的研究》课题研究工作，切实解决全市新农村建设档案工作存在的实际问题；二是与市民政部门积极协调，村档案室建设纳入民政部门“一场五室”建设，有效改善了村级档案保管条件。针对个别村没有村部的实际状况，倡导推行“村档乡管村用”管理模式，确保村级档案完整安全，有效利用。三是狠抓乡镇档案室业务建设。制发了《乡镇档案室业务建设工作标准》，完成了全市 5 个县（市）区、共计 67 个乡镇档案规范化、标准化业务指导工作，有效带动和促进村级和农民专业合作、新型农村合作医疗组织档案工作的全面开展，全市新农村建设档案工作取得了显著成绩。建昌县、连山区被辽宁省档案局评为省级社会主义新农村建设档案工作示范县。

【加强县级档案馆库建设工作】 2011 年，本市抓住国家安排中央预算内投资来补助中西部地区县级档案馆建设千载难逢的机会，全面启动推进本市县级档案馆建设。市属 6 个县（市）区（绥中县归省档案局直接管理）共有 3 个县（市）区档案馆在国家、省档案局立项批准开工，共争取到资金 768 万元。其中连山区为 378 万元，兴城市为 390 万元。至年底，连山区建成 4 600 平方米档案馆、兴城市 4 000 平方米档案馆已经建成投入使用。建昌县 8 000 平方米档案馆正在建设进行中。这是建市以来市档案局首次争取到国家和省补助县级档案馆建设专项资金，解决了多年来一直困扰本市县级档案馆建设经费不足、档案保管条件不善的实际问题。

【完善档案资源体系建设】 2011 年，本市把强化档案资源体系建设、数字档案馆建设和全市电子文件目录中心建设依法列入《葫芦岛市国民经济和社会发展第十二个五年规划纲要》。制发了《关于强化市直机关、团体、企事业单位档案向市档案馆移交工作的通知》，推进市直机关、团体、企事业单位到期档案依法接收进馆工作，重点强化推进行政权力运行过程中形成的各种门类和载体的专门档案收集工作，取得了建市以来最好成绩。全年共组织接收市直机关、团体、企事业单位以及面向社会征集各类档案31 000多卷（件），馆藏各类档案达到24.8万卷（件）。市档案馆专用档案库房由2007年底以前的1个增加至4个，业务管理人员由2人增加至5人。市档案馆馆藏不论是档案门类、还是档案数量均达到了建市以来最高水平。特别是建市以来第一次整体接收了国有大型破产企业锦化化工（集团）档案，追收了锦西钢管有限责任公司档案，首次接收了司法审判档案，为市档案馆开展档案收集工作积累了宝贵经验。

【推进数字档案馆建设和政府信息（档案）查询服务工作】 2011年，本市进一步加大了数字档案馆建设和政府信息查询服务工作。一是立足促进社会经济发展、改善民生实际需求出发，积极推进以民生档案为重点的各类档案目录数据库和全文数据库建设。成立了档案数字化工作室，全年共组织完成了馆藏 25 万件文件级档案目录数字化加工工作，馆藏市直机关文书档案文件级目录数字化完成率达100%。建立了民生档案专题文件目录数据库和全文数据库，其中住宅专项维修资金档案数据库文件目录已突破10万条，馆藏档案初次实现了传统载体档案与电子载体档案并行保管；二是结合实际，制发了《葫芦岛市文书档案目录数据库著录细则与交换格式（试行）》，规范推进市直机关档案目录数字化，积极做好市直机关移交进馆的机读档案目录接收规范整理工作，全年共接收整理市直机关移交的各类电子文件目录7.8万条，为加快推进以市档案馆为主体的全市档案公共信息目录数据中心建设，实现全市档案信息资源共享奠定了基础。三是开展了葫芦岛档案信息网重建工作。新建档案信息网站栏目规划科学合理，内容丰富，服务功能强大，能够全面反映全市档案工作实况，突出档案工作特色，揭示档案工作的亮点、创新点，凸显为民服务能力和水平，做到服务内容覆盖广、有深度、更亲民。四是积极推进市政府信息（档案）查询服务工作。制定了《葫芦岛市档案馆未开放档案利用办法》，简化查询利用手续，采取现场查询、网上查询、协助查询以及电话、传真相结合的方式方法，积极开展了市政府信息（档案）查询服务工作。2011年，共接待2 170多人次，提供各类信息4 100多件次。

【加强档案理论研究与编研工作】 2011年，本市把深入开展调查和理论研究作为促进全市档案工作的重点工作来抓，班子成员率先带头开展档案理论研究工作，组织开展了《关于加强我市民生档案工作的思考》、《衔接历史传承责任——关于我市国有破产转制企业档案工作的思考》、《权力运行过程中形成的档案资料管理问题的研究》、《农民专业合作社档案管理问题的研究》、《关于加强我市档案信息化建设问题的思考》、《葫芦岛市档案管理问题的研究》等课题研究工作，其中有3篇研究成果在省市级刊物发表，1篇研究论文获省级三等奖；从实际出发，立足馆藏，面向社会，积极开展档案史料编纂工作，组织完成了《抗日战争时期葫芦岛地区档案史料汇编》的编辑工作。

（张久红）

地方志编纂

【概况】 2011年，市地方志工作办公室以邓小平理论和“三个代表”重要思想为指导，深入学习实践科学发展观，牢牢把握地方志工作的方向，坚持修志为全市物质文明、精神文明和政治文明服务，认真履行地方志工作职责，不断解放思想，开拓创新，扎实稳步地推进本市首届修志工作和其他各项工作任务，修志及各项工作取得了显著的成绩，为推进全市经济发展和社会进步，实现葫芦岛的大开放、大发展做出了积极的贡献。

2011年，市志办按照年初确定的工作目标任务，在扎实稳步推进本市首届修志工作的基础上，通过全办人员的共同努力，编纂出版发行了《葫芦岛年鉴》（2011）；编纂第三部《葫芦岛市志》（农业卷）800余万字、《葫芦岛图录》文字近100万字及图片数千张。市志办在2011年取得的好成绩也得到了上级的表扬和肯定。

【精心编纂《葫芦岛市志》(农业卷)】 2011年，本市开始安排布置第三卷市志编纂工作。之后，市志办多方努力四处奔走，到各地图书馆、档案馆查阅、搜集整理资料，经过几个月不断努力，市志办搜集整理到的素材几百万字，在基础材料的基础上不断加工整理，去粗取精，去伪存真。由于本市是新建市，市志办积极组织全市各县（市）区和市直涉农部门参与到农业卷的编写工作中来，不断克服重重困难，在人员少、任务重等各种困难条件下，编撰稿件。在编写过程中，严格执行《地方志工作条例》和中指组下发的《地方志书质量规定》等相关法规和文件规定，提高志书质量，以打造精品志书为修志工作重点，到年底，编纂第三部《葫芦岛市志》（农业卷）800余万字。

【组织编纂《葫芦岛图录》】 2011年，本市安排布置图录编纂工作，市志办多方努力四处奔走，到各地图书馆、档案馆查阅、收集整理涉及本市的图片资料，经过几个月不断努力，市志办收集整理到的图片资料上千张，不断克服重重困难，在人员少、任务重等各种困难条件下，对这些基础材料不断进行分析，力争使图片志能完美地反映出本市的变化，图文并茂地展现在全市人民的面前。到年底，市志办已编纂《葫芦岛图录》文字近100万字及图片数千张。

【出版发行《葫芦岛年鉴》(2011)】 2011年，市志办积极围绕“手段创新、内容创新、形式创新”开展工作，以编纂精品年鉴为中心，自我加压，锐意进取，努力做好年鉴的编纂出版工作。《葫芦岛年鉴》（2011）全面系统反映了2010年葫芦岛行政区域内年度自然、政治、经济、文化和社会等方面情况。市志办在全面分析、把握上年的情况下，及时调整，不断创新年鉴，以反映突出年鉴特点，及时修订编写大纲，组稿质量超过往年。在版式上作了较大改进，整个版式更加庄重、美观、和谐、实用。11月底，《葫芦岛年鉴》正式出版发行，彩页16版，文字总量80万字。到2011年，市地方志工作办公室共出版年鉴12卷，是本市最具权威性的文献资料，为市领导的决策提供了重要的参考，为全市经济建设服务。

【《辽宁沿海经济带年鉴》提供稿件】 2010年，辽宁沿海经济带开发开放上升为国家战略发展规划，省里决定组织沿海“五点一线”城市编纂《辽宁沿海经济带年鉴》，旨在全面反映我省“五点一线”开发建设情况。接到任务后，市志办立即着手对本市沿海经济带建设情况材料进行整理，从本市重点建设的“一线十三区”入手，全面、准确、翔实地报送了本市的区位、产业、资源优势，以优势为依托实行的开发建设情况，反映出了本市在辽宁省“五点一线”建设中的重要位置和所做出的突出贡献。年内，市志办两次报送资料近10万字。

【抓好地方志理论学习】 2011年，市地方志办把抓好干部的业务学习作为提高修志干部队伍的综合素质来抓紧抓好。利用每周市志办例会，在本办内举办修志理论业务培训，扎实开展深入学习实践科学发展观活动，认真组织干部职工学习好必读篇目，并结合各自的工作实际，确定好调研课题，深入开展调查研究，为指导当前及今后修志工作打好扎实的理论基础。

【完成全市市志及年鉴撰稿人培训工作】 9月8日～9日，市地方志办公室利用两天时间对全市市志及年鉴撰稿人进行了广泛的培训，全市及六个县（市）区近150人参加培训会议。市政府秘书长陈利世出席会议并讲话，鼓励修志队伍一定要把本市的志书修好，要出色地完成历史赋予我们的重要任务。省内外修志专家为全市市志及年鉴撰稿人班进行了授课。经过两天紧张的学习，本市的修志队伍整体写作水平有了一个明显的提升，组织稿件质量也有较大提高，队伍素质明显提高。

【加强对地方史料文献的征集整理工作】 本市是在县级市基础上建立起来的，建市初期并没有对地方史料文献进行过系统的搜集整理。建市至今，20多年时间有些珍贵的档案未能及时保存。这对全市的文化建设产生了负面的影响。市志办抓住编纂本市首部市志的契机，在编纂过程中不断收集整理本市的地情资料，为本市的文化建设做出了重要的贡献。

【大力加强修志队伍的业务建设】 2011 年，本市的修志队伍经过市志办近年来的大力培养，已经成为相对稳定，并有着较好写作基础的业务队伍，虽然在年鉴的编纂工作中发挥了重要的作用，但胜任下一步的首届修志工作还有很大差距。市志办根据这一情况，不断提高修志人员的专业素质。为此，年内，市志办首先加大提高编辑人员素质的力度，强化专业修养，加强对专业理论学习；同时，要求各级修志人员学习贯彻国务院《地方志工作条例》、《地方志书质量规定》以及各级地方志专家编纂的方志学理论专著等等，以提高个人的专业理论知识，扩大交流、拓宽视野。其次，进一步召开分片会议，市志办每年都与有修志任务的撰稿人员进行研讨，学习方志学理论知识，熟读有关旧志和前志，熟读有关葫芦岛市的文史资料，加深对葫芦岛市的历史与现状的深刻了解，认真研究方志的结构体例和编写方法，掌握其内在规律，解决不会搜集资料、不会用资料、不会写分志等问题。

【不断拓展修志 用志领域】 编修志书的目的是服务于社会、服务于现实。全市各级各部门编纂的各类地方志书，以及在编纂过程中积累的资料都相当可观。市志办积极通过扩展地方志资源利用的广度和深度，使静态的资料变成动态的信息，使潜在的利用价值变成现实的使用价值。年内，辽宁省地方志办公室正在努力实施了志书上网工作。为此，市志办勇于创新，拓宽工作领域，积极开展多种形式的读志用志活动，推动修志工作由单一型向修志与用志相结合的全方位、复合型转变，逐步使市地方志办公室建设成为地方文献研究中心、地情开发中心和信息咨询服务中心。

【开创全市地方志工作新局面】 全国第二轮修志工作开展几年来，本市到 2011 年底已经出版市级志书 2 部，县级志书 3 部。市志办在本级修志工作积极开展的同时，积极帮助县（市）区及分志承编单位熟悉地方志编纂规范、地方志基础知识，提高地方志编纂质量。本市部分国有和私有企业也开始布置编纂部门志工作，各种情况表明，修志工作在全市范围内已经掀起了一个新的高潮。市志办对本市已完成初稿的志书进行详细评审，起到了较好的指导作用。同时深入有关单位，做好对地方综合年鉴编纂的指导工作。

（徐忠义）

卫 生

综 述

2011年，全市卫生系统以医药卫生体制改革为动力，以提高医疗卫生服务能力为核心，紧紧围绕市委市政府的中心工作，突出为人民健康服务的发展主题，扎扎实实开展各项卫生工作，推动了全市卫生事业健康可持续发展。

新农合保障水平明显提高。2011年，全市有130.7万人（不含绥中县）参加新农合，常住人口参合率为105%，农业人口参合率为94%；年人均筹资标准提高到230元，其中省、市、县（市、区）财政配套标准为200元/人，农民个人缴费30元/人，全年筹资2.94亿元。补偿比例最高达70%，住院补偿最高支付限额达到当地农民人均纯收入的6倍（5万元）。基金使用管理完成省政府要求的基金使用率达到85%、统筹基金当年结余率控制在15%以内的工作目标。全年为122万门诊病人、8.2万住院病人进行补偿，补偿资金总额为2.5亿元，农民受益率98%。

稳步推进基层医疗卫生单位综合改革，全面实施基本药物制度。按省、市政府安排，全市于1月启动实施国家基本药物制度，到年底，全市83个基层医疗卫生单位实施网上采购药品，网上采购医疗机构数占确定机构数的100%；全市政府办基层医疗卫生机构除507种基本药物外，不再使用非基本药物，基本药物使用率达100%；网上采购基本药物价格平均下降40%。全市于3月启动基层医疗卫生单位综合改革，到年底，24个政府举办的基层医疗卫生单位完成综合改革任务。基层医疗卫生单位综合改革和实施基本药物制度于10月通过省政府验收。

稳步推进公立医院改革与发展。2011年，本市确定葫芦岛市中心医院为公立医院改革试点，按公立医院改革任务要求，葫芦岛市中心医院在35个科室33个病种实施临床路径管理。同时全面深化人事制度、分配制度改革，以建立人员聘用制和岗位管理制度为主要内容，转换用人机制，搞活用人制度，优化人员结构，增强了医院改革发展的生机与活力，取得了良好的社会效益与经济效益。全年收治门诊病人57.8万人次，住院病人3.04万人次，手术病人6 319人次，医疗业务收入4.2亿元。各县（市）区医院临床路径改革试点工作稳步推进，兴城市医院开展临床路径病种数为22个，建昌县医院14个，连山区医院15个。全市各级公立医院“不合理检查、不合理治疗、不合理用药”等不良诊疗行为得到有效遏制，医疗技术与服务质量大幅提升。

基层医疗卫生服务体系更加完善。一是继续改革乡村卫生机构管理方式，实施乡村一体化管理。组织实施《葫芦岛市乡村卫生机构设施规划》，对农村卫生资源实行规范布局并上划县级卫生行政部门管理，2011年上划率达70%。根据省卫生厅《转发<卫生部办公厅关于推进乡村卫生服务一体化管理的意见>的通知》（辽卫函字[2010]196号），稳步推进乡村卫生组织一体化管理，强化履行基本公共卫生服务职能，加大绩效考核工作力度，确保基本公共卫生服务项目落实到位；二是巩固完善城乡卫生对口支援及医疗扶贫长效机制。2011年本市从一所三级医院派出3名技术骨干支持两所县级医院，从县级医院抽调111名卫生技术人员支援32个乡镇卫生院，全年指导受援单位开展新技术和新项目12项，开展手术512次，接诊患者5万余人次，疑难危重病例组织会诊讨论651次，义诊526人次，学术讲座854次，业务培训650人次，教学查房358次，手术示教84次；三是全力加强社区卫生服务体系建设。继续贯彻落实《葫芦岛市人民政府关于加快发展城市社区卫生服务的意见》（葫政发〔2008〕19号），严格组织实施《葫芦岛市社区卫生服务机构设置规划》，全力加强社区卫生服务机构建设，社区卫生服务街道覆盖率、人口覆盖率均已超过95%，门诊诊疗人次已占当地急诊诊疗总人次的30%以上。

稳步实施国家基本公共卫生服务项目。2011年，根据《辽宁省关于促进基本公共卫生服务逐步均等化的指导意见》，稳步实施11类基本公共卫生服务项目。积极开展城乡居民健康档案建档工作，全市城乡居民健康档案建档率超过50%；继续推进重大公共卫生服务妇幼项目，2011年分别为12 000余名农村孕产妇进行住院分娩补助和补服叶酸，为10 000名左右孕妇进行孕中期免费超声筛查，筛查出可疑病例420人；按照卫生部和省有关文件要求，为15.7万儿童实施乙肝疫苗补种，补种率为96.87%；积极配合市残疾人联合会组织开展白内障患者筛查并为贫困患者实施复明手术，完成白内障患者复明手术1 509例。

各类重大传染病得到有效控制，突发公共卫生事件得到有效处置。继续认真贯彻落实《2009～2012年辽宁省消除麻疹行动计划》，扎实开展麻疹疫苗强化免疫工作，全市麻疹疫苗接种率为97.16%。全年报告免疫相关疾病1 307例，无野毒株引起的脊灰病例发生；各类重大传染病得到有效控制，2011年全市共报告甲乙类传染病5 121例，发病率为192.77/10万。连续12年无霍乱病。突发公共卫生事件得到妥善处置。3月中旬，葫芦岛市第六高级中学发生一起肺结核病Ⅳ级突发公共卫生事件，在市卫生局应急办、市疾控中心、市结核病防治所、龙港区卫生局积极开展调查处置工作，疫情在短时间内得到控制。

全面加强卫生监督工作。认真履行食品安全监管职责，并重点开展“问题奶粉”、“地沟油”、滥用食品添加剂等专项整治工作，保证了食品安全；依法严厉打击非法行医行为，对市直管30个医疗机构开展医政执法监督并建立监督档案，监督率达100%；打击非法采供血，共抽查医疗机构25个，发现违法行为10个，罚款人民币4万元；开展医疗广告监管工作，对葫芦岛人民广播电台、葫芦岛电视台和报纸等各类媒体发布的医疗广告安排专人定期监测，发现违法医疗广告及时进行制止并给予行政处罚，全年对3个未取得《医疗广告审查证明》的单位的违法医疗行为处罚人民币5 000元；三是依法开展职业卫生监督，全市职业卫生技术服务、职业健康检查资质机构以县（市）区为单位覆盖率达100%；按照省卫生厅等九部门《关于开展职业健康状况调查工作的通知》，制定了《葫芦岛市职业健康状况调查工作实施方案》并认真组织实施。依法开展饮用水卫生监督，监督覆盖率、许可证发证率均达100%。全年无重大食品、饮用水、医疗安全事件发生。

卫生改革

【新型农村合作医疗制度安全运行】 2011年，全市189万农业人口中，有176.1万农民参加了新农合制度，全市农业人口参合率为94.25%，其中连山区为92.16%、龙港区为98.24 %、南票区为92.00%、建昌县为94.00%、兴城市为96.21%；年人均筹资水平从上年的150元/人提高到230元/人，全市应筹资总额为30 061.35万元，其中连山区为6 544.86万元、龙港区为760.52万元、南票区为1 642.38万元、绥中县为7 057.40万元、建昌县为11 895.23万元、兴城市为9 218.35万元，全市实际筹资总额为29 374.25万元，到位率为98%，其中连山区为6 582.22万元，到位率为101%；龙港区为770.71万元，到位率为101%；南票区为1 652.32万元，到位率为101%；建昌县为11 099.25万元，到位率为93%；兴城市为9 269.74万元，到位率为101%。全年新农合基金支出总额为22 582.98万元，基金使用率为75.12%，其中连山区基金支出总额为3 704.75万元，基金使用率为56.61%；龙港区基金支出总额为583.50万元，基金使用率为76.72%；南票区基金支出总额为893.69万元、基金使用率为54.41%；建昌县基金支出总额为9 291.92万元、基金使用率为78.11%；兴城市基金支出总额为8 109.12万元，基金使用率为87.97%。

【实施基本公共卫生服务项目】　2011年，按照《辽宁省关于促进基本公共卫生服务逐步均等化的指导意见》安排，稳步实施11类基本公共卫生服务项目。本市全年落实基本公共卫生服务项目经费5 452.55万元，达到人均公共卫生服务经费25元标准。积极开展城乡居民健康档案建档工作，全市农村居民、城市居民规范化电子档案建档率达51.79%。根据省卫生厅实施农村母婴安康工程工作安排，市卫生局与相关部门共同制定了《葫芦岛市增补叶酸预防神经管缺陷项目实施方案（2009～2011年）》（葫卫发[2009]122号）、《葫芦岛市农村孕妇住院分娩补助项目实施方案》（葫卫发[2009]117号）并组织实施。截至12月20日，为农村孕产妇住院分娩补助标准达到500元，共补助12 285名，补助率超过90%；待孕或已孕农村妇女补服叶酸11 531名；孕中期免费超声筛查9 763人，筛查率超过80%，共筛查出可疑病例20人，经过产前诊断确诊9例；预防艾滋病、梅毒、乙肝母婴传播阻断项目，已筛查出艾滋病孕妇1人、梅毒7人、乙肝196人。

【公立医院改革】　2011年，本市稳步实施临床路径管理改革试点。截至年底，全地区三级医院100%开展临床路径管理工作，公立二级医院开展临床路径管理工作比例为44.44%，各县（市）区医院达100%。葫芦岛市中心医院展开临床路径的病种数33个，包括心血管介入、神经血管介入和骨关节植入治疗各1个病种；兴城市医院开展临床路径病种数为22个，建昌县医院14个，连山区医院15个。二是开展《电子病历基本规范》试点工作。全市三级甲等医院、县级人民医院实施率达100%。三是开展预约服务，方便群众就医。根据《关于进一步改善医疗机构医疗服务管理工作的通知》（卫医政发[2010]12号）、《卫生部关于改进公立医院服务管理方便群众看病就医的若干意见》（卫医管发[2010]14号），在实行同级医院辅助检查结果互认的同时，积极开展“医疗质量管理效益年”活动，全面推行预约诊疗服务、“无节假日手术”、“住院费用一日清”、“检验结果一单通”、“单病种质控与限价管理”、开设惠民门诊、惠民病房。市中心医院及二级甲等医疗机构全部采取电话、网络、广告牌等形式开展预约诊疗服务，预约方式超过2种。

【实施国家基本药物制度和基层医疗卫生机构综合改革】　本市于1月启动实施国家基本药物制度。市卫生局采取有效措施，稳步推进基本药物制度实施。一是组织落实。市卫生局及各县（市）区卫生局均成立实施国家基本药物制度工作领导小组，全面负责实施各项改革政策，推进基本药物制度的顺利实施。二是责任落实。市县两级卫生行政部门将实施基本药物制度纳入年度卫生工作目标责任书考核内容，与整体卫生工作目标同步部署，同步检查，同步考核。同时明确院长为各基层医疗卫生机构实施国家基本药物制度第一责任人。三是宣传落实。全市各级卫生行政部门及相关业务部门、单位通过新闻媒体、印发宣传材料、悬挂横幅、科普下乡、走村入户以及开展健康教育活动等多种形式，开展多层次、全方位、广覆盖的宣传教育，向群众宣传基本药物制度，基本实现家喻户晓，人人皆知。四是补助资金落实。对全市83个基层医疗卫生机构共拨付政府补助资金2 192万元。五是制度落实。各实施单位全部做到“四个一”：设置一个价格公示栏。将基本药物和主要医疗服务价格在服务大厅醒目位置予以公示，部分机构设置电子触摸屏或电子滚动屏供患者查询；配备1名价格专管员。各医疗机构普遍配备了1名业务素质高、责任感强的价格专管员，并由价格部门进行价格政策和业务操作培训；建立一本药品价格台账。各医疗机构将基本药物统一纳入台账管理，记录基本药物的购、销、存数量及价格，自觉接受相关部门监督检查；健全一套医院管理制度。各医疗机构根据集中管理、逐级负责、分层把关原则，认真落实岗位职责及相关工作制度，同时设立咨询复核台，负责向患者宣传解释基本药物制度等医疗政策法规，接受患者咨询举报。六是成果落实。全市实施国家基本药物制度的基层医疗卫生机构全部配备507种基本药物，全部按省招标价格零差价销售，现行药品销售价格与改革前相比降低了40%以上，以上年决算为基数测算，本年基层医疗机构药品收入总金额减少达3 000多万元；临床用药趋向规范，滥用抗生素、激素和大输液现象得到控制，全市基层医疗机构抗生素使用比例下降了约16.5%，输液病人比例下降了23%；基层医疗机构就诊人数明显增多，人均门诊费用与人均住院费用明显下降，全市医疗机构门诊次均药费、住院次均药费同比降低了15%。全地区于3月启动基层医疗卫生单位综合改革，截至年底，24个政府举办的基层医疗卫生单位按期完成综合改革任务。实施基本药物制度和基层医疗卫生单位综合改革工作于10月通过省政府验收。在通过验收的同时，省政府为连山区补拨医改以奖代拨资金1 300万元，省财政支持本市卫生信息化建设资金800万元。

【公共卫生专项资金和基础建设项目管理力度不断加大】 2009～2011年，本市共落实中央补助地方公共卫生项目资金10 177.7万元，其中2009年2 688.18万元，2010年4 837万元，2011年2 652.5万元，全部下拨市本级项目单位及县(市)区级财政，市本级资金到位率100%，资金拨付率100%。2009年以来，全市共有中央补助地方卫生基础设施建设项目20个，规划建设面积10.1万平方米，规划投资总额17 380万元，其中，中央投资11 190万元，地方投资6 190万元。截至年底，全市共完成建设投资136 320万元，完成建筑面积总计8.61万平方米，占规划建设总面积的98.5%，其中竣工项目13个，竣工面积3.4万平方米。

医疗卫生

【基层卫生人员培训工作被省卫生厅评为先进单位】 2011年，本市根据《2010年辽宁省基层卫生人员培训方案》(辽卫函字[2010]649号)、《2010年国家社区卫生人员培训项目实施方案》(辽卫函字[2010]689号)，开展培训项目24个，培训人数2 307人，其中农村培训项目12个，培训951人，培训率达100%；城市社区项目12个，培训1 356人，培训率达100%，按期完成省定培训规划指标。按省厅要求组织开展了《知识产权基本知识讲座》和《医学重大科研项目管理思路和技巧》两项全员培训。继续医学教育工作成果得到巩固，参加学习8 499人，开展继续医学教育单位达100%。基层卫生人员培训被省厅评为全省基层卫生人员培训工作先进单位。

【中医等级医院评审工作实现新突破】 2011年，根据辽宁省中医药管理局要求，全市各级卫生行政及中医医疗机构积极开展中医创建工作，兴城市中医院在上年晋升为辽宁省二级甲等中医医院的基础上，扎实开展创建全国农村中医药工作先进单位活动。10月，辽宁省中医药管理局对兴城市申报“全国农村中医药工作先进单位”进行了检查评估，顺利通过验收，11月12日～15日通过国家中医药管理局复审。全力加强中医重点专科建设，9月，市卫生局组织专家对兴城市中医院肿瘤和糖尿病两个省级重点专科建设进行评估申报，顺利通过省中医药管理局考核验。按照卫生厅《关于开展辽宁省中医医疗机构及农村基层中医药工作“十一五”情况调研的通知》部署，组织5个县（市）区卫生局及4个中医医疗机构开展了中医医疗机构和农村中医药工作的开展情况调研，结果显示全市99个乡镇卫生院有76个设立中医诊疗科，占卫生院总数的76.8%；71个卫生院设立中药房，占卫生院总数的71.7%。

【实施万名医师支援农村卫生工程】 2011年，本市根据省卫生厅《关于2010年辽宁省万名医师支援农村卫生工程项目实施方案的通知》，市卫生局从一所三级医院派出3名技术骨干支持两所县级医院，从县级医院抽调111名卫生技术人员支援32个乡镇卫生院，全年指导受援单位开展新技术和新项目12个，开展手术512例，接诊患者人数5万余人次，疑难危重病例组织会诊讨论651次，义诊526人次，学术讲座854次，业务培训650人次，教学查房358次，手术示教84次，建立特色专科2个。

【实施优质护理服务示范工程】 2011年，本市根据省卫生厅《关于加强医院临床护理及深化“优质护理服务示范工程”活动有关工作的通知》、《关于加强医院临床护理工作的通知》，继续实施“优质护理服务示范工程”，全市15个二级以上综合医院的68个病房实施“护理示范工程”，三级医院实施率达100%，二级医院达44%，三级医院病房区达 50%，病房患者满意度大幅提升；加强基础护理技能培训，在组织手术室、急诊室、透析室、供应室护理人员分期分批到上级医院进修的同时，开展基础护理操作项目培训 23 个，抽考 7 次 670 人；开展 4 个层次 26 套试卷 570 人参加的分层理论考试及 3 年内年轻合同护士计划内考试项目，护理队伍整体素质及临床护理质量显著提高。

公共卫生

【社区卫生服务网络实现全覆盖】 截至 12 月 31 日，全市已建成社区卫生服务中心 28 个，社区卫生服务站 156 个，社区卫生服务街道覆盖率、人口覆盖率均超过 98%。按照省卫生厅《关于开展社区卫生服务中心内涵建设和创建示范活动的通知》（辽卫函字[2011]225 号），狠抓社区卫生服务中心内涵建设并扎实开展创建工作，全市社区卫生服务团队与社区居民通过电话、信箱、网络等形式建立健康绿色通道并采取上门服务、主动服务模式，为社区居民提供常见病、多发病、慢性病防治等基本医疗服务，覆盖率超过 95%，社区卫生服务机构门诊诊疗人次已占当地急诊诊疗总人次的 30%以上。

【各类主要传染病得到有效控制】 2011 年，本市主要开展甲型 H1N1 流感、霍乱、艾滋病、流行性出血热、病毒性肝炎、肺结核、麻疹等主要传染病防控工作。艾滋病防控工作继续加强疫情监测体系建设，全市建立了以疾病预防控制中心为龙头，以重点乡镇卫生院为依托，市、县、乡三级贯通的监测网络，市县两级疾病预防控制中心全部建成了 HIV 实验室并开展检测工作，全年接受咨询服务 2 000 多人次，其中 420 人自愿咨询检测。认真组织实施全球基金艾滋病项目，市全球基金艾滋病项目办公室与各县（市）区签订了《葫芦岛市全球基金艾滋病项目工作任务委托书》，及时下拨项目经费，资金执行率达 100%；流行性出血热防治工作得到加强，本市为家鼠型流行性出血热老疫区，按本地区流行规律，2010～2012 年为高发期，在几年来流行性出血热发病人数逐年下降的有利形势下，为防止疫情暴发流行，在全市大力开展灭鼠工作，全市共投放鼠药 12 吨。同时对重点地区、重点人群实行重点防控，疫情得到有效控制。据统计，全年共发生流行性出血热 225 例，尽管较上年同期上升 177.78%，但未发生暴发流行，实现了高峰年低疫情的工作目标。截至 12 月 20 日，年度全市共报告甲乙类传染病 5 121 例，发病率为 192.77/10 万。连续 12 年无霍乱病发生。

【计划免疫相关疾病发病率稳中有降】 2011 年，本市继续认真贯彻落实《(2009～2012 年）辽宁省消除麻疹行动计划》，扎实开展麻疹疫苗强化免疫工作，全市麻疹疫苗应接种儿童 101 411 人，累计接种 98 534 人，接种率为 97.16%；按照卫生部和省卫生厅有关文件要求，在全市范围内开展乙肝疫苗补种接种工作，全市 15 岁以下人群乙肝疫苗补种应种人数为 161 942 人，截至 8 月 31 日，全市范围内 15 岁以下人群乙肝疫苗接种人数为 156 873 人，接种率为 96.87%。强化儿童预防接种信息管理，全市县级以上防保机构、116 个乡镇防保机构 100%建立儿童预防接种信息化管理系统。截至 12 月 20 日，全市计划免疫“四苗”接种率均在 99%以上；乙肝疫苗首针接种及时率 98.94%；白破、百白破、麻疹、脊灰、流脑 A+C 加强免疫接种率均达 99%以上。全年报告免疫相关疾病 1 307 例，其中麻疹 32 例，发病率同比下降 79.78%；乙肝 1 247 例，发病率同比下降 13.37%；甲肝 28 例，发病率同比下降 49.49%。无流脑、乙脑、新生儿破伤风、百日咳、白喉病例报告，无野毒株引起的脊灰病例发生。

【实施全球基金结核病项目】 2011 年，本市各级政府及时足额落实全球基金结核病项目配套资金，市县两级财政共配套 15 万元，到位率 100%，项目覆盖率以县（市）区为单位达 100%。年内全市发现新发涂阳病人 574 例；实际使用免费抗结核药品数量与实际发现病人应使用免费抗结核药品之比超过 88%，新发涂阳病人治愈率超过 91%，病人系统管理率 97%以上。全市结核病防治实现了高发现率、高治愈率的工作目标。

【重性精神病人排查并建立健康档案】 2011年，本市按省卫生厅要求，市卫生局在建立完善市、县（市）区、乡镇（街道）三级精神卫生防治网络的同时，成立了由市疾控中心和辽宁省复员军人康宁医院共同派员组建的葫芦岛市精神卫生防治技术管理和指导服务中心，成立了市级重性精神病人排查工作领导小组和排查技术专家组并开展工作，于9月举办了全市《重性精神疾病管理与治疗工作规范》培训班。截至12月20日，全市共排查2 056名重性精神病人并完成建档工作。

【深入开展爱国卫生运动】 2011年，本市爱国卫生工作坚持“政府组织、地方负责、部门协调、群众参与、社会监督、科学治理、分类指导”的爱国卫生工作方针，积极开展爱国卫生运动，完成了年初制定的工作目标。一是按期完成农村改水改厕年度工作任务。全市农村改厕任务900个，市财政按每个200元的补助比例及时足额拨付到位，改厕任务于10月30日前全部完成，全市卫生厕所普及率达50.3%。二是按期完成卫生单位、健康街道创建工作。全市有2个村申报省级卫生村、4个单位申报省级卫生模范单位，11月通过省爱卫办组织相关专家验收。三是继续开展以“除四害”为主的病媒生物防控工作。全市平均鼠密度控制在4%以下，农村鼠密度控制在5%以下，达到了省级病媒生物防制标准。四是积极开展城市农贸市场规范化管理，以县（市）区为单位，新达标市场超过3个。五是积极配合环保部门开展环境卫生整洁工作，以县（市）区为单位统计，整洁单位超过23个。六是配合水利部门进行农村生活饮用水消毒设备运行情况检查，保证了农村饮用水安全。七是组织开展城乡环境、居民区卫生、单位卫生等九项综合整治活动。截至12月底，全市铁路环境卫生整洁率达91%，高速公路整洁率达92%，普通公路整洁率达86%，城市居民区和街道环境卫生整洁率达91%，垃圾无害化处理率达82%，污水处理率达84%，农村村庄街道硬化率达53%，环境整洁率达75%。农村垃圾处理率比往年同期提高9个百分点，环境卫生设施建设和维护率，城市部分超过85%，农村部分基本超过63%。

【卫生应急演练培训及预案编修工作】 2011年，本市对卫生应急专家队伍进行了调整，重新组建了市本级突发公共事件卫生专家咨询委员会；利用世行人禽流感项目专项资金、省鼠疫防控项目资金，开展鼠疫、人禽流感、流感大流行等急性传染病全员培训工作，并在培训结束后开展人禽流感防控应急演练；组织开展了市疾控战线霍乱疫情处置演练、市卫生监督系统水污染应急处理演练、汛期及国庆节期间组织两次应急职守演练和9月大连达沃斯论坛期间组织人员参加反恐救援等应急演练。根据《辽宁省卫生系统应急预案管理办法》和《葫芦岛市突发公共事件总体应急预案》要求，对市本级已制定的16部卫生应急预案进行了梳理，对《葫芦岛市手足口病防治工作应急预案》、《葫芦岛市人感染高致病性禽流感防治工作应急预案 》进行了修订，制定《葫芦岛市冬季极端天气卫生应急工作预案》、《葫芦岛市反恐怖袭击医疗卫生救援应急预案》。

【孕产妇婴幼儿死亡率下降】 2011年，本市依法加强对母婴保健技术服务机构监督管理，全市20个二级助产技术服务机构有13个机构通过复核，2个实施整改。孕产妇、婴幼儿死亡率下降，2011年全市孕产妇死亡3例，连续三年孕产妇死亡率为14/10万，婴儿死亡率为7.06‰。

卫生监督

【食品安全整顿】 2011年，本市建立食品安全领导机制。市县两级食安办研究制定了《食品安全事故应急预案》并报上级政府备案，辖区内100%生产经营企业制定了食品安全事故处置方案，全年食品安全事故及时报告率达到100%，食品安全事故有效处置率达到100%。加强食品安全管理制度建设。市卫生局（市食安办）制定和完善了《葫芦岛市食品安全委员会会议制度》、《葫芦岛市食品安全工作考核办法》、《葫芦岛市食品安全事故应急处理暂行工作规程》、《葫芦岛市食品安全工作督查督办规定》、《葫芦岛市食品安全工作信息报送制度》。依法开展食品安全专项整治，严厉打击违法行为。加强食品生产、流通、餐饮等环节整治。依法开展“食品生产”、“问题奶粉”、“地沟油”、“瘦肉精”、“非法添加和滥用食品添加剂”专项整治。各相关部门全力加强食品生产、流通、餐饮等环节的“染色馒头”、“地沟油”、“瘦肉精”、“塑化剂”专项整治，保证了食品安全。依法开展食品监督抽查和风险监测工作，及时发现处理食品安全问题。全市各级食品安全监管部门加大监督抽检和食品安全风险监测力度。最近2年，共抽检食品生产企业876个批次；食品流通环节抽检白酒、葡萄酒各6个批次，大米20个批次，面粉30个批次；餐饮服务环节8类2 000个批次，农产品生产基地、批发市场和超市1万批次，兽药、饲料、畜产品等3 000批次。1～11月，农产品例行监测样品6 490个，合格6 481个，不合格9个，合格率达到99.8%。共抽检蔬菜、水果、食用菌等农产品样品5 400个，检测结果显示，全市市农产品质量总体水平逐年提高。本年度未发生食品安全事故。

【医政监督】　2011年，本市依法打击非法行医工作。对市直管30个医疗机构开展医政执法监督并建立监督档案，监督率达100%。依法打击非法采供血工作。共抽查医疗机构25个，发现违法行为10个，罚款人民币4万元。依法开展医疗广告监管工作。对葫芦岛人民广播电台、葫芦岛电视台及报纸等各类媒体发布的医疗广告安排专人定期监测，发现违法医疗广告及时进行制止并给予行政处罚，全年对3个未取得《医疗广告审查证明》单位的违法医疗行为处罚人民币5 000元。

【职业卫生监督】　2011年，本市建立职业病联席会议制度，加大职业病防治工作力度。为解决连山区钢屯镇、杨家杖子开发区尘肺病问题及加强全市职业病防治工作，市政府决定成立市卫生局牵头，市人社、安监等部门为成员的职业病联席会议制度，定期研究全市职业病防治工作中的重点问题；二是强化职业卫生技术服务机构建设。在省卫生厅支持指导下，全市12个医疗卫生单位取得了职业卫生技术服务、职业健康检查资质，数量和分布基本满足全市职业病防治工作需要，以县（市）区为单位机构覆盖率达100%；三是强化用人单位职业健康监护监督检查与指导。共完成职业健康检查11 556人，其中上岗前体检2 839人，在岗期间体检8 258人，离岗时体检459人。四是开展职业健康状况调查工作。按照省卫生厅等九部门《关于开展职业健康状况调查工作的通知》，制定了《葫芦岛市职业健康状况调查工作实施方案》并认真组织实施。本次调查统计全市共有职业危害企业284个，接触职业危害劳动者近3万人。同时加大行政处罚力度，共罚款3万元。

【放射卫生监督】　2011年，本市依法做好放射诊疗许可证发放工作，全年办理《放射诊疗许可证》3个。对医疗机构放射诊疗监理监督覆盖率达100%，市直管单位发证率达100%，县（市）区达91%。开展放射工作人员培训工作，全年共举办培训班4期，培训放射工作人员487人，培训率超过95%，办理放射工作人员证157人。

【饮用水卫生监督】　2011年，本市根据省卫生厅《2011年生活饮用水及涉水产品重点监督检查计划》、《2011年辽宁省饮用水卫生监测工作方案》，在全市组织开展了饮用水卫生监督检查和涉水产品监督检查工作。一是对各类集中式供水单位实施监督检查。市本级共监督检查供水单位62个，检测水样26份；二是积极开展涉水产品专项整治工作。共检查20个净水器销售专柜店铺，对存在问题经营单位下达了警告或停止销售的监督意见书；三是加大监督执法力度。依法开展饮用水供水单位卫生许可工作，对市自来水公司等48个二次供水单位换发了卫生许可证，监督覆盖率达100%，卫生许可证发证率达100%；县（市）区监督覆盖率达100%，卫生许可证发证率超过98%。依法处理饮用水和涉水产品违法案件3起，罚款1.7万元。全年无重大饮用水污染事件发生。

【公共场所卫生监督】　2011年，本市按省卫生厅要求，在四类（住宿业、游泳场馆、美容美发场馆、沐浴业）公共场所全面推行量化分级管理制度。全市共有住宿场所371个，量化分级管理率100%；游泳场馆2个，量化率100%；美容美发场所533个，实行量化分级管理427个，量化率81%；沐浴场所204个，实行量化分级管理163个，量化率80%。

【学校卫生监督】 2011年，本市对市直管辖的14所大、中、小学校，10所幼儿园进行了日常卫生监督工作，下达卫生监督意见书32份，监管档案建档率达100%。对县（市）区11所学校的教室采光、照明、课桌椅、黑板、学生宿舍等卫生条件进行了实地监测，监测覆盖率达100%，监测建档率达100%。市卫生局、教育局联合下发了《关于开展学校卫生监督量化分级管理试点工作的通知》（葫卫发[2011]94号），在全市选择33所各类学校试点，稳步推进学校卫生监督量化分级管理工作。

【传染病防治监督】 2011年，本市开展消毒产品专项整治工作，共检查直管消毒产品经销单位18个，县（市）区管8个，按期完成省交办的市售10品牌卫生巾和5品牌湿巾的样品抽检工作。开展医疗卫生机构传染病防治监督整治工作，共检查各级各类医疗卫生机构80个，一级以上医疗机构监督覆盖率达100%；开展集中式餐饮具消毒服务机构专项整治工作，对5个有工商营业执照的餐具集中消毒单位进行了现场卫生监督评价。

（许　奇　马增春）

体　育

综　述

2011年，市体育局围绕市委、市政府中心工作，充分发挥广大干部的创造力，全面提升干部素质，切实发挥体育在促进保增长、保民生、保稳定工作中的积极作用。以深入开展全民健身活动推进群众体育工作；以加强体育科研基础建设推动竞技体育工作；以规范、发展体育社团为主线加快体育组织建设；以体育彩票为龙头发展体育产业；同时，积极推进第十二届全国运动会葫芦岛赛区筹备工作。抢抓机遇，锐意进取，真抓实干，开拓创新，推进体育事业全面、协调、可持续发展。

群众体育

【加强公共体育设施建设】 2011年，本市积极贯彻落实《辽宁省全民健身实施计划》，顺利完成“省、市、县（区）、乡镇（街道）、村（社区）五级全民健身设施网络”建设赋予本市的建设任务，履行省政府与市政府签订的“全民健身公共体育设施”建设责任状。4月份，逐一调研街道、社区、乡镇、村屯健身基础实施情况，摸清了本市全民健身基础设施底数，为制定本市全民健身基础设施建设规划奠定了坚实的基础；根据全市现有条件，科学制定建设规划，制定《县（市）区全民健身公共体育设施建设责任状》，科学分解建设任务，确定完成时限；加大督促、检查力度，制定绩效考核方案，将全民健身公共体育设施建设完成情况列入县（市）区政府绩效考核内容，明确工程进度要求；加大投入，为顺利完成建设任务提供物质保障。

【深入开展创建健康机关活动】 2011年，本市组织开展机关体育活动。紧紧抓住承办第十二届全国运动会比赛的重大历史机遇，组织开展有创意、有规模、影响大、参与面广的机关体育健身活动，努力提高机关干部的体育意识和健身意识。坚持每季度组织一次市直机关体育比赛或体育活动制度，不断创新比赛、活动形式，拓展比赛、活动内容，扩大比赛、活动范围，提升比赛、活动效果。第一季度举办了“市直机关乒乓球比赛”，第二季度举办了“市直机关羽毛球比赛”，第三季度举办了“市直机关游泳比赛”，第四季度还将举办“市直机关拔河比赛”。聘请心理学学术界享有盛名的首都医科大学杨凤池教授为市直机关干部举行心理健康讲座，并为每个市直机关单位配发心理健康书籍1套，心理健康知识讲座光盘一张；从5月初开始至6月末，为82个机关单位的2 680名机关干部进行体质监测，对全市机关干部的身体健康状况做出科学评价，据此制定强化健身、增强体质、促进健康方案。提高机关早操质量，广泛推广“中华太极操”。加强早操的督促检查，进一步提高机关广播体操做操质量，并在机关中广泛推广“中华太极操”，进一步扩大“中华太极操”覆盖面，丰富机关体育活动内容。坚持“集中与分散相结合，以分散为主”的原则，突出活动的普及性和参与性，积极调动市直各机关力量，继续探索创新“创建活动”的方式方法，坚持立足单位、因地制宜、灵活多样、覆盖全员的原则，整合机关资源，实现资源共享；遵循“四项内容”和“四个原则”开展创建活动，暨开展以体育健身、科学饮食、心理健康、兴趣活动为内容的活动，坚持个人活动与集体活动相结合、室内活动与室外活动相结合、自选动作与规定动作相结合、健身活动与竞赛活动相结合的原则，形成活动单位自主、区域互动、资源共享、共同提高的良好局面。通过整合资源、统一协调，形成了全市联动、上下互动的良好局面。

竞技体育

【优化项目结构】 2011 年，本市及时调整项目布局，巩固田径、摔跤、武术散打、篮球、跆拳道、乒乓球、举重、柔道项目，逐步形成重点突出、布局合理的训练格局，市体育教学训练中心被命名为辽宁省篮球体育后备人才基地。本市在省体育局各中心注册运动员 57 名，其中田径 15 名，武术散打 1 名，拳击 8 名，武术套路 2 名，跆拳道 15 名，柔道 4 名，摔跤 12 名。

【建立梯次训练网络】 2011 年，本市狠抓县(市)区体育工作，由市体育局带队对 6 个县(市)区体育工作情况进行了调研，建立起了本市竞技体育梯次训练网络，并与市开展训练的竞技体育项目接轨，形成了业余训练全市一盘棋的布局。

【参加省少年比赛】 2011 年，本市组队参加 7 项省少年常规比赛，共获金牌 13 枚，银牌 6 枚，铜牌 12 枚，总分 287 分。

1. 参加省县区青少年跆拳道比赛

本市组建两支代表队参加辽宁省县区青少年跆拳道比赛，一支是葫芦岛市代表队，其中男队员 6 人，女队员 4 人；一支是绥中县代表队，其中男队员 10 人，女队员 1 人。本市两支参赛队经过赛前积极备战，取得了 5 金 3 银 4 铜，团体总分 98.5 分的成绩。

2. 参加省青少年田径比赛

本市由 9 名男运动员、6 名女运动员组成的田径队，参加辽宁省青少年田径比赛，市运动员在比赛中夺得了 2 金 1 银 1 铜，团体总分 62 分的好成绩。

3. 参加省青少年拳击锦标赛

本市选派 8 名运动员，参加了辽宁省青少年拳击锦标赛，在比赛中取得 2 金 1 银 2 铜，团体总分 37 分的好成绩。

4. 参加省青少年皮划艇锦标赛

在辽宁省青少年皮划艇锦标赛上，本市仅 1 名运动员参赛，仍夺取了男子甲组 500 米单人皮艇第三名，获得团体总分 6 分。

5. 参加省青少年跆拳道比赛

本市选派 13 名选手，参加了省青少年跆拳道比赛，取得了 2 枚铜牌、团体总分 18.5 分的成绩。

6. 参加省青少年柔道比赛。

本市选派了 4 名运动员参加比赛，取得了 1 枚金牌、团体总分 15 分的成绩。

7. 参加省青少年摔跤比赛。

本市选派 8 名运动员参加比赛，夺得了 3 枚金牌、1 枚银牌和 2 枚铜牌，团体总分 50 分的成绩。

【举办青少年体育比赛】 2011 年，本市举办了 2011 年市少年羽毛球比赛、2011 年市少年乒乓球比赛、“肯德基”三人篮球挑战赛葫芦岛分赛区比赛、“众泰汽车杯”第四届葫芦岛市三人制篮球比赛、“联通 · 体彩杯”葫芦岛市足球联赛。比赛选拔挖掘了竞技体育人才，激发了基层单位开展业余训练的积极性，调节了业余体育训练。

【加强运动员 裁判员技术等级审批管理】 2011 年，本市根据国家体育总局修订的《运动员技术等级管理办法》和《裁判员技术等级管理办法》，规范审批行为，加大监管力度，广开监督渠道，使我市等级运动员、裁判员管理更加规范。通过全面培训，严格考核，培养二级裁判员 68 名。

第十二届全国运动会葫芦岛赛区筹备工作

本市获得第十二届全国运动会男子排球和蹦床项目承办权，市体育局把办好所承办的比赛摆上全局工作的重要位置，多次对筹办工作进行研究。至 2011 年底，第十二届全运会葫芦岛赛区各项筹备工作正在紧张有序地向前推进并取得了阶段性成果。

【建立赛区组委会工作机构】 2011年，本市根据筹备工作需要，设置了“一室六部”即办公室、场馆建设部、新闻宣传部、群体工作部、竞赛部、环境布置部、青年志愿者部，从市直单位抽调了22名工作人员，于市教师进修学院后楼集中办公，统筹开展各项筹备工作。组委会工作机构搭建后，强化了内部管理，明确各部门的工作职责，落实各阶段工作任务，制定了一系列的规章制度。完成《第十二届全运会葫芦岛赛区筹备工作总体方案》、《第十二届全运会葫芦岛赛区筹备工作流程图》等基础性工作。

【积极展开宣传报道工作】 2011年，本市在各大新闻媒体经常性地进行全运会的宣传报道，市体育局在龙背山公园、龙湾海滨、莲花广场、体育休闲广场设置4块宣传栏，宣传本市承办第十二届全运会项目的重要意义，宣传承办全运会项目的拉动作用，动员各行各业都来关心、支持、参与全运会。

【加强群众体育活动人才培养】 2011年，本市举办两期国家二级社会体育指导员培训班，聘请社会体育活动专家来葫授课。通过培训，极大地提高了社会体育指导员的指导水平，有235名社会体育指导员通过晋级考试，获得国家二级社会体育指导员称号，为本市的社会体育发展增添了原动力。

【广泛开展群众体育活动】 2011年，本市举办了“迎全运、贺新年”元旦长跑活动、“迎全运 爱家乡 建辽宁”全民健身幸福生活2011世界行走日（葫芦岛站）活动、葫芦岛第四届风筝文化节、“中国电信杯”辽宁台球精英赛、“迎全运、爱家乡、建辽宁”2011年葫芦岛市老年人门球比赛、“迎全运、爱家乡、建辽宁”2011年葫芦岛市老年人象棋比赛、首届“百货大楼杯”葫芦岛市跆拳道、散打擂台赛、葫芦岛市首届沙滩排球比赛、“迎全运、爱家乡、建辽宁”2011年葫芦岛市少儿围棋锦标赛、2011首届中国（葫芦岛·兴城）国际泳装文化节沙滩排球表演赛和中华太极操表演等系列活动。另外，本市还承办了省围棋、象棋、国际象棋比赛、辽宁省体彩杯五人制足球赛，以及以葫芦岛赛区组委会名誉承办了“全民健身共享全运”辽宁省首届滨海公路自行车快乐骑行葫芦岛站活动。

积极组队参加辽宁省第一届全民健身运动会暨体育大会，在田径、乒乓球、毽球、中国式摔跤、三人制篮球、象棋、围棋、门球、飞镖、排球、羽毛球、健身气功、广播体操13项比赛中，我市获得9枚金牌、7枚银牌、7枚铜牌的好成绩，金牌总数列全省第六位。此外，本市参加第八届中国烟台国际武术文化节，获得11枚金牌、2枚银牌；参加第九届香港国际武术节，获得13枚金牌、8枚银牌，并获得优秀教练员奖和优秀团队奖；参加2011年阳光体育全国青少年户外体育活动，获得团体第六名、优秀表演奖。

通过广泛开展群众体育活动，积极参加省级全民健身体育竞赛，在本市营造了浓厚的“全运”氛围，进一步推动了本市“全运”筹备工作。

【规范电脑体育彩票发行】 2011年，本市通过调整电脑体育彩票投注站的布局结构，加大体育彩票的宣传力度，规范体育彩票市场，提高从业人员的素质，积极改善硬件条件、加强软环境建设，积极推广新玩法等措施，有效促进了本市电脑体育彩票的发行，全市体育彩票销售首次突破亿元。

（朱　成）

社会生活

人口和计划生育

【概况】 2011年，市人口和计划生育委员会设科室10个：办公室、政法科、发规科、宣教科、科技科、流动人口管理科、计划生育协会、宣传站、药具站、技术站。行政编制28个、事业编制21个（宣传站、药具站、技术站）

2011年，全市出生人口18 394人，人口出生率6.58‰，自然增长率1.97‰，出生人口性别比108，人口控制指标完成情况良好，人口和计划生育工作整体水平实现全面提升。

【六大体系建设基本形成】 2011年，本市六大体系建设水平全面提升。一是通过实施目标管理责任制，落实一票否决制度，深化计划生育综合治理，加大依法行政力度，推进便民维权活动，人口和计划生育依法行政体系基本形成。二是通过加强人口和计划生育顶层设计，坚持统筹解决人口问题，不断深化综合改革，积极推进体制机制创新，人口和计划生育改革创新体系基本形成。三是通过开展“优质服务先进单位”、“优质服务示范站(所)”创建活动，加强技术服务体系建设，推进优质服务提质提速，落实出生缺陷干预工程，人口和计划生育公共服务体系基本形成。四是通过建立人口理论教育基地，加大公共宣传力度，创新宣传教育形式，积极推进高层倡导，不断巩固基层人口文化阵地，人口和计划生育宣传教育体系基本形成。五是通过落实农村部分计划生育家庭奖励扶助政策和计划生育特殊家庭奖励扶助政策，力推落实城市双无人员独生子女父母奖励费和与企业脱离劳动关系人员独生子女父母退休补助费，国家、省、市、县四级奖扶配比资金超过1 600万元，人口和计划生育奖励扶助政策体系基本形成。六是通过实施“强基提质”工程，加强职业化队伍建设，壮大技术服务队伍，加快信息化建设步伐，推动协会“参公入序”，巩固基层人口计生队伍，完善考核考评机制，人口和计划生育基层基础工作体系基本形成。

【十件惠民实事造福百姓】 2011年，本市积极开展十件计生惠民实事。一是以农村特困计划生育家庭为服务对象，积极争取国家人口福利基金会支持“幸福工程--救助贫困母亲”项目首次走进辽宁、落户葫芦岛，首批30万元项目资金，重点资助了60户计划生育贫困家庭发展生产。二是以农村特困计划生育家庭应届统招本科生为服务对象，开展了“情系计生、圆梦大学”活动，为100名农村应届统招本科生每人每年争取到3 000元助学金。三是以计划生育伤残死亡特困家庭为服务对象，启动了“生育关怀公益金”项目，开展“面对面，心连心，计生协会干部走进计划生育困难家庭”活动，首批救助了100户特殊特困家庭。四是以孕前期育龄妇女为服务对象，在连山区率先开展了免费孕前优生健康检查试点工作，全面加大了出生缺陷干预工作力度。五是以计划生育贫困女孩家庭为服务对象，开展了“助千名贫困女孩入学，助千户贫困女孩家庭脱贫”活动，全市人口和计生系统协调近百万资金，帮助计划生育贫困女孩家庭生产致富。六是以新婚夫妇、待产妇女为服务对象，进一步开展了“三送”服务工作，通过婚姻登记机关、助产服务机构为一万多名新婚夫妇和待产妇女免费提供避孕药具、优质服务连心卡和优生优育等宣传资料。七是以部队军人家属为服务对象，进一步落实军地人口和计划生育“双管双助”工作，为军人家属免费提供优生答询、健康检查和节育技术服务。八是以超出育龄期的妇女为服务对象，开展了“金秋关爱”活动，为近万名超出育龄期妇女免费摘除节育环。九是以广大流动人口为服务对象，开展“爱在流动”系列服务活动，为境内流动人口免费提供计划生育技术服务和系列维权服务。十是以广大育龄群众为服务对象，实施了“阳光计生行动”，开通“12356”阳光计生服务热线，帮助人民群众解决人口计生工作中遇到的热点难点问题，维护人民群众的合法权益。

【人口计生工作成绩显著】 2011 年，本市继续加强人口和计划生育工作。一是人口和计划生育综合改革工作取得重大成果。经过两年的艰辛探索和不懈努力，我市被省人口与计划生育工作领导小组正式授予“辽宁省人口和计划生育综合改革示范市”荣誉称号。二是市人口和计生委连续 4 年被省政务公开工作领导小组评为“5 • 15 政务公开日”活动先进单位，并在省人口和计生系统工作会议上作经验介绍。三是计划生育协会在全省率先启动了“生育关怀公基金”项目，受到省人口和计生委的表彰，工作经验在全省计划生育协会会议上推广。四是军地人口和计划生育“双管双助”工作被省军区计划生育领导小组、省人口和计划生育工作领导小组评为“十一五”期间辽宁省军民共建人口和计划生育工作先进单位。五是技术服务机构建设再上新台阶。连山区、龙港区被评为国家级优质服务先进区，连山区、龙港区技术服务站实现国家级示范站，建昌县、南票区技术服务站实现省级示范站，兴城市技术服务站被重新评为省级示范站，全市 6 个乡镇中心服务所被评为省级优质服务示范所。六是季评最佳实事实现新突破。有三项工作被评为市直机关季评最佳实事：市人口和计生委力推独生子女父母退休补助费政策落实；启动幸福工程，使 60 位贫困母亲走上致富路；开展“情系计生、圆梦大学”活动，资助农村特困计划生育家庭 100 名大学生入学。

（谭　畅）

城乡居民生活

【概况】 2011 年，葫芦岛市继续加快实施民生优先和城乡一体战略，制定一系列改善民生的政策，增加居民收入，让广大人民群众共享经济发展成果。人民收入的来源渠道不断拓宽，城乡居民收支较快增长，生活质量进一步提升。

【城乡居民收入保持较快增长】 2011 年，全市经济保持了良好的发展势头，带动城乡居民收入实现较快增长。全年城镇居民人均可支配收入为 20 159 元，增长 16%；农民人均纯收入达到 7 901 元，增长 19.8%。城乡居民收入快速增长，收入来源呈现多元化，收入水平不断提高。居民收入（工资性收入、经营净收入、财产性收入、转移性收入）四项构成呈如下特点。

1. 工资性收入增长，农民尤显突出。2011 年，全市城镇居民人均工资性收入为 10 421 元，增长 13.1%；农民纯收入中的工资性收入为 3 823 元，增长 48.1%。工资性收入增长的主要原因，一是本市企业经济效益较好，发放的各类奖金、福利增加，同时部分事业单位增加了绩效工资；二是企业最低工资标准的再次提高以及农村劳动力的充分就业，拉动了工资性收入的快速增长。

2. 经营净收入增长，城乡差异明显。本市对失业人员再就业制定了许多优惠政策，经营环境不断改善，城镇经济加速发展激励了失业人员自主创业、自谋职业的热情，促使城镇居民经营收入增长。而随着农村城镇化进程的加快，农民第一产业家庭经营纯收入明显动力不足。2011 年，全市城镇居民家庭人均经营净收入 3 437 元，同比增长 14.7%；农民家庭经营纯收入为 3 582 元，下降了 2.7%。

3. 财产性收入增长迅速，成为居民收入的新亮点。随着经济的快速发展，家庭财富逐步积累，居民投资领域逐步拓宽，其中以存款利息、房屋出租、股息与红利、农民土地经营权转让等为主体的各类收益成为居民收入的又一亮点。2011 年，全市城镇居民人均财产性收入 380 元，同比增长 14.6%；农民财产性收入为 221 元，同比增长 24.2%。

4.转移性收入快速增长,农村社保力度增强。在“保民生”政策的推动下，本市不断加大对城乡居民的财政转移支付力度，连续7年提高企业养老金、离退休金发放标准，不断提高最低生活保障标准，实现新农保的全面覆盖等，以离退休金为主体的转移性收入快速增长，2011年，本市城镇居民人均转移性收入为7 399元，同比增长17.7%;农民转移性纯收入为275元，增长74.7%。

【居民消费稳步增长】 2011年，本市城乡居民生活消费能力逐步增强，生活质量不断提升。本市城镇居民家庭人均消费性支出为12 132元，同比增长 10.6%；农村居民家庭人均生活消费支出为4 437元，同比增长13.6%。

城乡居民消费性支出八大类分别呈“六升二降”趋势，其中，城镇居民消费性支出中上升的六类为：食品类支出4 054元，增长7.4%；衣着类支出 1 245 元，增长 10%；家庭设备用品服务类支出807元，增长30.2%;医疗保健类支出1 255元，增长 87%；交通和通讯支出 2 201 元，增长6.3%；教育文化娱乐支出 1 196元，增长5.3%。农村居民生活消费中上升的六类为：食品类支出1 597元，增长3.5%；衣着类支出417元，增长14.8%；居住类支出为894元，增长52.3%；交通和通讯支出 511 元，增长 20%；医疗保健类支出为 424 元，增长 41.4%；其他商品及服务类支出为120元，增长22.4%。

1.标志居民生活质量的主要指标恩格尔系数（即食品消费占消费性支出的比重）下降，人民生活质量提升。其中，城镇居民家庭恩格尔系数为 33.4%，同比下降了 1 个百分点；农村居民为36%，同比下降3.5个百分点。

2.服务性消费支出增长，家务劳动社会化趋势增强。2011年，城镇居民家庭人均服务性消费支出为 2 551 元，同比增长 11.8%；农民人均服务性消费支出为1141元，增长0.3%。

3.信息化进程加快，网上购物、电视购物成为时尚新宠。随着信息技术和互联网的发展，更多的人愿意选择网络购物、电视购物等新型交易方式。特别是网络购物方便快捷，提供了“货比百家”甚至“货比千家”的信息资源。本市城镇居民每百户接入互联网的计算机达到62.4台,比上年增长了16.3%。家庭网络消费支出明显增加,城镇居民人均网上购买商品或服务支出69元,比上年增长了4.8倍。

4.居住条件进一步改善,住房建筑面积不断增加。2011年，本市城镇居民人均住房建筑面积为 29 平方米，同比增长 3.1%；农民人均住房面积为28平方米，同比增长7.3%。

5.耐用消费品拥有量趋于饱和，家用汽车消费增加。经济社会的高速发展，引领居民的生活档次不断升级，居民家庭耐用消费品也由原来的“四大件”被新兴的微机、空调机等高端产品所取代并逐渐趋于饱和，随之而来的家用汽车也正在步入寻常百姓家。2011年，本市城镇居民家庭每百户拥有家用汽车9.3辆，同比增长4.5%；农民家庭每百户拥有3.3辆，比上年增长1倍。

（袁 玲）

县（市）区建设

连山区

【概况】 葫芦岛市连山区位于辽西走廊，东和东北部与锦州经济开发区、凌海市和锦州太和区相接壤，西和西北部与建昌县和朝阳市相毗邻，南邻渤海辽东湾和龙港区，西邻兴城市，北靠南票区。位于北纬 40° 09′ 08″ ～40° 46′ 04″，东经 120° 01′ 50″ ～12° 14′ 00″ 之间。区域总面积 1 651 平方千米。连山区政府机关位于连山区东城中路，东北距省会沈阳 326 千米，西南至首都北京 430 千米。连山区下辖 7 个镇、8 个乡、1 个农村建制的街道、190 个行政村；8 个城市街道、81 个社区。2011 年，在市委、市政府的正确领导下，全区广大干部群众扎实苦干，攻坚克难，推进经济和社会各项事业平稳较快发展，实现了“十二五”开门红。全区地区生产总值实现 197.2 亿元，同比增长 9.2%；公共财政预算收入实现 16.5 亿元，同比增长 24.3%；固定资产投资实现 58.2 亿元，同比增长 14.7%；社会消费品零售总额实现 102.7 亿元，同比增长 16.4%；城镇居民人均可支配收入 20 583 元，同比增长 15.3%；农民人均纯收入 8 801 元，同比增长 19.7%。

【打渔山园区建设成效显著】 基础设施不断完善。投资 4.3 亿元，完成征地动迁 1.2 平方千米、土地整理 2.3 平方千米、道路建设 5.3 千米、供电线路工程 20.3 千米、管线配套 21 000 米。集中供热、东环路等项目开工建设。建筑面积 28 920 平方米的创业大厦主楼和附楼主体工程全部完工。附楼已进行内部装饰，年底即可入住使用。打渔山园区 10.3 平方千米起步区的配套基础设施能够完全满足入园企业建设和生产需求。五大服务平台建设取得重大进展。泵阀博览中心投入使用，泵阀产业科技城完成 2 万平方米商铺建设。帮助企业协调贷款 1 170 万元，招聘各类技术人才 200 余名。与中国通用机械协会泵业分会联合成立了中国泵行业研发中心，为提高园区自主创新、集成创新能力奠定了坚实基础。招商引资成效显著。首届中国葫芦岛打渔山泵阀产品博览会成功举办，参会企业达到 313 家，协议投资总额 107.2 亿元，意向购销总额 5 亿元，园区知名度和影响力显著提高。全年引进项目 53 个，到位资金 102 亿元，同比增长 67.8%，其中，外资项目 8 个，投资 5 000 万美元，同比增长 94%；累计签约项目达到 108 个，协议投资总额 518 亿元，在建项目达到 68 个，预计投资 318 亿元，打渔山园区成为省泵阀产业集聚区。

【工业经济增长强劲】 工业经济不断进步。规模以上工业总产值预计实现 396.5 亿元，同比增长 31.8%。以泵阀制造、矿山冶金、石油化工、新型材料为支撑的产业格局得到完善，在建泵阀制造项目达到 56 个，长志泵业、西部科技等 15 个项目实现投产试运行。工业科技取得新突破。工业企业活力明显增强，辉宏金属成为国家高新技术企业，北方金属公司生产的钢丝钢棒产品被评为省名牌产品。节能减排成效明显。万元地区生产总值综合能耗下降 3.9%，二氧化硫减排 428 吨。钼产业生产能力和效益显著提升。钼业公司矿山设计研发中心投入运营，完成富兰等 3 家采矿公司扩界和上兰家沟等 3 个系统的技术改造，库容 3 600 万吨的 3 号尾矿库全面竣工。“探矿权整合方案”通过省国土资源厅审批，9 家探矿公司依法取得勘查许可证。钼业公司实现销售收入 8.7 亿元，利税 1.7 亿元，生产指标创成立以来最高水平。

【服务业集聚区扎实推进】 东城经济区支撑作用日益显现。累计引进项目 25 个，计划投资 170 亿元；在建项目 16 个，计划投资 90 亿元。完成房地产开发 60 万平方米，巴塞罗那欧式风情小区、上东盛景二十六层高层住宅拔地而起。欧曼汽配城投入运营，欧亚达家居广场、五金机电城、百大酒店等服务业项目稳步推进，东城经济区成为城区经济新的增长极。老城区商贸业加速发展。全市第一家地下商业街奥佳时尚购物广场正式营业，进一步丰富了商贸业态。特易购乐都汇购物广场主体工程完成三分之一，商住组团 22 层主体框架完工。“退政还商”有序推进，第七中学等地块置换的前期准备工作基本就绪，拓展了老城区发展空间。旅游业发展提速增效。加强 5 家 A 级景区公共服务设施建设，到承德、太原、赤峰等地进行宣传推介，开展区域合作。全年接待游客 506 万人次，实现旅游总收入 30.9 亿元。农村市场网络不断健全。“万村千乡市场工程”农家店达到 256 个，配送中心项目投入运营。全年预计完成家电下乡和以旧换新销售 8 万台，销售收入 2.4 亿元。

【农业综合生产能力增强】 农业产业化步伐加快。农业生产喜获丰收，粮食产量创历史新高，达到 21 万吨，肉蛋奶和水果产量分别实现 24 万吨和 10.6 万吨。完成设施农业 40 平方千米，落实滴灌节水灌溉面积 19.33 平方千米。新建畜禽标准化养殖小区 17 个，现代畜牧业示范区项目达到省级年度建设标准。新增省级农民专业合作社 5 家，农业产业化示范基地 6 个，12 个项目进入产业化龙头企业行列，辽西最大的干果类食品加工企业在我区落地。塔山乡西堡子村成为“全国一村一品示范村”。扶贫攻坚取得新成绩，9 个行政村的 1.82 万人实现稳定脱贫。强农惠农全面推进。发放“粮食直补”、农机具购置等补贴资金 5 106 万元，农业保险覆盖面达到 91.3%。投资 1.1 亿元，完成水库移民后期扶持、小型农田水利重点县、农村饮水安全和农建骨干工程项目 114 个，治理水土流失面积 4 万亩，解决了 1.8 万人的饮水安全问题。辽西绿色生态长廊项目加快推进，完成植树造林 63.33 平方千米。启动青山工程建设，查处侵害林地案件 100 余起，保护了林业生态环境。科技兴农成效突出。推广新品种、新项目 40 余个，带动农民增收 7 500 万元。组建农民专家服务团，培训农民 6 万人次。提高农机化服务水平，完成机械化播种 400 平方千米。认证无公害农产品 11 个，抽检农产品样品 3 100 个，农产品质量安全得到加强。

【城乡建设再创佳绩】 开展了 10 年来规模最大、成效最为显著的“我们的城市、我们的家园”环境综合整治攻坚战。完成水泥、化机等 5 个街道的 6 个社区综合治理和新大陆广场、永昌路绿化亮化等工程。新、改建文化休闲广场 3 处，恢复、新增绿地面积 2.56 万平方米，修缮破损道路坑槽及步道方砖 3.16 万平方米，城区环境明显改善。实施了岛东线综合改造工程，使其达到省一级公路标准，成为本区东出口一道靓丽的风景线。加强公路网络化建设，投入 9 200 余万元，建设、改造各级公路 184.9 千米，投入规模和公路建养水平创历史之最。开展了以“清洁乡村、美化家园”为主题的村容村貌整治活动，投入资金 6 000 余万元，促进了基础设施和公益设施建设，有效改善了村屯环境。

【社会保障更加有力】 扩大了社保覆盖范围，参保人数和基金规模持续增长。向 10 567 名城市社保对象发放养老金 1.6 亿元。完成城乡低保户、五保户的提标任务，为 1.9 万名城乡低保对象发放低保金 3 918 万元。新农保参保人数达到 110 000 人，参保率超过市下达指标 4 个百分点，向 47 352 名 60 周岁以上老人发放养老金 1 609 万元。大力加强就业服务体系建设。全区预计实现城镇实名制就业 16 000 人，实名制有组织劳务输出 7 800 人，零就业家庭保持动态为零。深入开展食品、药品安全专项整治工作，有力保障了公众饮食用药安全。地质灾害区治理稳步推进。争取上级资金 905 万元，完成了虹螺岘镇后潘庄子沉陷区 242 户村民住房维修加固及搬迁安置工作；钢屯镇兰家沟沉陷区治理取得阶段性成果，累计完成投资 1.5 亿元，499 户村民喜迁新居。

【社会事业蓬勃发展】 教育事业不断发展。努力深化教育改革，促进了学前教育、义务教育和职业教育协调均衡发展。投资 1.1 亿元，新改扩建校舍 5.7 万平方米。建立安全管理责任制，严格监督检查，校车安全等校园管理得到强化。“国培计划”教师培训成绩跃居全国第一名，我区被评为全国教师培训示范区。文化建设成绩斐然。新建农家书屋 94 家，完成 9 家乡镇综合文化站主体工程。举办各种文化活动 2 500 余场次，受益观众达 30 余万人次。圣水寺列入国家文物局“十二五”重点建设计划。筝岛文化再获殊荣，我区被评为中国民间文化艺术之乡。城乡医疗服务水平明显提升。区医院门诊病房综合楼完成地下基础垫层；两所社区卫生服务中心，四所乡镇卫生院医疗服务楼竣工并交付使用。医疗卫生体制改革成效显著，建立了全省第一家乡镇卫生院医疗服务信息化管理平台，15 家乡镇卫生院实现基本药物零差率销售，新型农村合作医疗参合率稳定在 92%以上，群众看病贵、看病难问题得到有效缓解。低生育水平持续稳定，人口出生率和自然增长率分别为 7.21‰和 3.33‰。第六次人口普查工作圆满完成。审计、物价、档案、粮食、武装、人防、双拥、气象、体育、外事侨务及民族宗教等工作也都取得了良好成绩。

【精神文明和民主法制不断加强】 精神文明建设取得新成效。深入开展争创省文明城区等系列精神文明创建活动。大力开展向当代“活雷锋”郭明义学习宣传系列活动，弘扬了无私奉献、昂扬向上的时代精神。民主法制得到加强。自觉接受人大和政协监督，办结人大代表建议和政协委员提案 132 件，满意理解率达到 98%。强化基层组织建设，圆满完成第八届城市社区居民委员会换届选举工作。深入推进人民调解、社区矫正和法律服务进村入户等工作，我区荣获全国“五五”普法先进区称号。社会管理成效明显。应急网络体系和预案日趋完善。积极开展“清网行动”，保持对违法犯罪活动的高压态势，在逃人员撤网率达到 86%，提前完成公安部下达的任务指标。大力开展“安全生产年”活动，安全生产形势保持稳定好转。深入排查矛盾纠纷，有效化解、遏制了一批重大信访案件。

【领导成员名单】

中共连山区委员会

书　记　支剑锋（11 月离任）
　　　　郝建军（11 月任职）
副书记　柴文海（11 月离任）
　　　　马文志（11 月任职）　耿德威
常　委　熊玉辉　杨丽芳　齐明达　赵宜洋
　　　　王立光　张　明

连山区人大常委会

主　任　李长荣
副主任　杨宝泰　金丽凡　罗　敏　常锦才

连山区人民政府

区　长　柴文海（11 月离任）
代区长　马文志（11 月任职）
副区长　熊玉辉　陈欲晓（7 月离任）
　　　　杨丽芳（2 月离任）
　　　　徐兴梅（8 月任职，11 月离任）
　　　　陈　玮　刘玉安　杨洪波　张绍魁
　　　　吉银霞　沈玉敏（11 月任职）

政协连山区委员会

主　席　陈书元
副主席　刘大鹰　赵志华　杨德书
　　　　沈玉敏（不驻会）

（贾　亮）

龙港区

【概况】 2011 年，是“十二五”规划的开局之年，也是本区沉着应对严峻挑战，有效化解不利因素，各方面工作取得显著成效的一年。在市委、市政府和区委的正确领导下，在区人大和区政协的监督支持下，深入贯彻落实科学发展观，团结和带领全区人民，戮力同心，奋力拼搏，圆满完成了区三届人大四次会议确定的任务目标，全区经济持续快速发展，社会各项事业全面进步。全区国内生产总值实现118亿元，比上年增长16%。其中，一、二、三产业增加值分别完成2亿元、62亿元和54亿元，增长4.7%、17.9%和15%，结构比例为1.7：52.5：45.8。公共财政预算收入14.5亿元，增长21.9%（可比口径）。固定资产投资68亿元，增长30%。城镇居民人均可支配收入19 943元，增长8.9%。农民人均纯收入10 300元，增长25.5%。在全省56个城区年度经济综合考评中被评为先进区。

【第三产业蓬勃发展】 全区社会消费品零售总额实现49亿元，增长18.4%。商贸零售业取得新突破，商贸流通集聚区被评为首批省级服务业集聚区。大润发、富尔沃财富广场建成营业，沃尔玛、星巴克、星美院线等签约入驻，文翠路特色购物街、宏运新世界等大型服务业项目主体完工。餐饮业又有新发展，必胜客、肯德基等品牌连锁店，食博汇、振武贵宾楼等大型餐饮企业先后营业。金融环境持续优化，民生银行、融盛小额贷款公司等金融机构陆续入驻。房地产业平稳健康发展，香漫花都、山水倾城、金域华城等项目建成；康庭美墅、富都家园等项目开工；全年房地产新开工面积104万平方米；商品房销售面积40万平方米，销售额14亿元。旅游业发展加快，葫芦山庄与锦州笔架山实现旅游跨市合作；全年接待境内外游客460万人次，实现旅游收入27亿元。

【工业经济稳中有进】 全区规模工业总产值完成235亿元，增长10%；规模工业增加值完成44.3亿元，增长9.3%。新宇重工引进韩国焊接机器人研发团队，七星钢管实现海外新扩张，世星药化香兰素、天宝化工三苯基膦、温州联宏撬装式加油设备等技改项目竣工投产，有色金属、海洋工程产业列入省重点产业集群，工业对国民经济的支撑作用进一步增强。海洋工程工业区建设步伐加快，起步区5.6平方千米达到“六通一平”；船用燃油、天启晟业、华越二期形成生产能力；顺达公司井下救生舱进入调试阶段；东宝造船斜船台竣工，巨型船舶总段顺利下水。现入驻企业22家，计划投资总额106亿元；建成投产项目7个，完成投资37亿元，实现产值11.2亿元。

【农业经济平稳运行】 农业总产值完成3.4亿元，增长5.1%。全年发放粮食直补和农资综合补贴资金245 万元。投资2 687万元，完成102线双树段及乡村道路等改造工程。推进“绿色龙港”工程，全年植树60万株，新增造林面积4920亩。兴北村、东砬村农村饮水安全工程竣工。园区农业和设施农业取得明显成效，葫芦山庄被评为全省唯一一家国家五星级休闲农业与乡村旅游示范园区。社会主义新农村建设扎实推进，兴北村获“市级社会主义新农村建设示范村”称号。

【招商引资效果明显】 深入开展“项目建设年”活动，积极培育新的经济增长点。引进省外内资45.6亿元，增长128%；实际利用外资4 000万美元，增长99.2%；外贸出口1.56亿美元，增长24%。全年走出去开展招商活动18次，邀请境内外客商来本区参观考察、洽谈项目230人次。大力开展主题概念招商和产业集群招商，全年引进固定资产投资1 000万元以上生产经营性项目40个，投资总额150亿元，实现投资53.3亿元。其中，续建项目18个，实现投资34.8亿元；新建项目22个，实现投资18.5亿元。

【城市建设成果显著】 坚持量力而行、适度超前、统筹安排，市政基础设施建设步伐加快，城区环境不断改善。棚户区改造稳步推进，老和台、小仙沟二期等棚改工程主体竣工或交付使用。“两河三村”片区改造初见成效，实现投资2.57亿元；完成齐屯村动迁、茨山河中段治理和沿河带状公园建设；文艺路、文化桥等路桥建成通车，“四横六纵”的交通骨架基本形成。老城区集中供热厂完成土地平整，供暖锅炉采购到位。截污管网设施正常运转，生活污水处理率达到95%以上。生物质能锅炉推广使用，有效削减化学需氧量和二氧化硫排放总量。强力推进“我们的城市，我们的家园”城市环境综合整治活动，实现投资5 700 万元。其中，完成锦葫路、龙程街、岛里临红路等24条道路和8.7万平方米步道方砖维修改造；新安装路灯360盏，12条主次干道彻底告别“摸黑路”；全面整修老城区明暗渠和沉沙池，城市防洪泄洪能力极大提高；高标准建设西山、小仙沟等5个绿化示范社区和百万庄铁路沿线绿化景观带；清理社区“小菜园”16.3万平方米；开展规范广告牌匾、拆除危楼和违建等专项行动，城区面貌焕然一新。

【社会保障日臻完善】 社会保障水平稳步提高。切实加强就业和社会保障工作，让人民群众共享改革发展成果。城镇实名制就业8 162人，实名制有组织劳务输出1 082人，城镇登记失业率控制在2.4%以内，零就业家庭保持动态为零。强力推进城镇居民养老保险、新农保和失地农民养老保险工作，覆盖城乡、惠及全民的社会保障体系已经形成。

【社会事业全面进步】 社会事业全面进步。科技事业取得新进展，连续五年荣获全市科技进步功勋奖，并被授予“全国科普示范区”称号。教育事业成绩显著，收购了原辉煌学校，区青少年活动中心、龙湾中央商务区实验小学主体完工，中小学综合实践基地被评为国家级青少年户外体育活动营地，荣获“省普及九年义务教育先进地区”称号。文化事业日益繁荣，“红色记忆”、“魅力龙港·幸福家园”等主题系列文化活动持续开展；大地数字影院营业，填补我区无电影院的空白。农村公共文化服务网络体系逐步形成，建成农家书屋20个。卫生事业健康发展，基层医疗卫生体制改革有序进行，基本药物制度推广实施，医疗服务中心正式运营，食品药品监督管理工作得到加强。人口和计划生育工作不断深化，荣获“国家级计划生育优质服务先进区”称号。事业单位清理规范和岗位设置管理工作有序开展。第六次全国人口普查圆满结束。启动实施第一次全国水利普查和第二次全国地名普查。双拥共建深入开展，继续保持“省级双拥模范区”称号。工商、物价、质量技术监督、人防、监察、审计、档案、宗教、侨务、保险、电力、通讯、残联、老龄、妇女儿童等工作也都取得了新成绩。

【加强精神文明建设】 深入实践科学发展观，推动精神文明建设，本区连续六届获得“省级文明城区”称号。切实加强政府自身建设，自觉接受人大依法监督和政协民主监督，广泛听取和采纳各民主党派、工商联、无党派人士和各人民团体的意见。全年办理人大建议50件、政协提案94件，办结(办复)率100%，见面率95.7%，满意和基本满意率96.4%。开展“六五”普法教育，不断提高依法行政水平。深入推进政务公开，公开范围向乡街和社区延伸。基层组织建设得到加强，第八届社区换届工作完成。通过“省级平安县区”验收，有望实现七连冠。严厉打击刑事犯罪活动，“清网行动”在逃犯罪嫌疑人抓捕率达到93%。积极构筑社会消防安全防火墙工程，全区消防安全形势平稳可控。高度重视信访工作，“一站式”接访大厅运转顺畅，群众诉求得到处理，圆满完成省市党代会、庆祝建党90周年期间信访稳定工作。依法取缔营运三轮车，城区交通环境更加安全畅通。加强安全隐患排查和整改，安全生产形势保持总体稳定。应急管理组织体系健全完善，应对和处置突发事件能力明显提高。

【领导成员名单】

中共龙港区委员会
书　记　唐联众
副书记　闫庆礼　杜　刚
龙港区人大常委会
主　任　王德瑞
副主任　杨　超　孙学斌　刘金艳　程永霞　孙国庆
龙港区人民政府
区　长　闫庆礼
副区长　马茂胜　王铁刚　张雪峰　高　翔　李　杰　王　杰
政协龙港区委员会
主　席　付海忠
副主席　田晓颖（女）　张树军　佟义勇　赵兰新　徐志民

（蔺永刚）

南票区

【概况】 2011年，南票区在市委、市政府的正确领导下，以科学发展观为统领，以地区经济转型为主攻方向，抢抓发展机遇，全力攻坚克难，奋勇开拓创新，较好地完成了区七届人大四次会议确定的各项任务，经济社会进入快速发展新阶段。全年地区生产总值实现19亿元，增长12.4%；地方财政一般预算收入实现2.2亿元，增长37.5%；全社会固定资产投资完成7.96亿元，增长48.9%；农民人均纯收入和城镇居民人均可支配收入分别达到7 080元和9 854元，增长27.6%和13.75%。社会秩序持续稳定，平安建设深入推进，落实省市区划调整部署，平稳有序完成高桥镇接收工作。

【农业农村工作取得新突破】 栽植葡萄1.8平方千米，全区种植面积达到5.33平方千米，暖池葡萄品牌效益凸显。发展大枣3.33平方千米，沙锅屯、缸窑岭示范基地初具规模。新增设施农业小区25个，高效经济田2.67平方千米。新建畜牧小区12个，规模饲养场40个。新增水土保持面积3万亩，成功列入全国“小农水”重点区范畴，新增节水滴灌4平方千米，女儿河综合开发项目获准立项，水利普查取得阶段性成果。北边黄瓜集体商标成功注册，填补我市空白。完成人工造林20.67平方千米、封山育林23.33平方千米，青山工程全面启动。兑现惠农政策补贴970万元，农业保险参保比例达到92%。申报市级科技立项3项。3个村纳入“整村推进”扶贫开发范围。获得“一事一议”奖补资金1 970万元，实施项目131个。深入推进新农村建设，3个村晋升市级示范村行列，前富隆山环境优美村创建工作通过省级验收。

【财税工作再创佳绩】 严格依法治税，狠抓重点企业、重点产品和重点税种征管，严厉打击偷逃骗税行为，保证了应收尽收。充分整合资金，切实提高资金使用效益，实现了保运转、保民生、保稳定目标。财政、国地税收入分别增长833万元、853万元和4 308万元，一般预算收入月均增速位居全省前列，超额5 664万元完成“三年倍增”计划，保障能力持续增强。一般预算支出达到9.9亿元，增长74.8%，创历史最好水平。

【各项社会事业取得新进步】 发放各类保障救助4 800万元，社保体系进一步健全。全面落实各项优抚政策，安置退伍士兵21人。城镇实名制就业4 500人，组织劳务输出7 800人，普惠制职业技能培训650人。启动学前教育三年行动计划，组建联合中学，全面化解农村“普九”债务。开展建党90周年庆祝活动，组织演出百场，参与演出万人次。下五家子爱国主义教育基地设施进一步完善。缸窑岭明性寺二期修复工程进展顺利，沙锅屯石塔、安昌岘舍利塔修缮完毕。成立食品药品监管机构，安全监管体系进一步健全。

【城乡面貌实现新改观】 完成公路大中修75千米，锦赤线城区段维修工程竣工通车。实施老镇住宅改造，1.1万平方米完成基础施工。龙城路商业街主体竣工，新增商业面积7 800平方米。投入环境整治和市政建设资金932万元，开展“四化”竞赛活动，城区环境显著改善。

【政府自身建设开创新局面】 主动接受人大依法监督和政协民主监督，办理人大代表建议、政协提案99件，落实率大幅提高。全面推进政务公开建设，网上公开行政权力运行事项2 133项，办理群众网上咨询投诉59件。不断完善应急预案体系，突发事件处置能力明显增强。社区矫正试点有序开展，依法治理和普法教育成果显著，荣获“法制宣传教育先进区”称号。强化行政监察和审计监督，政风行风进一步好转。专家论证评审制度逐步完善，政府决策科学化、民主化程度稳步提高。工程招投标、政府采购等制度不断规范。目标管理和绩效考核全面加强，行政效能进一步提升。

【认真办理六件实事】 在七届人大四次会议上，区政府向全区人民承诺办好六件实事。一是兰甲暖馨小区19栋楼即将竣工，基本达到回迁入住条件；下庙子欢馨小区7栋楼封顶，25栋楼进入主体施工阶段；沙锅屯兴隆小区二期527套安置住房分配到户。二是城区路灯改造升级投入192万元，新增LED节能灯96盏，风光互补路灯132盏，城区主干街路亮化率达到100%。三是中心敬老院建筑面积4 170平方米，主体竣工。四是区医院综合楼建筑面积1万平方米，完成基础施工。五是生活服务公司基础数据测算、接收方案编制等工作就绪，市政府统一实施后即可开展实质接收工作。六是自来水厂建设受生活服务公司职能移交进度影响，在无法统筹实施的情况下，先行改造部分供水系统，实现区属住宅楼 24 小时供水。同时，完成自来水厂招投标工作，为城区供水系统改造升级奠定基础。

【领导成员名单】

中共南票区委员会

书　记　孟兆林

副书记　张　飚　王兴华

南票区人大常委会

主　任　郭秀芝（女）

副主任　娄长山　杜金梅（女）　马文玉　刘多纯

南票区人民政府

区　长　张　飚

副区长　耿凤森（2 月离任）

马文志（2 月任职，11 月离任）

姜　涛　曲玮晶（女）　杜立新　栗恩秋

李印庆（11 月任职）

政协南票区委员会

主　席　刘继舜

副主席　李树桓　孟祥前　顾　平　韩丽荣（女）

（朱凤秋）

兴城市

【概况】　兴城市位于辽宁省的西南部，居“辽西走廊”中部偏西。东北毗邻葫芦岛市连山区、龙港区，西北同建昌县接壤，西南隔六股河与绥中县相望，东南邻辽东湾。地理坐标东经 120° 6′ ～ 120° 48′ ，北纬 40° 16′ ～ 40° 48′ 。市境东西最大距离约 55 千米，南北最大距离约 52 千米，总面积 2 112.8 平方千米。市区在境内东北隅，面积为 83 平方千米，距辽宁省省会沈阳 314 千米，离首都北京 414 千米，距葫芦岛港 30 千米。京哈 102 国道、京哈铁路、秦沈铁路客运专线、京沈高速公路、辽宁滨海公路五条交通大动脉在境内过，是华北通往东北的咽喉，为关内外要冲，其战略位置十分重要，历来为兵家必争之地。市人民政府驻地兴海南街 84 号。

兴城西北依辽西松岭余脉，老黄顶、青山、五顶山、大摸虎山、九龙山等 10 余座 500 米以上的山峰均在这一区域内，是兴城河、烟台河、女儿河发源地。地势依次由西北向东南倾斜，大体可分为西北低山，中部沙岗丘陵、东南近海平原三种地形。自然概貌是六山一水三分田。气候属北半球暖温带、半湿润大陆性气候。全年气候温和，四季分明，夏无酷暑，冬无奇寒，春暖秋爽。年平均气温 9.5℃，城市绿化率为 41%，空气良好天数超过 350 天，空气中负氧离子含量丰富。全市有耕地 580 平方千米，占全市土地面积的 28.3%；有水域 130 平方千米，矿泉水资源丰富；大陆海岸线长 104 千米，浅海滩涂面积达 80 平方千米，海产品尤为丰富，享有五大美誉的鱼、虾、蟹、贝、蜇等 60 余种；矿产资源有铅、锌、钼、铜、大理石、石灰石、硅石等。全市有林地面积 673 平方千米，有果树面积 267 平方千米、14 00 万株。兴城有旅游疗养院 30 所，床位 7 000 余个，是全国著名的海滨疗养区。堪称兴城“五宝”的“五景”——城、泉、山、海、岛珠联璧合，相映成辉。兴城是中国优秀旅游城市、中国书法之乡、中国泳装名城、辽宁省历史文化名城；兴城古城是全国重点文物保护单位，是我国仅存的完整四座明代古城之一；兴城海滨风景区是国家重点风景名胜区；首山为国家级森林公园。

2011 年，全市辖 16 个乡(其中满族乡 15 个)，4 个镇，7 个街道；239 个行政村，27 个社区。年末全市总人口 551 009 人，非农人口 134 237 人；非农人口占总人口的比重为 24.4%；农村人口 416 772 人，农村人口占总人口的比重为 75.6%。全年出生人口 3 209 人，人口出生率为 5.81‰；死亡人口 2 312 人，死亡率为 4.19‰；自然增长率为 1.62‰；计划生育率为 97.5%。全市有满族、蒙古族、回族、锡伯族、朝鲜族等 16 个少数民族，其中以满族为最多，有少数民族人口 29.7 万余人。

年内，在市委、市政府的正确领导下，全市深入贯彻科学发展观，全力推进“农业产业化、工业化、城市化”三大进程，积极转变经济发展方式，努力调整产业发展结构，统筹做好保增长惠民生促稳定等各方面工作，全市经济发展质量迅速提高，民生继续得到改善，改革开放深入推进，各项社会事业全面进步，实现“十二五”时期的良好开局。全年经济发展迈上新台阶。初步核算，全年全市地区生产总值101.3亿元，首次突破百亿元。按可比价格计算，同比增长21.4%。其中，第一产业增加值16.6亿元，同比增长7.2%；第二产业增加值43.7亿元，同比增长47.0%；第三产业增加值41亿元，同比增长7.5%。第一产业增加值占全市地区生产总值的比重16.4%，第二产业增加值比重为43.1%，第三产业增加值比重为40.5%。分季度看，一季度增长14%，二季度增长19.5%，三季度增长17.2%，四季度增长21.4%。按可比价计算2011年全市GDP总量与2006年相比年均递增27.5%。

全年全市社会消费品零售总额48.3亿元，比上年增长18%。分行业看，批发零售贸易业实现零售额43.5亿元，比上年增长18.7%；住宿餐饮业实现零售额4.8亿元，比上年增长11.8%。分城乡看，城镇实现零售额30.6亿元，比上年增长17.3%；乡村实现零售额17.7亿元，比上年增长19.3%。全年外贸出口供货总值7.3亿元，比上年增长1.9%。商贸服务业繁荣兴起。海上海五星级酒店工程主体完工，完成东关农贸市场回迁楼建设。启动西关农贸市场、铁西物流中心建设和兴隆大家庭扩建工程。推动“万村千乡市场工程”，农家店和农资店达到514家。“家电下乡”销售额完成1.5亿元，家电“以旧换新”销售额完成3 824万元，农村市场充满活力。旅游业平稳增长。《兴城古城文物保护规划》通过国家文物局批准，古城改造开始启动；完成督师府一期布展，将军府重修对外开放；高家岭“世界温泉部落”开工建设；首山温泉养生谷项目签约落户。增设城市景观宣传牌，完善海滨风景区基础设施，修建首山森林公园观光路。积极开展旅游推介，旅游业发展态势良好，全年共接待游客380万人次，旅游综合总收入实现20.8亿元。城乡居民生活收入不断增加，全年在岗职工工资总额61 540万元，比上年增长17.9%；年末全市在岗职工平均人数为26 204人，比上年增长2.3%。在岗职工平均工资23 485元，比上年增长15.3%。全市抽样调查显示的农民人均纯收入7 750元/人，比上年增长20.1%。城镇居民人均可支配收入15 209元/人。

全年，社会保障能力不断增强。开展城乡居民养老保险国家试点工作，扩大职工养老保险覆盖面，收缴养老保险金2.3亿元，参保人数达到30万人。基本医疗、失业、工伤、生育保险人数分别达到11万人、1.8万人、2.4万人、1.5万人。配套财政资金1 775万元，新农合人均筹资标准提高到230元，参合农民达到40万人，参合率97%。维护职工长远利益，9家单位成功改制，解决855名职工养老保险问题。新增实名制就业5 190人、实名制劳务输出5 950人。开发公益性岗位910个，城镇登记失业率3.2%，保持零就业家庭动态管理为零。完成城乡普惠制培训2 000人、引导性培训5 500人。依法清理拖欠农民工工资，兑现工资总额3 500万元。群众生活水平不断提高。建设保障性住房700户，为单亲贫困母亲和农村特困居民建设房屋121户。投入资金3 470万元，提高城乡低保户、五保户等困难群体补贴标准，对特困家庭实行就学、医疗及节日临时救助。完成敬老院整合，长年病人托管中心投入使用。提高职工最低工资标准，实行住房公积金制度，按政策标准发放公教人员取暖补贴。安全生产方面，全年全市共发生各类事故45起，死亡28人，直接经济损失444.1万元。其中，生产安全事故4起，死亡8人(含“5·11”事故死亡5人)，直接经济损失413.6万元；交通事故23起，死亡20人，直接经济损失1.7万元；消防火灾事故18起，无人员伤亡，直接经济损失28.8万元。

【农业】 2011年，兴城市农业生产形势良好。全年实现农林牧渔业总产值33.1亿元，比上年增长22.2%。其中，农业总产值8.7亿元，比上年增长30.1%；林业总产值0.3亿元，比上年增长4.8%；牧业总产值11.5亿元，比上年增长38.7%；渔业总产值11.9亿元，比上年增长7.3%。全年粮食种植面积434.62平方千米，比上年增加1473

公顷；全年粮食总产量32.7万吨，再创兴城历史新高；蔬菜总产量10.5万吨，比上年下降5.6%；水果总产量6.7万吨，比上年下降4.7%；肉蛋奶总产量11.8万吨，比上年增长18.6%；水产品总产量17.7万吨，比上年增长6.6%。林业生产发展良好，全年实现荒山造林32平方千米，其中人工造林12平方千米。

全年，全市农业产业结构持续优化。新建农业设施小区500个、畜禽养殖小区33个。落实节水滴灌面积23.33平方千米、5 000万公斤粮食田间工程20平方千米，新增国家级玉米高产示范区6.67平方千米。新栽名优果树21万株，发展大果榛子林3.33平方千米。农事龙头企业24家，农业专业合作社120家，九股河牧业一期工程竣工。主导农产品花生种植面积267平方千米，科技部将兴城列为优质花生产业基地。惠农政策全面落实，发放粮食综合直补、农机具补贴、良种补贴等惠农资金8 174万元。开展整村推进扶贫开发，实现10个村整体脱贫。金融机构新增支农贷款5.3亿元。青山水库移民正式启动。青山水库移民60%的工作量在兴城。完成淹没线内18.67平方千米土地核量和65千米输水管线临时征地，完成5.7千米道路主体工程，完成3个移民新村场地平整等基础建设，库区一期移民全面展开。

农村基础设施显著改善。完成建兴高速公路征地核量，新建、维修农村公路179千米。新建农村安全饮水工程52处，3.4万人喝上放心水。投入资金1亿元，实施“一事一议”财政奖补项目805个，修建村内道路691千米，安装路灯3 213盏，建设文化广场16.3万平方米。完成重点水利骨干工程70项，治理水土流失61.33平方千米，再次夺得省农建“大禹杯”。全年化肥使用量(折纯）1.8万吨，比上年下降0.1%。全市总用电量65 535万千瓦时，比上年增长12.1%，其中农村用电量37 335万千瓦时，比上年增长17.5%。

【工业和建筑业】 2011年，兴城市继续实施“工业强市”战略，加速培育重点企业和支柱产业，着力打造产业集群，泳装产业园集聚效应凸显。作为地区的特色优势产业，泳装产业在兴城市步入良性发展轨道，全市工业企业运行呈现快速发展的良好势头。全年，全部工业增加值39.9亿元，比上年增长45.5%。实现规模以上工业企业总产值77.1亿元，比上年增长95.8%；规模以上工业企业主营业务收入75.2亿元，比上年增长94.4%；规模以上工业企业产品销售产值76.8亿元，比上年增长97.1%，产销衔接良好，产销率达到99.6%。

全年建筑业增加值3.8亿元，比上年增长64.5%。全市具有资质等级的总承包和专业承包建筑业企业总产值25.4亿元，比上年增长40.9%；全年房屋施工面积105.7万平方米，比上年下降0.7%；房屋竣工面积103.3万平方米，比上年增长1.3%。

【固定资产投资】 2011年，全市固定资产投资增速较快，全年完成全社会固定资产投资总额90.8亿元，比上年增长51.2%。全年房地产开发投资11.8亿元，比上年增长95.9%。房地产施工面积112.6万平方米。房屋竣工面积1.8万平方米。

重点项目推进力度加大。一批重点项目已竣工。投资2.5亿元的哈尔滨红光锅炉有限公司年产2 000蒸吨节能环保锅炉及2.0兆瓦以上风电塔架及附件项目、投资9 500万元的辽宁亿科5万吨／年塑料门窗异型材项目、投资3亿元的辽宁绿垣轻质环保节能墙板系列产品项目、投资9 800万元的九股河食品年屠宰加工4 000万只肉鸡冷链物流项目等已竣工投产。市医院内科病房综合楼，2万平方米市财政劳动服务中心、4万平方米市行政服务中心竣工投入使用，法院审判中心、公安服务中心、民政司法服务中心开工建设。通过整合行政办公资源，变资源为资产、变资产为资本、变资本为资金，盘活了国有资产，改善了办公环境，提升了城市品位。

一批新的重点项目已开工建设。投资12亿元的辽宁晨光塑料制品有限公司塑料城项目、投资1.2亿元的龙兴路拓宽改造工程项目、投资9 800万元的葫芦岛工大迪安科技有限公司矿山支护产品与安全装备生产项目等已开工建设。投资5亿元的海上海假日酒店主体工程建设进展顺利。

【招商引资促工业发展】 2011年，兴城市招商引资效果显著，工业化水平不断提高。临海产业区基础设施日益完善。产业区规模达到8平方千米，完成6平方千米“七通一平”。净水厂、消防站投入使用，职工住宅、污水处理厂、加油站主体完工，8万千伏安二次变工程通过国家电网批准，燃气工程开始施工，金融中心、商务酒店即将开工。产业区建设成果显著，获得专项扶持资金4 398万元。招商引资成果丰硕。在深圳、温州、宁波等城市以及日本、韩国、中国香港等国家和地区，成功举办主题概念招商会，与深圳侨商会、电子商会建立合作关系。全年引进省外内资60.6亿元，引进外资8 000万美元，其中香港裕峻集团投入外资2 600万美元，泳装企业引进外资1 360万美元，凯森蒙集团引进外资1 019万美元。产业区落户企业达到50家，累计开工项目35个，投产项目11个。泳装产业集群迅速壮大。成功承办首届中国（葫芦岛·兴城）国际泳装文化节，泳装园一期建成并陆续投产，天诚泳业服务平台、泳装园二期即将开工，兴城泳装产业集群被省政府确定为重点产业集群，被列为全国“纺织工业十大产业集群”，临海产业区被确定为“辽宁省新型工业化产业示范基地”。企业整体实力明显增强。为企业争取贷款贴息2 081万元，金融部门发放贷款22亿元，支持企业做大做强。获得省级著名商标8个、省级名牌产品2个，品牌效应日益显现。全年纳税超千万元企业达到13家，其中四家村企业集团股份有限公司纳税6 233万元、葫芦岛凌河化工集团有限责任公司纳税4 255万元。核电项目完成规划设计，前期工作稳步推进。狠抓节能减排，化学需氧量削减629吨、二氧化硫削减280吨，工业企业可持续发展能力进一步提高。

临海产业区的崛起，工业项目的落地，产业集群的建设，传统工业的提升，正在逐步夯实全市工业经济的基础，工业经济成为全市经济发展的重要支撑。

【首届中国（葫芦岛·兴城）国际泳装文化节】 2011年8月16～17日，首届中国（葫芦岛·兴城）国际泳装文化节在兴城举办。

16日19时30分，首届中国（葫芦岛·兴城）国际泳装文化节开幕式暨首届“波尼士·葫芦岛兴城”杯国际泳装模特大赛在辽宁财贸学院文体馆举行。标志着一个集研发设计、品牌创意、工艺技术、生产营销于一体的新型产业集群的诞生，预示着兴城从“中国泳装名城”走向“国际泳装之都”。兴城泳装产业是葫芦岛产业集群中的一朵奇葩。经过近三十年的发展，目前年产量已达1.5亿件（套），占据国内三分之一、世界五分之一的市场，兴城成为首个“中国泳装名城”。此次“国际泳装文化节”，通过展示“飘逸、开放、浪漫、时尚”的城市风情，传播泳装文化、推介泳装品牌、弘扬泳装时尚、兴盛泳装产业，促进交流与合作。全国政协副主席张榕明、原辽宁省政协主席肖作福、中国纺织工业协会副会长王天凯、中国侨联副主席乔卫、辽宁省人大常委会副主任佟志武、辽宁省人民政府副省长刘国强、辽宁省政协副主席刘政奎，辽宁省经济和信息化委员会主任、首届中国（葫芦岛·兴城）国际泳装文化节组委会主任李兵出席开幕式。葫芦岛市市委书记孙兆林在开幕式上致辞。开幕式由葫芦岛市委副书记、代市长都本伟主持。简短而隆重的开幕式结束后，在“波尼士·葫芦岛兴城杯”国际泳装模特大赛上，从初赛、复赛中脱颖而出的40名中外佳丽，经过激烈角逐，来自乌拉圭的9号选手荣获冠军、来自中国的28号、27号选手分获亚军、季军。

泳装节期间，在葫芦岛市龙湾海滨，来自“中国筝岛”艺术团的50名少女，用古筝演奏乐曲《太极神韵》。同时，来自葫芦岛市太极表演艺术团的1 000名演员，伴随着悠扬的古筝乐曲，演绎“中华太极操”。首届中国（葫芦岛·兴城）国际泳装文化节群众活动之一的“天籁之音与极乐之舞”大型表演活动中，3 090名模特身穿比基尼，在葫芦岛海滨广场创造世界上人数最多的比基尼沙滩活动纪录。该届泳装文化节及相关产业投资贸易洽谈会硕果累累，成为一个集文化交流、旅游资源共享、商贸合作为一体的综合平台。美、意、俄、德、法、韩、日、西班牙等国家客商以及津通集团、美玲集团等企业代表300余人与会。洽谈会上，共签约购销贸易协议24个，协议额1.7亿美元；签约投资项目协议23个，投资额203亿元，实现泳装产业与国际市场的有效对接，达成以会扩影响、以会育品牌、以会促发展的目标，完成一次“合作·发展·共赢”的精彩演绎。

17日19时30分，首届中国（葫芦岛·兴城）国际泳装文化节闭幕式暨首届“波尼士·葫芦岛兴城”杯中国泳装设计大赛决赛在辽宁财贸学院文体馆举行。经过来自海内外众多资深评委的紧张评选，一件件优秀泳装作品脱颖而出，东北大学的王霖一举夺得泳装图案面料大赛金奖，天津美术学院的邱一航在泳装款式设计大赛中摘得桂冠。

【交通和邮电】 2011年，兴城市交通邮电业平稳发展。全市交通运输仓储及邮政业，比上年增长11.4%。全年完成客运量305万人次，完成周转量23 790万人千米，完成营运收入382万元。

全年，全市实现邮政业务总量2 891万元；邮政业务收入实现3 014万元，电信业务收入实现4 479万元。移动电话用户呈逐年上升态势，据不完全统计，年末全市固定电话及移动电话用户总数近18万户。

【财税与金融】 2011年，兴城市公共财政预算收入8.5亿元，比上年增长57.2%；地方财政收入21.7亿元，比上年增长117.6%。全市公共财政预算支出17.6亿元，比上年增长39%。全市地方财政支出31亿元，比上年增长75.9%。其中，农业支出3亿元，比上年增长72.4%；教育支出2.7亿元，比上年增长21.1%；社会保障支出3.6亿元，比上年增长38.6%。全年各项税收总额实现8.6亿元，比上年增长47%。其中，国税实现2.3亿元，比上年增长27.2%；地税实现6.3亿元，比上年增长55.8%。城市经营良性发展。争取建设用地增减挂钩指标2.6平方千米，储备国有土地2.65平方千米，服务发展能力显著增强。加强闲置土地资源利用，成功收购沈鼓集团疗养院。土地管理进一步规范，公开出让国有土地使用权1.05平方千米，实现土地出让金收入12.5亿元。公开处置国有资产7宗，实现资产收益8 770万元。资金争取力度加大。认真储备包装项目，积极衔接，主动沟通，争取各类专项资金11.6亿元，较上年净增4.4亿元，增长61.2%，有力地支持了重点项目建设和各项事业发展。

年末银行各项存款余额125亿元，比上年增加21.6亿元。其中，城乡居民储蓄存款余额99.1亿元，比上年增加15.8亿元；各项贷款余额60.1亿元，比上年增加11.1亿元。

【城市建设和环境保护】 2011年，兴城市城市基础设施日趋完善。积极开展城市“四化”竞赛活动，累计投入资金1.6亿元，完成兴城河防洪工程和道路路基工程。实施总投资3亿元的城区道路工程，完成龙兴路6.2千米路基改造。投入资金1 658万元，铺设排水管线22千米。投入资金1 350万元，铺设供水管线27千米，新增城区自来水用户5 000户。完成高速公路出口改造、滨海公路城区段绿化等系列工程，新铺人行步道方砖6.9万平方米，新增绿化面积0.19平方千米，城市面貌明显改善。滨海温泉新城建设正式起步。编制完成《滨海温泉新城控制性详细规划》，新修道路3.7千米，铺设管线1.3千米，2平方千米基础设施配套基本完成，首批城市综合体项目即将开工。城市综合管理卓有成效。积极开展以“我们的城市，我们的家园”为主题的城市环境综合整治活动，依法拆除历史形成的郈家湾1.3万平方米违章建筑，解除0.87平方千米土地非法转包合同，有力打击了骗取国家资金的不法行为。依法取缔城区客运三轮车3 011台，政府投资新增公交车20台，新增出租车200台，建立覆盖城区和临海产业区的公交体系。新增环卫车辆6台，新建城市垃圾点117处，环卫保洁面积达到418万平方米，城市生活垃圾处理场开工建设。狠抓节能减排，化学需氧量削减629吨、二氧化硫削减280吨，城市可持续发展能力进一步提高。全年平均气温8.9℃，年降水量达到561毫米。

【科教文卫和体全面发展】 2011年，兴城市科技项目申报工作有新突破，全年共申报国家、省、市三级项目11个，成功立项3项，共争取科技资金384万元，为历年来之最。截止年末全市获得国家级发明专利8项，专利总量达到260项，荣获“全国科普示范县（市）”称号。

全市教育事业全面发展。年内公开择优聘用大学毕业生169人，师资结构进一步优化。投资1.26亿元，改善学校办学条件，完成3.1万平方米二高中新校区建设，完成青少年宫建设，铺设

4 所学校塑胶操场，实施 5 所小学危房改造，高分通过省政府“双高普九”验收，被评为葫芦岛市教育工作优秀单位。年底全市拥有各级中小学校 170 所。其中，新建学校 7 所；全市在校学生 57 793 人。其中高中在校生 8 210 人，减少 574 人；初中在校生 17 174 人，减少 1 932 人；小学在校生 32 409 人，减少 2 781 人。全年，全市为省内外各大中专院校共输送考生 3 120 人，其中本科生 1 092 人，专科 2 028 人（大专 1 579 人，高职 48 人，师范 126 人，中专 275 人）。

全市文化体育事业健康发展。以纪念建党 90 周年为主题，举办群众性文化活动 19 场。完成有线电视网络整合，有线电视数字化转换 4 万户。完成 239 个农家书屋和 13 个乡镇文化站建设。深入开展全民健身活动，群众性体育运动蓬勃开展。

全市医疗卫生和计生工作不断进步。深化医疗卫生体制改革，27 家医疗卫生机构实行基本药物制度。投资 4 700 万元的市医院扩建工程投入使用，市医院晋升为三级综合性医院。兴城市通过国家中医药管理局评审，荣获“全国农村中医药先进单位”称号。完成市计划生育服务站改造，被评为省级“计划生育优质服务示范站”。卫生事业统筹推进。年末共有各类卫生机构 42 个，其中，正规医院 4 家，农村卫生院 21 个；卫生防疫和防治机构 10 家（城内 4 家，农村 6 家）；妇幼卫生保健机构 1 家。全市各类卫生机构拥有床位 2 919 张，其中疗养院床位 1 564 张，市本级 1 355 张；从事医疗卫生工作人员 1 603 人，其中医师以上人员 637 人。

【精神文明和民主法制建设】 2011 年，兴城市积极推进精神文明和民主法制建设，社会事业管理能力进一步加强。自觉接受市人大依法监督和市政协民主监督。办理人大代表建议、批评和意见 38 件，政协委员提案 84 件，办复率 100%。加强精神文明建设，城乡文明程度进一步提高。开展双拥共建活动，继续加强民兵预备役工作，全民国防意识进一步增强，被省委、省政府授予“双拥模范城”称号。加强“平安兴城”建设，破获各类刑事案件 785 件，市公安局“清网行动”成果居葫芦岛市第一位，被评为省级优秀单位。投入资金 1 512 万元，提升消防救援能力。狠抓安全生产监管，加强校园安全保卫，开展校车专项治理，强化食品药品安全管理。渔业生产安全管理效果明显，荣获“全国平安渔业示范县”称号。全力维护社会稳定，受理群众来信来访 795 件 5 926 人次，案件息访率达 85%以上，出色完成国家、省、市重大活动期间维护稳定工作。积极推进“六五”普法，全民法律意识不断提高。加强公共事务管理。开展公教人员“吃空饷”治理整顿工作，清理“吃空饷”人员 447 人。开展城乡低保核查，撤销不符合条件低保对象 7 641 人，新增低保对象 6 079 人。开展采沙和石材行业专项治理，依法打击盗采、滥采矿产资源和破坏生态环境等违法行为。加强软环境治理，查处破坏软环境案件 3 起，开展乱收费、乱罚款专项清理，实行基层助理异地交流，营造了风清气正的工作氛围。

【领导成员名单】

中共兴城市委员会
书　记　孙志浩
副书记　于学利　金玉枝（女，2 月离任）
马华生（2 月离任）
张儒林（3 月离任）　崔海明
李兴玉（2 月离任）
赵宜洋（2 月离任）
骆忠山（2 月任职）　邢文忠
赵兴华　李　肖（2 月任职）

兴城市人大常委会
主　任　康　伟
副主任　董永开　张文成　张亦喆（女）
田克明　马宝元

兴城市人民政府
市　长　于学利
副市长　张学军　刘希杰（挂职）　范立民
卢广金　王建华　赵志民
项继飞（12 月任职）

政协兴城市委员会
主　席　蔡成利
副主席　姜　力　滕　林　张永杰　田中林

（董晓雪）

绥中县

【概况】 绥中县位于葫芦岛市西南部，地处辽西走廊西端，被誉为“关外第一县”。东隔六股河与兴城市为邻，南滨渤海辽东湾，西与河北省秦皇岛市山海关区、抚宁县、青龙满族自治县接壤，北靠建昌县。所处经纬度为东经119°34′-120°31′和北纬39°59′～40°31′之间。全县有25个乡镇，面积2765平方千米，总人口64万。县人民政府驻地绥中镇。

绥中县地势自西北向东南倾斜。西北部山地约占全县总面积的三分之一。较高的山峰有平顶山、龙门山、三山等。中部为起伏平缓的丘陵，南部沿海地区为平原和洼地。主要河流有六股河、狗河、石河、王宝河、强流河、九江河等。气候季风性明显。四季分明，雨热同期，降水集中，光照充足。年平均气温9.1℃。1月平均气温-8.3℃，最低气温-23.3℃；7月平均气温24.3℃，最高气温36.7℃。年平均降水量645毫米，无霜期174天。全县耕地面积546.67平方千米，东南部平原是粮食主要产区，中部丘陵适合经济作物生长。北部山区盛产水果，年产水果40万吨，有梨果之乡美誉，绥中县由此成为国家优质水果基地县。海岸线82千米，主要海产品有鱼类、贝类、虾类、蟹类、蜇类等。交通极为便利，京（北京）哈（哈尔滨）铁路、京（北京）沈（沈阳）客运专线和102线公路、京（北京）沈（沈阳）高速公路、辽宁滨海大道斜贯全境，306线公路以绥中为起点一直通达内蒙古自治区克什克腾旗。绥中港泊位3 000吨，年吞吐量55万吨，是绥中海上货运的主要通道。境内山川秀美，名胜古迹颇多，人文自然景观独具风采。水上长城九门口是中国万里长城的一绝，成为世界历史文化遗产地。秦汉建筑遗址位于渤海岸边，与海中的“孟姜女坟”遥对相望。前所古城历尽沧桑，保存完好。海滨浴场水清浪稳，夏季游人如织。

2011年，绥中县委、县政府团结和带领全县人民，牢牢把握扩权改革重大机遇，紧紧围绕建设滨海强县目标，艰苦奋斗，开拓创新，推动经济社会发展迈上了新台阶。

经济发展更上一层楼。全县地区生产总值实现122亿元，同比增长24.4%。其中，第一、二、三产业增加值分别实现33亿元、45亿元和44亿元，分别同比增长15.2%、41.4%和17.1%，三次产业比例为27：37：36。全社会固定资产投资总额实现123.7亿元，同比增长17%。财政一般预算收入11亿元，同比增长54.7%。社会消费品零售总额实现47亿元，同比增长17%。规模以上工业总产值实现133亿元，同比增长62%。全县存贷款余额分别实现126亿元、85.4亿元，分别同比增长25%、-3%。城镇居民人均可支配收入实现14 350元，同比增长11.3%；农民人均纯收入7 920元，同比增长17.5%。

社会保障坚强有力。全县新增实名制就业人员5 679人，有组织劳务输出万余人，城镇登记失业率控制在3.7%以内。城镇职工养老保险、基本医疗保险、工伤保险、生育保险和失业保险人数不断增加。50套新建廉租房工程已完工，350套廉租房和700套公租房房源全部落实。农民生活条件持续改善。全面启动新型农村养老保险工作，参保率达82%。新建24个新农村建设示范村，全年硬化路面176千米，新建沼气池1 700个，建设文化休闲广场14座、综合文化站16家，安装体育设施75组。投入资金2 500万元，对14个村实行整村扶贫推进。

【大力推进滨海经济区建设】 2011年，绥中滨海经济区被批准为省级高新技术产业开发区，万家基地被认定为国家火炬计划特色产业基地。坚持以生态环保为框架，以人文历史为内涵，以高新产业为主体，高水平规划，高标准建设，全力打造“海岸中关村，生态新城区”。共引进各类企业296家，协议投资565.7亿元，预计年产值688亿元。开工企业164家，协议投资228.8亿元，预计年产值354.6亿元。投产企业60家，协议投资77.8亿元，预计年产值134亿元。

狠抓招商工作不放松。不断加大招商力度，拓宽招商区域。以高新技术产业为主攻方向，在北京、深圳等地成功举办多场招商引资座谈会，先后签约“辽宁绥中大遗址公园国际滨海休闲城”、“绥中滨海经济区海洋巨蛋”和“韩国乐天主题公园”三大国际级休闲旅游项目。3月9

日，在北京国贸大夏隆重召开绥中滨海经济区投资环境说明会，陈政高省长，滕卫平、邴志刚副省长等省市县领导，众多世界500强企业、中国100强企业和部分央企及上市公司来宾，共谋滨海经济区发展大计，签约重大项目6项。

超前完善各类城市功能。滨海经济区起步区“七通一平”建设已经全部完成。其中，总建设长度约38千米的路网工程已经全部建成通车。园区内秦汉、绥唐、万止3条主干道和12条次干道构起滨海经济区四通八达的交通网络。东戴河大桥建成后，缩短了园区到高速公路、高速铁路的车程。供电工程、供气工程、供暖工程、环境工程、通信工程、亮化工程、绿化工程基本完成，能够满足企业从开工到正式投产运营的需求。在配套设施建设上，集研发、孵化、办公、会展、一站式服务等功能为一体的创业大厦已经封顶，商贸中心和消防中心投入使用。公路客运枢纽站正在施工，铁路动车站已做好施工前准备。经济区规划绿化面积28平方千米，绿化工程总投资1 230万元。

坚强软环境建设。始终把软环境建设作为推动经济区发展的强有力措施抓好抓实。通过制定相关规定、开展评议活动等一系列行之有效的方法来完善和优化服务环境，加快推进入驻项目建设进程。从项目洽谈、对接到落地、开工，采取全程跟踪代理的方式，对各种行政审批项目实行“一站式办公、一条龙服务”，协调工商、财政、质监、税务等部门，集中一处，互相配合开展工作。严格落实《首问负责制》、《服务承诺制》、《限时办结制》、《责任追究制》等规定。在办理注册方面，企业只需提供相关材料，一切手续均由经济发展服务局代为办理。通过对县委、县政府班子及行政执法部门的工作评议和严格运用评议结果，有效地提高了办事效率和服务水平，营造了亲商、爱商、扶商、安商的良好氛围。

【全面发展农村经济】 2011年，绥中县农业总产值达到63.9亿元，同比增长18.1%。粮食、水果、蔬菜、水产品、肉蛋奶产量分别达到39.5万吨、65万吨、180万吨、28.3万吨和28.7万吨，同比分别增长19.7%、8.3%、14%、3.7%和10%。

现代农业逐步发展。新建设施农业小区500个、畜牧饲养小区20个、仔猪繁育场70个、标准化肉鸡鸡舍200栋；新栽优新品种果树80万株，新建水果先导示范园61个、千亩苹果新品种示范基地2个；水产品工厂化养殖面积达42万平方米，筏式养殖达4.5万台筏。新建规模以上农业产业化龙头企业20家，新发展农民专业合作社24个。两个投资10亿元以上的重大农产品深加工项目进展顺利，天人集团果蔬深加工项目正在建设保鲜气调库、检测中心和瓶装果汁生产线，圣野特种牧业产业园正在建设资源场。绥中寒丰核桃在首届全国核桃节上荣获金奖。

农业基础设施不断加强。2011年，农田水利基本建设投资额达到1.2亿元，同比增长10%。全年完成各类农建骨干工程159项，新建安全饮水工程71处。王石灌区四期续建配套与节水改造工程已经完工。经济田和果树节水滴灌工程分别完成0.67平方千米、13.33平方千米。全年人工造林11.9万亩，全民义务植树120万株。五花顶自然保护区被批准为省级自然保护区。完成6处小流域治理64平方千米。

农村生活条件持续改善。新建24个新农村建设示范村，硬化路面176千米，新建沼气池1 700个，新建文化休闲广场14座、综合文化站16家，安装体育设施75组。在15个乡镇启动了小城镇开发建设。

【“双高普九”工作成效显著】 绥中县从2008年开展“双高普九”工作。全县上下始终坚持把教育摆在优先发展的战略地位，精心组织，周密部署，认真实施，取得显著成效。成立“双高普九”工作领导小组和督查小组，多次召开工作动员会、协调会，加强对“双高普九”工作的检查指导。积极建设舆论宣传平台，通过各种形式宣传“双高普九”工作的典型和经验，印发“双高普九”应知应会知识读物，使“双高普九”工作深入人心，形成人人关心教育、人人支持“双高”的良好局面。坚持“依法控辍、管理控辍、教改控辍、扶贫控辍”的总体思路，采取有效措施，让学生进得来、留得住、学得好。辍学率控制在省规定标准之内，完成率达98.2%。

县政府在确保义务教育经费持续增长的基础上，进一步加大资金投入改善办学条件，3年中累计投入资金8 988万元。同时，全县各义务教育阶段学校也多方筹集资金250多万元，投入到改善办学环境当中。教育行政管理部门每年都要对学校领导和教师分期分批进行任职资格培训、在职提高培训、应急培训和网络培训。择优聘用专科、本科毕业生1 039名，为农村教师队伍增添新鲜血液。开展“师德建设年”活动，逐步提高广大教师师德水平。全县有特级教师3人，国家级优秀教师2人，省市县级优秀教育工作者和优秀教师1 100多人。11月7～9日，绥中县“双高普九”工作通过省政府教育督导团的评估验收，成为“双高”水平合格单位。

【水果喜获丰收】 绥中县是水果大县。县委、县政府大力实施果业示范县发展战略，狠抓果园提质增效工程，使果品产量和质量都得到明显提高。大力推广苹果、白梨优良品种，苹果品种有优系富士、凉香、昌红、七户一、七户二、姬神等，梨品种以优系白梨为主。建立良种繁育基地0.13平方千米，繁育两种苗木100万株；新建优良品种种植基地13.33平方千米，种植苗木80万株，其中百亩以上果园12个。建立国家、省级标准化果园4个，建立先导示范园61个。通过标准园建设，进一步发挥典型示范作用，引导更多果农进行标准化生产，并为消费者提供安全放心的水果产品。在果树修剪、授粉、土壤管理、秸秆压埋、花果管理等方面应用新理念，推广新技术，推动全县果业实现更大发展。2011年，全县果园面积达到446.67平方千米，同比增长1.5%。优质果率达到80%，同比增长6.7%，果实全部达到无公害标准。水果总产量达到65万吨，同比增长8.3%。产值实现20多亿元，同比增长25%，果农人均收入达到1万元，同比提高33.3%。

【国家火炬计划辽宁（万家）数字技术特色产业基地揭牌】 绥中滨海经济区是辽宁沿海经济带的西部起点，地处东北和华北两大经济圈的结合部，具有承接两大经济圈双向辐射的先天优势。2009年7月，国务院常务会议讨论并原则通过《辽宁省沿海经济带发展规划》，意味辽宁省沿海经济带已经上升为国家战略。绥中县捕捉到发展的历史机遇，利用自身的沿海优势，大力发展数字技术产业。（万家）数字技术特色产业基地西起辽冀交界处，东至开发区东戴河大街，北靠京沈铁路，南临渤海。基地重点发展以电子信息、生物医药、新能源、新材料等数字技术为主的高新技术产业。承担调整产业结构以及建设辽宁乃至全国重要的数字技术产业研发及生产基地的重任。8月12日，国家火炬计划辽宁（万家）数字技术特色产业基地在绥中滨海经济区正式挂牌，这是绥中县第一个，也是惟一的国家级特色产业基地。这也是被省政府批准成立省级高新技术产业开发区后，绥中县又增加了一张国家级的“名片”，一把对外开放的“金钥匙”。绥中滨海经济区正在开启特色产业与生态环境和谐发展的滨海经济新时代。

【重点民生工程滨河大道建成通车】 滨河大道起点为国道102线以北500米与县城北外环连接处，沿六股河河堤由北向南，途径城郊、小庄子两个乡镇7个自然屯，至辽宁滨海大道六股河桥西侧80米处终止，路线全长12.931千米，路宽23米，设计标准为一级公路。工程于2010年12月开工，用了10个月的时间，高标准、高质量完成了建设任务。10月17日，滨河大道正式通车。

【领导成员名单】

中共绥中县委员会

书　记　田树槐（12月离任）
　　　　郭　伦（12月任职）
副书记　罗建彪　常春友　韦跃清

绥中县人大常委会

主　任　周素春
副主任　田宝良（1月离任）
　　　　安　钢（1月任职）
　　　　郭　伟（1月离任）　王玉满
　　　　罗铁英（1月任职）
　　　　郭　勇（1月任职）

绥中县人民政府

县　长　罗建彪
副县长　王跃明　吕长松　刘　戈(女)
　　　　江　山　张树卿　崔晓东
　　　　艾明岩（6月任职）

政协绥中县委员会
　主　席　王士平
　副主席　赵志华　张秀英
　　　　　罗铁英（1月离任）
　　　　　计永成（1月任职）
　　　　　宋志臣（1月任职）
　　　　　齐维祥（1月离任）
绥中滨海经济区
　中共绥中滨海经济区工作委员会
　　书　记　郭　伦
　绥中滨海经济区管理委员会
　　主　任　罗建彪
　　副主任　吕长松　乔德波　朱生文
　　　　　　缪万学　仲伟堂

（刘宏伟）

建昌县

【概况】 2011年在市委、市政府的正确领导下，全县上下以科学发展观为指导，克难攻坚，开拓创新，强力推进“农业牵动、工业支撑、旅游优化、服务做实”战略，完成各项工作任务，实现了“十二五”时期的良好开局。

【综合实力明显增强】 全县地区生产总值实现60亿元，按可比口径计算，增长11.4%；财政一般预算收入实现4.58亿元，按可比口径计算，增长52.4%，其中税收收入完成3.55亿元，税收收入占比在全省44个县（市）排名第10位，增幅排名第14位；财政一般预算支出实现16.1亿元，增幅在全省44个县（市）排名第22位；社会固定资产投资实现45.5亿元，同比增长28.9%；社会消费品零售额实现16.4亿元，同比增长18%。农村居民人均纯收入实现7 677元，同比增长24.7%；引进内资30亿元，同比增长200%，引进外资1 110万美元，同比增长4.3%。全县有18家企业上缴税金超过500万元，有10家企业上缴税金超过1 000万元，有2家企业上缴税金超过5 000万元。其中：宏跃集团上缴税金达1.28亿元、天星集团上缴税金达7 203万元、凌河集团上缴税金达4 622万元。

【农业农村经济加速发展】 一是农业产业结构调整进一步加快。栽植薄皮核桃13.33平方千米、果树58万株，发展设施蔬菜3.47平方千米、省级玉米高产示范区4个、标准化畜牧小区22个。二是农业服务和基础设施建设进一步加强。发展农民专业合作组织60家，完成造林297.33平方千米，实施节水滴灌工程40平方千米，完成农建骨干工程390项，荣获省农建大禹杯。三是扶贫开发和新农村试点工作卓有成效。投资8 896.5万元，实施扶贫和新农村建设示范项目245个，12万人受益。

【工业经济发展势头强劲】 一是食品产业园区建设扎实推进。食品产业园区被列为省农业特色产业聚集区，基础设施配套正在施工。计划总投资46亿元的雨润农业产业化、汇源果蔬加工和嘉泰干红葡萄酒项目，已实现固定资产投资3.78亿元，完成建筑面积12.1万平方米；计划投资14亿元的昌盛源食品加工项目，已破土动工；计划投资12亿元的雨润养殖基地项目，规划设计和土地征用均已完成；计划投资1.5亿元的台资新美香速食饮品加工项目，框架协议已经签订，即将开工。二是矿产品深加工项目进展顺利。矿产品综合利用区，总体规划已编制完成。计划投资6亿元的鼎盛镍冶炼和1.6亿元的宏基矿业两台3万kVA电热炉项目，已开工建设；计划投资5.4亿元的马道铁矿一期工程，开始井下采掘。宏跃集团进入上市辅导阶段。计划投资1亿元的融成钙业100万吨石灰石加工项目，开始试生产。水泥厂搬迁扩建，已进入拆迁阶段。三是工业项目贡献率大幅提高。全县44户规模以上工业企业，实现产值64亿元，同比增长30.8%；销售收入61.6亿元，同比增长27.3%；税金2.5亿元，同比增长25%。

【社会各项事业协调发展】 一是民生工程顺利实施，社会保障体系更加健全。935套保障性住房和24.4万平方米工矿棚户区改造，主体工程全部完成；建立了公教人员住房公积金和取暖费补贴制度；城镇居民养老保险正式启动，社会保险累计实现扩面 7 210 人；新农保参保率达 93%；新农合参合率达 94%；调整城乡低保户 9 177 人；完成实名制就业 5 445 人，转移劳动力 13.3 万人；农村常年病人托管中心投入运营，殡仪馆搬迁如期完成。二是旅游业蓬勃发展，现代服务业逐步兴起。制订了旅游发展系列规划，白狼山晋升国家级自然保护区，六股河漂流正式营业；计划投资 1.5 亿元的农产品交易中心和计划投资 6 亿元的农业生产资料仓储配送中心建设项目，全面开工建设。新增、改建农村日用品连锁店 20 家，销售下乡家电产品 3 万件，补贴农民 1 000 多万元。三是文教卫生等各项事业取得新成绩。战国古墓群发掘取得一批重要考古资料，新建 18 处乡镇文化站、149 个农家书屋；招聘 150 名大学毕业生，充实到了教育一线。完成新区幼儿园主体工程和 7 所乡镇中心幼儿园改扩建任务。配齐了九年一贯制寄宿学校附属设施，“双高普九”全面启动；卫生医疗体制改革稳步推进，基本药物制度得到较好落实，县医院和驻北京的解放军第 305 医院缔结技术协作单位。

【经济社会发展环境不断优化】 一是城乡基础设施进一步完善。新修乡村级公路 397 千米、桥梁 30 座，完成公路大中修工程 15 千米。建兴高速前期准备工作全部就绪；水上公园北侧便民桥如期竣工；大凌河城区段向北延伸、兴隆大家庭、行政事业服务中心等重点工程，全面开工建设。实施房地产开发 77 万平方米，改造城区供水管网 7.1 千米，新增绿地 6 万平方米；实施村级公益事业“一事一议”财政奖补试点 255 项；实施小城镇开发 10 万平方米，完成“一池三改”1 200 户。二是政府自身建设不断加强。认真办理人大代表和政协委员建议、提案，办复率、满意率明显提高。“六五”普法全面启动，人民调解进万家活动扎实开展。修订完善了政府工作规则，强化了政务公开和依法行政工作，行政行为更加公开透明。扎实推进“五大系统”建设，深入开展惠民政策落实情况大排查活动。三是社会大局和谐稳定。民族、宗教和侨务政策得到全面落实。切实加大了社会矛盾排查力度，积极化解信访积案，信访总量、越级访、集体访明显下降，信访秩序不断好转。排查整改安全隐患 900 多项。以建设“平安建昌”为主线，严厉打击邪教和各种违法犯罪活动，侦破刑事案件 395 起，命案破案率达 100%，“清网行动”抓获在册外逃犯罪嫌疑人 66 人，有力地维护了社会大局的和谐稳定。

【领导成员名单】

中共建昌县委
书　记　王春奇（3 月离任）
　　　　樊大成（3 月任职）
副书记　樊大成（3 月离任）
　　　　施民新（1 月上任）
　　　　郭　毅　王喜国
　　　　武跃进（2 月任职）

建昌县人大常委会
主　任　韩维珩
副主任　李劲夫　屈德文　杨　毅（女）
　　　　李庆贵

建昌县人民政府
县　长　樊大成（3 月任职）
　　　　施民新（12 月任职）
代县长　施民新（4 月任职）
副县长　袁国相　朱承玉（女，朝鲜族）
　　　　贾良平　郭利军　李树兴
　　　　李　峥
　　　　朱希鼎（11 月任职）

政协建昌县委
主　席　郭　毅（12 月离任）
　　　　霍　辉（12 月任职）
副主席　冀殿玉　张九彪（不驻会）
　　　　施化珍（女）　田广荣
　　　　吴秀芳（女）
　　　　刘万森（12 月任职）

（胡　楠）

优秀公仆

常新丰

市委办督察一科科长，男，1971 年 10 月出生，中共党员。2011 年被中共辽宁省委办公厅评为全省党委系统督察工作先进个人。

自 2008 年任市委办督察二科科长以来，创新工作机制，坚持督察工作真查实办。注重细中求准、准中求实、实中求快。同时主动与相关单位和部门沟通、协商，确保专项查办工作优质高效，全年所督办事件件件有着落，件件有回音。

张 彪

政府办文电科科长，男，1976 年 6 月出生，中共党员。2011 年被评为辽宁省行政机关公文处理工作先进工作者，所在科 2010 年被评为辽宁省机关档案省特级单位。

张彪在本职岗位上严谨细致、刻苦钻研、爱岗敬业、勤奋工作。任职期间，坚持把零差错作为检验工作成果的标准，狠抓规范，提高质量，将文电科打造成了一支素质高、业务精、能力强、能吃苦、能战斗的队伍。全年共完成公文审核及校对 510 件、165 余万字；上级收文 757 件、18 516 份，本级收文 311 件、2 890 份；承办请示、报告、意见 868 件，承办领导批示 85 件，办理电报 297 件。

董大为

人社局信访科副科长，1978 年 9 月出生，中共党员。2011 年，获得“全省工资社保首席调解员”称号，被授予市优秀共产党员称号。

董大为牢牢把握积案化解工作重心，从全市大局稳定出发，以民生为本，着力预防和减少新的矛盾纠纷，不断推进人力资源和社会保障信访工作的规范化、制度化。全年共妥善处理信访总量 2 873 人次，办理上级部门转办交办案件 6 件，复查案件 5 件，组织信访案件协调会 29 次，办结信访积案 4 件，化解信访积案 3 件。

褚 冰

人防办计划财务科科长，1972 年 11 月出生，中共党员。2011 年被沈阳军区国防动员委员会评为东北地区人民防空先进工作者。

褚冰政治立场坚定，坚持原则，忠于职守，组织能力强。负责人防经费管理使用等多项管理制度的拟定工作，全面实行人防财务工作电算化。全年共争取地方财政和中央财政资金 1.5 亿元，在 901 和龙湾海滨人防工程建设期间，严把工程投标关，并积极筹措建设资金，有力保障了工程建设顺利进行。

刘艳丽

畜牧局办公室主任，1965 年 12 月出生。获得 2010 年度机关档案工作突出贡献奖；2010 年度被评为辽宁省保密工作先进个人；2008-2010 年获得公务员年度考核三等功。

刘艳丽较好地履行部门职能，积极发挥参谋助手作用，兢兢业业，默默无闻，立足于服务，强化管理。全面提高自身素质。工作中抓重点，坚持公开、公正、公平原则，保证了各项工作顺利进行，受到领导和同志们的好评。

赵金科

司法局法制宣传科科长，男，1964 年 10 月出生，中共党员。2011 年被省委省政府表彰为全省法制宣传教育先进工作者。

赵金科认真履行岗位职责，讲团结顾大局。认真学习，不断提高自身素质；带领科室人员，积极发挥综合协调职能作用，提高履职能力，利用网络媒体等开展法制宣传教育工作，扎实推进法制宣传教育，促进“六五”普法和法制城市创建工作有序启动。

苑玉萍

计生委政法科科长，女，1968年11月出生，中共党员。2011年被省劳动和社会保障厅、省人口和计生委评为辽宁省人口和计划生育先进工作者；2011 年被市政府评为依法行政工作先进个人。

苑玉萍以党员标准严格要求自己，充分发挥政法科对外窗口作用，及时受理群众举报、投诉和咨询电话，热情接待来访人员，配合领导积极妥善解决群众反映的问题，做到了领导满意、部门满意、群众满意。积极推动对实行计划生育家庭的奖励、扶助制度的落实，得到省人口和计生委的充分肯定。

张志金

安监局市安委会办公室协调科科长，男，1963年9月出生，中共党员。2010年被省总工会、省安监局评为“安康杯”先进个人。

张志金认真贯彻国家安全生产法律、法规，充分履行岗位职责，勤政务实，敢抓敢管。严格执行安全生产设施“三同时”制度，提出改进措施176项，得到全局同志的充分肯定和一致好评。

赵　丽

妇联儿权部部长，女，1972 年 10 月出生，中共党员。2011 年被评为市直机关优秀共产党员；被省妇联、省教育厅评为家庭教育工作先进工作者。

赵丽不断创新工作思路，拓展工作方法，全力为妇女儿童服务。争取资金100万元，为贫困母亲建房；在全市建立百所市级妇女儿童维权示范工作站，全年共接访 68 件次，群众满意率达100%。

杜金山

发改委投资科科长，男，1966年5月出生，中共党员。2011 年获省保障性工程先进个人；2010年获市直机关先进工作者。

杜金山政治觉悟高，思想品质好，作风正派，工作能力强，业绩突出，团结带领科室人员，出色完成各项工作任务。全年共审核城市基础设施建设和重大项目61个，审批和包装的我市首批企业债券20亿元入选项目工作，通过了省、国家发改委的批复。

（王耀仁）

统计资料

人口 地理状况 行政区划

	单 位	全 市	连山区	龙港区	南票区	绥中县	建昌县	兴城市
人口								
年末总户数	户	969 906	22 099	84 477	63 277	219 913	186 675	195 465
年末总人口	人	2 813 166	598 690	220 355	172 285	640 211	630 616	551 003
女性	人	1 369 779	298 508	110 242	84 909	309 220	298 939	267 961
非农业人口	人	890 043	296 667	186 569	67 281	124 839	80 450	134 237
年平均人口	人	2 816 637	616 199	218 929	158 358	640 426	630 440	552 283
地理状况								
土地面积	平方千米	10 415	1 651	138	512	2 765	3 195	2 154
海岸线长度	千米	261	8	57		105		91
行政区划								
乡、镇	个	92	15	1	4	25	28	19
乡	个	58	8	1	2	11	21	15
镇	个	34	7		2	14	7	4
街道	个	34	9	10	7			8
社区居委会	个	232	95	59	21	19	11	27
村民委员会	个	1 067	182	19	71	280	276	239
村民小组	个	9 135	1 352	127	349	2 612	2 854	1 841

国民经济主要指标

	单位	2011 年	2010 年	增长率（%）
年末总人口	万人	281.3	281.8	-0.2
其中：非农业人口	万人	89.0	89.1	-0.1
地区生产总值	亿元	650.1	531.4	12.1
人均地区生产总值	元	24 737	18 845	11.6
农业总产值	亿元	162.1	137.6	17.8
人均农业总产值	元	5 755.1	4 879	18.0
规模以上工业总产值	亿元	1 017.2	863.6	17.8
人均工业总产值	元	36 114	30 625	17.9
全社会固定资产投资额	亿元	444.3	400.9	31.1
社会消费品零售额	亿元	274.2	233.2	17.6
人均社会消费品零售额	元	9735	8269	17.7
地方财政一般预算收入	亿元	70.3	55.9	25.8
人均地方财政一般预算收入	元	2 495.9	1 982	25.9
地方财政一般预算支出	亿元	146.5	108.8	33.8
金融机构存款余额	亿元	936.2	820.1	14.2
其中：城乡居民储蓄	亿元	610.1	526.9	15.8
金融机构贷款余额	亿元	565.3	505.7	12.2
城乡居民人均储蓄额	元	21 688	18 684	16.1
城镇居民人均可支配收入	元	20 159	17 371	16.0
农民人均纯收入	元	7 901	6 597	19.8
居民消费价格总指数	%	105.2	102.7	2.4 个百分点

农业主要指标及指数

	单位	2011 年	2010 年	增长率（%）
农业总产值	亿元	162.1	137.6	17.8
主要农产品产量				
粮食	万吨	136.3	106.7	27.7
蔬菜	万吨	225.4	194.9	15.6
水果	万吨	100.5	92.0	9.2
肉类	万吨	40.8	37.2	9.8
水产品	万吨	42.8	40.9	4.7

主要工业产品产量

	单位	2011 年	2010 年	增长率（%）
原煤	万吨	274.8	262.3	4.8
水泥	万吨	263.4	206.0	27.9
发电量	亿千瓦时	170	113.8	49.4
民用钢质船舶	载重吨	151.7	113.9	33.2
锌	万吨	38.4	35.3	8.8
钢材	万吨	33.5	30.6	9.5
合成氨	万吨	33.8	32.6	3.7
化肥（折纯）	万吨	26.7	26.7	0.0
烧碱（折 100%）	万吨	27.1	21.0	29.0
原油加工量	万吨	483.4	419.6	15.2
硫酸（折 100%）	万吨	55.5	61.0	-9.0

规模以上工业企业主要指标

	单位	2011 年	2010 年	增长率（%）
企业单位数	个	413	570	-27.5
工业总产值	亿元	1 017.2	863.6	17.8
轻工业	亿元	76.1	48.8	55.9
重工业	亿元	941.1	814.8	15.5
工业增加值	亿元	241.2	201.0	15.0
年末固定资产净值	亿元		955.8	-100.0
流动资产年平均余额	亿元		444.8	-100.0
主营业务收入	亿元	955.2	788.9	21.1
利润总额	亿元		19.4	-100.0
利税总额	亿元	61.5	86.2	-28.7
主要工业产品产量				
原煤	万吨	287.2	274.8	4.5
水泥	万吨	305.3	263.4	15.9
发电量	亿千瓦小时	219.3	170	29.0
民用钢质船舶	载重吨	200.8	151.7	32.4
锌	万吨	33.5	38.4	-12.8
钢材	万吨	43.8	33.5	30.7
合成氨	万吨	32	33.8	-5.3
化肥（折纯）	万吨	25.7	26.7	-3.7
烧碱（折 100%）	万吨	32	27.1	18.1
原油加工量	万吨	523.3	483.4	8.3
硫酸（折 100%）	万吨	50.8	55.5	-8.5

固定资产投资

	单位	2011年	2010年	增长率（%）
全社会固定资产投资额	万元	4 442 788	4 009 332	31.1
城镇投资	万元	4 002 208	3 572 292	28.7
建设项目投资	万元	3 196 615	3 042 687	23.9
房地产开发投资	万元	80 559	529 605	52.1
非农户投资	万元	440 580	332 674	58.8

社会消费品零售总额

单位：亿元

	2011年	2010年	增长率（%）
社会消费品零售总额	274.2	233.2	17.6
城镇	215.9	176.0	18.4
农村	58.3	57.1	14.6

职工人数与劳动工资

	单位	2011 年	2010 年	增长率（%）
一、单位从业人员期末人数	万人	23.4	22.6	3.5
其中：国有经济单位	万人	13.7	13.0	5.4
城镇集体经济单位	万人	2.5	3.2	-21.9
其他各种经济单位	万人	7.2	6.4	12.5
二、单位从业人员劳动报酬	亿元	68.4	58.4	17.1
其中：国有经济单位	亿元	38.2	34.1	12.0
城镇集体经济单位	亿元	4.6	5.7	-19.3
其他各种经济单位	亿元	25.6	18.7	36.9

交通运输主要经济指标

	单　　位	2011 年	2010 年	增长率（%）
等级公路里程	公里	6 707	5 966	12.4
公路货运量	万吨	8 673	7 856	10.4
公路客运量	万人	3 094	5 404	-42.7
民用汽车拥有量	辆	163 232	142 991	14.2
其中：客车	辆	93 757	74 580	25.7
港口吞吐量	万吨	2 736	2 129	28.5

教育事业

	单位	2011 年	2010 年	增长率（%）
学校数	所	1 299	1 359	-4.4
招生数	人	105 027	113 706	-7.6
毕业生数	人	103 412	102 630	0.8
在校生数	人	389 587	398 031	-2.1
教职工数	人	28 663	30 926	-7.3
其中：专任教师	人	24 210	25 348	-4.5

文化 广播 电视事业

	单位	2011年	2010年	增长率（%）
一、文化事业				
艺术表演团体	个	3	2	50.0
艺术表演场所	个	2	1	100.0
文化馆	个	7	6	16.7
基层文化站	个	119	119	0.0
博物馆	个	1	1	0.0
图书馆	个	7	7	0.0
馆藏图书	万册	83.5	67.3	24.1
二、广播电视事业				
广播电视台	座	7	7	0.0
调频转播发射台	座	7	7	0.0
电视转播发射台	座	14	14	0.0
广播综合人口覆盖率	%	98.4	98.2	0.2个百分点
电视综合人口覆盖率	%	97.6	97.2	0.4个百分点

（陈　东）

索　引

编制说明

1. 本索引为音序索引。若第一个字声母音序相同，则以其第二个字声母音序排列，依此类推；彩色图片未作索引。
2. 每条索引末尾的数字为页码。
3. 索引中的“(表)”表示该项目条款为统计资料表格。
4. 类目、分目采用黑体字表示，条目缩进一个字位置表示。
5. 因各分目下均设有概况条目，本索引不列概况。

A

B

C

D

E

F

G

H

J

K

L

M

N

P

Q

R

S

T

W

X

Y

Z